ISBN 978-0-259-25853-7
PIBN 10677056

FB &c Ltd, Dalton House, 60 Windsor Avenue, London, SW19 2RR.
Company number 08720141. Registered in England and Wales.

For support please visit www.forgottenbooks.com

La Monarchia degli Absburgo — Origini, grandezza e decadenza — Con documenti inediti 

VOLUME PRIMO

(800-1849)

Storia politica, costituzionale e amministrativa con speciale riguardo alle province italiane.

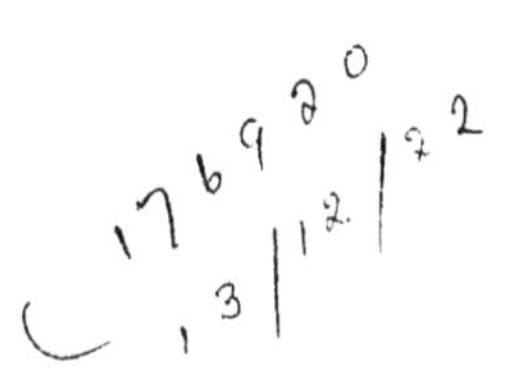

ROMA - C. A. BONTEMPELLI - EDITORE

Cooperativa Tipografica Italiana - Viale del Re, 22 - Roma

PREFAZIONE

La prima idea di scrivere a scopo di studio e di divulgazione sulle cose d'Austria-Ungheria mi venne circa dieci anni fa, quando nell'inverno del 1903-1904, studente all'università di Vienna, mi misi a far ricerche di documenti inediti sulla storia del nostro primo Risorgimento nazionale e sui processi del 1821 nell'Archivio del ministero degli interni austriaco.

Avevo cominciato le ricerche sotto la guida e per un'opera del compianto prof. Chiattone, studioso di Silvio Pellico; le continuai poi per conto mio, quando mi avvenne di trovare nei fascicoli documenti importanti intorno a tutta la storia di quegli anni, e le estesi all'Archivio del ministero della guerra austro-ungarica, ove pure da principio avevo cominciato le indagini per un altro storico, per il comm. Alberto Dallolio sull'insurrezione di Bologna nel 1848. Poco a poco — trasformandosi il mio progetto iniziale di studî monografici nel progetto di una pubblicazione organica più completa — estesi le mie ricerche anche ad altri archivi pubblici e privati e alle biblioteche, principalmente a quelle di Vienna: Palatina, Universitaria, Parlamentare, dei Tribunali, nei quali feci dopo l'università l'anno di tirocinio giudiziario prescritto in Austria per gli avvocati. Nello stesso tempo le lezioni dei professori, che ascoltavo all'università, specialmente dei professori Adler, Bernatzik, Schwind e Zallinger per la storia costituzionale e amministrativa dell'Austria e della Germania, del prof. Gross e del prof. Hussarek, presentemente ministro del culto e dell'istruzione, per il diritto ecclesiastico, dei professori Klein, ex-ministro di giustizia, Lammasch e Schey per il diritto moderno, ora vigente, dei professori Grünberg, Grünhut e Philippovich per l'economia politica e dei professori Mussafia (dalmata) e Meyer-Lübke per gli studî linguistici. Faccio doverosamente i nomi di questi docenti, perchè dagli appunti delle loro lezioni presi parecchi dati per il mio lavoro. Le opere loro, delle quali mi sono servito, sono citate (vedi nota bibliografica e note in calce).

Durante i quindici anni, che con le mie modeste forze ho preso parte attiva nella vita politica degli italiani soggetti all'Austria fin dagli ultimi anni miei di liceo, poi quale studente nel movimento universitario e infine quale pubblicista, corrispondente da Vienna di giornali italiani delle province austriache e del Regno. (v. nota bibliografica), ho avuto ripetutamente occasione di sentire le gravi conseguenze, che derivavano all'azione politica degli italiani soggetti all'Austria e all'Ungheria dalla mancanza di conoscenza nel Regno e persino — in minor proporzione — tra gli stessi italiani delle province austriache delle vere condizioni passate e presenti della monarchia austro-ungarica, dei suoi molteplici problemi interni ed esterni, nazionali, sociali, economici, religiosi, insomma di tutta quella infinità di questioni, che fanno dell'Austria-Ungheria un paese o, meglio, un complesso di paesi specificamente distinto, assolutamente inconfrontabile con qualsiasi altro stato o complesso di stati, ora esistente in Europa. Scrivevo nel gennaio del 1913 come introduzione a questo libro, che doveva uscire — spiegherò poi il ritardo — l'anno scorso:

« L'Austria-Ungheria, sparita ormai quasi del tutto la Turchia *europea*, non può esser confrontata con alcun altro stato d'Europa per la sua formazione etnografica e politica interna. La Russia europea, sì, ha nelle sue province di confine forti nuclei di popolazioni non russe, che però in gran parte sono slave meno i finlandesi, i rumeni, i tedeschi e gli armeni, per limitarmi ai gruppi più numerosi; tutte queste popolazioni insieme però non formano nemmeno il 20 % della popolazione totale di fronte agli 80 milioni di russi, che sono i veri padroni di tutto l'enorme impero. La piccola Svizzera con i suoi cantoni separati quasi nettamente, nazionalmente e politicamente, non potrebbe che servire da esempio ideale per ciò, che — secondo alcuni studiosi uomini politici austriaci specialmente di partito socialista — dovrebbe divenire l'Austria-Ungheria, se dichiarandosi stato neutrale ed abdicando ai suoi sogni di grande potenza europea e di espansione imperialistica con uno sforzo coraggioso volesse tentare l'ultimo mezzo per salvarsi dalla rovina, che su di essa incombe.

Questa forse un tempo sarebbe potuto essere una cura radicale efficace; oggi, specialmente dopo gli ultimi avvenimenti balcanici, ammessso per inconcessa ipotesi, che le sfere dirigenti supreme dello stato con eroico sacrificio delle proprie tradizioni ed ambizioni finora invincibili si adattassero ad applicarla, l'effetto ne sarebbe molto, ma molto dubbio, sebbene anche oggi quella forse sia l'unica via di salvezza ragionevole da tentarsi. Ma l'Austria « arriva sempre troppo tardi »! »

La guerra di oggi non può che confermarmi in questo mio giudizio, che lascio immutato, come lascio immutati tutto il *testo* di questo libro e il titolo suo; essa però mi fa sentire ancor più viva e più fatale la mancanza che regna in Italia di conoscenza della monarchia absburgica, di questo colosso dai piedi di creta, che ancora incute tanto terrore.

Voi udite ancora in Italia parlare dell'« Austria » quale denominazione per tutta la monarchia, del « popolo austriaco » e degli « austriaci » quali denominazioni per tutte le popolazioni e per tutti i cittadini della monarchia, del parlamento « austriaco », delle delegazioni « austriache », del ministero « austriaco » ignorando quelli d'Ungheria e spesso confondendo gli uni con gli altri o con il ministero austro-ungarico comune; qualcuno, è vero, adopera questi termini improprî a mo' di abbreviazione; ma più spesso essi denotano, in chi parla o scrive, la più perfetta ignoranza delle condizioni del paese di cui parla, ignoranza che lo fa riguardare e dare per compiuto il sogno del più austriaco imperialista cristiano-sociale di Vienna, il quale vorrebbe scomparsi i confini territoriali e linguistici dell'Austria e dell'Ungheria e delle loro province e tutta la monarchia fusa in un'unica Grande Austria (*Gross-Oesterreich*) con un'unica nazione e con un'unica lingua, che purtroppo dovrebbe esser la tedesca, ma che egli magari — per sodisfare il desiderio del cuor suo — con disinvoltura chiamerebbe « austriaca ». E quest'ignoranza non è soltanto nelle masse del popolo nostro; voi la trovate anche in alto fra i nostri uomini politici, fra i nostri scrittori di cose politiche e trovate un deputato di Montecitorio, che ancora nell'aprile del 1914 domanda se a Trieste si comprende l'italiano; il ministro stesso degli esteri, di San Giuliano, che era certamente del resto una delle persone che meglio conoscevano in Italia i nostri problemi dell'Adriatico, prima di recarsi al convegno di Abbazia — Abbazia, che 15 anni fa aveva ancora un consiglio comunale italiano! — ha creduto opportuno d'informarsi presso un italiano di quelle sponde, se ad Abbazia si parlasse l'italiano.

Per quest'ignoranza riviste e giornali autorevolissimi d'Italia hanno potuto publicare sulle varie questioni nazionali degli italiani d'Austria, sulla loro insistenza per un'Università italiana a Trieste, sulla loro lotta per i diritti di autonomia del Trentino e di Trieste, dei giudizi, che spesse volte riuscirono più utili ai nostri avversari nazionali e al governo austriaco che agli italiani dell'Austria-Ungheria. Quanti dei nostri uomini politici sanno, che il Trentino è stato un principato sovrano e poi quasi sovrano fino al principio del secolo scorso e che l'avergli tolto la sua autonomia *incorporandolo* al Tirolo fu una violazione illegale? che Trieste fu ed è in parte ancora Comune libero datosi spontaneamente in protezione agli Absburgo per aver salvi nel medio evo la sua indipendenza, la sua autonomia e quindi anche il suo carattere nazionale e che dunque ogni menomazione di questi suoi diritti di autonomia e nazionali — si fondi pure su leggi posteriori emanate dai poteri centrali dello stato — è una violenza, un'illegalità? Altrettanto vale per Fiume, per Gorizia ed anche per le province e per gli ex - stati indipendenti tedeschi, magiari, slavi e così via.

Da questi pochi esempi, che toccano noi italiani più da vicino, si vede facilmente, che per comprendere bene lo stato presente della monarchia austro-ungarica ed il continuo incrociarsi di azioni e reazioni nella politica di questo paese non è superflua quell'analisi particolareggiata dell'evoluzione dell'Austria-Ungheria, che io mi son prefisso di esporre qui per sommi capi fin dai primi principî e un po' più in esteso per gli ultimi cent'anni. Poichè ormai è pacifico, che le condizioni e le sorti di uno stato, di un popolo e specialmente di molti popoli riuniti in uno stato in un dato periodo sono il portato della storia precedente di quei popoli più che effetti della volontà e dell'azione di singoli uomini, di sovrani e di governanti.

Lo scopo dunque di questo mio lavoro era di agevolare lo studio e di cooperare alla divulgazione di cognizioni utili e necessarie pazientemente raccolte sull'essenza intrinseca dell'Austria-Ungheria fra il popolo italiano, affinchè la parte sua di oltre i confini potesse trovare nell'eloquenza dei fatti storici insegnamenti buoni alla difesa legittima dei proprî diritti nazionali e civili e affinchè la parte degli italiani del Regno non intralciasse con un'opera disordinata, spesso contradditoria, non corrispondente ai fini, ma al contrario coordinando l'azione propria alle necessità del tempo e delle condizioni di ambiente e di luoghi favorisse potentemente questa doverosa difesa del patrimonio nazionale italiano.

Nè questo può dare al mio libro un carattere tendenzioso o far credere ch'esso sia stato addirittura scritto ora per la guerra. Mi basti accentuare qui, ch'esso era stato pensato, scritto e persino nel testo interamente stampato ancor prima dell'attentato di Serajevo. E il testo è rimasto meno che in singole necessarie correzioni tipografiche del tutto immutato dal primo all'ultimo capitolo.

Il libro dovrebbe insomma bastare a fornire da sè al lettore tutte le cognizioni più indispensabili sulla struttura interna, sulla costituzione, sull'amministrazione, sulle varie questioni interne ed estere della monarchia austro-ungarica, sul loro divenire storico; a quelli poi, che, come per es. gli studenti italiani di leggi in Austria-Ungheria, si volessero dedicare ad uno studio più profondo di tutti o di singoli problemi della monarchia, questo libro dovrebbe servire da preparazione e, con le abbondanti note bibliografiche in fondo al volume e in calce alle pagine, da guida utile. Perchè specialmente nella narrazione dei fatti di storia politica a noi più remoti (guerre, crisi interne e internazionali ecc.) ho dovuto necessariamente limitarmi ai punti più salienti, più intimamente connessi con gli argomenti principali del mio libro. Fra questi vi sono pure le questioni nazionali, sociali, economiche, finanziarie, militari della monarchia, che ho trattato senza la pretesa di essere specialista nello studio di tutte queste materie, il che del resto sarebbe anche umanamente impossibbile. Spero però di essere riuscito anche in questi campi a dare un'esposizione abbastanza lucida dell'evoluzione storica subìta dall'Austria e dall'Ungheria e dalle loro province.

E alla lucidità obbiettiva ho badato soprattutto incurante di quel bello stile moderno, che non corrisponde nè alla serietà dell'argomento nè ai miei gusti; del resto non avrebbe fatto che gonfiare il libro e lo spazio mi era troppo prezioso per metterci dati e fatti e non frasi e chiacchiere.

Con ciò ho esposto la genesi e lo scopo di questo libro; ora due parole sul suo ordine. L'idea mia iniziale era di farne due libri: il primo puramente storico doveva uscire già l'anno scorso, ma poi per varie ragioni, tra cui anche uno smarrimento parziale del manoscritto *), la pubblicazione ne era stata rimandata al luglio di quest'anno; il secondo libro, in cui mi prefiggevo di trattare più particolarmente dello stato presente dei vari problemi politici, sociali, economici e nazionali della monarchia e per il quale avevo già pronto tutto il materiale, raccolto a Vienna, sarebbe uscito nel 1915. Invece gli eventi, che io — lo si vedrà dal testo della parte storica, *rimasto immutato* — prevedevo, ma certamente non così imminenti, precipitarono dopo l'attentato di Saraievo e la mia pubblicazione, che secondo il mio pensiero non doveva essere che opera da studioso, assunse necessariamente nello stesso momento un carattere di attualità politica, di cui non potevo non tener conto.

Quindi, sebbene a Roma mi mancassero parecchie delle fonti, che avevo trovate a Vienna — e poche citazioni incomplete stanno a provarlo, — ho dovuto in note abbondanti e in appendici aggiunte ai singoli capitoli storici condensare gran parte della materia riservata per il II° libro del progetto originario, specialmente la parte riguardante le province italiane e le altre questioni nazionali. Essendo così cresciuta molto di mole la parte storica e dovendo crescer ancor più negli ultimi capitoli, già composti, e nei quali illustro con altre note ed appendici abbondanti lo stato presente della monarchia austro-ungarica, si dovette dividere il libro, che originariamente doveva esser soltanto storico e che ora invece abbraccia anche lo stato odierno dell'Austria-Ungheria, di nuovo in due volumi, dei quali il secondo uscirà già nel prossimo dicembre. Il II° libro del progetto originario dopo ciò e dopo gli eventi internarzionali dei nostri giorni probabilmente non avrà alcun diritto di esistenza.

---

*) Le pagine smarrite del ms. sono quelle, che vanno ora nel libro da pagina 64 a pag. 79. Andarono perdute, mentre io ero ancora a Vienna nel 1913.

Siccome, ripeto, non ho voluto mutare il testo già composto, si troveranno dei richiami al II° vol. del progetto originario. In questi casi sarà utile dare un'occhiata agli indici analitici abbastanza copiosi, che sono in fondo di ogni volume e che anche con l'aiuto delle postille marginali rendono facile la consultazione del libro.

Sarò grato a chiunque mi renderà noti eventuali errori, in cui posso esser incorso in questa pubblicazione.

Roma, novembre 1914.

ALESSANDRO DUDAN.

N. B. — *La nota bibliografica e delle fonti si trova in fondo di questo volume.*

CAPITOLO I.

Dalle origini all'avvento degli Absburgo.

Origini e germi dei mali.

La monarchia austro-ungarica ha in sè, già dalle sue origini e dal suo ulteriore divenire nei secoli, il germe dei mali, che nazionalmente e socialmente ai giorni nostri l'affliggono. Lungo fu il periodo d'incubazione e forse latente durerebbe ancora, almeno nelle parti della monarchia abitate da popolazioni meno incivilite, se le rivoluzioni francesi e le guerre napoleoniche e le rivoluzioni italiane e tedesche non avessero finito con lo scuotere le coscienze anche dei popoli meno civili dell'Austria e dell'Ungheria; ma mentre e in Francia e in Italia e in Germania, stati organicamente e nazionalmente omogenei, le rivoluzioni furono delle vere operazioni chirurgiche, che estirparono dalla radice una parte dei mali nazionali e sociali, nella monarchia absburgica i movimenti popolari sconvolsero lo stato e diedero sviluppo ai germi dei mali, che covavan da secoli.

Quando da qualche parte più retrograda delle sfere auliche, clericali, militari o feudali della monarchia si constata ora questa conseguenza dei movimenti nazionali, lo si fa spesso, non per cercarvi rimedi corrispondenti ai nuovi tempi, ma per predicare il ritorno ai tempi antichi prequarantotteschi, quando un paio di arciduchi e di arciduchesse, con un paio di alti aristocratici feudali e con alcuni generali e vescovi a corte ed in provincia dirigevano le sorti dell'impero assoluto; si vorrebbe da quella parte ancora oggi ripresa e continuata la politica di Metternich, il quale — mente chiara — nel trionfo dei moti nazionali vedeva l'inizio della dissoluzione della monarchia e, finchè lo potè, tentò di impedirlo o almeno di ritardarlo lasciando poi — avvenuto il trionfo delle democrazie nazionali — il compito ad altri di ordinarlo e di incanalarne le forze nei congegni statali, che avrebbero dovuto esser riformati, rimodernati. Invece i tentativi continui incessanti, in parte riusciti, dei suoi seguaci moderni per diminuire, sbocconcellare e addirittura per frustrar del tutto le conquiste nazionali, democratiche, costituzionali dei popoli hanno impedito e assieme con le competizioni, bene sfruttate, delle nazioni della monarchia fra di loro, impediscono tuttora la cura radicale chirurgica dei mali di questa monarchia antica di quasi dieci secoli, di questo conglomerato statale fatto di acquisizioni patrimoniali, di conquiste militari, di diritti storici, autentici e falsificati, che tutti insieme però pesano come una formidabile cappa di piombo sui suoi popoli e ne inceppano i movimenti e lo sviluppo nazionale, civile ed economico.

Appunto perciò il conoscerli è una necessità. Non cominceremo la storia dai tempi leggendari di questi paesi; ci atterremo soltanto ai fatti storicamente documentati ed accertati ed anche di questi citeremo soltanto quelli, che hanno un legame storico e filosofico con tutti i risultati nei riguardi territoriale, nazionale, politico, sociale ed economico, che ci ha dati fino ai giorni nostri l'evoluzione storica della monarchia absburgica.

L'Austria romana. "Limes romanus". - Migrazioni dei popoli.

Fino al principio delle immigrazioni dei popoli nordici le province, che formarono poi il nucleo primo dell'odierna Austria, erano come tutta l'Europa allora conosciuta dominio dell'impero romano. Il grandioso *limes romanus* passava qui lungo il Danubio in difesa dei confini pannonici e aveva proprio quasi nel centro della

Vienna odierna, nella Vindobona antica, il *castrum* della XIII poi della X legione. (1) Lo ruppero i barbari d'ogni razza e d'ogni lingua, che devastarono e distrussero, quanto la civiltà romana aveva qui edificato, finchè durante il VI secolo i nuovi popoli immigrati fissarono le loro dimore stabili e si diedero un certo assetto politico. Ed ora troviamo le province, che ai nostri tempi formano la parte tedesca dell'Austria originaria, le cosiddette « province-ceppo austriaco-tedesche » (*österreichisch-deutsche Stammländer*), abitate in maggior parte dagli antici *Baiuvarii*, gli antenati degli odierni bavaresi, e facenti parte appunto del ducato di schiatta (*Stammesherzogtum*) degli Agilolfingi in Baviera: l'odierna Baviera con il Tirolo, (2) il Salisburghese, le due Austrie superiore ed inferiore, (3) abitate a settentrione in gran parte dagli slavi boemi e designate nelle fonti di quei tempi di solito coi nomi di *limes Pannonicus* oppure *limes Avaricus* e la Marca Carantania al sud cioè la Stiria, Carinzia e Carniola di oggi, abitate anche allora in gran parte, specialmente nelle vallate della Sa-

Il ducato di schiatta bavarese e le province - ceppo austro-tedesche.

(1) Qui morì l'imperatore Marco Aurelio, cui Vienna eresse in grata memoria un bel monumento; una commissione ufficiale austriaca, detta del *limes*, istituita nel 1897 ad esempio di quella germanica cura gli scavi di queste fortificazioni romane di confine ottenendo ottimi risultati specialmente a Deutsch-Altenburg, l'antico Carnuntum, ed a Lorch, l'antico Lauriacum. A Vienna anche recentemente nel 1913, durante la demolizione dell'ex palazzo della nunziatura pontificia nella piazza *Am Hof*, nelle fondamenta si ritrovarono importanti resti dell'epoca romana. Fu appunto qui, sulle fondamenta delle antiche mura della città romana, che uno dei primi Babenberger (Leopoldo IV) eresse intorno al 1138 la sua corte (*Hof*) margraviale, che rimase sede anche dei duchi d'Austria, finchè al principio del XIII secolo furono costruite le prime parti dell'odierna vicina *Hofburg*.

(2) Da non confondersi mai con il Trentino italiano, che allora faceva parte del regno longobardo-italico; il nome Tirolo per la provincia *tedesca* compare appena nel XII secolo. Il Trentino fu incorporato al Tirolo, per volontà di Vienna, appena dopo caduto Napoleone, cent'anni fa. Ne riparleremo diffusamente nel corso del libro e nel 2° volume trattando a parte degli italiani in Austria-Ungheria.

(3) Dette anche Alta e Bassa Austria dalla loro posizione sopra (cioè a sinistra) o sotto (a destra) del fiume Enns, che le divide: da qui anche il secondo loro nome ufficiale tedesco: O*esterreich ober* e *unter der Enns*.

va, della Drava e della Muhr dagli sloveni. Tutto questo dalla metà del VI° secolo fino al 788 ha fatto parte di quel primo « ducato di schiatta » bavarese, che fu abbattuto da Carlo Magno, quando Tassilo, l'ultimo duca angilolfinge si alleò agli Avari, e lasciò che occupassero tutta l'Austria inferiore. Carlo Magno lo fece proclamare dal consiglio dell'impero fellone e incorporò tutta la Baviera e la sua Marca Carantania al regno dei Franchi; otto anni dopo, nel 796, caccia anche gli Avari dalla Bassa Austria e poco dopo, causa le continue lotte ai confini con essi, spinge i suoi eserciti vittoriosi fino al fiume Theiss in Ungheria e distrugge così il « cerchio » maggiore degli avari. Carlo Magno si spinge anche al sud fino all'Adriatico, soggioga l'Istria latina e la Croazia, e al nord rende tributarî all'impero gli slavi della Boemia e della Moravia: sicchè ora alla fine dell'VIII° secolo troviamo riunite nel dominio dei re dei Franchi quasi tutte quelle terre, che poi dovranno formare l'Austria-Ungheria.

Tassilo, l'ultimo angilolfinge. Carlo Magno.

Però è un'unione passeggera e non organica di piccole estreme parti del grande impero dei Franchi, che vivono ognuna per conto proprio e di comune non hanno che la dipendenza dallo stesso re ed imperatore. Carlo Magno v'introdusse anche quì la sua costituzione ed amministrazione comitale, a contee, territori amministrativi, nei quali suprema autorità politica, militare, giudiziaria, fiscale era il conte ancora semplice impiegato del re; i *missi dominici* (messi del re) viaggiano anche qui da contea in contea, ispezionano e sorvegliano l'amministrazione; soltanto che — trovandosi queste province agli estremi confini dell'impero in continuo pericolo e in continuo stato di guerra con i nemici di fuori — si rende quì necessario il sistema delle « marche » (*Markgrafschaft*, contea di marca, di confine, margraviato), per cui il conte, che quì si chiama margravio (*Markgraf*), amministra un territorio molto più esteso delle solite contee, onde poter disporre di forze militari e di redditi maggiori, ha poteri più ampî e — con ri-

Costituzione carolingia.

guardo alla necessità di guerra — può persino nelle grandi giornate, in cui si tiene giudizio (*Landtaidinge*), farsi sostituire da un giudice territoriale, ch'egli nomina; ciò che un semplice conte mai poteva fare. Carlo Magno istituisce ai confini orientali dell'impero appunto due di questi margraviati: *Marchia Fori Iulii*, la marca del Friuli comprendente anche l'Istria e gran parte della Carantania di prima e la *Marchia orientalis, l'Ostmark*, da cui verrà quasi due secoli più tardi il nome *Ostarichi* (1) *Oesterreich*, Austria; *qui in questa Ostmark, che nell'803 da Carlo Magno fu affidata ai conti di Traungau* (2) *abbiamo il primo germe dell'Austria di poi.*

Austria: origine e nome.

Il municipio cristiano sociale di Vienna moderna, che con un grand'alto rilievo nella parete esterna della chiesa di S. Pietro sul *Graben* volle glorificare la posa della prima croce in Austria per opera di Carlo Magno, ha eretto così in pari tempo anche un monumento al primo fondatore dello stato austriaco. È vero che nel 911 il duca Arnolfo di Baviera, approfittando della debolezza — dopo la divisione dell'843 a Verdun — ognor crescente del potere imperiale, riesce a far rivivere ancora una volta il « ducato di schiatta » bavarese e si impossessa naturalmente di tutti i territorî di confine, che appartennero al primo ducato di Baviera, meno che dell'Ostmark, della Bassa Austria attuale, che i magiari irrompendo come una fiumana, chiamativi da lui come alleati contro il re di Moravia, fanno scomparire dal novero delle terre fino allora incivilite, battendo nel 907 i bavaresi e mettendo a ferro e fuoco il paese fino al fiume Enns. Per mezzo secolo, ancora nomadi, scorazzano gli Ungheri devastando e predando le terre della *Marchia orientalis* e invadendo tratto tratto persino la Baviera.

Irruzione degli Ungheri.

(1) In un documento conservatoci del 996 incontriamo per la prima volta il nome *Ostarichi*, l'*Oesterreich* di poi. V. la nota bibliografica sui documenti antichi nella biblioteca palatina di Vienna.

(2) *Gau* come *Grafschaft* significa contea (*Graf*, conte) e Traun è un affluente del Danubio nell'Alta Austria.

Tutta l'opera colonizzatrice di oltre due secoli dei Baiuvari nella marca è distrutta, come pure l'ordinamento politico. La popolazione czecoslava era quasi sparita ed era stata sostituita ovunque da contadini bavaresi, servi della gleba in grandissima parte, il territorio era stato diviso fra i vescovi di Salisburgo, di Passau, di Freising (importanti poi nei secoli per ricchezze, per privilegi, per poteri quasi sovrani, e in parte ancor oggi conservanti qualche resto dell'antico splendore) e fra altrettanto importanti conventi, abbazie e famiglie nobili; tutte le cariche, tutte le dignità erano riservate, s'intende, soltanto al popolo bavarese vincitore. Tutto ciò nell'Austria inferiore è stato distrutto dai magiari. Per fortuna del mondo tedesco le scorrerie magiare provocano un'azione di difesa da parte dell'intero impero germanico e Ottone I, imperatore, sconfigge decisivamente nel 955 i magiari sui campi del fiume Lech presso Augusta.

Battaglia di Lechfeld, a. 955.

La battaglia del Lechfeld segna una delle date più importanti nella storia dell'Austria e dell'Ungheria; segna la fine delle invasioni barbariche nelle provincie-ceppo dell'Austria e così rende possibile finalmente in esse un assetto politico stabile, da cui più tardi sorgerà la monarchia absburghese, e nello stesso tempo segna il principio del regno degli Ungheri, i quali ridottisi nei loro confini naturali, proporzionati alle loro forze numeriche, smesse le brame di conquiste superiori alle loro forze, accolgono la civiltà di quei tempi e le istituzioni dell'Europa occidentale sotto i re discendenti da Arpad. Ma la vera definitiva fondazione di quella Ostmark, marca orientale, che ininterrottamente fino ai giorni nostri, ha formato il nucleo più o meno indipendente (1) dell'Austria, avvenne 20 anni più tardi, nel 976. Ottone I, cacciati gli Ungheri, reincorporò tutte le marche alla Baviera, che aveva ele-

Fondazione definitiva della marca Austria.

(1) Si tenga presente, che fino al 1806 l'impero germanico conservò almeno formalmente la suprema sovranità su tutti i territori, che lo componevano.

vato già nel 937 a ducato dell'impero (abolito il ducato di schiatta, indipendente dall'impero) e che ora si estendeva al sud fino alla marca di Verona con il Friuli e con l'Istria compresivi; ma suo nipote, Enrico il rissoso, duca di Baviera si ribella contro suo figlio Ottone II e ripete il tradimento di Tassilo, chiamando questa volta in aiuto i boemi e i polacchi. Ottone II aiutato da parte della nobiltà bavarese e più di tutto dai fratelli Bertoldo e Luipoldo Babenberger, conti del Donaugau (contea danubiana) di Ratisbona, lo vince e stacca definitivamente dalla Baviera tutte le marche: affida quella del Nordgau (contea settentrionale) in difesa contro la Boemia a Bertoldo Babenberger e la Ostmark al fratello Luipoldo, che fonda a Melk, allora confine verso gli Ungheri, la grandiosa abbazia ancor oggi esistente e dominante tutta la ridente Wachau dalla sua splendida posizione elevata sulle sponde del Danubio e vi fissa la sua residenza. Questo è il principio dell'Austria, che nel 1278 dopo morto l'ultimo Babenberger e cessati gli scompigli dell'interregno germanico passerà e resterà agli Absburgo.

I Babenberger.

Con soli 13.520 chilometri quadrati di territorio è cominciato il dominio dei Babenberger nell'Ostmark e due secoli e mezzo più tardi lasciavano agli Absburgo un'Austria di oltre 54.000 chilometri quadrati.

I Babenberger sono i veri fondatori e primi ordinatori dello Stato austriaco; fino al 1156 restano margravi; gli elementi del diritto feudale avevano cominciato fin dal IX secolo ad introdursi anche nell'ufficio di conte e di margravio; poco a poco la carica diviene — dapprima per consuetudine, poi per diritto — ereditaria in famiglia; nei primi secoli di questo processo il margravio deve ancora esser investito dall'imperatore e re dei suoi poteri supremi militari, giurisdizionali, fiscali e politici con il *bannus* (l'*imperium* dei romani); il re si riserva ancor sempre alcuni regali fiscali (i *regalia*) e giurisdizionali (*iura avocandi, appellandi, eximendi*), secondo i quali può fungere da suprema istanza giudiziaria ed

Il feudalesimo.

esimere interi distretti territoriali (le *immunità*) dalla giurisdizione del conte e sottoporli a quella di altri signori (prelati, nobili, proprietarî); è così, che poco a poco nei secoli seguenti si estende il feudalesimo e sorgono e si rinforzano gli Stati provinciali, clero e nobiltà. Le città e, nel Tirolo, anche i contadini si affermeranno appena molto più tardi. I Babenberger hanno però la posizione privilegiata di margravi; come tali, come difensori dei confini dell'impero è necessario conceder loro poteri maggiori e quindi già da principio si accentra nelle loro mani tutto il potere giurisdizionale; non ci sono esenzioni regie quasi affatto; non ci sono vice-conti (*Untergrafen*) e il margravio, se impedito, ha diritto di farsi sostituire nelle sessioni giudiziarie. Il « tribunale margraviale », poi detto *Landthaiding* (giudizio provinciale) si teneva in Austria in tre differenti luoghi (*Thingstätte*) e il margravio investiva il proprio sostituto, il giudice provinciale (*Landrichter*) da sè del *bannus*, secondo il detto dello « Specchio sassone : (1) « Nella marca non c'è *bannus* del re ».

Costituzione del margraviato e suoi rapporti con l'impero.

Il margravio d'Austria dunque, sebbene goda di una posizione privilegiata, è ancor sempre in una dipendenza abbastanza sensibile dall'impero; anzi gli storici sono d'accordo ormai, che questa dipendenza fino al 1156 non fu nemmeno immediata, bensì di carattere subfeudale, cioè la marca austriaca formalmente, come anche altre marche separate nel 976 dalla Baviera, era rimasta feudo nominale del Ducato di Baviera, il quale alla sua volta seguendo l' « ordine di rango degli scudi militari » (2) nella gerarchia feudale era feudo dell'impero. In quale forma si sia estrinsecato questo rapporto subfeudale delle marche verso la Baviera, non ci consta (3);

(1) II libro, art. 12, § 6.

(2) Vedi la *Heerschildordnung* negli *Specchi sassone* e *svevo*, il primo con sei, il secondo con sette *Heerschilde-scuta militaria*.

(3) Che questo rapporto sia esistito, ce lo prova lo stesso *privilegium minus* (v. p. 11) che dice: « *Dux autem Bavariae resignavit nobis* (all'imperatore) *marchiam Austriae cum om-*

vedremo soltanto, che tutte le volte, che per estinzione delle famiglie vassallitiche subentrava un caso di devoluzione (*Heimfall*) di questi subfeudi, il duca di Baviera tentava di far valere i suoi diritti di signore feudale. I Babenberger, seguendo il processo del principio territoriale, che cominciava a svolgersi in tutta la Germania, secondo cui i principi nei loro territori sempre più accrescono il loro potere a spese di quello dell'impero, riescono poco a poco a liberarsi da questi vincoli subfeudali e in gran parte anche da quelli feudali dell'impero; processo, che si potrà dire compiuto in Austria nella seconda metà del XIV secolo da Rodolfo IV d'Absburgo con la sua famosa falsificazione del *privilegium maius*, che concedeva a lui ancor più ampia sovranità territoriale che non fosse quella ottenuta dai sette grandi principati elettorali nella bolla d'oro del 1356.

Popolazione e ordini sociali.

Già i primi tre Babenberger provvedono ad allargare i confini della loro marca e nel 1043 essa raggiunge la linea di confine, che la provincia Austria inferiore ha ancor oggi con i fiumi March e Leitha verso l'Ungheria, linea rimasta poi nei secoli a segnare la Cislaitania e Translaitania, come alcuni chiamano la parte austriaca (al di qua della Leitha) e la parte ungherese della monarchia degli Absburgo. In pari tempo la colonizzazione con tedeschi bavaresi, appena ricacciati i magiari, è ricominciata e procede alacremente: il margravio ha bisogno di soldati e di terre coltivate; i contadini ora, come nell'epoca carolingica in tutto l'impero, non hanno i mezzi necessarî per dissodare terre vergini e, occorrendo, abbandonar il lavoro ed accorrere alla guerra, quindi anche qui vediamo le terre e con esse i contadini concessi in proprietà, che poi diverrà feudo, ai vescovi, ai nobili, ai conventi; i contadini *liberi* scompaiono quasi completamente, si sottomettono anche da sè ai signori più potenti, divengono *Mundmannen*, i protetti, poi sempre

Nobiltà e clero
Contadini.

---

nibus suis iuribus et beneficiis, quae quondam marchio Luitpoldus habebat a ducatu Bavariae ».

più asserviti; i più previlegiati fra loro sono ancora i *servi casati coloni*, che in Austria sono detti *mansuarii* oppure *servi coloni*: sono ascritti alla gleba, cioè vendibili assieme con la gleba, alla quale sono ascritti, dunque come beni immobili, e i *ministeriales*, addetti ai servizi a corte del margravio e degli altri signori feudali. Il criterio militare vassallitico domina ora: non più semplici impiegati del conte, ma vassalli e nobili per nascita. La nobiltà e il clero sotto i Babenberger non hanno ancora l'importanza, che andranno acquistando poi; a corte il margravio usa tenere un consiglio per le cose più gravi di governo. Alcuni villaggi (Tulln, Stockerau, Vienna, Wiener Neustadt, Linz) sorgono, che più tardi con alcuni privilegi di mercati acquisteranno il carattere di città, ma sempre di città territoriali, sottoposte alle autorità del margravio e dei feudatarî, proprietarî dei fondi urbani; appena nel 1198 Vienna ha uno statuto civico, che è andato perduto; si conservano invece quelli di Enns del 1212 e l'*Erweitertes Wiener Stadtrecht* (statuto ampliato di Vienna) del 1221, che, secondo fu provato dallo storico Tomaschek, sono fondati su quello di Vienna del 1198 (1). Fino ai tempi degli ultimi Babenberger quindi anche i cittadini sono senza diritti, mentre i contadini sono servi.

Città.

Ascesa dei Babenberger.

Perciò gli sforzi dei margravi d'Austria in quei tempi non eran diretti, che ad ottenere una maggiore indi-

(1) Le caratteristiche di questo statuto, come del resto di tutti gli altri statuti municipali di questi tempi e di questi paesi, sono una maggiore tutela giuridica dei cittadini e dell'ordine entro le mura delle città al confronto dei contadini e del contado e una certa autonomia. Il consiglio di città era prima eletto fra i soli cittadini per eredità, proprietari cioè dei fondi (*prudentiores, meliores*); poi vi entrarono anche i mercanti e appena nel 1396 dopo lunghe lotte, spesso cruente, lo statuto riformato dal duca Guglielmo permise l'elezione anche degli *artefices* (la piccola borghesia) nel consiglio. Il predominio però dell'*Altbürgertum* (la borghesia patrizia) continuò. Ma poi dalla metà del XV secolo il potere assoluto dei principi ristringe — lo vedremo — sempre più l'autonomia civica fino all'anno della rivoluzione 1848. V. TOMASCHEK, *Rechte und Freiheiten der Stadt Wien*, 1877 e EUGENIO GUGLIA, *Wien*, ed Gerlach et Wiedling, Vienna 1908.

pendenza dall'alto, dall'impero e dalla Baviera. E l'occasione a ciò si presenta propizia nelle lotte per il trono imperiale fra i Guelfi (Welfen) di Baviera e gli Hohenstaufen di Svevia. Enrico II Jasomirgott dei Babenberger d'Austria si mise decisamente dalla parte di Corrado III di Svevia contro i Guelfi e nel 1142, spogliato Enrico il Superbo quattr'anni prima dalla dieta dell'impero del ducato di Baviera, fu fatto duca di Baviera egli il margravio, fino allora vassallo della Baviera; per assicurarsi maggiormente il nuovo ducato sposa la vedova dello spodestato Enrico, ma anch'ella muore subito l'anno seguente e il figlio di lei Enrico il Leone, duca di Sassonia, vuol rivendicare con le armi i suoi diritti al trono avito. Intanto è stato eletto ad imperatore Federico Barbarossa, che si è pacificato con i Guelfi e che nel 1154 decide di restituire la Baviera ad Enrico il Leone. Ma Enrico Jasomirgott non vi si adatta tanto facilmente; dovrebbe perdere, oltrechè il territorio bavarese, il titolo di duca e ricadere nel rapporto subfeudale; nel diritto e nella politica non ci sono perdite di diritti già acquisiti o *reformationes in peius*, se tutto al più non si voglia fare una guerra per imporle e quindi dopo lunghe trattative la dieta dell'impero di Ratisbona nel 1156 trova la giusta formula per risolvere la questione: incorpora all'Austria le tre contee finora bavaresi tra il fiume Traun e la selva di Passau, che poi con l'aggiunta di un'altra breve parte di territorio austriaco fino al fiume Enns formeranno la provincia Alta Austria ancor oggi esistente e confinante come allora con la Baviera, mette il duca d'Austria in dipendenza immediata dall'impero (*reichsunmittelbar*) e gli concede varî altri privilegi contenuti nel documento, che porta il nome *privilegium minus* (alcuni aggiungono: *fridericianum*) a differenza del *privilegium maius*, falsificato duecento anni più tardi e che Rodolfo IV d'Absburgo, il falsificatore, voleva far passare per il privilegio autentico del 1156. Di questo parleremo a suo tempo, poichè anch'esso poi acquistò vigore di legge autentica e fu anzi

Il "privilegium minus" eleva l'Austria a ducato. 1156.

quello, che completò l'indipendenza territoriale dell'Austria. Intanto vediamo il *privilegium minus*, che porta la data dei 17 settembre 1156; di esso non resta che una copia, pubblicata da Wattenbach (1). L'originale autentico probabilmente sarà stato fatto sparire, da chi aveva l'interesse di far valere soltanto il *privilegium maius*, del quale esiste la falsificazione originale nell'Archivio di Stato a Vienna. Il privilegio minore riduce i diritti di feudatario dell'imperatore e re di Germania e gli obblighi di vassallo dei duchi d'Austria ai minimi termini:

1° eleva l'Austria a *ducato*, soggetto immediatamente all'impero;

2° riconosce il *diritto ereditario* al ducato (« *hereditario iure* »; prima era consuetudine soltanto) a tutti i discendenti della famiglia ducale anche alle figlie (« *indifferenter filii vel filiae* »); questo è, secondo lo storico Ficker, il primo esempio di un documento con il diritto ereditario al trono anche per la linea femminile;

3° concede ai duchi d'Austria il *ius affectandi vel designandi*, cioè il diritto — in caso di estinzione della famiglia — di designare essi il loro erede (« *cuicumque voluerint* »);

4° il re può far uso d'ora in poi del *ius eximendi* dalla giurisdizione del duca soltanto con il consenso del duca stesso e ciò è di somma importanza pratica, perchè — rendendo impossibile il crescere delle immunità giurisdizionali di chiese, prelati e nobili — ha giovato moltissimo al consolidamento interno del potere ducale in Austria;

---

(1) E' una delle prime e delle migliori edizioni del *priv. minus*: WATTENBACH, *Die oesterr. Freiheitsbriefe* nell'Archivio per le fonti della storia austriaca, vol. VIII, 1852, Vienna. Altre buone edizioni più recenti di questo e del *priv. maius* ci sono in WEILAND, op. cit., in *Schwind-Dopsch* op. cit. Cofr. pure FICKER, *Ueber die Echtheit des österr. Freiheitsbriefes* (Atti dell'Accademia di Vienna, vol. 23, a. 1857).

5° esige l'obbligo dell'*iter curialis* (*Hoffahrt*, visita a corte) soltanto, se le diete dell'impero o della corte si tengono entro i confini di Baviera;

6° e l'obbligo dell'*iter militaris* (*Heerfahrt*, aiuto in guerra) soltanto per guerre, che si combattano ai confini d'Austria.

Gli altri diritti ed obblighi rimangono intatti come prima; l'infeudazione, che è collettiva (*Gesammtbelehnung*) per tutti gli eredi capaci, i quali poi fra di loro si suddividono l'amministrazione del ducato, resta come prima secondo le forme del diritto feudale tedesco: *commendatio* (*Hulde, Huldigung*, omaggio) e *investitura* (*Leihe*). Con ciò Enrico Jasomirgott ottiene fra i duchi dell'impero germanico un posto privilegiato: poco dopo egli si dirà principe (*princeps terrae, Landesherr*) e avrà consolidato le basi dello stato territoriale austriaco; farà capitale del suo principato Vienna, vi trasporterà la sua residenza, vi comincerà a costruire il grandioso duomo di S. Stefano e vi importerà i frati Benedettini (*Schotten*), che onoreranno la sua memoria con monumenti entro e fuori del convento in mezzo a Vienna (1).

Vienna capitale.

Il suo successore Leopoldo V dei Babenberger estende nel 1192 di più che il doppio il dominio territoriale del ducato acquistando con il Patto ereditario di Georgenberg (presso Enns; *Georgenberger Erbvertrag*, dei 17 agosto 1186) la marca stiriana (2).

Il patto di Georgenberg: Stiria, 1186.

La Stiria faceva parte della grande marca Carantania, abitata nel centro in maggioranza da sloveni e al sud da latini, italiani e ladini, che vedemmo nel 976 stac-

(1) Nelle catacombe della chiesa conventuale dei Benedettini vi sono le tombe dei Babènberger, fra le quali si nota il sarcofago marmoreo di Enrico II Jasomirgott. Le catacombe della chiesa dei Cappuccini racchiuderanno invece le tombe degli Absburgo.

(2) La provincia Stiria confina oggi a nord con l'Austria inferiore e superiore, a sud con la Carniola e con la Carinzia, ad ovest con il Salisburghese, dopo del quale vengono a nord la Baviera, ad ovest il Tirolo, e ad est con l'Ungheria; e perciò allora marca di difesa contro i magiari.

cata assieme con le altre marche dalla Baviera da Ottone II. La marca fu elevata allora a ducato e data alla famiglia degli Eppensteiner ed — estintasi questa nel 1122 — alla famiglia degli Sponheim, rimanendo però con tutta probabilità formalmente anch'essa un sub-feudo della Baviera; in ogni caso però il patto di Georgenberg del 1186 ignora qualsiasi diritto feudale della Baviera sulla marca carantania, donde gli storici deducono, che in quel tempo la Marca era già ducato « immediato » dell'impero, come lo era diventata l'Austria trent'anni prima. Nel corso del tempo la Carantania aveva perduto gran parte del suo territorio originario: nel 1040 si era separata da essa la Carniola (Krain = in sloveno « confine »), che sotto Carlo Magno aveva fatto parte della marca friulana, poi ebbe propri principi sloveni e infine era stata incorporata alla Baviera; ora essa si fa indipendente con un proprio margravio, che si dice anche margravio dell'Istria senza esserlo di fatto; ma già nel 1077 Enrico IV dà la parte maggiore della Carniola assieme con il Friuli e con l'Istria in feudo ai patriarchi di Aquileia, che poi la daranno in sub-feudo ai propri conti avvocati di Andechs-Meran e di Gorizia, e la parte minore ai vescovi di Frisinga (Fruxinium, Freising, città di Baviera) con lo scopo di crearsi nei principi ecclesiastici dei fidi custodi delle porte d'Italia per le periodiche invasioni imperiali nella penisola; la marca Carantania orientale passa nel 1156 in dominio dei margravî di Traungau (contea della Traun) e Styraburg (Steier-Burg, nome del castello margraviale), donde la marca Stiria (Steiermark) prende il suo nome; dell'antica Carantania resta così ancora una piccola parte verso il Tirolo, la quale formerà la provincia Carinzia di oggi.

Carniola.

Corinzia.

Con il patto di Georgenberg Leopoldo V si assicura dunque il possesso della marca Stiria per il caso, che il duca Ottocaro IV, già allora infermo gravemente, morisse senza eredi; la Stiria è però un feudo dell'impero e quindi per devoluzione dovrà ricadere all'impero;

perciò Leopoldo molto prudentemente, per non mettersi in conflitto con l'impero, si fa istituire nel patto erede soltanto dei beni allodiali (ora diremmo: privati) del duca (« *dominicalia, munitiones, terras et homines* » - dice il patto). È naturale, che chi ha tutto questo po' po' di roba sarà sempre il vero signore della marca e perciò l'imperatore non può far altro che infeudare ai duchi d'Austria anche la Stiria (circa 21,600 Kmq.). Con ciò in pari tempo s'introduce una innovazione nella costituzione politica del ducato d'Austria: Ottocaro IV di Stiria, per ottenere il consenso dei nobili stiriani al patto ereditario, ha dovuto nello stesso anno e pure a Georgenberg firmare la prima *charta libertatum*, che si abbia nelle provincie-ceppo austriache, a favore dei nobili e dei « ministeriali », la cosiddetta *Georgenberger Handfeste* (documento, privilegio). Questo segna il principio di diritti documentati degli stati provinciali e in pari tempo accentua la distinzione fra gli stati provinciali della Stiria e dell'Austria, distinzione e separazione rimaste nei secoli e di grand'importanza anche per l'amministrazione delle province.

La prima "charta libertatum,,.

Il seguente Babenberger, Leopoldo VI, imita suo padre e acquista a prezzo d'oro dal vescovo Geroldo di Frisinga i possedimenti vescovili nella Carniola e prepara così anche in questa provincia l'avvento del dominio austriaco. Già suo figlio Federico II, l'ultimo dei Babenberger, si dirà « signore della Carniola » senza però esserlo ancora formalmente. Questo ed altri simili delitti di simonia vengono a costare invece a Geroldo il seggio vescovile, da cui è destituito.

Carniola.

Siamo ora alla fine del dominio dei Babenberger; la loro dinastia s'estingue con la morte di Federico II, che senza eredi cade in una delle solite guerre contro i magiari nel 1246 e lascia un ducato dalla superficie di circa 54,000 chil. quadr.; l'interregno caotico dell'impero di Germania (1) favorisce la confusione nella successione al

L'interregno: boemi e ungheri.

(1) Per comodo di brevità uso i termini Germania e impero germanico per il « sacro romano impero di Germania » (*Sacrum Imperium Romanum Nationis Germanicae*).

trono in Austria: Ottocaro re di Boemia e Bela IV re d'Ungheria sono i due competitori più serî, un terzo, Ermanno margravio di Baden, che s'era affrettato a sposare l'unica nipote Gertrude dell'ultimo Babenberger, muore già nel 1250. I boemi e gli ungheri sono stati finora in continue guerre con le marche orientali dell'impero e credono giunto ora il momento d'impadronirsene approfittando del caos dell'interregno. Ottocaro, per statuire anche per sè un titolo legale, prende in moglie Margherita la sorella dell'ultimo Babenberger e vedova dell'imperatore Enrico VII, molto più vecchia di lui, e riesce così nel 1255 a farsi riconoscere duca d'Austria dalla nobiltà e dalle città austriache, alle quali concede in grazia alcuni privilegi (1), e ad occupare il ducato; Bela IV invece occupa la Stiria, ma la nobiltà non vuole riconoscerlo a duca e chiama contro di lui Ottocaro, il quale difatti lo sconfigge e si appropria nella pace di Presburgo (1260) anche la Stiria e poco dopo con un patto ereditario conchiuso con Ulrico di Carinzia, senza curarsi dei diritti feudali dell'impero, si annette (1269) anche questa provincia. Tutto ciò inasprisce i principi di Germania, che eletto a re ed imperatore nel 1273 a Francoforte Rodolfo, fino allora conte di Habsburg e di Kyburg in Svizzera e di parecchie contee in Svevia e nell'alta Borgogna, nella dieta di Norimberga del 1274 *sentenziano, che il nuovo re Rodolfo d'Absburgo poteva avocare a sè tutti i possedimenti, che l'ultimo imperatore Federico II aveva tenuti suoi prima della sua destituzione avvenuta nel 1245, e tutti i feudi ritornati nel frattempo per devoluzione all'impero.* Quì abbiamo, diciamo così, il primo fondamento legale del potere degli Absburgo in Austria; non avendo Ottocaro corrisposto ai ripetuti inviti fattigli dalle diete dell'impero di comparire dinanzi ad esse, Rodolfo gli muove guerra e lo assedia a

Avvento degli Absburgo.

(1) In quest'epoca Vienna ebbe per breve tempo la sua carta di libertà, che la rese per pochi anni città « immediata » dell'impero. Subito poi ridivenne città territoriale, sottoposta cioè al principe del territorio, agli Absburgo.

Vienna, che fa causa comune con il re boemo contro l'imperatore; ma nel novembre 1276 è costretto a venir a patti e cedere le province austriache all'imperatore; non interi due anni passano e Ottocaro di nuovo invade l'Austria, ma il 26 agostò 1278 è battuto presso Dürnkrut e cade in battaglia (1): con ciò è finito il breve dominio boemo in Austria e comincia di fatto quello degli Absburgo, che ottiene l'approvazione formale dei principi elettori di Germania nel 1282 con l'apposito documento di consenso (*Willebrief*), che si conserva ancora. Ora Rodolfo d'Absburgo, poichè l'imperatore non può tener per sè i feudi dell'impero, infeuda il ducato d'Austria e Stiria ai suoi due figli Alberto e Rodolfo, che finora soltanto l'amministravano, e la Carinzia al conte Mainardo del Tirolo. Il ducato d'Austria ritorna così nei suoi rapporti feudali di prima verso l'impero, secondo il *privilegium minus* del 1156, che resta ancora la legge fondamentale del principato austriaco.

"Willebrief,, 1282

Ciò che gli Absburgo creditano.

Vediamo ora alla fine del periodo dei Babenberger, quale somma di risultati storici dai tre secoli di esistenza del ducato d'Austria abbiano ereditato assieme con il nuovo regno gli Absburgo. Dissi già, che nella storia delle nazioni - e non sono certo il primo ad osservarlo - non vi sono delle creazioni, che si possano attribuire completamente alla volontà, all'energia cosciente, ragionata di un uomo o di una collettività umana; e anche quelli, che a noi paiono tante volte slanci fattivi, creatori di una nazione intera, non sono che un portato di necessità storiche concatenantisi l'una con l'altra forse da secoli. Noi vedremo la prova di ciò meglio di tutto nella storia dell'Austria, di questo antico organismo, i cui mali giunti forse oggi all'apogeo del marasma senile sorsero appunto nel periodo di storia finora da noi studiato; furono mali incipienti, forse anzi furono in parte

(1) Questa lotta e la tragica fine del re boemo diedero l'argomento al maggiore poeta tedesco del periodo postclassico, al viennese Franz Grillparzer per una delle sue più celebri tragedie: «La fortuna e la fine di re Ottocaro».

un bene per quei tempi; crebbero però, si radicarono sempre più ed oggi, che son divenuti mali gravissimi letali, lo sradicarli dal terreno macerato di tanti secoli è difficile, forse impossibile!

Nazionalità.

In riguardo nazionale il ducato d'Austria e Stiria è andato sempre più divenendo tedesco bavarese; i boemi del nord dell'Austria inferiore da Vienna in su e gli sloveni nel sud della Stiria vanno riducendosi sempre in proporzioni minori; ciò assicurerà il dominio dell'elemento tedesco nella monarchia degli Absburgo, quando ingrandendosi acquisterà altre province non tedesche, italiane e slave e provocherà poi le violente lotte nazionali, che conosciamo dalla storia recente. Importante è pure il fatto, che i tedeschi delle province-ceppo austriache sono bavaresi: è un vincolo, che si fa sentire in tutta la storia dell'Austria e della Germania fino ai nostri giorni: la Baviera elevò spesso diritti di successione in Austria, fu spesso appoggio della politica austriaca in Germania, specialmente nel secolo scorso contro la Prussia, tanto più che in questo caso ve la inducevano anche i comuni interessi cattolici; le due case regnanti di Baviera e d'Austria furono spesso legate da reciprochi vincoli matrimoniali (1); tutto ciò spiega anche le dicerie, che appaiono di volta in volta sui giornali di progetti d'unione fra l'Austria e la Baviera, che si staccherebbe dalla Germania.

Separazione dei due mondi slavi.

La venuta dei magiari, degli Ungheri, che s'incunearono con un forte stato indipendente fra gli slavi del sud e quelli del nord, impedì l'unione di tutti gli slavi in una continuità territoriale dalla Neva ai Balcani e la formazione di un enorme stato slavo, che il re di Moravia Svatopluk intorno al 900 aveva ideato e voleva compiere. Oggidì con i rumeni, che forse sarebbero scomparsi in un gran mare slavo, con i magiari in mezzo e con i tedeschi ad occidente una forte striscia eterogenea dal Mar nero

(1) Anche Elisabetta d'Austria moglie a Francesco Giuseppe I, era nata principessa di Baviera e anche l'anno scorso vi fu un matrimonio fra principi delle due case.

alle Alpi separa nettamente e indistruttibilmente i due mondi slavi, che per la distanza perdettero sempre più anche la loro omogeneità.

Poteri ducale e militare.

Le guerre continue, che la marca austriaca dovette sostenere contro i suoi vicini boemi, polacchi ed ungheri, spesso alleati insieme, contribuirono a consolidare in modo eccezionale *il potere ducale e militare; il militarismo* - nel senso, che si poteva dare allora a questa parola moderna - divenne il solo sistema dominante nel ducato: tutta l'amministrazione era asservita agli scopi di guerra; il criterio militare vassallitico informava tutto l'ordinamento feudale: segnò l'asservimento completo dei contadini e il sorgere ed affermarsi del potere degli stati provinciali (finora soltanto prelati e nobili). Sotto i Babenberger i nobili - i « signori », « signori della terra » (*Herren, Landesherren*) è la loro denominazione ufficiale di quei tempi - non erano riusciti ancora a conquistare dei diritti di governo accanto al margravio, poi duca: essi sono verso di lui ancora suoi funzionarî, sebbene nel XIII secolo ormai già esclusivamente in rapporto feudale: essi gli devono fedeltà, omaggi a corte e anzitutto uomini armati e mantenuti a loro spese in caso di guerra; reclutamenti militari, imposte non ci sono più; il feudalismo domina tutto; ogni « signore » amministra con pieni poteri la sua terra: i contadini liberi non esistono più, tutti hanno il loro padrone, il loro « signore »; il duca non amministra, nel senso più stretto della parola, che i suoi beni demaniali per mezzo dei suoi « ministeriali », che appunto per questo loro ufficio di fiducia poco a poco vanno elevando sempre più la loro posizione sociale e già nel XII° secolo accanto ai « signori » (conti e baroni, i quali formano la nobiltà di nascita) divengono una specie di nobiltà inferiore, una nobiltà di professione (i cavalieri, *Ritter* e, in grado inferiore, paggi, *Knappen* o *edle Knechte*, servi nobili), finchè poi nel XV secolo li vedremo uguagliati del tutto ai « signori ». Il potere supremo del duca però resta ancora, negli atti di governo, assoluto; egli è il capo supremo militare e - purchè sia provveduto alla sicurezza dei confini e alle cose di guerra - ad altro egli ora non pensa.

Privilegi dei "signori,, e diritti provinciali.

Perciò cresce a dismisura il potere dei « signori » sulle terre, sulle città e sui contadini, che ora si chiamano soltanto loro « sudditi », e per questi loro diritti feudali e padronali i signori ottengono a cominciare dal XIII' secolo il riconoscimento dal duca e persino dall'imperatore in leggi speciali, nei cosiddetti « diritti provinciali » (*Landrechte*), che sono compilazioni spesso private, qualche volta anche ufficiali, riguardanti confusamente il diritto pubblico, feudale, privato, penale e anche processuale, e che ottengono in breve tempo vigore di legge o per mezzo del riconoscimento formale da parte del principe o perchè entrano da sè in uso. Questo è il nuovo diritto, il diritto territoriale, che viene a sostituire il vecchio diritto delle leggi barbare, il « diritto di schiatta » (*Stammesrecht*) poco a poco caduto in dimenticanza; è il diritto creato dai « signori » di un dato territorio e naturalmente a tutto loro vantaggio, che statuisce anzitutto i loro privilegi di casta resi ora intangibili anche di fronte al principe; non bisogna credere, che esso abbia rappresentato l'unico diritto vigente in un territorio, in una provincia, come i codici dei nostri tempi; esso entrava in vigore soltanto in quei luoghi ed in quei casi, per i quali non valesse già qualche altro diritto e di questi diritti particolari abbondava il medio evo nei giudizi feudali, nei giudizi dominicali o patrimoniali delle signorie fondiarie, nei giudizi dei « ministeriali » e nei giudizi urbani; tutto un particolarismo che nei secoli seguenti andò estendendosi sempre più e che serviva ad opprimere ancor maggiormente i cittadini ed i contadini, i quali finivano col sottostare spesso a tre e più giudici differenti nella stessa causa.

In Austria abbiamo nel sec. XIII due redazioni diverse del « diritto provinciale austriaco »: la prima è del 1236/7 e il titolo ne dice « questi sono i diritti secondo gli usi del paese sotto il duca Leopoldo d'Austria » (alcuni storici l'attribuiscono al duca Ottocaro il boemo, nel 1254); i nobili ne ottennero la conferma dall'imperatore Federico II durante i torbidi dell'interregno; la seconda, che comincia con le parole « noi stabiliamo e comandiamo », è attribuita ad Alberto I d'Absburgo fra il 1295-8 (da altri a Rodolfo I fra il 1276-81) (1). Per la Stiria, che è un'altra provincia, territorialmente, un'altra unità politica, vige prima la *Georgenberger Handfeste* del 1186, poi il « diritto provinciale stiriano », che sarà redatto nella seconda metà del XIV sec. Anche l'Austria superiore ha proprî usi, proprie istituzioni, come del resto ogni territorio politico in tutto l'impero germanico. Da questi diritti gli storici moderni ricostruiscono le condizioni sociali allora esistenti: proprietà fondiaria od anche semplice possesso fondiario libero dei contadini non esisteva più; tutta la terra era proprietà e possesso del principe, della chiesa e dei signori. Fra i contadini quelli, che allora in Austria stavano ancora meno peggio erano i *censuales*, una classe superiore dei « pertinenti », obbligati a pagare un censo *de capite* ed a prestare alcuni servizi limitati (*corvate* o *comandate*), che però sottostavano ancora in parte alle autorità ed ai giudizî del villaggio (*Dorfgerichte, Ehafttaidinge*) e per i reati più gravi ai « placiti » (*Landgerichte*, giudizi provinciali) sorti, quando a poco a poco i giudizi comitali della provincia (*Landtaidinge*) divennero soltanto giudizî nobiliari; ai « placiti » sottostavano per i reati gravissimi, involventi pene di sangue, anche le classi inferiori di contadini, i *coloni* (*Grundholde, glebae adscripti*), che del resto subiscono in tutto la giurisdizione padronale, e i veri contadini *servi* (*homines proprii, Leibeigene*) (2) Tale è

Amministrazione e classi sociali.

(1) La prima redazione è pubblicata in WEILAND, op. cit., la seconda in SCHWIND-DOPSCH, op. cit.

(2) Per i figli di questi, come per i parti delle bestie il « diritto provinciale austriaco » dice: *partus seguitur ventrem*, la prole cioè appartiene allo stesso padrone, al quale appartiene la madre serva. Il padre non ha diritti.

la condizione dei contadini nel XIII sec. in Austria; poi col tempo avverrà anche di essi lo stesso processo, che notammo fra i nobili; le tre classi andranno assimilandosi e per la fine del sec. XV saranno tutti completamente soggetti in tutto al signore, il quale allora sarà riuscito a impadronirsi anche dei « placiti », che da principio avevano l'istituto carolingico degli scabini, poi il giudice nominato dal duca, che sceglieva fra i contadini più liberi alcuni giudici popolari (i *Freie*, liberi), ed ora invece avranno a giudice il signore od un suo fiduciario. E queste condizioni dei contadini dureranno fino ai tempi di Maria Teresa e di Giuseppe II (fine del sec. XVIII), quando le necessità di un esercito stabile e di imposte fisse regolari cominceranno a destare l'interessamento egoistico dello stato alle sorti dei lavoratori di quella terra, che — secondo le teorie care a Giuseppe II dei fisiocratici dominanti in quell'epoca — era il principio e la fine di tutte le forze dello stato. Ma anche più oltre fino al 1848 vedremo continuare in gran parte queste condizioni di semiservaggio dei contadini in Austria e ancora oggigiorno in alcune provincie austriache non sono spariti tutti i resti del dominio feudale; così profonde sono le sue radici.

Il sec. XIII segna (e ancor più lo segneranno i due seguenti secoli) il trionfo del feudalesimo, ciocchè nella marca austriaca, in continua guerra ora con i boemi, ora con i polacchi e con gli ungheri, poi con i turchi, significa il trionfo del militarismo di quei tempi; dove

Chiesa.

non dominavano il potere militare e il signore feudale, dominava la chiesa, che in quei tempi di principî teocratici si era assicurata, oltrechè la più completa giurisdizione canonica sul clero e padronale sui suoi sudditi laici, la giurisdizione in tutte le cose ecclesiastiche (*sacra* e *circum sacra*) ed anche in alcune cose di puro diritto civile: i processi d'eresia, le questioni di patronato e di decime, i processi d'usura, le cause matrimoniali e specialmente le controversie testamentarie, che tanto contribuirono in tutti i tempi ad arricchire le chiese, erano campi riservati alla giurisdizione ecclesiastica anche sui nobili e perciò i vescovi, i prelati, gli abati sono nel rango feudale superiori ai signori laici.

Il potere centrale; i particolarismi provinciali.

Ma ancora in questo tempo sopra tutti i signori, ed ecclesiastici e laici, sta molto in alto il potere centrale del duca e anche questo *centralismo*, accentramento, dei maggiori poteri alla corte del duca è una conseguenza necessaria dell'ordinamento militare del paese. Sopra i signori della terra non c'è che l'autorità del duca e dei suoi uffici a corte; al tribunale aulico, al *Hoftaiding* sotto gli ultimi Babenberger è passata la giurisdizione ducale sui signori, che prima era esercitata nei giudizi provinciali (Landtaiding) secondo il principio del giudice di pari rango (1). Ora il *judex curiae* è nominato dal duca, ma soltanto fra i suoi nobili. Di fronte a questo centralismo dei poteri maggiori stanno il grande *particolarismo dei poteri minori*, che vedemmo sopra nel sistema feudale e padronale, e le profonde distinzioni fra territorî e territori, fra le *varie provincie dello stesso ducato* (finora tre: Austria inferiore e superiore e Stiria), gelose delle loro particolarità costituzionali, dei privilegi dei loro stati, gelosie che sempre più vedremo accentuarsi ed affermarsi impedendo l'amalgamento del crescente conglomerato austriaco in un unico stato omogeneo.

Ricapitolazione.

Così ricapitolando noi vedremo già dalle origini di questo stato i germi di alcuni fra i più gravi mali costituzionali, che travagliano oggidì la monarchia degli Absburgo: lo strapotere dell'alta aristocrazia, del clero e delle sfere militari, un centralismo dei sommi poteri di stato, che potè esser utile nei primordi dello stato ancor piccolo, ma poi, — ed è un principio riconosciuto già da Gian Giacomo Rousseau nel suo *Contratto sociale* — cresciuto lo Stato di province differenti fra loro di popoli e di leggi, non poteva che ostacolare lo svilup-

(1) *Genossenschaftsprinzip*: soltanto giudici dello stesso rango feudale o di un rango superiore di quello dell'imputato possono giudicarlo.

po naturale dei suoi popoli dovendo sostenere lotte continue appunto con questo ognor crescente particolarismo provinciale. Sono mali, che in parte potremo trovare, ereditati dalla storia, anche in altri vecchi Stati europei: in Russia e in Prussia forse più diffusi, che nell'Europa occidentale scossa più profondamente dalle rivoluzioni sociali e nazionali del secolo scorso; ma in Austria questi mali, che negli altri paesi provocarono e provocano lotte sociali, crebbero in proporzioni gigantesche, impressionanti, quando l'estensione dei confini dello Stato v'introdusse il potente lievito delle lotte nazionali e la continua conseguentemente necessaria tendenza dei poteri centrali della corte, dell'aristocrazia, del militarismo tedeschi d'imporre la supremazia nazionale tedesca su tutti gli altri popoli non tedeschi.

Finora sotto i Babenberger, il cozzo delle nazioni tedesca, slava e magiara avviene ai confini del ducato: sono guerre fra Stati da pari a pari; fra boemi, polacchi magiari e austriaci (allora quasi tutti tedeschi bavaresi) l'uno contro l'altro, spesso in alleanze gli uni contro gli altri; gli italiani non sono ancora in rapporti speciali statali con l'Austria; nelle guerre degli imperatori di Germania in Italia i duchi d'Austria partecipano soltanto come vassalli dell'impero. Spetterà agli Absburgo il merito di aver esteso i confini dello Stato un po' su tutti i popoli vicini e di aver trasportato le lotte nazionali dalla politica estera anche in quella interna dell'Austria.

CAPITOLO II.

I primi Absburgo

Il Tirolo, il Trentino, Gorizia e Trieste. Rodolfo IV.

Origini degli Absburgo.

Gli Absburgo hanno il loro nome dal castello di Habsburg (1). Il primo della progenie degli Absburgo ricordato con sufficiente precisione dalla storia è Guntram il Ricco, avo del vescovo Werner; la famiglia andò poi col tempo estendendo sempre più i suoi possedimenti anche nelle vicine provincie di Borgogna e di Alsazia di modo, che Rodolfo, accresciutili ancora con guerre fortunate (che gli attirarono però due scomuniche - levate poco dopo - per offese agli interessi della

(1) Eretto nel 1020 dal vescovo di Strasburgo Werner sulla sponda destra del fiume Aar in Isvizzera in prossimità del suo punto di confluenza con il fiume Reuss a circa 28 chilometri di distanza ad occidente da Zurigo; buona parte del vecchio castello, ristaurata, esiste ancora, sorvegliata da un custode. Nel maggio di quest'anno vi fu la cerimonia d'inaugurazione della parte ristaurata del castello, v'intervennero i rappresentanti del governo cantonale svizzero e di Francesco Giuseppe. A Vienna si è costituito un comitato per ricostruire sul monte Leopoldsberg presso Vienna lo stesso castello di Habsburg. —

A comprender meglio la prima parte di questo capitolo si tengano presenti questi attributi rimasti ancor oggi nel gran titolo ufficiale dell'imperatore d'Austria: « ...conte di Habsburg, di Tirol, di Kyburg, di Gorizia e Gradisca; prin-

Idea fondamentale della politica degli Absburgo.

chiesa), nel 1273 quando fu eletto imperatore era già signore di quasi tutta la sponda sinistra del Reno dal Lago di Costanza ai Vogesi. È comprensibile quindi, come nei successori di Rodolfo, che ormai avevano trasferito il centro del dominio della loro casa nel ducato d'Austria, sia sorta subito l'idea della necessità di arrotondare il territorio, loro soggetto, in una unità continua e chiusa, dalla selva viennese ai confini della Borgogna, inchiudendovi il Tirolo e le parti della Svizzera ancora indipendenti.

Di fatti in meno di cent'anni, già nel 1365, il Tirolo con il principato di Trento, con la Carinzia e con la Carniola, che i conti di Tirolo (castello presso Merano) avevano saputo riunire in loro potestà, viene a far parte definitivamente dei dominî degli Absburgo. Trattando qui del Tirolo non bisogna intendere sotto questo nome la provincia politico-amministrativa del Tirolo, qual'è oggi, creata per comodo di amministrazione dal governo di Vienna in tempi molto più recenti, bensì l'insieme dei territori, politicamente e nazionalmente molto differenti, che allora sottostavano al potere dei conti di Tirolo; questo nome anzi comincia ad apparire appena nella seconda metà del XII' sec., per i conti di Merano, vassalli allora ancora umilissimi del principe vescovo di Trento.

---

cipe di Trento e di Bressanone; ...signore di Trieste... »; attributi, che provano la divisione netta, che esistette fra questi vari territori statali fino al principio del secolo XIX e che come pure il resto del gran titolo sono una conferma delle teorie federaliste, risorte nella seconda metà del secolo scorso in Austria e in Ungheria.

Che poi Tirolo fino ai tempi più recenti non abbia significato la provincia odierna, che porta quel nome, lo prova — oltre tutto il resto — anche il fatto, che persino nei documenti tedeschi dei secoli passati si usa per questi paesi il termine « *Tirol und die Vorlande* » (T. e i paesi, che gli stanno innanzi, cioè: Trentino, Bressanone e il Vorarlberg). V. Bernatzik op. cit., p. 3. — Vedasi inoltre l'ottimo opuscolo: *Chi sono i trentini?*, Trento, ed. Giovanni Zippel, 1908.

Tirolo e Trentino romani.

L'odierno Tirolo anche ai tempi dei Romani era diviso in due territori: l'odierna parte trentina con una buona parte dell'Alto Adige assieme con la Venezia Giulia e con l'Istria faceva parte della Regione X^{a} dell'impero d'Augusto e il rimanente dell'odierno Tirolo (ciò che noi italiani chiamiamo ora il vero Tirolo e che è tedesco) apparteneva alla Rezia Romana. Anche questa parte retica fu romanizzata e lo provano ancora i nomi di alcuni luoghi, le scoperte archeologiche e persino in alcune vallate più chiuse fino a tempi recenti resti di antiche parlate ladine. Ma poi con le immigrazioni dei popoli barbari, prima degli ostrogoti, poi dei longobardi e infine dei Baiuvarî la parte retica (il Tirolo transalpino: il bacino dell'Isarco e parte di quello dell'Alto Adige) finirono con l'assumere nazionalmente e politicamente il carattere bavarese, come le altre provincie austriache di quel tempo: la *lex baiuvariorum* e le altre leggi barbare germaniche dominano anche qui, come in tutto il ducato di schiatta bavarese e anche qui subentra al posto dell'amministrazione coloniale romana la costituzione franca delle contee (*Gauverfassung*), che poi diverranno feudi; ma qui restano pure degli elementi di diritto romano, che non si riscontrano negli altri paesi di diritto germanico di quest'epoca e questa fu la via, per cui parecchie istituzioni del diritto italico anche più tardi passarono i confini della Germania: così p. es. le prime tracce del *notariato* in Germania si riscontrano nel 1237 a Bolzano nel « Codice di imbreviature » di Giacomo Haus.

Trentino longobardo - italico.

La parte trentina non fu tocca dall'immigrazione bavarese; subì invece la sorte di tutte le provincie settentrionali d'Italia: divenne ducato del regno longobardo-italico; ma senza profondi mutamenti nazionali o politici, poichè è noto, come i longobardi si adattassero alle condizioni trovate in Italia: di fatti conservò la costituzione municipale romana anche dopo la caduta (a. 774) del regno dei longobardi, i quali vi apportarono soltanto lievi modificazioni fondendovi le forme e i nomi delle loro istituzioni. Il ducato trentino rimase così diviso amministrativamente in « distretti municipali » con a capo il *judex o dux o comes*, in « sottodistretti » (*sculdasia*) con a capo lo *sculdanus* e ancor sotto di questi in *decánie* con a capo il *decanus*: tutti impiegati del duca. Durante la breve dominazione franca il ducato di Trento fu *marca* del Regno d'Italia franco perdendo la Valle Venosta, che fu data da Carlo Magno al vescovo di Coira, mentre la parte bavara dell'odierno Tirolo rimase al regno germanico franco. Nel 952 Ottone I imperatore germanico aggrega il ducato di Trento alla marca di Verona, della quale fa un feudo dell'impero con proprio margravio; però sempre ancora senza alcun rapporto con la parte bavarese. Nel 1027 Corrado II il Salico fa dell'ex ducato di Trento un principato ecclesiastico, il cui primo sovrano vescovo fu Udalrico II: egli domina ora sulle contée di Trento e di Bolzano e sulle valli Venosta ed Engadina; in pari tempo al vescovo di Bressanone concede la contea di quella città: questo è il principio del potere temporale di questi due « principi vescovi », che tengono tale titolo ancor oggi.

Trento e Bressanone principati vescovili.

Ma subito dopo la morte di Carlo Magno eran cominciate infiltrazioni di istituzioni politiche franche anche da questa parte del Brennero (1): accanto ai municipî sorgono delle contée con « signori » con diritti comitali, che poi diverranno feudali. Specialmente Ottone III intorno al 1000 per tenersi ben custodite le porte d'Italia concede feudi ed « immunità » ai vescovi che alla lor volta li infeudano ai nobili, i quali poi assumono anche la protezione come « avvocati » delle immunità ecclesiastiche e poco a poco vanno sempre più rinforzando la loro posizione di « signori »: è in più ridotte proporzioni la ripetizione del processo di formazione degli stati territoriali nell'impero, che si compirà qui a dan-

(1) Il Brennero divideva allora le popolazioni bavaresi al nord dalle latine al sud di quelle montagne. Oggi la divisione non è più così netta.

Vassalli contro i principi vescovi.

no dei principi vescovi. Già nel secolo XI tra i vassalli del vescovo di Trento - si noti che secondo il diritto feudale germanico il tenere un feudo ecclesiastico non significava una menomazione di rango - ce n'erano dei fortissimi e fra questi i più forti si affermarono i conti di Eppan, poi conti di Merano, di Andechs-Merano, che da Federico Barbarossa ottennero il margraviato della Carniola e dell'Istria interna e il *titolo* di duchi di Marania (terra a mare: Adriatico) e Dalmazia, le quali sponde adriatiche però mai appartennero nè all'impero germanico nè ai suoi vassalli, e infine conti di Tirolo: questi poco a poco erano riusciti nel secolo XIII a riunire nelle loro mani la maggior parte dei feudi e subfeudi ecclesiastici della parte bavarese dell'odierno Tirolo e dei due principati vescovili, sicchè nel 1240 il vescovo di Trento Aldrighetto di Campo, che fautore dei guelfi era caduto in disgrazia dell'imperatore Federico II ed era stato privato da lui del potere temporale ed abbandonato alla mercè dei fautori ghibellini del famoso Ezzelino da Romano, non seppe far di meglio nelle sue angustie che investire il conte Alberto di Tirolo anche dei rimanenti feudi vacanti e di concedergli, con diritto di successione per gli eredi maschi poi anche — senza chieder più il consenso del capitolo vescovile — per le femmine, l'Avvocazia del principato vescovile di Trento. Morto Alberto nel 1254 senza prole maschile, gli successe Mainardo conte di Gorizia, marito di sua figlia Adelaide, che pretese con minacce l'investitura per sè e per i proprî figli dei feudi e dell'avvocazia dal vescovo Egnone, il quale dopo due anni di vana resistenza gliela concesse dichiarando, che « non poteva nè osava, per allora, di fare altrimenti », mentre il capitolo di Trento elevava fiere ma inutili proteste contro le prepotenze del conte.

Il conte tirolese usurpa il potere nel Trentino.

Suo figlio Mainardo II, succedutogli nel 1274 e detto poi l'*Usurpatore*, compie l'opera di sottomissione di quasi tutto il Principato di Trento al suo potere, sebbene formalmente ancor sempre egli ed i suoi eredi fossero e si dicessero soltanto vassalli ed avvocati del vescovo principe; di fatto però egli governa con i suoi « ministeriali » tutto il principato, egli è il vero fondatore del potere temporale civile nei suoi possedimenti; e i vescovi Arrigo II e Filippo sono obbligati a ramingare in cerca di asilo e di aiuto, che Filippo trova dai veronesi e dai mantovani; ma anche la forza delle armi non riesce più a ridare l'indipendenza piena e completa di prima ai vescovi. È lo stesso processo, che questi stessi conti, quali conti di Gorizia e avvocati del Patriarcato di Aquileia, tentano a danno del potere temporale di quei patriarchi e in parte vi riescono. In ambidue i casi tutto l'utile ne trarranno poi gli Absburgo, succeduti — lo vedremo ora — già nel 1363 nei possedimenti dei conti di Tirolo e nel 1500 in quelli dei conti di Gorizia.

irolo e Trentino.

Però ancora sempre non esiste un territorio unico, che porti il nome di Tirolo: esiste soltanto un conglomerato di feudi, di beni allodiali, di possedimenti, che hanno per « signore » (e anzi nel principato vescovile trentino formalmente soltanto per « avvocato ») i conti di Tirolo; il principato vescovile di Trento, come pure il principato vescovile di Bressanone, che seppe conservare più a lungo la propria indipendenza, e i feudi della parte bavarese fanno ciascuno una parte a sè, retta secondo le proprie leggi e tradizioni, latine e italiane nella parte italiana e ladina e tedesche nella parte bavarese. Tutti gli statuti di città e codici di diritto di quest'epoca e dei secoli seguenti nella parte italiana sono non soltanto scritti in latino (qualcuno più tardi, già nel 1300, anche in italiano, per es., gli « statuti della confraternita dei battuti di Trento) » ma sono tutti codici fondati sul diritto municipale e sul diritto privato romano e italico: così il *Codex Vangianus* (1), gli statuti di

(1) Pubblicato da Rudolf Kink nelle *Fontes rerum austriacarum*, è una raccolta di documenti, atti, privilegi ecc. del principato di Trento ordinata dal principe vescovo Vanga e compilata intorno al 1200. Contiene anche i due atti della donazione fatta ai vescovi da Corrado II. La loro autenticità

Trento attribuiti al sec. XII, e quelli posteriori di Bressanone e di Bolzano, per dire dei più importanti. Una particolarità nel diritto pubblico e privato, che fu comune a tutte queste vallate quanto dalla parte bavarese tanto dalla parte italiana e che almeno in quei tempi e fin molto più tardi non si riscontra in alcun altro territorio di diritto germanico, mentre la si ha già nel sec. XII in quasi tutta l'Italia, è la classe dei contadini liberi, che formeranno i comuni rurali liberi e poi le comunità di intere vallate di contadini liberi, le quali dal 1404 in poi parteciperanno alle diete con gli altri tre Stati provinciali (prelati, nobili e città).

Infiltrazioni tedesche al di quà del Brennero.

Certamente col tempo e col prevaler dei conti di Tirolo tedeschi e della nobiltà tedesca, ch'essi mettevano a capo dei loro feudi e sottofeudi nella parte trentina e che portavano seco famiglie di dipendenti, di commercianti, di artieri e di altri lavoratori, avvennero degli spostamenti del confine nazionale e delle infiltrazioni germaniche sporadiche anche nell'interno del principato trentino a tutto danno dell'elemento nazionale italiano autoctono. Bisogna considerare che in quei tempi la limitata densità di popolazione permetteva simili processi di « snazionalizzazione » molto più facilmente che ora. Così nel sec. XIII l'altipiano di Folgaria appare in parte colonnizzato da contadini tedeschi, dei quali numerose tracce restano ancor oggi e servono di pretesto ad alcuni tedeschi a vane provocanti affermazioni ed azioni di conquiste nazionali. Altre simili, del resto numericamente insignificanti colonie, ce ne sono in altri due o tre punti dell'odierno Trentino; l'intedescamento più grave avvenne ai confini lungo l'Alto Adige: quivi tutto il territorio fino a Bolzano ed ancor più giù intorno al 1400 è già in gran parte tedesco; le profonde vallate alpine invece a destra (meno la superba Val Venosta, che alla fine del XVI sec. va perduta nazionalmente

---

è messa in dubbio. V. in proposito lo studio del prof. Guido Suster nell'*Archivio per l'Alto Adige*, a. IV, fasc. III-IV, pp. 331-368.

per il mondo latino) e più ancora a sinistra dell'Adige, chiuse al consorzio umano dai loro monti elevati, resistono nazionalmente di più e lì vi fiorisce la parlata ladina bella nei suoi dialetti varî per ogni vallata (1).

Il Absburgo e il Tirolo.

L'accrescersi della signoria dei conti di Tirolo non deve esser dispiaciuto all'imperatore Rodolfo d'Absburgo ed ai suoi successori, duchi d'Austria, anzi gli Absburgo favorirono potentemente quest'ascesa del casato tirolese, casato legato ad essi con vincoli di parentela per frequenti matrimonî reciproci e che era una specie di anello di congiunzione fra i possedimenti austriaci e svizzeri degli Absburgo. Fu perciò, che Rodolfo imperatore concesse nel 1286 il ducato di Carinzia, il vecchio nucleo della marca Carantania, in feudo a Mainardo conte di Tirolo, Carniola e Gorizia (passata poi alla linea più giovane dei conti di Gorizia) e nello stesso tempo fece prendere in isposa da suo figlio Alberto I, duca d'Austria, una contessa di Tirolo, Elisabetta. Già il figlio di questi, Alberto II d'Austria (1330-1358), comincia a patteggiare segretamente con l'imperatore Lodovico, duca di Baviera, per dividersi l'eredità dell'ultimo conte di Tirolo, che non ha prole maschile. L'imperatore Lodovico di passaggio per l'Italia nel 1327 aveva concesso al conte Enrico di Tirolo e di Carinzia il privi-

---

(1) Le popolazioni ladine formano con i territori da esse abitati una corona quasi ininterrotta, che separa i confini etnici delle nazioni italiana e tedesca dall'alto Reno, per i Grigioni, alcune valli del Vorarlberg, la Val di Non, le valli dolomitiche poi giù per le pianure friulane fino al mare Adriatico alle foci dell'Isonzo (v. nota a p. 40). Alcuni filologi (Ascoli: *Archivio di glottologia*, ed altri) dicono il ladino una lingua neo-latina a sè; i friulani la dicono dialetto italiano. Per i dialetti ladini v. Carlo Battisti, studî negli *Atti dell'Accademia delle scienze di Vienna* e nell'*Archivio per l'Alto Adige* (Trento). — I ladini dell'Alto Adige, purtroppo nazionalmente non evoluti, divengono facile preda politica e nazionale dei tedeschi del Tirolo, che li abbeverano di odio per i fratelli italiani. I trentini parlano il dialetto veneto un po' lombardeggiante. V. il mio articolo nell'*Adriatico* di Venezia e per i friulani il mio articolo nella *Tribuna* (Aquileia e Friuli), cit..

legio del diritto di successione anche per sua figlia Margherita Maultasch e tre anni dopo, di ritorno dall'Italia, glielo aveva riconfermato, ma appena uscito dai possedimenti del tirolese conchiude un patto segreto con il duca d'Austria, secondo cui la Carinzia — morto Enrico di Tirolo — sarebbe passata al duca d'Austria e i possedimenti dell'odierno Tirolo sarebbero stati annessi alla Baviera. Di fatti nel 1335, avvenuta la morte di Enrico, l'imperatore investe subito Alberto II d'Austria con i feudi di Carinzia e del Trentino e tiene per sè i feudi del Tirolo odierno. Ma ora entra in scena il marito tredicenne della diciottenne Margherita Maultasch, Giovanni Enrico figlio di Giovanni di Lussemburgo, re di Boemia: i nobili tirolesi l'hanno riconosciuto loro conte e si preparano assieme con i boemi a sostenerne con le armi le ragioni. Ma già nel 1336 si fa la pace ad Enns e il Tirolo e il Trentino restano a Margherita Maultasch (detta così pare per un'enorme bocca dalla forma di tasca - *tasche*), mentre la CARINZIA, dove la leggenda popolare ha fatto della Maultasch una terribile amazzone (« *die böse Gretl* ») e la CARNIOLA passano ora definitivamente al ducato d'Austria; 38 anni più tardi il duca d'Austria eredita anche il resto dei possedimenti in Carniola e quelli nell'interno dell'ISTRIA del conte Alberto IV di Gorizia e nel 1382 TRIESTE, che sente il bisogno di una forte protezione contro i suoi molti nemici, si sottomette spontaneamente ai duchi d'Austria(1). Così il dominio dei duchi d'Austria è esteso fino all'Adriatico;

Carinzia, Carniola, Istria interna Trieste passano all'Austria.

---

(1) Trieste, che nell'evo di mezzo sottostava ai suoi vescovi, vassalli del patriarca di Aquileia, divenne nel sec. XIII comune libero. Gli storici triestini affermano, che a quei tempi anche la popolazione di Trieste sia stata ladina. Oggi a Trieste la parlata usuale è il dialetto veneto, che domina con lievi varianti su tutta la sponda orientale dell'Adriatico in Istria, a Fiume e in Dalmazia.

L'Istria interna era formata dal margraviato di Pisino, che faceva parte dei dominî dei conti di Gorizia. L'Istria marittima, come la Dalmazia, era retta prima a municipî italiani liberi poi divenne provincia veneziana.

essi però non hanno abbandonato dall'altra parte ad occidente il loro progetto di annettersi i possedimenti della contessa di Tirolo. Già nel 1341 l'imberbe marito di Margherita Maultasch è cacciato dal Tirolo e abbandonato da sua moglie, che subito l'anno dopo sposa, senza aver ottenuto il divorzio ecclesiastico, Lodovico di Brandenburgo, figlio dell'imperatore Lodovico il Bavaro; il papa Clemente VI scomunica perciò l'imperatore, la Maustasch, e il suo secondo marito, dal quale ebbe un figlio di salute cagionevole; Alberto II d'Austria afferra l'occasione propizia per cattivarsi le grazie della Maultasch, sua cugina, e interviene presso il papa per ottenere la revoca della scomunica; le trattative durano a lungo e appena suo figlio Rodolfo IV, che con la sua politica avveduta di forte uomo di Stato influì tanto sulle sorti dell'Austria, riesce nel 1359 a conseguirla; per gratitudine, Margherita Maultasch fa erede — per il caso di morte di suo marito e di suo figlio — Rodolfo IV, duca d'Austria. Nel 1361 muore Lodovico di Brandenburgo e due anni dopo suo figlio; ma i Wittelsbach di Baviera elevano ora diritti di successione sui possedimenti dei conti di Tirolo per parecchi titoli fra cui anche quello, che queste terre una volta furono feudi della Baviera; Rodolfo d'Austria di fronte a questo pericolo persuade la Maultasch già nel 1363 di fargli donazione di tutte le sue terre; questo titolo di donazione — irregolare, perchè i feudi non si potevano regalare così — ottiene l'anno dopo l'approvazione dell'imperatore Carlo IV di Lussemburgo, re di Boemia e suocero del duca d'Austria; sicchè al duca di Baviera non resta altro, dopo lunghe tergiversazioni, che rinunciare nella pace di Schärding alle sue pretese dietro un forte compenso in denaro. I possedimenti degli ex-conti di Tirolo sono ora formalmente e di diritto riconosciuti dall'imperatore feudi dei duchi d'Austria.

Donazione irregolare del Tirolo agli Absburgo.

Opposizione del Trentino.

I vescovi principi di Trento e di Bressanone tentano di opporvisi per i loro principati, che non sono feudi vacanti, di cui l'impero possa liberamente disporre; ma pare, che il vescovo Alberto di Ortemburgo non pensasse proprio ad una seria resistenza, poichè lo stesso anno (1363) conchiude un infelicissimo trattato con Rodolfo d'Austria, che semplicemente inverte i rapporti di diritto finora esistenti tra il principe vescovo ed i suoi avvocati, prima conti di Tirolo ora duchi d'Austria; in questo trattato il vescovo di Trento si obbliga per sè e per i suoi successori: 1° di prestar aiuto militare ai nuovi signori del Tirolo contro qualsiasi nemico, meno che contro il papa: quest'è addirittura *l'iter militaris* del vassallo verso il signore feudatario; 2° di non nominare proprî impiegati nel principato senza il consenso del duca d'Austria e questi impiegati dovranno giurare fedeltà prima al duca d'Austria e poi al vescovo; 3° gli impiegati non dovranno prestar giuramento ad un nuovo vescovo senza previo consenso del duca.

I compattati.

I *compattati* (1) fra i vescovi e i duchi seguenti resero ancor peggiori le condizioni di dipendenza del principe vescovo dai duchi d'Austria, sebbene formalmente gli restassero ancora il titolo e gli onori di un principe immediato dell'impero(2). Questo fatto ed anche il contenuto suesposto del trattato del 1363 provano a sufficenza, come la posizione del principato di Trento di

---

(1) Convenzioni fra principi e vassalli o stati provinciali, che si rinnovavano ogni volta che mutavasi il principe.

(2) La posizione dei vescovi principi di Trento e di Bressanone fu ancor più indebolita di fronte ai duchi d'Austria, quando nel 1446 papa Eugenio IV concede a Federico III imperatore (V duca d'Austria) il diritto di presentazione per quelle due e per altre sedi vescovili; Pio II e Paolo II confermano anche agli eredi di Federicco assieme con altri privilegi questo diritto, che è esercitato ancor oggi dagli imperatori d'Austria. Gli Absburgo ne fecero uso larghissimo per dare al Trentino vescovi tedeschi, appartenenti alle grandi famiglie feudatarie austriache. Con tutto ciò il principato di Trento ebbe ancora al principio del sec. XVI un periodo abbastanza lungo di splendore, quando il celebre umanista principe vescovo Bernardo Clesio, che tanto bene fece per il rinascimento delle arti a Trento, riunì in una mano il potere principesco dei due vescovati di Trento e di Bressanone; unione mantenuta anche dai suoi successori, vescovi della famiglia dei Madruzzo.

fronte al ducato d'Austria era perfettamente indipendente dalle sorti dei rimanenti feudi dei conti di Tirolo. Anche ora, come prima, non c'è una provincia sola, un Tirolo: ci sono soltanto i possedimenti dei conti di Tirolo, separati tra di loro per signoria, per Stati provinciali, per leggi e per amministrazione, i quali sono passati a far parte ora del dominio territoriale degli Absburgo. E questa posizione distinta, autonoma del principato vescovile trentino è continuata ininterrottamente fino ai tempi del gran rimescolatore di popoli e di confini, Napoleone.

Certamente poco a poco necessità di governo, di amministrazione, di provvedimenti militari fanno sì, che sorgono alcuni legami fra la parte trentina e la parte tedesca dell'odierno Tirolo; Rodolfo riesce ad ottenere anche la sottomissione dei signori di Arco e di Rovereto, che poi passerà a Venezia e, ritornata un secolo dopo all'Austria, si ribellerà nel 1563 guidata da Matteo Del Bene contro gli austriaci, che volevano costringerla a sottostare al governo tirolese d'Innsbruck; anche Trento, guidata da Rodolfo Bellenzani, da 1407-9 ebbe una levata di scudi contro il vescovo tedesco Giorgio di Liechtenstein, soffocata poi nel sangue da Federico IV Tascavuota d'Absburgo. I vescovi di Trento in seguito cominciarono a frequentare con i loro Stati provinciali le diete in comune con gli Stati provinciali tirolesi, a provvedere in comune alle imposte e alle cose militari.

Insurrezioni trentine.

Come questi varî territori formanti allora l'odierno Tirolo si sieno sentiti e siano stati di fatto distinti, staccati uno dall'altro lo prova la continuata opposizione dei vescovi di Bressanone di riconoscere la signoria degli Absburgo sul loro principato vescovile; opposizione che nel 1464 con il vescovo Cusano, aiutato dal papa, condusse ad un violento conflitto; la morte di Cusano e del papa nello stesso anno facilita la vittoria di Sigismondo d'Absburgo, che aveva fautori della sua parte tutti i canonici e gli abati del principato; il quale però, come quello di Trento, resta pure separato dal Tirolo ed autonomo fino ai tempi napoleonici.

Resistenza di Bressanone.

I fratelli di Rodolfo IV, Alberto III e Leopoldo III divisero nel 1379 tra di loro il ducato con reciproco diritto di successione in caso di mancanza di prole maschile: Leopoldo ottenne la Stiria e i possedimenti tirolesi, che poi nel 1406 furono divisi tra i suoi due figli Ernesto (linea stiriana leopoldina degli Absburgo) e Federico il Tascavuota (linea tirolese leopoldina); Alberto tenne l'Austria (linea albertina). Fra il 1375-1451 con compere parziali gli Absburgo acquistano l'odierna provincia di Vorarlberg, fra il Tirolo e i loro possedimenti in Svizzera; il Vorarlberg mantiene pure la propria individualità politica con propria nobiltà e proprî Stati provinciali; appena Massimiliano I nel 1505, per aver partecipato alla guerra di successione in Baviera, riuscirà ad incorporare all'Austria (ora di nuovo tutta riunita in sua mano) le parti settentrionali dell'odierno Tirolo ed ora si può dire compita la conquista e l'acquisto da parte degli Absburgo di tutti quei territori che formano ancor oggi la provincia austriaca del Tirolo, aggiungendovi i distretti di Ampezzo, Rovereto e Riva presi nel 1516 a Venezia (1). Ma mentre questo progetto degli Absburgo felicemente si compiva, i loro piani di conquista nella Svizzera, che facevano governare dai signori del Tirolo, andavano distrutti dal tenace e fiero amor di libertà patria di quei forti montanari. Nella battaglia di Sempach (1386) Leopoldo III perde la vita e il primo tratto dei possedimenti absburghesi in Svizzera, nemmeno interi cent'anni dopo (*ewige Richtung* del 1474) gli Absburgo nulla più possiedono da quelle parti, che più non riguardano la storia d'Austria. I duchi d'Austria mireranno d'ora in poi ad oriente e come imperatori di Germania tenteranno voli ben più alti.

La divisione degli Absburgo.

Il Vorarlberg.

Val d'Ampezzo.

La Svizzera perduta.

Intanto però le divisioni del ducato e le lotte, che

(1) Nel 1504 Massimiliano aveva elevato il titolo di contea del Tirolo in « contea principesca » (*gefürstete Grafschaft*), come quello di Gorizia e Gradisca.

ne seguirono tra i fratelli duchi, avevano 'ndebolito il potere e il prestigio degli Absburgo nei possedimenti tirolesi e qui gli Stati provinciali, specialmente i prelati e i nobili, accrebbero di molto la loro importanza e la loro ingerenza nell'amministrazione provinciale. Federico il Tascavuota tenta di mettervi riparo favorendo le città e i comuni rurali, i quali ora fanno pure parte delle diete degli Stati provinciali. Ma gli Stati si accordano tra di loro e il loro potere, specialmente durante il lungo governo dell'inetto figlio di Federico, Sigismondo, cresce a tal punto, che esercitano quasi una curatela su di lui e gli pagano (quasi ad irrisione del suo soprannome ironico « ricco di monete ») uno stipendio mensile, mentre amministrano da sè tutta la provincia. Da questo tempo appunto traggono origine i molti privilegi importantissimi, che gli Stati provinciali dei possedimenti tirolesi seppero assicurarsi e che ancor oggi, in buona parte conservati, dànno una posizione privilegiata in alcuni riguardi (per es. nelle cose militari) alla provincia del Tirolo.

Stati provinciali del Tirolo.

Vediamo di questo primo periodo del dominio degli Absburgo i risultati, che avranno un'importanza nelle seguenti fasi dello sviluppo storico di tutta l'Austria: *il territorio del ducato d'Austria* sarà quasi raddoppiato d'estensione, quando Massimiliano I (1493-1519) lo riunirà di nuovo tutto sotto un duca; conterà di superficie circa 103,000 chilometri quadrati; sarà cresciuto però di *nuove province,* con propria individualità politica, di *nuove popolazioni eterogenee,* che apporteranno maggior incremento alla lotta continua del particolarismo provinciale (divenuto poi nazionale) contro il centralismo di corte e militare. La lotta accanita e disperata dei **trentini italiani** di oggi per il riacquisto della loro autonomia amministrativa e nazionale, in germe, secondo i tempi, la riscontriamo già in queste competizioni fra i vescovi, i loro Stati provinciali e i conti di Tirolo e i duchi d'Austria; e dalla mancanza di questa autonomia, tolta loro dopo le confusioni na-

Territori austriaci.

Italiani trentini. Autonomia trentina.

poleoniche, risulteranno i molteplici conflitti fra italiani del Trentino e tedeschi del Tirolo, che nel loro complesso formeranno uno dei più gravi problemi nazionali nell'Austria dei nostri giorni.

La valle d'Ampezzo e i territori di Rovereto e di Riva, annessi ne 1516, conservano i proprî privilegi, finchè parecchi decennî più tardi non saranno sottomessi amministrativamente alle autorità tirolesi.

Autonomia del Vorarlberg.

Qui vediamo pure il principio, che informa l'azione della dieta del Vorarlberg, che pur gode una certa larga indipendenza amministrativa dal Tirolo e che nazionalmente appartiene allo stesso popolo tedesco (1) per ottenere anche per quella provincia il completo distacco politico dal Tirolo e costituire di nuovo da sè una provincia autonoma dell'Austria.

Elemento sloveno.

Con l'acquisto delle due provincie Carinzia e Carniola, che hanno pure proprî Stati provinciali, propria nobiltà, proprî usi, leggi e che saranno ora amministrativamente riunite alla Stiria, entra in Austria un numeroso **elemento sloveno**: la popolazione della Carniola è quasi tutta slovena, la Carinzia e la Stiria ne hanno fortissimi nuclei nelle loro appendici confinanti con la Carniola, che ora con l'unione acquistano maggior consistenza (2). L'importazione sistematica — e del resto naturale in quei tempi — di nobili, signori e vassalli, e di impiegati loro e dei duchi, tutti tedeschi,

(1) Pur essendo di schiatta e di parlata dialettale svevi a differenza dei tirolesi, che sono bavaresi di schiatta e di dialetto. Il Vorarlberg gode però di una completa autonomia provinciale: ha la propria dieta e la propria giunta provinciali a Bregenz, soltanto la sua amministrazione politica, statale dipede dalla logotenenza d'Innsbruck. Ora gli svevi richiamandosi alla loro storia, al loro dialetto e alle loro condizioni domandano anche la separazione politica dal Tirolo (sedute della dieta di Bregenz 1913). I trentini, che sono divisi dai tirolesi da barriere ben più grandi, non hanno nemmeno l'autonomia provinciale!

(2) Il nome sloveno per Stiria (ted. Steiermark) è *Stajerska*, per Carinzia (ted. Kärnten) è *Koruska* e per Carniola (ted. Krain) è *Kranjska* (*nj* leggi *gn*: in ogni).

compresse l'animo nazionale delle popolazioni slovene di queste province in modo, che la loro coscienza nazionale cominciò a risvegliarsi appena nel secolo XIX, tocca dal movimento nazionale dei croati e serbi, con i quali gli sloveni veramente sono tutt'una nazione in continuità geografica e in unità di lingua; unità, della quale non è ancora penetrata la piena coscienza in questi tre popoli, divisi da lievi differenze dialettali e letterarie, da diversità religiose, da un alfabeto differente e più di tutto dalla politica, di chi ha il maggior interesse di tenerli divisi. E da questa compressione nazionale si svilupperanno poi nel secolo XIX le lotte fra tedeschi e sloveni, le quali in Carniola sono quasi finite con il trionfo degli sloveni, mentre in Carinzia e in Stiria son più vive che mai. — Nel 1500 poi Massimiliano I eredita dall'ultimo conte di Gorizia, Leonardo (in base al testamento di Mainardo VII del 1361) la contea di Gorizia e i suoi possedimenti nel Friuli, che teneva come vassallo ed avvocato del patriarca di Aquileia e (dal 1420) come vassallo di Venezia, la quale aveva conquistato le terre del patriarcato. Ne seguì una guerra tra l'Austria e Venezia, che ebbe contro di sè tutta la potente Lega di Cambrai: così venne all'Austria la *parte orientale del Friuli con Gorizia e Gradisca*, che ebbero pure proprî Stati provinciali e propria individualità politica (1). Trieste, libero comune, e l'Istria interna, data ripetutamente in pegno per prestiti di denaro ai signori vicini, appartengono

Gorizia e Gradisca. - Friuli orientale.

(1) Gorizia e Gradisca ebbero anche poi fino al sec. XVIII ciascuna una propria individualità politica, con propri stati provinciali. La Sanzione prammatica per es. fu votata e dalla dieta di Gorizia e da quella di Gradisca. Il termine ufficiale austriaco per il Friuli orientale soggetto all'Austria e amministrato come provincia autonoma con capitale Gorizia è ora « contea principesca di Gorizia e Gradisca ». Alla stessa provincia appartiene anche una parte della montagna carnica abitata ora da sloveni. Nella parte italiana ad occidente dell'Isonzo si parla il friulano, che è lo stesso dialetto ladino di quel d'Udine. — V. nota a p. 32 e a p. 50 (1) e ss.

— lo vedemmo — già ai duchi d'Austria: qui abbiamo gli **italiani adriatici**, che naturalmente in quei tempi non possono pensare a pericoli nazionali e lasciano estendersi l'elemento sloveno (lavoratori della terra) alla periferia dei loro territorî; nel sec. XIX gli sloveni immigrati sorgeranno anche qui ad affermare i loro diritti nazionali non soltanto, ma favoriti da circostanze, che più tardi esamineremo, anche ad esigere il predominio assoluto in queste terre italiane (I).

Italiani adriatici.

Il *potere centrale ducale* cresce in questo periodo smisuratamente di fronte al potere imperiale, che, come del resto in tutti i principati territoriali dell'impero germanico, ma specialmente in Austria, perde col tempo ogni importanza; tale processo sarà favorito poi più di tutto dal fatto, che i principi d'Austria, da Alberto V (II come imperatore dal 1438) sono in pari tempo ininterrottamente (meno il breve periodo di Maria Teresa) fino al 1806 imperatori di Germania e come tali approvano tutto ciò, che i sovrani d'Austria (dunque essi stessi) fanno nel proprio regno; dall'altro canto specialmente durante le lotte spesso sanguinose fra gli Absburgo stessi per le divisioni dei possedimenti tra i fratelli — una conseguenza del principio patrimoniale, che allora vigeva negli Stati, secondo cui lo Stato era proprietà del principe e della sua famiglia — di fronte al potere del principe, dopo morto Rodolfo IV (1365), cresceva l'*importanza e il potere degli Stati provinciali.*

Potere centrale e stati provinciali.

Rodolfo IV il Fondatore (1358-1365), detto così per le sue fondazioni dell'Università di Vienna (1365, per 4 « nazioni »: austriaca, boema, sassone ed ungherese) e del duomo di S. Stefano, quale è oggi, è pure il vero fondatore della completa indipendenza territoriale del principato degli Absburgo. Egli fu nella storia d'Austria una di quelle figure, che con la forza della loro personalità qualche volta influiscono potentemente sulle sorti di un paese, di uno stato; fu un vero principe ma-

Rodolfo IV.

chiavellico, che non badò a mezzi, non sentì scrupoli per sodisfare la sua grande ambizione di potere e di splendore dinastico. Già suo padre Alberto II, che gli diede in moglie la figlia di Carlo IV di Lussemburgo, re di Boemia e imperatore di Germania, aveva ottenuto appunto da questo imperatore il privilegio *de non evocando*, secondo cui l'imperatore non poteva più avocare a sè i casi di giustizia del ducato d'Austria. Questo segnava già un grande aumento del potere ducale e verso l'impero e verso i proprî Stati provinciali, che d'ora in poi non hanno altro giudice che il duca. Ma poco dopo nel 1356 Carlo IV con la « bolla d'oro » concede una quantità di privilegi speciali ai sette principi elettori e fra questi non mette nè l'Austria nè la Baviera, che tentano un'opposizione rimasta inutile; Rodolfo IV ne è risentito, si sente menomato di fronte agli altri principi suoi vicini e si mette senz'altro all'opera, appena salito sul trono, per fare il suo Stato indipendente dall'imperatore e dall'impero.

A legger i suoi decreti par di sentire uno di quei discorsi, che Guglielmo di Germania tiene ora sulla provenienza divina del suo principato; era la teoria di quei tempi, ma non poteva valere per un vassallo, che aveva il feudo dall'imperatore. Eppure Rodolfo scriveva nel 1365: « Dacchè il nostro signore Gesù Cristo concesse a tutti i nostri predecessori gli onori principeschi, reali ed imperiali... ». Per dare una solida base di apparente legittimità a questa sua indipendenza, Rodolfo fa nell'inverno tra il 1358-59 nella sua cancelleria falsificare il *privilegium maius* e lo fa passare per un diploma di Federico Barbarossa del 1156; si chiama *maius*, perchè contiene 18 privilegi, mentre l'autentico *privilegium minus* del 1156 ne ha soli 5, accolti del resto anch'essi nell'apocrifo; redatta la falsificazione la manda a suo suocero, l'imperatore Carlo IV, perchè riconfermi l'antico privilegio e lo riconosca; era il tempo delle grandi falsificazioni, celebri quelle del diritto canonico; ma Carlo IV non crede a

"Privilegium maius,,

suo genero e la manda ad esaminare da un perito in questioni di lingua latina di non dubbia fama, a Francesco Petrarca, il quale sentenzia, che « fu scritta da un rude letterato, il quale ben conosce l'arte di mentire ». L'imperatore quindi non vuol riconoscere i privilegi entro contenutivi, i quali darebbero al duca (ora anzi arciduca) d'Austria maggiori diritti di quelli ottenuti dai principi elettori con la bolla d'oro, meno il diritto dell'elettorato, non compresovi; donde conflitti continui fra suocero e genero. Però i duchi d'Austria da ora in poi riguardano il *privilegium maius* come autentico e poco a poco (dal 1414 per es. usano esclusivamente il *titolo arciducale* concesso loro dal diploma falso) riescono a far valere tutti i privilegi contenutivi, finchè Federico V duca d'Austria, divenuto poi Federico III imperatore di Germania nel 1453 lo approva formalmente e in seguito ogni arciduca d'Austria ne ottiene l'approvazione assieme con l'investitura dagli imperatori che, lo vedemmo, sono ora sempre degli Absburgo d'Austria (1).

Arciducato.

Fino a che la sanzione prammatica del 1713 venne a sostituirlo, il fondamento statutario del dominio absburgico in Austria fu appunto questo falso diploma, che fra altro stabiliva: l'impero deve prestare aiuti militari all'arciducato d'Austria contro qualsiasi nemico esterno, mentre l'Austria verso l'impero non ha alcun obbligo fuorchè la difesa dei confini contro gli ungheresi; la cerimonia dell'investitura deve farsi entro i confini dell'arciducato, l'arciduca non ha da far altro che chiederla tre volte per iscritto (con ciò di fatto non ci sono più rapporti feudali fra l'arciduca e l'imperatore); oltre

---

(1) Nell'Archivio di stato a Vienna si conserva l'originale di questa falsificazione, che fu poi ritenuta da tutti fino a pochi decenni fa un documento perfettamente autentico, un vero statuto fondamentale delle terre soggette agli Absburgo. Il primo a rilevarne l'origine apocrifa fu lo storico Giorgio Waitz nella seconda metà del secolo scorso; oggi la falsità ne è ammessa da tutti gli scrittori. — V. nota a p. 12.

al titolo « *unus ex palatinis archiducibus* », l'arciduca avrà il primo posto « *ad latus dextrum imperii* » e alla dieta dell'impero avrà il suo rango nel consiglio dei principi nel banco ecclesiastico, di cui terrà per turno con l'arcivescovo di Salisburgo il direttorio (questi privilegi di rango Rodolfo li dice derivati da un privilegio concesso ai suoi antenati... da Giulio Cesare e da Nerone); l'arciduca d'Austria non sottosta più alla giurisdizione dell'imperatore, si elegge il giudice da sè tra i suoi vassalli (da qui l'irresponsabilità del sovrano); gode i diritti di sacra maestà come i principi elettori, che la « bolla d'oro » ha dichiarati parti del sacro corpo imperiale; ottiene il *privilegium de non appellando* e ha così giurisdizione illimitata su tutto e su tutti nel suo territorio, senza alcuna ingerenza più dell'imperatore; anche le immunità ecclesiastiche sono spogliate ora dei loro privilegi speciali giurisdizionali; tutti i redditi fiscali sono per l'arciduca, tutte le regalie dell'imperatore cessano; l'arciduca è padrone assoluto di nominare e di destituire i suoi vassalli e i suoi impiegati (« *dicti ducis institutionibus et destitutionibus in ducatu suo est parendum* »: qui abbiamo il principio dello Stato burocratico).

Principio della burocrazia.

Rodolfo IV ha gettato con ciò le fondamenta del potere asoluto suo e dei suoi successori; il « principio territoriale » vale ora anche per lo Stato austriaco; il duca s'è reso indipendente dall'impero e con l'introduzione del *sistema burocratico* potrà rendersi indipendente anche dagli Stati provinciali; ci sarà un periodo di transizione, che sarà prolungato sensibilmente dall'indebolimento del potere ducale durante le controversie per le divisioni del ducato tra i fratelli; ma già Massimiliano I avrà quasi compiuto il passaggio dallo Stato feudale a quello burocratico. Rodolfo IV favorisce pure un maggior sviluppo delle città abolendovi il *Burgerecht*, il censo areale, che i cittadini dovevano pagare ai signorî, proprietarî dei feudi fabbricati, e combattendo quell'obbligo di appartenere alle maestranze

Città.

(*Zunftzwang*), che ora dopo 500 anni in altra forma è reintrodotto in Austria dal partito cristiano-sociale; combatte pure il dilagare della « mano morta » e dei privilegi fiscali della chiesa.

Statuti di famiglia degli Absburgo.

Il sec. XV segna l'indebolimento del potere ducale all'interno verso gli Stati provinciali; prima causa ne sono le divisioni del ducato, già Alberto II nel 1355, temendo ciò, stabilisce in uno statuto di famiglia (*Hausordnung*), di cui affida l'osservanza ai signori della terra, che l'infeudazione del ducato sia collettiva per tutti gli eredi con uguali diritti fra di loro: Rodolfo IV nel suo statuto di famiglia (*Hausgesetz*) del 1364 stabilisce espressamente l'indivisibilità delle province a lui soggette e il « direttorio » per il primogenito tra gli eredi infeudati; ma breve tempo dopo la sua morte col trattato di Neuberg (1379) i suoi fratelli Alberto e Leopoldo fanno la divisione reale delle terre garantendosi reciprocamente i diritti di successione eventuale, di prelazione e di tutela dei figli minorenni; il figlio di Leopoldo Guglielmo tenta anzi d'introdurre il diritto di seniorato (1) nella famiglia, ma non vi riesce; appena cent'anni dopo, nel 1493, Massimiliano I per rinuncia più forzata che volontaria di Sigismondo il Ricco di Monete, conte del Tirolo, pagata con una rendita vitalizia, riunisce di nuovo nelle sue mani tutti i possedimenti degli Absburgo; intanto le lotte interne tra fratelli e tra province hanno *accentuato il particolarismo provinciale* ancor più e *accresciuto di molto il potere degli Stati provinciali*. La nobiltà che nel medio evo — cessata la nascita ad esser la sola origine di nobiltà — andava formandosi da chi esercitava la professione cavalleresca, di guerra e gli uffici feudali, nel sec. XV si chiude ai nuovi venuti e ridiviene nobiltà di nascita:

Particolarismo provinciale.

(1) Cioè il maggiorato irregolare, secondo cui non il primogenito bensì il più vecchio di tutta la famiglia succede nel governo.

ormai non si può divenir nobili che per concessione nobiliare del principe; e fra i nobili non ci sono più differenze, fuorchè nei titoli, fra conti, baroni, ministeriali o cavalieri, tutti sono « signori » (*Herren*, *Ritter*), che assieme con i prelati, anteposti a loro nel rango, e con le città formano ora gli Stati delle varie province (nel Trentino e nel Tirolo, vedemmo, anche le comunità rurali dei contadini fanno parte degli Stati provinciali).

Le finanze dei duchi.

Le frequenti contese interne e le guerre con i nemici di fuori avevano ridotto a mal partito anche lo stato economico dei duchi; spesso avevano dovuto ricorrere a prestiti onerosi cedendo rilevanti parti delle provincie (in Istria, Carniola, Svizzera, Tirolo) in pegno ai signori limitrofi; sotto Federico V vi fu tale carestia nel paese e tale vuoto nelle casse del duca, che si dovette diminuire il valore di conio della moneta, donde ancor maggior miseria (1).

I duchi avevano quindi ora assai di frequente bisogno di sussidî pecuniarî e di aiuti militari da parte dei signori e delle città e perciò si hanno ora qui, come in tutti gli altri principati, le prime convocazioni dal 1402 in poi degli Stati provinciali in *diete;* la convocazione di queste, che da principio era un diritto del principe, divenne in brevissimo tempo un suo obbligo e un diritto degli Stati provinciali; i quali anzi già nel secolo XV, se non sono convocati dal duca, si riuniscono da sè e allora si dicono invece che diete *conventi provinciali*, e — poichè non hanno ancora i proprî uffici e i proprî archivi, venuti in uso appena un secolo dopo — affidano i documenti e i privilegi, ottenuti dai principi in compenso dei sussidî, in custodia a qualcuna delle famiglie più potenti tra di loro, che veglierà pure all'osservanza dei privilegi da parte del duca. Natural-

Diete provinciali.

---

(1) Mattia Corvino, re degli ungheresi, approfittò di questo malessere interno del paese durante una guerra con Federico e lo cacciò da Vienna tenendola occupata per 5 anni, finchè Massimiliano nel 1490 la riconquistò.

mente ogni provincia ha la sua dieta, che vigila gelosamente, affinchè siano rispettate l'autonomia e l'individualità della provincia e non vi sia alcun contatto con le diete degli altri paesi, sebbene parecchi tentativi dei duchi siano stati diretti a conseguire una cooperazione più stretta, comune delle varie diete. Ottennero tutt'al più, che commissioni elette da singole diete si abboccassero qualche volta per trattare di questioni speciali, che interessassero le rispettive province; e anche ciò avveniva naturalmente fra province limitrofe e affini per interessi, così fra il Tirolo e il Vorarlberg, fra le due Austrie, fra la Stiria, la Carinzia e la Carniola. Soltanto Massimiliano I riuscì una volta con gran fatica a riunirle quasi tutte insieme; di che tratteremo poi; il particolarismo provinciale restò però anche dopo, sempre invincibile.

Feudalismo e classi sociali. Tribunali.

Il potere dei signori, della chiesa e della nobiltà, sui proprî « sudditi », sui *contadini* è ora illimitato; ogni proprietario è ora un signore assoluto nei suoi possedimenti, è il principio territoriale applicato fino alle estreme sue conseguenze; la giurisdizione è tutta feudalizzata: i giudizi di villaggio (*Dorfgerichte*) sono divenuti giudizî patrimoniali (*Grundgerichte, Urbargerichte*) e resteranno tali fino alla rivoluzione di Vienna del 1848; persino i « placiti provinciali » (*Landgerichte*, per i reati più gravi) sono caduti in potere dei signori feudali, che da sè ne nominano i giudici (non più impiegati ducali) e chiedono il conferimento del *banno* giudiziale tutto al più per le pene capitali, finchè anche per queste cade in disuso e il giudice dà le sentenze con pieni poteri assieme con i fiduciarî da lui scelti, ciocchè durerà fino ai tempi di Maria Teresa; i contadini sono così completamente alla mercè dei signori, ormai sono tutti *glebae adscripti;* eccezione fanno, lo vedemmo, per benefico influsso del diritto italiano, i liberi contadini del Trentino e del Tirolo. Le città invece cominciano ad emanciparsi dalle signorie feudali con i privilegi dati ai magistrati civici da Rodolfo IV; que-

Città.

sti ora ottengono la giurisdizione esercitata prima anche qui, come nei comuni rurali, dai signori; ma in pari tempo comincia in essi l'infiltrazione della burocrazia ducale, che nel sec. XVI sarà già dominante in tutte le città e sarà la leva più potente per la conservazione e per la fortificazione del risorto potere ducale contro gli Stati provinciali, che allora saranno in decadenza.

Amministrazione.

In questo periodo non esiste naturalmente una separazione della giustizia dall'*amministrazione;* come i signori, i proprietarî amministrano i loro possedimenti e fanno giustizia ai loro sudditi, così anche il duca e le sue autorità governano lo Stato e amministrano la giustizia ai signori; appena Massimiliano I comincerà ad amministrarla in II istanza d'appello anche ai sudditi dei signori; ora abbiamo il principio patrimoniale di quei tempi applicato fin nelle ultime sue conseguenze. Dati importanti sull'organismo amministrativo di questo periodo apprendiamo dalla storia di Federico III imperatore (V duca d'Austria) scritta da Enea Silvio de' Piccolomini, che fu addetto alla sua cancelleria imperiale prima di divenire vescovo di Trieste e poi papa Pio II: nella corte dell'imperatore il funzionario più importante era il cancelliere, circondato da un consiglio, che trattava senza distinzione questioni e dell'impero e del ducato austriaco; per le finanze del ducato vi erano speciali impiegati per ogni provincia, i quali sottostavano in ogni provincia ad un *vicedomus* (*Hubmeister*); questi dovevano poi ogni tanto render conto al duca e ad una sua commissione di protonotarî in certe rese di conti (*Rationalia, Hubbücher*), che sono oggidì fonti importantissime per lo studio del diritto di quei tempi; per tutta la restante amministrazione di ogni provincia, compresa la giustizia, vi era un « capitano provinciale », *Landeshauptmann*, per l'Austria inferiore *Landmarschall*, maresciallo provinciale: cariche che esistono ancora oggi per il capo dell'amministrazione provinciale autonoma, naturalmente adattate ai nostri tempi; a corte del duca il « tribunale del mara-

I "capitani provinciali,,.

sciallo provinciale » dal 1420 ha sostituito il Hoftaiding ed è divenuto il giudizio nobiliare per eccellenza; il « tribunale ducale aulico » (*herzogliches Hofgericht*), presieduto dal duca stesso, è poi la suprema istanza; dovendo il duca, che è ora anche imperatore, spesso lasciare le sue terre, usa nominare soltanto provvisoriamente, per la durata di queste sue assenze, per alcuni gruppi delle sue provincie (le 2 Austrie — le tre province interne austriache: Stiria, Carinzia e Carniola — Tirolo, Trentino e Vorarlberg) un suo « logotenente », *Statthalter;* anche questa carica, poi divenuta stabile, esiste ancora: è il capo politico delle province odierne. Vediamo così, quanto antiche siano le origini delle diete e delle supreme cariche nelle province austriache e possiamo imaginarci, contro quali difficoltà forse insuperabili debbano lottare quelli, che ne richiedono riforme più consone ai tempi e alle aspirazioni delle risvegliate coscienze nazionali.

I "logotenenti".

Ricapitolazione.

Ricapitolando: in questo periodo, che va dal principio del dominio degli Absburgo in Austria fino alla fine dell'evo di mezzo, i primi germi malsani, che vedemmo metter radici durante il dominio dei Babenberger, sviluppano già i mali, che ormai divengono ereditarî, costituzionali della monarchia: il potere della chiesa e dell'aristocrazia feudale, che è in pari tempo la rappresentante del militarismo di quell'epoca, è cresciuto a dismisura; è aumentato pure non soltanto di estensione ma anche di intensità il contrasto, degenerante spesso in veri conflitti guerreschi fra il potere « centralizzante » della corte ducale e il particolarismo centrifugo delle province, di cui alcune (per es., i possedimenti tirolesi) giungono a formare un vero Stato nello Stato; contro questi pericoli degli Stati provinciali da Rodolfo IV in poi i duchi cominceranno ad applicare il rimedio della burocrazia ducale, che come ogni rimedio usato esageratamente diverrà ai nostri giorni un altro gravissimo male, assorbente assieme con il militarismo i proventi dello Stato ed inceppante lo sviluppo progressivo dei suoi popoli. Gli elementi per le lotte nazionali a venire sono entrati nell'organismo dello Stato; le prime avvisaglie, sebbene non ancora in forma di vere lotte nazionali nel senso moderno della parola, le vedemmo nelle insurrezioni di Trento e di Rovereto contro i tirolesi; quando arriveranno al loro pieno sviluppo, invaderanno ogni campo dell'attività statale, si fonderanno con i mali già esistenti; potrà sembrare per il momento, che vogliano assopirli per dominare da soli tutta la vita dello Stato, invece li potenzieranno all'infinito.

---

(1) Onde completare il quadro storico delle province italiane soggette all'Austria-Ungheria diremo qui qualche parola anche sulla storia delle province adriatiche venute ultime in dominio degli Absburgo e perciò meno collegate con la storia dei rimanenti loro domini:

Aquileia - Friuli

Aquileia, l'antica fiorente città romana, una delle residenze degli imperatori di Roma, con il vicino ricco emporio suo sulle lagune di Grado, distrutta da Attila, ricostruita dai patriarchi durante il regno longobardo, ed ora misero villaggio di circa 800 abitanti sormontato dalla superba e severa basilica patriarcale e seminato per i suoi campi di resti dei suoi fasti antichi imperiali e di quelli medioevali del principato ecclesiastico, fu la dominatrice or più or meno effettiva delle pianure friulane, delle Alpi Giulie, delle marine istriane e persino delle isole settentrionali della Dalmazia nei sec. X-XIV. Prima Carlo Magno con doni di territori, poi definitivamente Enrico IV tra il 1077-1093, secondo l'uso di disporre in nome del sacro romano impero di terre, dagli imperatori germanici mai possedute, con il conferire al patriarca Siccardo il titolo di conte e i diritti feudali su tutto il Friuli e sulle terre vicine, che sottostavano alla giurisdizione ecclesiastica del vescovo di Aquileia, fondano il potere temporale del Patriarcato di Aquileia, che va rapidamente estendendo i suoi domini arrivando con essi negli anni di splendore fino nel Trentino, nel Cadore, fino nella Pusteria, in Carinzia e in Carniola; le città e i castelli, che sorgono nel Friuli e in Istria, Gorizia Gradisca Pisino comprese, sono sotto la sovranità feudale del patriarca, vassalli suoi divengono i vescovi signori di Trieste, di Capodistria, di Parenzo, di Pola, delle altre città istriane, di Fiume e delle isole dalmate più vicine. Le città dalmate hanno saputo conservare le loro libertà municipali in grazie forse alla protezione di Bisanzio quindi i loro vescovi subiscono soltanto la giurisdizione ecclesiastica di Aquileia, finchè non formano poi una metropoli da sè.

Poco a poco i patriarchi si emancipano completamente dall'impero e divengono veri sovrani nel loro principato. Il rapporto vassallatico con l'impero esiste dal XII sec. in poi soltanto di nome e ciò, quando può servire ai patriarchi per tutelare la loro indipendenza dai papi e dai principi vicini. L'elezione del patriarca è un diritto del capitolo metropolitano di Aquileia; i papi tentano poi di fare della nomina del patriarca un proprio diritto riservato; ma alla fine del sec. XIV è già il «parlamento» del Friuli, che si è arrogato il diritto di elezione. Non ci sono più diritti imperiali di alcuna sorta.

Il «parlamento» friulano (i documenti dell'epoca lo dicono *parlamentum*, *colloquium* e *dieta*) è un'istituzione caratteristica del principato aquileiense. Derivato dai consigli longobardi di nobili e di prelati intorno ai duchi, ampliato circa la metà del sec. XIII con i rappresentanti delle città esso acquisisce per la debolezza di singoli patriarchi, per la prepotenza di singoli conti e nobili vassalli, per le discordie e le lotte intestine (congiure, uccisioni di patriarchi, lotte con l'antipatriarca di Grado, con il conte-avvocato di Gorizia ecc.), per l'esaurimento finanziario dello Stato, che spesso costringe il patriarca a vendite e ad ipoteche di territori, tale potere, che per la fine del sec. XIV il patriarcato d'Aquileia era divenuto un principato ecclesiastico fondato su una costituzione per quei tempi veramente democratica. (Il parlamento, composto di 60-70 deputati, era limitato soltanto ai rappresentanti dei prelati, *venerabiles*, dei nobili, *nobiles*, e delle città, *discreti viri*, del Friuli; erano cioè i *meliores Patriae, terrae Forijulii*. Le sedute erano pubbliche e si tenevano nei palazzi patriarcali di Aquileia, di Cividale, di Gemona o di Udine. Il parlamento continuò a funzionare anche dopochè Venezia nel 1420 mise fine al principato, ma si ridusse ad una specie di consiglio provinciale sotto la presidenza del Provveditore veneziano).

Della debolezza dei patriarchi avevano approfittato parecchie città soggette e parecchi vassalli a farsi indipendenti; la repubblica di Venezia infine, dopo aver prima vinto e soffocato la concorrenza commerciale di Aquileia, s'impossessò nel 1420 anche di tutto il territorio rimasto ancora indipendente del patriarcato e trasportò la sede del patriarca, non più sovrano territoriale, a Venezia. Con ciò la repubblica di S. Marco si premuniva contro eventuali tentativi di resurrezione del potere temporale e si assicurava dei titoli per l'eventuale rivendicazione a sè degli antichi possessi patriarcali, usurpati dagli ex-vassalli. Principalmente perciò l'Austria, che era succeduta nei domini degli ex-conti di Gorizia, insistette presso il Vaticano tanto, che nel 1753 il patriarcato di Aquileia fu abolito e la sua diocesi assieme con il tesoro divisa fra gli arcivescovi di Udine e di Gorizia. Venezia ebbe in compenso il proprio patriarca.

Gorizia e Gradisca.

I conti di Gorizia (città, vi si vede ancora il castello comitale in collina) forti dell'appoggio degli imperatori e dei duchi d'Absburgo, ai quali li legavano patti di famiglia, s'eran fatti con il tempo da vassalli, avvocati e capitani generali del patriarcato di Aquileia, non solo completamente indipendenti e sovrani nei loro territori friulani ed istriani, che avevano avuto in feudo dai patriarchi, ma eran divenuti protettori pericolosi per l'indipendenza dello stesso patriarcato. Venezia, che non ignorava i legami dei conti con l'Austria, provvide in tempo ad assicurarsi il dominio nei territori posti ai suo confini; con l'Austria poi, quando questa nel 1500 successe nei domini dei conti di Gorizia, fu in guerre continue (celebre quella detta di Gradisca) per gli ex feudi patriarcali. Gli austriaci con l'aiuto della Lega di Cambrai poterono ottenere per confine verso il Veneto circa la linea, che oggi divide l'Italia dall'Austria. Venezia però potè conservare con la sua preponderanza marittima il dominio sulla costa su Grado e su Monfalcone con le loro lagune fino all'ultimo (1797).

La contea di Gradisca, pure ex-feudo di Aquileia, ripetutamente unita a quella di Gorizia, è lungamente contesa da Venezia all'Austria e conserva la sua individualità statale anche quando Venezia deve (circa 1600) definitivamente abbandonarla, perchè già nel 1647 gli Absburgo la vendono come feudo alla famiglia degli Eggenberg; appena nel 1754 la uniscono definitivamente a Gorizia (hanno ora dieta comune).

Istria

Le città marittime dell'Istria con il loro contado si sottraggono già per la fine del secolo XI al dominio del patriarca e si reggono a municipi liberi con propri statuti, finchè intorno alla metà del sec. XII sono quasi tutte sottomesse a Venezia. Conservano però ancora gran parte della loro autonomia municipale. Anch'esse, come pure la Dalmazia restano fino al 1757 soggette a Venezia. Invece l'interno montano dell'Istria, come margraviato di Pisino (città italiana, dominata dal colle con il castello margraviale) resta feudo dei patriarchi, che nel sec. XIII, estintesi le famiglie margraviali Sponheimer e Andechser, lo conferiscono ai conti di Gorizia. Da questi per patto ereditario passa nel 1374 agli Absburgo (sempre però nominalmente come feudo patriarcale), che così con la città di Castua arrivano al mare Adriatico e divengono limitrofi alle libere città municipali di Trieste al nord dell'Istria e di Fiume al sud.

Trieste

Trieste, l'antica *Tergeste* romana, di cui negli scavi si trovano abbondanti resti, sottrattasi alla signoria del suo vescovo, vassallo del patriarca aquileiense, si resse dal secolo XI a municipio libero con propri statuti, molestata frequentemente e ostacolata nei suoi commerci dai vassalli del patriarca, dai conti di Carinzia, dai margravi d'Istria e da Venezia. Nel 1382 si mise sotto la protezione degli Absburgo, ma rimase del resto municipio indipendente, quasi completamente sovrano, inquantochè stringeva alleanze, faceva guerre e paci (specialmente con Venezia) da sè ed anzi fino al sec. XVI pagava a Venezia un tributo annuo. Gli Absburgo vi tenevano soltanto un capitano imperiale con un piccolo presidio; del resto l'amministrazione della città era completamente autonoma (v. p. 138). Nel 1468 vi fu una rivolta di cittadini guidati da Antonio Bonomo contro il governo dei patrizi e contro il capitano imperiale Luogar, che lo sosteneva. Il capitano dovette fuggire con tutta la guarnigione; il capo del partito patrizio, Gian Antonio Bonomo, e 16 suoi amici furono impiccati. Dopo 11 mesi di governo democratico, venne a mettervi fine il capitano imperiale ritornato con 3000 uomini, che misero la città a ferro e a fuoco. Anche i Veneziani con i loro frequenti assedî danneggiarono spesso Trieste; una volta fu papa Pio II Piccolomini, che era stato vescovo di Trieste, a salvare con il suo intervento la città dall'ira dei veneziani. Si ripeteva anche qui come con Fiume, con le città dell'Istria e della Dalmazia la storia delle guerre fratricide di quei tempi fra le città italiane. Massimiliano I, che comincia legare maggiormente Trieste alle sorti dell'Austria, fa costruire (1508) il castello (ora caserma) sul colle accanto alla vetusta basilica di S. Giusto, il patrono della città. Carlo VI ottiene anche dai consigli municipali di Trieste e di Fiume il consenso alla Sanzione prammatica (vedi pag. 138) e quasi in premio fa di queste due città due porti franchi (1722) iniziando con ciò e con altri provvedimenti, ampliati poi da sua figlia Maria Teresa, quello sviluppo economico di Trieste, che di una città di soli 5,000 ab. nel 1717 ne farà ai nostri giorni una di oltre 220,000 (75 % italiani, 19 % sloveni, 5 % tedeschi) (1). Ma ai nostri giorni il governo austriaco tenterà di soffocarne l'autonomia comunale e di cancellarne il carattere italiano.

Fiume

Della città di Fiume, che oggi fa parte come territorio autonomo del regno d'Ungheria, ma che storicamente fu fino al 1776 e geograficamente è ancor sempre l'estremo lembo dell'Istria liburnica (il fiume Arsa separa questa dall'Istria veneta) al mare ai piedi del Carso istriano, non ci sono tracce documentate fino al sec. XIII. La sua prima storia quindi, fino a quel sec., si congettura su quella della terra, su cui sorge la città. Si sa, che ai tempi liburnici e romani esisteva in quelle vicinanze la città *Tarsactica*, di cui resta il nome nel vicino castello di Tersatto. Questa città fu distrutta per punizione per ordine di Carlo Magno, che secondo le memorie storiche del suo segretario Einhardo, aveva esteso dopo la pace (810-812) con Bisanzio, continuatore del dominio romano su queste terre, il suo regno sull'Istria, sulla Liburnia e sulla Dalmazia superiore *interne*, mentre le città marittime restarono in potere di Bisanzio. Questo fatto è confermato anche dalla cronaca veneziana di Dandolo. Il dominio franco fu più nominale che effettivo; con esso però entrò il sistema feudale in queste terre, che sottostavano al regno franco d'Italia (2). — Intorno al 640 vi era stata anche qui, come in Dalmazia, l'invasione dei

---

(1) In questi computi statistici delle popolazioni italiane in Austria-Ungheria non possono essere considerati — perchè privi di diritti pubblici — le parecchie diecine di cittadini regnicoli italiani (oltre 100.000, in Trieste sola circa 40.000), mentre invece vi contano con pieni diritti slavi calati dalla Boemia, dalla Galizia, dalla Carniola, Croazia ecc. Le autorità austriache (v. decreti del logotenente Hohenlohe di Trieste, 1913) ostacolano l'immigrazione dei regnicoli nelle province italiane della monarchia e rifiutano loro la cittadinanza austriaca.

(2) In un atto di donazione dell'a. 852 di Terpimiro, duca dei croati della Dalmazia interna, l'intestatura dice: *Regnante in Italia piissimo Lothario Francorum rege* (v. le collezioni diplomatiche di Kukuljevic, Zagabria). Il che prova pure, che anche i principotti croati della Dalmazia interna nel nesso feu-

croati, ma anche qui essi rimasero nel contado e quelli di loro, che immigravano nelle città, si latinizzavano. — I nomi medioevali di Fiume sono: Fiume, San Vito (è il patrono della città), Terra di Fiume S. Vito, *Fanum S. Viti apud flumen, apud Phlavon* (cr. *Rijeka*: fiume) dalla Fiumara, corso di acqua, che divide il territorio di Fiume da quello del regno di Croazia. — Fino alla sua incorporazione all'Ungheria Fiume divise le sorti delle altre città dell'Istria liburnica similmente a Trieste. Fu prima fino a circa l'a. 1028 feudo del vescovato di Pedena, poi del vescovato di Pola, i quali erano alla loro volta vassalli del patriarca di Aquileia. Intorno al 1139 il vescovo di Pola dà queste terre del Carso istriano in feudo ai signori di Duino (castello ancora esistente tra Monfalcone e Trieste), i quali nel 1366 si assoggettano arbitrariamente quali vassalli con tutte le loro terre agli Absburgo; il patriarcato era allora in decadenza. Nulladimeno, estintasi nel 1399 la famiglia dei Duinati, è di nuovo il vescovo di Pola, ormai già veneta, che conferisce Fiume e le terre circostanti in feudo ai signori di Valse (Walsee). Evidentemente intorno a queste terre, come intorno tutta l'eredità dei patriarchi d'Aquileia, si combatte una guerra diplomatica fra Venezia e l'Austria (3).

Nel 1466 Volfango di Valse cede di nuovo arbitrariamente tutti i suoi diritti su queste terre all'imperatore Federico III, arciduca d'Austria ed ora Fiume e il Carso istriano-liburnico passano in dominio effettivo degli Absburgo. — Sotto gli ultimi Duinati per circa 28 anni soltanto fino al 1365 la terra di Fiume era stata tenuta a titolo di pegno dai conti Frangepani, signori di Tersatto. Questa famiglia dei Frangepani era passata nel sec. IX da Roma a Venezia, dalla quale ebbero in feudo nel 1117 l'isola di Veglia. Nel 1223 ebbero dai re d'Ungheria in feudo la contea croata di Vinodol (*Valdemia, Valdevinum*), limitrofa a Fiume: divennero così vassalli ad un tempo croato-ungarici e veneziani. I croati di oggi hanno fatto dei Fran-

---

dale carolingico facevano parte del regno franco d'Italia; più tardi (876) poco a poco ritornano sotto la protezione di Bisanzio; poi si fanno, con l'aiuto dei papi, indipendeni e infine passano sotto l'Ungheria (1105).

(3) Più tardi si combatteranno per queste terre delle vere guerre; tra il 1508-11 Venezia prende Fiume e Trieste, che poi la Lega di Cambrai la costringe a restituire. — Nelle lotte fra Venezia e gli Absburgo si resero celebri gli *uskoki*. Erano degli ex-fuorusciti slavi della Serbia, Bosnia ed Erzegovina rifugiatisi dinanzi ai turchi nella fortezza di Clissa sopra Spalato, donde molestavano il turco. Caduta Clissa nel 1537 in mano dei turchi gli *uskoki* (fuorusciti) si trasferirono a Segna (littorale croato-ungarico) a servizio di Ferdinando I d'Absburgo divenuto da poco re d'Ungheria. In breve Segna divenne una città di pirati, che infestavano tutto l'Adriatico, dapprima limitandosi a depredare le navi ottomane, ma poi anche quelle veneziane; il bottino andava diviso tra gli *uskoki* e le stesse autorità di Segna. Era una pirateria ufficiale, autorizzata. Venezia dopo ripetute rimostranze mosse guerra all'Austria e costrinse nel 1618 gli Absburgo ad internare gli *uskoki* e a sottoporre Segna al regime militare.

gepani (Frankopan, li dicono) una famiglia di eroi croati (v. n. a p. 89 e s.).

La città di Fiume sotto questi vari dinasti aveva conservato sempre la sua autonomia municipale fondata su statuti propri di tipo romano-italiano. La codificazione di questi statuti, a noi nota e conservata, avvenne però appena nel 1526-1530 (in latino). Il tentativo degli Absburgo intorno al 1500 di unire Fiume e Trieste all'amministrazione provinciale della Carniola fallì per l'opposizione delle due città, che rimasero municipi indipendenti, province a sè, sottoposte direttamente alla Reggenza aulica di Graz, capitale dell'Austria interiore. — I dinasti tenevano a loro rappresentante nel castello di città il capitano con soli 12 uomini di guarnigione. Il capitano, volendo, poteva presiedere i due consigli civici il maggiore di 50 e il minore di 25 consiglieri (per diritto ereditario dalle famiglie patrizie); ordinariamente presiedeva il primo dei due giudici rettori eletti ad un anno dal consiglio, il quale aveva diritti municipali sovrani ed era II. istanza per le sentenze dei giudici. Dopo le riforme di Massimiliano I il sovrano nominava oltre al capitano anche un Vicario, quale giudice nelle cause maggiori civili e criminali. L'apertura del portofranco e la conseguente formazione nel 1752 di una provincia mercantile austriaca con governo a Trieste sminuì in parte l'autonomia municipale nelle cose commerciali e marittime. Nel 1776 Maria Teresa con arbitrio di sovrana assoluta incorporò Fiume al comitato di Severino del regno di Croazia. Subito nell'ottobre dello stesso anno i giudici rettori e nell'agosto 1777 il consiglio municipale protestarono contro questa incorporazione alla Croazia e chiesero, che la città, conservando la sua autonomia municipale, fosse annessa come *corpo separato* al regno d'Ungheria. Di fatti Maria Teresa con rescritto e con diploma dei 23 apr. 1779 decretava « che la città di Fiume col suo distretto *anche in avvenire* sia trattata come *corpo separato*, annesso alla Corona del regno d'Ungheria, e non si confonda in qualsiasi modo col distretto di Buccari (comitato Severino), il quale fino dai suoi primordi appartiene al regno di Croazia ».

Dopo lunghe contestazioni (la Carniola, la Croazia e l'Ungheria si disputavano Fiume) con l'art. IV delle leggi ungheresi del 1807 fu sanzionato secondo i desideri della città il diploma del 1779 e Fiume — nonostante l'occupazione croata effettuata dal bano Jellacich e durata dal 1849 al 1867 e le nuove pretese croate, di cui parleremo nei capit. ss. — ha saputo finora conservare la sua autonomia e la sua italianità resistendo anche ai recenti attentati del governo ungherese contro i diritti municipali e il carattere nazionale della città, che gli ungheresi vorrebbero fare magiara.

Oggi Fiume conta circa 50,000 ab., di cui oltre 60 % italiani, 30 % croati e meno di 10 % magiari. Oltre la Fiumara vi è subito su territorio del regno di Croazia la città di Sussak, che è unita a Fiume con un breve ponte, campo di frequenti battaglie fra croati (sussakiani) e italiani (fiumani).

Popolazioni - Civiltà.

Di questi territori dell'antica Regione Giulia (*Forum Iulii*) e poi dell'antico patriarcato aquileiense sono formate oggi le tre province amministrative del cosiddetto Littorale austriaco (Gorizia e Gradisca ossia Friuli orientale, Trieste e Istria) e la provincia ungherese (città autonoma) di Fiume;

complessivamente circa 8000 km. q. e 950,000 ab., di cui circa 510 mila italiani, 415 mila fra sloveni e croati, 20 mila tedeschi e 5 mila magiari. Tutte le pianure friulane, tutta la parte littorale e tutte le città e maggiori borgate al mare e nell'interno di queste province sono abitate quasi esclusivamente da italiani; l'immigrazione slava, favorita ad arte dal governo austriaco, ha avuto lievissimi successi soltanto nelle città di Gorizia, di Trieste e di Pola. Del resto gli slavi (sloveni nel Goriziano, a Trieste e nell'Istria settentrionale, croati nel resto dell'Istria) abitano i miseri villaggi e le piccole borgate della parte montuosa, del Carso di queste province. Tutto quello, che vi è stato e vi è di civile in queste province, è latino e italiano: i monumenti storici, giuridici, letterari, d'arte. Tutte le leggi, tutti gli statuti di queste terre dai tempi più antichi sono romani o italiani (4); persino i comuni rurali interni slavi hanno subito nei loro statuti, quando li hanno, l'influsso del diritto romano. (Vedansi le raccolte di documenti friulani di Vinc. Joppi e di Bianchi, edite e inedite, nella Biblioteca com. di Udine, per l'Istria e per Trieste Kandler, per Fiume Kobler ed altri; v. la nota bibliografica al principio del libro). Delle province italiane riparleremo in seguito. Notiamo però qui subito, che Napoleone I le aveva unite al suo Regno d'Italia. Per la Dalmazia v. pp. 100 e ss.

---

(4) Trieste ha la prima collezione dei suoi statuti nel 1150; le città istriane le hanno nel sec. XIII tutte.

CAPITOLO III.

Grandezza e splendore degli Absburgo

Boemia e Ungheria

1500-1564

Il periodo del maggiore splendore e della maggior potenza degli Absburgo imperatori di Germania e duchi d'Austria, fu quello del regno di Massimiliano I e dei suoi nipoti Carlo V e Ferdinando I, dal 1493 al 1564; la parabola ascensionale degli Absburgo ha raggiunto il suo culmine; il motto di Federico III « *A. e. i. o. u.* » (*Austriae est imperare orbi universo*, che qualcuno invece oggidì malignamente interpreta: *Austria est in orbe ultima*) diviene quasi realtà appena ora per opera di suo figlio; più che con il suo coraggio temerario dimostrato oltrechè negli esercizi cavallereschi e venatorî anche in guerre non sempre fortunate, Massimiliano estese i confini dei dominî degli Absburgo, per mezzo di fortunati matrimonî suoi e dei suoi figli e nipoti, donde nacque il detto attribuito a Mattia Corvino d'Ungheria (morto forse un po' tropo presto, nel 1490, per poter già allora applicarlo pienamente alla politica di Massimiliano): *bella gerant alii, tu felix Austria nube.* La sua prima moglie, Maria figlia dell'ultimo duca di Borgogna e dei Paesi Bassi, gli portò i possedi-

Politica di matrimoni.

Borgogna e Paesi Bassi.

menti paterni, che gli causarono guerre continue (anche una breve prigionia a Brügge) con i ribelli olandesi e con la Francia; la seconda moglie Bianca Maria Sforza, orfana dell'assassinato Gian Galeazzo, gli portò 300.000 ducati in oro, di cui le esauste finanze dello Stato avevano estremo bisogno; Massimiliano credette però di aver acquistato dei diritti anche sull'Italia: ne tentò la conquista a mano armata, ma gli fu impedita efficacemente da Venezia, contro la quale si alleerà alla Lega di Cambrai, e dalla Francia; non potendo riuscire in questo suo intento con la forza, gli si attribuisce il pensiero (caratteristico per il temperamento bizzarro e in pari tempo sanguigno, violento ed instabile di questo principe) di aver voluto farsi eleggere papa per acquistare così il dominio sull'Italia; con il matrimonio di suo figlio Filippo il bello con Giovanna la pazza d'Aragona acquistò agli Absburgo il trono di Spagna e con il matrimonio, da lui ideato, di suo nipote Ferdinando con Anna di Boemia e di Ungheria pochi anni più tardi anche questi due regni passano alla sua famiglia. Quando Carlo V, suo nipote, sarà dal 1519 al 1556 imperatore e capo di tutti i possedimenti Absburghesi, sebbene dal 1521 avesse ceduta l'amministrazione della parte austriaca a suo fratello Ferdinando, potrà dire senza troppa esagerazione, che il sole nelle sue terre mai tramonta. Con la sua abdicazione la parabola degli Absburgo imperatori (non ancora quella dei duchi d'Austria) comincia a scendere; gli Absburgo si divideranno nelle due linee: spagnuola e tedesca-austriaca e così pure si divideranno i loro possedimenti; appena con la guerra di successione, dopo estintasi la linea spagnuola (1700), gli Absburgo d'Austria otterranno il resto di dominio sui Paesi Bassi e in Italia il ducato di Milano e i reami di Napoli e di Sicilia. Ma questi possedimenti, che formeranno sempre delle amministrazioni politiche completamente separate dalle provincie austriache, noi non seguiremo oltre nelle loro vicende storiche; ritorneremo all'Austria.

Gli Absburgo di Spagna.

L'idea di Stato.

Finora dominava quivi, come in tutto l'impero germanico, il principio territoriale patrimoniale: i signori erano padroni assoluti nei loro territorî: ora comincia a prevalere l'idea di Stato: Massimiliano se ne fa banditore in Germania con le sue riforme dell'amministrazione politica e militare dell'impero, che poi estenderà anche al suo Stato ereditario: delle varie province, con proprî Stati, con proprie amministrazioni, con proprie leggi provinciali, che finora formavano il territorio del duca d'Austria, egli fa ora, vincendo enormi ostacoli, un'unità politica, uno Stato unico soggetto ad un'amministrazione comune, uniforme per tutte le province. Perciò Massimiliano è riguardato dagli storici quale fondatore dello « Stato unitario austriaco » (*Gesammtstaat Oesterreich*); l'idea statale non nacque certamente nel cervello di Massimiliano, come Minerva da quello di Giove: fu un portato naturale dei tempi, in cui andò maturandosi in Germania la « recezione » dei diritti stranieri, latini e specialmente del diritto romano; la recezione teorica era già quasi compiuta: dagli studî di diritto in Italia, il giure romano giustinianeo e le Pandette dei glossatori s'irradiavano per tutto l'impero per mezzo dei molti scolari tedeschi, che rimpatriavano e che occupavano gli uffici prima nelle cancellerie e nelle « immunità » ecclesiastiche, poi gradatamente anche in quelle dei signori, dando così principio anche alla recezione pratica del diritto romano nei tribunali. Alle Università tedesche, che ora cominciavano ad erigersi (la prima a Praga da Carlo IV nel 1348), si chiamavano dall'Italia i maestri di diritto canonico (*canonisti*), di diritto romano (*legisti*), e di diritto feudale longobardo; l'umanesimo affermava il principio, che l'impero germanico era la continuazione dell'impero romano universale. Massimiliano era pure un cultore degli studî umanistici, alla sua corte aveva riunito scrittori e poeti, cui dava egli stesso gli argomenti per le loro opere in prosa ed in versi; egli stesso lasciò al-

Unità austriaca. " Recezione " dei diritti.

cuni scritti di minor importanza (1); fu egli quindi a dar impulso decisivo alla vittoria dei giuristi e del diritto romano almeno in tutti i tribunali superiori decretando, che al Tribunale camerale dell'impero, istituito da lui nel 1495, la metà e possibilmente anche più della metà degli assessori fossero dottori in giurisprudenza; cominciò così quella riforma dei giudizi, che sarà compiuta appena nel corso del sec. XVII. Ad insegnare all'università di Vienna aveva chiamato già nel 1494 Gerolamo Balbo e aveva cominciato subito a far studiare e introdurre nelle provincie ereditarie le ottime istituzioni d'amministrazione pubblica, che aveva trovate nelle province latine, nel Trentino e in Borgogna; da queste province anzi prese gl'impiegati da mettersi a capo degli uffici nelle province austriache.

Principî informatori dell'amministrazione.

Nel riformare l'amministrazione egli s'attenne principalmente a questi tre principî informatori: *accentrarla* negli uffici superiori, ma in pari tempo *differenziarla* nei varî rami (finanze, controllo delle finanze e amministrazione politica, con la quale, sebbene non più

---

(1) Il grandioso monumento funebre di Massimiliano I nella chiesa antica dei frati francescani a Innsbruck, costruita dall'architetto italiano A. Crivelli secondo le disposizioni dell'imperatore, fu ideato da Massimiliano stesso: è un magnifico sarcofago ornato tutt'intorno da altorilievi pregevoli illustranti la vita e le gesta guerresche e civili dell'imperatore; tutt'intorno 28 statue bronzee colossali di veri e presunti proavi (c'è persino Teodorico re degli Ostrogoti) degli Absburgo, fra cui alcune considerate come le opere migliori dell'antica scultura tedesca, piangono l'imperatore morto e sono in atto di tenere delle fiaccole. A corte di Massimiliano visse il celebre Dürer e ne illustrò nelle sue famose incisioni assieme con altri artisti il «trionfo», conservato nella galleria *Albertina* di Vienna. Nella biblioteca palatina di Vienna si conservano pure i lavori leterari dell'imperatore: il *Teurdank*, il *Weisskunig*, il *Freydal* ed altri. Conf. in proposito Josef Strobl: *Studien über die literarische Tätigkeit Kaiser Maximilians I*, ed. G. Reimer, Berlino, 1913. — Per noi italiani è interessante rilevare, che proprio quest'anno il ministero austro-ungarico della guerra per ornare il suo nuovo palazzo a Vienna di un affresco ha indetto un concorso stabilendo per soggetto del dipinto: «La rivista militare di Massimiliano I *a Trento* nel 1508», forse l'episodio più insignificante nella vita dell'«ultimo cavaliere».

quanto prima, resta ancora confusa la giustizia) e in tutti gli uffici far valere il *principio collegiale* (le decisioni si prendono in un collegio d'impiegati a maggioranza di voti; il contrario del principio burocratico, che poi predominerà in tutta l'amministrazione politica austriaca ed oggi predomina ancora). Secondo questi principî e ad analogia delle supreme autorità centrali istituite per l'impero, Massimiliano crea ancora le autorità centrali per il suo Stato: il « consiglio aulico » (*Hofrat*,) la « cancelleria aulica » (*Hofkanzlei*) e la « camera aulica » (*Hofkammer*, per le finanze), che non hanno sede stabile, ma seguono l'imperatore arciduca; per l'amministrazione politica delle singole province ci sono dal secolo precedente i « capitani provinciali », che sono in pari tempo impiegati del duca e degli Stati provinciali; col tempo diverranno soltanto impiegati del duca, quando la controriforma religiosa avrà infranto il potere della nobiltà protestante e portato l'assolutismo dei principi. Intanto a Massimiliano preme anzitutto l'amministrazione delle finanze delle province e per regolarla deve ricorrere agli Stati provinciali, alle diete. Si sa, che i signori in questi tempi fino alla fine del sec. XVIII non pagavano affatto imposte: essi le imponevano ai proprî sudditi, ai contadini, quando lo Stato ne aveva bisogno; inoltre le pagavano anche i cittadini. Massimiliano, che ha urgente bisogno di denaro per le sue imprese guerresche, specialmente contro Venezia, tenta di riunire in dieta comune tutti gli Stati delle sue province, ma non riesce nel 1502 che a far tenere delle sedute comuni dalle commissioni delle cinque diete delle province-ceppo (le due Austrie, Stiria, Carinzia e Carniola) a Wiener Neustadt e nel 1510 ad Augusta delle sedute delle commissioni di tutte le diete dei suoi paesi; qui nelle decisioni pubblicate nei cosiddetti « libelli d'Augusta » (*Augsburger Libelle*, che sono fonti preziose per la storia di allora) Massimiliano riesce a far riconoscere da tutte le province una suprema autorità amministrativa comune per le finanze

Autorità centrali auliche.

Finanze.

nella « camera di reggenza » d'Innsbruck (*Regiment*). Per la rimanente amministrazione politica statale delle province ognuno dei tre gruppi di province (le due Austrie a Vienna — Stiria, Carinzia e Carniola a Graz — i possedimenti trentini e tirolesi a Innsbruck) hanno una « reggenza » propria; anche queste sempre a base collegiale. Naturalmente accanto a queste autorità statali-ducali ci sono ancor sempre quelle degli Stati provinciali in ogni provincia e dei signori feudali in ogni territorio feudale; tutte le cariche e ducali e provinciali sono in mano dei nobili, quando non son coperte da giuristi. Massimiliano ha fatto ancora un'innovazione importante: nelle « reggenze » ha istituito un senato apposito per la giustizia; non è ancora la separazione, attuata poi da Maria Teresa e da Giuseppe II, della giustizia dalla politica, ma è già un buon passo innanzi; al posto del «tribunale aulico ducale» istituisce il «tribunale di gabinetto» (*Kammergericht*) quale suprema istanza e fa dei giudizi ducali la seconda istanza per le sentenze delle giurisdizioni patrimoniali dei signori: è una riforma importantissima a favore di una amministrazione meno arbitraria della giustizia, che è in verità fondamento di ogni Stato, come tre secoli dopo lo affermerà nel suo motto inane l'imperatore Francesco I (*iustitia regnorum fundamentum*) (1).

Giustizia.

Nelle città la giurisdizione è divenuta nel secolo XVI tutta ducale ed è esercitata quasi esclusivamente da giuristi. In seguito alla recezione pratica ognor crescente del diritto romano, che va divenendo il diritto comune, mentre i diritti territoriali divengono soltanto sussidiarî, si rendono necessarie delle compilazioni di diritto, che possano servire anche per i giudizi inferiori, privi finora di giuristi, ed anche a risolvere le infinite controversie di diritto sorte fra i giureconsulti in-

(1) Sta inciso in grandi lettere di bronzo sulla bella porta esterna — costruzione dell'architetto italiano Pietro De Nobile (1824) — della *Hofburg* di Vienna.

torno a istituzioni, che mille anni prima il codice giustinianeo certamente non poteva prevedere. Così nascono anche nelle province austriache in questo tempo gli « statuti provinciali » (*Landesordnungen*) redatti da qualche giurista con la cooperazione dell'arciduca o degli stati provinciali e acquistanti vigor di leggi: trattano di diritto penale, privato, processuale e persino di materia politica ed amministrativa, senza esser naturalmente codificazioni vere e complete. Anche in ciò appare il particolarismo provinciale: ogni provincia d'Austria ha il suo statuto: Massimiliano ne emana uno in materia penale per il Tirolo già nel 1499 (*Halsgerichtsordnung*), poi nel 1514 uno statuto provinciale per la Carniola e un altro per l'Austria inferiore (*Landesgerichtsordnungen*); fra altro progettava persino un codice unico di diritto civile per tutti i suoi stati ereditari e per l'impero. Negli anni seguenti anche il Tirolo, l'Alta Austria, la Stiria e la Carinzia ebbero i propri statuti provinciali.

Statuti provinciali Codici.

Un fatto, cui gli storici attribuiscono ancora grande importanza, perchè vedono in esso documentata l'idea dello stato unitario austriaco, fu la convocazione di una dieta comune di tutti gli stati provinciali delle provincie austriache, che Massimiliano dopo lunghe trattative riuscì nel 1518 a mandar ad effetto. La dieta si riunì ad Innsbruck e gli *Innsbrucker Libelle* e i protocolli di quelle sedute pubblicati nei resoconti dell'Accademia delle scienze di Vienna dànno la prova migliore delle profonde differenze, che esistevano allora come adesso fra le varie province: le discussioni violentissime, movimentate minacciavano di mandar a rotoli tutto il lavoro della dieta, quando all'utimo momento il vecchio sovrano interviene fra i contendenti e con un discorso solenne riesce a salvare la situazione. Le diete però mai più si riunirono a sedute comuni; ognuna continuò a funzionare da sè per la propria provincia. Dalla fine del sec. XV le diete eleggono delle commissioni stabili, le « giunte provinciali » (*Landesausschuss*).

Dieta comune.

Giunte provinciali.

le quali ora assumono il potere esecutivo provinciale per la durata delle vacanze dietali, hanno propri uffici stabili, tengono gli archivi, sorvegliano l'amministrazione autonoma provinciale e vigilano, che siano rispettati i privilegi e i diritti degli Stati provinciali, vigilanza che vedemmo prima affidata dalle diete a singole famiglie di nobili potenti della provincia. Il «capitano provinciale» che è nello stesso tempo funzionario del sovrano e degli Stati provinciali per divenire più tardi con l'assolutismo soltanto rappresentante del sovrano, presiede alle «giunte» (1).

Gli Absburgo divengono re di Boemia e di Ungheria.

Vedemmo nelle pagine precedenti i mutamenti territoriali, più acquisti che conquiste, avvenuti nei domini degli Absburgo fino al 1500 e notammo la tendenza della loro politica dinastica, arciducale (non imperiale!) di arrotondare e ingrandire i loro possedimenti estendendoli sempre più verso oriente, dopochè con la perdita definitiva delle loro contee svizzere, non avevano più modo di estendersi ad occidente senza una soluzione di continuità territoriale.

I loro ripetuti, incessanti tentativi di acquistare per mezzo di matrimoni e di patti con la nobiltà alla loro dinastia i due limitrofi regni elettorali di Boemia e di Ungheria, furono finalmente coronati da pieno successo nel 1526. Anche ora dovettero lottare contro gravi e tenaci difficoltà ed opposizioni ma infine il nipote di Massimiliano I, Ferdinando I — dopo morto nella battaglia di Mohacs contro i turchi Lodovico II ultimo Jagellone, re di Boemia e d'Ungheria e fratello della

(1) Ancor oggi, nell'era costituzionale, è l'imperatore d'Austria, che nomina fra i deputati delle diete il loro presidente, il quale è in pari tempo presidente della Giunta provinciale ed ha conservato il suo nome storico di «capitano provinciale» o per alcune province maggiori di «maresciallo provinciale». Soltanto Trieste e la Dalmazia hanno nei loro statuti il nome di «presidente» per questa carica. A Trieste il podestà è presidente del consiglio-dieta.

moglie dell'absburghese — riesce a farsi eleggere re in ambidue questi stati (1).

Questione boema e ungherese.

Dapprima non è che un' « unione personale » nella persona del sovrano fra le provincie austriache, sogget te all'arciduca d'Austria (2), e i due regni di Boemia e d'Ungheria; in Ungheria fino al 1699, cioè fino alla cacciata dei turchi e fino all'annessione della Transilvania, ultima rocca dell'indipendenza ungherese, sovranità più nominale che reale. La politica degli Absburgo s'indirizzerà però subito, fedele alle sue tradizioni dinastiche, anche in questi nuovi dominî al concentramento della somma dei poteri statali nelle mani del sovrano, al conglobamento e all'unificazione dei varî stati in un grande impero; da qui lotte spesso cruente, insurrezioni e vere guerre; da qui nuovi problemi, i più gravi di politica interna ed estera, nazionali e costituzionali: la questione boema e la questione ungherese, che illustreremo storicamente nelle pagine e nei capitoli seguenti.

Boemia.

A nord del Danubio ed a ponente della Baviera e della Sassonia durante le migrazioni dei popoli avevano preso sede parecchie, secondo alcuni storici, quattordici tribù nordslave fra le quali quella boema o czeca dei Przemislidi dalla fine del IX secolo in poi si eleva sempre più (3). Intorno al 995 il Przemislide Boleslao II

(1) Un primo tentativo di acquistare la corona di Boemia a suo figlio Rodolfo aveva fatto subito dopo l'estinzione del casato dei Przemislidi (1306) Alberto I, duca d'Austria; ma gli stati provinciali boemi eleggono già nel 1308 a loro re Giovanni di Lussemburgo, figlio dell'imperatore Enrico VII. Estintasi la dinastia dei Lussemburgo (1437) Alberto V d'Austria (II quale imperatore), che aveva sposato una figlia dell'ultimo Lussemburgo, ritenta di salire al trono, ma inutilmente. Soltanto suo figlio Ladislao Postumo riesce ad esser eletto re dal 1452-1457. Ma poi i boemi eleggono re di altri casati.

(2) Dico per brevità qui e in seguito province austriache in opposizione a quelle boeme ed ungheresi.

Cirillo e Metodio, apostoli slavi.

(3) Leggende e documenti storici narrano, che i due apostoli slavi (veramente erano greci, ma svolsero la loro opera di propaganda fra gli slavi) Cirillo e Metodio, fratelli, mandati nel 864 da Costantino imperatore di Bisanzio (richiestovi dal principe Rostislav?) furono i primi a convertire i

sottomette alla sua dinastia anche l'ultima tribù indipendente e i suoi dominî con il nome di Boemia si estendono a nord dell'Austria dai confini orientali dell'impero germanico a quelli occidentali del regno di Polonia.

Moravia. Slesia.

Le due provincie di mezzo, la Moravia, nucleo dell'antico regno moravo distrutto dagli ungheri, abitata pure da popolazioni czecoslave, e la Slesia, popolata a ponente da czechi e ad oriente da polacchi (1), sono oggetto di contesa fra i regni di Boemia e di Polonia, finchè intorno al 1029 la Moravia si unisce definitivamente alla Boemia conservando come margraviato feudale una posizione abbastanza indipendente dal regno boemo; la Slesia, invece, dopo un breve dominio boemo nel decimo secolo, passa sotto quello dei re polacchi Piasten, che ne fanno delle secondogeniture e la dividono in piccoli principati feudali, dopo aver favorito nel sec. XII una forte immigrazione di tedeschi prussiani; intorno al 1343 tutti questi principati slesiani, dei quali parecchi dati in pegno dai deboli re polacchi, sono sot-

---

moravi e i boemi al cristianesimo, ma Svatopluk, fondatore della grande Moravia pagana, li cacciò. I due apostoli continuarono la loro opera di propaganda fra gli slavi del sud, bulgari, serbi e croati, ai quali diedero pure la scrittura da loro ideata (simile alla greca), che porta anche il nome di *cirilizza*, cirilliana. I croati immigrati in Dalmazia trovarono ivi il cristianesimo di origine apostolica fra quelle popolazioni latine. La storia dei due apostoli slavi, fondata moltissimo sulle leggende, è ancora parecchio controversa; confr. in proposito le pubblicazioni del prof. V. Jagic di Vienna, del prof. Vondrak, di Snopek, Lamansky e Franke e la recente del prof. A. Brückner: *Die Wahrheit über die Slavenapostel*, Tubinga 1913, ed. Mohr.

Popolazioni e lotte nazionali nel regno boemo.

(1) Gli czechi (oggi oltre 6 milioni) e gli slovacchi (oltre 2 milioni) abitanti la Boemia, la Moravia, la Slesia occidentale il confine settentrionale della Bassa Austria e il nord-ovest d'Ungheria sono etnicamente la stessa nazione; la politica ungherese è riuscita nell'ultimo secolo far sorgere un movimento separatista degli slovacchi, che elevarono il proprio dialetto a lingua letteraria. Mentre gli czechi sono ora quasi tutti cattolici, gli slovacchi in Ungheria, ove il protestantesimo fu meno perseguitato dagli Absburgo, rimasero in gran parte protestanti; così anche la chiesa li divide dagli czechi. I tedeschi, immigrati più tardi nelle tre province boeme, fondarono le città, nelle quali formano ancor

tomessi definitivamente a re Carlo IV di Boemia e formano il ducato di Slesia (1).

Lusazia. Egerland

Dalla parte dell'impero germanico furono oggetto di contesa fra la Boemia e la Baviera le due Lusazie, alta e bassa, abitate pure da popolazioni slave; nel 1314 furono date assieme con la città di Eger e con il suo territorio (Egerland) in pegno dal re di Baviera al re boemo. Carlo IV semplicemente le incorporò al regno, al quale avevano già una volta appartenuto. L'Egerland,

---

oggi nuclei fortissimi, e popolarono tutt'intorno i confini del regno boemo. Oggi nelle 3 province arrivano a circa 4 milioni di anime. Dopo la battaglia sulla Montagna Bianca (1620), fino circa al 1860 erano essi i dominatori. Oggi dominano ancora nella Slesia rimasta all'Austria, ove formano 1/3 della popolazione intera (756,000 ab.) e sono in lotta contro gli altri 2/3, uno czeco e l'altro polacco, anch'essi in lotta tra di loro. — Boemia (in ted. *Böhmen*, dal lat. *Boihaemum*, patria degli antichi Boji celtici) è detta dagli czechi *Cechy;* il popolo czeco si dice in pl. *Cechove* o *Cesi;* ma nella vita politica vuol esser detto popolo « boemo », quale rappresentante del diritto di stato del regno boemo unitario; i tedeschi negano ora questa unità e, almeno dal punto di vista etnico, con ragione, poichè l'elemento tedesco forma circa un terzo della popolazione delle tre province dell'antico regno boemo. La lotta di oggigiorno fra czechi e tedeschi in Austria converge appunto intorno alle questioni del diritto di stato e dell'unità del regno boemo, voluti dagli czechi, e dall'autonomia nazionale con divisioni territoriali in Boemia, voluta dai tedeschi.

Questione morava

(1) La Moravia (in ted. *Mähren*, in cz. *Morava*) da principio feudo del regno boemo, spesso secondogenitura boema, morto nel 1411 l'ultimo margravio, fu dal re incorporata al regno come provincia. Conservò però una larga autonomia con propria dieta (si riuniva a Znaim e qualche volta assieme con quella boema e con propri statuti e proprie leggi, ma meno lievi differenze dialettali (nella Moravia meridionale vi sono molti slovacchi confinanti con quelli d'Ungheria) gli czechi di Moravia sono tutt'uno con quelli di Boemia e della Slesia. I tedeschi accentuano questo separatismo storico della Moravia, che serve ai loro scopi nella lotta contro il diritto di stato e contro l'unità del regno boemo, favoriti in ciò dalla'mministrazione austriaca. La Moravia è oggi, come la Boemia e come la Slesia, una provincia a sè dell'Austria. La dieta morava si riunisce a Bruna (Brünn, cz. *Brno*); i tedeschi sono riusciti qui ad assicurarsi con il « catasto nazionale » (vedremo poi) una parziale autonomia nazionale. Anche per la Slesia (*Schlesien*, cz. Slezsko) i tedeschi accentuano il separatismo fondandolo sul fatto, che quella provincia era composta di principati feudali, soltanto nominalmente sottomessi alla sovranità del re boemo, del resto

Questione slesiana

un'oasi tedesca bavarese entro la Boemia, conservò i suoi privilegi nazionali e la sua autonomia (1).

Tutti questi territori formanti la *corona regni bohemici* — secondo il termine adoperato da Carlo IV nei suoi atti di governo diretti ad ordinare lo stato unitario boemo — passarono nel 1526 agli Absburgo portando nuovi problemi, nuovi particolarismi nella politica interna della monarchia.

Rapporti fra Boemia e Germania.

Il regno di Boemia era certamente nel sec. XV e negli anni che precedettero l'avvento degli Absburgo al trono boemo, completamente indipendente e sovrano. La prova migliore era il diritto di elezione del re, che spettava agli stati provinciali boemi. Nei suoi primordî statali invece la Boemia era stata fin dai tempi di Carlo Magno tributaria all'impero germanico, al quale do-

---

indipendenti. Federico II di Prussia approfitterà di ciò per annettersi nel 1741 la parte maggiore della provincia. La tesi degli storici tedeschi, corrispondente alla politica dei partiti tedeschi nazionali, è che i re di Boemia non riuscirono mai ad ottenere più che una « unione personale » di tutte le province del regno nella persona del sovrano comune. Anche i polacchi rivendicano i diritti del loro regno antico sulla Slesia.

Questione lusaziana.

(1) Le due Lusazie (10,000 chm. q.; 500,000 abitanti slavi) erano feudi dell'impero germanico contesi fra la Baviera, la Boemia e il Brandenburgo, prima che fossero stati dati in pegno alla Boemia. Gli Absburgo le oppressero dopo il 1526 causa il protestantesimo ivi diffuso, ma nel 1635 durante la guerra dei 30 anni dovettero cederle con la pace di Praga alla Sassonia, che alla sua volta nel 1815 ne cedette la parte maggiore alla Prussia. Gli czechi vi elevano ancor oggi dei diritti. — La città di Eger godeva ancora nel 1722 tanta autonomia, che è stato necessario anche il suo consenso, come di tutte le altre province autonome d'Austria, per la Sanzione prammatica. Anche oggi, che Eger è amministrativamente fusa con la Boemia, il suo rappresentante alla Dieta boema di Praga e al parlamento di Vienna, il quale è sempre un pangermanista anti-austriaco e anti-boemo, rinnova in ogni nuova legislatura le sue riserve contro l'incorporazione dell'Egerland, che appartiene di diritto alla Germania e soltanto come pegno fa parte dell'Austria. Eger è nota nella storia per l'uccisione avvenuta per ordine della corte di Vienna del generalissimo Wallenstein, immortalato da Schiller, in quel palazzo di città nella notte del 25 febbr. 1634. Oltrechè nell'Egerland, vi sono masse compatte di tedeschi bavaresi anche nella selva boema ai confini della Boemia con la Baviera. Gli altri tedeschi della Boemia e della Moravia sono sassoni.

Questione dell'Egerland.

veva un tributo annuo di 120 buoi e di 500 libbre d'oro o d'argento. Boleslao Przemislide con una guerra liberò intorno al 950 il paese del tributo. Ma — affermano gli storici tedeschi — la Boemia da allora entrò in un rapporto feudale verso l'impero: il principe boemo doveva esser confermato dall'imperatore ed era tenuto all'*iter militaris* con 300 uomini e all'*iter curialis*. Nel 1198 Ottocaro I, principe di Boemia, ottiene il titolo ereditario di re, che per la prima volta nel 1086 era stato conferito soltanto *ad personam* a Vratislao II; altri privilegi maggiori vengono al regno di Boemia dall'impero, specialmente dopochè — estintasi la dinastia dei Przemislidi (1306) — i re della nuova dinastia boema dei Lussemburgo sono tra il 1346 e 1437 pure imperatori di Germania. Carlo V (1346-78) nella sua Bolla d'oro (1356) crea al regno di Boemia una posizione privilegiata e lo fa primo fra i principati elettorali secolari nell'impero germanico. E' questo il periodo di maggiore splendore e prestigio del regno di Boemia; Praga è ora la capitale politica ed intellettuale di Germania; qui sorgono per opera di Carlo IV la prima università dell'impero germanico (1348) e la prima scuola di arte pittorica; l'opera di colonizzazione con popolazioni tedesche sassoni dei confini del regno e delle città, iniziata già dai re Przemislidi nel sec. XII, quale mezzo ottimo per incivilire il paese e per far sorgere centri industriali, ricchi di proventi per l'erario reale, ebbe dai Lussemburgo maggior impulso; la vita pubblica del regno boemo in questo periodo assume sempre più un carattere tedesco, che provocherà la reazione nazionale degli czechi.

La Boemia, regno indipendente.

I privilegi di prima e quelli della Bolla d'oro hanno fatto già la Boemia completamente indipendente dall'impero; non resta che un semplice vincolo formale nominale di rapporto vassallatico; Carlo IV lo rende ancor meno visibile ottenendo da papa Clemente VI, che il vescovato di Praga fosse elevato ad arcivescovato e reso indipendente da quello di Magonza, ove fino al lora s'incoronavano i re boemi. Ora i re s'incoronano a Praga nel duomo di Hracin con la celebre « corona di S. Venceslao » (*Wenzelskrone*), ivi custodita assieme con le altre insegne reali (1). I re, successi per elezione dei nobili boemi ai Lussemburgo — fra questi interinalmente due Absburgo, Alberto V e Ladislao Postumo, poi l'hussitico nobiluomo boemo Giorgio Podiebrad e infine i Jagelloni polacchi, contemporaneamente re di Ungheria — ignoravano completamente ogni legame con l'impero germanico e mai più fecero uso del loro diritto di principi elettori per il trono di Germania. Su questo fatto storicamente innegabile fondano gli scrittori e i partiti politici czechi dei nostri giorni la loro affermazione della completa indipendenza e sovranità dello stato boemo contro le affermazioni opposte degli autori e degli uomini politici tedeschi.

Anche i re boemi di casa Absburgo trovarono utile non accentuare un rapporto feudale di dipendenza dela Boemia dall'impero; preferirono lasciar pendente la controversia per servirsene secondo le circostanze alle volte contro l'impero e alle volte contro le aspirazioni nazionali boeme.

'elezione dei re.

L'indipendenza boema, lo dicemmo prima, ebbe la sua espressione massima nel diritto di elezione dei re assicuratosi dagli stati provinciali boemi. I grandi del regno l'avevano affermato già ai tempi dei Przemislidi, che avevano finito con riconoscerlo, purchè fosse esercitato sempre su uno della loro dinastia; poi essendo

---

(1) L'antica autentica corona di re Venceslao andò perduta. Carlo IV fece fare quella conservata ancor oggi nella cappella di s. Venceslao sulla testa del santo; essa è un requisito indispensabile per l'incoronazione del re di Boemia. Giuseppe II, sprezzante dei diritti del regno boemo, fece trasportare la corona fra le anticaglie del suo tesoro a Vienna. Ma il ridestato spirito nazionale degli czechi indusse Francesco Giuseppe a restituirla a Praga. Una commissione di alti funzionari di Boemia custodisce ora le chiavi della cappella nel duomo del magnifico castello reale (ristaurato dagli architetti italiani V. Scamozzi, 1614, e N. Pacassi e Ans. Lurago, 1756-74, sul colle Hracin dominante la città. Nella stessa chiesa vi sono le tombe dei re di Boemia.

stato ammesso il seniorato e infine la primogenitura dei Przemislidi, il diritto di elezione divenne puramente formale. Riprese tutto il suo valore al momento dell'estinzione della dinastia. Fu allora, che l'impero germanico tentò di far valere i suoi diritti feudali. Ma i nobili boemi non cedettero e Carlo IV nella Bolla d'oro codificò il diritto degli stati provinciali boemi di eleggersi il re « ma soltanto se della famiglia reale non restava più alcun erede legittimo nè maschio nè femmina ». Di questo loro diritto i boemi fecero uso dopo estintosi il casato dei Lussemburgo, tra frequenti sanguinose lotte interne.

Ferdinando I d'Absburgo (1526-1564) avrebbe voluto esser riconosciuto senz'altro re e successore all'ultimo Jagellone Lodovico II, perchè marito di sua sorella. Ma gli stati provinciali boemi vi si opposero riaffermando il loro diritto di elezione. Ferdinando I prudentemente cedette: riconobbe cioè in una « capitolazione elettorale » (1) il diritto dei boemi e promise di rispettarlo. Sapeva bene che una volta salito al trono e avuto il potere avrebbe trovato i mezzi tradizionali nella politica della sua famiglia per piegare il popolo boemo alla sua volontà sovrana. Difatti fu eletto re e incoronato a Praga. Però già nella « dieta sanguinosa » (*Blutiger Landtag*) del 1547 comincia con atti di violenza menomare i diritti della nobiltà boema, hussitica e protestante e per precauzione fa subito eleggere ed incoronare a re suo figlio Massimiliano II.

Stati provinciali e costituzione in Boemia.

Gli Stati provinciali in Boemia erano divenuti potentissimi in fine del sec. XV; specialmente la nobiltà alta dominava; Ferdinando I trovò nel paese una vera oligarchia di famiglie nobili, elettrici di re. Dominavano nella dieta del regno, sebbene dal sec. XIII vi fossero ammessi anche i rappresentanti delle città, quasi tutte tedesche, nell'amministrazione pubblica, ordinata

---

(1) Vedi sull'uso di questi diplomi regi d'incoronazione, preso probabilmente dall'Ungheria, la nota a p. 97.

sul sistema feudale germanico (1) negli uffici delle *tabulae terrae* specie di libri tavolari, di catasto fondiario, istituzione giuridica specificamente czecoslava (2), nella legislazione in modo che lo stesso Carlo IV aveva dovuto abrogare la sua *Majestas Carolina*, in cui nel 1346 aveva tentato di codificare in 109 articoli tutto il diritto pubblico e privato boemo, perchè la nobiltà trovò che vi si ledevano alcuni suoi privilegi. Appena nel 1500 per volontà della stessa nobiltà, che era in lotta con le città, fu compilato e pubblicato in forma di codice lo statuto del regno di Ladislao II (cz. *zemsky rad Vladislava II*; ted. *Landesordnung*), contenente i privilegi della nobiltà. Ferdinando I fu costretto a confermare nel 1564 questo statuto che conferisce con eguali

(1) L'antica nobiltà czeca di sangue più alta è formata dai capi degli aggregati gentilizi (*pleme*) di parecchie famiglie consanguinee (*zadruga, rod*). Sono i *lechove*, (più tardi *pan*) e i capi delle famiglie sono i *vladykové*, che formeranno poi con i *panisci* (nobiltà aulica, ministeriali) la piccola nobiltà. Dalle riunioni di questi nobili sorse, come nei paesi germanici, la dieta. I contadini liberi con beni propri, allodiali sono i *heredes* o *dedicones* (cz. *djedici*). I *kmeti* sono i coloni; vi è poi anche la classe infima dei contadini servi. Anche i boemi (e in generale tutti gli slavi) hanno il sistema, che diverrà poi feudale, delle contee, (sl. *zupa*, corrispondente di solito al territorio di una comunità gentilizia) con le solite cariche (*zupan* è qui il capo).

(2) Dall'uso del popolo ancora illeterato di incidere segni su tavole di legno trassero i boemi il nome di tavole della terra (*zemske desky*, ted. *Landtafel*) per l'istituzione giuridica loro, secondo cui la proprietà fondiaria e ogni negozio concernentela dovevano esser iscritti su tavole pubbliche (poi libri di pergamena e di carta in appositi archivi esposti al controllo pubblico ed a speciali cautele di legge). Servivano per la proprietà dei nobili, in Moravia soltanto per i beni immobili, in Boemia anche per i beni mobili, per il diritto feudale e pubblico, per i debiti, per le testimonianze ed anche per atti giudiziari (citazioni, incoazioni di liti). L'abuso delle tavole sia da parte di privati sia del funzionario addettovi era punito con la morte. Di queste tavole, interessantissimi documenti dell'epoca, vi sono pochi resti degli anni, che precedono il 1541, quando gran parte di esse perì per un incendio. L'istituzione vive però ancor oggi, però soltanto in quanto che la proprietà fondiaria fidecommissaria iscritta nelle tavole della terra concede ai possessori un voto privilegiato per la dieta di Praga (meno di 50 di questi elettori privilegiati eleggono ancor oggi 16 deputati).

diritti il potere legislativo al re ed agli stati provinciali, impone l'iscrizione di ogni nuova legge nelle tavole del regno, le quali sono tenute da funzionari del re e degli stati provinciali, e che così rappresentava la somma delle guarantigie costituzionali, nazionali e religiose del popolo boemo.

Reazione nazionale czeca.

Perchè dalla fine del XIV secolo in poi si nota in Boemia la reazione nazionale czeca contro il dilagare del germanesimo, favorito fino allora dalla corte; la lingua czeca e la letteratura nazionale cominciano a fiorire; anche il diritto nazionale si coltiva dai giuristi czechi in opposizione a quello tedesco (1); ma specialmente

---

Caratteristiche del diritto slavo.

(1) Il diritto nazionale dei popoli slavi pubblico e privato ha molta analogia con quello dei popoli germanici anche, quando non è direttamente preso da questi. Ciò si spiega forse con l'eguale grado di civiltà primordiale fra queste due razze nel basso evo di mezzo. Per base del loro consorzio civile hanno la comunità gentilizia, *pleme* e *zadruga* (il tedesco ha la *Sippe*), con sistemi di vita patriarcale (dagli slavi meridionali il capo è: *starescina, gospodar*); hanno la vendetta del sangue e il *Wergeld*, il widrigildo l'indennità pecuniaria per l'uccisione, come i tedeschi. Il diritto di legittima difesa è pure larghissimo. E' caratteristico il trattamento di quasi completa uguaglianza giuridica e patrimoniale fra uomo e donna dagli slavi. Il ratto della donna era una forma riconosciuta di matrimonio. Resti di questi usi, naturalmente sempre più ridotti di proporzione, si riscontrano ancora fra gli slavi meridionali, in Montenegro specialmente. Le prime fonti scritte in Boemia sono di diritto germanico nelle colonie dei tedeschi immigrati. Del 1178 esiste il *Privilegium teutonicum Pragensium*, che è il fondamento del diritto germanico che si evolverà in Boemia indipendentemente dagli altri diritti tedeschi. Da esso proviene anche lo statuto della città di Praga e il celebre statuto della città mineraria di Iglau. Le altre città hanno pure statuti con diritto germanico secondo le colonie tedesche, che le fondarono, o sassone (sull'esempio dello statuto di Magdeburgo) o bavarese (sull'esempio di quello di Norimberga). Statuti di diritto sassone hanno Freudenthal, Olmütz, Troppavia e Leitmeritz, ove risiede la corte di ultima istanza per le città di questo diritto. Bruna, Znaim e altre città meridionali hanno il diritto bavarese ed hanno la corte suprema (*Mutterhof*) a Bruna o a Norimberga. Il primo documento importante di diritto nazionale boemo sono gli *Statuta ducis Ottonis* oppure *Ius Conradi* del 1189; contiene norme di diritto penale e di procedura e un po' di diritto civile. L'originale non è conservato. Il formalismo della procedura in Boemia è enorme. L'*Ordo judicii terrae*, lavoro privato della fine del sec. XIII, che tratta della procedura presso il tribunale supremo del regno, ne dà prova. Così pure l'*Explanatio iuris*

Fonti del diritto boemo-tedesco.

Fonti del diritto boemo-czeco.

l'azione religiosa e culturale di Giovanni Huss e del suo battagliero seguace Ziska provocano un movimento nazionale plebiscitario, al quale si unisce tutta l'alta nobiltà boema assieme con il popolo, che anche nei secoli seguenti nel nome e nell'idea di Giovanni Huss ha trovato alimento alla sua fiamma nazionale (1). Questo movimento, che già Ferdinando I tentò di reprimere con il sangue, sarà soffocato violentemente dal cattolicissimo imperatore Ferdinando II dopo la battaglia della Montagna Bianca (1620), che vedremo poi; così, come più tardi sarà tentato invano in Ungheria, la prima fiammata di sentimento nazionale in Boemia fu spenta nel sangue. Si riaccenderà due secoli più tardi e risolleverà nelle lotte accanite dei giorni nostri fra boemi e corona, fra czechi e tedeschi tutti quei problemi di diritto e di stato nazionali e territoriali, che il re absburgico aveva creduto risolti con un colpo di spada.

---

terrae di Andrea de Duba (fine sec. XIV), che è il primo accenno della reazione nazionale czeca contro i diritti stranieri. *Kniha* (libro) *Tovaciovska* (1480-1490) e *Kniha Drnavska* (circa 1550) sono lavori privati di due alti funzionari e giuristi di Moravia, Tovaciovski e Donavski, che trattano di diritto pubblico, privato, penale, processuale ecc.; sono molto importanti. Il primo servì di fondamento allo Statuto provinciale (*zemsky rad*) di Moravia, approvato dalla dieta di Znaim nel 1535 ad imitazione di quello di Boemia.

(1) Hus, precursore di Lutero e fondatore dell'*utraquismo*, arso vivo per decreto del concilio di Costanza, è una bella figura di eroe dell umanità e dell'idea nazionale czeca. Il popolo czeco con lui ha dato la sua parte alla storia della civiltà mondiale. Le guerre hussitiche condotte da Ziska contro i persecutori dell'utraquismo provano, quanto seguito abbia trovato Hus nel suo popolo. Una carta geografica della Boemia, disegnata da Nic. Claudianus e conservata nella biblioteca palatina di Vienna, segna con un calice (comunione con il vino) gli innumerevoli luoghi, che erano di religione hussitica. La propaganda nazionale czeca di Hus all'Università di Praga, favorita dal re Venceslao IV, indusse nel 1409 molti professori e circa 2000 studenti tedeschi ad abbandonare quell'università e a fondarne un'altra a Lipsia. L'Università fu più tardi reintedescata ed è tedesca ancor oggi, provocando frequenti conflitti fra i suoi studenti e la popolazione ormai in stragrande maggioranza (circa 85 %) czeca. Nel 1882 vi fu istituita un'Università czeca.

L'Ungheria. I magiari e gli altri popoli.

Il popolo nomade degli Ungheri (in ungh.: *magyar*), di razza uralo-altaica, affine per la sua lingua agglutinante in Europa unicamente ai Finni ed ai Turchi, scese dall'Asia devastando, secondo vedemmo, in Moravia, in Austria e in Baviera negli anni 895-897. La leggenda ed alcuni storici dicono che erano sette tribù, guidate da Arpad. (1). Dopo la battaglia sul Lechfeld (955) gli ungheri occuparono le pianure (l'*Alföld*) della Pannonia lungo il Danubio e il Tibisco e sottomisero le popolazioni romane, i rumeni di oggi, della Transilvania, l'antica Dacia di Traiano. Separarono così definitivamente gli slavi del nord (czechi-slovacchi, polacchi e piccoli russi o ruteni) rimasti in nuclei forti ai confini settentrionali dell'Ungheria dagli slavi del sud (croati e serbi) rimasti ai confini meridionali del nuovo regno. Gli ungheri, un popolo guerriero per eccellenza, dominarono su tutte quelle tranquille popolazioni rurali, divennero i signori della terra (2).

L'Ungheria diviene regno.

Geisa è il primo principe storico (972-995) della dinastia degli Arpadi, che afferma la sua supremazia su tutti gli Ungheresi. Suo figlio Vaiz, che con il batte-

(1) Il parlamento ungherese ha deliberato anni or sono di erigere una chiesa monumentale sulla tomba di Arpad... appena sarà scoperta. Le ricerche attivissime finora riuscirono vane.

(2) L'Ungheria (ung. *Magyarorszag*, terra dei magiari; ted. *Ungarn*; sl. *Ugarska*), compresovi il regno di Croazia e Slavonia ha oggi circa 9 milioni di magiari (45 % della popolazione intera), oltre 3 milioni di rumeni, 2 milioni di slovacchi, 2 di croati, 1 1/4 di serbi, 1/2 di ruteni (piccoli russi) e 2 milioni di tedeschi immigrati. Fiume (45.000 ab.) è italiana; italiani vi sono nelle città del Littorale croato (Buccari, Portorè, Segna, Carlopago ecc.). Le religioni: cattolici sono il 51 %, greci-cattolici (rut. e rum.) sono 9 %; ortodossi (serbi e rum.) sono 14 %; protestanti (ung., ted. e slov.) sono 22 %; israeliti (ung.) sono 5 %, quasi 1 milione. — Gli ungheresi hanno adottato il termine, « nazionalità » per le nazioni non magiare dell'Ungheria, poichè secondo essi in Ungheria vi è soltanto una « nazione », l'ungherese. Questo uso improprio del nome del concetto nazionale astratto per quello concreto del popolo è adoperato ora anche in Austria e anche da scrittori stranieri di cose austriache.

simo prende il nome di Stefano (il Santo il patrono d'Ungheria) e sposa la sorella dell'imperatore Enrico II di Germania, è proclamato nell'a. 1000 dalla dieta dei nobili ungheresi ed incoronato a loro primo re. Papa Silvestro II in segno di riconoscenza per la propaganda del Cristianesimo fatta in Ungheria da Stefano, che erige chiese e vescovati e della sua residenza a Gran fa la chiesa metropolitana (ancor oggi tale) del regno, gli manda la corona reale, la celebre corona di S. Stefano (*Stefanskrone*), requisito ancor oggi necessario per la validità dell'incoronazione del re d'Ungheria (1). Con richiamo ad una bolla papale falsificata fu detto poi, che il papa aveva concesso a Stefano l'Ungheria in feudo, d'onde i re d'Ungheria ebbero in seguito il titolo di re «apostolico» (2). Questa falsificazione fu però utile all'Ungheria, perchè la preservò da qualsiasi rapporto di vassallaggio verso il potente impero germanico vicino, che non avrebbe osato attentare ai diritti di sovranità feudale del papato; appena il pericolo turco per la cristianità permetterà ai sovrani austriaci di passare sopra ai pretesi diritti papali.

azioni. - Chiesa. Costituzione.

Stefano è apostolo oltrechè del cristianesimo anche della civiltà occidentale in Ungheria e a tale scopo favorisce un'intensa immigrazione di coloni tedeschi (*Gäste*, ospiti), bavaresi lungo i confini austriaci, e fiamminghi e sassoni (questi ultimi immigrano specialmente sotto il regno di Geza II, 1141-1161) in Transilvania

---

(1) La corona era stata nel 1849 durante la fuga del presidente del consiglio rivoluzionario dei ministri ungheresi, Bart. Szemere, sotterrata presso Orsova al confine rumeno, onde non cadesse di nuovo in mano degli Absburgo. Ma un ex-agente di Kossuth, certo de Vargha, nel 1853 tradì il ripostiglio agli austriaci, che infruttuosamente lo cercavano e che ora è ricordato da una cappella votiva. La corona fu trasportata con solennità a Vienna, poi a Budapest. Ora è custodita assieme con le altre insegne del regno nel tesoro della corona nel palazzo reale di Buda. La invigilano i grandi del regno, detti «custodi della corona», *Kronhüter*. V. Wertheimer op. cit.

(2) Anche Francesco Giuseppe I è re *apostolico*, come sovrano d'Ungheria, non come imperatore d'Austria.

e nelle città della provincia Szepes (Zips) (1). I tedeschi fanno sorgere anche qui, come in Boemia, le città (2) e consolidano la posizione dei contadini tedeschi e magiari, che godono libertà e diritti, mentre i contadini rumeni e slavi restano coloni, servi. I ceti superiori, cioè i signori, i proprietari rumeni e slavi in breve tempo divengono magiari o tedeschi; soltanto la chiesa ortodossa, alla quale dopo lo scisma quelle popolazioni restano fedeli, le preserva da un ulteriore assorbimento nazionale (3). I tedeschi conservan il loro diritto nazionale nelle città e nelle colonie loro ed entrano quali rappresentanti delle città nella dieta del regno. Stefano applica anzi le leggi germaniche a tutta l'Ungheria, specialmente la *lex Baiuvariorum*, e introduce per l'amministrazione del suo regno la costituzione comitale analoga a quella franca (4). La nobiltà però anche qui in

---

(1) I tedeschi svevi (*Schwaben*) dell'Ungheria meridionale (Banato, Voivodina e Sirmio) fra le popolazioni serbe e croate sono stati importati ben più tardi da Maria Teresa e da Giuseppe II.

(2) Così Pest, che già intorno al 1200 era una fiorente colonia tedesca; invece l'odierna Buda, sulla sponda destra del Danubio, unita nel 1872 con Pest in una città, era l'antica colonia romana *Aquincum*, di cui si vedono gli scavi e i resti nel museo di Buda. Da questa parte sul colle dominante la città Bela IV fece costruire nel 1247 il primo castello reale, che dopo varie vicende dagli ungheresi dei nostri giorni (1894-1906) con una spesa di oltre 33 milioni di corone fu ricostruito con una magnificenza e grandiosità da renderlo forse il più sontuoso palazzo reale del mondo. In esso, come in una serie di altri monumenti pubblici, gli ungheresi hanno voluto accentuare la individualità e l'indipendenza del loro Stato.

(3) E perciò gli ungheresi di oggi favoriscono la diffusione del cattolicesimo di rito greco-unito fra i ruteni e i rumeni, tentando anzi di sostituire alle liturgie rutena e rumena quella magiara. La reazione dei rumeni contro questa propaganda portò quest'anno all'attentato con bomba contro il vescovo magiaro di Debreczin. Vi furono 3 morti. Gli attentatori rumeni sfuggirono.

(4) Le contee qui sono « comitati » (nome rimasto ancor oggi per i territori amministrativi corrispondenti alle nostre prefetture) e i conti *comes* (ung. *ispán*, dallo slavo *zupan*). Ce ne erano secondo le mutevoli vicende dei confini del regno 50-70. Poco a poco specialmente sotto Bela IV (1235-70) il feudalesimo predomina anche qui in modo, che l'Ungheria era divenuta una specie di confederazione di repubblichette della nobiltà comitale. Le libere città regie (51), le città degli

breve tempo occupa tutti gli uffici, che divengono feudi di famiglia, e in primo luogo quelli di conte.

Il diritto nazionale ungherese.

Il diritto privato è anche qui consuetudinario, ma in gran parte, come quello pubblico, si adatta alle forme del diritto germanico, con infiltrazioni dei diritti slavi; ma poi, quando nel sec. XIII subentra la reazione nazionale degli ungheresi contro il tedesco, predominerà poco a poco il diritto romano. Perchè anche gli ungheresi, come i boemi, vogliono ristabilito in vigore e conservato il diritto nazionale. Per incarico di Ladislao II Jagellone il nobile ungherese Stefano Verböczi, più tardi palatino, scrive fondandolo precipuamente sul diritto romano giustinianeo l'*Opus tripartitum iuris consuetudinari regni Hungariae*, che senza esser mai divenuto una formale e vera legge ottenne nella pratica vigore di codice e rimase fondamento di tutta l'evoluzione giuridica posteriore in Ungheria. Dopo la rivolta dei contadini in Ungheria nel 1514, guidata da Giorgio Dozsa, il terribile *belliger cruciferorum*, repressa poi nel sangue, i nobili fecero codificare nel'*Opus tripartitum* i loro diritti sui contadini. Il latino è la lingua degli uffici e dell'amministrazione in Ungheria e vi resta fino alla fine del sec. XVIII, donde i latinismi (1), che ancor oggi vivono nella nomenclatura ufficiale ungherese.

Decadenza del regno degli Arpad. La Bolla d'Oro ungherese.

Dopo un secolo di splendore della dinastia degli Arpad da Colomano, che nel 1105 diviene re di Croazia, a Bela II che nel 1137 per breve tempo diviene re della

---

aiducchi e alcuni altri distretti erano esenti dal nesso comitale; avevano proprie franchigie. I comitati si evolsero fino ai nostri tempi conservando ancora una larga autonomia, che, secondo vedremo, fu sempre ottimo baluardo contro i tentativi di assolutismo degli Absburgo. Perciò Vienna cercò invano ripetutamente di statizzare l'amministrazione comitale completamente. Gli ungheresi vi si opposero sempre. Anche ora il ministero Tisza, con somma imprudenza, tentava di farlo; ma la guerra, ora scoppiata, interruppe la discussione dei suoi progetti di legge al parlamento.

(1) Avremo occasione di incontrarli ogni tanto trattando delle cose ungheresi nel corso di questo libro.

Bosnia (1) e ai suoi successori, che assumono i titoli di re di Serbia e persino di Bulgaria e di Cumania, nel 1222 viene la Bolla d'oro (ungherese) di Andrea II a segnare la decadenza del potere degli ultimi Arpad di fronte al cresciuto potere della nobiltà ungherese, che fra i molti suoi privilegi codificati in quella bolla ottiene anche il celebre diritto dell' « insurrezione nobiliare » (2) *manu armata* contro il re, che violasse, i privilegi avvalorati nella Bolla d'oro. A vigilare sull'osservanza perfetta da parte del re di questi privilegi nobiliari e della costituzione del regno è chiamato dalla Bolla d'oro il Palatino, cioè il primo magnate (da *magno nati*, alta nobiltà) (3) d'Ungheria, il capo dell'insurrezione, il rappresentante del re assente, tutore del re minorenne e che convoca la dieta per eleggere il nuovo re. Di questo diritto d'insorgere gli ungheresi fecero ampio uso e cominciarono subito contro Andrea stesso, la cui moglie Gertrude, una tedesca, e due fratelli di lei erano divenuti invisi alla nobiltà ungherese; i nobili, guidati in una congiura nazionale da Bánk bán uccisero la regi-

---

(1) Quanto basterà però, perchè il parlamento ungherese nel 1908 possa richiamandovisi sanzionare l'annessione di quella provincia alle terre della corona di S. Stefano, provocando le proteste del parlamento austriaco, che si rifiuta ancor oggi a confortare del suo voto sia pure indirettamente il deliberato ungherese, il quale implicitamente nega ogni diritto dell'Austria sulla Bosnia.

(2) Detto anche *ius resistendi* (diritto di resistere). Il passo corrispondente della Bolla diceva: *Quodsi vero nos, vel aliquis successorum nostrorum aliquo unquam tempore huic dispositioni nostrae contraire voluerit, liberam habeant harum autoritate sine nota alicuius infidelitatis, tam episcopi, quam alii jobagiones ac nobiles regni universi et singuli, praesentes et futuri, posterique resistendi et contradicendi nobis et nostris successoribus in perpetuam facultatem.* Vedremo poi le lotte secolari per questo diritto fra gli ungheresi e gli Absburgo. La Bolla d'oro e i decreti dei re d'Ungheria di questi tempi sono contenuti nel *Corpus juris hungarici* e nel *Decretum Tripartitum.*

(3) La nobiltà ungherese si divide in alta e comitale. L'alta si pretende discendente dai sette duci, fra i quali Arpad era *primus inter pares*, e dalle 108 famiglie, che con loro fondarono il regno d'Ungheria. La nobiltà minore è quella, che poi si andò formando con il solito processo feudale nei vari comitati.

na e i suoi fratelli (1) e ottennero, per reazione ai troppi privilegi concessi all'elemento tedesco immigrato, che nella Bolla d'oro fosse pure stabilito, che nessun ufficio dello stato poteva esser affidato a stranieri, agli « ospiti », principio a cui gli ungheresi strettamente si attengono ancor oggi per impedire un'ingerenza degli austriaci nelle loro cose.

Diritto di eleggere il re.

Anche in Ungheria, come in Boemia, la nobiltà ungherese afferma il suo diritto di eleggersi i re; riconosce il diritto di successione soltanto agli eredi maschi della dinastia regnante. Nel 1301 si estingue la famiglia degli Arpadi e Bonifazio VIII, papa, da signore feudale pretende di nominare da sè il re. I magnati si oppongono e riescono a far valere il loro diritto, provocando però anche qui, come in Boemia e come in tutte le monarchie elettorali, lotte continue e guerre fra candidati e pretendenti. Un periodo di pace e di floridezza ebbe l'Ungheria sotto gli Angiò di Napoli, che portarono nel paese la civiltà occidentale, diffusero e protessero le scienze e le arti e riordinarono le finanze e l'amministrazione dello Stato. Il regno di Lodovico I il Grande (1342-82) d'Angiò, che domina per qualche tempo oltre l'Ungheria e la Croazia, unite già dal 1105, anche Napoli, la Polonia, i Balcani settentrionali e la Dalmazia, presa per pochi anni a Venezia, segna il culmine della grandezza e dello splendore del regno ungherese. Poi cominciano la decadenza e il periodo di debolezza (guerre con Venizia e coi turchi), che destano le bramosie di conquista dei vicini: dei re di Boemia e di Polonia (Jagelloni) e dei duchi d'Austria; prevarranno or gli uni or gli altri, finchè resteranno soli dominatori gli Absburgo.

Grandezza e splendore d'Ungheria.

La Croazia.

La Croazia e la Transilvania godevano nello stato ungherese una posizione speciale; ebbero prima e poi

(1) Gli scrittori ungheresi, romantici per la stessa natura del popolo loro, fecero fiorire tutta una letteratura romanzesca e leggendaria su questo episodio intrecciandolo di amori e di vendette di gelosia, come su tanti altri fatti della storia ungherese.

una storia speciale, di cui le conseguenze politiche e nazionali si fanno sentire ancor oggi e formano problemi d'importanza vitale nella politica dell'Ungheria e, specialmente la questione croata, nella politica di tutta la monarchia absburgica. Dobbiamo quindi occuparci un po' anche di questi lati della storia ungherese.

La Croazia.

La Croazia (*Hrvatska*) divenne regno indipendente circa l'anno 910. Prima i croati sottostavano all'impero romano di Bisanzio e subirono pure dai tempi di Carlo Magno fino al 877 il dominio franco, dal quale forse presero la costituzione comitale adattandola all'istituto slavo delle *zupe* (contee, con lo *zupan* a capo). Il primo dei loro 13 re nazionali fu Tomislav. Il loro dominio arrivò fino al mare Adriatico, ove esercitarono una pirateria molto temuta anche dai veneziani, finchè il doge Pietro II Orseolo nell'anno 1000 non li debellò, conquistò Zaravecchia e li rese tributarî. I croati occuparono nel sec. VII l'interno, fino allora latino, della Dalmazia, anzi i loro re stabilirono quivi la loro sede (1); sulla costa, le città le isole di Dalmazia rimasero latine e poi italiane e vissero una vita autonoma municipale, come le città d'Italia, con le quali erano in rapporti continui di commercio. I croati estesero il loro dominio *nominale* per pochi anni su qualcuna di queste città, che poco a poco invocarono tutte, anche Ragusa, rimasta poi repubblica indipendente fino ai tempi napoleonici, la protezione potente di Venezia, riconoscendone la sovranità. Discordie interne fra la nobiltà croata per l'elezione del re causarono la conquista della Croazia per parte di Ladislao I d'Ungheria, chiamato in aiuto (1091) da una parte dei nobili croati; dopo frequenti insurrezioni appena il suo successore Colomano riuscì a farsi riconoscere re da tutta la nobiltà e dalle città. A suo rappresentante e capo dell'amministrazione in Croazia egli istituì il Bano, suprema carica ancor oggi esistente,

Conquista ungherese.

(1) Bihac nella Dalmazia interna sopra Traù; qui ora si fanno dai croati scavi, che però diedero finora pochi risultati. V. per la Dalmazia a p. 100 app. I.

che spesso fu coperta da principi della casa reale ungherese. I croati affermano, — e la questione forma ancor oggi il pernio del problema ungaro-croato — ch'essi elessero in dieta, spontaneamente, a loro re Colomano e che fra l'Ungheria e la Croazia non vi è che un'unione personale, cioè il sovrano comune; gli ungheresi invece vogliono considerare la Croazia come una provincia, una parte integrante del regno ungherese, cui essi concedono una speciale autonomia. Più tardi esamineremo assieme con le altre anche questa parte della complessa questione di diritto di stato in Austria-Ungheria. Sta il fatto, che la Croazia si reggeva con proprie leggi create nella propria dieta; poco a poco entrarono nel diritto croato elementi del diritto pubblico e privato ungherese e gli stati della Croazia cominciarono a partecipare alle diete comuni ungheresi; però in fondo un'autonomia abbastanza ampia rimase sempre alla Croazia, che — quel che in quei tempi più importava — ebbe sempre un proprio ordinamento, proprie forze militari pronte alla difesa dei privilegi croati. Parte dell'odierna Croazia rimase poi per lungo tempo sotto il dominio turco.

Dalmazia (I).

I re d'Ungheria governarono così oltre l'interno della Dalmazia ad intermittenze anche le città dalmate, contese loro continuamente da Venezia, finchè dal 1420 in poi la Dalmazia quasi tutta divenne dominio della repubblica di S. Marco. Su questi brevi e passeggeri periodi di dominio croato ed ungherese la Croazia e quindi l'Ungheria fondano i loro diritti di sovranità sulla Dalmazia. Di fatti l'Austria, che detiene in propria amministrazione effettiva, come qualunque altra sua provicia, anche la Dalmazia, ha riconosciuto nominalmente nelle leggi austro-ungariche del 1867 il diritto della Croazia e dell'Ungheria su questa sua provincia: una delle tante curiosità del diritto di stato austro-ungarico. In mancanza di esaurienti monumenti storici del diritto croato, conservatoci in qualche insignificante privilegio dei re croati e in poche leggi delle diete croate del 1273, 1278 e 1416 portanti il titolo di *iura regni et banatus* e delle diete di Krizevac del 1439 e 1481 (*Articuli nobilium regni Slavoniae* conservati nel *Corpus iuris hangarici*), i croati di oggi vorrebbero appropriarsi (1) per la storia del loro diritto gli statuti delle città di Dalmazia, che sono splendidi monumenti d'italianità di quei municipî: si pensi soltanto, che lo statuto di Spalato (*Capitularium*) fu redatto dal podestà Gargano, chiamato dagli spalatini nel 1239 da Ancona a dirigere il loro comune. Gli statuti e le leggi municipali della Dalmazia fanno parte della storia del diritto italiano, sebbene siano pubblicati quasi tutti negli atti dell'Accademia jugoslava di Zagabria (2). Statuti municipali di diritto croato sono quelli della città di Zagabria (1241-1425: tre redazioni) e forse in alcuni particolari quello di Vinodol (1288), che vigeva a Segna e nei comuni limitrofi e che però ha molti elementi di diritto romano-italiano e molti italianismi nella lingua.

Bosnia - Serbia.

Nel 1137 gli ungheresi conquistarono per breve tempo la Bosnia e nel 1202 anche la Serbia e i loro re si dissero persino re della Bulgaria e della Cumania. Su questa conquista di breve durata della Bosnia gli ungheresi fondarono nel 1908 il diritto di annessione della Bosnia al regno d'Ungheria; l'imperatore d'Austria, quale re d'Ungheria, dovette riconoscere questo diritto: la Bosnia e l'Erzegovina però, per accontentare e austriaci e ungheresi, formano una provincia autonoma, soggetta ad ambidue i padroni.

Transilvania.

La Transilvania (in mag. Erdély — terra delle selve, in rumeno Ardealu, in tedesco Siebenbürgen) fu da principio parte integrante del regno ungherese, sebbene munita di privilegi speciali, poi, con la venuta dei

(1) Si vedano: Ortner, op. cit., pp. 242-258 e gli atti dell'Accademia jugoslava di Zagabria.

(2) Si vedano in proposito: Vitaliano Brunelli, *Storia della città di Zara*, Venezia 1913, il mio articolo nella *Tribuna* e il mio studio nella *Rassegna Contemporanea* (v. n. bibliografica).

turchi in Ungheria, divenne principato indipendente e appena nel 1865 contro la volontà della parte sassone e rumena della sua popolazione fu reincorporata completamente all'Ungheria. Tre sono le « nazioni », che secondo la costituzione speciale largita da Andrea II agli stati della Transilvania (l'*Andreanum privilegium*) godono una posizione privilegiata in questa alta ed impervia regione degli estremi Carpazî: gli *Szekely* (Szekler), i primi ungheresi qui immigrati, che oggi contano 450.000 abitanti e che fino al 1848 erano tutti nobili già per la loro origine; parlano un proprio dialetto magiaro ed è loro tradizione nazionale di esser discendenti degli Unni; loro capo era il *vajda* (*vojvoda*); i Magiari, immigrati più tardi, che sottostavano al loro *ispán* (conte) e i Sassoni, importati da Géza II, che avevano pure il conte (Sachsengraf) e che fondarono le città ottenendovi privilegi speciali, fra i quali l'uso del diritto tedesco preso anche qui quasi sempre dalla « città madre » Magdeburgo. I rumeni, che fino ad oggi formano la grande maggioranza della popolazione transilvana divennero e restarono fino al 1848 servi della gleba, privi di diritti (1).

Gli Szekely.

I Sassoni.

I Rumeni.

Indipendenza transilvana.

Il pericolo austriaco e il pericolo turco indussero le tre « nazioni » di Transilvania a stringere un patto di alleanza di difesa e di offesa, rinnovato nel 1459 ed esso segna l'inizio di una formazione statale in Transilvania, che sarà compiuta dopo la battaglia di Mohacs (1526), quando il vojvoda Giovanni Zapolya sarà proclamato principe e con l'aiuto dei turchi e del suo celebre cancelliere e ambasciatore e vescovo Giorgio Martinuzzi (2) separerà la Transilvania

(1) Le capitali della Transilvania erano instabili, forse causa le continue guerre, ed erano principalmente le città di Weissenburg (ora si chiama Karlsburg in ted., Giula Fehervar in mag. e Belgradu in rum.; era residenza dei principi) e di Hermannstadt (Nagyszeben in mag., Sibiu in rum. sede delle diete).

(2) Fra Giorgio Martinuzzi (1482-1551) era nato in Croazia di madre veneziana della famiglia dei Martinuzzi (gli ungheresi sempre latineggianti avevano fatto Martinusius). Suo padre era un Utisenich o — secondo i croati — Utiescenovich

dall'Ungheria soggetta ora agli Absburgo e moverà loro guerra quale controcandidato per il trono ungherese. Finchè ha l'appoggio dei turchi, insediatisi ora in Ungheria, (1) il principato di Transilvania conserva la propria indipendenza e rappresenta l'unico nucleo ancora libero della nazione magiara. Dopo l'uccisione di Martinuzzi da parte degli imperiali segue una serie di principi deboli in Transilvania, i Bathori, che hanno delle guerre sfortunate e con gli imperiali e con i turchi, ai quali devono pagare un tributo annuo. L'ultimo pretendente al trono, il cardinale Andrea Báthori è fatto assassinare dal generale degli imperiali, Giorgio Basta, (2) che inaugura un

---

Visse alla corte di Giov. Corvino, poi divenuto frate passò in servizio diplomatico di Giov. Zapolya, divenne suo tesoriere e nel 1540 tutore del suo successore minorenne Giov. Sigismondo. Accordatosi con i turchi Martinuzzi seppe per 10 anni governare la Transilvania, quale tesoriere, logotenente e giudice supremo. Ma poi il crescente pericolo turco lo indusse a trattare con Ferdinando I d'Absburgo la cessione della Transilvania all'austriaco. Nel 1551 egli consegna al comandante delle truppe imperiali Giov. Castaldo, un condottiero napoletano, il governo della Transilvania e Ferdinando gli promette in compenso onori e il cappello cardinalizio. I turchi però muovono contro il principato e Martinuzzi vuole tenerli a bada con trattative, finchè — dicono gli storici ungheresi — saranno arrivati nuovi rinforzi imperiali; ma Castaldo, insospettito dell'agire del cardinale, avuta l'autorizzazione di Ferdinando, lo fa assassinare. Poco dopo, nel 1556, gli imperiali devono abbandonare la Transilvania, ove gli stati provinciali aiutati dai turchi richiamano al trono il giovane Zapolya. Ferdinando in un memoriale di discolpa mandato al papa per l'uccisione del cardinale lo accusa di alto tradimento. Bibliografia copiosa su questo grande statista ungherese.

(1) Buda, occupata nel 1541 da Solimano, che dodici anni prima aveva cinto d'assedio Vienna (il 2° assedio turco fu del 1683) e ne aveva devastato tutta la provincia, rimase con gran parte della pianura ungherese fino al 1689 in possesso dei turchi.

(2) Giorgio Basta, n. 1550 in Rocca presso Tarento, entrò nell'esercito imperiale e segnalatosi già nei Paesi Bassi per il suo coraggio e per le sue alte qualità militari fu inviato con truppe austriache ad occupare nel 1598 in nome degli Absburgo la Transilvania; sconfisse nel 1599 il pretendente cardinale Andr. Bathori, che — secondo l'uso dei tempi — fu assassinato. Il voivoda Michele, logotenente dell'imperatore, guastatosi con Basta, fu pure assassinato. Basta soffocò nel

regime di terrore, cui pone fine l'insurrezione di Stefano Bocskai, che riesce a conquistare (1606) altri tre comitati ungheresi finora soggetti agli Absburgo. I principi Gabriele Bethlen (1613-29) e Giorgio Rákóczi I (1629-48) segnano il periodo della maggior indipendenza e potenza della Transilvania; approfittano della guerra dei 30 anni per combattere con fortuna gli Absburgo alleandosi ai loro molti nemici e conquistano altri sette comitati ungheresi, in pari tempo fanno garantire alla parte ungherese rimasta soggetta agli Absburgo il rispetto della costituzione ungherese e delle libertà religiose.

Conquista austriaca.

I principati di Giorgio Rakoczi II e di Michele Apafi fra il 1648-90 segnano la decadenza e la fine dello stato indipendente di Transilvania, cui con la cacciata dei turchi dall'Ungheria per mezzo delle truppe imperiali guidate da Eugenio di Savoia viene a mancare il più forte appoggio contro gli Absburgo. Leopoldo I fa occupare dalle sue truppe la Transilvania già nel 1690 e nel suo *Diploma leopoldinum* riconferma la costituzione e i privilegi delle tre « nazioni »; (1) ma la Transilvania, nonostante alcuni vani tentativi di ribellione nei prossimi anni, da ora in poi fa parte dei dominî degli Absburgo, pur conservando fino al 1865 la sua individualità politica provinciale.

Seguiremo poi l'ulteriore svolgimento storico della Transilvania assieme con gli avvenimenti d'Ungheria, di cui divide la sorte sotto gli Absburgo. Come le città

Le 24 città di Szepes.

della Transilvania anche le 24 città del comitato Szepes

1604 e nel 1605 due insurrezioni di Mosè Szèhely e di Stefano Bocskay. Il suo fu un regime di terrore. Nel 1606 si ritirò a vita privata e fu fatto conte dell'impero. Scrisse due opere militari: « Il maestro di campo generale » e « Governo della cavalleria leggiera ».

(1) Soltanto queste formavano i tre gruppi degli stati provinciali alla dieta transilvana; i rumeni vi erano completamenti esclusi fino al 1848. Il *diploma* riservava però al governo il diritto di nominare in numero illimitato nuovi membri della dieta (detti *regalisti*), sicchè questa finiva con il far sempre la volontà del governo. Vedi la dieta del 1865.

(*Zipser Städte*) fondate nei sec. XII e XIII dai coloni sassoni, munite di speciali privilegi e formanti la *Provincia Saxonum de Scepus* oppure *Universitas XXIV regalium civitatum terrae Scepus* nell'Ungheria settentrionale ebbero nel medio evo una propria amministrazione secondo un proprio diritto tedesco (*Zipser Willkür*). Nel 1412 date in pegno alla Polonia vennero sotto gli Absburgo con la Galizia nel 1772, ma furono restituite all'Ungheria appena nel 1874 e fatte, come tant'altre città ungheresi, regie città libere o città municipali; ora sono abitate da magiari, tedeschi, slovacchi e ruteni (russi) in continua lotta nazionale tra di loro.

Inorientamento della politica degli Absburgo.

Oltrechè dal desiderio, comune a tutte le dinastie di tutti i tempi, di estendere quanto più i proprî dominî gli Absburgo, che ad occidente si trovavano arrestati da nuove forze di popoli e di stati nel loro moto di espansione, furono costretti ad inorientare la loro politica anche dal pericolo turco, che sorgeva da oriente rapido e sempre più temibile: bisognava arrestarlo quanto più lontano da casa propria agli estremi limiti d'Ungheria, dopo che, irrompente marea, avea travolto tutti gli stati balcanici. Il primo degli Absburgo, che riuscì a farsi eleggere re d'Ungheria fu il duca Alberto V d'Austria, quale genero di Sigismondo re d'Ungheria. Ma due anni dopo morì e appena 5 anni più tardi i nobili ungheresi elessero suo figlio Ladislao Postumo a re, per il quale volle assumere la reggenza suo cugino e tutore Federico V, duca di Stiria ed imperatore di Germania. Gli ungheresi non lo riconobbero e elessero a loro governatore (*Gubernator*) Giovanni Hunyadi, resosi celebre per le sue guerre contro i turchi. Questi nel 1452 riesce a liberare Ladislao dalla tutela, ch'era una specie di prigionia, di Federico; ma nel 1457 Ladislao per vendicar l'uccisione di suo zio Ulrico di Cilli, di cui gli ungheresi non volevano subire l'ingerenza nel governo, fece assassinare a tradimento, dopo avergli giurato il salvacondotto, il figlio maggiore di Hunyadi, bano di Croazia; un'insurrezione dei nobili caccia Ladislao ed elegge a re il secondo figlio di Hunyadi, Mattia I Corvino (1458-90), durante il cui regno l'Ungheria ebbe di nuovo un periodo di splendore. Sconfigge i nobili, che tenevano dalla parte di Federico V, il quale ora — morto, pare per avvelenamento, Ladislao Postumo — si è tenuto le sue insegne reali e pretende di salire al trono d'Ungheria; ma Mattia Corvino lo costringe nella pace di Odenburgo (1463) di restituire la corona di S. Stefano, gli lascia però il *titolo* di re d'Ungheria e gli promette di lasciargli in eredità il trono oppure di far eleggere a re uno dei suoi figli; i magnati invece eleggono nel 1490 Ladislao di Polonia a loro re e Massimiliano d'Austria, deluso nelle sue speranze, gli muove guerra; ma anch'egli è costretto nella pace di Presburgo (1491) di riconoscerlo re; ottiene però da Ladislao le stesse promesse, che suo padre aveva avute da Corvino. I magnati ungheresi non ammettono però simili patti arbitrarî intorno al trono loro e nella dieta del 1505 decretano, che « soltanto un ungherese può esser re d'Ungheria ». Massimiliano e Ladislao non curanti di ciò conchiudono i famosi matrimoni reciproci: il nipote di Massimiliano Ferdinando con la figlia di Ladislao e il figlio di Ladislao Lodovico con la nipote di Massimiliano. Per fortuna degli Absburgo Lodovico perì nella battaglia di Mohacs (1526) senza lasciar figli; due regni, Ungheria e Boemia, passarono così definitivamente alla casa d'Austria.

Conquista dell'Ungheria.

Resistenza ungherese.

Non avvenne ciò senza opposizione; una parte della nobiltà ungherese, fedele al suo conchiuso dietale, elesse un re nazionale, il vojvoda Zapolya, che poi si fece indipendente — lo vedemmo — in Transilvania e che chiamò in aiuto i turchi; l'altra parte della nobiltà appunto di fronte a questo pericolo turco si trovò indotta ad eleggere — accentuando questo suo diritto — a re Ferdinando; ma la corona fu contesa continuamente a lui ed ai suoi successori da insurrezioni nobiliari, guidate dai principi di Transilvania e appoggiata dai turchi. Questi anzi con frequenti guerre dal 1541-62 lo costringono a pagar loro un tributo annuo e tengono occupata tutta la pianura ungherese di mezzo con Buda a capitale fino al 1690, sicchè l'Ungheria in questo tempo è divisa in tre parti: la settentrionale con Presburgo (1) a capitale sotto gli Absburgo, la Transilvania e la parte soggetta ai turchi. Lo spirito nazionale di ribellione contro gli Absburgo esiste però anche nella parte rimasta soggetta a loro: è la riforma religiosa, che conquista gran parte, la maggioranza della nobiltà ungherese anche qui e la rende insofferente del dominio straniero e cattolico e fa fiorire la letteratura nazionale e sorgere scuole ungheresi. Gli Absburgo favoriscono la controriforma persino con le armi e provocano le insurrezioni nobiliari di Stefano Bocskai, che nella pace di Vienna (1606) costringe Rodolfo d'Austria a riconfermare la costituzione e le libertà ungheresi.

Consolidamento degli Absburgo sul trono d'Ungheria.

Ma poi durante il regno di Ferdinando II (1619-37) il primate d'Ungheria vescovo Pázmányi riesce a ricondurre al cattolicesimo gran parte dell'alta nobiltà ungherese e così i protestanti perdettero la maggioranza alla dieta e il palatino fu di nuovo cattolico; ciò provoca nuove insurrezioni, guidate sempre dai principi di Transilvania, Bethlen, contro di cui combatte a capo degli imperiali il condottiero napoletano Geronimo marchese Caraffa, e Rákóczi finite con la vittoria degli ungheresi, e una congiura del palatino conte Francesco Wésselényi contro il regime assolutistico di Leopoldo I, che fu soffocata nel sangue (1665-71) (2). Dopo la caccia-

(1) Qualche volta — in momenti di maggior pericolo — la dieta si raccoglieva anche altrove, per es. ad Oedenburg (Szopron).

(2) Fra i congiurati giustiziati vi sono anche i due conti Pietro Zrinyi e Francesco Frangipani, dei quali i croati di oggi hanno fattto due eroi dell'idea dell'indipendenza del Regno croato. Lo Zrinyi aveva il nome dal suo castello di Zrin o Zerin, fortezza posta contro i turchi sulla riva sinistra ungherese della Drava; suo fratello Nicola aveva scritto il primo poema eroico magiaro, imitando il Tasso. Il Frangipani, cognato dello Zrinyi, apparteneva alla famiglia italiana dei conti di Tersatto (v. p. 52). I croati li chiamarono Zrinjski e

ta dei turchi, iniziata con la vittoria di Raimondo Montecuccoli presso S. Gottardo nel 1664 e compiuta con le vittorie di Eugenio di Savoia, vi sono ancora delle insurrezioni ungheresi, ma finiscono ormai, non essendoci più l'appoggio turco, con ripetute vittorie e terribili persecuzioni da parte degli imperiali: celebri le persecuzioni e le decapitazioni di Presburgo e di Eperies (« il giudizio di sangue ») nel 1687, attribuite dagli storici al generale conte Antonio Caraffa (1) contro Tököly ed i suoi insorti, dopo delle quali si viene ad un accordo fra il re e gli stati ungheresi fissato nei « conchiusi di Presburgo » (*Pressburger Beschlüsse*) dello stesso anno che formarono il primo fondamento legale del diritto ereditario degli Absburgo al trono d'Ungheria. Finora gli ungheresi avevano sempre affermato il loro diritto di libera elezione del re e ogni nuovo re aveva dovuto all'atto d'incoronazione firmare il « diploma inaugurale », in cui giurava di rispettare la costituzione ungherese. Ora Leopoldo I nei « conchiusi di Presburgo » riconferma tutta l'antica costituzione della Bolla d'oro meno

---

Frankopan (derivando il nome da *franko*, libero, e *pan*, signore) e intesserono intorno alle loro figure tutta una letteratura romantica e lirica. Furono decapitati ai 30 aprile 1671 a Wiener Neustadt, per aver cercato l'appoggio dei turchi e del re di Francia contro gli Absburgo, e sepolti in quel camposanto. In una notte del 1884 la loro tomba, che era divenuta mèta di pellegrinaggi croati, fu aperta e i loro resti di nascosto gettati nella fossa comune dei morti senza nome. Appena conosciutosi il fatto cominciò un'agitazione dei croati e dei loro deputati alla camera di Vienna, i quali riuscirono ad ottenere la riesumazione dei resti, che il custode del camposanto assicurò essere gli stessi, e la loro tumulazione in tomba propria. Da allora i croati aspirano a trasportare le ossa dei due martiri nazionali a Zagabria. Finora Vienna non vi ha consentito. E superfluo osservare, che di una congiura nazionale croata qui non era il caso di parlare, come non lo sarebbe stato anche se i due decapitati fossero stati realmente croati; in quei tempi il sentimento « nazionale » non era evoluto a tal punto nemmeno tra popoli molto più civili. Cnfr. in proposito la rivista di Zagabria *Pravas*, a I, n. 4, p. 77.

(1) Ambidue i Caraffa discendono dalla nota famiglia napoletana, che diede tanti prelati alla chiesa di Roma. Geronimo fu fatto marchese « di Montenegro ». Al conte Antonio gli storici ungheresi attribuiscono anche le crudeltà austriache commesse a Kronstadt in Transilvania.

il diritto d'insurrezione dei nobili (la cosiddetta « clausola di resistenza ») e stabilisce il diritto di successione per gli eredi maschi degli Absburgo e così prepara la via, per la quale Carlo VI giungerà 37 anni più tardi a far riconoscere dagli Stati ungheresi la « Sanzione prammatica », che costituisce ancor oggi la legge fondamentale della monarchia austro-ungarica.

Lotte per la costituzione ungherese.

Non tutti gli stati ungheresi riconoscono però la legittimità di questi conchiusi; si oppongono poi con ogni mezzo ed efficacemente ad ogni tentativo degli Absburgo d'introdurre anche nell'amministrazione d'Ungheria quelle riforme, che vanno effettuandosi nelle province austriache e dopo la disfatta della nobiltà boema protestante sul Monte bianco (1620) anche in Boemia, tendenti tutte ad un solo scopo ormai divenuto tradizione secolare di dinastia, di assimilare in uno stato unico centralizzato a Vienna tutti i territori soggetti agli Absburgo; specialmente i nuovi ordinamenti militari, che dal sistema feudale militare sono passati a quello delle truppe assoldate e permanenti contro il permanente pericolo turco, favoriti anche dall'uso delle armi da fuoco, che vanno sopprimendo la cavalleria medioevale, provocano la più fiera resistenza da parte degli Ungheresi, dei quali tutta la forza armata consisteva finora soltanto nell'« insurrezione nobiliare » (ogni nobile arma i suoi servi e coloni). Invece il re vuole subordinate tutte le forze militari al consiglio di guerra aulico di Vienna (*Hofkriegsrat*, dal quale nel 1848 uscirà il ministero della guerra); organi suoi in Ungheria sono gli ufficiali e speciali commissarî di guerra (*Kriegskommissäre*), che s'immischiano anche nelle faccende dell'amministrazione interna sostenendo il potere regio e militare contro quello dei nobili; gli ungheresi esigono, perciò un proprio consiglio di guerra nazionale a Buda e insorgono guidati da Frandesco Rákoczi II, tragica figura di eroe nazionale, ma dopo alcune belle vittorie Rákoczy è battuto e bandito dalla dieta di Presburgo

F. Ràkoczi II.

nel 1712 (I); in questa stessa dieta, che dura tre anni, Carlo VI, che aveva già in cuore la « Sanzione prammatica », per la quale aveva bisogno anche dell'approvazione degli stati ungheresi, con il decreto del 1715 (*Reichsdekret*) ristabilisce l'antica costituzione ungherese, ne promette il rispetto e garantisce la convocazione regolare di sessioni periodiche della dieta del regno. Questo è il frutto dell'ultima insurrezione nobiliare di questo periodo.

Carlo VI e sua figlia Maria Teresa, che riformò, si può dire, tutta l'amministrazione austriaca e boema, lasciarono intatta — meno alcune riforme agrarie — l'antica costituzione ungherese e così ebbero pace in Ungheria. Ottennero è vero, in corrispondenza ai tempi, l'istituzione di un esercito stabile anche in Ungheria e

(1) L'insurrezione era diretta contro tutto il sistema di governo fatto di oppressione, di persecuzioni nazionali e religiose, di confische, di decapitazioni, di condanne alla galera A caratterizzare la politica del cardinale Kollonich, allora onnipotente alla corte di Vienna, verso l'Ungheria gli si attribuiscono le parole: « Anzitutto farò gli ungheresi prigionieri, poi li farò poveri e infine cattolici ». Kollonich a tale scopo voleva estirpare fin dalle radici la famiglia Rakoczi, gli ex-principi di Transilvania e ora signori pacifici fra i contadini *kuruzzi* dell'Ungheria settentrionale, e tentò di far rinchiudere i due unici rampolli della famiglia, Francesco e la sorella, in convento. Ma Francesco sobillato da Luigi XIV di Francia, aiutato dal conte Bercsenyi e dai suoi kuruzzi, insorse contro Vienna. Tradito da un suo ufficiale fu imprigionato a Wiener Neustadt, donde riuscì a fuggire con l'aiuto di sua moglie. Nel 1702 ricominciò la campagna che durò 10 anni e finì con la sua fuga in Turchia, asilo prima e dopo dei patriotti ungheresi. Morì esule a Rodosto e fu sepolto a Galata, donde nel 1906 le sue ossa furono trasportate con grandissima pompa e solennemente sepolte a Kaschau, dopo che il parlamento di Budapest — erano al governo i kossuthiani — aveva annullato il decreto di bando della dieta di Presburgo del 1712. Fu l'ultima grande insurrezione prima di quella del '48 con Kossuth. Rakoczi è rimasto sempre il simbolo eroico dell'indipendenza ungherese. La sua marcia (*Rakoczimarsch*) è l'inno di guerra dei magiari. Ved.: *Franz Rakoczi* dell'ex-ambasciatore austro-ungarico a Washington bar. von Hengelmüller, ed. Deutsche Verlagsanstalt, Stoccarda 1913. A sfrondare un po' la gloria di Rakoczi — con grave scandalo e tra vive proteste del mondo magiaro — apparve quest'anno un libro di Giulio Szekfü e una autodifesa dello stesso Szekfü quale supplemento agli atti dell'Accademia delle scienze di Budapest.

le relative imposte per scopi militari, nonchè il riconoscimento del consiglio aulico di guerra di Vienna quale autorità militare centrale suprema. A difesa contro i turchi esistevano già dal 1620 i cosiddetti « confini militari » (*Militärgrenze;* i suoi soldati: confinarî, *graniciari*, in maggioranza croati, erano i cosacchi d'Austria), con tutta la popolazione sempre in armi, con larga autonomia e con completa amministrazione militare; (1) formeranno poi la Vandea austriaca contro tutte le insurrezioni nazionali e specialmente contro gli ungheresi; i quali, consci del pericolo di questa mancanza di un esercito proprio imprenderanno poi, quando Giuseppe II con le sue riforme centralizzanti estese anche all'Ungheria provocherà di nuovo tra loro un movimento nazionale di resistenza e quasi di ribellione armata, una fiera lotta oltrechè per conservare la propria costituzione e l'indipendenza nazionale anche per ottenere il proprio esercito nazionale; lotta, che coronata da parziali buoni successi, dura ancora causando frequenti e gravi perturbamenti nella politica interna della monarchia non senza sensibili ripercussioni anche nella sua politica estera, che naturalmente è sempre inconnesione profonda con le condizioni e con le sorti dell'esercito.

I " confini militari ".

Così vediamo gli Absburgo dal 1527 in poi signori di due grandi regni. Qui però il termine « signore » non è a posto. La Boemia e l'Ungheria sono regni elettorali; il concetto di stato è espresso qui meglio di tutto appunto nell'elezione del re. Nelle provincie austriache (2)

L'idea statale in Austria, Boemia e Ungheria.

(1) Per i « confini militari » le spese d'amministrazione erano sopportate ultimamente in comune da tutti gli stati e province soggetti agli Absburgo, perchè difesa comune. Quando nel 1867 avviene la separazione dualistica fra Austria e Ungheria, questi confini fanno sorgere una questione lungamente tormentata e finanziariamente risolta con il *praecipuum* per le spese dei confini, secondo vedremo trattando del compromesso austro-ungarico.

(2) Chiamerò in seguito per brevità così ed anche con il nome cumulativo di Austria i 16 (circa; v. nota seg.) stati ereditari (*Erbländer*), che fino al momento dell'acquisto della Boemia e dell'Ungheria con le loro province, formavano il

gli Absburgo sono arciduchi e signori; il concetto di stato va qui appena formandosi da Massimiliano in poi, sottoposto però a fluttuazioni; già dopo Ferdinando I il concetto patrimoniale dello stato predomina e i suoi successori si dividono per la seconda volta le « province ereditarie » austriache (Austrie, Stiria e Tirolo): sono quasi possedimenti della dinastia absburghese, della quale la missione principale è dare gl'imperatori alla Germania; sicchè la formola esemplificativa dei rapporti costituzionali degli Absburgo in questo periodo sarebbe: gli arciduchi e signori d'Austria sono eletti imperatori di Germania e re di Boemia e d'Ungheria.

erso il diritto ereditario al trono.

Certamente e mira e intenzione di Massimiliano I e dei suoi successori si fu di formare di tutti questi territorî uno stato unico soggetto non per elezione ma per diritto ereditario alla loro casa; ma in Germania cresceva il potere di altri forti principati gelosi del predominio degli Absburgo e qui tutti gli sforzi di Massimiliano fallirono; non così falliranno un secolo più tardi, quando le province austriache saranno di nuovo e questa volta definitivamente riunite sotto un arciduca, i tentativi dei suoi discedenti in Austria e in Boemia e più tardi, sebbene in proporzioni ridotte, anche in Ungheria. Fino allora però le amministrazioni d'Austria, di Boemia e d'Ungheria rimarranno nettamente separate una dall'altra; ciascuna di queste parti conserva la pro-

dominio degli arciduchi d'Austria, sebbene propriamente il nome austriache spetterebbe soltanto alle due Austrie, alla Stiria, Carinzia e Carniolà e non alle parti annesse tirolesi, trentine, friulane, a Trieste, Gorizia ecc. In questi 16 stati gli Absburgo con speciali accordi con gli stati provinciali o in altro modo (con i privilegi *minus* e *majus*) si erano assicurato il diritto di successione al trono. Reggevano questi stati secondo il principio patrimoniale. Gli autori tedeschi (v. Bernatzik, op. cit.) fanno derivare questo diritto ereditario dal fatto, che quegli stati sarebbero stati feudi dell'impero germanico e quindi soggetti alla legge dell'impero espressa nel *privilegium minus e maius*. Ciò può valere per le due Austrie, per la Stiria, per la Carinzia, per il Tirolo; ma non per Trieste, per il Trentino, per Gorizia e Gradisca, che vennero e restarono agli Absburgo non come feudi dell'impero, ma per patti speciali fra i sovrani e gli stati provinciali.

pria costituzione; non vi è per ora fra esse che la pura unione personale nell'arciduca e re, Ferdinando I, la quale però più tardi diverrà ereditaria negli Absburgo e di fatto, se non proprio di diritto, anche un'unione reale. Con i nuovi acquisti Ferdinando I ha intanto triplicato l'estensione dei dominî, che gli aveva ceduti suo fratello imperatore: egli ora è sovrano di circa venti stati (1), che insieme contano una superficie di circa 342.000 chilometri quadrati.

Verso il centralismo.

È nei cosiddetti stati ereditarî, visto che i tentativi di Massimiliano nell'impero intero sono falliti, che gli sforzi di Ferdinando I sono diretti ad accentrare tutto il potere e tutta l'amministrazione statale nelle mani del sovrano; quivi egli in gran parte riuscirà; la Boemia e l'Ungheria — lo vedemmo — resisteranno ancora; l'Ungheria anzi non sarà domata mai definitivamente. È un processo di cristalizzazione dello stato unitario austriaco, che durerà due secoli e che sarà compiuto almeno formalmente con la Sanzione prammatica del 1713-25, con cui sarano stabilite per legge l'indivisibilità e l'inseparabilità delle terre soggette agli Absburgo e l'ereditarietà di questi al trono comune di queste terre: così finalmente una legge fondamentale formerà il titolo comune ed uguale per il diritto di successione degli Absburgo in Austria, in Boemia e in Ungheria nella loro discendenza maschile e femminile (2). In pari tempo abbiamo qui il principio del distacco dell'Austria dalla Germania: con i possedimenti ereditarî austriaci Ferdinando I è ancora entro i confini del sacro impero romano tedesco, ma con l'Ungheria, che mai ne fu feudo, ne è completamente fuori e con la Boemia, che fu principato elettorale dell'impero, fa il suo comodo considerandola ora feudo imperiale ora regno indipendente.

Al di fuori e al di sopra dell'impero germanico.

(1) All'incirca 20, perchè alcuni staterelli minori cominciano già ad esser confusi con gli stati vicini maggiori; per es. Bressanone con il Tirolo.

(2) Vedi capitolo seguente sulla Sanzione prammatica.

Con questi possedimenti e con quelli di Spagna, gli Absburgo chiudono da tutte le parti i confini dell'impero germanico; l'arciducato d'Austria, la Borgogna, la Boemia, più tardi (con il matrimonio di Maria Teresa) anche la Lorena dànno loro seggi importantissimi nel collegio dei principi alla dieta dell'impero ed è così, che — nonostante il sempre crescente distacco dei loro dominî ereditarî dalla compagine germanica — sono eletti ancor sempre imperatori.

I particolarismi provinciali.

Il particolarismo degli stati provinciali, gelosi dei loro privilegi e dell'indipendenza relativa delle loro province, nelle quali la somma dei poteri era ancora nelle loro mani, era sempre pronto a contrastare il terreno al centralismo dell'amministrazione statale, arciducale. Il sistema feudale perdurava ancora; vedremo appena nella seconda metà del sec. XVIII Maria Teresa e Giuseppe II con le loro riforme radicali intaccarlo più profondamente non però sradicarlo; nell'amministrazione statale poco a poco la burocrazia lo sostituirà, all'idea dello stato patrimoniale succederà l'idea dello stato dell'assolutismo illuminato: lo stato sarà lo stato, sia pure impersonato nel sovrano assoluto e nella sua corte, ma non sarà più proprietà privata dei principi e dei signori. È un'evoluzione, che durerà dei secoli e non sarà rettilinea; ancor oggi qualche resto dell'antico feudalismo si riscontra in alcune costituzioni di province austriache.

Amministrazione.

Sotto Massimiliano e sotto Ferdinando cominciavano appena gli albori del sistema burocratico; gl' stati provinciali erano ancora vere potenze, con le quali gli arciduchi dovevano venir a patti. Oltre all'esercito imperiale stabile, di assoldati, con i capitani di ventura a condottieri, pagato e mantenuto dall'imperatore, vi erano ancora i piccoli eserciti degli stati provinciali (l' « insurrezione nobiliare » in Ungheria): soldati e denaro erano sempre le prime e maggiori necessità dello stato specialmente in quei tempi del pericolo turco; ed erano gli stati provinciali, che votavano le « contribuzioni » obbligatorie da pagarsi dalle città (1) e dai contadini o i « sussidii » volontari dati dai signori, che naturalmente li sovrimponevano di nuovo ai loro sudditi. In ogni patto fra arciduca e i suoi stati ereditarî, in ogni capitolazione del re boemo, in ogni « diploma inaugurale » del re d'Ungheria (2), anzitutto doveva esser garantita alla nobiltà l'esenzione di qualsiasi imposta. La giustizia era tutta (meno le istanze superiori, introdotte per i casi più gravi da Massimiliano) patrimoniale, feudale e del resto anche gli uffici statali, la burocrazia, ove era riuscita a penetrare, specialmente nelle città, erano affidati ai nobili, sicchè anche qui non c'era ancora una netta divisione fra potere statale arciducale e potere degli stati provinciali. Gli stati provinciali rappresentano insomma ancora in ogni provincia l'autonomia provinciale, purtroppo — e secondo i tempi non poteva esser altrimenti — un'autonomia oligarchica, che opprimeva dappertutto (nei possedimenti tirolesi un po' meno) i cittadini e ancor più i contadini.

Poteri accentrati. Affari comuni.

Nonostante queste forze contrifughe del particolarismo provinciale Massimiliano — vedemmo — con il prestigio e con il potere, che gli derivarono dal trono imperiale e dallo splendore del suo regno, potè compiere una buona parte dell'opera di centralizzazione, che sarà continuata dai suoi successori anzitutto nelle province ereditarie austriache. Ormai si

(1) Nella Bassa Austria nei documenti del tempo dicevano perciò « le 18 città sofferenti insieme » (18 *mitleidende Städte*).

(2) I « diplomi inaugurali » (*diploma sacrum, coronationale, inaugurale* formato da *articuli diplomatici*) erano il mezzo più efficace, con cui gli stati provinciali e la nobiltà si facevano assicurare (donde anche l'altro nome: *Assecuratio regia*) da ogni nuovo re da Andrea III (1290) in poi all'atto d'incoronazione con giuramento il rispetto della costituzione e dei privilegi loro, primo fra i quali l'esenzione della nobiltà dalle imposte. I diplomi erano subito inarticolati nelle leggi della dieta. Tutti gli Absburgo finora si assoggettarono a questo atto essenziale dell'incoronazione ungherese, fuorchè Giuseppe II. Francesco Giuseppe resistette per 19 anni prima di compierlo nel 1867. Il suo diploma è inarticolato quale legge II di quell'anno.

possono considerare centralizzate da lui e da Ferdinando I per tutti i paesi soggetti agli Absburgo le cose militari con l'*esercito comune* imperiale, le *finanze comuni* (almeno per il patrimonio privato, il demanio, e per le regalie e fisco del sovrano in tutte le province) e la *politica estera comune* (guerra e pace). È la prima apparizione degli « affari comuni, prammatici », che tre secoli dopo nelle leggi del 1867 oltre che con la persona comune del sovrano formeranno l'unione fra l'Austria e l'Ungheria. Per questi affari Ferdinando istituisce nel 1556 due nuove autorità centrali a Vienna (oltre alle tre istituite da Massimiliano per le province ereditarie e per le finanze): il « consiglio segreto, intimo » (*Geheimer Rat*, che deve esser composto sempre in maggioranza da consiglieri tedeschi, precauzione contro i boemi e gli ungheresi) per gli affari esteri (1) e il « consiglio aulico di guerra » (*Hofkriegsrat*), contro del quale s'accanì, vedemmo, l'opposizione ungherese e che durò poi fino al 1848. Anche Ferdinando si attenne al principio collegiale; le decisioni di queste autorità si prendevano a maggioranza di voti dei consiglieri. Per la restante am-

Nuove autorità centrali.

(1) Da qui ancor oggi il titolo, come somma onorificenza aulica in Austria e in Ungheria, di « consigliere intimo » con speciali diritti e obblighi a corte. Altri storici affermano, che Ferdinando istituì questo collegio già nel 1527 a solo scopo consultivo negli affari esteri ed interni accanto al *Hofrat* (consiglio aulico, da qui il titolo meno onorifico di « consigliere aulico » oggi in uso per funzionari di stato di rango superiore), alla *Hofkanzlei* alla *Hofkammer*. Sotto Mattia il consiglio intimo divenne così numeroso, che non era più possibile farlo funzionare se non in sezioni e commissioni.

Nel 1699 una di queste commissioni divenne la « conferenza segreta o intima » (*geheime Konferenz*) per gli affari di politica estera. Il consiglio intimo si raccolse da allora soltanto in casi di gravità eccezionale, come per es. per la promulgazione della Sanzione prammatica e l'ultima volta ai 28 giugno 1900 per la rinuncia dell'arciduca ereditario Francesco Ferdinando per i suoi figli al trono. Questo consiglio è ora un'istituzione puramente aulica e perciò vi partecipano anche gli ungheresi senza tema di pregiudicare ai loro princìpi del diritto di stato ungherese.

Questo si può dire il principio di una politica estera propriamente austriaca degli Absburgo; mentre finora la loro politica estera era anzitutto imperiale. Nel sec. XVIII essa diverrà quasi esclusivamente austriaca.

ministrazione dei regni di Boemia e d'Ungheria rimasero a Praga la « cancelleria aulica boema » (*böhmische Hofkanzlei*) e a Presburgo la « cancelleria aulica ungherese » (*ungarische Hofkanzlei*), simboli della indipendenza dei due regni, che era ancora effettiva. Anche le province ereditarie austriache, gelose della propria individualità politica, domandano proprie autorità centrali nelle proprie capitali: Vienna, Innsbruck, Graz e in parte le ottengono: autorità dipendenti dal sovrano e dagli stati provinciali.

Ricapitolazione.

Riassumiamo i risultati di questo periodo di grandezza e di splendore della dinastia absburgica: il suo dominio mondiale, universale con l'abdicazione di Carlo V cessa, però dopo aver contribuito enormemente ad estendere e a consolidare il potere degli Absburgo austriaci; se la stella degli Absburgo imperatori declina e il loro potere imperiale diventa sempre più solo onore formale, vuoto di contenuto pratico di fronte al rinforzarsi dei varî principati germanici, la stella degli Absburgo arciduchi d'Austria ascende; lo stato austriaco unitario, centralizzato, con una burocrazia nobiliare, più ossequente della volontà sovrana che non lo siano gli stati provinciali vassallitici, con un esercito imperiale stabile assoldato, sia pure accanto ad un esercito feudale dei signori, cui all'occasione saprà tener fronte, fa capolino e si afferma per ora nelle province ereditarie. E questo sorgente stato unitario austriaco, che ha entro i suoi confini tanti germi recalcitranti e dissolventi questa sua unità, s'inorienta e attira nella sua orbita due nuovi corpi eterogenei, estranei, tanto diversi per storia, per popoli, per civiltà, che forse mai assimilerà. La strapotenza degli stati boemi ed ungheresi, elettori di re, dispensatori di troni, fautori della riforma protestante, che indebolisce la chiesa alleata alla dinastia, per ripercussione scema il prestigio arciducale anche nelle province arciducali: s'impegna quindi la fiera lotta fra stati provinciali, nobiltà e protestanti da una parte e dinastia e chiesa cattolica dall'altra, che

Chiese.

i successori di Ferdinando I porteranno a vittoriosa fine nel secolo seguente in Austria e in Boemia, mentre in Ungheria — non senza merito dei turchi — resterà vincitrice l'antica costituzione con i suoi privilegi e con le sue libertà. Sicchè, se finora vi è un trialismo amministrativo (chè costituzionalmente vi sono oltre 20 differenti stati) fra i paesi dell'arciducato austriaco, della corona boema e di quella ungherese, nel secolo seguente si passerà di fatto a quel dualismo austriaco ungherese, che poi nel 1867 diventerà legge fondamentale dell'attuale monarchia. È una lotta, che assumerà in Boemia e in Ungheria i caratteri di vere guerre d'indipendenza nazionale; il regno di Ferdinando I fu un periodo di transizione in questo riguardo: egli si accontentò dell'acquisto dei due regni e di assicurarne la successione a suo figlio Massimiliano II; sono i suoi discendenti più remoti, che riprendendo la tradizione di famiglia vorranno centralizzare tutti i loro dominî, sottoporli ad uno stesso regime militare e burocratico, affratellarli, se non altrimenti, in una santa madre chiesa cattolica, che daranno di cozzo nei diritti e nei privilegi statali e nazionali della Boemia e dell'Ungheria e desteranno un vespaio, che ancora oggi non dà pace.

Fra il trialismo e il dualismo.

La Dalmazia illirica.

(1) La Dalmazia è appartenuta sempre, come tutta l'Italia, alla civiltà mediterranea e — dopo la grande separazione dei due mondi occidentale e orientale — a quella occidentale. Si crede che il nome latino *Dalmatia* provenga dalla parola illira *Dalmas* significante pecora o capra. I primi abitatori, storicamente noti, di questa terra furono gli Illiri (Dalmati al sud, Liburni al nord della provincia). Gli Illiri — si noti bene! — non hanno assolutamente che fare con gli slavi; sparirono dalla storia ben prima, che gli slavi immigrassero (VII sec. dopo Cr.) da queste parti, assorbiti interamente dall'elemento latino venutovi con la conquista romana (circa il 200 av. Cr.) della Dalmazia, e non lasciarono la più piccola traccia della loro civiltà. Si suppone, che gli odierni albanesi, i quali non sono nè grecolatini nè slavi, siano i continuatori dell'antico popolo illirico. La denominazione di « Illiri » data ai tempi napoleonici alle popolazioni della Dalmazia e dell'antica Liburnia era quindi completamente erronea.

La prima civiltà fu portata nella Dalmazia meridionale dalle colonie greche fondatesi sulle isole e sulle coste; la indicano già i nomi di Curzola (*Korkyra*), Lissa (*Issa*), *Faria* (oggi Lesina), Traù (*Tragurium*, da *tragòs*: capra) ecc. Ma poi ben presto sotto il dominio romano queste colonie e la provincia intera divennero latine. Per otto secoli interi dal 200 av. Cr. fino al 600 d. Cr. tutta la Dalmazia fu completamente romana, latina. Appena al principio del VII sec. irruppero gli slavi, croati e serbi, nella parte montana della provincia e costrinsero la popolazione indigena latina a rifugiarsi nelle città marine e sulle isole. (Da Salona per es. la popolazione si rifugiò nella vicina Spalato e ivi nell'interno del grandioso palazzo di Diocleziano sorse una città intera; ancor oggi sono conservati intorno alla città vecchia le mura e le porte dell'antico palazzo e dentro la città i tempi, i colonnati e i peristili fatti costruire dall'imperatore; documento magnifico della latinità di quella terra.)

La Dalmazia latinizzata.

Qui, nelle città della costa e delle isole, divenute municipi latini con indipendenza quasi completa, attraverso un dominio più nominale che effettivo di Bisanzio, continuatore nell'Adriatico di quello di Roma, si sviluppavano la lingua neolatina (1), le leggi, la chiesa, l'architettura, le altre arti e le lettere, tutta la vita in sincronia e in consonanza perfette con quella dei connazionali dell'Istria, del Friuli, del Veneto, di tutta Italia. Anche qui come in Italia le lotte fratricide fra città e città e contro Venezia, che alla fine del X sec. interveniva prima in nome di Bisanzio poi in nome proprio (2). Già intorno all'a. 1000 il doge Pietro II Orseolo sottometteva tutta la Dalmazia marittima, ma appena nel 1409 questo dominio diveniva completo e definitivo, dopochè Venezia per 100,000 ducati acquistò i diritti che Ladislao di Napoli elevava come re d'Ungheria sulla Dalmazia.

La Dalmazia italiana e veneziana.

Nell'interno della Dalmazia erano sorte alcune famiglie di signorotti slavi, vassalli prima dei reucci croati, poi dal 1105 dei re d'Ungheria e per breve tempo dei re di Serbia, ma mai essi arrivarono a dominare i municipi italiani delle coste, orgogliosi della loro indipendenza. E se nei secoli di mezzo qualche volta i re d'Ungheria arrivarono con i loro eserciti fino alle sponde dalmate, trattarono con le città dalmatiche da pari a pari come con stati sovrani e sempre rispettando il loro carattere latino, italiano. Persino il re serbo Dusciano il Forte, sotto cui la Serbia ebbe la sua maggior estensione, arrivato alle Alpi Dinariche della Dalmazia chiese la cittadinanza veneziana per affacciarsi come figlio della gloriosa repubblica al mare Adriatico. Poco dopo il turco sopprimeva tutti gli stati slavi nei Balcani e ricacciava gli Ungheri in casa loro; Venezia allora estendeva il suo dominio anche sulla terraferma slava di Dalmazia fino ai confini della Bosnia e dell'Erzegovina e con le sue forze salvò gli slavi della Dalmazia interna dal giogo turco. Amministrò la provincia

Gli slavi in Dalmazia.

(1) Il neodalmatico, lingua neolatina ormai scomparsa di fronte al dialetto veneziano, alla quale accennò per primo G. Lucio, insigne storico di Dalmazia (Traù), e che è studiata ora dal prof. Bartoli dell'Università di Torino.

(2) Le celebri ribellioni di Zara immortalate dal Tintoretto nella sala del Gra . Consiglio del Palazzo Ducale.

come la terraferma del Veneto e del Friuli con provveditori, conti e capitani. Alle città lasciò sempre una larga autonomia.

Le repubbliche di Poglizza e di Ragusa.

Sui monti sopra Spalato ed Almissa rispettò proteggendola la repubblica di contadini slavi di Poglizza, retta dal conte (*knez*) eletto dal consiglio dei nobili poglizzani.

Al sud la continuità territoriale della Dalmazia veneziana subiva un'interruzione. Dalla penisola di Sabbioncello fino all'ingresso nelle Bocche di Cattaro si estendeva il territorio della piccola ma gloriosa repubblica marinara di Ragusa, italiana per lingua, per usi, per leggi, per lettere e per arti. Le Bocche di Cattaro erano di nuovo territorio veneziano (porto fortificato, di cui l'ingresso si chiudeva con le celebri *catene*, che diedero il nome alla gola più stretta delle Bocche). E qui a nord e a sud del territorio di Ragusa l'Erzegovina turca, circondante per terra tutti i confini della piccola repubblica, arrivava (e arriva oggi ancora sotto il dominio austriaco) con due suoi sbocchi al mare Adriatico, con la baia di Neum al nord della penisola di Sabbioncello e con la baia di Topla entro la prima Bocca di Cattaro.

Diritti e statuti romano-italiani.

Dell'italianità delle città e delle isole dalmate sono splendidi ed irrefragabili documenti le collezioni di leggi municipali, gli statuti medioevali, che ci rimasero conservati in manoscritti latini anche dai tempi precedenti il dominio veneziano e che poi furono, come nelle città d'Italia, riformati in lingua italiana secondo i tempi e seguendo l'evoluzione del diritto italiano. Abbiamo gli *Statuta et leges insulae et civitatis Curzolae*, di cui i primi 57 capitoli sono già dell'a. 1214 e sono confermati dal podestà di Curzola di quell'anno, Georgius Marsilius; il *Capitularium* delle leggi del Comune di Spalato, redatto dal podestà Gargano, chiamato da Ancona nel 1239 dagli spalatrini a dirigere la loro città; sulla scorta delle leggi spalatrine Traù e le altre città vicine di Dalmazia fecero i loro statuti. La collezione di leggi romano-italiane più perfetta e meglio conservataci è quella della repubblica di Ragusa; le sue prime leggi sono raccolte nello *Statutum Ragusii* in forma di vero codice nell'a. 1272; le leggi posteriori sono raccolte cronologicamente prima, secondo l'uso italiano, nelle *Reformationes* (a. 1335-1388) poi nel Libro verde (per il colore dei cartoni del libro, *liber viridis;* a. 1388-1460) e infine nel Libro croceo (*liber croceus*), che va dal 1460 fino alla caduta della repubblica ragusina (1808; Napoleone e Marmont la soppressero). Statuti romano-italiani hanno pure Zara, Arbe, Cherso ecc. Un unico statuto in Dalmazia fu trovato oltrecchè in manoscritti latini e italiani anche tradotto in serbo e scritto con caratteri cirilliani (v. p. 66) ed è quello della repubblichetta montana di Poglizza; lo statuto, che contiene anche leggi anteriori, è degli a. 1400-1440; anch'esso ha dei supplementi, che vanno dal 1577 al 1773 (vent'anni dopo con la caduta di Venezia cade anche Poglizza); le leggi di Poglizza, fondate in gran parte sul diritto romano e canonico, contengono anche elementi di diritto slavo, probabilmente ivi importato da intere colonie di profughi bosniaci scappati dinanzi ai turchi. Tutte le altre leggi, tutti gli altri statuti sono completamente latini e italiani.

Non soltanto latini o italiani per scrittura e lingua, ma tali per spirito, per contenuto e persino per tendenza, perchè alcuni di questi statuti — bellissimi esemplari di diritti municipali di tipo romano, che avrebbero potuto figurare fra i monumenti più italiani del Muratori! — proibiscono addirittura ai nuovi arrivati dalle montagne nelle loro città di usare nella vita pubblica un'altra lingua, che non sia la latina o l'italiana (p. es. statuto di Traù); gli atti del sinodo di Spalato del 924 sono il più bel documento della latinità della chiesa dalmata, che insorge contro le innovazioni glagolitiche (veteroslave) del vescovo di Nona, ne abolisce la diocesi e statuisce, che il clero di Dalmazia debba essere latino. Eppure tutti questi documenti l'Accademia jugoslava di Zagabria pubblicandoli nei suoi *Monumenta spectantia historiam Slavorum meridionalium* e nei *Monumenta historico-juridica Slavorum meridionalium* (opere del resto pregevolissime) e i professori dell'Università di Zagabria (v. prof. Ortner, op. cit.) esplicandoli nei loro testi e nelle loro lezioni li fanno passare per monumenti... croati e jugoslavi alimentando fantastiche e ingiuste aspirazioni nazionali su terre che mai furono slave. Il peggio si è, che anche gli italiani, ignari di questo brutto trucco austriaco-croato, molto spesso hanno creduto alle affermazioni croate.

Civiltà italiana.

Invece ad esaminare monumento per monumento per le vie delle città di Dalmazia, lapide per lapide, oggetto per oggetto nei musei, pergamena per pergamena, carta per carta negli archivi di Dalmazia risulterà per chiunque spontanea e luminosa la prova della continuità mai interrotta, senza soluzione alcuna di tempo, prima della romanità, poi della bassa latinità e per evoluzione da questa dell'italianità di tutte *le città di Dalmazia* dai tempi di Roma (II° sec. av. Cr.) ai giorni nostri; latinità documentata già nella fondazione dei municipi della *gens Julia*, nelle loro costituzioni, nella lingua, nelle iscrizioni, nella toponomastica (quanti nomi di luogo, che passano per slavi, sono di pretta radice latina!), nella onomatologia (1), nella chiesa di origine apostolica,

(1) Quante sono le città del Lazio stesso, che oggi giorno, come le città dalmate possono vantare i bei nomi romani di famiglie come Fortunio, Lucio, Celio, Cepioni, Maroli, Giuliani, Fabiani, ecc.?!. — La romanità di questi e di molti altri nomi di famiglie e di luoghi, portati in Dalmazia con la conquista romana è dimostrata da uno scienziato slavo, dallo czeco Jirecek, prof. all'università di Praga negli Atti dell'Accademia delle scienze di Vienna, *Denkschriften*, fasc. 48-49, a. 1901. I politicastri croati (non quelli serbi) di oggi in Dalmazia — anche contro le documentate opinioni dello slavo Jirecek, dei proff. Meyer - Lübke di Vienna, Bartoli e altri e contro i documenti pubblicati dalla stessa Accademia di Zagabria — negano la continuità insoluta dell'italianità di Dalmazia sino dai tempi latini e dicono tutt'al più gli italiani importati in Dalmazia da Venezia; dimenticano ad arte, che in contrade infinitamente più lontane dal centro latino in Rumenia, nei Balcani interni (i cuzzovalacchi), nel Belgio e persino in Inghilterra ancor oggi sono indelebili gli elementi etnici lasciativi dai romani. Del resto questo stesso fenomeno etnico si osserva appunto nei Balcani, in Epiro in Macedonia e in Tracia, ove le città son rimaste greche, sebbene tutt'intorno il contado fosse stato allagato da slavi (serbi e bulgari) o da albanesi. (V. anche capit. VIII e ss.).

negli statuti municipali del medio evo, negli usi, nei commerci, nelle lettere, nelle scuole, nella splendida fioritura architettonica delle piazze intorno ai magnifici duomi, dei palazzi e delle logge municipali e delle case patrizie; e tutto ciò andava di pari passo con la latinità delle città dell'Istria, del Friuli e dell'altra sponda adriatica, con le quali le città dalmate mantennero strette e continue relazioni commerciali politiche e riligiose (Parenzo, Pola, Trieste, Grado, Aquileia, Venezia, Ravenna, Ancona, Roma, Napoli, Bari); latinità bimillenne, giova ripeterlo, non interrotta nemmeno dalle invasioni barbariche dei Goti, degli Unni, degli Avari e infine degli slavi. La Dalmazia diede imperatori a Roma, diede uno dei più illustri Padri alla chiesa romana (s. Gerolamo, l'autore della *Vulgata*); la città dalmata Sebenico diede all'Italia il suo primo grammatico Fortunio (XVI sec.), di cui ci ridiede ai tempi nostri un successore non indegno nel Tommaseo come Spalato ci diede un Mussafia; a Spalato studiò Ugo Foscolo; fu la Dalmazia a dare al rinascimento delle arti italiane uno dei suoi fondatori, Luciano de Laurana, e il non meno illustre Andrea Schiavone di Sebenico, alle scienze italiane un De Dominis e un Boscovich. Tutto quello, che vi è di civile in questa provincia, è italiano. Invece nessuna, assolutamente nessuna traccia storica (e sì che i croatizzatori di Dalmazia degli ultimi 50 anni l'hanno cercata ovunque con la lanterna di Diogene) accenna ad un qualsiasi prevalere politico o civile dell'elemento slavo nelle città o nelle isole dalmate. Nel XVI e nel XVII sec. alcuni pochi poeti dalmati cantarono anche in lingua croata (Marco Maroli a Spalato; a Ragusa, detta l'Atene letteraria di Dalmazia: Giovanni Gondola, che parafrasò nella sua *Dubravka* l'*Aminta* e nell'*Osmanide* la *Gerusalemme liberata* di Tasso, e Flora Zuzzeri, imitatrice del Poliziano e amica dei poeti fiorentini; a Lesina: Canaveli; ecc.). Essi divennero celebri nella storia letteraria croata, della quale sono i primi e per lungo tempo gli unici rappresentanti, sorti dal resto dal rinascimento italiano (i croati hanno slavizzato i loro nomi in: Marulich, Gundulich, Zuzzerich, Kanavelich, ecc.); la loro opera poetica italiana invece s'ignora nella nostra storia letteraria, nel cui gran mare affogano inesorabilmente i numi minori del Parnaso. I canti nazionali serbi e croati, epici e lirici, vero tesoro di lingua e di arte poetica vergine e anonima di quel popolo, non arrivarono mai nelle città dalmatiche. Rimasero fra le popolazioni delle montagne interne e tutt'al più qualche volta giunsero fino nei contadi slavi delle città con i canti dei *guslari* (cantastorie).

I contadini slavi. Il contado slavo fu la rovina politica dell'Italianità delle città: sobillato contro di esse negli ultimi 50 anni di dominio austriaco per mezzo del clero, di maestri, di funzionari politici e militari, da dominato divenne per superiorità numerica dominatore. Gli antichi latini e italiani delle città e delle isole, salvativisi dalle irruzioni barbariche in terraferma, che poi rimase occupata dalle popolazioni slave (croati e serbi), lungi dall'immaginare — in quei tempi di assenza di idee nazionali — il pericolo, che avrebbero accumulato sul capo dei loro posteri, colonizzarono le loro terre nelle immediate vicinanze delle città e sulle isole, mancanti di mano d'opera, di slavi agricoltori chiamativi dalle montagne di terraferma nei secoli seguenti all'invasione; questi restavano agricoltori, coloni, privi di diritti pubblici; non abitavano in città, costruivano le loro catapecchie al di fuori della cinta urbana, a ridosso delle mura cittadine, dando origine così ai sobborghi (in Dalmazia li chiamano «borghi»), o su fondi colonici e intorno a castelli padronali, fondando così le nuove ville, spesso — dopo abbracciato il cristianesimo — sui ruderi delle antiche città romane intorno ai resti delle basiliche vetuste (p. es. l'odierno villaggio di Salona). Chi di questi slavi coloni — per quel fenomeno di urbanesimo, che è sempre esistito, e che ora tanto si cita per giustificare delle concomitanti, che prima senza la spinta austriaca non si verificavano — immigrava nelle città, diveniva italiano, doveva divenirlo per necessità di vita e in qualche luogo anche per leggi (Traù). Da qui i nomi slavi di parecchie famiglie ora prettamente italiane delle città adriatiche, persino di Venezia e della terraferma nel Veneto! (1). Oggidì ancora lo straniero, slavo o tedesco, che viene a domiciliarsi nelle città dalmate, anche in quelle gabellate già per croate, per entrare nel consorzio civile deve apprendere l'italiano; senza l'uso della lingua italiana egli resta secondo il termine usato ancor oggi in Dalmazia anche da sè dicenti slavi, «*il morlacco* (2), il contadino, *el borghesan*» (il borghigiano); e l'apprende presto, perchè la sente, pare nel sangue suo.

La slavizzazione austriaca.

Anche Napoleone, quando mise fine alla repubblica di Venezia rispettò il carattere italiano di queste terre e incorporò la Dalmazia assieme con l'Istria al suo Regno d'Italia. Sono le città, che danno il carattere a questa terra, che in alcuni dei suoi distretti montani conta ancor oggi il 99 e il 100 per cento di analfabeti (v. riguardo agli analf. il discorso del deputato croato dott. Smodlaka alla camera di Vienna ai 3 dec. 1910; protoc. sten.). E le città sono ancor oggi intimamente, spiritualmente italiane. Fu l'Austria ad interrompere

---

(1) Viceversa il *Dalmata*, giornale di Zara, portò in uno dei suoi numeri del 1913 una lista di parecchie centinaia di nomi di evidentissima radice italiana slavizzati (Gondola: Gundulich, Fabiani: Fabianich, Angeli: Angjelich ecc. ecc.). A riprova ricordo questo fatto personale: la famiglia di mia madre si chiama Gazzari. Trasferitasi circa 40 anni fa da Lesina a Spalato in un sobborgo, quei contadini slavi adattarono subito il nome alla loro parlata e la dissero Gazzarich. Nei tempi passati, in cui la tradizione orale era tutto, i nomi si trasformavano così. Oggi non più e il nome restò quello di prima.

(2) Termine di origine ancora controversa usato per indicare i montanari di una parte della terraferma dalmata, ai quali — sebbene oggi di parlata croata — alcuni autori negano l'origine etnica slava e li ritengono, come i rumeni, provenienti dalle antiche popolazioni latine commiste poi nei secoli con popolazioni nuove. Nella loro parlata si notano anche elementi innegabilmente latini. Su questi morlacchi, detti dagli slavi *Vlahi* o *vlasi* (valacchi), e sulle popolazioni loro in certo modo affini in Istria dei Cici nella Ciceria e dei Romani (rumeni) nella Val d'Arsa confr. Kandler op. cit., Kobler op. cit. e Benussi, *Manuale di geografia dell'Istria*.

nel secolo scorso per la prima volta i due millenni d'insoluta continuità di dominio latino e italiano nella Dalmazia marittima, ad interrompere lo sviluppo civile di quella provincia per innestarvi una sua civiltà di nuovo conio, fra croata e tedesca e a turbare la buona intesa, fino allora sempre durata fra il contado slavo e i cittadini italiani.

L'elemento italiano delle coste dalmate, non numeroso (1), ma superiore per civiltà e per censo, aveva saputo resistere efficacemente per parecchi decenni alle sopraffazioni del governo austriaco conservando la preponderanza civile e politica nella provincia fino al 1880-1883. Fino a quegli anni incirca tutti i consigli comunali delle città e delle borgate maggiori al mare e nell'interno della provincia erano amministrati dagli italiani, in lingua italiana; italiane erano quasi tutte le scuole. Nel 1883 il comune italiano di Spalato, la città maggiore di Dalmazia, cadde — per violenze e brogli eletto-

---

(1) Le statistiche ufficiali del 1910, falsate dai comuni croati danno in tutta la Dalmazia soltanto 20,000 italiani su 650,000 abi., mentre gli italiani vi sono almeno in numero di 60,000, compresi anche quelli che lo sono e che per qualunque motivo si dicono slavi. La prova migliore, che la mia cifra sia esatta, la diedero le ultime elezioni politiche a suffragio universale (1911), nelle quali i candidati italiani in tutti gli undici collegi di Dalmazia raccolsero 6000 voti. (V. i dati ufficiali delle elezioni in *Das österr. Abgeordnetenhaus* (1911-1917) XII *Legislaturperiode*, Vienna 1911. — In questo computo naturalmente non possono esser compresi i cittadini italiani regnicoli, che pure sono molti nelle città dalmate.) La frequenza media delle urne era stata del 50 % degli elettori e gli italiani di Dalmazia, che votavano soltanto per affermazione e non per riuscire vittoriosi, non sono accorsi certamente in una percentuale maggiore, quindi gli elettori italiani si possono calcolare circa 12,000; per ogni elettore a suffragio universale si calcolano in media in Austria 5 abitanti (donne e bambini e uomini fino ai 24 a.), quindi 12,000 × 5: 60,000. Fra gli elettori italiani vi sono certamente anche dei contadini slavi simpatizzanti con gli italiani, ma questi voti si compensano ad usura con quelli di italiani sedicentisi croati. Come si falsino le statistiche ufficiali in Dalmazia, lo prova questa costatazione: nel 1880 esse segnavano sull'isola di Lesina 314 italiani su ogni 1000 ab.; dieci anni dopo, nel 1890, esse segnavano su tutta l'isola soli 27 italiani! Si noti, che non vi erano state delle epidemie di nessuna specie, e che Lesina ancor oggi è la più veneziana delle cittadette di Dalmazia.

Confr. le statistiche ufficiali austriache dei rispettivi anni e R. W. Seton Watson, op. cit., p. 7, ove l'autore inglese, che segue una tendenza slavofila nel senso austriaco (per il trialismo) e si mostra parzialmente e unilateralmente informato, ha l'ingenuità di prestar fede ciecamente alle cifre ufficiali. Eppure nelle elezioni politiche a suffragio universale nel 1911 la sola isola di Lesina (2 città, Lesina e Cittavecchia, e la borgata di Verbosca) diedero oltre 400 voti italiani, il che significa con il nostro calcolo surriferito almeno 4000 abitanti italiani.

rali inauditi (1) — in mano dei croati (Bulat, Morpurgo, Caraman ed altri fra i nuovi amministratori e capi croati erano in realtà degli italiani, che non sapevano e quelli di loro che vivono ancora, non sanno nemmeno oggi parlare il croato!); in breve tempo caddero anche i consigli italiani delle città vicine (Sebenico, Traù, Lesina, Cattaro ecc.). Ragusa conservò il consiglio a metà italiano e a metà serbo fino al 1900 (circa), finchè cioè il governo con le solite violenze fece vincere nelle elezioni i croati. Neresi sull'isola di

---

(1) In un opuscolo, che si trova ancora nelle biblioteche di Zara e del « Gabinetto di lettura » di Spalato, il dott. Antonio Baiamonti, ultimo podestà italiano di Spalato, la cui memoria è ancora idolatrata da quella cittadinanza, illustrò efficacemente quelle violenze e quei brogli. Durante l'atto elettorale la città era stata sottoposta ad un vero regime militare; due navi da guerra si trovavano in porto con i cannoni puntati contro la città; pattuglie di gendarmi e di soldati arrestavano gli elettori italiani e impedivano loro di accedere al locale di elezione; erano stati creati corpi elettorali appositi per il contado slavo, sicchè la cittadinanza potè affermarsi vincendo solo in un corpo con sei consiglieri; il capitano distrettuale (prefetto) aveva dato l'ordine a tutti i funzionari dello stato e il vescovo a tutto il clero di votare per la lista croata. La commissione elettorale annullava i voti italiani; ci furono dei figli commissari (un Colombatovich per es.), che negarono l'identità dei propri genitori per non riconoscer la validità del loro voto. In altri luoghi fu persino falsata l'ora sugli orologi di città per affrettare o per prolungare la chiusura dell'atto elettorale. La corruzione e l'inganno erano stati esercitati su larghissima scala; si compirono pressioni e ricatti di ogni specie. Ne porto qui una prova documentata: mio padre, aveva diritto al voto per il consiglio di Spalato nel I corpo (dei cosiddetti maggiori censiti), ove gli elettori sono pochissimi e quindi ogni voto conta moltissimo. Sulla sua sostanza pesava un'ipoteca rilevante della « Prima banca popolare » di Spalato, che si era messa al servizio del governo e della sua opera di croatizzazione. Il presidente della banca, Vito Morpurgo, scriveva in data 16 aprile 1882 da Spalato questa lettera (trascrivo fedelmente e noto, che le parentesi sono mie; la lettera è in mio possesso) a mio padre, allora notaio a Verlicca (Dalmazia):

Egregio dott. Antonio.

Tempo fa mi era rivolto a Lei pregandola a volermi favorire la di Lei procura pelle prossime elezioni di Spalato (i maggiori censiti hanno diritto di votare per procura). Ella non mi rispose ma mediante suo suocero mi fe' dire volersi Ella astennere (*sic*). Io non ho in allora insistito presso di Lei, perchè la cosa non era così imminente. Ora pare, che le elezioni avranno luogo in breve.

Le elezioni comunali a Spalato non devono avere un carattere politico, ma soltanto un carattere amministrativo. (E la nuova amministrazione, appena eletta, non pensò ad altro che a croatizzazioni delle scuole, dei nomi delle strade, degli uffici ecc. ecc.). Si tratta che per 20 anni una *coterie* cui solo

Brazza, Verbosca sull'isola di Lesina, Lissa, Zlarin (isola dinanzi a Sebenico) conservarono fino a pochi anni or sono rappresentanze interamente o parzialmente italiane nei consigli loro comunali o amiche agli italiani. Per volontà plebiscitaria della cittadinanza oggi soltanto Zara ducale, la capitale della Dalmazia, che nel 1816 era stata dall'Austria ele-

---

movente era il proprio interesse (e il podestà Baiamonti da ricco, che era, morì povero, mentre parecchi dei nuovi amministratori si sono fatti ricchi) ha rovinato il nostro Comune aggravandolo di debiti e caricandolo di imposte di ogni genere. (Oggidì gli stessi croati riconoscono, che è stata l'amministrazione croata dopo il 1883 a rovinare il Comune, mentre tutte le opere cittadine utili furono fatte durante l'amministrazione italiana). I possidenti più di ogni altro ne risentono il danno, e perciò questi senza distinzione di partito devono unirsi per creare un nuovo stato di cose che abbia per scopo principale quello di diminuire gli aggravi.

Ella quantunque assente, ha ancora interessi non piccoli da tutelare qui, ed una diminuzione di imposte le deve essere più che desiderata. Gli è perciò che mi permetto di nuovamente rivogliermele (*sic*), insistendo nella preghiera che Ella voglia favorirmi la di Lei procura debitamente legalizzata al Comune.

Ella sa che io in tutto e per tutto ho sempre cercato di favorirla ed appoggiarla, ed anche ultimamente soltanto in grazia mia fu possibile rimuovere tutti quegli ostacoli che si opponevano alla conclusione dell'affare (il prestito, affare, se mai, lucrativo soltanto per la Banca del Morpurgo). Gli è perciò che son certo Ella non vorrà negarmi questo piccolo favore.

In attesa pertanto di un pregiato di Lei riscontro, con tutta distinzione La riverisco

Di Lei obbligatissimo
VI. MORPURGO

La chiusa conteneva l'odiosa minaccia ricattatrice. Mio padre fece il suo dovere d'italiano. Poco dopo era costretto in tutta fretta e con gran fatica, perchè banche italiane pronte a combattere quelle croate governative non c'erano allora, come non ci sono purtroppo ancora nelle province italiane soggette all'Austria, a trovare altrove il denaro necessario per salvare la sua sostanza, che la Banca croata tentava mandare all'asta. I croati di oggi più autentici di quelli alla Morpurgo sconfessano ora questi loro predecessori e li trattano come limoni spremuti. Lo stesso Vito Morpurgo fu pochi anni or sono privato del suo collegio elettorale per la dieta di Zara e del mandato di consigliere comunale di Spalato dai moderni croati, che non lo trovavano abbastanza croato. — Un episodio degno di nota delle lotte sostenute dall'elemento italiano di Dalmazia contro le autorità militari austriache fu l'aggressione nel 1880 patita a Spalato di pieno giorno dall'illustre poeta Arturo Colautti, direttore allora dell'organo degli italiani *L'Avvenire*. Alcuni ufficiali secondati da parecchi soldati lo assalirono e lo ferirono gravemente a colpi di sciabola. Molte furono anche in seguito le vittime della guerra nazionale scatenata ad arte in Dalmazia.

vata di titolo a « regno », ha il Comune interamente e prettamente italiano. Le moltissime defezioni di dalmati italiani parlanti in casa loro soltanto italiano, e persino di italiani regnicoli venuti in Dalmazia e passati in campo avversario croato si spiegano con la strana ideologia formatasi in loro dalla confusione dei principî democratici con quelli nazionali. Erano andati suggestionandosi, che ai diritti dei contadini slavi, formanti la maggioranza della popolazione della Dalmazia intera dovessero esser sacrificati i diritti delle cittadinanze italiane; mentre sarebbe dovuto esser ovvio e possibilissimo evitare i conflitti nazionali separando amministrativamente i territori slavi dalle città italiane, come fu fatto per le città tedesche in Bucovina, in Boemia e in Moravia, per le polacche in Galizia, per le magiare in Transilvania ecc., le quali — si noti bene — erano colonie immigrate, non autoctone, aborigeni, come le cittadinanze di Dalmazia. Ma il governo austriaco volle la croatizzazione e favorì le defezioni degli italiani dando alle città scuole e maestri croati, aiutando a falsare la storia di Dalmazia e il carattere delle sue città e spessissimo, purtroppo, promovendo interessi egoistici di lucri e di favoritismi governativi ed ecclesiastici, mezzi di corruzione potentissimi in un paese povero.

Defezioni di italiani.

Gli uffici statali in Dalmazia fino al 1912, dunque fino due anni fa, avevano per legge per lingua interna d'ufficio l'italiana e soltanto nell'uso esterno con le parti era permesso l'uso della lingua croata o serba. Appena il decreto ministeriale (non una legge!) del 1912 ha invertito questo ordine di cose. Per la Dalmazia, della quale riparleremo (v. gli ultimi capit.), confr. Brunelli, op. cit., contenente una ricchissima bibliografia; il mio artic. « L'italianità di Dalmazia » nella *Rassegna contemporanea* dei 10 ag. 1914 e op. ed art. citati nella nota bibliografica in principio del libro e n. a p. 50.

Geograficamente la costa e le isole dalmate, ricchissime di ottimi porti naturali, stanno come tutti i paesi italiani, fra il mare e le Alpi, che qui si dicono dinariche. Oltre la prima catena delle Alpi, che in certi punti arrivano a picco sul mare, nell'interno montuoso della Dalmazia vi sono specialmente lungo il corso dei fiumi alcuni altipiani abbastanza fertili. — Il prodotto principale di questa, come di tutte le altre province italiane soggette all'Austria, è il vino; in quantità minore le frutta e il grano. Industrie fiorenti vi sono a Fiume e a Trieste e un po' nelle città minori delle altre province (Spalato per il cemento, Zara per liquori); alle coste navigazione e pesca e scambi vivissimi, nonostante tutti gli artificiosi ostacoli politici da parte austriaca, con la sponda del Regno d'Italia, poichè il mare unisce e le montagne separano; stazioni climatiche (ottima Ragusa e incantevole, Abbazia più artificiale).

Dalle Alpi al mare.

CAPITOLO IV.

Divisioni e lotte interne

Riforma e controriforma - La «Sanzione Prammatica»

Nuove divisioni quasi patrimoniali

Anche l'evoluzione di ascesa del potere centrale dello stato unitario austriaco subisce oscillazioni e ricadute e ritorni storici, come quasi tutti gli altri processi evolutivi. Subito dopo la morte di Ferdinando I i suoi figli si dividono nelle tre solite parti, come un patrimonio qualunque, le province ereditarie austriache: per ognuna di queste parti vi sono le autorità centrali supreme nelle rispettive tre capitali e anche quando Ferdinando II (1619-1637) riesce alla vigilia della guerra dei 30 anni a riunire i dominî degli Absburgo austriaci (gli spagnuoli non ci riguardano) in una mano, le amministrazioni particolari dei tre gruppi di province continuano ad esistere; gli stati provinciali si son di nuovo tanto rinforzati con queste divisioni della dinastia e hanno acquistato di nuovo tanto influsso nelle amministrazioni statali, che appena cent'anni più tardi Giuseppe I nel 1705 potrà ripristinare l'ordinamento centrale completo a Vienna, quale fu sotto Ferdinando I. E il periodo di storia austriaca, che segue a quello di Ferdinando I e va fino a Maria Teresa segna appunto il crescere e il culminare del conflitto fra il potere centrale del sovrano e gli stati pro-

Il conflitto fra centralismo e particolarismo.

vinciali, che oltre ai privilegi loro di classe consciamente od inconsciamente, specialmente in Boemia e in Ungheria, rappresentano anche l'idea e i diritti nazionali, la costituzione statale e la libertà di coscienza. Senza dubbio i privilegi infiniti della nobiltà, l'abuso del potere degli stati, l'arbitrio alle volte sfrenato di qualche signorotto oltrechè esser un ingiustizia contro la società sono anche un pericolo per uno stato ordinato se non per altro per le frequenti ribellioni che provocano, sia di nobili sia di contadini oppressi, e per la compressione da essi esercitata su tutto lo sviluppo economico del paese. Ma dall'altro canto l'assolutismo del potere sovrano, che deriverà dalla vittoria sua sugli stati provinciali, conterrà in sè non minori ingiustizie e pericoli, specialmente quando dal cosiddetto « assolutismo illuminato » del sec. XVIII si passerà a quello poliziesco del secolo seguente, prequarantottesco. Appena le rivoluzioni del 1848, che elevano alla superficie della vita politica tutta la massa di contadini e proletarî, fino allora privi di qualsiasi diritto, riporterà un tal quale equilibrio sociale, non però nazionale; questo l'Austria l'ha ancora da trovare, se mai lo troverà.

Gli elementi del conflitto.

Nella lotta decisiva impegnata ora nel sec. XVII fra gli Absburgo e gli stati provinciali dei paesi loro soggetti tre sono gli elementi, che maggiormente influiranno sulle sorti del conflitto: anzitutto la divisione profonda portata fra gli stati provinciali, specialmente fra la nobiltà dalla riforma religiosa, che li separa in due partiti, il protestante più forte, perchè il protestantesimo significa un indebolimento del potere imperiale sovrano e perciò è abbracciato dalla nobiltà e dalle città contrarie al centralismo assolutistico, e il cattolico, che assieme con il clero stava dalla parte dell'imperatore e arciduca d'Austria; l'esercito stabile imperiale, una milizia di assoldati mantenuta dai redditi del sovrano e resasi necessaria contro il pericolo turco e — terzo elemento — appunto questo pericolo turco, che spesso indirettamente e qualche volta con formale patto di alleanza nella guerra dei 30 anni venne in aiuto degli ungheresi contro gl'imperatori. Già i sovrani austriaci nel secolo precedente erano riusciti a far valere nelle loro province ereditarie il principio dello stato patrimoniale, che dava loro diritti assoluti su tutta quella parte dell'amministrazione pubblica, che per speciali privilegi scritti non era riservata al potere degli stati provinciali, sicchè la bilancia del potere era già spostata a danno dei signori, che non erano più padroni assoluti nei loro territorî; tanto più quindi gli stati provinciali erano custodi vigili e gelosi dei loro privilegi scritti, che facevano riconfermare con giuramento e possibilmente — approfittando delle lotte interne per il trono e per le divisioni — allargare da ogni nuovo sovrano in nuovi patti (« capitolazioni elettorali » in Boemia, « diplomi inaugurali, incoronali » in Ungheria).

Milizie provinciali.

Fra i diritti degli stati vi era anche quello — prima un onere pesante vassallitico — di tenere delle proprie milizie, raccolte fra i proprî sudditi, e questa divenne poi un'arma di difesa e di minaccia continua contro la prepotenza dei sovrani, specialmente durante le guerre religiose dei secoli XVI e XVII, nelle quali si troveranno di fronte a combattersi gli eserciti stabili imperiali aiutati dalle milizie degli stati cattolici (specialmente della chiesa) e le milizie degli stati provinciali protestanti (specialmente della nobiltà e delle città).

I pericoli turco e protestante finiscono così a legare più strettamente i vincoli fra chiesa e dinastia e a staccare gli stati ecclesiastici e i nobili rimasti fedeli per convinzione o per interesse alla chiesa cattolica dalla compagine degli stati provinciali, che andava formandosi contro il predominio assolutistico del sovrano. Non però tutta la nobiltà cattolica fu dalla parte dell'imperatore; in Austria e in Boemia anche una buona parte degli stati cattolici combattè per i diritti degli stati.

a controriforma.

L'azione di controriforma fu iniziata nei regni e paesi degli Absburgo dai gesuiti, che vedemmo introdotti già da Ferdinando I. Da principio fu una lotta di propaganda teorica tanto, che Massimiliano II potè cedere alle istanze della nobiltà protestante e garantire nella « assicurazione » (*Assecuration*, del 1571) libertà di religione anche ai sudditi dei nobili e proclamare la religione utraquistica in Boemia « confessione boema ». Ma poi i gesuiti ottennero nuovo e forte appoggio dal partito spagnuolo, che si formò a corte intorno alle arciduchesse absburghesi di Spagna venute in ispose agli Absburgo austriaci. Dal 1600 comincia la controriforma forzata in Stiria e nel Tirolo. In Austria, ove il protestantesimo come in Boemia minacciava di fare scomparire il cattolicesimo, risolleva le sorti di questo Melchiorre Khlesl, figlio di un fornaio protestante, convertito ed educato dai gesuiti, divenuto nel 1598 vescovo di Vienna poi cancelliere onnipotente dei fratelli arciduchi e imperatori Rodolfo e Mattia. Egli riordina il partito cattolico e induce il sovrano ad un'azione più energica (1). Mattia divenuto poi con l'aiuto delle armi degli stati ungheresi, in maggioranza protestanti, loro re contro la volontà del fratello imperatore divenne più tollerante e fino alla sua morte vi fu in Austria, in Boemia e in Ungheria una tregua, cui mise fine il suo successore Ferdinando II, finora arciduca di Stiria, educato egli pure da gesuiti e già dimostratosi intollerante di altre religioni nelle sue province. Questi, che ha riunito di nuovo in un dominio tutte le terre degli Absburgo austriaci, comincia con forze riunite la sua guerra al protestantesimo. Vi dà occasione la proibizione regia — emanata contro i privilegi dei boemi (2) — di edificare a Braunau una chiesa di rito protestante con la

(1) In compenso fu fatto cardinale; ma quando nel 1618 comincia a consigliare minori rigori e persecuzioni contro i protestanti, è incarcerato per ordine degli stessi arciduchi e tenuto prigioniero fino al 1622 nel castello di Ambras presso Innsbruck (Tirolo).

(2) Ai 9 luglio 1609 Rodolfo aveva dovuto largire ai protestanti di Boemia la « carta maestatica » (*Majestätsbrief*) con guarantige e privilegi, ma pochi anni dopo il suo successore già la violava e provocava la guerra dei 30 anni.

susseguente famosa defenestrazione dei due consiglieri regi Martinitz e Slavata dal castello di Praga ai 23 maggio 1618. Fu il principio della guerra dei 30 anni; la campagna boema finì però in due anni; dapprima sconfitto, destituito dal trono (eletto a re di Boemia Federico V del Palatinato), Ferdinando II alleatosi al duca di Baviera con un esercito di 30.000 uomini prende la rivincita decisiva su 20.000 boemi nella battaglia del Monte bianco presso Praga gli 8 novembre 1620.

La battaglia della Montagna bianca in Boemia.

Il combattimento durò solo un'ora, ma fu gravido di eventi per il regno di Boemia, che ormai di fatto, se non ancora di diritto, diviene provincia austriaca. Ferdinando fa scempio dei privilegi degli stati e dei diritti nazionali e religiosi. La controriforma religiosa e nazionale si opera ora in Boemia a viva forza: la « cancelleria aulica boema » è trasportata a Vienna, ove resta ancora qualche tempo fino alle riforme di Maria Teresa simbolo dell'individualità politica del regno di Boemia; a Praga per la Boemia, in Moravia e in Slesia sono istituite logotenenze (*Statthalterei*, con principio collegiale), come in qualsiasi altra provincia austriaca; a logotenente in Boemia è nominato il cattolicissimo principe Carlo de Liechtenstein (1) e le persecuzioni dei protestanti e specialmente della nobiltà protestante di Boemia si effettuano su così larga scala e così

(1) Questi si può riguardare come il vero fondatore della casa principesca, regnante ancor oggi nel principato di Liechtenstein, che è una delle più ricche famiglie dell'aristocrazia viennese e delle più fedeli agli Absburgo. Il principato di Liechtenstein è l'unico dei molti staterelli dell'antico impero germanico, che sia rimasto dopo il 1866 in una certa unione con l'Austria (v. n. a quell'a.) I Liechtenstein facevano parte della nobiltà austriaca e stiriana già nel XII sec. Anch'essi poi erano passati al protestantesimo. Ma Carlo e suo fratello Massimiliano, con buon fiuto, si erano convertiti a tempo al cattolicesimo e già nel 1608 Rodolfo dava a Carlo il titolo di principe immediato dell'impero. Quando poi nella guerra fra i due fratelli Absburgo, Carlo si mise dalla parte di Mattia, questi gli conferì (4 gennaio 1614) per feudo il principato di Troppavia in Slesia, ove egli e i suoi successori infierirono contro i protestanti (sono celebri ancora « i dragoni dei Liechtenstein ») e ove ancor oggi i Liechtenstein hanno vastissimi

energicamente, che gli stati boemi e la popolazione boema in riguardo nazionale e religioso cambia semplicemente fisionomia: 27 decapitazioni dei capi della nobiltà boema, tutta l'oligarchia nazionale boema è distrutta; chi non si converte al cattolicesimo, deve emigrare; una « comissione per le confische » (*Konfiskationskommission*) dei beni dei ribelli fa un rimaneggiamento completo del possesso fondiario e quindi — poichè questo è la base del potere degli stati provinciali — muta radicalmente i detentori della terra e del potere in Boemia: si calcolò a 5 milioni di fiorini (1) — somma enorme per quei tempi — il valore delle donazioni fatte dal re di Boemia ai nuovi nobili importati nel regno e al clero. I primi ad esser restituiti nei loro poteri, elevati di grado e ricoperti di onori e di regali furono i due consiglieri defenestrati Martinitz e Slavata, rimasti illeso il primo e sciancato il secondo. La nuova nobiltà boema è ora tutta cattolica e in maggioranza tedesca, importata da fuori del regno: fatto, da cui risentono ancor oggi grave danno nelle lotte

---

possedimenti. A Troppavia quest'anno fu festeggiato il terzo centenario dell'infeudazione loro. Il nome dei principi *von* e *zu* Liechtenstein, come pure quello dei Windischgraetz, degli Schwarzenberg, dei Thun, dei Lobkowitz e di molte altre famiglie di nobili arricchitisi con la controriforma in Boemia, si ripete frequentemente nella storia della monarchia degli Absburgo; è nome di guerrieri, di diplomatici, di alti dignitari e di protettori delle lettere e delle arti. Una Liechtenstein, sposata ad un nipote del principe Eugenio di Savoia, fondò l'accademia dei cavalieri di Savoia, mutata poi nell'aristocratico *Thresianum* odierno, il convento delle dame di Savoia e la fondazione dei canonici di Savoia presso la chiesa di S. Stefano. A Vienna vi è poi la magnifica galleria di quadri del palazzo Liechtenstein con opere pregevolissime delle varie scuole italiane (vi è anche un Leonardo da Vinci). Il palazzo stesso è opera dell'arch. Dom. Martinelli.

(1) Il valore dei vecchi fiorini (moneta d'oro, donde il nome *Gulden* da *Gold*, oro in tedesco) variava secondo i paesi e i tempi; corrispondenva in media a 2 1/2 lire italiane. Oggidì il fiorino d'argento in Austria-Ungheria corrisponde a 2 *corone* e la corona (*Krone*) austriaca o ungherese (moneta d'argento introdotta con la legge del 1892) vale 1.05 lira italiana. Il fiorino era diviso in 100 soldi (*Kreuzer*) e la corona è divisa in centesimi (*Heller* in ted., *fillér* in ungh.). Si tengano a memoria questi valori per il seguito del libro.

nazionali gli czechi contro i tedeschi, appoggiati da buona parte dell' alta potente aristocrazia della provincia. È naturale, che questa nobiltà, che tutto doveva al re, non abbia fatto opposizione alle riforme costituzionali e amministrative introdotte da Ferdinando II nel regno con il celebre « statuto provinciale rinnovato » (*verneuerte Landesordnung*) del 1627: esso stabilisce anzitutto il diritto ereditario per le linee maschili e femminili degli Absburgo e dichiara crimine di lesa maestà l'opporsi a questo diritto, sicchè la libera elezione del re di Boemia non esiste più; ogni nuovo re dovrà giurare di voler conservare forte (*festiglich*) la religione cattolica; la legislazione spetta ora soltanto al re, il quale si riserva anche il diritto di mutare secondo la sua libera volontà lo statuto provinciale; il re istituisce da sè gli uffici e nomina da sè i funzionari, che giurano ora fedeltà soltanto al re; non sono più dipendenti anche dagli stati; negli uffici di Boemia il diritto di usare le due lingue, czeca e tedesca, è ora pareggiato, mentre dodici anni prima un decreto della dieta ammmetteva il solo uso della lingua czeca; la dieta sarà convocata soltanto dal re e ogni anno, disposizione che vige anche per la dieta boema dei nostri giorni.

Riforme centralizzanti e germanizzanti in Boemia.

Un anno dopo Ferdinando II pubblica lo « statuto provinciale rinnovato » per la Moravia, ove avvennero gli stessi mutamenti radicali, analogo a quello per la Boemia; qui però c'è una disposizione, che almeno formalmente resta a dimostrare l'esistenza di un regno boemo, cioè il diritto degli stati moravi di non esser chiamati a prestar aiuto militare in guerre fuori dei confini del regno boemo; qui pure per nuove imposte e per leggi restrittive occorre il consenso degli stati; tutto ciò però resta lettera morta, poichè anche in questo statuto Ferdinando si riserva diritti assoluti di legislatore e ne fa uso larghissimo.

Riforme in Moravia.

Anche gli stati austriaci protestanti si erano schierati dalla parte dei ribelli contro la controriforma cat-

Riforme in Austria.

tolica ed imperiale (1); con la sconfitta del Monte bianco perdettero anch'essi buona parte dei loro diritti, del loro potere e della loro importanza. Sicchè sotto Ferdinando II vi è una tal quale uniformità di regime assoluto accentrato alla corte di Vienna per tutti i dominî in Austria e in Boemia. Per questi vi è ora una sola capitale: Vienna (*Haupt-und Residenzstadt Wien*). Soltanto gli stati ungheresi, aiutati efficacemente dai principi di Transilvania e dai turchi, hanno saputo salvare la loro costituzione ed imporre a Ferdinando il rispetto dei loro privilegi e della loro libertà di religione: luterani, calviniani e greci ortodossi conservano qui uguali diritti come cattolici (2); tutti gli sforzi finora diretti dagli Absburgo a domare l'Ungheria non sono riusciti che ad ottenere la rinuncia formale al *jus resistendi*, al diritto dell'insurrezione nobiliare contro il re fedifrago; insorgeranno ancora, ma non sarà più diritto impunito, sarà crimine di lesa maestà, che costerà la vita a molti patriotti ungheresi. Con ciò però si è delineato il dualismo austriaco ed ungherese, di cui parlavamo prima: Vienna e Presburgo, poi, cacciati i turchi, Buda sono i due centri dei due stati: in uno abbiamo l'assolutismo in marcia, nell'altro, in Ungheria, l'antica costituzione degli stati.

Ungheria.

Nella seconda metà del sec. XVII si risolleverà di nuovo un po' il potere degli stati provinciali per le con-

Ancora particolarismo e centralismo assoluto.

(1) Nella Bassa Austria la controriforma era cominciata — nei primi decenni in forme miti — il giorno 14 aprile 1521, quando fu affisso sulla chiesa di S. Stefano il mandato di Carlo V contro Lutero. Più tardi assunse forme sempre più violente e nel 1579 un corteo di 5000 protestanti recatosi alla *Hofburg* a pregare in ginocchioni l'arciduca, che fosse loro concessa la libertà di religione, finì con arresti e con condanne a morte. Nell'Alta Austria vi fu nel 1626 una vera sommossa dei contadini protestanti guidati da Stefano Fadinger contro i loro persecutori. Vinse la controriforma e ancor oggi le popolazioni delle province alpine dell'Austria sono completamente cattoliche. Le persecuzioni dei luterani di quei paesi ispirarono la celebre « tragedia di un popolo » *Heimat und Glanbe* (patria e fede) del tirolese Carlo Schönherr. (V. mio art.: *Tribuna*, a. 1910, N. 357.)

(2) Secondo era stato stabilito già nel trattato di pace di Linz (*Linzer Friede*) del 1615.

tinue guerre degli imperatori contro i turchi e contro gli ungheresi protestanti; il protestantesimo non ritornerà però più, poichè Ferdinando III si sarà rifiutato energicamente di applicare nei suoi dominî ereditarî le disposizioni della pace di Vestfalia a favore dei protestanti (amnistia e reintegrazione) (1). Ma già nella prima metà del sec. XVIII e specialmente da Maria Teresa in poi l'assolutismo della corona sarà illimitato; i privilegi scritti o non scritti degli stati provinciali in Austria e in Boemia non varranno più nulla contro la volontà sovrana, le diete degli stati non funzioneranno più.

Le diete.

Già durante il regno di Ferdinando II cessarono i cosiddetti « congressi provinciali » (*Länder-congresse*) di commissioni elette dalle diverse diete provinciali, che qualche volta riunivansi per trattare di affari comuni; Massimiliano I aveva lavorato tanto per convocarne un paio; gli storici austriaci dànno loro tanta importanza quali simboli dell'idea di stato unitario austriaco; eppure dal 1619, cioè dall'ultimo congresso convenuto a Praga per protestare contro le persecuzioni religiose dell'imperatore, gl'imperatori stessi evitarono costantemente di convocarne un'altro temendone appunto un rinforzo degli stati, che avrebbero avuto occasione in simili congressi di riunire le loro forze contro il potere centrale; preoccupazione perdurante ancor oggi nel governo di Vienna ed espressa anche nelle più

(1) La non avvenuta applicazione delle disposizioni di carattere religioso del trattato di Vestfalia nelle provincie austriache segna una nuova êra nei rapporti fra Austria e Germania. Crea quasi due nuovi mondi, essendochè da ora in poi le leggi dell'impero, tutte favorevoli alla riforma luterana, non sono valide in Austria; lo spirito pubblico germanico va sempre più differenziandosi da quello austriaco; mentre in Germania il potere degli Absburgo imperatori causa la riforma decade, cresce in Austria quello degli Absburgo arciduchi. — Anche nelle lettere e nelle arti si accentua questa differenziazione: la corte di Vienna diviene un centro fecondo per artisti e per letterati italiani. Ved. lo studio di Umberto De Bin: *Leopoldo I e la sua Corte nella letteratura italiana* nel Bollettino del Circolo accademico italiano di Vienna, a. 1909-1910.

recenti costituzioni provinciali austriache e persino in quella del 1910 per la Bosnia-Erzegovina, in cui al § 35 si vieta alla dieta provinciale di mettersi in relazione con qualsiasi altro corpo rappresentativo. L'amministrazione della giustizia dopo le riforme di Massimiliano I non ne subisce altre fino ai tempi di Maria Teresa; conserva per base il sistema patrimoniale nei possedimenti dei signori, nelle città predomina sempre più la burocrazia arciducale a danno delle autonomie municipali. Però la recezione del diritto romano e degli altri diritti stranieri rende necessario l'impiego di cancellieri eruditi nelle leggi anche nei maggiori giudizi patrimoniali e così va formandosi una classe sempre più numerosa di lavoratori della penna, di intellettuali, che starà fra i cittadini e i signori e che renderà più facile il passaggio, compiutosi sotto Maria Teresa e Giuseppe II, dall'amministrazione feudale particolarista a quella burocratica centralista. Di fatti mai ci fu un particolarismo così diffuso e vario dei diritti vigenti nelle province austriache come in questi secoli; quasi ogni provincia tenta di unificare il proprio diritto e pubblico e privato negli « statuti provinciali » (*Landesordnung*); ci sono di questi secoli anche molte « raccolte private » di diritti consuetudinarî, di sentenze, di formule in uso in singole province od anche presso singoli tribunali, raccolte che poi col tempo acquistano vigor di legge, come per es. in Austria il *Codex austriacus leopoldinus* sorto alla fine del sec. XVI e continuato poi in supplementi; tutto ciò conduce ad un tal particolarismo, che quasi ogni giudizio ha un proprio ordinamento ed un proprio codice consuetudinario, ciocchè naturalmente è fonte d'infiniti confusionismi ed incertezze, di abusi e di mancanza di fiducia nella giustizia, donde scaturirà la necessità delle riforme di Maria Teresa.

La giustizia. I codici.

La chiesa.

La riforma e la controriforma hanno indebolito il potere della chiesa di fronte al sovrano, allo stato. La chiesa ha bisogno della protezione imperiale e il sovrano ne approfitta per estendere gradatamente i suoi diritti di sorveglianza sulle chiese e sui conventi, i cui rappresentanti fanno pure parte degli stati provinciali e — una volta cresciuto il potere imperiale sulle chiese e sui benefici ecclesiastici — rappresenteranno alle diete e nelle province anche gli interessi del sovrano, dello stato centrale. Perciò mentre il governo centrale favorirà l'aumento di potenza e di prestigio del clero verso gli altri stati provinciali e verso le popolazioni, procurerà con ogni mezzo di affermare su di esso la propria sovranità statale; oggi noi vediamo i risultati di questo processo nei posti assicurati nei corpi rappresentativi ai dignitarî della chiesa da tutte le costituzioni delle province e degli stati della monarchia austro-ungarica e nella lotta costante della borghesia e del proletariato contro questi agenti privilegiati del potere centrale in mezzo alle rappresentanze popolari. Il primo a prendere misure restrittive a favore dello stato e contro la strapotenza della chiesa fu Massimiliano II, che nel 1567 istituì un consiglio di sorveglianza sui conventi (Klosterrat) e fissò delle imposte anche sui beni ecclesiastici e ne confiscò alcuni; Ferdinando III stabilì nel 1641 l'obbligo del *placetum* (*placet* = si permette) regio per le bolle papali prima di pubblicarle nei suoi dominî; Leopoldo I poi statuì l'obbligo di ottener la conferma sovrana per i neoeletti prelati, senza della quale non potranno esser investiti del potere temporale, ed emana il divieto di vendere beni secolari alla mano morta. Anche questo processo di sottomissione della chiesa allo stato sarà compiuto da Maria Teresa e più ancora da Giuseppe II.

' amministrazione statale.

In questo periodo di guerre e di divisioni delle province non ci furono riforme importanti e radicali nell'amministrazione dello stato, che potè esser centralizzata di nuovo e definitivamente appena sotto Giuseppe I nel 1705. Il fatto di maggior importanza in questo riguardo si fu la separazione netta e definitiva delle autorità supreme auliche dell'impero germanico da quelle delle province ereditarie austriache ordinata da Ferdinando II durante la guerra dei trent'anni, che segna il tramonto del potere imperiale e la compelta divisione e individuazione degli stati territoriali in Germania. Nel 1699 il « consiglio intimo » (*Geheimer-Rat*) è talmente decaduto, che Leopoldo I ne fa una selezione nella « conferenza intima » (*Geheime Conferenz*; composta di 4 consiglieri intimi) per gli affari esteri, divisa poi nel 1709 in una conferenza ristretta (*engere C.*) per gli affari esteri e in una allargata (*weitere C.*) per gli interni e cessata anch'essa in meno di un secolo con le riforme di Maria Teresa.

Il ministro degli esteri. I sistemi reale e burocratico.

Carlo VI ha agio di dedicarsi un po' di più alla politica interna dei suoi stati: egli divide la « cancelleria aulica » in due sezioni sottoposte a due cancellieri aulici (*Hofkanzler*), il primo per gli affari esteri ed è riguardato come il principio (1720) del ministero degli esteri in Austria e il secondo per gl'interni; nell'ordinamento interno degli uffici egli bada più alla specie di affari che alle province: gli uffici e le sezioni di questi sono dunque ordinati secondo il cosiddetto sistema reale, cioè secondo gli affari e non secondo le divisioni territoriali o provinciali. Così la camera aulica (*Hofkammer*, per le finanze) è unica ora per tutte le province austriache; sezioni speciali vi sono soltanto per i due regni di Boemia e d'Ungheria; un'altra innovazione apportata da Carlo VI agli ordinamenti degli uffici consiste nell'applicazione del *sistema burocratico* anzichè quello collegiale, che vigeva dai tempi di Massimiliano I: ora le decisioni delle autorità non sono più prese in collegi a voti, ma personalmente da ciascun funzionario nella sua sfera d'azione; è un sistema, che qualche volta può aver il suo lato utile, che però con il diffondersi e l'allagare della burocrazia in tutti i campi della vita sociale diverrà un incubo pesante e sullo stato e sulle popolazioni.

Transilvania. Paesi bassi. Italia.

Per la Transilvania, passata agli Absburgo dopo la pace di Karlowitz nel 1699, s'istituirà più tardi la

« cancelleria aulica transilvana » a Vienna e a Vienna pure saranno istituiti da Carlo VI i consigli italiano e olandese (*italienischer* e *niederländischer Rat*) quali autorità centrali supreme per le province italiane e olandesi ottenute dall'Austria dopo la guerra di successione di Spagna, province però, che rimasero sempre distintamente separate nell'amministrazione dagli altri dominî degli Absburgo e che non ci riguardano, perchè o formarono delle secondogeniture o poco dopo andarono perdute. Notiamo qui ancora che la Toscana, venuta agli Absburgo nel 1737 in cambio della Lorena portata dal consorte di Maria Teresa, fu pure una secondogenitura degli Absburgo.

Economia e finanze. Commerci e Banco.

Le condizioni economiche del paese e finanziarie dello stato causa le continue guerre sono tristi. A risollevarle Carlo VI istituisce nel 1718 il « collegio per i commerci » (*Commercien-Collegium*), una specie di ministero del commercio di quei tempi, e il « banco universale » (*Universal-Bankalität*), che avrebbe dovuto fungere da istituto finanziario dello stato, dunque un precursore dell'attuale Banco austro-ungarico privilegiato (1).

(1) Questo è il periodo, in cui cominciano a farsi i debiti rovinosi, che porteranno nel 1811 alla bancarotta lo stato austriaco. Leopoldo I li iniziò con un debito di 22 milioni di fiorini, Giuseppe I lasciò in eredità a suo fratello Carlo 52 milioni di debito e questi a sua figlia Maria Teresa un debito di 100 milioni all'incirca, perchè i conti erano tenuti con metodo patrimoniale in un tale disordine, che parecchi milioni di obbligazioni circolavano senza che fossero registrati. Le guerre furono la causa principale: quelle con i turchi costarono 60 milioni di fiorini, quelle in Italia altri 60 milioni e quelle per la successione in Spagna 50 milioni. Altra causa era lo spreco del denaro pubblico in grossi assegni a funzionari e dignitari di corte, in regali di dotazioni al principe Eugenio di Savoia, che se ne serviva per opere d'arte costosissime (palazzi: Belvedere, residenza finora dell'arciduca ereditario Francesco Ferdinando, ed altri; gallerie con quadri a prezzi altissimi per quei tempi), in rappresentazioni teatrali (per una serata 60,000 fiorini; per un artista qualche volta uno stinpendio annuo di 50,000 fiorini), in spese per la corte, per le cortigiane, per le *toilettes* delle arciduchesse; tutte spese queste, che si trovano registrate fra i pagamenti fatti dai tre banchi di stato mandati in rovina in questi 50 anni. I prestiti si conchiudevano a condizioni di usura (12

La " Sanzione prammatica ". [1]

L'atto di governo e di vera legislazione di Carlo VI, che ebbe la maggior importanza allora e l'ha ancor sempre, perchè fu ed è la prima base legale costituzionale della monarchia austro-ungarica, si è la « Sanzione prammatica », di cui l' anno scorso ai 19 aprile si è compiuto il secondo centenario, festeggiato dai partiti imperialistici austriaci, specialmente dai cristiano-sociali e, per ordine del ministero *austriaco* (non an-

---

fino 20 %; esistono ancora gli atti nell'archivio camerale) con banchieri tedeschi, italiani (Zanconi, Pieri, Carrara, Augusti, Castelli, Cichini, Zuana, Zinesi, Bolza, Bartolotti, Messa ecc.) ed ebraici. Le entrate dello stato non potevano bastare per gli interessi e per le altre spese di amministrazione civile. Nel 1713 le entrate *camerali* ascendevano a soli 5 milioni; le *militari* (contribuzioni e sussidi) stanno da sè. Si ricorreva quindi alla vendita di beni demaniali e a pegni di gabelle. Quindi, quando più ciò non bastava, si pensò prima con il « Banco di giro », poi con il « banco universale » e infine con la « Banca della città di Vienna » di attingere ai risparmi del pubblico; ma i primi due banchi, fin da principio mal fondati e malissimo amministrati, fallirono in breve tempo; il terzo che era bene avviato fallì, appena il publico si accorse, che si era messo completamente in dipendenza dal governo, cioè dalla corte. V. in proposito: Dr. Max Reinitz, op. cit.

(1) Il nome « Sanzione prammatica » deriva da quello usato nell'impero bizantino per i rescritti più solenni degli imperatori riguardanti (dai tempi dell'imperatore Zeno) di solito affari di diritto pubblico di maggior importanza. Più tardi si adoperò questo nome anche dagli altri stati specialmente per atti riguardanti l'ordine di successione al trono. In Austria sotto questo nome s'intendono tanto l'atto di promulgazione dei 19 aprile 1713 quanto le approvazioni delle diete seguite fra gli anni 1720 e 1725. L'originale in pergamena di quest'atto austriaco, conservato nell'Archivio aulico e di stato di Vienna, non porta il nome *Sanctio pragmatica*, che invece sta in testa a tutte le pubblicazioni in stampa cominciando dalla prima del *Codex Austriacus*, vol. del 1748. Pare, che tale nome appaia per la prima volta nella rinuncia dell'arciduchessa Maria Gioseffa nel 1715 ai suoi diritti al trono. Il testo *diplomatico* della « Sanzione pr. » fu pubblicato per la prima volta dal prof. Bernatzik, op. cit., poi dal prof. Turba op. cit.

Cnfr. pure gli articoli del prof. dott. Karl Brockhausen nella *Neue freie Presse* (Vienna, 19 aprile 1913) e del prof. dott. Gustav Seidler nella *Zeit* stessa data). Recentemente giunse la notizia da Budapest, che il prof. Stefano Csekey aveva scoperto in quell'Archivio nazionale (*Landesarchiv*) il testo autentico della Sanzione pr. ungherese. Insorse subito contro tale affermazione il prof. Turba di Vienna dichiarando, che l'unico testo autentico è quello conservato nell'archivio. di stato di Vienna. Si veda la polemica fra Turba e vari professori ungheresi nella *Neue freie Presse* dei 9-11 giugno 1914.

che di quello ungherese) d'istruzione, dalla scolaresca, dove e come secondo le varie province — diceva la circolare ministeriale — le circostanze lo permettevano, perchè, vedremo poi, non tutte le province e non tutte le nazionalità d'Austria e d'Ungheria sono ugualmente entusiaste di questa legge di duecent'anni fa (1).

È la legge che, nonostante le sue molte imperfezioni, che vedremo poi, riesce a stabilire — oltrechè il diritto di successione al trono, inalterabile per l'eternità, com'essa dice, della dinastia absburghese nelle linee maschile e femminile secondo il principio della primogenitura — « l'indivisibilità e l'inseparabilità dei regni e paesi » soggetti agli Absburgo e quindi l'unità della monarchia, sia essa soltanto unione personale, secondo affermano gli ungheresi, o reale, secondo gli statisti e i politicanti austriaci. Fra paesi così eterogenei, quali sono quelli formanti la monarchia austro-ungarica, senza legami profondi nazionali o storici fra di loro, anzi con parecchie cause intrinseche di repulsione reciproca, l'ordinamento uniforme e comune della successione al trono, ora creato, divenne il vincolo loro più importante e più forte. Qualunque sia il motivo, che primo abbia mosso Carlo VI alla promulgazione della legge, interesse dinastico anzitutto e poi quello statale o viceversa (2), secondo più piaccia agli storici aulici, è certo, che l'unione delle province austriache, della Boe-

(1) Proprio mentre il governo austriaco ordinava i festeggiamenti, l'ex-ministro ungherese conte Apponyi, uno dei capi del partito d'indipendenza, protestava nel *Pesti Hirlap*, che le autorità militari avessero comandato di commemorare la Sanzione « austriaca » anche nelle scuole militari d'Ungheria, ove *quella* Sanzione del 1713 non aveva alcun valore. Anche i giornali czechi di Boemia e di Moravia dichiaravano, che la Sanzione pr. da festeggiarsi in Boemia sarebbe stata quella votata dalla dieta boema nel 1720.

(2) Veramente Carlo VI nel suo rescritto del marzo 1720 (vedi poi) alle diete accentua, che « l'inseparabile unione eterna » dei paesi della monarchia si rende necessaria *zur schuzung der wehrten Christenheit gegen den Türken* (a difesa della cara cristianità contro il turco) e *gegenüber allen übel und Besorgnussen* (e contro tutti i mali e tutte le preoccupazioni; *sic!*).

mia e dell'Ungheria in una monarchia su base legale costituzionale data da questo momento e dalle approvazioni della nuova legge, che seguirono poi fra il 1720-25, da parte delle ventitre diete provinciali.

L'antico ordine di successione.

Le province austriache ereditarie non avevano un diritto di successione comune: o erano feudi dell'impero, per i quali valevano le disposizioni del *privilegium minus* e dell'apocrifo *privilegium maius*, che già avevano concesso il diritto ereditario, in contraddizione con le leggi feudali, anche alle donne della casa regnante, o avevano patti speciali fra la casa arciducale e gli stati provinciali; questi vegliavano soltanto sopra l'intangibilità dei proprî privilegi e sopra l'indivisibilità della propria provincia; che la famiglia arciducale dividesse poi con metodo patrimoniale fra i suoi rampolli e le sue diverse linee l'amministrazione e il governo delle singole province o di gruppi di province, poco o nulla importava loro. Sicchè di fatti ci furono parecchie di tali divisioni pericolosisime e dannosissime per il potere centrale arciducale e la regolazione del diritto ereditario degli Absburgo nelle loro province austriache era una questione puramente famigliare, ordinata con leggi di famiglia, con testamenti e con contratti speciali fra gli arciduchi delle varie linee. In questo modo, visto che poi molto spesso anche gli ordinamenti famigliari non erano rispettati da tutti i membri della famiglia, l'unione delle stesse province ereditarie austriache era piuttosto un caso, dipendente dalla mancanza di più eredi equiparati o dall'estinzione di una linea regnante, che una regola.

Nuove leggi. Prime divergenze.

Perciò dal secolo XVI in poi si ripetono i tentativi di parecchi arciduchi di introdurre il principio della primogenitura nella successione al trono sia con leggi famigliari sia con testamenti; di questi noi ne citeremo due importanti, perchè contengono disposizioni passate non nella sanzione prammatica ma probabilmente nell'osservanza della casa degli Absburgo, che ha il proprio statuto di famiglia segreto, a cui si attiene in tutti i casi non previsti nella Sanzione prammatica: uno è il testamento dell'arciduca Carlo di Stiria, padre di Ferdinando II del 1. giugno 1584, che mette per condizione agli eredi del trono il cattolicesimo; il secondo è il testamento di Ferdinando II del 1635, che stabilisce la primogenitura e quindi l'indivisibilità dei suoi dominî presenti e « degli acquisti futuri ». Siccome la Sanzione prammatica ungherese e le leggi ungheresi posteriori contengono sempre anche queste due disposizioni, dimenticate dalle leggi pubbliche austriache, gli storici austriaci amano ricordare questi testamenti anzitutto per uguagliare quanto più le varie Sanzioni e poi per dare un titolo legale all'applicazione della Sanzione prammatica alle province acquistate dall'Austria dopo della promulgazione di questa legge: alla Galizia, alla Bucovina, al Salisburghese e specialmente alla Dalmazia, che secondo i croati e gli ungheresi spetterebbe di diritto alla Croazia e all'Ungheria. Ammettono, però, che Ferdinando II parlava esplicitamente dei « suoi » acquisti, poichè non poteva in un testamento disporre degli acquisti futuri di altri, ammettono anche, che i testamenti e le leggi famigliari non possono avere valore di diritto pubblico, come lo ha la Sanzione approvata anche da tutte le diete degli stati provinciali, meno che dagli stati dei principati di Trento e di Bresanone, secondo vedremo, e da quelli delle province conquistate o acquistate più tardi, e riconoscono, che i tribunali non possono esser tenuti a rispettarli. Di fatti l'autografo sovrano dei 5 ottobre 1908, con cui si proclama l'annessione della Bosnia-Erzegovina, tiene conto di questi dubbî costituzionali e dice esplicitamente, che vi estende l'applicazione « del diritto di successione vigente per la sua casa sovrana », termine scelto per evitar gli scogli delle divergenze, che vedremo esistenti, fra i diritti di successione austriaco e ungherese.

In Boemia.

Ancora più poteva dipendere dal puro caso l'unione dei paesi della corona boema e della corona ungherese di S. Stefano con gli altri dominî degli Absburgo in un'unica monarchia, poichè e Boemia e Ungheria erano secondo le loro antiche costituzioni regni elettorali e gli stati provinciali affermavano ancor sempre, come del resto lo affermano anche oggi le loro rappresentanze nazionali, in dati casi il proprio diritto di eleggersi il re. In Boemia lo « statuto provinciale rinnovato », imposto da Ferdinando II nel 1627 dopo la battaglia del Monte bianco e dopo le stragi della controriforma, decretava, sì, il diritto di successione anche per la linea femminile, ma non ne definiva chiaramente le modalità, nè la primogenitura ed inoltre ne era dubbia la validità di fronte all'impero germanico, che vantava diritti feudali sulla Boemia, e di fronte agli stati provinciali, che non avevano punto cooperato alla creazione di questo statuto.

In Ungheria, Croazia e Transilvania.

In Ungheria tale diritto non era stato mai nè imposto nè riconosciuto a favore della linea femminile; appena si era ottenuto sotto Leopoldo I, padre di Carlo VI, nel 1687, dopo le sanguinose repressioni delle insurezioni ungheresi con i giudizi crudeli di Presburgo ed Eperjes e dopo la cacciata dei turchi dall'Ungheria, a far votare dalla dieta di Presburgo, oltrechè l'abolizione del diritto d'insorgere contro il re incostituzionale, l'articolo II delle leggi di quell'anno (1), il quale (richiamandosi all'articolo di legge V della dieta del 1547 a favore di Ferdinando I e di suo figlio) riconosce il diritto di successione « al primogenito dei discendenti maschili legittimi del sovrano ora regnante, purchè (il nuovo re) accetti gli articoli inaugurali, firmi il diploma incoronale e presti il giuramento secondo il rito di consuetudine entro i confini del regno d'Ungheria » e ciò vale anche per le « parti annesse » all'Ungheria (con ciò s'intende la Transilvania e la Croazia). Questa è la formola, che più o meno ritornerà poi — estesa dopo il 1723 an-

(1) E' il modo di citar le leggi in Ungheria (in Croazia e in Transilvania) secondo l'ordine, in cui furono votate nella sessione dietale di quell'anno.

che alle discedenze femminili — in tutte le leggi ungheresi trattanti questo argomento e che forma, direi, la quintessenza della costituzione ungherese, quale la intende e la afferma la rappresentanza nazionale per accentuare sempre ed in ogni occasione l'individualità e l'indipendenza statale del regno d'Ungheria, che anche con lo stabilire l'ereditarietà fino a un certo limite degli Absburgo al trono ha voluto compiere soltanto un atto di propria libera elezione. La Croazia e la Transilvania delle quali i legami con l'Ungheria erano stati rallentati o sciolti del tutto durante il dominio reale o la sovranità formale dei turchi su quelle terre, rivendicano per sè un proprio diritto di elezione del re e del principe. Anzi fra la Transilvania, che fino alla pace di Karlovitz nel 1699 era una specie di feudo largamente autonomo del sultano, e il suo nuovo sovrano absburghese *legalmente* non esiste in questi tempi altro rapporto costituzionale, che quello di vassallaggio.

Le leggi di Leopoldo I.

È naturale quindi, date queste condizioni di cose, la preoccupazione continua di Leopoldo I e dei suoi figli Giuseppe, il maggiore, e Carlo di regolare in tutti questi paesi in modo concorde la successione al trono nell'interesse proprio, della famiglia e dello stato, dalla cui coesione dipende la forza e la grandezza della dinastia e della monarchia; tanto più che si era affacciata la gravissima questione della successione al trono degli Absburgo in Ispagna, ove Carlo II moriva nel 1700 senza prole maschile.

"Pactum m. c. et s.,,

Leopoldo e i suoi figli, seguendo l'esempio dei loro predecessori, pensarono di risolvere la grave questione anche questa volta con una legge interna di famiglia e ai 5 e 12 settembre del 1703 vennero fra di loro ad una transazione, contenuta in parecchi patti tenuti in gran parte segreti; l'ultimo dei 12 settembre fu poi promulgato assieme con la Sanzione prammatica e porta nella storia il nome di *pactum mutuae cessionis et successionis*). In esso Leopoldo I, partendo dal presupposto, che il figlio minore Carlo avrebbe saputo e potuto conservare il trono di Spagna, regolava la successione ad ambidue i troni di Spagna e « delle province e dei regni ereditarî » in modo reciproco « mutuo » per i seguenti tre casi: 1° i discedenti maschili di ambidue i figli regnano parallelamente nei due stati; 2° estinta la linea maschile di Carlo in Ispagna, le succede la linea maschile di Giuseppe; la linea femminile di Carlo potrà succedere secondo l'ordine di primogenitura soltanto dopo estinte le linee maschile e femminile di Giuseppe; delle figlie di Giuseppe riguardo a quelle di Carlo il documento dice in questo (2°) caso: *quae eas* (le figlie di Carlo) *ubivis semper praecedunt;* 3° estinta la linea maschile di Giuseppe, succede quella maschile di Carlo e « riguardo alle principesse vale quanto fu stabilito nel caso precedente ».

Una questione che creò il "casus belli" nel 1740.

Questi due passi riguardanti le linee femminili finora furono interpretati nel senso, che stabilivano un privilegio, un diritto di precedenza *in ogni caso* per le figlie di Giuseppe (Carlo fino al 1715 non aveva prole) e quindi la Sanzione prammatica del 1713, che portò poi al trono Maria Teresa, figlia di Carlo, fu riguardata fino a poco tempo fa come una derogazione e quindi come una mancanza di Carlo al patto di successione concordato fra lui, suo padre e suo fratello maggiore e provocò alla morte di Carlo nel 1740 le proteste e la guerra del principe elettore di Baviera Carlo Alberto, che aveva sposato una delle figlie di Giuseppe I, al quale si unirono poi l'Elettore di Sassonia, che aveva sposato l'altra sorella, e il Piemonte e la Francia. Le scoperte fatte nell'archivio di Stato di Vienna dal prof. Turba (1) del patto dei 5 settembre e una più attenta interpretazione del passo « vale quanto fu stabilito nel caso precedente » induce gli storici moderni a credere che fra la Sanzione prammatica e il patto di successione non vi sia alcuna contraddizione, perchè esso non vuol dire altro che: le fi-

(1) *Die pragmatische Sanktion* (nell'*Oesterr. ung. Revue*, 34 vol., 1906, Vienna).

glie o la linea femminile *dell'ultimo sovrano regnante* ha la precedenza sulle linee femminili dei rami non regnanti; nel 2° caso precedono *ubivis et semper* le figlie di Giuseppe, perchè vi è prevista l'estinzione della linea maschile di Carlo e la sopravvivenza di Giuseppe o della sua linea maschile; nel 3° caso quindi, ove si prevede la sopravvivenza di Carlo e della sua linea maschile, avrà la precedenza la sua line femminile. Difatti Carlo VI, quando nel 1713 promulga la Sanzione, non ha ancora figlie da favorire a danno di quelle di suo fratello, morto due anni prima senza eredi maschi, e allega alla Sanzione, quale sua parte intregrante anche il *pactum m. c. et s.*, che quindi conserva la sua validità, come prima, tant'è vero, che la precedenza della linea maschile in qualunque caso, su quella femminile, che ha soltanto diritto sussidiario — in mancanza di maschî — alla successione al trono in Austria. si desume ancor oggi dal *pactum m. c. et s.* e non dal protocollo della Sanzione prammatica, che non ne parla. Quindi pare accertato, che contraddizione fra i due atti non ci sia. Ma e allora, si dirà, per quale motivo Carlo VI s'è affrettato quasi subito dopo la morte del fratello di promulgare la Sanzione?

moventi della Sanzione.

Di motivi ce ne devono essere stati parecchi: la Spagna stava per esser perduta contro la coalizione della Francia e delle potenze marinare; lo stesso poteva avvenire anche delle altre parti della monarchia, poichè il *pactum m. c. et s.*, rimasto segreto e soltanto legge famigliare, non poteva impedire nè divisioni dello stato per parte del sovrano tra i suoi figli (1) nè separazioni violente o rivoluzionarie o usurpatorie od anche legittime per le diversità, che vedemmo dei diritti di successione nei varî regni e province, che non conoscevano il *pactum m. et s.*, nè erano tutti tenuti, anche se lo avessero conosciuto, a rispettarlo. Quindi a Carlo VI

(1) Difatti nel 1705 fra gli stessi fratelli Giuseppe I e Carlo VI c'era stata una divisione dell'amministrazione delle province austriache. Carlo aveva avuto il Tirolo e i paesi limitrofi.

premeva appunto ottenere questo riconoscimento e non solo dai suoi regni e province, ma anche dalle potenze estere, ed aver così garantite l'integrità e l'unità della monarchia per sè e per i suoi eredi da un atto pubblico e internazionale. Difatti la Sanzione prammatica, che ottenne questo nome dall'uso appena molti anni più tardi, non fu nel 1713 ai 19 aprile che una pubblicazione in forma solenne del *pactum m. c. et s.* con l'aggiunta di una dichiarazione esplicativa del sovrano, segnata in un protocollo, che è conservato in un unico originale nell'Archivio di stato di Vienna.

Croazia e Ungheria.

L'ultima spinta a fare questa promulgazione venne a Carlo dal deliberato della dieta croata di Zagabria dei 9 marzo 1712, con cui gli stati provinciali croati secondo il loro diritto di elezione del re — negato loro sempre dagli ungheresi; visto che Carlo non aveva prole maschile — stabilirono il diritto di successione degli Absburgo al trono di Croazia anche nella linea femminile e cioè per quella principessa d'Absburgo, che risedesse in Austria, in pari tempo fosse sovrana delle province austriache confinanti con la Croazia, Stiria, Carniola e Carinzia e garantisse i privilegi loro. Questo voto significava niente meno che il distacco della Croazia dall'Ungheria e l'unione all'Austria. (1) Gli ungheresi, già in gran parte in ribellione con Francesco Rákóczy II e irritati contro la corte di Vienna, che dopo ottenuto alla dieta di Presburgo nel 1687 il voto per il diritto ereditario degli Absburgo non l'aveva convocata più fino al 1708, interpellarono per mezzo del loro palatino il re, accusando la corte di aver « intrigato » in Croazia per provocare il voto contro l'Ungheria. Il cancelliere aulico di allora barone Seilern smentì le accuse, ma chi sa nella storia, quante volte la corte di Vienna si sia servita della Croazia, della Vandea iugoslava, contro le aspirazioni nazionali un.

(1) Nella dieta croata si addussero a motivi di questo deliberato le frequenti insurrezioni degli ungheresi, che danneggiano gli interessi della Croazia e aggravano il paese di contribuzioni.

gheresi, non potrà negare ogni fondamento alle accuse. Il re ebbe però da ciò una prova di più della necessità di ottenere il riconoscimento della successione femminile da tutti i suoi stati e convocò nel luglio del 1712 la cosiddetta « conferenza palatinale » (consiglieri intimi ungheresi sotto la presidenza del palatino), per chiederlo anzitutto agli ungheresi.

La " conferenza palatinale „ del 1712.

Ma questi prima di concederlo misero fra le altre questa condizione principale: che tutti gli altri dominî degli Absburgo dovessero rimanere inseparabilmente riuniti sotto lo stesso sovrano e che tutti gli stati di questi paesi conchiudessero immediatamente, mentre ancora durava la dieta, un vero trattato di alleanza, in cui si dovessero fissare le contribuzioni di ciascun paese per il mantenimento dell'esercito stabile in Ungheria e per le spese di difesa dei confini, visto che l'Ungheria era l'« antemurale » contro i turchi; *inoltre la sovrana non avrebbe dovuto maritarsi senza il consenso degli stati*. Si vede, l'Ungheria prudentemente non voleva legarsi eventualmente ad uno stato monco o ad una dinastia debole, che non avessero potuto offrirle sufficienti garanzie ed appoggi contro il turco o contro altri nemici esterni (1). Ma Carlo VI trovò queste condizioni troppo gravose e pericolose per il potere sovrano, centrale: esse proponevano una vera alleanza, una lega degli stati provinciali il cui potere sarebbe cresciuto così immensamente e perciò decise di agire da sovrano assoluto e di imporre con un atto di governo sovrano a tutti i suoi dominî la stessa Sanzione prammatica.

L'atto di promulgazione ai 19 aprile 1713.

Convocò perciò nel suo palazzo imperiale alle ore 10 del mattino dei 19 aprile 1713 tutti i consiglieri in-

(1) Un'altra condizione posta dalla dieta ungherese era, che si dovessero togliere le barriere doganali fra l'Ungheria e le province austriache. Bisogna notare questo caso curioso, chè ai nostri giorni uno dei postulati principali dei partiti ungheresi dell'indipendenza è appunto, che queste barriere siano ripristinate. Ancora una condizione era, che ogni nuovo re *dovesse* giurare all'atto d'incoronazione il tradizionale « diploma inaugurale ».

timi trovantisi a Vienna, fra i quali anche i cancellieri aulici ungherese e transilvano, fece leggere loro i documenti, che sono citati nel protocollo, aggiungendovi la sua dichiarazione, che questa volta non lascia dubbî sull'ordine di successione di tutte le linee femminili della casa arciducale. Il protocollo (*Hauptinstrument*, istrumento principale) non fu mai pubblicato *ufficialmente* in stampa, bensì in lavori privati; ma infine della dichiarazione di Carlo VI contiene il passo, che i consiglieri presenti furono dispensati del vincolo del silenzio: la promulgazione era dunque con ciò avvenuta.

Resistenza ungherese. Carlo VI cede.

Questa disposizione in forma quasi patrimoniale, assolutistica poteva forse valere, dati i precedenti, per le province ereditarie austriache e fors'anche per la Boemia, piegata e sommessa dopo la battaglia del Monte bianco, ma l'Ungheria non la riconobbe, anzi l'articolo III delle leggi della dieta 1715 riaffermò esplicitamente l'ordine di successione quale fu votato nel 1687 a Leopoldo I, dimostrando così indubbiamente, che l'atto dei 19 aprile 1713 per l'Ungheria era come non avvenuto. Questa resistenza deve aver finito con l'indurre Carlo VI a tener conto delle condizioni messe dalla « conferenza palatinale », ma in modo da evitare ogni pericolo di un'unione o di un'alleanza degli stati provinciali fra di loro. Egli cioè presentò nel marzo del 1720 in una speciale « proposizione » agli stati di ogni singola provincia e regno (meno i croati, che avevano già approvato e per i quali Carlo certamente voleva evitare un nuovo conflitto con l'Ungheria, e gli ungheresi, per i quali occorreva ottenere prima le approvazioni degli altri stati) la Sanzione prammatica « perchè l'accettassero, la riconoscessero e la pubblicassero *juxta cuiusque usum et morem* »; alla proposizione erano allegati i testamenti di Ferdinando II del 1621 e 1637 il *pactum m. c. et s.* e la rinuncia dell'arciduchessaMaria Giuseppina, figlia di Giuseppe I e andata sposa al principe elettore di Sassonia e re di Polonia. (1) Sicchè la questione si risolveva direttamente fra sovrano e ogni singola dieta, il risultato complessivo però sodisfaceva nello stesso tempo al postulato degli ungheresi di aver garantita da tutti gli stati l'unione loro duratura.

Li stati provinciali. Nuove questioni.

Esso però significava anche una maggiore garanzia per la dinastia, poichè gli stati provinciali erano allora ancora delle vere potenze, stabilivano i sussidî e le contribuzioni, avevano proprie forze militari e potevano conchiudere persino alleanze, perciò appunto molte diete nel dar la loro approvazione alla Sanzione promettevano di difenderne l'osservanza con i beni e col sangue proprio (*mit Gut und Blut*). Questo ricorso però all'approvazione degli stati segnava in pari tempo una capitolazione del potere sovrano assolutistico dinanzi alle costituzioni provinciali e la fine dell'idea patrimoniale dello stato. Da ora in poi, sebbene la corte e gli scrittori aulici affermino, special-

---

(1) Questo delle « rinunce » (*Renuntiationes*) delle arciduchesse, che andavano a marito in corti estere, era un uso invalso da buon principio alla corte austriaca onde evitare. che il trono passasse ad una dinastia estera, visto che il *privilegium minus* riconosceva il diritto di successione anche alle donne. Le arciduchesse sposate all'estero rinunciavano al diritto di successione per sè e per i loro discendenti, finchè non si fosse estinta *ogni* discendenza maschile degli Absburgo. Mentre invece le arciduchesse non sposate a principi *esteri* conservavano il loro diritto di successione regolare, cioè, non esistendo prole maschile dell'ultimo sovrano, saliva al trono la figlia arciduchessa primogenita senza riguardo agli arciduchi delle linee collaterali. La rinuncia più antica conservata nell'Archivio di Stato a Vienna è del 1364. Quella del 19 agosto 1719 dell'arciduchessa Maria Giuseppina, andata sposa al principe Elettore Federico Augusto di Sassonia era una rinuncia più ristretta. L'arciduchessa riservava il diritto di successione per sè ed eredi nel caso, che, quando mai, venisse a mancare tutta la discendenza diretta maschile e femminile di Carlo VI e quindi della sua figlia unica Maria Teresa, cioè degli Absburgo Lorena. E' forse perciò, che la dinastia sassone — sebbene la popolazione di Sassonia sia nella sua enorme maggioranza (93 %) protestante — rimane cattolica, requisito che vedemmo indispensabile per i sovrani d'Austria-Ungheria. In questo caso però sorgerebbe la questione, se un principe sassone — non essendo *archidux Austriae* — sarebbe o non sarebbe riconosciuto dagli ungheresi a loro re.

mente dopo che gli stati provinciali negli anni seguenti furono spogliati di ogni loro potere amministrativo e militare, che la Sanzione prammatica sia stata un decreto del sovrano assoluto recato semplicemente a conoscenza degli stati delle province austriache e boeme con la « proposizione » del 1720, sorge la questione, a chi spetti in Austria e in Boemia la competenza di fare eventuali mutamenti o aggiunte all'ordine di successione, che si rendessero necessari causa le parecchie imperfezioni della Sanzione, quantunque essa sia stata dichiarata allora e persino nel « diploma di ottobre » del 1860 *lex in perpetuum valitura*: alla corte da sola o anche agli stati provinciali ed ora alle rappresentanze popolari dell'impero o delle province?

Le approvazioni degli stati.

Sta il fatto, che quella degli stati provinciali non fu una pura presa a conoscenza di un ordine sovrano; non ci fu che la Carniola, che aprovò subito e incondizionatamente e l'ordine di successione al trono e l'indivisibilità e inseparabilità di tutti i dominî; tutte le altre province (21, compresi i Paesi bassi e senza i regni di Croazia e d'Ungheria) vi aggiunsero o delle condizioni o dei postulati o dei soli desiderî; specialmente il Tirolo nel suo deliberato di approvazione dei 13 luglio 1720, dopo una fiera opposizione dei prelati alla Sanzione, metteva esplicitamente per condizione il rispetto delle libertà e dei privilegi della provincia, il territorio di Eger (*Egerland*) faceva delle riserve accentuando la sua qualità di pegno dell'impero (1) e la Boemia esprimeva la speranza, che sarebbero stati rispettati i suoi privilegi e si richiamava alle sue antiche leggi fondamentali, per cui gli czechi di oggi deducono, che il diritto di successione al trono di Boemia giunge soltanto fino alla discendenza di Anna, moglie di Ferdinando I e figlia dell'ultimo re nazionale boemo, e che estinta questa discendenza risorge il diritto di elezione del proprio re in Boemia e nelle province del regno

(1) Vedi p. 67 (Egerland).

boemo. (1) Ai 5 agosto del 1720 diedero la loro approvazione gli stati di Gorizia, agli 8 agosto quelli di Gradisca, ai 9 settembre quelli di Trieste ed agli 8 ottobre quelli di Fiume.

Il prof. Turba nella sua recente pubblicazione, curata per incarico avuto dal presidente del consiglio austriaco con tutte le più coscienziose cautele, con l'esame di tutti i documenti riguardanti la Sanzione conservati nei vari archivî di stato e provinciali, ci dà una completa autentica raccolta di tutti gli atti della corte e degli stati provinciali, che sono in rapporto con questa legge importantissima. La raccolta è la prova migliore dell'inesauribile costante energica opera tradizionale degli Absburgo, che diede per prodotto la monarchia austro-ungarica. La corte non si diede pace, finchè non ebbe nel suo archivio a Vienna le dichiarazioni solenni di tutte le diete dei suoi dominî, redatte e promulgate con speciali formalità dinanzi a speciali testimonî e notai imperiali e conservate in copie originali nei rispettivi archivî provinciali. È di grande importanza quindi il fatto, — rivelatoci qui dal Turba, — che di tutte le dichiarazioni pervenute a Vienna soltanto quella del Tirolo non viene direttamente dalla dieta tirolese nè l'archivio provinciale d'Innsbruck ne possiede il protocollo originale. Questo fatto si può spiegare, credo, unicamente con il contegno di recisa opposizione assunto dai rappresentanti dei principati di Trento e di Bressanone contro la Sanzione prammatica. Tradurrò, per intender meglio la cosa, la nota di Turba in questo proposito: (2) *i rappresentanti dei ve-*

Forma delle approvazioni.

Opposizione e protesta di Trento e di Bressanone.

(1) La dichiarazione di approvazione della dieta boema di data 16 ottobre 1720 si richiama esplicitamente alla Bolla d'oro e alla « *dispositio* » in favore della regina Anna. Da qui le riserve degli czechi sul diritto di successione di altri, che non siano discendenti di Anna. La dichiarazione è compilata in lingua tedesca; così pure quella analoga della dieta di Moravia.

(2) Traduco fedelmente anche con gli errori di sintassi questi passi (*corsivo*), che il Turba evidentemente ha preso dalla copia del protocollo originale della dieta di Innsbruck, conservato nell'archivio del ministero degli interni, che è

scovati principeschi di Trento e di Bressanone dichiararono, che ambidue (i principati) « *non avevano da intendersi nè da mettersi fra le province ereditarie austriache* » (tali divennero appena nel 1803 — aggiunge il prof. Turba !). *I quattro rappresentanti dei due vescovati e dei capitoli, avvenuta la pubblicazione* (cioè la lettura) *della Sanzione prammatica abbandonarono la dieta e non parteciparono nè alla discussione, nè alla votazione sull'accettazione di essa.* Questa avvenne ai 12 dicembre 1720; alcuni giorni dopo fu consegnata al « sindaco provinciale e notaio pubblico imperiale e e arciducale », che fungeva da segretario della dieta, Giovanni Batt. Stempfle una *requisizione datata dei 27 dicembre* 1720 *dei rappresentanti dei due vescovati di Trento e di Bressanone, in cui dichiaravano, che essi* « *nulla avevano da annunciare o da rispondere, poichè* notoriamente *i due vescovati principeschi* non *erano* « *da contarsi* » *fra le province ereditarie austriache, e pregavano, che questa loro* « *requisizione* » *fosse annotata nel protocollo.*

Ecco a mio avviso il motivo, per cui l'egregio notaio Stempfle ha preferito ai 30 dicembre 1720 redigere un *Instrumentum publicum* da inviarsi a corte a Vienna, contenente la dichiarazione accettante *sub conditione* della dieta tirolese, stilizzato in locuzione indiretta, senza però farvi nemmeno con una parola cenno delle proteste e dell'astensione dei rappresentanti trentini.

Per questa sua prudente discrezione il notaio — nota il Turba — si ebbe poi il riconoscimento dalla corte imperiale. Ma l'astensione e le proteste trentine, significantissime ad illustrare le lotte presenti dei trentini per la loro autonomia provinciale, lotte fatte anche ora di frequenti astensioni e proteste, sebbene non siano state documentate per l'archivio imperiale nell' « istrumento pubblico » legato in seta rossa cangiante,

pure l'archivio della polizia di stato a Vienna. V. Turba, op. cit., p. 122.

hanno lo stesso sommo valore storico, perchè il Trentino e Bressanone sono così gli unici due dominî degli Absburgo, i cui stati provinciali non abbiano votato l'inseparabilità della loro provincia dalle altre province austriache. Rileveremo ancora, che mentre tutte le dichiarazioni delle altre province austriache e boeme sono redatte in lingua tedesca, quelle di Gradisca e del consiglio minore e del « consiglio dei quaranta » di Trieste dei 30 settembre 1720 (pure legato in seta rossa cangiante) sono in lingua italiana.

Approvazioni italiane.

Fiume aveva mandato la dichiarazione del suo Consiglio in lingua italiana al governo provinciale di Graz agli 8 ottobre 1720; ma cinque anni dopo venne l'ordine da Graz di iscreverla in forma solenne nell'archivio e di questo atto solenne si conserva la copia originale scritta in latino e accompagnata da uno scritto italiano nell'archivio di Vienna (1).

Competenza delle diete e del parlamento di oggi?

Teuto conto dell'importanza data allora dalla corte alle approvazioni da parte di ogni singola dieta è naturale, che i deputati czechi e croati al parlamento di Vienna, i quali affermano tuttora l'individualità politica dei regni di Boemia e di Croazia, quando vi

(1) L'approvazione della « Communità » di Trieste seguì nel « Conseglio di quaranta » (che era una specie del consiglio minore, dei « pregadi » di Venezia) e fu ratificato nel « Conseglio Maggiore », di cui i 40 facevano parte.

L'atto di approvazione è firmato anzitutto dal capitano imperiale (l'odierno logotenente) conte Marzio di Strasoldo, dai tre « giudici e rettori » della comunità e, per maggior solennità dai 119 consiglieri « sì a nome proprio, che de loro Successori, et respectiue figlioli, et Desendenti » (*sic!*). Tutto ciò è confermato dal « cancelliere imperiale, *doctor iuris utriusque*, Anton Giulio Juliani ». Una delle 4 copie dell'atto doveva esser consegnata anche al « vicedomo » imperiale. L'atto è un documento dell'italianità di Trieste; il governo austriaco con gli attentati degli ultimi decenni di slavizzare la città e il consiglio di Trieste e di usar violenza ai discendenti dei firmatari, ha attentato anche alla validità di quest'atto. — Fiume ha pure due « Consegli »; a nome di questi hanno firmato dopo il capitano imperiale conte de Petazzi i due « giudici e rettori » Gius. Ant. Zanchi e Ant. Bartolom. Bono e soli 27 consiglieri; tutto confermato dai due dottori (*utriusque iuris*) Mart. de Terzi, cancelliere imperiale, e Gius. Ign. Rastelli, *secretarius publicus*.

fu presentata la dichiarazione del matrimonio morganatico dell'arciduca ereditario nel 1901, abbiano protestato dichiarando soltanto le diete competenti nelle questioni della successione (1). Gli statisti austriaci invece in maggioranza negano questa competenza alle diete provinciali odierne, che non possono essere identificate con quelle degli stati provinciali; e certamente identiche non lo sono, ma non si può negar loro la continuità, sia pure evoluta con l'aggiunta dei rappresentanti dei comuni rurali (che del resto nel Tirolo già esistevano) e la derivazione dalle diete di allora. Altri motivi più plausibili a favore della competenza del parlamento, accetata nel 1901 dalla corte, dal governo e dalla maggioranza dei deputati, si potranno trovare forse nella costituzione del 1867 e nel centralismo ora dominante.

La "Sanzione" ungherese.

Appena quando Carlo VI fu in grado di presentare agli stati ungheresi i voti di approvazione degli stati di tutte le province austriache, boeme e della Transilvania (30 marzo 1722), li convocò in dieta ai 20 giugno 1722. Gli ungheresi però, sempre gelosi dei loro diritti costituzionali, non permisero, che si presentasse loro la Sanzione, come alle diete delle province austriache, in una semplice « proposizione » da approvarsi. Essi vollero far in modo, che l'iniziativa della Sanzione prammatica *ungherese* apparisse partita dalla dieta d'Ungheria spontaneamente quale un atto derivato liberamente dal diritto degli stati ungheresi di eleggersi il proprio re e di disporre quindi anche dell'ordine di successione. Questo essi lo dichiararono esplicitamente (« noi *trasmettiamo* il diritto ereditario di successione ») nei tre articoli di legge (I, II e III degli anni 1722-3), che formano il complesso della Sanzione prammatica ungherese e lo riaffermarono ancora più esplicitamente nell'articolo di legge XXIV ex 1900, quando codificarono la dichiarazione del matrimo-

(1) Protocolli stenograf. della camera dei dep. di Vienna, 1901, pp. 94-99, 3380-3406.

Competenza del parlamento ungherese.

nio morganatico dell'arciduca ereditario. Con ciò per l'Ungheria è risolta la questione, chi sia competente a introdurre eventuali modifiche od aggiunte all'ordine di successione al trono d'Ungheria: il parlamento ungherese senza alcuna necessità di previ accordi con l'Austria. Gli statisti austriaci mettono in dubbio questa assoluta indipendenza del parlamento ungherese in proposito; la controversia del resto non è senza importanza, perchè sta in istretta connessione con l'altra, se cioè tra l'Austria e l'Ungheria vi sia solamente un'unione personale o reale, e si pensi, che la Svezia e Norvegia erano fra di loro in unione reale, non dipendente dall'esistenza o dall'estinzione della dinastia, eppure si separarono.

Differenze fra le Sanzioni austriaca e ungherese.

In Ungheria invece — e quest'è la differenza più importante fra le due Sanzioni prammatiche, perchè volere o non volere sono almeno due, l'austriaca e l'ungherese — l'articolo II della legge ex 1722-3, che è nel senso più ristretto la Sanzione ungherese, limita il diritto degli Absburgo alle linee femminili discendenti da Carlo VI, da suo fratello Giuseppe I e da Lopoldo I loro padre e non più oltre; (1) sicchè estinguendosi le linee maschili e le sunnominate linee femminili degli Absburgo (*praedicti sexus*) gli stati ungheresi — dice la legge — riacquistano l'antico privilegio dell'elezione del re e l'unione quindi fra i due stati della monarchia viene a cessare da sè. Questo è il più forte argomento addotto dagli statisti ungheresi a favore della loro tesi della sola unione personale. Qui è di fatti previsto il caso, che l'unione possa cessare una volta fra l'Ungheria e le province austriache. La conseguente necessità di comune difesa contro i nemici esterni e quindi di comuni affari militari ed esteri non significa — secondo gli statisti ungheresi (Déak) — un'unione reale, ma un'alleanza difensiva e offensiva. Il prof. Turba ha portato

(1) Questa limitazione hanno posta poi nel 1744 sotto Maria Teresa pure gli stati transilvani nella loro legge inarticolante la Sanzione pr., che anch'essi ora hanno voluto apparisse fatta di loro iniziativa.

nuova luce anche su questa variante, che la corte di Vienna nel 1722 avrebbe voluto evitare. Fu la preoccupazione degli ungheresi, che il trono del loro regno non passasse — in caso d'estinzione della dinastia regnante in Austria — a qualche lontano discendente di qualche proava degli Absburgo sposata in qualche corte estera, a fissare questo limite nell'art. II, mentre l'art. I di pochi giorni prima (dai 30 giugno agli 11 luglio)aveva in conformità ai desiderî della corte e ai voti delle altre diete stabilito il diritto di successione senza limiti. Nel frattempo però la dieta, avendo richiesto alla corte le rinunce ai diritti ereditarî delle arciduchesse sposate all'estero e non avendone ottenute delle precedenti a quelle delle figlie di Leopoldo, non solo pose il limite sopra riferito, ma per prudenza maggiore decretò, che l'erede al trono doveva essere « arciduca o arciduchessa d'Austria ». Questa disposizione servì poi nel 1901 a giustificare in Ungheria, ove le leggi non conoscono matrimonî morganatici, il voto del parlamento per la dichiarazione dell'arciduca ereditario, i cui figli morganatici non saranno *archidux Austriae.*

Importanza delle limitazioni ungheresi.

Sono limitazioni, che direttamente difficilmente diverranno mai di attualità pratica, perchè la famiglia degli arciduchi d'Austria delle linee ammesse alla successione in Ungheria è estesissima; hanno però una grande importanza teorica, che alle volte indirettamente può divenire anche pratica per es. nella questione, se l'Ungheria possa indipendentemente dall'Austria e viceversa recar mutamenti ed aggiunte nella Sanzione (gli ungheresi lo affermano, gli austriaci lo negano). Un'altra condizione per gli eredi al trono d'Ungheria, che la Sanzione austriaca non contiene nel suo « istrumento principale », è quella del cattolicesimo; Carlo VI non potè introdurla nella legge austriaca evidentemente perchè come imperatore di Germania non poteva mettersi in contraddizione con le disposizioni della pace di Vestfalia, che valevano per tutto l'impero germanico, di cui le province austriache erano feudi. Ma, vedemmo, questa condizione esisteva già nelle leggi di famiglia e quindi questa differenza è più apparente che altro. Altri passi importantissimi della Sanzione ungherese sono: quello, che riserva i diritti della corona di S. Stefano anche su quelle province, che un dì le appartennero e che in avvenire fossero riconquistate, (*recuperanda*: su questo passo basò nel 1908 l'Ungheria il suo diritto sulla Bosnia ed Erzegovina provocando proteste austriache); quello, che impone ad ogni nuovo re l'obbligo di farsi incoronare in Ungheria, di sottoscrivere il « diploma incoronale, inaugurale » e di prestar giuramento, di voler rispettare e far rispettare per l'eternità la costituzione, i diritti e i privilegi del regno ungherese e infine quello, che dichiara esplicitamente, che i regni e le province d'Ungheria sono uniti con essa *inseparabilmente*. Questo è diretto evidentemente contro le velleità d'indipendenza e di separatismo della Transilvania e della Croazia, che avevano creduto di poter disporre dei loro troni da sè, senza riguardo alle sorti d'Ungheria.

Altre disposizioni peculiari ungheresi.

L' inseparabilità delle terre d'Ungheria.

Gli ungheresi insistono con una tenacia e con un'intransigenza ammirevoli su questi loro postulati e diritti; non c'è legge fino ai tempi più recenti prima della dieta ed ora del parlamento ungherese, che — dovendo toccare argomenti affini — non riaffermi questo loro irremovibile punto di vista. Carlo VI dopo laboriose trattative non ha potuto ottenere da loro una Sanzione più consona con i suoi desiderî, che erano di avere una legge unica uguale per tutti i suoi dominî, e Maria Teresa, che ebbe bisogno dell'aiuto ungherese contro i suoi nemici esterni, dovette nel suo diploma inaugurale del 1741 ripetere ancor più chiaramente la limitazione del diritto di successione fino alla linea femminile di Leopoldo I e far sì, che la dieta croata di Varasdino nel 1740 (art. di legge II e XXVIII) e la dieta transilvana del 1744 (art. di legge III) dichiarassero, che le loro approvazioni della Sanzione prammatica erano in consonanza con gli articoli di legge I e II ungheresi del 1722-3, che appunto stabilivano fra le altre cose l'inseparabilità, dunque un'unione reale e non soltanto personale — dicono gli ungheresi contro le affermazioni dei partiti radicali di Croazia — dei regni e province della corona di S. Stefano. E qui vediamo appunto per la corona e per i governi di Vienna e di Budapest la base costituzionale del dualismo odierno austriaco-ungherese, contro di cui dànno finora inutilmente di cozzo tutti gli sforzi dei partiti radicali czechi (tendenti verso un regno di Boemia: al nord) e croati (tendenti verso il triregno croato, ancor più esteso nell'idea moderna del « trialismo » austriaco-ungherese-jugoslavo: al sud).

Il consenso internazionale alla Sanzione.

Ottenute le dichiarazioni di consenso delle province (ultime furono le diete dei Paesi Bassi e di Costanza, che non ci riguardano) e la votazione della legge in Ungheria, Carlo VI si mise all'opera per ottenere anche dalle potenze estere il riconoscimento e così la garanzia internazionale della sua Sanzione. Le trattative durarono a lungo; prima fu la Spagna nel 1725 a riconoscerla, poi la Prussia e la Russia nel 1726, poi l'Inghilterra e la Sassonia e infine la Francia. La creazione della Compagnia di Ostenda per le Indie orientali, che si mise a fare concorrenza alle compagnie delle nazioni marinare, fu uno dei maggiori ostacoli al consenso di alcune potenze, che ne domandarono la soppressione; e questa dovette poi esser anche concessa. L'Inghilterra fra gli altri patti metteva anche questo, che la futura sovrana d'Absburgo non dovesse sposare un Borbone nè alcun altro principe, la cui potenza accresciuta di quella degli Absburgo potesse turbare l'equilibrio europeo. Nel 1735 (pace di Vienna) Carlo VI aveva finalmente il consenso di tutte le potenze maggiori meno che quello dell'Elettore di Baviera, che aveva sposato la figlia minore di Giuseppe I. Ciò nullameno, quando questi nel 1740 morto Carlo cominciò la guerra di successione per far valere

Guerra di successione.

le sue pretese al trono d'Austria, si ebbe alleate contro Maria Teresa quasi tutte le potenze, che avevano dato il consenso a Carlo, meno l'Inghilterra e la Russia, che assieme con gli austriaci e con gli ungheresi opposero all'esercito degli alleati il cosiddetto « esercito prammatico ». (1) Per la storia costituzionale della monarchia importa ora la questione, che sorge da questi consensi di carattere internazionale: in caso di mutamenti o di aggiunte da farsi nella « Sanzione prammatica » c'è bisogno anche in avvenire del consenso delle stesse potenze, che lo diedero a Carlo VI? Se ce ne fosse bisogno, ciò significherebbe una diminuzione della sovranità di stato in Austria e in Ungheria. Ma nelle questioni internazionali il diritto è sempre dalle parte del più forte; l'Austria-Ungheria nel 1908 ha avuto la forza di violare il trattato internazionale di Berlino; avrà sempre la forza di impedire ingerenze esterne negli affari della successione al suo trono?

Altre questioni controverse.

La Sanzione prammatica ha lasciato poi un'infinità di altre questioni insolute del tutto per l'Ungheria e per lo meno controverse per l'Austria. Il prof. Turba nella sua ultima pubblicazione dimostra, che la Sanzione prammatica non è formata soltanto dal protocollo dei 19 aprile 1713 e dai documenti allegàtivi, bensì anche dal complesso di tutte le altre « convenzioni, disposizioni, leggi e *consuetudini* » della casa d'Absburgo, che non siano state abrogate esplicitamente dalle disposizioni promulgate nel suddetto protocollo e negli allegati, perchè ciò è detto espressamente nel *pactum m. c. et s.*, che è appunto uno degli allegati. Ora tutto ciò per l'Ungheria non ha certamente alcun valore: lì

(1) Questa stessa guerra ha provato subito, quanto poco valgano le dichiarazioni di « inseparabilità » e di « indivisibilità » delle province e dei regni soggetti agli Absburgo di fronte ad avvenimenti di carattere internazionale, nei quali vale il diritto del più forte. L'inseparabilità qui si ha da comprendere nel senso, che *uno* deve essere il sovrano di tutta la monarchia e che non vi devono essere le divisioni interne fra fratelli arciduchi e fra linee della casa regnante, come ce ne erano state fino al 1705.

la Sanzione prammatica consiste nella legge votata dalla dieta di Presburgo e quindi lì vale soltanto quanto sta nella legge, che ignora tutte le « convenzioni, disposizioni ecc. » ed ignora anche tutti gli allegati. Per le province austriache poi, secondo il passo sopra riferito, potrebbero forse avere un valore le « convenzioni, disposizioni ecc. », che precedettero la promulgazione dei 19 aprile 1713, mai però quelle che la seguirono. Ora consta che parecchie questioni rimaste insolute dalla Sanzione prammatica si risolvono alla corte di Vienna secondo uno « statuto segreto di famiglia » di data molto posteriore, cioè dei 3 febbraio 1839. Consta ancora, che questo statuto subì delle modificazioni ancora dopo il 1867 durante il regno di Francesco Giuseppe: statuto e modificazioni mai pubblicati.

Vale lo "statuto di famiglia" del 1839?

Qual valore può avere esso almeno per quelle disposizioni, che tangono il diritto pubblico, l'ordine di successione al trono, la reggenza ecc.? Per l'Ungheria nessuno per il motivo sopra esposto, riaffermato solennemente dal parlamento di Budapest nell'art. di legge XXIV ex 1900 (dichiarazione di matrimonio morganatico dell'arciduca ereditario), in cui è detto che « tutte le questioni riguardanti la successione al trono devono esser decise secondo le disposizioni degli articoli di legge I e II ex 1723 » (Sanzione pr. ungh.). Per l'Austria la risposta è controversa: gli scrittori aulici, che ritengono tutta la Sanzione prammatica in Austria per un decreto sovrano, ammettono la validità incondizionata anche dello statuto di famiglia; secondo essi la successione al trono austriaco è ancora quasi un affare privato patrimoniale degli Absburgo; secondo altri — e fra questi ci sono gli statisti più illustri d'Austria (1) — lo statuto di famiglia, di cui non è fatto alcun cenno nelle leggi fondamentali dello stato del 1867, non ha carattere di legge e quindi secondo la legge fondamen.

(1) Vedi Bernatzik op. cit. p. 44!

tale del 1867 sui poteri giudiziali i tribunali non sarebbero tenuti a farlo rispettare. Finora in Austria a questo proposito non si ebbe che il precedente della dichiarazione del matrimonio morganatico dell'arciduca ereditario; in essa l'arciduca si richiama ai suoi obblighi di osservanza delle leggi e degli usi della famiglia: la dichiarazione fu presentata al parlamento di Vienna, che però « ne prese atto » senza farne una legge come ne fecero invece gli ungheresi.

Da questa differenza di valore giuridico dello statuto nei due stati risulta una serie di questioni variamente giudicate nei due stati:

Validità del matrimonio del sovrano?

1°) quali sono i requisiti di un *matrimonio* atto a creare degli eredi al trono? Dalla dichiarazione dell'arciduca ereditario del 1900 si deduce, che occorra, secondo l'osservanza di famiglia, un matrimonio tra pari conchiuso con il consenso del sovrano. In Ungheria invece secondo la Sanzione, basta che l'erede sia legittimo e carnale, dunque non un figlio legittimato o adottivo.

La reggenza.

2°) quali norme regolano il caso di *reggenza?* Per l'Austria probabilmente ci saranno nello statuto di famiglia e non si conoscono; secondo la costituzione ungherese il reggente deve essere il palatino; l'articolo di legge VII ex 1867 dopo la nomina del ministero ungherese ha sospeso l'elezione del palatino; il parlamento però si riservò di regolare con una nuova legge, finora non creata, l'ufficio del palatino. Quindi in caso di reggenza giuridicamente l'unione fra l'Ungheria e l'Austria non esiste.

L'abdicazione.

3°) quali quello dell'*abdicazione?* In Austria non lo si sa; in Ungheria è necessaria anche per questo una legge del parlamento ogni volta e, perchè Ferdinando I nel 1848 adbicò senza legge, nel 1867, avvenuto l'accordo fra la corona e gli ungheresi, questi esigettero ed ottennero che il parlamento votasse una legge sanatoria per la legge mancante di 20 anni prima (Art. di legge III).

4°) quali le norme della maggiore età per il trono? Pare si richiedano in Austria i 18 anni.

5°) quali le formalità e le condizioni dell'inabilitazione a governare?

6°) quali dell'abbandono volontario o forzato della casa sovrana da parte di un arciduca o di un'arciduchessa?

7°) lo statuto famigliare e quindi indirettamente l'ordine di successione al trono austriaco possono esser modificati dal solo sovrano o vi è necessario pure il consenso degli agnati?

Ricapitolazione.

Nonostante tutte queste imperfezioni della Sanzione prammatica è evidente la sua importanza straordinaria per la storia della monarchia absburghese: ad un'unione casuale di stati è subentrata ora un'unione su base costituzionale, che è nello stesso tempo unione reale e personale, stato unitario e confederativo. A questo si potè arrivare soltanto con l'affermarsi dell'idea di stato su quella patrimoniale, che finora dominò la vita pubblica, e con l'indebolimento degli stati provinciali di fronte al potere centrale sovrano. Da qui all'assolutismo « illuminato » di Maria Teresa e di Giuseppe II e a quello poliziesco di Francesco I e di Metternich è breve il passo. Questo è il risultato più importante del periodo storico, che va da Ferdinando II a Carlo VI, reso possibile anzitutto dalla disfatta completa degli stati provinciali boemi e austriaci oppositori sul Monte bianco, che è nello stesso tempo disfatta degli avversarî del cattolicesimo e della chiesa e del primo tentativo di ribellione nazionale degli slavi del nord, degli czechi contro Vienna. Ci sarà ancora un breve ritorno del potere degli stati durante le divisioni del sec. XVII; ma già comincia la cristallizzazione del potere centrale assoluto nelle province austriache con l'accrescersi della forza militare imperiale, ordinata ora da quella mente elevata, che fu Eugenio di Savoia, divenuto sotto Carlo VI presidente del « consiglio aulico di guerra ». Le sue vittorie militari in tutte le parti d'Europa elevano di nuovo il prestigio degli Absburgo, ma questa volta più che degli Absburgo imperatori degli Absburgo sovrani d'Austria e d'Ungheria, ed estendono i confini della monarchia con la pace di Posarevaz (1718 con i turchi) ad un limite finora mai raggiunto entro la Serbia e la Valachia, che segna la maggior grandezza territoriale avuta nei secoli fino ai nostri giorni dalla monarchia austroungarica, poichè già allora si poteva parlare di uno stato dualistico. Siamo così all'inizio del secondo periodo di grandezza degli Absburgo; ma questa volta sarà grandezza e potenza dei soli Absburgo austriaci, dell'Austria metternichiana, preparata dalle riforme interne di Maria Teresa e di Giuseppe II, che sopprimono i particolarismi provinciali e nazionali e impongono con mano ferrea ovunque nei loro dominî il potere centrale assoluto. Ma le idee nazionali e i popoli non muoiono così per un ordine sovrano; risorgeranno più forti con il soffio rivoluzionario di Francia; ai confini d'Austria crescono intanto di potenza stati e dinastie rivali, la Prussia anzitutto, che ha già l'egemonia spirituale della Germania protestante; i germi della seconda decadenza della monarchia all'estero e nell'interno stanno sviluppandosi; nella seconda metà del sec. XIX trionferanno.

CAPITOLO V.

Le riforme di Maria Teresa

Lo stato unitario austriaco e l'Ungheria

Stati provinciali. Debolezza economica e militare.

Carlo VI lasciò in eredità a Maria Teresa la monarchia consolidata e collegata internamente da un vincolo comune costituzionale, dalla Sanzione prammatica, ma divisa ancora in tante autonomie provinciali con diritti e privilegi della nobiltà e degli stati provinciali, i quali, sebbene indebolito già di molto il loro potere, hanno ancora in loro mani l'amministrazione delle imposte, delle contribuzioni e dei sussidî (*subsidia*) e quindi delle fonti maggiori delle finanze dello stato; per conseguenza esercitano ancora il loro influsso anche nella direzione dell'esercito stabile imperiale, al cui mantenimento non bastano i soli proventi dei demanî imperiali. Così le due forze maggiori del potere centrale dello stato, le finanze e l'esercito, sono paralizzate dall'ingerenza degli stati provinciali, rappresentanti del particolarismo regionale e di quella, che allora secondo i tempi si poteva dire l'opposizione costituzionale. Le lunghe guerre avevano stremato le forze economiche della monarchia; l'esercito, che aveva acquistato nome con Eugenio di Savoia e potenza con il contingente stabile da lui elevato a complessivi 135,000 uomini, era decaduto di numero fino a soli 70.000 uomini ed aveva perduto la sua efficacia combattiva. Con la pace di Vienna (1735) Napoli e la Sicilia passarono quale secondogenitura ai Borboni di Spagna e gli Absburgo ebbero in compenso Parma e Piacenza. Con la pace di Belgrado (18 settembre 1739) i turchi riconquistarono la Valachia, la Serbia e la Bosnia settentrionale perdute vent'anni prima.

Principio delle lotte per l'egemonia in Germania. Guerra dei 7 anni.

Appena salita Maria Teresa al trono le potenze rivali credettero giunto il momento buono per dividersi l'eredità degli Absburgo, di cui si estingueva con Carlo VI la linea maschile. Primo a prendere le armi fu Federico II di Prussia iniziando così la serie dei conflitti armati fra Austria e Prussia nella lotta per l'egemonia in Germania. Il pretesto fu un contratto di eredità stipulato nel 1537 fra il principe di Brandenburgo Gioacchino II, un proavo di Federico II, e un principe di alcuni ducati slesiani; gli Absburgo ed ora Maria Teresa non vollego riconoscerne la validità. Federico senz'altro entra ai 16 decembre 1740 con le sue truppe in Slesia e in breve tempo l'occupa. Più tardi, riordinati al quanto l'esercito e le condizioni interne dello stato, Maria Teresa tenterà con la guerra dei 7 anni di riprenderla ma nella pace di *H*ubertusburg (1763) sarà costretta a rinunciare completamente alla Slesia superiore, cioè a nove decimi dell'intera provincia slesiana (1).

Guerra per la successione.

La Baviera e le sue alleate Francia, Spagna, Piemonte e Sassonia incoraggiate dalle prime vittorie prussiane entrarono ora pure in azione negando la validità della Sanzione prammatica e pretendendo ciascuna la sua parte dell'eredità absburghese. La « guerra per la successione d'Austria » durò con varia fortuna delle parti belligeranti sette anni. In principio la monarchia minacciò di sfasciarsi sotto i colpi degli alleati. Carlo Alberto di Baviera fu incoronato a Praga re

(1) E' il primo nucleo di terre etnicamente polacche (v. p. 66 e ss.), che passa così sotto il dominio prussiano; vi si aggiungerà poi la Posnania dopo le divisioni del regno di Polonia.

di Boemia e poco dopo imperatore di Germania; egli interruppe così per quattro anni fino alla sua morte (1745) la serie dei sovrani d'Austria imperatori germanici. Maria Teresa dovette ricorrere all'aiuto degli stati ungheresi, che in compenso ottennero dalla sovrana la più incondizionata conferma dei loro privilegi e il sodisfacimento di tutti i loro postulati nazionali ora ed anche poi, per gratitudine sovrana, durante il lungo regno suo. Assieme con gli ungheresi (croati, serbi, rumeni compresivi) combatterono bravamente per Maria Teresa anche i tirolesi, convinti di difendere così anche le loro libertà provinciali. (1) Federico II, salvaguardati i propri interessi prussiani, non vedendo di buon occhio un maggior aumento di potere della Baviera e della Francia, con l'intervento dell'Inghilterra, che per gli stessi motivi di gelosia verso la Francia, si era messa dalla parte di Maria Teresa, conchiuse nel 1745 la pace di Dresda, riconobbe di nuovo la Sanzione prammatica e Francesco di Lorena, marito di Maria Teresa, quale imperatore di Germania, essendo già morto Carlo Alberto di Baviera, e ritirò le sue truppe, i cui avamposti eran giunti sin sotto le mura di Vienna, dalle province austriache e boeme. Poco dopo anche la Russia si schierò dalla parte austriaca e inviò un corpo d'esercito per la Germania contro i confini di Francia, sicchè questa ritenne opportuno di conchiuder la pace di Aquisgrana (1748), che costò agli Absburgo, oltre la Slesia perduta prima e una parte della provincia pavese (Vigevano, Anghiera, Bobbio) conquistata nel 1743 dal Piemonte, i ducati di Parma, Piacenza e Guastalla, divenuti ora secondogenitura dei Borboni di Sicilia. In compenso gli avversarî riconobbero ora definitivamente la Sanzione prammatica e

Paci di Dresda e di Aquisgrana.

(1) La leggenda magiara di Maria Teresa, che con il pargoletto Giuseppe II in braccio chiede l'aiuto della dieta ungherese convocata a Presburgo (1741), e il saluto entusiastico e cavalleresco dei magnati ungheresi diretto alla regina costituzionale al grido di *moriamur pro rege nostro Maria Theresia!* sono immortalati in dipinti di vari pittori austriaci e ungheresi.

il titolo, chè ormai non significava di più, d'imperatore di Germania a Francesco di Lorena.

La "camarilla,,

Forse tutti i disastri di questa guerra sarebbero stati risparmiati, se Maria Teresa mal consigliata dall'alta nobiltà di corte, che già allora coprendo le più alte cariche militari e statali andava formando la *camarilla* austriaca, non avesse respinto orgogliosamente le proposte di Federico II, che le offriva l'aiuto prussiano e un'indennità di due milioni di talleri (somma allora non irrilevante), se le avesse ceduto pacificamente la Slesia. Carlo VI non aveva lasciato a sua figlia dei vecchi consiglieri provetti e fidati che il barone Bartenstein; Maria Teresa, che poi con l'esperienza acquistò sempre maggior indipendenza d'azione e ripose bene la sua fiducia nei due suoi cancellieri favoriti, Haugwitz e poi Kaunitz, da principio del suo governo e specialmente nelle operazioni di guerra, subì l'influsso di suo marito, nominato da lei « conreggente », (1) di suo cognato il « generalissimo » Carlo di Lorena, dei generali Neipperg, Traun, Grünne e Khevenhüller di famiglie aristocratiche note anche poi assieme con quelle più vecchie dei Liechtenstein, Windisch-Grätz, Schwarzenberg, Lobkowitz ed altre negli annali non sempre gloriosi della storia aulica e militare d'Austria.

Gli Absburgo-Lorena.

Riforme interne. Haugwitz fonda l' assolutismo.

Passato il gravissimo pericolo di vedersi abbattuto il trono e divise le terre, Maria Teresa si lasciò convincere facilmente della necessità di riforme radicali interne dello stato, se si voleva assicurarne l'ulteriore esistenza, da un fedele funzionario di suo padre fino allora impiegato in varî uffici importanti in Slesia, dal conte Guglielmo Haugwitz, che aveva potuto studiare sul posto le cause delle vittorie prussiane e delle sconfitte austriache. Maria Teresa nei suoi discorsi e nelle sue lettere si mostra entusiasta di quest'uomo, che — dice — « mi fu inviato dalla provvidenza; perchè avevo bisogno per poter riuscire di un uomo simile, che non ha secon-

(1) Così comincia la dinastia degli Absburgo-Lorena, che regna tuttora in Austria-Ungheria.

di fini, non ha ambizioni, non ha seguaci, di un uomo, che vuole il bene, perchè è bene, che al più gran disinteresse accoppia la più sincera devozione. » Haugwitz parte — nelle sue proposte di riforme — da un principio semplicissimo: la Slesia non sarebbe andata perduta, se l'Austria vi avesse tenuto un contingente di truppe sufficente e bene agguerrito; per evitare, che tocchi la stessa sorte alla Boemia e alla Moravia, sulle quali la Prussia ha già gettato il suo sguardo, bisogna quanto prima armarsi bene; ma per far ciò vi è bisogno di finanze bene ordinate dello stato; quindi è necessario riformare completamente l'amministrazione dello stato su basi moderne, sull'esempio appunto della Prussia e degli altri stati più progrediti e farla finita con il sistema medioevale delle imposte gravanti soltanto sui cittadini e sui contadini e della completa esenzione della nobiltà, con il sistema delle truppe raccogliticce di assoldati e delle milizie degli stati provinciali e con la burocrazia, asservita a metà alle province a metà alla corte. Haugwitz, ottenuto il consenso della sovrana, metterà così le basi dello stato moderno austriaco assoluto, (1) aiutato nelle riforme finanziarie da un altro uomo nuovo, dal conte Chotek di Boemia, un proavo della consorte morganatica dell'arciduca ucciso a Sarajevo.

Kaunitz lo svolge.

I due statisti si attireranno con questa loro opera radicale l'odio della nobiltà e degli alti dignitarî di corte; in seno allo stesso « consiglio di stato » sorgerà contro Haugwitz un rivale potente, Venceslao Antonio conte Kaunitz, che lo sbalzerà dal suo posto e dal 1760, cattivatasi tutta la fiducia della sovrana, sulle basi gettate da lui, continuerà ad inalzare l'edificio statale dedicando ora, che le fondamenta eran solide, cura maggiore all'alta politica interna ed estera e al progresso civile, culturale del paese, seguendo l'impulso della sua mente educata in ambienti più intellettuali durante la sua carriera diplomatica fino al 1753 a Roma, a Firenze, a Torino, a

(1) In Ungheria resta rispettata l'antica costituzione giurata da Maria Teresa a Presburgo nel 1741.

Brusselles ed a Parigi, donde portò a Vienna l'ammirazione oltrechè per Voltaire e per gli enciclopedisti anche per l'etichetta francese attirandosi le celie dei suoi concittadini viennesi. Così gli storici austriaci usano distinguere due periodi di riforme durante il regno di Maria Teresa: quello di Haugwitz del 1749 e quello del suo rivale Kaunitz del 1760.

Noi ne esamineremo i risultati nel loro complesso, poichè la mèta voluta e conseguita da ambidue i cancellieri fu la stessa: formare un forte stato unitario con potere centrale assoluto del sovrano fondato su tre colonne solidissime: finanze ordinate, esercito e burocrazia, e spazzando tutti i privilegi medioevali degli stati provinciali e tutto ciò, che ancora restava di quella, che fu una vera federazione di province.

istema militare e camerale.

Il cosiddetto « sistema militare e camerale », (1) con Cui Haugwitz volle assicurare allo stato un esercito permanente di 108.000 uomini e i 14 milioni di fiorini annui necessarî per mantenerlo, consisteva in questo: gli stati provinciali stabiliscono in patti stretti fra i rappresentanti delle loro diete e il governo per la durata di dieci anni (« recessi decennali ») il contingente di imposte e di truppe, che ogni provincia ha da dare. Con ciò cessa il diritto più importante delle diete provinciali, con cui maggiormente potevano influire sul governo centrale, il diritto di votare ogni anno le imposte e i contingenti militari. Gli stati si obbligano di fornire i 14 milioni annui e il governo centrale assume la cura di far la leva militare, di equipaggiare e di mantenere l'esercito, ciocchè finora in gran parte spettava di fare agli stati. Dal 1753 in poi si fa ancora un passo innanzi: si abbandona il sistema delle truppe assoldate; ogni territorio e ogni città dovranno fornire un dato nu-

(1) I bilanci dello Stato, secondo vedemmo, in questi tempi si dividono nelle due parti principali: *militaria* (spese militari; copertura con contribuzioni e sussidî degli Stati provinciali) e *cameralia* (tutti gli altri rami d'amministrazione: polizia, economia, commercio, industrie, beni demaniali, ecc.).

Imposta fondiaria.

mero di coscritti. Per l'imposta fondiaria si applica il metodo adottato in quei tempi nel ducato di Milano: ogni terra è soggetta all'imposta e ogni territorio provvede da sè a riscuoterla; a tale scopo le terre dei signori s'iscrivono nel « catasto domenicale » e quelle dei contadini nel « catasto rustico », perchè Maria Teresa a differenza di suo figlio Giuseppe II lascia ancora qualche privilegio ai nobili e al clero e sottopone i loro fondi ad un tasso d'imposte minore; a base del censimento fondiario si calcola quale valore di un terreno il ventuplo della sua rendita annua. La riforma delle imposte indirette è opera del conte Chotek; regola i contratti d'affitto; perfeziona il monopolio dei tabacchi e i servizi postali, che fino al 1722 erano un privilegio della famiglia dei conti Paar, oriundi d'Italia, e introduce sull'esempio degli stati d'Italia nel 1751 la lotteria dello stato. La riforma più importante su questo campo è però l'abolizione delle barriere doganali fra le varie province austriache e boeme, che erano il segno più visibile del carattere federativo della monarchia absburghese; da ora in poi fino al 1851 non ci sono nella monarchia che due territorî doganali: l'austriaco e l'ungherese.

Imposte indirette. Monopoli. Lotteria. Barriere doganali.

Con queste riforme nel 1754 le finanze dello stato sono già riordinate; (1) gl'introiti ammontano a 40 mi-

---

(1) Però con le guerre seguenti, provocate in gran parte dalle mire imperialistiche dell'arciduca ereditario poi imperatore Giuseppe II, le finanze sono di nuovo ben presto ridotte a mal partito. La sola guerra dei sette anni costò all'Austria 200 milioni di fiorini, la guerra di Baviera ne costò 30 milioni. I regni di Maria Teresa e di Giuseppe II aumentano il debito pubblico austriaco di 277 milioni e alla fine del secolo XVIII esso ammontava già a 466 milioni di fiorini. E' interessante rilevare qui i lagni degli czechi della Boemia sulla sproporzione fra i contributi per queste spese fatti pagare dai paesi boemi e quelli delle altre province austriache e dell'Ungheria. Il deputato czeco radicale Kalina in un suo discorso alla Camera di Vienna (v. protocollo stenograf., 155 seduta della XXI sessione, 11 giugno 1913) dimostra sulle pubblicazioni dello storico czeco prof. dott. Pekar e di A. Beer: *Das Finanzwesen der Monarchie zur Zeit Karl VI* nell'op.: *Der österreichische Erbfolgekrieg* 1740 *bis* 1748, che delle contribuzioni militari negli anni 1716-

lioni di fiorini e tre anni più tardi salgono già a 57 milioni, che permettono di tenere un esercito di circa 200.000 uomini. Avuti questi risultati, esistevano ormai anche tutte le premesse necessarie per svolgere un programma di governo centrale assoluto. Già nel 1749 Maria Teresa aveva abolito le due « cancellerie auliche » austriaca e boema e le aveva sostituite con autorità centrali comuni per tutte le province austriache e boeme; sicchè l'ultimo simbolo dell'individualità politica del regno di Boemia disparve; le diete provinciali non sono più convocate; restano soltanto, parvenza degli antichi privilegi degli stati provinciali, le loro giunte, che però funzionano soltanto, se si accomodano alla volontà sovrana della corte, cui preme più di tutto di avere i « recessi decennali » per le imposte e per

Potere centrale e stati provinciali.

1739 pagate dalle province ereditarie (*Erbländer*) i paesi boemi diedero la parte uguale al 75.8 per cento, dunque più di 3/4, l'Austria inferiore diede l'11.5 per cento, l'Austria superiore il 5.6 per cento, la Stiria il 4.3 per cento, la Carinzia l'1.7 per cento e la Carniola il 0.9 per cento; il Tirolo, Gorizia e Gradisca e i paesi vicini diedero un per cento insignificante. Tutta l'Ungheria diede appena la metà della contribuzione dei paesi boemi, sicchè, compresa l'Ungheria, la contribuzione di questi era del 55 per cento delle complessive spese militari. Nl 1748 nello stabilire le spese ordinarie (*Militare* e *Camerale*) per i paesi boemi fu fissato il 45 per cento, per gli austriaci il 24 per cento e per l'Ungheria il resto di tutte le spese. Perciò (dice Pekar) sarebbe stato più giusto chiamare l'Austria: «l'impero di *Boemia* ». In base poi dei bilanci statali (40) dal 1868 in poi l'on. Kalina dimostra che le provinoe del « regno boemo » contribuirono in questi ultimi 45 anni in cifra arrotondata con due miliardi di corone alle spese a vantaggio dell'impero centrale e della città di Vienna e a tutto proprio danno. Conchiude, che lo Stato austriaco riscuote più della metà di tutti i suoi redditi dai paesi boemi e ha perduto la loro Slesia. Il deputato però non ci dimostra, quanta parte di questi contributi sia stata versata dagli czechi e quanta dai tedeschi delle province boeme, i quali ultimi non rimpiangono forse altrettanto il denaro speso per lo stato centralizzante e germanizzante. Non bisogna dimenticare, che dopo la Montagna bianca e fino a 4-5 decenni fa i tedeschi erano la parte più colta e più agiata delle province boeme e quindi erano pure i maggiori contribuenti dello Stato. Sullo sfruttamento della Lombardia e poi del Veneto vedi: Sandona, op. cit. e n. a p. 221.

i contingenti militari; le diete o meglio le loro giunte non hanno più da discutere il merito delle « proposizioni » sovrane, la *quaestio an*, bensì soltanto la *quaestio quomodo*, il modo, come hanno da esser eseguite le proposte della corte. Alcune diete riescono a ridurre a tre anni il periodo dei « recessi » ed è tutto quello, che possono ottenere; la dieta di Carinzia avrebbe voluto imporre ai contadini tutto il peso delle imposte e dei servizi militari e qui Maria Teresa ordina *iure regio*, che sia applicata la riforma adottata per tutte le altre province; è un nuovo titolo di diritto sovrano, che non si cura più dei privilegi degli stati provinciali; è il principio del vero assolutismo; persino i beni provinciali, amministrati finora dagli stati provinciali per i propri scopi in provincia, sono sottratti ora da Maria Teresa alla gestione degli stati e sottoposti quale « fondo domesticale » al controllo sovrano mediante la « camera aulica dei conti »: i redditi dovrebbero andare ancora a beneficio della provincia e della sua amministrazione autonoma; però lo stato li raccoglie nelle sue casse e in casi di bisogno cer-
sull'esempio di quelle prussiane.

Riforme agrarie.

A indebolire ancor maggiormente gli stati provinciali, che fondavano le loro forze quasi esclusivamente sull'oppressione dei contadini, i soli produttori di lavoro e di guadagni in paesi eminentemente agricoli, vennero le riforme agrarie di Maria Teresa introdotte sull'esempio di quelle prussiane.

Già Leopoldo I aveva sentito la necessità nel 1680 con la patente contro gli abusi dei servizi rustici (*Robottpatent; robott = corvée*) di proteggere i contadini dal pericolo di esser completamente asserviti ai padroni. La nuova costituzione militare, che metteva fine alla cavalleria professionale dei nobili, e il riordinamento della magistratura, che sostituiva al posto della nobiltà i dottori di giurisprudenza, avevano prodotto negli ultimi due secoli un nuovo fenomeno sociale: la formazione delle signorie latifondiarie e il sistema del-

Latifondi. l'economia latifondiaria. I nobili si ritiravano nei loro castelli e poderi e divenivano pacifici possidenti dediti all'agricoltura; ma valendosi dei loro diritti si davano ora a concentrare di nuovo nelle loro mani i possedimenti, che i loro proavi avevano ceduto ai contadini in colonia o in concessioni temporanee e precarie. Questo processo ebbe il suo maggiore sviluppo in Boemia, in Slesia, in Moravia e nelle provincie austriache dal XVI secolo in poi e da quei tempi datano le enormi signorie latifondiarie esistenti ancor oggi in quelle terre delle famiglie di Absburgo, degli Schwarzenberg, dei Liechtenstein, dei Thun, dei Lobkowitz ecc. Però se queste incorporazioni dei beni rustici (il *Bauernlegen*) con la giurisdizione e con le altre competenze pubbliche dei signori fondiarî sui contadini potevano da principio esser utili al principe, perchè accrescevano i mezzi degli stati provinciali, che fornivano i sussidî e le milizie, quando lo stato centralizzato e più moderno cominciò a fondare le sue finanze sulle imposte dirette e le sue forze militari sulle coscrizioni regolari, divennero un gravissimo pericolo per la stessa esistenza dello stato e per il potere centrale sovrano. I contadini finivano quasi tutti a divenir servi della gleba tenuti a gravosi servizi rustici e a contribuzioni (*angariae*) fisse ed anche straordinarie, quasi sempre arbitrarie; non avevano più la libertà di residenza (*Freizügigkeit*); persino non potevano contrarre matrimonio senza la licenza del padrone; i figli loro erano obbligati a servire il padrone nella fattoria padronale. Con ciò venivano ad inaridire le prime fonti delle rendite e dell'esercito dello stato. Questo fu il motivo, per cui prima Leopoldo I poi suo figlio Carlo VI nel 1717 e 1718 emanarono le patenti a favore dei contadini, ma senza alcun risultato, poichè gli stati provinciali erano ancora abbastanza forti da non curarsene

I contadini.

Maria Teresa, sostenuta in ciò potentemente dal figlio « conreggente » (dopo morto il padre) Giuseppe II, un fervente discepolo dei fisiocratici, i quali nel lavoro della terra e nei suoi prodotti vedevano tutta la ricchezza e tutta la forza dello stato, cominciò a dare l'esempio con le riforme consigliatele dal direttore dei suoi possedimenti demaniali in Boemia e in Moravia, Raab, che li aveva divisi in piccoli poderi dandoli in enfiteusi ai coloni, non più tenuti ai servizi rustici, ma soltanto a pagare il fitto in denaro e in natura. Non le fu possibile render un tanto legge per tutta la monarchia; i suoi *decreti urbariali,* (1) che vanno dal 1768-1776, regolano l'obbligo ai servizi rustici, permettono e raccomandano, che il contadino possa con contratti col padrone divenire libero proprietario, e istituiscono una « commissione aulica urbariale » con sottocommissioni nelle provincie, che ha da stabilire il massimo delle prestazioni, che si possono esigere dal contadino. Queste riforme agrarie sono le sole riforme, che Maria Teresa contro la più tenace opposizione della dieta ungherese impone anche all'Ungheria nella « legge urbariale », che è rimasta poi fino al 1848 a regolare i rapporti fra i contadini e i padroni in Ungheria. Nelle province austriache e boeme Giuseppe II, più radicale in tutto di sua madre, porterà a compimento anche questa riforma.

Decreti urbariali.

Il colpo di grazia allo strapotere dei signori fondiari Maria Teresa lo dà con l'istituzione degli « uffici circolari » *(Kreisämter,* rimasti poi con lievi modifiche fino al 1860), che già esistevano in Boemia, circondari amministrativi politici minori sottoposti ai governi provinciali; a capo vi sta un « capitano circolare », che rappresenta il potere dello stato, di fronte al quale almeno nelle cose amministrative sparisce il potere dei signori fondiarî; il contadino sente, che sopra del padrone vi è un potere statale; fra stato e popola-

"Uffici circolari". Le città.

(1) La parola *Urbarial,* adoperata negli usi e nei diritti agrari tedeschi antichi deriva dall'antico tedesco *erberan,* fare rendibile, fruttifero; *Urbarbuch* (*urbarium*) si dicevano in Austria e in Baviera i registri dei terreni e delle loro rendite e sono preziosi documenti storici per le condizioni sociali ed economiche di quei tempi. Da qui pure il termine *Urbarial-gesetze* per leggi agrarie.

zione non è più intermediario soltanto il signore; la burocrazia si frappone in mezzo; è la fine dell'amministrazione patrimoniale delle province e dello stato. Anche le città, che dai tempi di Massimiliano I vanno perdendo sempre più la loro autonomia, sotto Maria Teresa sono ormai pervase dalla burocrazia statale, che copre tutti i posti più importanti nella magistratura civica.

Chiesa.

Dei privilegi della chiesa e del clero Maria Teresa si mostra ancora molto rispettosa; però il principio della sovranità dello stato, del *jus majestaticum circa sacra* si fa valere ora anche in Austria; le altre religioni non sono ancora nemmeno tollerate e i protestanti potevano soltanto sotto certe condizioni studiare e prendere la laurea all'università di Vienna; con tutto ciò il giansenista Gerardo van Svieten, che aveva dovuto abbandonare causa la sua confessione l'Olanda, sua patria, diviene il medico di corte e l'uomo di fiducia di Maria Teresa che gli affida il riordinamento dell'università fino allora diretta con autonomia dal clero; van Svieten la sottrae all'ingerenza del clero e ne fa una scuola laica dello stato, da cui dovevano uscire dei buoni impiegati, docenti e medici: non un tempio della scienza, ma una scuola pratica dello stato; riesce pure a far togliere ai gesuiti l'ufficio di censori dei libri, che si pubblicavano, e ad ottenere nel 1773 il consenso della sovrana (1) alla soppressione dell'ordine dei gesuiti decretata da papa Clemente XIV. Dei beni dell'ordine soppresso, detratta la parte occorrente per il sostentamento dei suoi ex soci e per le opere pie, fu istituito il « fondo degli studî » (*Studienfond*) adoperato agli scopi dell'insegnamento pubblico, che ora sotto Maria Teresa subisce pure un riordinamento radicale con il « regolamento generale scolastico » (*Allgemeine Schulordnung*) del 1774. L'idea dell'insegnamento elementare per il popolo quale obbli-

Fondo degli studî. Scuole.

(1) Maria Teresa è veramente *sovrana* soltanto in Boemia e in Ungheria; di fatto lo era anche nelle province austriache, sebbene quivi a rigor di legge ella fosse vassalla del marito, poi del figlio, imperatori del sacro romano impero.

go dello stato era apparsa nella mente di Carlo Magno, ma poi durante l'era di mezzo scomparve del tutto; la chiesa e il clero avevano monopolizzato tutto l'insegnamento nelle loro scuole parrocchiali e conventuali; appena la riforma protestante cominciò a far sentire nei territori dei principi riformati il bisogno della scuola laica o per lo meno della scuola sottoposta al controllo statale. Maria Teresa anche in questo imitò l'esempio della Prussia, che aveva incaricato della riforma delle scuole cattoliche nella nuova sua provincia slesiana l'abate di Sagan, Antonio Ignazio von Felbinger, il quale aveva già dato buona prova delle sue qualità di ordinatore nelle scuole del suo territorio abaziale.

Insegnamento obbligatorio.

Passato al servizio di Maria Teresa quale preposito capitolare a Presburgo e nominato direttore superiore delle scuole normali Felbinger stabilì anche nelle province austriache e boeme il principio dell'insegnamento obbligatorio e la sorveglianza dello stato su tutto l'insegnamento, che ora, secondo l'espressione di Maria Teresa, è un *politicum* dello stato. Le scuole sono ora le « triviali » per i villaggi, le caposcuole per le borgate maggiori e cittadette e le « normali » (*Musterschule*) per le città maggiori; in queste i maestri sono in maggioranza laici, nelle altre predomina ancora il clero, ma tutte sottostanno al controllo statale mediante i capitani circolari e i governi provinciali. Il catechismo cattolico è ancora la materia principale d'insegnamento accanto al leggere, allo scrivere e al far di conto; tutte e tre queste specie di scuole sono elementari, che differiscono soltanto per un maggiore sviluppo e perfezionamento dei mezzi istruttivi, e tutte hanno a lingua d'insegnamento soltanto il tedesco. Certamente il principio della frequentazione obbligatoria resta praticamente soltanto principio per decenni e decenni, ancor oggi in alcune province non interamente applicato; in ogni modo la riforma scolastica di Maria Teresa segna un progresso sensibile in paesi, ove le popolazioni, in grandissima maggioranza agricole, disseminate in piccoli nuclei su estesissimi territorî, eran rimaste finora poco o niente accessibili anche ai più lievi soffi della civiltà. (1) Maria Teresa, continuando la politica religiosa di Massimiliano II e Ferdinando III, accresce il controllo dello stato sull'amministrazione dei beni ecclesiastici e persino sull'educazione del clero, sicchè lo stato sorveglia anche gli studî di quelli, che saranno maestri nelle sue scuole.

Scuole militari. Diplomazia.

Per i figli dei nobili Maria Teresa fondò il collegio-convitto, l'Accademia teresiana, ancora esistente a Vienna, e la prima « accademia militare » a Wiener-Neustadt, con cui fu introdotta nell'esercito austriaco l'ufficialità professionale, educata con lo studio nelle arti della guerra; anche questo serve a sottrarre l'esercito alle ingerenze degli stati pronvinciali, i cui rappresentanti nell'esercito non avevano studî militari. Nel 1753 Maria Teresa riordina il « consiglio aulico di guerra », che resta così fino al 1848. Per gli studi diplomatici istituisce nel 1754 l' « accademia orientale » in dipendenza dalla « *Segreta cancelleria* della casa imperiale, aulica e *dello stato* » (*geheime Haus-Hof-und Staatskauzlei*) fondata nel 1742 al posto della soppressa conferenza segreta » quale direzione degli affari esteri, che fu poi nel 1848 sostituita dal Ministero degli esteri. Nel 1749 le fu aggiunto il « segreto archivio di casa, au-

(1) Si pensi poi, che questo ordinamento scolastico, che subì una interruzione soltanto nel breve periodo delle riforme moderne e nazionali durante le conquiste napoleoniche, subito però premurosamente cancellate dalla reazione vittoriosa, restò in vigore, riconfermato dal « regolamento scolastico del 1804 » di Francesco I, fino al 1855 per esser sostituito in quel periodo di assolutismo del regno di Francesco Giuseppe dalle disposizioni del Concordato fra Vienna e il Vaticano, che mettevano di bel nuovo la scuola completamente in balìa dei vescovi e del clero. Appena nel 1868, quando le disfatte sui campi di battaglia fiaccarono la reazione clericale militare austriaca, fu possibile far passare al parlamento di Vienna delle leggi scolastiche più moderne che ben presto però, già nel 1883, riordinatesi le file reazionarie, dovettero subire delle « novelle » di leggi retrograde. Si veda in proposito uno studio succinto e buono di Antonio Bettioli: *Legislazione scolastica austriaca* nella « Voce degli Insegnanti » di Trieste del 20 aprile 1913.

lico e di stato », che ancor oggi con lo stesso nome fa parte del ministero degli esteri nel palazzo del *Ballplatz* di Vienna a fianco del palazzo imperiale. A capo della direzione degli affari esteri dal 1756 in poi è Kaunitz, che presiede nello stesso tempo il « consiglio per le province italiane » e quello per i Paesi bassi (*italienischer* e *niederländischer Rat*), supreme autorità centrali amministrative per quelle terre.

Amministrazione e giustizia.

Abbiamo già veduto, che Maria Teresa aveva soppresso il simbolo dell'indipendenza del regno boemo, la « cancelleria aulica boema » e l'aveva fusa con quella delle province austriache in due nuove autorità supreme centrali, comuni senza distinzione per tutte le province austriache e boeme, estendendo ora il principio della separazione della giustizia dall'amministrazione anche all'ultima suprema istanza; le due nuove autorità supreme centrali a Vienna sono: il Tribunale supremo di Giustizia (*Oberste Justizstelle*) formato di due senati tedeschi e di un senato boemo, unico resto differenziale fra le due parti austriaca e boema dei dominî di Maria Teresa, (1) e secondo l'esempio prussiano il *Directorium in internis, in publicis et in cameralibus*, che poi nel 1760 è sostituito per gli affari interni dalla « cancelleria aulica riunita boema e austriaca » (*vereinigte böhmische und österreichische Hofkanzlei*; anche qui resta soltanto il nome a distinguere le due parti; Giuseppe II sopprimerà anche il nome!), a capo della quale fu messo il conte Chotek, e per le finanze la « camera aulica generale », che aveva avuto i suoi principî sotto Massimiliano I e di cui il presidente ha già il nome di « ministro delle Finanze », e per il controllo delle finanze la « camera aulica dei conti » (*Hof-Rechnungskammer*). Sopra tutte queste autorità centrali come un consiglio di ministri, ma senza

(1) Per il Lombardo-Veneto Francesco I istituirà poi il « Senato lombardo-veneto del Supremo Tribunale di Giustizia » con sede a Verona. Segni anche questi di autonomie nazionali, che oggidì — nel secolo dei diritti e delle unità nazionali — non esistono più in Austria!

voto deliberativo nè potere esecutivo, soltanto con ufficio consultivo, poichè le decisioni spettano unicamente alla sovrana assoluta, stà dal 1760 il « Consiglio di Stato » (*Staatsrat*), creato per iniziativa del conte Kaunitz, e divenuto campo delle discussioni e delle competizioni per le riforme fra lui e il rivale Haugwitz, che nella lotta soccomberà. La competenza del « consiglio di stato » si estende agli affari di tutta la monarchia, compresavi l'Ungheria; è una competenza soltanto consultiva e quindi gli stati provinciali ungheresi non la sentono direttamente. Compongono il consiglio tre « ministri » scelti dalla sovrana fra l'alta nobiltà feudale e tre « consiglieri di stato » scelti fra la nobiltà minore e gli scienziati.

Consiglio di stato.

Governi provinciali.

Nelle province le due autorità supreme statali giudiziaria e politica nel 1760 sono riunite nel cosiddetto « governo » provinciale (*gubernium*), che però resta diviso in due sezioni: una per la giustizia e l'altra per l'amministrazione politica; questa poi è suddivisa, lo vedemmo, nei « circoli » (*Kreisamt*). Negli anni del regno di Maria Teresa c'erano otto di questi governi provinciali: Boemia, Moravia assieme con Slesia, Transilvania, che però ad autorità suprema centrale aveva a Vienna la propria « cancelleria aulica transilvana », Stiria, Tirolo, in cui però i territorî di Bressanone e di Trento formavano ciascuno da sè un « circolo », Trieste assieme con Gorizia e Gradisca, Fiume, che fino al 1776 faceva parte del governo di Trieste e tre anni più tardi veniva unita come *corpus separatum* all'Ungheria, cui appartiene ancor oggi, e infine dal 1772 (prima divisione della Polonia) la Galizia. Poco a poco questi « governi » avranno riunito nella loro sfera d'attività tutte le funzioni amministrative, che finora erano esercitate dagli stati provinciali e dai loro funzionarî; la burocrazia statale vince così su tutta la linea.

Riforme giudiziarie.

Anche le riforme giudiziarie di Maria Teresa sono dirette a rinforzare la compagine dello stato assoluto unitario. Quale conseguenza necessaria dell'istituzione di una unica suprema istanza, (1) Maria Teresa deve provvedere ad un unico codice del diritto per tutte le sue province. Quattr'anni dopo istituito il Tribunale supremo, nel 1753, ella nomina una « commissione di compilazione » del codice di diritto privato, la quale nel 1766 presenta il codice finito, un'opera colossale, nientemeno che di otto volumi enormi; Kaunitz inorridisce a tanta mole e Maria Teresa rimanda il lavoro alla commissione con una di quelle sue lettere sgrammaticate, ma altrettanto pepate, rinnovando loro l'incarico di compilare un codice pratico, accessibile alla mente di ogni suddito e non un testo scolastico farraginoso; ma prima che il nuovo codice civile fosse compiuto, Maria Teresa era morta. (2) Era riuscita nel frattempo soltanto ad emanare alcuni regolamenti parziali per i giudizi di singole province, specialmente leggi esecutorie e nel 1768 il « codice penale teresiano » (*Theresianische Halsgerichts-ordnung*); nel 1776, consigliata vivamente da suo figlio Giuseppe II, mente moderna, affigliato alla massoneria, e dal professore di diritto Sonnenfels anche Maria Teresa si decide ad abolire la tortura nei suoi dominî. (3) Due opere importanti ancor oggi della legislazione teresiana sono l'applicazione dei « libri tavolari », il catasto esistente fino allora in Boemia, in tutti i suoi paesi e l'« Editto poli-

(1) *Oberste Justizstelle*, terza istanza; « tribunali d'appello » presso i governi provinciali, seconda istanza; prima istanza restano gli antichi giudizi patrimoniali, rustici, di città, ecc., con tutto il caos, che vedemmo nei periodi precedenti, delle leggi e degli usi particolari.

(2) Il compilatore del progetto di questo codice fu il professore italiano Azzoni dell'Università di Praga. I migliori giurisperiti di quei tempi in Austria erano italiani e coprivano le più alte cariche nell'amministrazione della giustizia.

(3) Oggi la Massoneria non è riconosciuta nè permessa in Austria. E' tollerato soltanto, che i suoi pochi affiliati austriaci vadano oltre il confine, in Ungheria, ad assistere alle cerimonie rituali e facciano della beneficenza pubblica. Anche al medico privato di Maria Teresa, Ferdinando von Leber, si attribuisce il merito di aver cooperato con i due soprannominati ad indurre la sovrana ad abolire la tortura nel 1773.

tico di navigazione mercantile » dei 25 aprile 1744, che è ancor sempre la base delle disposizioni regolanti la navigazione nelle acque austriache (e ungheresi dopo il « rescritto aulico » dei 29 luglio 1803), poichè dopo di allora il diritto marittimo austriaco e ungherese non subì che lievi modifiche e aggiunte con leggi parziali! (1).

ustria e Ungheria.

Tutte queste riforme importantissime, che fanno dei dominî degli Absburgo finalmente uno stato nel vero senso della parola, corrispondente alle condizioni di quei tempi, Maria Teresa le limita alle province austriache e boeme, che da ora in poi formano un insieme organico amministrativo, un vero stato politicamente uniforme, unitario e assoluto, cioè l'Austria, la Cislaitania, di fronte all'Ungheria, alla Translaitania che resta lo stato costituzionale dagli antichi privilegi dei suoi stati provinciali, del clero, della nobiltà, delle città, delle « nazioni » privilegiate, di prima classe. Qui Maria Teresa sia per mantenere il giuramento fatto nel suo diploma incoronale del 1741 sia per evitare le resistenze pericolose degli ungheresi lascia tutto immutato; uniche le riforme agrarie, che impone per decreto (« legge urbariale »), e la sorveglianza dello stato sulle scuole (2).

Ora l'abisso, che divide le due parti della monarchia, con tali diversità di costituzione e d'amministrazione si fa ancora più profondo e tanto più difficilmente potrà riuscire più tardi il tentativo di Giuseppe II di estendere ad un tratto l'applicazione di tutte queste riforme e delle sue, ancor più radicali, anche all'Ungheria.

Deve ascriversi all'ingerenza negli affari di stato

---

(1) Appunto anche questa necessità impellente di un maggiore sviluppo delle dottrine di diritto marittimo in Austria fu addotta in un discorso alla Camera di Vienna dal deputato di Trieste on. Gasser (1913) quale ottimo argomento in favore dell'istituzione dell'università italiana a Trieste, tanto combattuta ed ostacolata dalla corte.

(2) Riguardo all'amministrazione abbastanza illuminata di Maria Teresa e di Giuseppe II in Lombardia di fronte a quella infelicissima di Francesco I nel Lombardo-Veneto confr.: Sandonà, op. cit.

di Giuseppe II, che è conreggente dal 1765, se Maria Teresa dopo le prime opposizioni della dieta ungherese alle sue riforme agrarie non la convoca più dal 1763 in poi. Ma con tutto ciò la sovrana conserva la sua gratitudine all'Ungheria. Abbiamo già veduto, che subito dopo la sua incoronazione ha influito, che le diete di Croazia e di Transilvania dichiarassero più o meno esplicitamente, che i loro territori sono *partes adnexae* dell'Ungheria, come affermava sempre la dieta ungherese; nel 1765 la Transilvania è elevata a Gran principato; l'ultima spinta alla prima divisione della Polonia la dà Maria Teresa occupando le 13 città del comitato Szepes (*Zipser Städte*), che il re d'Ungheria Sigismondo aveva dato in pegno nel 1412 a suo genero, il re polacco, e le reincorpora all'Ungheria; i polacchi della Galizia, incorporata in quella stessa occasione all'Austria, vantano ancor oggi diritti di rivendicazione su quelle città, ma inutilmente; nel 1779 Fiume fu unita con rescritto sovrano all'Ungheria quale « *corpus separatum* » e ne fa parte ancor oggi dopo varie vicende e contese con la Croazia, che vedremo trattando più tardi di questo municipio italiano.

Mutamenti territoriali.

È degna di nota la questione, che sorge nel 1775 con la cessione da parte della Turchia all'Austria della *Bucovina*, già occupata dall'esercito russo e rivendicata da Maria Teresa, perchè una volta, prima che formasse il grande principato della Moldavia sotto la sovranità turca, sarebbe stata sotto il patronato del re d'Ungheria e avrebbe fatto parte poi della Transilvania. Tale titolo di rivendicazione serve di base ai diritti accampati dagli ungheresi su questa provincia, che fino al 1786 fu amministrata militarmente e in quell'anno incorporata quale « circolo » a parte alla Galizia e Lodomeria per poi, nel 1849, ingranditasi la Galizia dell'ex-repubblica polacca di Cracovia, esserne staccata quale provincia a sè dell'Austria.

Bucovina.

Si può dire che la politica estera veramente austriaca, completamente differenziata da quella germanica,

Politica estera.

comincia nella storia appena con il regno di Maria Teresa. Fino allora di fronte all'estero gli Absburgo erano anzitutto imperatori di Germania; la loro politica internazionale, la loro diplomazia, le guerre loro, sebbene in fondo perseguissero quasi sempre scopi d'interesse dinastico, absburgico, erano di fatto e formalmente espressioni ed atti del loro potere imperiale, come erano imperiali i cancellieri e gli altri funzionarî, che dirigevano la loro politica estera, ed imperiali erano i loro eserciti da Massimiliano I in poi accanto alle milizie degli stati provinciali. Maria Teresa, perchè donna, non potè esser eletta imperatrice di Germania; ne ebbe il titolo dal 1745 fino al 1765 di riflesso, finchè visse suo marito Francesco di Lorena; ma prima e poi ella non fu che arciduchessa d'Austria e regina di Boemia e d'Ungheria; il titolo maggiore le veniva appunto dall'Ungheria, che mai fece parte dell'impero germanico, e forse anche questo fu un motivo, per cui la sovrana favorì il consolidamento e l'aumento territoriale dello stato di S. Stefano. Maria Teresa fu dunque la prima a sentire nella sua persona il contrasto d'interessi, che potevano sorgere fra la politica dell'impero e dei suoi stati ereditarî e perciò provvede ad una propria, austriaca direzione degli affari esteri (la cancelleria di stato), ad una propria diplomazia fondando per educarla l'Accademia orientale e ad un proprio esercito, per gli ufficiali del quale istituisce l'Accademia militare di Wiener-Neustadt, ambedue scuole ancora esistenti. Se i successi di questa politica estera austriaca ora iniziata non furono troppo brillanti, lo si deve alla controazione di due potenti rivali, tenuti finora in iscacco dal potere imperiale degli Absburgo, dalla Prussia e dalla Russia, le quali, se potevano adattarsi ad un'egemonia quasi millenne dell'impero germanico in Europa, non volevano permettere l'affermarsi di una preponderanza austriaca. Invece la Francia, finora nemica giurata degli Absburgo, imperatori di Germania, ora si schiera nella politica internazionale dalla parte dell'Austria temendo con ragione l'accrescersi della Prussia. Kaunitz dal 1756 in poi è il maggior ispiratore della politica estera di Maria Teresa; dal 1765, divenuto conreggente, anche Giuseppe II influisce fortemente sulle decisioni politiche della sovrana. Fra madre e figlio non regna veramente completa armonia nelle questioni di stato, specialmente di politica internazionale; i conflitti sono frequenti; Giusepe II vorrebbe più azione, più energia più audacia d'imprese ed è a capo del partito militare, del partito di guerra di allora; Maria Teresa fatta esperta dai gravi pericoli e danni delle guerre per la sua successione al trono resiste; quanta analogia fra i casi di corte di allora e dei nostri giorni, nei rapporti della sovrana e dell'arciduca ereditario!

Giuseppe II.

Kaunitz, ritornato dal suo posto diplomatico di Parigi, induce nel 1756 l'imperatrice ad un'alleanza con la Francia per assicurarsi le spalle in caso di guerra con la Prussia: qui è l'Austria, che si allea ad uno stato estero fuori dell'impero germanico contro uno stato confederato dell'impero. Federico II previene l'Austria e irrompe lo stesso anno nella Sassonia, pure alleata all'Austria e in Boemia; dopo sette anni di guerra combattuta con varia fortuna Maria Teresa dovette rinunciare definitivamente ad ogni rivendicazione della Slesia (Pace di *H*ubertusburg, 1763). Fu più fortunata nella prima divisione della Polonia nel 1772 potendo occupare — d'accordo con la Prussia nel non voler lasciare tutto il regno polacco alla conquista russa — le due province di Galizia e Lodomeria, cioè gli antichi due principati di *H*alicz, sede una volta dei principi russi Rostislawicz, e di Wladimir, città dalle quali le due province presero rispettivamente i nomi latinizzati (*Galiczia*, *Galacia*), e i due ducati di Auschwitz e Zator. Di questi territorî, ai quali nel 1847 fu aggiunta Cracovia, è costituita la provincia austriaca, che porta il titolo « Regno di Galizia e Lodomeria, con il granducato di Cracovia e i ducati di Auschwitz e di Zator »; Maria Teresa v'introdusse l'amministrazione vigente nelle al-

Alleanza franco-austriaca.

Galizia e Lodomeria.

tre province austriache, v'istituì pure la dieta con la stessa limitazione di diritto di discutere soltanto la *quaestio quomodo* delle proposte sovrane, come nelle diete delle altre province. Con questa provincia l'Austria acquista circa 80.000 chilometri quadrati di territorio, ma anche un gravissimo nuovo elemento di lotta nazionale, perchè la provincia è abitata quasi per metà e metà da polacchi, formanti la popolazione più civile, la nobiltà, il clero, i proprietarî fondiarî, insomma la parte dominante, cattolica e da ruteni, ossia i piccoli russi, contadini oppressi, costretti una volta ad abbandonare l'ortodossia e ad abbracciare la confessione dei greci-uniti, creata per sottomettere anch'essi al pontefice di Roma. In Galizia c'è pure un nucleo numeroso di tedeschi, immigrati specialmente sotto Giuseppe II, e un fortissimo numero di israeliti: quasi un milione su circa 8 milioni di abitanti (1). Nel secolo seguente e

Polacchi, ruteni, ebrei. Rumeni.

(1) Degli ebrei d'Austria-Ungheria, specialmente di quelli in Galizia, Bucovina e in Ungheria, tratteremo nella seconda parte del libro in un capitolo dedicato alla questione ebraica, come pure delle questioni polacca, rutena e rumena. Qui intanto daremo alcuni brevi cenni essenziali.

La Galizia (pol. *Galicya;* rus. *Halycz;* ted. *Galizien*) fu annessa da Maria Teresa con richiamo a pretesi diritti della corona ungarica su quella provincia, poichè già Andrea II re d'Ungheria si era proclamato pure « re di Galizia e di Vladimiria » senza esserlo di fatto. Mentre la Galizia occidentale, a sinistra del fiume San, fu ed è etnicamente quasi interamente polacca (con poche oasi di ruteni, piccoli russi, e con qualche colonia tedesca), la Galizia orientale a destra del San fu un tempo completamente russa e lo è ancora in grandissima parte. Nella Galizia occidentale, Cracovia, bella città ricca di monumenti architettonici e di opere d'arte di maestri italiani, era stata la capitale dell'antico regno polacco; oggi è ancora la capitale intellettuale di tutto il mondo polacco. Quivi sul colle Wawel, che domina la città, si estende l'antico palazzo reale (fino pochi anni fa caserma austriaca) con il duomo artistico e con le tombe dei re e dei patrioti polacchi, meta di pellegrinaggi nazionali. Da qui re Casimiro mosse nel 1350 alla conquista della Galizia orientale e di tutta la Piccola Russia cacciandone i Mongoli, che l'avevano asservita nel 1238. Fino allora la Galizia orientale faceva parte dei ducati, principati (poi anche regni) di Halycz e di Wladimir un tempo soggetti al granduca di Kiew (dei Rurik, principi di tutta la Russia). I polacchi dividono la Piccola Russia in province amministrative: Ukraina, Podolia, Volhinia ecc. La Galizia

specialmente ai nostri giorni queste condizioni condurranno a fierissime lotte nazionali e religiose, non scevre di gravi pericoli. L'acquisto della Bucovina, che già vedemmo, aggiunge altri 10.500 chilometri quadrati al territorio austriaco, ma in pari tempo nuovi elementi di lotte nazionali e religiose: qui si bilanciano i ruteni (russi; in maggioranza qui greci-ortodossi) e i rumeni (pure greci-ortodossi; il solo nucleo rumeno in *Austria*), che formano insieme più dell'80 % della popolazione e sono dominati dal restante 20 % di tedeschi, importati in gran parte da Giuseppe II nella sua mira di intedescare la monarchia, e di israeliti (13 % di tutta la

orientale è detta Russia rossa, le sue popolazioni ruteni, la capitale è Leopoli. Le diete di Lublino (1569) e di Brest (1596) decretano l'unione politica e religiosa di tutte le terre del regno polacco (unione ricordata con una collina artificiale elevata in mezzo a Leopoli anni or sono). I ruteni (piccoli russi) fino allora ortodossi di religione passano al cattolicesimo di rito greco-unito; conservano cioè soltanto la liturgia russa, riconoscono il papa e i dogmi cattolici. Con ciò si rende molto più facile la polonizzazione della Galizia orientale; tutta la nobiltà russa diviene polacca; restano ruteni i soli contadini, che vivono in condizioni miserrime. Le città fondate, come quelle di Boemia e di Ungheria da coloni tedeschi ed ebrei, divengono poi pure polacche in tutta la Galizia. — Tutta la Galizia ha secondo il censimento del 1910 circa 8 milioni di abitanti, di cui 4.675,612 polacchi (compresi gli ebrei), 3,207,784 ruteni (di cui soli 75,551 nella Galizia occidentale) e 90.416 tedeschi. Di religione sono: 3.735,145 cattolici, 3.378.451 cattolici greci-uniti (quasi tutti ruteni) e 872,975 ebrei (questi sono l'8 % nella Galizia occidentale e il 12.4 % nella G. orientale). La Galizia occidentale ha 2.693.210 ab. e quella orientale ne ha 5.336,177. — Gli ebrei di Galizia, noti per la loro ortodossia e per il loro attaccamento alle tradizioni, agli usi e ai costumi ebraici, secondo le ultime ricerche non sarebbero di razza semitica, bensì deriverebbero dal popolo dei Chasari, che aveva un proprio regno tra il Mare Caspio e il Mar Nero nei primi secoli del medioevo (v. *Die Chasaren-Historische Studie von* Hugo *Freih. von* Kutschera-Vienna, Ad. Holzhausen, 1910, II ed.) Questi ebrei parlano un proprio strano gergo (*jargon*) fatto di molti elementi tedeschi e sconosciuti. — Su tutto ciò, sulle lotte fra polacchi e ruteni, sul dominio austriaco e sul tentativo austriaco di fare dei piccoli ruteni una nuova nazione ukraina antirussa v. capit. ss., Eugéne Starczewiski: *L'Europe et la Pologne*, Parigi 1913; dott. Dmitrij Markow (deputato alla camera di Vienna): *Die russische und ukrainische Idee in Oesterreich*, Vienna e Lipsia 1912; dott. Franz Stefczyk: *Polen und Ruthenen in Galizien*, Leopoli 1912; i miei articoli nella *Tribuna* e in *Rassegna contemporanea* (v. nota bibliografica) pubblicati dopo un viaggio di studio in Galizia.

popolazione della provincia, che conta ora circa 800.000 abitanti).

"Guerra delle patate,,

Giuseppe II, eletto imperatore voleva riaffermare l'egemonia degli Absburgo in Germania; tentò perciò nel 1777, estintasi la dinastia regnante dei Wittelsbach di Baviera, di acquistare agli Absburgo-Lorena anche i dominî bavaresi; il progetto era audace e, effettuato, avrebbe certamente stabilito per sempre la supremazia austriaca in Germania e in Europa. Il Wittelsbach della linea cadetta, chiamato ora al trono, aveva già ceduto gran parte dei suoi domini ereditati a Giuseppe II. Ma di nuovo è la Prussia, vigile e gelosa dei suoi destini, che vi si oppone e scoppia la « guerra per la successione bavarese », in cui Federico II ha la Sassonia dalla sua parte. Prima che si venisse ad una battaglia decisiva in questa « guerra delle patate » (*Kartoffelkrieg*), come la chiamavano i soldati per le continue scaramucce a contendersi le provviste, Maria Teresa, appoggiata da Kaunitz, con la mediazione della Francia e della Russia, si affretta all'insaputa del figlio di conchiudere la pace di Teschen (1779), con cui acquista un breve tratto di territorio fra il Danubio e l'Inn, il cosiddetto Innviertel (quadrilatero dell'Inn), e la città di Braunau, incorporati all'Austria superiore. Sei anni più tardi Giuseppe II tenterà di nuovo di acquistare la Baviera e di nuovo Federico II sventerà questo, come tanti altri progetti di grandezza imperiale del rivale austriaco (1).

L' " Innviertel ,,

Ricapitolazione.

Ricapitolando: i 40 anni di regno di Maria Teresa (con la quale la dinastia regnante prende il nome di Absburgo-Lorena) segnano la fine del processo di unifi-

(1) Giuseppe II aveva voluto tentare nel 1785 un baratto: cedere il Belgio irrequieto per la Baviera, ma Federico II glielo impedisce e provoca la creazione del *Fürstenbund* germanico per servirsene contro eventuali nuovi tentativi simili. Federico II frustra anche le vittorie di Giuseppe II (alleato alla Russia) nel 1790 contro i turchi minacciando i confini austriaci al nord. Gli ungheresi sobillati dal re di Prussia e insofferenti dell'assolutismo germanizzante di Giuseppe II stavano per insorgere e una deputazione ungherese guidata dal bar. Hompesch offrì a Federico la corona d'Ungheria.

cazione e di accentramento dello stato austriaco, di quel processo che vedemmo iniziato con chiara visione della mèta da Massimiliano I e svolto energicamente da Ferdinando I e da Ferdinando II. Ora accanto all'Ungheria dall'antica costituzione ancora rispettata c'è l'Austria, stato unitario assoluto, impostato su base tedesca nelle scuole e nell'amministrazione burocratica, non più diviso da particolarismi provinciali, da privilegi costituzionali degli stati provinciali, dei quali Maria Teresa lascia ancora soltanto le apparenze nelle diete e nelle giunte dietali quasi mai convocate negli ultimi anni (1). Sullo stato veglia ora, sotto l'alta direzione sovrana, una burocrazia libera ormai dalle ingerenze degli stati provinciali, una burocrazia, che non si sente più, come prima, boema, stiriana, tirolese e carinziana, ma soltanto austriaca, statale, imperiale e perciò onnipotente, accentrata nelle autorità supreme di Vienna. Maria Teresa rispetta ancora alcuni privilegi d'indole piuttosto economica, sociale della nobiltà e del clero; ma i contadini per le sue riforme cominciano già a sentirsi meno servi, più uomini; la monarchia è entrata per opera sua nell'ordine degli stati moderni, secondo il valore della parola a quei tempi. I sovrani assoluti, che le succederanno, non potranno che apportare perfezionamenti all'opera da lei compiuta o meglio tentar di apportarveli, perchè i tempi, che verranno, e le imprudenze dei governanti ben presto scateneranno nella monarchia la bufera delle lotte nazionali, religiose e sociali, i cui elementi vedemmo nei secoli accumularsi in modo tanto pericoloso per l'esistenza dello stato stesso e per il benessere dei suoi popoli, bufera, che scompiglierà

(1) Ciò era contrario allo spirito e alla parola della Sanzione prammatica stessa, come lo saranno ancor più il centralismo germanizzante di Giuseppe II, l'assolutismo di Metternich e di Bach ed anche il centralismo costituzionale odierno in Austria, poichè — vedemmo — tutti i paesi nell'accettare la Sanzione avevano accentuato non solo la forma esteriore della loro individualità storica politica, ma anche la conservazione dei loro privilegi e delle loro libertà, insomma del federalismo.

e ostacolerà ogni azione di progresso e di civiltà all'interno e di cui approfitteranno i nemici esterni, Prussia e Russia in prima linea per fortificare le loro posizioni d'agguato contro la ricrescente potenza degli Absburgo, che entrano ora nell'agone della politica internazionale non più come imperatori di Germania, ma come monarchi d'Austria e d'Ungheria.

CAPITOLO VI.

Il "giuseppinismo,,: assolutismo illuminato, germanesimo

Giuseppe II è riguardato come l'esempio più classico dei cosiddetti sovrani assoluti « illuminati » Federico II il Grande, quando udì della morte di Maria Teresa, esclamò pensando al successore di lei: « *Voilà un nouvel ordre des choses!* » E di fatti mai si videro più numerose e più radicali innovazioni nell'ordinamento di uno stato di quelle, che Giuseppe II tentò nel breve lasso di suo regno dal 1780 al 1790. Educato mente e cuore modernamente, prima da fanciullo dal conte ungherese Batthyány, poi — dopo un breve tirocinio in cura dei padri gesuiti, tradizionali alla corte viennese — dagli statisti Bartenstein e C. A. Martini (1), il celebre rappresentante delle teorie del diritto naturale, Giuseppe II divenne seguace fervido del fisiocratismo e di tutte le teorie moderne statali. E il suo errore fu appunto

(1) Fatto poi barone; fu attivissimo nel « consiglio di stato », riformatore assieme con altri degli studi superiori in Austria; presiedette alla commissione compilatrice del codice civile ancora vigente in Austria e ne fu anzi il principale redattore; si devono a lui le benefiche riforme giudiziarie in Lombardia del 1785. Si vedano le notizie su questo illustre trentino in Sandonà, op. cit.

Idee giuseppine.

di aver attribuito troppo facilmente alle teorie, ai principî, alla scienza una potenza effettiva immediata, che purtroppo di fronte alle condizioni reali e alle necessità pratiche della vita, specialmente della vita di interi popoli loro assolutamente manca. Ha creduto, che i suoi principî di umanità, di scienza sociale e fisiocratica, assorbiti con lo studio e nelle riunioni massoniche, applicati alle leggi bastassero a mutare le condizioni, evolutesi nei secoli, di tutto un impero, di un conglomerato di popoli tanto varî fra di loro, tanto diversamente civili ed incivili; in pari tempo ha voluto compiere in dieci anni l'opera politico-dinastica, che i suoi predecessori con fedele e tenace osservanza delle tradizioni di famiglia ereditate fin dai primi Absburgo, non poterono portar a compimento nemmeno in mezzo millennio: cioè il perfetto, completo, uniforme assimilamento in una sola unità statale *e nazionale* di tutti i suoi dominî dal Belgio fino agli ultimi confini della Transilvania, per tutti una sola legge, una sola regola, una sola lingua, la tedesca, e ciò in un'epoca, in cui i fatti di Francia destavano il sentimento nazionale e sociale anche nei popoli più retrogradi.

L'opera quindi di Giuseppe II, lodevolissima e ammirevolissima per quanto riguarda il lato sociale delle sue riforme, ancor negli ultimi giorni — molto amareggiati dagli eventi! — della sua vita farà naufragio completo. La ragione intima di questo fallimento ce la disse inconsapevolmente in una specie di autocritica Giuseppe II stesso: « Di tutto quello, ch'io imprendo a fare, voglio vedere subito anche gli effetti. Quando feci regolare il *Prater* e l'*Augarten* (1), non vi feci piantare dei germogli o dei miseri ramoscelli, che avrebbero servito soltanto ai posteri. No, io scelsi degli alberi fatti, sotto le cui ombre io e i miei contemporanei avremmo potuto trovar godimento e utilità ». Egli, impaziente di

(1) Estesissimi prati e boschi imperiali di Vienna, lungo il Danubio, aperti da Giuseppe II al pubblico, però ancora oggi proprietà privata della corte.

risultati a lunga scadenza, non imita i suoi predecessori nè sua madre, che tenendo conto delle circostanze d'ambiente e di tempo, del possibile e dell'impossibile, del raggiungibile e dell'irraggiungibile si accontentavano assai spesso di piantare dei modesti germogli, che appena con i secoli divennero formidabili tronchi di sostegno della dinastia e dello stato. Giuseppe II invece senza badare a queste opportunità di luogo e di tempo va diritto con i suoi principî alla sua mèta; le riforme, già bene avviate da sua madre, egli le approfondisce senza misura, le estende dappertutto anche, dove ciò assolutamente non può andare; tende l'arco troppo sino a spezzarlo; procede incurante di tener il passo con la civiltà molto arretrata della stragrande maggioranza dei suoi popoli e in ciò dimostra la più supina ignoranza della psicologia loro; così desta il malcontento generale, provoca l'odio di tutti: della nobiltà, che spoglia di tutti i suoi privilegi e che tiene in soggezione con la minaccia di rivolte dei contadini, del clero, cui resta ancor sempre il grande ascedente mistico sugli abitanti delle campagne, dei contadini stessi, che beneficati economicamente sentono però di più le « offese » recate al loro sentimento religioso, e infine anche dei cittadini, offesi in parte nei loro sentimenti nazionali per i violenti tentativi di intedescamento, in parte nei loro interessi economici, commerciali e industriali, danneggiati dalla limitazione delle rendite fondiarie dei signori, della nobiltà, loro principale se non unica acquirente. Solo l'esercito e la burocrazia, ai quali Giuseppe II dedicò cure speciali, rimasero fino all'ultimo fedeli al sovrano, ma non bastarono contro l'insorgente volontà dei popoli, di nazioni intere.

Regime assoluto, unitario.

Giuseppe II riduce al nulla i diritti degli stati provinciali non soltanto delle province austriache e boeme, ma anche dell'Ungheria; non rispetta più nemmeno le apparenze; per lui non esistono più nè costituzioni, nè statuti provinciali, nè privilegi, nè pregiudizi storici; il regime più assoluto in tutta la monarchia, che durante il suo regno non conosce nè dualismo, nè provincialismi. Ora l'Austria è uno stato solo, unito da un'unica amministrazione tedesca accentrata tutta a Vienna come lo era la Francia con il suo centro Parigi, diviso, appunto come la Francia in dipartimenti, in 13 distretti politici, giudiziarî e militari senza alcun rispetto degli antichi confini provinciali, senza diete, senza giunte, senza funzionari degli antichi stati provinciali, dei quali Giuseppe II ha fatto semplicemente *tabula rasa*. E quasi per dare una conferma simbolica a questo suo dispregio sovrano per i diritti storici, per le cerimonie, per i giuramenti solenni, ai quali avrebbe dovuto tenersi o rendersi spergiuro, non solo non si fa incoronare nè a Praga nè a Budapest (1) a re nè a Vienna investire del potere arciducale, ma e il cappello arciducale e le corone rege di S. Venceslao e di S. Stefano fa mettere come un qualunque vecchio gioiello nel tesoro di corte a Vienna con sacrilegio profondamente sentito dai patriotti boemi ed ungheresi. In Boemia riduce persino — con alquanta empietà verso l'arte — il superbo castello del Hracin, sede dei re, a caserma; il « fondo provinciale » (*Landesfond*) è ora completamente sottratto all'amministrazione degli stati e affidato al *gubernium;* i funzionarî degli stati provinciali sono soppressi del tutto; la dieta sarà convocata — ordina Giusepe II — soltanto, se e quando vorrà il sovrano e discuterà soltanto ciò, che vorrà egli, e agli stati boemi, che osano ricordargli quale ammonimento gli avvenimenti di Francia, risponde: « non temano, egli non farà bancarotta! »

Boemia e Ungheria.

Riforme finanziarie.

Nel 1789 introduce le più importanti riforme finanziarie ed agrarie, che aboliscono i servizi rustici (*corvées*) e sottopongono contadini e signori alle stesse imposte ignorando completamente le diete: è la fine delle costituzioni, è la fine dei privilegi. Già nel 1781 aveva a-

(1) Questa è la prima volta, che un sovrano austriaco non si incorona a Praga e a Budapest; si crea così un precedente, causa di continue lotte fra la corte i boemi (czechi) e gli ungheresi. Gli ungheresi del 1867 l'hanno vinta.

bolito la classe dei *glebae adscripti* ove ce n'erano ancora (in Boemia, Moravia e Slesia) e nel 1785 anche in Ungheria e in Transilvania, ove i contadini, tutti rumeni, condotti dai loro capi Hora e Kloska nel 1784 insorgono contro i nobili e signori magiari e sassoni renitenti alle riforme e ne trucidano parecchie migliaia; con la patente (1) dei 20 aprile 1785, fedele ai suoi principî fisiocratici, ordina, che le imposte fondiarie, (il 12 2/9 per cento della rendita lorda) siano d'ora inanzi ugualmente ripartite sui beni domenicali e rusticali; finora soltanto le *fassioni* (2) dei beni rusticali erano sottoposte al controllo statale e i signori fondiarî erano responsabili della riscossione delle imposte su questi beni in omaggio alla giurisdizione e all'antico potere patrimoniale dei signori sui loro « sudditi », sui contadini; con la patente di Giuseppe II tutte le fassioni, anche quelle dei signori, sono sottoposte al controllo statale, tutti i fondi pagano la stesa tassa d'imposta; non più il signore, ma il comune è incaricato e responsabile della riscossione; l'antico potere feudale ne è doppiamente danneggiato in linea economica e in linea politica, poichè la sua autorità sui contadini ne esce menomata e lo sarà ancor più con i decreti aulici dal 1785-8, che obbligano il signore fondiario, il quale non abbia fatto gli studî necessari per esser giudice, anche nei giudizi patrimoniali, che sono ancor sempre la I istanza, di incaricare della giurisdizione un giudice (detto il « giustiziario » *Justi-*

Giurisdizione patrimoniale.

(1) Il termine « patente » per alcuni decreti-legge di speciale importanza deriva dall'uso medioevale delle cancellerie, che chiamavano *litterae patentes* e *patenta* alcuni atti di pubblicità emessi in lettere aperte. In un paese costituzionale non dovrebbero esservi che « leggi »; in Austria invece vigono ancor oggi « patenti » in gran numero. Avremo occasione di vederne alcune.

(2) Cioè èstimi, che devono servir di base alla ripartizione delle imposte, fatti per confessione del contribuente; dal verbo latino *fateor*, *fassus* i tedeschi austriaci hanno fatto *fatieren*, *Fassionen*; è un esempio del gergo burocratico austriaco passato in tutte le 8 o 10 lingue della monarchia (8 o 10 lingue, secondo non si voglia o si voglia seguire il metodo austriaco di distinguere il serbo dal croato e lo slovacco dallo czeco.)

ziar) abilitatosi presso i tribunali d'appello, che sono la II istanza. Quest'istituzione, ideata a beneficio dei contadini, finisce però a ridondare a loro maggior oppressione anzitutto per la spesa, che il signore procura di riversare sui sudditi, e poi perchè ora, oltrechè all'amministratore dei beni (il gastaldo) e al funzionario di polizia (guardia o simile), il contadino deve sottostare anche ad un terzo impiegato del signore e spesso tutti e tre fanno a gara, con vessazioni e con abusi di potere, a chi più si arricchisce a spese del contadino. Per cui l'ultimo decreto aulico del 1788 permette, che una parte della giurisdizione (affari catastali, debiti, eredità, cose pupillari, ingiurie) possa esser esercitata dall'impiegato amministrativo. Questo stato di cose nei giudizi patrimoniali perdurò fino al 1848, come in generale di tutte le *riforme giuseppine* questa agraria fu l'unica duratura ed ebbe il suo coronamento nella famosa « regolazione dei rapporti fondiari » (*Urbarial regierung*) del febbraio 1789, con la quale — con somma audacia per quei tempi — assicura ai contadini un minimo di esistenza esente da imposte statali e patrimoniali nell'ammontare del 70 per cento della rendita lorda fissata per ciascun fondo rustico nelle « fassioni » (1).

Fu questa la riforma, che diede il tracollo in Ungheria e il malcontento dei nobili proruppe in modo, che poco dopo Giuseppe II dovette ritirare per l'Ungheria quasi tutte le sue riforme. In Austria invece rimasero in vigore; la sudditanza privata dei contadini va cangiandosi ora in sudditanza pubblica; processo che sarà però finito appena con le leggi del 1848 del parlamento costituente.

---

(1) Le imposte statali e quelle patrimoniali (verso il signore), alle quali si devono aggiungere ridotti in valore monetario anche tutti gli altri obblighi naturali e servizi rustici (*robott, corvèe*) non possono dunque superare il 30 %, di cui — essendo il tasso delle imposte statali 12 2/9 % — per i signori restano soli 17 7/9 % della rendita lorda. E' nello stesso tempo in parte un esonero forzoso del suolo. — I contributi per il comune rurale e per le scuole dovevano esser pagati dal 70 % esente di imposte.

Città.

Anche nelle città Giuseppe II limita di molto l'autonomia dei magistrati civici (1), asservendoli sempre più al potere centrale dello stato e facendo dipendere la nomina dei consiglieri municipali dal beneplacito dei « governi » delle province; nel 1808 l'autonomia municipali non esisterà più; l'assolutismo di Francesco I l'avrà sopressa completamente e sostituita del tutto con l'amministrazione burocratica statale. Appena nel 1848 essa risorgerà d'un tratto di nuovo senza alcuna continuità evolutiva, come un'araba fenice dalle ceneri.

Giustizia. Codici.

Il desiderio ardente di Giuseppe II di accentrare tutto il potere statale in una mano in una autorità suprema arriva a tal punto, che era già in procinto di sopprimere il Tribunale supremo (III istanza) e di riunire a Vienna in un ufficio oltrechè l'amministrazione politica e finanziaria anche quella giudiziaria di tutta la monarchia; per fortuna si lasciò persuadere a tempo dai suoi consiglieri di non compiere quest'atto, che avrebbe significato un regresso incalcolabile della giustizia in Austria; anzi poco dopo separò definitivamente i Tribunali d'appello (II istanza) dai « governi » delle province e, secondo vedemmo, riordinò i giudizî di prima istanza civici, rurali e patrimoniali. Nell'opera di codificazione delle leggi civili e penali Giuseppe II continua sulla via indicatagli da sua madre anche in ciò seguendo un indirizzo più radicale. Del codice civile pubblica nel 1786 soltanto la prima parte, che porta il nome di « codice giuseppino »; un anno dopo il codice penale, con concetti modernissimi, che abolisce la pena di morte, poi ristabilita con uno di quei frequenti decreti, che provano i facili e dannosi mutamenti di pensiero di questo sovrano, che visse troppo poco e troppo in fretta. Nel 1783 aveva emanato la « patente generale di diritto matrimoniale », che introduce il matrimonio civile per certi casi; con altri decreti-legge abolisce la censura dei giornali e dei libri, poi con alcune modificazioni la ri-

(1) Giuseppe II divide la loro sfera d'attività fra 3 senati: *in politicis et oeconomicis*, *in judicialibus civilibus* ed *in judicialibus criminalibus*.

Chiesa. stabilisce; celebri sono i suoi « editti di tolleranza », che si ricollegano a tutta la sua energica politica ecclesiastica fondata sul principio dell'incondizionata supremazia dello stato sulla chiesa. L'ingerenza dello stato negli affari della chiesa non si limita più al solo *ius circa sacra* o per lo meno Giuseppe II ne estende il concetto — secondo l'opinione del clero — fin nei campi della religione e del dogma. Anzitutto l'obbligo del *placetum regium*, prima necessario soltanto per le bolle e per le encicliche papali, ora è esteso anche alle pastorali dei vescovi e i vescovi, prima di esser installati, devono prestar giuramento di obbedienza alle leggi dello stato; nella divisione delle diocesi Giuseppe II applica il sistema territoriale: per ogni circondario di 700 abitanti una parrocchia; i seminarî sono sottoposti alla sorveglianza statale; il famoso decreto dei 20 dicembre 1781 abolisce tutti gli ordini ecclesiastici maschili e femminili, che non si occupano dell'insegnamento o di opere pie (cura di ammalati e simili); nei seguenti 8 anni di regno di Giuseppe II ben 700 conventi sono soppressi e i loro beni incamerati vanno ad aumentare in parte il fondo per gli studi, che conosciamo dai tempi di Maria Teresa, e creare il « fondo di religione » (*Religionsfond*), che ancor oggi serve, a disposizione del ministero del culto di Vienna, agli scopi di amministrazione ecclesiastica dello stato (dotazioni dei parroci, per i seminarî ecc.). I beni poi delle confraternite pure soppresse servono a fondare l' « istituto per i poveri » (*Armeninstitut*). Il primo editto di tolleranza (*Toleranzedikt*) del 1781 conserva alla chiesa cattolica il privilegio di chiesa dello stato e soltanto i cattolici possono esser impiegati in servizi pubblici, ma per i diritti politici stabilisce l'uguaglianza per tutti i cristiani; un anno dopo un altro editto di tolleranza mette fine allo stato miserando

" Religionsfond ", " Armeninstitut ". " Toleranzedikt ".

Ebrei. degli ebrei durato finora come in pieno medioevo (1).

---

(1) Sulle persecuzioni degli ebrei in Germania e in Austria, sulle condizioni di vita fatte loro fino ai nostri giorni in Austria, ove sono parte importantissima nell'alta finanza.

Giuseppe II non concede loro ancora piena uguaglianza (la avranno nominalmente appena nel 1848), ma vuole — dice — prepararli per essa ed abolisce i segni esteriori umilianti, cui erano condannati: la dimora nel « ghetto » e i vestiti obbligatorî; vorrebbe anche indurli ad applicarsi all'agricoltura e alle industrie manifatturiere, ma non ci riesce; riesce meglio invece a servirsene quali pionieri della lingua e dello spirito tedeschi nelle province slave e magiare, in Galizia, in Ungheria, in Croazia e in Bucovina, ove formano numerose colonie tedesche, che però ora ai nostri giorni cominciano ad assumere atteggiamenti nazionali proprî, ebraici e formare la nona o decima nazionalità dell'impero: gli ebrei sionisti.

Giuseppe II e il papa.

A tutte queste riforme dirette a diminuire l'influsso di Roma sul clero e sulla chiesa cattolica in Austria Giuseppe II aggiunse alcuni decreti regolanti persino le funzioni sacre, le processioni, i pellegrinaggi, le indulgenze plenarie e così via. Pio VI papa ne fu tanto impressionato, che nel 1782 — dopo essersi rifiutato di far tenere nella cappella papale una messa per Maria Teresa e aver provocato così un incidente diplomatico — si decide di venire in persona a Vienna. Ricevuto con tutte le solennità e pompe di occasione, deve però ritornare *infectis rebus* a Roma. Contro Giuseppe II sorgono anche i vescovi principi di Germania e Federico II di Prussia ne approfittta subito per indebolire l'autorità degli Absburgo, ciocchè gli riesce meglio di tutto con la « lega dei principi » (*Fürstenbund*) nel 1785, che manda a vuoto il nuovo tentativo di Giuseppe II di acquistare la Baviera in cambio del Belgio. Nel 1783 Giuseppe II restituisce la visita a Roma e ottiene l'approvazione del papa ad alcune riforme finora fatte; ri-

nelle industrie e nei commerci, nel giornalismo, nelle lettere, nei teatri e nelle arti. sulle loro qualità e sull'antisemitismo viennese parleremo nei capit. ss. e nel II vol. Per gli ebrei galiziani v. n. a p. 170 e s. Qui ci basti ricordare, che le leggi austriache fino alla Patente sovrana dei 18 febbr. 1860 non permettevano agli ebrei di esser proprietari di immobili.

tornato a Vienna continua però nella sua politica e abolisce il privilegio del clero d'insegnare nelle scuole medie e permette — vedemmo — il matrimonio civile. Di tutte queste riforme liberali e moderne, dirette a sottomettere clero e scuola agli interessi di uno stato moderno e di un governo illuminato (il *giuseppinismo*), morto Giusepe II, ben poco o niente resterà. Quello che sarà conservato, servirà soltanto agli scopi dell'assolutismo poliziesco, che sopravverrà.

Opere umanitarie.

Opere di Giuseppe II, che restarono fino ai nostri tempi, sono gli istituti da lui creati a scopi umanitarî e scientifici, gli ospedali, le cliniche universitarie, i manicomî, gli ospizi di maternità, i brefotrofî, gli orfanotrofî, gl'istituti per medici e chirurghi militari ed altri di questo genere (a Vienna e nelle province).

Burocrazia.

Per far eseguire fedelmente tutte le sue leggi e tutti i suoi ordini Giuseppe II aveva bisogno di un apparato amministrativo estesissimo, fidatissimo, disciplinato quasi militarmente e sensibile ad ogni cenno dall'alto; è perciò, che egli dedica la cura maggiore all'ordinamento e all'educazione interna di una formidabile burocrazia statale, ispirata ai suoi principî di sovranità assoluta, di umanità illuminata ed anche — e fu gravissimo errore — di intedescamento centralizzatore ad oltranza. È famosa la sua circolare del 1783, conosciuta sotto il nome di « lettera pastorale », con cui esige dai suoi funzionari abnegazione e sagrificio per il bene dello stato e sollecito ed accurato adempimento delle leggi e degli ordini delle autorità. « Finora — dice — si emanavano gli ordini e nessuno si curava poi di farli eseguire ». Perchè l'autorità centrale fosse informata delle qualità intellettuali e morali degli impiegati, già Maria Teresa aveva introdotto l'uso delle « liste segrete di condotta » (*Conduitelisten*) da mandarsi regolarmente con le qualificazioni degli impiegati subalterni dal capoufficio a Vienna; Giuseppe II regola ancora più rigorosamente questo sistema: ogni anno alla fine d'ottobre le liste segretissime dovevano giungere alla cancelleria

Qualifiche segrete.

aulica. Anche il requisito degli studî necessarî per gli impieghi di stato, stabilito in principio da Maria Teresa, è regolato da Giuseppe II, con un « sistema di esami », che ancor oggi è rimasto la base creatrice della burocrazia austriaca. E il suo « regolamento delle pensioni » per gl'impiegati di stato, per le loro vedove e orfani (*Pensionsnormal* del 1781) è rimasto in vigore fino al 1860. Con questa burocrazia e, ove essa non bastava, con la violenza delle armi, Giuseppe II volle nel breve corso di dieci anni imporre a tutta la sua estesa e tanto varia monarchia non solo un'amministrazione del tutto uniforme, ma anche un solo carattere nazionale, un'unica lingua, il tedesco (1). Il pangermanista più sfegatato dei nostri giorni non oserebbe sognare, ciocchè Giuseppe II, credendo evidentemente, che i tempi ancora glielo permettessero, tentò di fare: proscrisse dagli uffici e dalle scuole di tutti i suoi dominî non tedeschi, slavi, magiari e italiani l'uso del latino (fino allora usato in Ungheria, in Galizia e in Bucovina ufficialmente) e di qualsiasi altra lingua (le province italiane usavano l'italiano) e vi impose l'uso esclusivo del tedesco; il decreto-legge del 1784 per l'Ungheria disponeva in proposito un periodo massimo di transizione di 3 anni; più tardi doveva esser negli uffici tutto tedesco; nessuno poteva ottenere un impiego pubblico o ecclesiastico, esser ammesso in un ginnasio (liceo), se non conosceva il tedesco; il tedesco divenne ora la lingua d'insegnamento e di ufficio, in vece del latino, anche in tutte le università della monarchia. Nelle province, dove l'elemento tedesco nella popolazione non esisteva od era esiguo, come in Galizia e in Bucovina, e in Ungheria e in Croazia, Giuseppe II diresse colonie di agricoltori, di

Regolamento delle pensioni.

Intedescamento.

(1) Forse Giuseppe II in una grande Austria *tedesca* vedeva pure il mezzo migliore per combattere il crescente influsso nazionale della Prussia in Germania.

Certo però l'influsso della civiltà germanica, che dalla controriforma gesuitica era stata proscritta dall'Austria, fu ora molto benefico sulle scienze, sulla letteratura e sulle arti dei popoli tedeschi dell'Austria.

artieri e di impiegati tedeschi (specialmente molti ebrei), che fra le popolazioni slave meno civili, specialmente nella piccola Bucovina, seppero formarsi delle posizioni privilegiate nella vita pubblica, particolarmente nelle città.

Tutte queste riforme, che da una parte ledevano i privilegi e gli interessi più vitali della nobiltà, del clero e delle città e dall'altra parte offendevano i sentimenti religiosi delle popolazioni rurali ancora bigotte e le idee nazionali allora sorgenti, con il malcontento generale finirono a provocare anche la reazione violenta delle popolazioni. Primi ad insorgere (1786-7) furono gli studenti belgi dell'antica università di Lovanio, privata essa pure dei suoi privilegi; il popolo li seguì. L'imperatore volle, contro i consigli dei suoi ministri, adoperare la forza armata per ristabilire il prestigio sovrano, scosso anche dalle sconfitte del suo esercito nella guerra contro i turchi del 1788; ma gli austriaci furono battuti ripetutamente dagli insorti e agli 11 gennaio 1790 tutte le province (meno il Lussemburgo) si proclamarono indipendenti col nome di « Stati uniti belgi ». Giuseppe II, gravemente malato di una polmonite buscatasi nella guerra contro i turchi, dovette chiedere l'intervento di Pio VI per pacificare il Belgio, ma inutilmente. Il suo successore, Leopoldo II, suo fratello riuscirà poi a ristabilire il dominio austriaco in quelle parti, ma per soli due anni, perchè poi con le rivoluzioni e con le invasioni francesi anche questa parte dei Paesi bassi andrà perduta definitivamente per gli Absburgo.

Insurrezione belga

Ungheria.

In Ungheria, alla quale vedemmo estese da Giuseppe II tutte le riforme e tutta l'amministrazione statale austriaca, con soppressione completa dei privilegi costituzionali ungheresi, gli stati provinciali, che mai furono convocati a dieta, trasportarono il campo della loro resistenza nelle assemblee comitali e municipali — arma potente ancor oggi nelle mani della nobiltà e della nazione ungherese contro la corona, perchè dalla autorità dei comitati e dei municipî dipendono la riscossione delle imposte e la coscrizione militare; — Giuseppe II provvide, come 120 anni più tardi Francesco Giuseppe I con il ministero Fejervary, — donde si vede che l'esempio fa scuola e tradizione, — sciogliendo le assemblee comitali, sopprimendone le autorità e nominando dei « commissarî governativi » al loro posto. Ma i risultati infelici della politica estera austriaca, la guerra sfortunata contro i turchi, la rivolta nel Belgio, la stampa europea di allora favorevole agli ungheresi, i movimenti nazionali di Francia e non per ultimo le mene del re di Prussia, sempre intento a menomare il prestigio degli Absburgo e ad indebolirne il potere, fanno scoppiare la rivolta armata anche in Ungheria, dopo che un paio di congiure di nobili contro la dinastia furono sventate: prima quella del bar. Orczy nel 1788 e poi quella del suo compagno bar. *H*ompesch, ex-ufficiale austriaco, che con una deputazione va ad offrire la corona d'Ungheria al re di Prussia e, quando questi prudente non l'accetta, al suo amico ed alleato, granduca di Weimar, ma per strada di passaggio a Vienna è arrestato; graziato ed esiliato, si mette ai servigi del re di Prussia e prepara da fuori la rivoluzione ungherese. In pari tempo anche gli stati provinciali boemi, tirolesi e stiriani cominciano ad agitarsi; la compressione spinta ad oltranza, dà i suoi frutti; le nazionalità della monarchia si destano. E da ora in poi avremo costantemente questo fenomeno specificamente austriaco: dei torbidi interni della monarchia se ne approfittano i nemici esterni e degli insuccessi nella politica estera si giovano le nazionalità e i partiti politici progressisti all'interno in un continuo e vicendevole circolo vizioso, perchè, se le sconfitte delle armi austriache all'estero portano di conseguenza un rinvigorimento dei partiti nazionali e costituzionali all'interno, le vittorie militari (si pensi al 1848-9) portano un rincrudimento dell'assolutismo, dei poteri militari e clericali, dei sistemi polizieschi. Negli intervalli più lunghi di pace le crisi della politica interna si acuiscono e le guerre sono quasi delle valvole di sicurezza, per le

Boemia. Tirolo. Stiria.

Politica estera e politica interna.

quali escon cacciati, con le vittorie, i rappresentanti del progresso, con le sconfitte, quelli del regresso dello stato e delle nazioni sue. Strane e pericolosissime valvole; d'altronde inevitabili in uno stato, che vuol fare della grande politica internazionale e militare in necessario continuo conflitto ora con l'una ora con l'altra delle sue nazionalità, quando non lo è con tutte o con la maggior parte di esse.

ine delle riforme giuseppine.

Giuseppe II, stanco, affranto dal male, a vedersi insorgere contro quasi tutti i suoi popoli, per il bene dei quali credeva aver operato, si dice, abbia esclamato: « darò loro tutto quello che domandano; purchè mi lascino morire in pace ». Di fatti ai 26 gennaio 1790 indottovi dai suoi consiglieri firmava il rescritto indirizzato alla « cancelleria aulica ungaro-transilvana » (da lui riunite e subito dopo da Leopoldo II separate), unico nel suo genere di ritrattazione completa di un sovrano dinanzi al popolo e lo dice già nel titolo: « *revocatio ordinationum, quae comuni opinione legibus contradicere videbantur* ». Tutte le riforme meno l'editto di tolleranza per gli ebrei e la patente sui servizi rustici sono ora ritirate e la corona di S. Stefano è restituita in Ungheria. Venti giorni dopo, non ancora compiuti 49 anni, Giuseppe II moriva vedendo sfasciarsi tutto l'edificio da lui con tanta cura e con tante fatiche costruito. E poco dopo Leopoldo II abolirà anche in Austria tutte le sue riforme più audaci; ristabilirà così l'ordine internamente e con molta prudenza e tatto, appresi durante il periodo di suo governo nella secondogenitura toscana, saprà indurre l'ambizioso Federico Guglielmo II di Prussia ad intervenire presso la Turchia e ottenere con il suo aiuto una pace non tanto disastrosa per la monarchia, arrestandola così su una china, che avrebbe potuto portarla alla rovina completa.

Ricapitolazione.

Ricapitoliamo: l'assolutismo illuminato, cominciato da Maria Teresa con moderazione seguendo l'esempio di Federico Guglielmo I di Prussia, spinto fino all'eccesso da Giuseppe II fallisce miseramente, provando ancora una volta, — se ce ne fosse bisogno, — che qualunque assolutismo, anche quando vuol far del bene, è un male e che le rappresentanze popolari, anche le meno perfette, sono invece sempre un utile, indice autentico delle condizioni sociali e — in Austria — nazionali, delle quali bisogna tener conto nel governare. Giuseppe II volle precorrere i tempi con riforme sociali modernissime, ottime per popolazioni di tutt'altro grado di civiltà, che non fossero quelle dei suoi dominî; volle però anche accoppiarle ad altre riforme di carattere nazionale e politico odiosamente opprimenti e offendenti i popoli non tedeschi della monarchia; errore, che si ripete ancor oggi in Austria-Ungheria, sebbene in forme più consentanee ai tempi nostri, con maggiore raffinatezza, con maggior prudenza conducenti però alla stessa mèta per vie più tortuose e più lunghe; errore però, che scatenò per primo la bufera di odi e di lotte nazionali, che si raccoglievan entro i confini della monarchia da secoli. Il risultato sarà, — dopo un breve periodo di due anni di transizione sotto Leopoldo II, che con il ripristino delle antiche costituzioni degli stati provinciali tenta ristabilire l'equilibrio sociale scosso dalle riforme giuseppine, — l'assolutismo non più illuminato, ma poliziesco di Francesco I e diMetternich più consono all'ambiente e al grado di civiltà delle larghe masse popopolari non ancora tocche nelle campagne sterminate e nelle vallate dal soffio delle nuove idee, un assolutismo, che continuerà con lievi temperamenti anche sotto Francesco Giuseppe I fino al 1867 ufficialmente e più oltre ancora fino ai giorni nostri più o meno larvato — secondo i paesi e le popolazioni— sotto forme costituzionali moderne, persino con un parlamento a suffragio universale, e — seconda conseguenza — lo scompiglio nazionale interno, che andrà crescendo spaventosamente.

Colonne dello stato

E questo fu possibile, perchè ai suoi successori Giuseppe II lasciò in eredità armi potenti a servizio del loro assolutismo non più illuminato: un clero asservito al potere centrale dello stato, un esercito di fede provata per lo stato e per la dinastia e un ordinamento burocratico esemplare. Affidate le cariche superiori e del clero e dell'esercito e della burocrazia all'alta nobiltà fedele alla corte, con un cenno del sovrano tutto l'apparato era in moto; bastava evitar di dar di cozzo troppo aspramente ed apertamente contro il sentimento delle grandi masse e lasciarle dormire; Giuseppe II invece aveva tentato di destarle dal torpore prima del loro tempo e troppo bruscamente. Della sua opera restarono le riforme agrarie, le leggi di tolleranza religiosa; restò l'idea dello stato e restò nella burocrazia tedesca ancora per parecchie generazioni, tramandato in parte fino ai nostri giorni, quello spirito giuseppino liberaleggiante, che fu spesso benefico lenimento anche dei più neri periodi di reazione del sec. XIX, al quale i sovrani assoluti di poi sapranno opporre una burocrazia slava, come del resto da ogni conflitto nazionale la reazione in Austria saprà trarre sempre il suo vantaggio del momento con danno finale sempre accumulantesi sullo stato.

Austria e Prussia.

Alla memoria di Giuseppe II le popolazioni tedesche dell'Austria dedicano un culto speciale, che trova espressione nei monumenti erettigli quasi in ogni città tedesca di Boemia, di Moravia e di Slesia, quasi ad un simbolo dell'idea nazionale tedesca, liberale, anticlericale (1), eppure la lotta per l'egemonia in Germania fra la Prussia e l'Austria assume proprio nelle rivalità, nelle gelosie e nei conflitti fra lui e Federico il Grande tutto il suo significato. Con la Lega dei principi germanici stretta nel 1785 dal re di Prussia contro i tentativi di espansione dell'Austria in Germania, fu dato il colpo più fiero al potere degli Absburgo fra gli stati tedeschi. La Prussia ora è entrata nell'ordine delle grandi potenze ed è un rivale temibilissimo; Giuseppe II cerca l'appoggio

(1) A Vienna il bel monumento equestre fattogli erigere nel 1807 da suo nipote Francesco I con la dedica *Josepho II qui saluti pubblicae vivixit non diu sed totus* serve per punto di ritrovo in tutte le dimostrazioni tedesche nazionali, anticlericali.

di Caterina di Russia, si reca ripetutamente alla sua corte e inizia, da suo alleato, la guerra sfortunata contro i turchi. Fu fortuna degli Absburgo, che a Federico II succedessero il figlio e il nipote (fino al 1840), sovrani inetti, che subirono — specialmente l'ultimo — l'influsso della corte di Vienna, di Francesco I e di Meternich, costrettivi anche dagli avvenimenti di Francia. Così fu possibile il secondo periodo di grandezza e di predominio degli Absburgo accanto alla Russia, finchè durò la Santa Alleanza e più tardi ancora; ma la rivalità fra Prussia e Austria risorse più forte e dominò fino al 1870 la politica estera austriaca assieme con le questioni di oriente e con continua ripercussione vicendevole fra politica interna ed estera della monarchia.

CAPITOLO VII.

La "restaurazione" - Metternich

Egemonia dell' "Impero d'Austria"

Leopoldo II, uno dei figli di Maria Teresa, il quale aveva dato buona prova di saggia amministrazione in Toscana, scriveva ai 4 giugno 1789 a suo fratello imperatore: « Fortunato il paese, che ha una costituzione, alla quale la nazione sia affezionata; poichè la nazione crede di governarsi da sè, è molto più facile dirigerla, governarla e guidarla al benessere e alla felicità, ciocchè è l'unico scopo, per cui ogni governo è istituito. » Appena succedutogli (Giuseppe II morì senza figli) comincia la « restaurazione » — secondo la denominazione data dai contemporanei e dagli storici austriaci agli atti di governo suoi e di suo figlio Francesco — dello stato politico della monarchia, quale era prima delle riforme « rivoluzionarie » del fratello. Abolisce anzitutto le leggi sulle imposte, che spiacevano tanto agli antichi stati provinciali privilegiati, restituisce ai vescovi la direzione e l'amministrazione dei seminarî per il clero, sopprime del tutto le « liste di condotta » degli impiegati (poi ristabilite dai suoi successori) e così, cattivatisi gli animi della nobiltà e del clero, già ai 26 aprile 1790 convoca di nuovo per la prima volta le antiche diete provinciali, che dovranno mutare tutto il sistema delle im-

estaurazione.

Stati provinciali.

poste e ristabilire le vecchie costituzioni provinciali. Le diete elevano ora un'infinità di postulati ed esigono misure restrittive contro le libertà concesse da Giuseppe II (1). Il terrore dei movimenti popolari, che vanno maturandosi in Francia si fa sentire in Austria e prende la nobiltà e il clero. Leopoldo acconsente e sopprime la libertà dell'insegnamento, che ritorna, come prima, nelle mani della chiesa e vi resterà fino al 1868 con le disposizioni in peggio del concordato del 1855. Specialmente le diete dei paesi nei quali le riforme giuseppine provocarono la reazione nazionale, la boema e l'ungherese, esigono concessioni e garanzie speciali.

Boemia.

Gli stati di Boemia presentano nel 1791 due memoriali a Leopoldo chiedendo la ripristinazione dello Statuto provinciale rinnovato del 1627 con l'abrogazione dell'articolo, che concede al sovrano il diritto di cambiar da sè arbitrariamente la costituzione e con l'aggiunta, che il re debba giurare l'osservanza dello statuto. Leopoldo riporta a Praga la corona di S. Venceslao, vi si fa incoronare, ristabilendo l'ordine dei re incoronati

---

(1) Anche gli stati provinciali di Stiria minacciavano d'insorgere, quando la morte di Giuseppe II venne a metter fine alle sue riforme. Gli stati stiriani mandarono per tre volte i loro rappreseneanti a Vienna e il loro capo conte Ferdinando Attems pretese da Leopoldo, che ritirasse *tutte* le riforme tributarie di Giuseppe II e che tutto il peso dei tributi gravasse di nuovo sui soli contadini. Il « compromesso », che fu infine conchiuso ai 5 marzo 1791 in una conferenza degli uffici aulici, presieduta dall'arciduca ereditario Francesco, separava di nuovo l'amministrazione provinciale da quella statale, metteva di nuovo a presidente della dieta il capitano provinciale (dal 1787 lo era invece il governatore della privincia) e riattivava la giunta provinciale (*Verordnetenkollegium*); le città invece dell'unico loro rappresentante avuto finora nella dieta stiriana (*Städtemarschall*) ne ebbero ora dieci e quindi anche una loro rappresentanza nella giunta. C'è qui pure la tendenza di adoperare le città contro i prelati e contro i nobili. Questa è la costituzione provinciale, che rimase in vigore — naturalmente con le interruzioni dei tempi assolutistici di Metternich e di Bach — fino alle riforme un po' più moderne del 1861. In proposito vedi: Dr. Franz Ilwof, *Der ständische Landtag des Herzogtums Steiermark unter Maria Theresia und ihren Söhnen* nell'« Archivio per la storia austriaca », 104° vol., I parte, Vienna. — Questo quale un esempio delle molte costituzioni particolari in Austria.

nelle rispettive capitali, e giura di voler rispettare lo Statuto rinnovato ma non vi introduce le modifiche desiderate dagli stati; concede soltanto, che agli stati di Boemia e di tutte le sue province siano restituiti i diritti e i privilegi, che godevano prima del 1764, anno in cui comincia l'ingerenza di Giuseppe II negli affari di stato. — In Ungheria la situazione s'era fatta molto più grave; la rivolta contro le innovazioni e contro i tentativi di intedescamento e di soppressione dell'individualità statale ungherese era divenuta aperta, violenta, approfittando degli imbarazzi della monarchia nella sua politica estera. La dieta raccoltasi in giugno proclama le riforme giuseppine, una vera violazione della costituzione, che giustifica l'« insurrezione nobiliare » degli ungheresi e difatti questi minacciano di volersi unire alla Prussia e all'Inghilterra contro l'Austria impegnata nella guerra contro i turchi. Leopoldo ricorre ora ad uno stratagemma, spesso adoperato fino ai tempi più recenti, dalla corte di Vienna contro le aspirazioni nazionali ungheresi: alla mobilitazione della Vandea jugoslava. Conchiusa la pace di Scistova con i turchi, in cui per le vittorie degli alleati russi non perdette territorio proprio, fa insorgere i serbi delle province meridionali ungheresi, che si raccolgono al « congresso illirico » a Temesvar (1) e proclamano l'indipendenza del Banato e della Voivodia serba dall'Ungheria, la loro unione politica in un'« Illiria » sotto gli Absburgo con una « cancelleria illirica » a Vienna ad esempio di quelle ungherese e transilvana, e offrono la carica di governatore del nuovo stato confederato al figlio di Leopoldo, all'arciduca Alessandro, assieme con 40.000 uomini pronti a marciare contro gli ungheresi. Esigono pure l'equiparazione della loro chiesa e dei loro vescovi nazionali ortodossi a quelli cattolici e ungheresi. Leopoldo II risponde loro con un rescritto be-

Ungheria.

Vandea iugoslava. Trialismo.

(1) Città ora dopo 120 anni quasi completamente fatta magiara: esempio dei successi della politica nazionale forzata dello stato ungherese dopo il 1867.

nevolo cercando di temporeggiare senza prender delle decisioni, onde attendere l'effetto di quest'azione in Ungheria. Di fatti gli ungheresi si affrettano ora a cambiar il loro atteggiamento intransigente: eleggono unanimi a palatino di Ungheria l'arciduca Leopoldo, quarto dei 15 figli di Leopoldo imperatore; e questi si fa ora incoronare a re firmando e giurando il consueto diploma inaugurale, che riafferma l'assoluta indipendenza dalle province austriache dell'Ungheria e della Transilvania e di tutte le sue « parti annesse », amministrate con proprie leggi ungheresi. I serbi sono ora abbandonati alla mercè dei loro antichi governanti d'Ungheria; il dualismo austriaco-ungherese è ristabilito; ristabilita pure la costituzione ungherese, finchè l'assolutismo poliziesco dei decenni seguenti non la sopprimerà di nuovo per qualche tempo; il primo tentativo di un trialismo austriaco-ungherese-jugoslavo (« illirico ») è fallito, era stato soltanto una farsa!

Francesco I.

Francesco II (quale imperatore di Germania e I° dal 1804 quale imperatore d'Austria fino al 1835) continua — per quanto si possa parlare di un'azione personale di questo sovrano e ancor meno di suo figlio Ferdinando I (1) di mente ancor più debole e ambidue, si può dirlo senza esagerazione, ciechi strumenti in mano degli arciduchi loro congiunti, delle arciduchesse, dei ministri (sempre aristocratici e feudali) e degli alti funzionari di corte — l'opera di « restaurazione » di suo padre Leopoldo, favorito in ciò dal terrore sempre crescente, che gli avvenimenti di Francia incutono non soltanto alla corte, ma a tutta l'aristocrazia, a tutte le classi più ricche e più altolocate, al clero e agli alti funzionarî. Gli stati provinciali dei dominî austriaci non pensano più a rivendicazioni dei proprî diritti costituzionali, nè ad opposizioni al potere centrale assoluto; al contrario la nobiltà e il clero si dànno corpo ed animo ad appoggiar-

(1) Francesco I ebbe quattro mogli, delle quali la seconda Maria Teresa dei Borboni di Sicilia, gli diede 13 figli.

lo cercando e ottenendo alla loro volta il suo potente aiuto; gli sforzi uniti sono ora diretti alla compressione di ogni elevamento, di ogni aspirazione, di ogni movimento popolari. Dell' « illuminatezza » del potere sovrano è sparita ogni traccia, è rimasto soltanto l'assolutismo, ed è un assolutismo poliziesco in uno « stato poliziesco » (*Polizeistaat* degli storici tedeschi) (1) fondato su una tacita lega di interessi comuni e reciproci fra corte, alta nobiltà feudale e latifondiaria, nobiltà burocratica sorgente (2), clero, militare, di cui le guere napoleoniche fanno crescere l'importanza e il potere, e polizia. Contro questa coalizione formidabile di forze reazionarie le popolazioni delle province d'Austria, ancor troppo arretrate di civiltà, non sanno e non posono inssorgere; le

Stato poliziesco.

---

(1) Qualche storico austriaco per eufemismo lo chiama « regime patriarcale » seguendo il pensiero di Francesco I, che diceva « suo dovere di buon padre dei suoi popoli preservarli dal cadere in qualche errore. Dopo la « guerra di liberazione » contro Napoleone Francesco I condensa il suo programma contro l'illuminismo e contro le riforme nella frase detta nel suo dialetto viennese: « Adesso riconduciamo tutto all'antico ». Andato a Lubiana per il congresso della Santa Alleanza ai professori di quel liceo venuti ad ossequiarlo dice: « Chi serve me, deve insegnare ciò, che io comando. Di scienziati non ho bisogno! » (V. Ernst Elster: *Grillparzers Verhältnis zur Politik seiner Zeit*, Marburgo 1913). Il regime personale dell'imperatore era invece di una piccineria e di una grettezza fenomenali, documentate negli archivi statali di Vienna, specialmente negli atti riguardanti i processi italiani del 1821 (archivio ministero interni), dai quali emergono le preoccupazioni dell'imperatore... per i libri, per i lavori, per i cibi da darsi ai carcerati dello Spielberg e per ogni più piccola spesa. Così per es. dopo scritti e riscritti fra il governatore del Littorale conte Porcia e il presidente di Polizia Sedlnitzky (tutto un incartamento, a. 1823, N. 9381/47) concede, che si comperi con i denari della cassa di Polizia un mantello per l'inserviente provvisorio di Polizia, Antonio Koenz. La polizia era onnipotente; i rapporti settimanali all'imperatore illustrano i metodi strabilianti (lettere intercettate, confidenti, perquisizioni arbitrarie ecc.) adoperati con somma maestria. Si vedano in proposito le più recenti pubblicazioni sul risorgimento italiano di Luzio, Chiattone, Sandonà e sulla polizia: Fournier op. cit. e la I append. in fondo di questo cap. — La politica dalle grandi linee era diretta da Metternich.

(2) Ora e fino ai giorni d'oggi sono sempre più frequenti le concessioni di nobiltà a funzionari dello stato in premio a servigi resi nella carriera burocratica. Si forma così una nobiltà di II^a classe.

Ungheria.

città più progredite non bastano da sole. Soltanto in Ungheria la resistenza è forte ed indomabile, perchè qui la nobiltà, una di lingua e di sentimento nazionale, sta sempre in prima fila contro i tentativi aulici austriaci di sopraffazione e, bisogna riconoscerlo con giustizia, gli interessi di classe e personali, certamente non trascurati nemmeno dalla nobiltà magiara, passano qui in seconda linea, quando si tratta di difendere i diritti della nazione e dello stato ungherese. Forse appunto questo necessario contrasto fra l'aristocrazia ungherese nazionale e quella austriaca aulica, raccoltasi a difesa della reazione e dell'assolutismo intorno alla corte, fa sì, che le idee sociali moderne di democrazia e di liberalismo penetrano nei castelli nobiliari e persino in una parte del clero nazionale d'Ungheria (1) e poco a poco l'opposizione nazionale ungherese alle mire e agli sforzi della corte di Vienna assume anche un carattere di lotta sociale con programma costituzionale secondo i principî moderni predicati dai filosofi di Francia: con un tale programma fra il 1825-30 sorgerà un vero partito politico « il partito dei patriotti » e comincerà l'azione di riordinamento dello stato moderno ungherese. Agli ungheresi manca però sempre, dopochè l'esercito divenne permanente e imperiale, il mezzo più efficace di difesa dei propri diritti: un proprio esercito. La corte di Vienna, ove ora dominano accanto al sovrano specialmente i suoi fratelli arciduchi Giuseppe, Giovanni e Carlo, il vincitore decantato di Aspern (2) e lo sconfitto di Wagram, assieme con alcuni consiglieri dell'alta aristocrazia, lo

(1) Un bel tipo di patriotta democratico coraggioso fu il frate ungherese Ignazio Giuseppe Martinovich, che si sfratò ai tempi di Giuseppe II e divenne professore di chimica; Francesco I lo costrinse rientrare nell'ordine; ma questi continua ad agitare con scritti contro l'assolutismo e contro la polizia e inizia una congiura in Ungheria; ma appena avevano aderito 75 iniziati, che già nel 1795 era stato tradito e assieme con sei compagni senza regolare processo ai 20 maggio dello stesso anno giustiziato a Buda sulla *Blutwiese*, il prato di sangue. Quanti di questi nomi di sangue conta la storia d'Ungheria!

(2) Veramente gli storici francesi dicono, che Aspern fu una vittoria di Napoleone; a legger gli annali viennesi del-

sa bene e l'arciduca Carlo, che dedicava le sue cure maggiori all'esercito, in una lettera, in cui dà delle direttive al fratello imperatore nella lotta contro le aspirazioni nazionali ungheresi, nel 1802 già ci caratterizza ottimamente la politica di questi personaggi fondata sulla forza militare: « La più alta ragion di stato — scriveva — esige che Vostra Maestà mai ceda dalle mani il potere militare in Ungheria, che mai conceda a questo proposito la più piccola ingerenza agli stati ungheresi; perchè il primo passo ne trarrebbe molti altri dietro di sè. » Oggi, 110 anni più tardi, i giornali militaristi austriaci citano ancora queste parole contro i postulati nazionali dell'Ungheria nell'esercito!

apoleone.

Napoleone, come prima Federico II e più tardi Bismarck e Guglielmo I di Prussia, approfitta anch'egli del malcontento degli ungheresi nelle sue guerre contro l'Austria e tenta con emissarî e con aiuti di farli insorgere. Le piccole insurrezioni locali e parziali, le congiure, se creano dei martiri dell'idea, che così si perpetua e si vivifica, e procurano dei gravi imbarazzi al governo centrale di Vienna, sfruttati dall'imperatore francese, non possono bastare ancora a vincere l'assolutismo austriaco, che opprime ora più ora meno, secondo le mutevoli sorti delle guerre di allora, anche l'Ungheria. La lotta ora impegnata fra i patriotti ungheresi e la corte di Vienna, che culminerà per violenza elementare nel 1848, quando vi sarà un esercito ungherese contro un esercito austriaco, segnerà la sua prima vittoria nel 1867, l'anno della rinata costituzione in Ungheria e in Austria.

Le guerre napoleoniche portarono l'Austria all'orlo della rovina; due volte Napoleone con i suoi eserciti (1805 e 1809) entrò a Vienna a dettare le paci di Presburgo e di Schönbrunn, che ridussero il territorio della

l'epoca nemmeno gli austriaci di allora non erano troppo persuasi di aver vinto; in ogni caso pochi giorni dopo seguì la sconfitta di Wagram. Vedi le « Memorie » del co. Eugenio von Cernin e Chudenic pubblicate da Helfert in *Die Kultur*, a. IX°, vol. 4°. e a. X°, vol. 1°, Vienna.

monarchia absburghese di un buon terzo della sua superfice; forse l'odio implacabile, che Francesco I nutriva per Napoleone anche dopo che questi era divenuto suo genero, avrebbe finito col portare l'impero a completa rovina, se nel giusto momento non avesse preso le redini della politica estera austriaca il principe Clemente Metternich, fino allora rappresentante diplomatico della corte di Vienna presso quella di Napoleone. (1) Uomo di mente non comune, profondamente colto, conoscitore di tutta la letteratura filosofica rivoluzionaria contemporanea, però antiliberale, antirivoluzionario, nemico di ogni aspirazione nazionale in Europa non per principio dottrinario o per sentimentalismo, ma perchè convinto, che ciò fosse un'assoluta necessità di una politica, che volesse conservata la monarchia degli Absburgo, Metternich, trattenuto nel 1809 nel campo di Napoleone e poi consegnato agli avamposti austriaci, dopo la battaglia di Wagram consigliò a Francesco I la pace e diede così lo sgambetto al conte Giovanni Stadion, cancelliere dello stato, che aveva creduto utile di far sorgere l'idea nazionale fra i tedeschi d'Austria per infiammarli contro Napoleone; prende il suo posto, che equivaleva a quello di ministro degli esteri, ed inizia subito la sua politica di adattarsi provvisoriamente al trionfante sistema francese onde salvare l'integrità ulteriore dell'Austria e raccoglierne le forze per tempi migliori. Quindi fa il matrimonio fra Napoleone e Maria Luigia e stringe il patto di alleanza con la Francia; in pari tempo però segretamente cerca di screditare il patto presso la corte di Russia e di ottenere l'amicizia della Prussia. Dopo la sfortunata campagna di Napoleone in Russia, alla quale l'Austria dovette partecipare con un corpo di 30.000 uomini comandati dal principe Carlo Schwarzenberg, rimasto — certamente per segrete istruzioni ricevute da Vienna — inoperoso alla retroguardia, Metternich e

Metternich.

(1) Vedi su Metternich l'op. cit. di Friedjung: *Oesterreich* ecc. (I. vol., p. 2).

Schwarzenberg, che si era cattivata la fiducia di Napoleone rappresentando a Parigi la politica metternichiana austriaca dopo il 1809, sono incaricati di far da mediatori di pace tra Francia, Russia e Prussia, che si era pure levata alla riscossa (« la guerra germanica di libertà » del 1813). A Metternich sembran ora giunti « i tempi migliori », per i quali voleva serbate le forze della monarchia, e, approfittando della situazione malferma di tutte e tre le potenze belligeranti, ristabilirà ora, sia pure in continua competizione più o meno aperta con la politica dell'ambizioso zar Alessandro di Russia, la preponderanza austriaca nella politica internazionale (1).

Diplomazia metternichiana.

In una conferenza, durata 9 ore di seguito, tra lui e Napoleone a Dresda ai 26 giugno 1813, Metternich si persuade, che Napoleone non avrebbe accettato le proposte di pace della Russia e della Prussia e già il giorno dopo a Reichenbach è conchiusa l'alleanza quadruplice tra queste due potenze, l'Austria e l'Inghilterra, che segnerà la fine dell'èra napoleonica, e a generalissimo degli eserciti alleati, accanto ai tre monarchi, è nominato lo stesso principe Schwarzenberg, che però in parte per imperizia, in parte per istruzioni che gli manda Metternich, con tergiversazioni continue non lascia sfruttare presto ed energicamente le vittorie della Quadruplice. (2) Metternich pure tergiversa diplomaticamente, fa proposte di pace a Napoleone, sempre respinte orgogliosamente, e per prudenza stringe un patto segreto di alleanza (a Ried, ottobre 1813) con la Baviera, rimasta in aspettativa neutrale favorevole fino allora piuttosto alla Francia, che l'aveva ingrandita tanto per creare un contrappeso

---

(1) In Germania e in Russia vi è tutta una letteratura su questi « tradimenti » diplomatici e militari dell'Austria a danno dei suoi alleati.

(2) Con tutto ciò gli furono eretti due monumenti equestri, uno a Lipsia nel 1838 e uno a Vienna nel 1867 (dall'imperatore Francesco Giuseppe quest'ultimo) ed è festeggiato come un eroe della guerra per l'indipendenza di Germania.

nel centro germanico contro la Prussia e contro l'Austria. Le due paci di Parigi, gli esilî di Napoleone all'Elba ed a S. Elena, il congresso di Vienna, sono in gran parte opera sua, come pure è opera sua e dello zar Alessandro I la Santa Alleanza, che tiene quasi tutti i suoi congressi in città dei dominî austriaci (Troppavia, Lubiana, Verona) e inaugura quella politica internazionale di restaurazione reazionaria, che comincia con la ripristinazione dell'assolutismo nel regno di Napoli, nel Piemonte e nella Spagna e continuerà fino al 1848 sotto l'egida della Russia e dell'Austria, fedele sempre al principio di Metternich « che soltanto ai sovrani spetta di dirigere le sorti dei popoli e che per le loro azioni i sovrani sono responsabili soltanto a Dio ». (1) Con ciò, indebolite la Prussia e la Francia dalle lunghe guerre e rette da governi non forti, l'egemonia degli Absburgo è ristabilita sul continente europeo, paralizzata soltanto, quando si trova in conflitto specialmente nelle questioni orientali con le crescenti potenze della Russia e dell'Inghilterra; il secondo periodo di grandezza della monarchia absburghese, cui minacciò di metter un argine Federico II e che fu interrotto dallo splendore napoleoni-

Santa Alleanza.

Egemonia degli Absburgo.

(1) Per questa fortunata politica contro Napoleone e a favore della reazione, Metternich, che si è arricchito durante il suo governo in Austria, ebbe per ricompensa da Francesco I il feudo di Johannisberg, che Napoleone aveva regalato 10 anni prima al suo maresciallo Kellermann, e dal re di Sicilia fu nominato nel 1818 duca di Portella con una dotazione di 60.000 ducati; anche il principe Schwarzenberg ottenne da Francesco I in dono estese possessioni in Ungheria, esempio, anche questo, come sorsero i latifondi feudali nobiliari in Austria-Ungheria. — La « mano destra » di Metternich, almeno come intermediario tra lui e l'opinione pubblica, fu detto quel Federico von Gentz, insigne scrittore e pubblicista tedesco (n. 1764 a Breslavia), che da entusiasta per le idee della rivoluzione francese, poi da agente dei governi costituzionali e liberali d'Inghilterra divenne il più deciso campione dell'assolutismo metternichiano nelle campagne giornalistiche e letterarie ispirate dal cancelliere austriaco. Gentz fu spesso anche ispiratore di Metternich; al congresso di Vienna fu protocollista in capo; fu un galante, adoratore del sesso gentile, come Metternich stesso; rappresentavano l'*ancien régime* anche da questo lato. Il suo ultimo amoruccio fu per Fanny Elssler, la ballerina nota dalla vita del figlio di Napoleone, duca di Reichstadt.

co, continuerà ora nella politica internazionale, finchè Francia e Prussia non avranno ripreso il loro posto in prima linea e finchè in parte con il loro aiuto non sarà sorta la nuova Italia. Vedremo poi l'ulteriore sviluppo della politica estera austriaca; soffermiamoci per ora sui risultati di questo breve periodo durante il passaggio della meteora napoleonica.

"Impero,, d'Austria. — "Applikationserklärung,,.

Due atti di grande importanza per la politica estera austriaca, che forse Metternich, se fosse stato già allora alla direzione degli affari esteri, avrebbe impediti, furono la « patente » degli 11 agosto 1804, con cui Francesco I assumeva per sè ed eredi il titolo d'imperatore d'Austria, e quella dei 6 agosto 1806 (*Applikationserklärung*), con cui proclamava la fine (« *erloschen* » = estinto) del Sacro impero romano della nazione germanica, dopochè sedici principati germanici si erano uniti sotto gli auspicî di Napoleone nella Lega renana (*Rheinbund*). Fu una decisione *ab irato* questa dell'imperatore? oppure si credeva a Vienna definitivo l'assetto politico dato da Napoleone alle cose di Germania e quindi giunto il momento propizio di elevare l'Austria allo stesso grado imperiale della Russia e della Francia, divenuta impero pochi mesi prima (1), e di scioglierla completamente dai legami, che ancora la univano alla Germania, ove l'influsso di Napoleone era ora tanto potente e pericoloso? In ogni caso, se la patente del 1804 significava un'elevazione di grado dell'arciduca sovrano d'Austria e quella del 1806 lo scioglieva anche formalmente dagli obblighi e dai rapporti vassallatici verso l'imperatore di Germania, che del resto era sempre un Absburgo (anche Francesco I d'Austria era imperatore di Germania e perciò fino al 1806 si chiamava Francesco II), la proclamazione della fine dell'impero germanico fu un altro colpo gravissimo dato al predominio de-

---

(1) La patente del 1804 si richiama esplicitamente a questo fatto. Francesco I assume il titolo imperiale « con riguardo ai propri stati indipendenti »: cioè Boemia e Ungheria, chè gli altri sono ancora fino al 1806 stati vassalli.

gli Absburgo in Germania. Alla corte di Vienna mancò allora, come sempre, la visione dell'idea nazionale, che prima o poi avrebbe dovuto trionfare anche in Germania e riaprire la questione del primato nell'impero nazionalmente riunito. L'Austria cedette nel 1806 spontaneamente dalle sue mani una delle più forti posizioni nella lotta per questo primato e la Prussia nel 1866 e nel 1871 lo raccolse tanto più facilmente. Le due patenti hanno un'importanza anche per le cose interne della monarchia: con la prima, oltrechè il titolo d' « imperatore d'Austria » per il sovrano, si fissa per gli altri arciduchi ed arciduchesse della casa imperiale il titolo di « principi e principesse imperiali reali » e di « altezze imperiali, reali »; per la Boemia e per l'Ungheria resta invece la incoronazione a re, con ciò quindi sono riconfermate in questo riguardo le antiche prerogative dei regni di Boemia e d'Ungheria; con la seconda patente, che stabilisce la sovranità assoluta, completa dell'imperatore d'Austria, che non è più nè feudatario nè vassallo di sè stesso, anche il regno di Boemia, se mai fu in rapporto di vassallaggio verso l'impero germanico, secondo le affermazioni non del tutto infondate degli storici tedeschi, ora è sciolto da ogni legame di carattere feudale, lo unisce quindi un vincolo di meno all'imperatore d'Austria; anche i rapporti dei principi della casa imperiale, che finora come arciduchi ed arciduchesse erano in dipendenza « immediata » dall'imperatore di Germania, devono ora esser regolati in modo da sottoporli al potere sovrano dell'imperatore d'Austria e perciò ai 3 di febbraio 1809 Francesco I firma uno Statuto di famiglia (*Familienstatùt*), che resta segreto e che, vedemmo, modificato poi ripetutamente ha una gran parte nel diritto pubblico per ciò che riguarda la dinastia in Austria (non in Ungheria!). Anche i titoli, i nomi, gli emblemi del sovrano, della corte e della monarchia formano da ora in poi l'oggetto di una grave questione e di vivaci lotte politiche fra l'Austria e l'Ungheria nè si sa a chi spetti la competenza di decidere in proposito, se al so-

Statuto di famiglia.

Ungheria.

vrano, ai parlamenti o ai rispettivi ministeri per decreto. La questione si estende dal titolo della monarchia, agli emblemi dell'esercito e fino ai conî delle monete e alle stampe delle note di banco.

Territori nuovi.

La superficie territoriale della monarchia, che alla morte di Maria Teresa aveva un'estensione di circa 540.000 chilometri quadrati con 24 milioni di abitanti e che nel 1795, in occasione della terza divisione della Polonia, con la parte occidentale della Galizia era cresciuta di altri 50,000 chmq., dopo le vittorie di Napoleone ridotta di un buon terzo, con l'avveduta ed astuta politica di Metternich per mezzo dei deliberati del congresso di Vienna fu non solo tutta reintegrata, ma ancora accresciuta del Veneto, dell'Istria e della Dalmazia, veneziane fino alla pace di Campo Formio (1797) e ora per la prima volta venute in dominio dell'Austria, ma poi riconquistate dalla Francia e incorporate prima alle « province illiriche » poi al Regno italico, finchè nel 1813 l'Austria non le rioccupò (1), del Salisburghese, fino al 1813 ancora principato ecclesiastico indipendente (vassallo cioè immediato dell'impero) e in quell'anno mediatizzato, e di altri territori minori (2). Ora i do-

Galizia. - Veneto, Istria, Dalmazia. - Salisburghese.

(1) L'anno scorso si volle festeggiare a Vienna con un'« esposizione adriatica » (*Adriaausstellung*), in cui trionfarono l'arte e la civiltà romane e italiane di quelle province adriatiche, il primo centenario della loro annessione all'Austria. Sintomatico, che nei discorsi ufficiali d'inaugurazione e nella stampa stessa viennese, l'avvenimento, che si voleva commemorare, passò quasi sotto silenzio e le popolazioni di quelle province si astennero dimostrativamente dal partecipare alle feste: gli italiani a dimostrare il loro profondo malcontento per il trattamento usato loro dal governo, che sistematicamente slavizzò anche la parte italiana di quelle province; gli slavi per dimostrare contro Vienna la loro solidarietà con gli slavi balcanici nella guerra contro la Turchia. — V. note a p. 50 e a p. 100 e ss.

(2) L'arcivescovato di Salisburgo città e territorio fu il principato ecclesiastico più potente e più esteso della Germania meridionale dal 1000 al 1802. I suoi principi arcivescovi furono guerrieri e cultori d'arte. Celebri le persecuzioni e le cacciate dei protestanti dal Salisburghese. Dal 1500 in poi la città per opera di artisti italiani (Dario, Solari, Mascagni ed altri), chiamativi specialmente dall'arcivescovo Wolf Dietrich (1587-1611) assume architettonicamente un carattere di città

minî degli Absburgo — tolti il Belgio e alcuni territori bavaresi, perduti definitivamente, e la repubblica di Cracovia, che nel 1847 sarà reincorporata alla Galizia — raggiungono una superfice di circa 622,000 kmq., che è circa l'estensione, che ha oggidì la monarchia austro-ungarica, dopo la perdita del Lombardo-Veneto e gli acquisti di Cracovia e della Bosnia-Erzegovina (1).

---

italiana e più precisamente di una piccola Roma papale, con la residenza arcivescovile (ora residenza degli spodestati granduchi di Toscana) e con il Duomo, imitanti S. Pietro e il Vaticano, con la fortezza Hohensalzburg imitante Castel S. Angelo e con la profusione di fontane barocche. La città — una delle più belle d'Austria, sita in posizione splendida sulle due sponde della Salzach, ove sorgeva la *Juvavum* romana, e patria di Mozart — conta oggi circa 40,000 ab. La provincia conta circa 100,000 ab. e fino pochi anni fa era ricca di saline, donde 'l suo nome Salzburg (città del sale). All'arcivescovo è rimasto il titolo di principe (Fürst)ed è una delle colonne del partito cattolico tedesco in Austria, che nel suo programma ha pure il postulato di un'Università degli studî cattolica da istituirsi a Salisburgo. — V. mio artic. cit. (*Tribuna*).

(1) Durando il dominio francese nelle cosiddette « province illiriche », i « confini militari » croati e slavoni, fino allora autonomi, furono da Francesco I mediante il governo croato-slavonico uniti al regno d'Ungheria pur conservando il loro ordinamento strettamente militare. L'origine di questi « confini » (*Militärgrenze* ted.; *Vojna krajina* opp. *granica*, pron. granizza, in croato) è da dopo la battaglia di Mohacs. Dei resti dell'antica Croazia gli stati provinciali di Stiria e di Carniola avevano fatto a proprie spese due province militari di confine contro i turchi. Tra la Sava e la Drava era il « generalato » slavonico con la capitale Varasdin, mantenuto dalla Stiria; fra la Kulpa e il littorale croato con la capitale Karlstadt (Karlovaz, fortezza fondata nel 1578 dall'arciduca Carlo, comandante dei « confini ») era il « generalato » croato (*Lika*). I generalati erano divisi territorialmente in « reggimenti » e questi in « capitanati ». Ogni confinario (*graniciar*) dai 18 anni in poi era soldato e sempre pronto in armi; tutta l'amministrazione era militare; ogni comune eleggeva il proprio capo e ogni capitanato il proprio giudice; le elezioni dovevano esser confermate dal comandante militare. La chiesa serba-ortodossa aveva qui parità di diritti come la croato-cattolica ad eccezione di tutte le altre province della monarchia absburgica. I *graniciari*, resisi noti in Italia sotto il nome di croati, militarmente erano in Austria quello che i cosacchi sono in Russia. Dopochè l'esercito permanente imperiale fu poco a poco sottratto ad ogni ingerenza degli stati provinciali, anche i « confini militari » divenuti autonomi furono sottoposti direttamente al sovrano. Nel 1811 sono uniti all'Ungheria, ove servono a Vienna come contrappeso contro gli ungheresi, finchè dopo lotte, che vedremo, nel 1873 i confini furono incorporati alla Croazia e all'Ungheria (vi era anche un « confine militare » del Banato in Ungheria).

I " confini militari "

La Dalmazia, elevata nel 1816 di titolo a Regno e amministrata dal « Governo » di Zara, e il Salisburghese rimasero province a sè; il Salisburghese ottenne nel 1826, come le altre province austriache limitrofe la propria dieta con le solite tre classi di stati provinciali (Prelati, nobiltà, città). Le province ex-veneziane non avevano naturalmente stati provinciali nè si poteva crearli, in esse continuò per qualche tempo il vecchio sistema di amministrazione veneziana; l'Istria però assieme con Trieste, Gorizia e Gradisca (cioè Friuli orientale), Carniola e Carinzia continuò a far parte fino al 1849 delle province, tanto illogicamente chiamate « Regno illirico », amministrate dai due « governi » di Lubiana e di Trieste; dopo il '49 di nuovo ciascuna di esse divenne provincia per sè. Il Trentino ebbe pure a subire in questi tempi profondi mutamenti della sua costituzione politica; nel 1803 fu anch'esso, come il Salisburghese, da principato ecclesiastico secolarizzato e mediatizzato, cioè incorporato all'Austria con la famosa « decisione principale della deputazione dell'impero » (*Reichsdeputationshauptschluss*) dei 25 febbraio, con il quale si volle compensare gli stati maggiori germanici delle perdite subite con la pace di Luneville (1801). Il Trentino perdette così la sua individualità statale; mentre finora esso era stato quasi confederato all'arciducato d'Austria, da ora in poi esso ne diviene una parte integrante, naturalmente senza che alcuno si fosse curato di chiedere il consenso dei suoi stati provinciali. Peggior sorte toccò al Trentino, quando, — dopo aver fatto parte dal 1805 con il Tirolo della Baviera e dal 1809 con il distretto di Bolzano (l'Alto Adige) del Regno italico — ritornato all'Austria, con un decreto sovrano del 3 luglio 1814 veniva unito alla provincia del Tirolo (1). Ogni azione dei

"Regno illirico,,. — Trentino.

(1) L'anno 1809 è celebre nella storia del Tirolo per la fiera lotta di quei montanari guidati da Andrea Hofer da Speckbacher, Haspinger ed altri contro i francesi e i bavaresi (tre cruente battaglie sul colle Isel sopra Innsbruck; reliquie nel

trentini per essere staccati dal Tirolo ed uniti al Lombardo-Veneto rimase infruttuosa, come infruttuosa rimase finora ogni loro agitazione per ottenere una giusta e naturale autonomia del loro paese; ma di tale questione, che è una delle più importanti nel groviglio delle lotte nazionali in Austria e intorno alla quale s'impernia tutta la vita politica del Trentino, riparleremo a suo tempo.

Supremazia austriaca.

La supremazia dell'Austria, ristabilita da Metternich accanto e con l'aiuto di quella della Russia, nella politica internazionale continentale si esplica maggiormente nella parte occidentale d'Europa dapprima per mezzo della Santa Alleanza, poi con le sole forze austriache. È una supremazia intenta a soffocare qualsiasi movimento popolare, costituzionale, liberale in qualsiasi parte d'Europa, nella tema evidente di possibili ripercussioni nazionali e liberali entro i domini absburghesi, che racchiudono in sè tanti germi fermentazione pericolosissima. Metternich ha fatto dell'Austria la patrona di ogni legittimismo, anche di quello turco, di ogni reazione assolutistica: in Ispagna, a Napoli, nel Piemonte, nel Lombardo-Veneto, a Parma, a Modena e nelle Romagne, ove nel 1831 ristabilisce con le truppe austriache i duchi spodestati e il potere pontificio. Egli è il fondatore e ordinatore di una vera polizia segreta internazionale, che mette capo a Vienna, le cui file sono tese per tutti gli stati d'Europa e da non confondersi con lo spionaggio militare o diplomatico, che più o meno è un'istituzione conosciuta a tutti i governi di tutti

Polizia.

museo). Intorno ai fatti di quell'anno vi è tutta una letteratura di drammi e di romanzi tedeschi. Sotto il motto *Für Kaiser und Vaterland* fu piuttosto una guerra del clero e dei contadini contro le innovazioni troppo moderne dei francesi e contro i loro alleati bavaresi. Dopo parecchi falliti tentativi insurrezionali negli anni seguenti, ai 3 giugno 1814 fu firmato a Parigi il trattato di pèrmuta, per cui il Tirolo ritornava all'Austria e la Baviera otteneva in compenso Würzburg ed Aschaffenburg. Il Trentino era stato occupato mesi prima dagli austriaci. Già nella dieta del 1790 a Innsbruck i rappresentanti trentini avevano accentuato l'italianità e l'autonomia del loro paese.

i paesi (I). In Isvizzera se ne serve non soltanto contro i patriotti italiani fuggitivi od esiliati (1) ma anche per impedire l'introduzione di riforme moderne, liberali nei governi cantonali e aiuta segretamente i cantoni cattolici reazionarî provocandovi frequenti rivoluzioni e vere guerre interne (2), che finiranno appena con la levata generale di scudi dei liberali d'Europa nel 1848 e con la caduta di Metternich. In Germania l'egemonia indiscussa dell'Austria è ora ripristinata e il sistema poliziesco metternichiano vi regna qui, come in Italia, sovrano in ogni stato. In prima linea in Prussia, il cui sovrano (nipote degenere di Federico il Grande) Federico Guglielmo III (1797-1840), che dovette subire tante umilianti e dolorose sconfitte da Napoleone, nel suo odio profondo contro le idee francesi, liberali, è ora completamente asservito alla politica, che è passata nella storia tedesca con il nome di «persecuzioni dei demagoghi» (*Demagogenverfolgung*), contro dei quali — e per demagogo passava allora ogni spirito più libero, come gli scienziati e professori Arndt, Jahn, Welcker, incarcerati e professati — si istituirono, con perfetta analogia delle cose d'Italia di quei tempi, speciali commissioni centrali inquirenti (3) e Magonza e a Francoforte sul Meno e si tennero conferenze di tutti

Germania.

---

(1) In proposito si veda un capitolo speciale del libro cit. di Sandonà. Nello stesso libro v. notizie interessanti sull'opera di Metternich in Italia; sullo stesso argomento confr. Ernst Molden, op. cit. — Sulla *Confederazione italiana* sotto il protettorato dell'imperatore d'Austria, con proprio esercito comune (persino con uniforme identica in tutti gli stati d'Italia), progettata dalla corte e dagli statisti austriaci negli anni 1815-16 v. oltre le storie di Cantù, di L. C. Farini, di La Farina, che recano notizie contradditorie, specialmente le pp. 356-364 di Augusto Sandonà *Il Regno Lombardo-Veneto* (1814-1859), Milano, ed. Cogliati, 1912, ove è riprodotta la corrispondenza in proposito tra il governatore co. Federico Bellegarde, l'imperatore d'Austria e il principe Metternich (dagli archivi di stato di Vienna).

(2) A capo del partito cattolico svizzero c'era allora un conte Salis-Soglio della stessa famiglia, che ora fa parte del partito cosiddetto austriacante nel Trentino.

(3) Quella di Francoforte era composta di un giudice austriaco, un bavarese, uno del Württemberg e uno dell'Assia.

i ministri degli stati germanici a Carlsbad (1819) e a Vienna (1833), presiedute sempre da Metternich. Spionaggio, arresti, processi, carceri, esecuzioni capitali, soppressione di privilegi delle diete provinciali, delle università, censure severissime di ogni pubblicazione erano i mezzi di governo adoperati in Germania, come in Italia, come in Austria e in Ungheria dalla politica di Metternich, che non fece che accumulare su di sè e sui governi di allora odio feroce delle popolazioni pensanti, odio raccolto, aumentato e ordinato dalle società e dai partiti segreti di tutti quei paesi e che doveva scoppiare con violenza elementare alla prima occasione propizia, all'annuncio della rivoluzione di febbraio 1848 a Parigi.

Dieta di Francoforte.

Formalmente la supremazia austriaca in Germania ebbe la sua espressione nella presidenza accordata al rappresentante dell'Austria alla dieta di Francoforte sul Meno della Lega germanica (*deutscher Bund*), che ora dal 1815 al 1866 — con la breve interruzione rivoluzionaria ('48-'50) — viene a sostituire il Sacro impero romano, ma in una forma di confederazione internazionalmente tanto insignificante, che, si può dire, non ha che da fungere con la sua dieta da organo dirigente l'azione comune di polizia reazionaria e liberticida, appoggiata da un esercito comune confederato. Importante per la lotta avvenire, che ricomincerà durante il regno di Federico Guglielmo IV (1840-61) tra la Prussia e l'Austria per il predominio in Germania, è la fondazione

" Zollverein ".

dell'Unione doganale germanica (*deutscher Zollverein*) nel 1833, cui partecipano tutti gli stati della Lega germanica, meno l'Austria, e che sarà una buona arma per la Prussia, ove il nuovo re subito da principio comincia ad emanciparsi dalla tutela austro-russa, amnistia i « demagoghi » condannati, promette e concede, sebbene sconsigliatovi da Metternich e dallo zar, limitatissimi diritti costituzionali, che però non basteranno ad evitare anche qui, come a Vienna nel marzo del 1848 lo scoppio della rivoluzione. — Nonostante i suoi sforzi e i suoi sistemi di polizia internazionale, Metternich non riesce nel 1830 ad impedire le rivoluzioni di Parigi e di Bruselles, che alla Francia dànno un nuovo re e al Belgio l'indipendenza dall'Olanda. La sua potenza non arriva più fino a quelle parti.

Oriente. Russia.

Nella politica d'Oriente, che, vedemmo, fin dal secolo XV preoccupa la corte di Vienna, Metternich non è in grado di affermare la supremazia austriaca, perchè qui si trova di fronte la Russia, che — legittimista fino all'eccesso in casa propria e nell'Europa occidentale — contro la Turchia saggiamente fa una politica rivoluzionaria di liberazione nazionale e religiosa, certamente nel proprio interesse, ma anche nell'interesse dei popoli balcanici, con i quali ha comuni legami di razza e di religione (con gli slavi: serbi e bulgari) o di sola religione (con i rumeni e con i greci). Metternich — e in questo, come in molti altri riguardi, la politica aulica e militare di Vienna ne seguì le orme fedelmente fino ai nostri giorni, anche nella guerra balcanica testè finita — voleva rispettato anche il potere « legittimo » del sultano in Europa e nei principati danubiani (Moldavia e Valacchia) e in Serbia e in Grecia (1), per lo meno finchè non giungesse il momento propizio per l'Austria di turbarlo a proprio vantaggio, come lo fece prima in Ungheria, in Transilvania, nel Banato e come lo farà poi nella Bosnia-Erzegovina (2). Così quando Ypsilanti

Grecia.

(1) Nell'archivio del Ministero degli interni di Vienna (expresidenza della Polizia) nei fascicoli di atti riguardanti le province italiane dal 1820 al 1830 trovai parecchi documenti provanti la sorveglianza rigorosissima delle autorità austriache per ordine di Metternich su tutto il movimento delle colonie greche sparse per le varie città dalmate, istriane e a Trieste. Persino l'ottantaquattrenne patriarca di Gerusalemme conte Maria Fenzi, dalmata, recatosi a Sebenico tra i suoi parenti, fu sottoposto a speciale sorveglianza perchè « designato come non troppo grande amico e partigiano del proprio Governo » e perchè la sua presenza potrebbe alimentare « le inquetitudini (*sic*) dei Greci in Sebenico » (1821-fasc. 848, *ad* 5295).

(2) Metternich seguiva attentamente anche i movimenti nella Bosnia-Erzegovina, nel Montenegro e nell'Albania. Nei fasc. 934 e ss., a. 1823, archivio Min. int., Vienna si trovano

con 2000 uomini della sua « sacra legione » irruppe vittorioso nella Moldavia, Metternich riuscì ancora a persuadere lo zar Alessandro di sconfessare l'azione del ribelle greco, che si proclamava aiutato dalla Russia, e i turchi rimbaldanziti gli mandarono contro un esercito, che annientò la legione, i cui resti eroicamente perirono facendo saltare in aria il convento di Secco, loro ultimo rifugio (26 agosto 1821). Ma gli eroismi dei greci nel Peloponneso, sulle isole e sul continente greco, durati per anni tra continue carneficine reciproche di turchi e di greci, che commossero di filellenismo tutto il mondo civile, indussero — contro le mene della politica di Metternich — Inghilterra e Russia, ove allo zar Alessandro I era succeduto Nicolò I, che assunse subito un atteggiamento minaccioso verso la Sublime Porta, a firmare il Protocollo di Pietroburgo (4 aprile 1826) e ai 6 luglio

---

moltissimi rapporti dei capitani circolari della Dalmazia limitrofa sulle sevizie del nuovo vezir di Bosnia e di quello di Scutari. Metternich protestava a Costantinopoli. Nel 1830 gli fu risposto dalla Porta: metta ordine da sè ai confini, se non vuole attendere, finchè la Turchia avrà domato le rivolte. Metternich preferì aspettare. Aveva pure tentato invano di ottenere dalla Turchia la cessione di quelle due lingue di terra (Klek-Neum e Sutorina), con le quali l'Erzegovina tagliando in due punti la Dalmazia meridionale arriva all'Adriatico. Appena Andrassy nel 1878 saprà raccogliere i frutti di quest'azione. — Anche il Montenegro era tenuto d'occhio da Metternich. Vi è fra gli atti dello stesso Archivio (d. d. 21 nov. 1822, N. 11109) un rapporto del governo di Zara (firmato Tomassich), in cui si comunica il testo di un memoriale, che il principe metropolita del Montenegro intende inviare ai sovrani raccolti al congresso di Verona. E' scritto in italiano; il metropolita v'« implora genuflesso e con le lagrime agli occhi la Protezione e la Grazia dei Principi di Europa per la Provincia e per la Nazione Montenegrina. » Tomassich aggiungeva, che avrebbe trattenuto il messo del metropolita, che avesse con sè questo memoriale, con il pretesto di difetti nel passaporto, finchè non gli giungessero nuovi ordini da Metternich; se il memoriale fosse stato spedito per posta, l'avrebbe fatto finire a Vienna invece che a destinazione; soltanto se fosse stato consegnato al console russo, nulla avrebbe potuto fare.

Così funzionava la Polizia di Metternich. Il partito militare di Vienna avrebbe voluto nel 1830 dopo la morte del metropolita Petrovich, che l'Austria proclamasse l'annessione del Montenegro. Ma Metternich per riguardo alla Russia dovette opporvisi (atti Archivio di stato, Vienna, a. 1830-33).

1827, essendovisi associata anche la Francia (1) il trattato di Londra, secondo cui la Grecia doveva divenire uno stato autonomo vassallo della Turchia. La Turchia incoraggiata dal contegno dell'Austria non cedette e, quando le flotte riunite inglese, francese e russa distrussero nel porto di Navarino la flotta turco-egiziana, dichiarò guerra alla Russia. Il risultato fu la pace di Adrianopoli, conchiusa con i buoni uffici della Prussia, che voleva evitato un conflitto austro-russo, ai 14 settembre 1829, la quale portava poi all'indipendenza completa della Grecia e della Serbia e ad una ampia autonomia dei principati danubiani. Qui si apre ora un campo di competizioni continue fra le politiche dell'Austria e della Russia, che esamineremo a suo tempo più attentamente.

Russia. Prussia.

Dopo di questa crisi orientale Metternich, convinto — come lo sono anche oggi le alte sfere e i partiti reazionari d'Austria (2) — della necessità di andar d'accordo con le due potenti « monarchie conservatrici », la Russia e la Prussia, riallaccia le buone relazioni con le corti di Berlino e di Pietroburgo, nel 1833 conchiude con esse il trattato di Berlino, una specie di triplice alleanza, riconfermata dall'incontro dei tre monarchi a Teplitz nel settembre del 1835. Ciò nullameno subito nella seguente crisi orientale provocata dalle guerre di Mehemed Alì, vicerè d'Egitto, contro la Turchia, la Russia respinge la proposta di Metternich di convocare una conferenza internazionale e si schiera dalla parte dell'Inghilterra e all'Austria non resta che di unirsi all'azione delle quattro grandi potenze (1841) e mandare la sua flotta assieme con quella inglese contro

---

(1) E' la prima « triplice alleanza » anglo-russo-francese, finita già nel 1830 per la paura, che mettono allo zar le rivoluzioni di quell'anno di Parigi, di Brusselles e più di tutto di Varsavia; paura sfruttata tanto bene da Metternich per rifare la Santa Alleanza antidemocratica austro-russo-prussiana.

(2) Questa tendenza favorevole ad un'intesa austro-russo-germanica era rappresentata fino al momento dell'acuirsi del conflitto austro-russo anche dopo la crisi dell'annessione della Bosnia-Erzegovina dalla *Reichspost*, organo dei cristianosociali tedeschi, e dall'*Information*, agenzia di stampa delle sfere slavo-feudali, amiche all'arciduca ereditario ucciso.

l'Egitto per costringerlo a sottomettersi di nuovo alla Porta. Gli interessi austriaci e russi sono troppo opposti nelle questioni d'Oriente e il contrasto diviene sensibile in ogni occasione e spesso pericoloso. Però i rapporti fra l'Austria e la Russia diverranno di nuovo talmente amichevoli, che la corte di Vienna — è vero, costrettavi da necessità imprescindibile — nel 1849 potrà chiedere ed ottenere l'aiuto efficacissimo delle truppe russe contro i ribelli d'Ungheria (II).

Politica interna. - "Conferenzrat"

Metternich, che nel 1821 ottiene il titolo di « cancelliere della casa imperiale, di corte e dello stato » (*Haus-Hof-und Staatskanzler*), nel 1826 diviene anche presidente della « conferenza dei ministri » letteralmente tradotto del « consiglio di conferenza » (*Conferenzrat*), la nuova autorità istituita nel 1814 a Vienna per gli affari interni, dopochè il consiglio di stato aveva perduto la sua importanza di prima ed era andato sempre più decadendo, finchè nel 1848 fu soppresso. Ma in tale sua carica di presidente Metternich non esplica molta attività negli affari interni, che non siano strettamente legati con la politica generale, internazionale della monarchia, forse anche perchè qui si sente più forte l'ingerenza degli arciduchi e degli altri aristocratici, che formano la camarilla intorno al sovrano. Metternich si accontenta dunque qui di dar le grandi linee della sua piccina politica poliziesca; i particolari e gli affari non toccanti la politica internazionale sono curati personalmente con una fenomenale grettezza da Francesco I e dai suoi consiglieri minori, tutti ancora dominati dall'incubo delle rivoluzioni e del liberalismo e quindi fautori ferventi dell'oscurantismo, in ciò perfettamente d'accordo con il cancelliere, al quale va attribuita la censura più rigorosa, che ora è ristabilita nella monarchia e che inceppa tutto il movimento letterario e intellettuale dei suoi popoli già di tanto arretrati.

Codici civile e penale, ancora vigenti.

Fu quindi vera fortuna per i popoli d'Austria che le due principali codificazioni del diritto austriaco, penale e civile, cominciate sotto Maria Teresa, fossero finite e pubblicate ancor prima che i sistemi metternichiani dominassero tutta la vita politica e amministrativa della monarchia. Ambidue i codici portano le impronte, rivedute e temperate naturalmente dai consiglieri di Francesco I, dell'illuminismo e del fisiocratismo dei tempi di Giuseppe II; sono in gran parte opera del suo maestro e celebre rappresentante della scuola del diritto naturale, dell'italiano bar. Martini; specialmente il Codice civile universale, si può dire, fu interamente da lui compilato; esperimentato dal 1797 con buona prova in Galizia, nel 1811 fu pubblicato con validità dal 1° gennaio 1812 per tutte le province austriache; così pure per tutte le provincie austriache fu pubblicato nel 1803 il Codice penale, che era stato esperimentato dal 1796 in Galizia. I due codici, quello penale ripubblicato in edizione riveduta nel 1852, completati da alcune novelle vigono ancor oggi in Austria; un secolo fa erano veri capolavori di legislazione e di giurisprudenza, oggidì di tanto invecchiati contengono parecchi anacronismi, che ormai suonano ingiustizia: un'eccessiva protezione degli interessi dello stato a danno di quelli dei privati (1), eccesso di protezione per la proprietà, per i proprietarî di case, per gli interessi agrarî (2), proibizione di matrimonio fra cristiani e non cristiani, quindi fra ebrei e cristiani (3); il codice penale naturalmente va di con-

---

(1) Un esempio ne è l'articolo sulla ricerca della paternità, con cui la madre di un figlio illegittimo può far dichiarare padre e obbligarlo giudiziariamente al pagamento degli alimenti l'individuo, che ebbe rapporti sessuali con lei sia pur una volta sola durante il periodo « critico », cioè — dice il codice — fra il decimo e il sesto mese prima del parto. Spesso basta al giudice la deposizione verosimile della sola madre per provare ciò. Evidente scopo del legislatore era qui risparmiare al pubblico erario quanto più le spese per i nati illegittimi.

(2) Le industrie in Austria non erano allora, si può dire, ancora incominciate e il fisiocratismo attingeva tutte le forze dello stato dalla terra, dalla natura.

(3) Appena la legge matrimoniale del 1868 che introduce il matrimonio civile suppletorio (*Notcivilehe*) per i casi, in cui i parroci si rifiutino senza giusto motivo di compiere un matrimonio, renderà possibile anche il matrimonio fra cristiani e non cristiani a patto, che il coniuge si dichiari e si faccia ateo.

serva con quello civile: colpisce di pena di morte l'autore e qualsiasi complice di un atto di alto tradimento contro la persona del sovrano (1); il reo ed il correo (istigatore, complice immediato) di qualsiasi altro alto tradimento (contro la forma di governo, contro la costituzione, contro il nesso territoriale dello stato), l'omicida e il suo mandatario, poi in casi speciali qualificati i colpevoli di uccisione per rapina, di appiccato incendio, di violenza pubblica (2); rilevanti sono pure le pene per i reati contro le autorità dello stato (3), contra la proprietà privata, a tutela della religione (4); meno gravi sono invece le pene per i reati contro i buoni

---

(1) Alto tradimento in questo caso, secondo l'art. 58-a, è qualunque atto contro la persona del sovrano: anche la sola sfida a duello, un ingiuria con vie di fatto, una costrizione offendente i suoi diritti sovrani; la mancanza di rispetto, le cosiddette offese alla maestà sovrana sono pure punite gravemente, con 1-5 anni di carcere. Vedi: D. Heinrich Lammasch, prof. all'Univer. di Vienna: *Grundriss des Strafrechts* - Lipsia Duncker et Humblot 1902.

(2) Tumulto. Secondo si vede, i reati puniti con morte sono un po' troppi e le pene maggiori sono per i reati di carattere politico; anche questa — a parte la Russia — una brutta specialità austriaca. Ora, dopo la crisi balcanica del 1913, furono presentati progetti di legge alla camera e al senato di iniziativa di singoli deputati cristiano-sociali e di senatori per aumentare le pene per i reati di spionaggio (finora massimo 5 anni, in caso di guerra giudicano i tribunali militari). Le *condanne* a morte sono quindi frequenti in Austria, non però altrettanto frequenti le esecuzioni, perchè il sovrano fa, specialmente negli ultimi anni, larghissimo uso del suo diritto di grazia; così nel 1898 di 54 condanne a morte, ne furono eseguite 5, nel 1899 di 64 sole 4, nel 1900 di 65 pure 4, negli ultimi due anni in Austria nessuna (in Ungheria invece si eseguiscono ancora). Qui noteremo, che le leggi concedono al sovrano in Austria e in Ungheria oltre al diritto di grazia anche quello di *impedire* l'inizio di un processo e di *abolire* un processo già iniziato.

(3) Da qui ancor oggi un numero infinito di processi e di condanne in sede di polizia (v. cap. IX: *Bachpatent*) e in sede giudiziaria per opposizione e per offese alle guardie di polizia o ad un qualsiasi funzionario pubblico o per illecita ingerenza nel loro operato.

(4) Così per esempio la « perturbazione delle funzioni religiose » (per es. al non levarsi il cappello al passaggio di una processione ecclesiastica, caso sfruttato spesso dai preti di villaggio o di città minori contro i loro avversari politici o religiosi) è punita con 6 mesi fino 5 anni (se « scandalo pubblico ») di carcere.

costumi, a tutela dell'onore delle donne; sono puniti anche i delitti contro natura (sodomia, bestialità). Sono norme di diritto vigenti ancora, che assieme con quelle, che vedremo in seguito legiferate, ci caratterizzano lo stato della giustizia e della legislazione in Austria (1).

Finanze. La più grave questione di politica interna in questo periodo fu la crisi finanziaria dello stato, che — divenuta acutissima in seguito alle guerre continue e sfor-

(1) Queste leggi furono applicate nel periodo dell'assolutismo di Francesco Giuseppe I dal 1852 al 1861 anche all'Ungheria e ai suoi paesi annessi (allora era stata cancellata completamente ogni traccia di dualismo); quando poi la dieta ungherese cominciò elaborare proprie leggi, anche in Austria si pensò ad una rinnovazione dei codici, annunciata in un decreto imperiale del 1861. Da allora si fecero e si rifecero parecchi progetti di legge; quello per il diritto penale del 1874, sotto il ministro di giustizia Glaser, celebre giureconsulto austriaco, rimase per ben venti anni nelle commissioni della camera, finchè — invècchiato anch'esso — fu abbandonato ed ora se ne studia un altro; anche il progetto di una « novella » al codice civile, già elaborata da una commissione del senato austriaco, per iniziativa dell'illustre professore, ex-ministro Unger, attende da anni la discussione e il disbrigo parlamentare; esempî anche questi dell'attività poco febbrile del parlamento austriaco! Il progetto della « novella », opera dei professori sen. Czyhlarz, Grünhut, Schey, Madeyski e Grabmayr modifica circa 200 dei 1502 articoli (in Austria si dicono paragrafi e si segnano §) del codice introducendo disposizioni a favore della capacità giuridica delle donne, a favore dei figli legittimi ed illegittimi e degli orfani, tiene conto dell'aumentato sviluppo delle industrie e dei commerci, regola meglio i varî contratti di servizio e fa delle aggiunte al diritto ereditario. (N. 78 degli allegati ai proocolli stenografici della Camera dei signori — XXI Sessione 1912; N. 2-HH).

Ora approfittando della guerra, che ha dato già tanti morti e tanti ne darà, il governo austriaco ha provveduto a rimediare in parte all'inazione del parlamento facendo promulgare mediante il noto art. 14 (vedremo poi) della costituzione austriaca un decreto-legge ai 12 ottobre 1914, che mette in vigore tutta la parte della novella riguardante, diremo, il « diritto seguente la morte »: la dichiarazione di morte, la tutela e la curatela, il diritto ereditario, e allargante la capacità giuridica della donna. Pur avendo ristretto parecchio (specialmente a favore dell'erario) le riforme progettate nella Novella del senato, il decreto-legge persegue (molto modestamente) tre tendenze moderne e sane: l'equiparazione della donna all'uomo, il miglioramento della condizione dei figli illegittimi e la protezione dell'infanzia e la limitazione del diritto ereditario. (V. l'art. dell'ex-ministro di giustizia e prof. d'università dott. F. Klein nella *Neue Freie Presse* dei 18 ott. 1914, N. 18014). Un decreto-legge della stessa data — motivato anche

tunate, alla conseguente decadenza economica e alla sensibilissima riduzione territoriale della monarchia — per ben due volte in un solo decennio portò lo stato alla bancarotta. Vent'anni dopo la situazione ridivenne criticissima. Abbiamo veduto le riforme finanziarie ai tempi di Maria Teresa atte a migliorare le condizioni del tesoro dello stato. Le guerre infelici provocate dalla politica imperialistica di Giuseppe II cominciarono però ad aggravarla di debiti. Già nel 1770 si cominciò ad emettere della carta-moneta in forma di biglietti di banco; nel 1791 il debito dello stato ammontava a 399 milioni di fiorini e già nel 1802 quasi al doppio, a 680 milioni (oltre 1500 milioni di lire: somma enorme in quei tempi), mentre gl'introiti ordinarî dello stato erano appena di 86 milioni di fiorini annui, dei quali quindi almeno la metà avrebbe dovuto esser impiegata a pagare gl'interessi del debito. Si tentò di rimediare alla penuria di denaro ricorrendo a palliativi pericolosissimi: alla proibizione di esportare moneta metallica (1802), al deterioramento della valuta e ad un'aumentata emissione di biglietti di banco, che nel 1809 — dopo la pace di Schönbrunn, dettata da Napoleone — ascesero nientemeno che alla somma di 729 milioni di fiorini. La prima bancarotta dello stato era imminente; il ministro delle finanze (*presidente* della « camera aulica generale ») O'Donnell emana ai 19 dicembre 1809 la famosa « patente dell'argento » (*Silberpatent*), con cui incamera tutto l'argento trovantesi in possesso di privati, che non serva ad usi indispensabili, verso pagamento con « buoni di partecipazione » (*Anteilscheine*) o con biglietti di banco, e circa un anno più tardi, ai 20 febbraio 1811,

" Silberpatent ". Bancarotta 1811.

questo con le condizioni create dalla guerra — estende di molto il concetto giuridico dell'usura anche su negozi fra commercianti e la colpisce con la nullità civile del negozio ed eventualmente con sanzioni penali. Il prof. di diritto all'università di Vienna dott. A. Löffler (v. *Neue freie Presse* dei 14 ott. 1914, N. 18010) ne prevede conseguenze dannose per l'attività economica del paese, mentre l'usura commerciale dei *trusts* e dei grandi latifondisti, signori feudali, saprà bene sfuggire alle sanzioni.

la vera patente di bancarotta, pubblicata in tutte le province alla stessa ora dei 15 marzo, — con profonda impressione e disperazione delle popolazioni colpite — secondo la quale gl'interessi del debito dello stato furono ridotti della metà, il valore reale della carta-moneta fu ridotto a un quinto del suo valore nominale (da 1060 milioni — quest'è dunque la somma nominale del debito di stato non sottoposto ad interessi — a soli 212 milioni); però anche questa somma ridotta, non potendo esser pagata ai possessori della carta in moneta metallica, doveva esser sostituita da nuovi titoli di credito dello stato, dai cosiddetti « buoni di conversione » (*Einlösungsscheine*, che rappresentano la cosiddetta « valuta di Vienna », *Wiener Währung*); lo stato si obbligava di non emetterne in un importo superiore ai 212 milioni fissati per la conversione. Con tutto ciò — in gran parte causa le nuove guerre — il contigente di carta-moneta, sott'altro nome più lusingante di « buoni di anticipazione » (*Antizipationsscheine*), andò aumentando da anno in anno. Nè il nuovo ministro delle finanze, il conte Giovanni Stadion, l'ex-cancelliere, che si diede a tutt'uomo a riordinare dopo il 1814 le finanze dello stato, restringendone le spese, riformando il sistema delle imposte, creando nel 1816 la Banca nazionale (*Nationalbank*), che d'ora in poi ebbe il privilegio esclusivo di emissione, fu in grado d'impedire nel 1816 la seconda bancarotta di stato dell'Austria, che ridusse il valore della « valuta di Vienna » del 60 %, sicchè 100 fiorini della nuova « valuta convenzionale » (*Conventionsmünze*) rappresentavano ora 250 fiorini della « valuta di Vienna » ossia il possessore di 1250 fiorini prima del 20 febbraio 1811 era ora in possesso di una somma equivalente ammontante a soli 100 fiorini (1).

"Nationalbank", Bancarotta 1816

(1) Ben a ragione quindi Beethoven si lamentava nelle sue lettere di esser divenuto un mendicante avendo ora (nel 1811) il suo stipendio di 4000 fiorini in biglietti di banco soltanto il quinto del valore nominale; era perciò costretto a vendere le sue composizioni a prezzi irrisori. Nel 1818 il valore del denaro era ancora tanto deprezzato, che per es. l'avviso tea-

Il successore di Stadion, il conte Klebelsberg ricadde nel brutto vizio di fare dei debiti senza tener troppo conto delle reali condizioni finanziarie dello stato e di quelle economiche del paese e nel 1834 l'Austria subì un altro periodo di acuta crisi economica, che arrestò di nuovo per qualche tempo lo sviluppo già incipiente delle industrie e dei commerci della monarchia. Nel frattempo era stata fondata la « società di navigazione danubiana » (1829), costruita la ferrovia settentrionale (*Nordbahn*), che unisce Vienna alla Moravia e alla Galizia, e che era una delle prime ferrovie sul continente (da principio a cavalli, dal 1838 con locomotiva), nel 1833 fondato da operosi cittadini italiani a Trieste il Lloyd austriaco (questo nome porta appena dal 1892) quale società d'assicurazione, che tre anni dopo divenne pure società di navigazione per il Levante; la stagnazione della vita economica della monarchia dopo il 1834 fu ancor più accentuata dalla politica sempre più reazionaria, retrograda negli affari interni del cosiddetto partito degli arciduchi a corte, che durante il regno del mentecatto (1) Ferdinando I (1835-48) prese del tutto le redini del governo nelle proprie mani mettendo subito (dic. 1835) a lato di Metternich nella « conferenza di stato » (*Staatskonferenz*, chè così si chiama ora l'au-

Industrie, commerci.

Ferdinando I. Camarilla.

---

trale dell'opera di corte per la sera dei 2 luglio 1818 — è vero, che cantava la Catalani; il teatro era l'odierno *Theater an der Wien*, che ora serve all'operetta — portava i prezzi enormi per quei tempi da 120 fiorini (246 lire) per palco fino a 3 fiorini (6,50 lire) per gli ultimi posti in piedi nel quarto loggione! Non ci voleva che la disinvoltura di saltimbanco del pubblicista aulico e metternichiano Gentz per scrivere: « *La perte, qu'eprouve le public par la depreciation graduelle du signe monetaire, n'est autre chose qu'une taxe plus ou moins sévère, que lui impose le Gouvernement pour faire face aux besoins extraordinaires de l'Etat.* Nello stesso anno si pubblicò anche il codice civile ma, a bella posta, con ritardo, perchè i codificatori nella bancarotta del credito pubblico non vollero aggravare maggiormente il credito privato. Vedi in proposito: Dr. Max Reinitz, *Das österreichische Staatschuldenwesen von seinen Anfängen bis zur Jetztzeit* — Monaco, Lipsia 1913. Ed. Duncker et Humblot.

(1) Vedi: Friedjung, op. cit. — Francesco I morendo aveva detto — si narra — al figlio: « Non toccar niente delle basi dell'edificio statale; governa, ma non mutar nulla ».

torità suprema per gli affari interni) il suo rivale conte Kolowrat, che ne diviene presidente, e il reazionarissimo arciduca Lodovico, che impedisce l'attuazione di qualsiasi riforma più moderna: così quelle dei trattati di commercio, con i quali si voleva abolire il sistema dei dazi proibitivi, dannosissimo alle industrie e al commercio; impedì pure le convocazioni delle diete provinciali, con l'aiuto delle quali si voleva lenire la crisi finanziaria, e si oppose, acchè si dessero alle popolazioni i mezzi necessari per un maggiore sviluppo intellettuale, consono ai tempi ed ai bisogni della nuova vita. Le ricchezze del paese dovettero così rimaner infruttuose, senza che i cittadini sapessero e potessero sfruttarle razionalmente (1).

Costituzioni. Le guerre con esito infelice e con il conseguente bisogno urgente di denaro, di nuove imposte e di nuovi crediti per lo stato, furono sempre in Austria ammonimento alla corte di ritornare al rispetto o per lo meno alla finzione di un rispetto verso le antiche costituzioni dei regni e delle province della monarchia, costituzioni, che — è bene notarlo ancora una volta — allora, ai tempi delle guerre napoleoniche, erano ancora in Austria ben lontane dal concetto moderno della parola costituzione, erano resti miseri degli antichi privilegi medioevali degli stati provinciali, della nobiltà e del clero specialmente. Dopo la prima bancarotta di stato (1811) Francesco I cominciò a pensare alla ripristinazione di queste costituzioni, naturalmente soltanto in quella misura, che fosse compatibile con il suo assolutismo perso-

Diete. nale; perciò i patteggiamenti con le diete, onde limi-

(1) Lo sviluppo delle industrie era stato intenzionalmente ostacolato in tutta l'Austria dai governi di Francesco I, di Ferdinando I e nei primi anni di regno di Francesco Giuseppe anche dal suo governo. Si temeva il sorgere di focolai rivoluzionari nei centri industriali e perciò Francesco I ordinava, che non solo non si permettessero fondazioni di grandi manifatture, ma possibilmente che se ne diminuisse il numero. Poi lesinava sui libri e sui cibi da darsi ai carcerati e faceva pelare i contribuenti delle province più ricche. Per lo sfruttamento del Lombardo-Veneto v. n. (2) a p. seg.

tare quanto più la loro sfera d'azione durarono anni; tre anni, per esempio, (fino al 1816) con quella del Tirolo, che fu sempre tra le province austriache la più fiera dei suoi privilegi, pronta a difenderli anche con insurrezioni (1). La preoccupazione e il pensiero dominanti, che guidavano in queste trattative Francesco I e i suoi consiglieri, erano di riservare al sovrano pieni poteri circa le imposizioni delle imposte e il loro ascendere; le diete non avrebbero dovuto che provvedere alla ripartizione di esse fra i contribuenti e al modo di esazione; dovevano dunque aiutare a spremere quanto più denaro dalle popolazioni a favore del tesoro dello stato. Del resto l'assolutismo e la reazione poliziesca dovevano regnare sovrani (2).

Movimenti nazionali. Boemia.

Però i primi movimenti popolari e nazionali, ancora

(1) Nel 1818 la provincia del Tirolo ottenne per sè la pubblicazione di una leggina speciale ancor vigente, per cui nel Tirolo è libero il porto d'armi. Il Tirolo ha pure una propria milizia territoriale ordinata per comuni (con propri casini di bersaglio, *Schiessstände*) a spese del bilancio provinciale e sottoposta all'« autorità superiore per la difesa della provincia » (*Landesverteidigungs-Oberbehörde*) di Innsbruck. Anche per la *Landwehr* tirolese vi sono norme speciali di legge.

(2) Un esempio di questo sfruttamento delle province abbiamo nel Lombardo-Veneto. Sandonà nel suo libro (op. cit.) espone i bilanci ufficiali di quelle province durante il secondo dominio austriaco dopo il 1815 desumendoli dagli atti degli archivi di stato di Vienna. Da questi atti risulta, che nel Veneto — già esausto dalle lunghe guerre — l'Austria aveva raddoppiato, poi triplicato e alle volte quadruplicato l'ammontare annuo degli introiti erariali confrontati con quelli usuali ai tempi della repubblica di Venezia. Mentre questi proventi, sotto la repubblica interamente e sotto il breve dominio francese quasi interamente, servivano per l'amministrazione provinciale e quindi il denaro restava nel paese, che lo contribuiva, durante il dominio austriaco quasi costantemente ogni anno circa la metà dei proventi del bilancio lombardo-veneto trasmigrava nelle casse di Vienna quale « assegno alle finanze dell'Impero »; cioè tutti gli avanzi del bilancio del regno italiano andavano a perdersi nelle voragini incolmabili dei debiti di guerra dell'impero austriaco. Gli avanzi da circa 35 milioni di lire annue nel 1814 andarono crescendo fino a circa 75 milioni negli ultimi anni del dominio. L'Austria ricavò così dalla Lombardia e dal Veneto fra il 1814 e il 1859 in media sessanta milioni netti di lire all'anno, *il che equivale a 2 miliardi e 760 milioni di lire in solo denaro, che l'Austria asportò dall'Italia*, senza contare le spogliazioni —

in forme del tutto legalitarie ed umilissime, cominciavano già a farsi sentire anche nelle province austriache, specialmente in quelle più progredite; così in Boemia, dove dopo la catastrofe del Monte bianco l'elemento nazionale czeco era andato scomparendo dalla superfice della popolazione in grazie a quella mirabile tenacia, con cui gli Absburgo pare si tramandino per testamento da padre in figlio le tradizionali direttive della loro politica, che qui dai tempi di Ferdinando II (1620) fino a Carlo VI (1740) consistette nella sistematica importazione di tedeschi in modo che ormai quasi tutta la nobiltà e tutte le città della Boemia erano tedesche; forse anzitutto il pericolo di conquista prussiano, dimostrato *ad oculos* con le invasioni di Federico II, e le libertà concesse parzialmente da Maria Teresa e da Giuseppe II, in special modo a favore dei contadini, i quali in Boemia erano rimasti il fondo e la base dell'elemento czeco, fecer sì, che si ricominciassero a coltivare la lingua e la letteratura e che si ridestasse la coscienza nazionale degli czechi. Durante il regno di Francesco I questo processo di elevazione del popolo czeco continuò con il crescente progresso industriale e agricolo di quella ricca provincia, che fu risparmiata quasi sempre dalle devastazioni delle guerre napoleoniche, passàtele accanto. Il centro della vita nazionale intellettuale czeca divenne in quel tempo il Museo nazionale boemo di Praga, che ebbe uno dei suoi fondatori più alacri e suo pre-

Slavismo.

---

frequentissime in quegli anni — delle collezioni di opere d'arte e delle chiese delle province italiane; opere d'arte, che finirono nelle collezioni e nei musei aulici di Vienna. Lo stesso à avvenuto ed avviene ancor oggi per le province italiane ancora soggette alla monarchia absburghese, s'intende, in proporzioni adeguate alle loro condizioni economiche. Anche recentemente, due anni or sono, una bellissima pala di Pellegrino da S. Daniele conservata nella basilica di Aquileia prese dolosamente il volo per Vienna. Uguale sorte ebbero parecchie altre opere d'arte d'Istria e di Dalmazia. V. i miei articoli cit. (*Tribuna* e *Adriatico*). Per lo sfruttamento della Boemia v. n. a p. 155. Uno dei legami più solidi, legame d'interessi economici, tra le sfere dominanti austriache-ungheresi e le province da esse dominate è appunto questo dello sfruttamento. E' però un legame alquanto unilaterale.

sidente il conte Gaspare Sternberg. Un altro potente agitatore dell'idea nazionale fra gli czechi fu in quei tempi il poeta Jan Kollár (1793-1852), nato fra gli slovacchi dell'Ungheria settentrionale, che assieme con lo sloveno Bartolomeo Kopitar (1780-1844) per i jugoslavi, si può dire l'iniziatore di quel movimento letterario nazionale fra gli slavi del nord e del sud dell'Austria e dell'Ungheria, che serviva a larvare dinanzi agli occhi della polizia assolutistica le agitazioni e le aspirazioni dei popoli oppressi (1). Loro discepolo fu quel Lodovico Gaj, croato, che fu, si può dire, il primo ideatore del cosiddetto « trialismo », nome dato nei nostri giorni alla sua idea « illirica », all' « illirismo », con cui, anch'egli da principio soltanto in forma letteraria, mascherava le sue tendenze politiche di uno stato nazio-

Illirismo.

(1) Jan Kollàr, come quasi tutti i primi agitatori fra i popoli slavi della monarchia, che non avevano altra borghesia altre classi intellettuali fuorchè il clero, era un prete e quindi di una unilateralità mentale, che facilmente si spiega con l'educazione teologica dei chiusi seminari. Non vedeva che dappertutto lo slavismo. Fu un agitatore potente dell'idea nazionale nei suoi canti e nei suoi scritti, che da principio faceva stampare a Pest. Allora l'Ungheria era l'asilo degli spiriti più liberi e più nazionali d'Austria. Il suo poema *Slavy dcera* (la figlia della gloria; *Slava* = gloria), pubblicato tra il 1821 e 1832, è un allegoria, in cui esprime il dolore del suo popolo oppresso dai tedeschi. *Cestopis* (1843 pure a Pest) è la descrizione del suo viaggio nell'Italia settentrionale, nel Trentino, Tirolo e Baviera. In una sua perifrasi della « Divina Commedia » aggiunta alla 2ª edizione della *Slavy dcera* mette Carlo Magno (il cristianissimo!), principi e condottieri tedeschi, Arpad, il fondatore leggendario d'Ungheria, quali nemici dello slavismo nell'inferno. Ciò caratterizza pure, come fu impostata subito da principio sulla base di odî e di vitupéri la lotta nazionale in Austria fra popoli, che dovrebbero convivere tra di loro. Nella sua opera postuma *Staroitalia slavjanska* fa l'Italia antica abitata da Wendi e quindi, secondo lui, da slavi e slavi Virgilio, Catullo, Plinio e Livio. Degne di nota queste caratteristiche della mentalità slava di quei tempi, che ha lasciato però tracce profonde anche ai giorni nostri fra gli slavi della monarchia. Avremo occasione di riparlarne trattando degli slavizzatori della parte italiana di Dalmazia. Dal 1840 in poi intorno a Kollâr si forma il centro del nazionalismo czeco-slovacco, che lotta per i diritti della lingua nazionale.

Il suo compagno d'armi Kopitar, nato a Repnje in Carniola, divenne consigliere aulico e primo custode della Biblioteca palatina di Vienna; fu assieme con il serbo Vuk Karagich (1787-1864) si può dire, il fondatore della letteratura e della

nale jugoslavo (1) sotto gli Absburgo accanto all'Austria e all'Ungheria (2). L'opera nazionale e politica in

---

filologia jugoslave. I croati e i serbi di Dalmazia veramente avevano avuto, in grazia all'influsso esercitato su di loro dalle città italiane di Dalmazia, una bella fioritura letteraria già nei secoli XVI e XVII. Erano in pari tempo questi autori slavi dalmati in maggioranza anche poeti latini e italiani, sempre però imitatori dell'arte italiana. Si confrontino le opere del Gondola (Gundulich) raguseo con quelle del Tasso e di altri poeti contemporanei d'Italia. V. nota a p. 100 e ss.

(1) Il nome jugoslavi è di data recentissima e di significato più geografico (*jug* sud e perciò anche sud-slavi) che nazionale; appena dal 1905 cominciano a sorgere partiti politici tra i croati con il programma dell'unità nazionale fra serbi e croati; e appena durante la guerra balcanica 1912-13 si accentua anche fra gli sloveni il movimento unitario jugoslavo. I partiti clericali però e croati e sloveni (fortissimi) sono ancora contrari ad un'unione nazionale con i serbi. Secondo essi i serbi dell'Austria devono divenire croati.

(2) Gaj (1809-1872), nacque a Krapina in Croazia; fu discepolo di Kopitar; con il suo opuscolo, stampato pure a Pest nel 1830, *Kratka osnova hrvatsko-slavenskoga pravopisanja* (brevi elementi di ortografia croato-slava) divenne il fondatore dell'odierna ortografia dei jugoslavi cattolici (croati), mentre gli ortodossi (serbi) conservarono la grafia cirilliana. Di famiglia agiata viaggiò molto, studiò a Graz, Vienna, Pest, Praga, in Russia, acquistando una coltura generale, non profonda però. Bello, affascinante di persona e di parola raccolse subito intorno a sè a Zagabria dei seguaci ferventi. L'idea dell'unità nazionale dei jugoslavi, che era già balenata a qualche poeta, per es. 100 anni prima al frate Andrea Kacic sotto il nome di *slovinci* (slavi), egli ora comincia a predicarla e ad agitarla con il nome di « illirismo » e nella forma di un programma politico: separazione dall'Ungheria, lingua « illirica » negli uffici pubblici e nelle scuole. Fonda nel 1836 i giornali *Ilirske Novine* (gazzetta illirica) e *Danica ilirska* (stella mattutina ill.). Nel 1844 da Vienna si proibisce l'uso del nome « illirico »; esso però continua fino al 1860; in quest'anno l'illirismo tramonta e cede il posto al croatismo di Kvaternik e di Starcevich. Ne riparleremo nella II parte. Noteremo soltanto, che mentre l'illirismo e il croatismo di quei tempi si accontentavano dell'ideale « triregno croato » (Croazia, Slavonia e Dalmazia; la dieta dalmata aveva ripetutamente respinto ogni proposta di unione alla Croazia), il croatismo dei nostri giorni pretende ancora l'incorporazione alla Croazia della Bosnia-Erzegovina, dell'Istria, di Trieste, di Gorizia, delle terre slovene e di Fiume. Questo è il programma dei « trialisti ». Gaj negli ultimi anni fu un buon austriaco. Durante la rivoluzione di marzo nel '48 fu egli a guidare la deputazione croata a Vienna, che doveva chieder il consenso della corte alla nomina di Jelacich a bano di Croazia e quindi a comandante delle truppe croate contro i magiari ribelli. Gjuro Surmin: *Povjest knjizevnosti hrvatske i srpske* (storia della letterat. croata e serba), Zagabria 1898 e altri suoi scritti.

questi primordî d'agitazione consiste — come del resto alcuni lustri prima in Italia — nel fondare istituti culturali, scuole nazionali, nel pubblicare giornali e libri con tendenze nazionali e democratiche larvate (1).

Questi movimenti ritardatarî sono naturalmente in istretto nesso con quelli, precedenti per tempo, delle province italiane, che vedremo poi, delle province tedesche, tutte in fermento nazionale per le guerre napoleoniche e delle terre d'Ungheria (2). Qui, abbiamo veduto, dai

Province italiane.

(1) In questi anni sorsero fra i vari popoli slavi dell'Austria-Ungheria le loro società letterarie-scolastiche dette *Matice* (madri). Una delle prime fu la *Matica* (pron. mátizza) *srpska*, serba, sorta a Pest nel 1826 e trasportata nel 1864 a Novisad (Neusatz) nella Vojvodina in Ungheria. Più tardi e ai giorni nostri queste società divennero strumenti formidabili di propaganda nazionale slava fondando scuole slave anche in paesi tedeschi (Vienna) e italiani (Trieste). Gli sloveni e i croati a canto delle loro *Matice* letterarie hanno le società scolastiche « dei ss. Cirillo e Metodio ». A combatter questa propaganda i tedeschi hanno i loro *Schulverein*; gli italiani contro le propagande tedesca e slave fondarono prima la società *Pro Patria*, soppressa dal governo austriaco, poi la *Lega Nazionale*, anche questa combattuta dalle autorità austriache. Ne riparleremo.

(2) Ci riservavamo di trattare nel II vol. ampiamente del risveglio nazionale nelle province italiane dell'Austria. Sulla loro partecipazione nel Risorgimento d'Italia ci sono larghe notizie in pubblicazioni italiane. Qui noteremo, che la gioventù di quelle province studiava alle Università di Padova, di Pavia e di Bologna e quindi s'infiammava degli stessi entusiasmi e li portava seco nelle province. Ricordiamo Prati, trentino, e Tommaseo, dalmata, due campioni oltrechè delle lettere italiane anche del primo Risorgimento. L'Arch. del Min. int. di Vienna ha interi incartamenti di rapporti e di lettere intercettate riguardanti questi due apostoli. Che anche nelle province italiane rimaste all'Austria siano state diffuse le società segrete carbonare e massoniche italiane, lo prova un incartamento (a. 1823, N. 1566-578, Arch. Min. int.) su un'inchiesta fatta dall'autorità politica di Spalato (Dalmazia) per alcuni emblemi e scritti massonici trovati nell'asse ereditario di Don Giorgio Licissich (fosse Lississich). Il risultato dell'inchiesta fu: . . . « nel resto potè particolarmente rilevare il sottoscritto, che il defunto Sacerdote Lissicich presso l'ora cieco ed impotente (*sic*) Arciprete Meneghetti, la di cui famiglia diriggeva (*sic*), ne avesse rinvenuto varie Patenti Massoniche, che il pio Religioso ebbe in Confessione, che alcune di queste avesse sul momento abbrucciato (*sic*) e che le due in questione (intestate a un certo Nic. Mosca) s'avesse portato seco a Casa sua ». Mi consta da narrazioni di vecchi dalmati di contrabbandi dall'Italia di stampe, poesie e prose proibite e di conventicoli segreti per leggerle. Naturalmente — date le condi-

Ungheria.

tempi di Leopoldo II è ristabilita l'antica costituzione con i privilegi antichi degli stati provinciali, bandita la lingua tedesca dagli uffici e restituita la latina, rimesse in vigore le antiche leggi ungheresi, sicchè i due codici, civile e penale, non valgono per l'Ungheria nè per le «parti annesse» (Transilvania, Croazia e Fiume); lo stato unitario austriaco (l'*Einheitsstaat*) di Giuseppe II quindi internamente non esiste più; è ripristinato il «dualismo» amministartivo e costituzionale, ma soltanto internamente, perchè ora, dal 1804, verso l'estero i dominî degli Absburgo appaiono sotto il nome solo di Austria; prima di quell'anno verso gli stati esteri nella politica internazionale agiva in nome dei propri dominî l'imperatore germanico, dal 1804 invece essi sono rappresentati dall'imperatore d'Austria, la diplomazia per essi è austriaca, l'esercito è austriaco, le bandiere e gli emblemi sono austriaci; appena nel 1848 la rivoluzione ridarà all'Ungheria anche verso l'estero un'individualità politica internazionale, che sarà però subito dopo soppressa dall'assolutismo militare di Francesco Giuseppe I; l'Ungheria sarà allora di nuovo per tre lustri ridotta a un'umile provincia dell'Austria, dell'*Einheitsstaat*, finchè il 1867 ristabilirà il «dualismo», che vive ancora. Però il sistema poliziesco di Metternich non lascia rispettati a lungo nemmeno in Ungheria i privilegi costituzionali. La dieta ungherese, che

Dieta ungherese.

zioni speciali delle province adriatiche — non era un movimento molto esteso, nè ordinato. Incartamenti voluminosi dello stesso archivio degli anni 1820-22 contengono rapporti delle autorità marittime austriache sulle cose di Napoli e sono diretti contro quei costituzionali. Un incartamento (a. 1821, fasc. 841, N. 1843; Arch. Min. int., Vienna) è tutto dedicato ad un'inchiesta infruttuosa per scoprire gli autori di un proclama diretto in lingua latina alle truppe ungheresi mandate in Lombardia e nel Modenese. Esso diceva: «*Strenui milites Hungari. Austriacae callidissimae artes jam vobis per tot saecula notae, vos ad primos Italici belli honores appellant, non pro dilecta patria, vel pro Aris pugnaturos, sed contra tranquillas gentes nihil praeter avitos Reges et patria statuta sibi vindicantes. Nostra libertas aggreditur* (sic) *eodem iniquissimo consilio, quo olim vestra aggressa fuit* (sic), *scilicet ut dum singuli pugnant, omnes subficiantur...*». Furono fatti molti arresti di soldati e di persone trovati in possesso del proclama.

nel 1811 si rifiuta di riconoscere valida per l'Ungheria la disastrosa patente della bancarotta di stato, è sciolta e per 13 anni non è più riconvocata. La nobiltà e il clero d'Ungheria, in continua lotta per i loro privilegi e per i diritti nazionali con la corte, al contrario di ciò che avviene nelle province austriache, assorbono qui i principî moderni democratici e trasportano la loro opposizione all'assolutismo nei comitati e nelle assemblee comitali, che sono ancor sempre il fulcro dell'amministrazione statale in Ungheria, l'arma potentissima, che vedemmo già adoprata contro le riforme di Giuseppe II e che vedremo cent'anni dopo usata ancora, con tanta efficacia, contro il ministero dittatoriale di Fejervary. Anche qui, sebbene l'idea nazionale vivesse ininterrottamente da secoli almeno nella coscienza della nobiltà ungherese, — esempio raro di aristocrazia più patriottica che dinastica, spiegabile forse con le peculiarità di questa razza asiatica, circondata, con grave pericolo per la sua individualità nazionale, da popoli tanto diversi da essa — il movimento popolare, esteso alle masse più larghe della nazione, cominciò negli ultimi due decennî del sec. XVIII, anche qui da principio in forma di movimento letterario, spirituale, anche qui con la fondazione del Museo nazionale ungherese per iniziativa del conte Francesco Széchenyi. Intorno a suo figlio Stefano (1), Luigi Kossuth, al conte Andrassy e ad altri

Movimento nazionale ungherese.

(1) Stefano Széchenyi (1792-1860), detto poi da Luigi Kossuth « il più grande ungherese », uscito dall'esercito austriaco e ritornato da un viaggio in Inghilterra, maestra di tutte le democrazie, con idee nuove, fonda l'Accademia ungherese, dedicandovi del suo 60,000 fiorini, il teatro nazionale (1832), il conservatorio di musica, fa costruire il primo ponte stabile a catene fra Buda e Pest, che più tardi diverranno *una* città, la capitale. Nel 1834 fa eseguire la regolazione del basso Danubio aprendo nella viva pietra delle sponde rocciose una strada maestra e nello stretto di Kazan di fronte alla *tabula Traiani* una lapide moderna ricorda l'opera del concorrente ungherese dell'imperatore romano. Nel gabinetto Kossuth del 1848 fu ministro dei lavori pubblici. Internato nello stesso anno in un manicomio di Döbling presso Vienna vi fu tenuto, pare, anche dopo guarito; molestato continuamente dalla polizia austriaca per alcuni opuscoli anonimi antiaustriaci imputatigli nel 1860, stanco, si suicidò.

si raccoglie dopo il 1830 il « partito dei patriotti », radicale, nazionale, democratico, che ha di contro il partito dei conservatori ,capitanato dai fratelli Emilio e Aurelio conti Dessewffy, pure nazionale, ma più moderato, meno ostile alla corte, non però democratico: voleva conservati i privilegi di classe. Però contro l'assolutismo tutti gli ungheresi sono d'accordo e Metternich si sente costretto nel 1825 di riconvocare la dieta, che funziona regolarmente fino al 1848 e che per le riforme a base moderna da essa votate (abrogati i servi della gleba, concessi dei diritti anche ai contadini, nel 1843 permesso anche ai cittadini non nobili di occupare cariche negli uffici pubblici) è detta « la dieta delle riforme» (l'epoca dei *Reformreichstage*).

Riforme moderne. Ferdinando I.

Durante questo periodo di attività della dieta e di buoni rapporti fra essa e la corte, Francesco I prudentemente fa incoronare nel 1830 suo figlio Ferdinando a re d'Ungheria (1). E il governo di Ferdinando porta da principio parecchie concessioni nazionali all'Ungheria, fra cui due importantissime: la lingua magiara negli

(1) Ai 7 settembre 1836 Ferdinando I si fece incoronare a re di Boemia a Praga; fu l'ultima incoronazione di un re boemo. Francesco Giuseppe non seguì il suo esempio. Perciò anche dopo l'abdicazione di Ferdinando a favore del nipote gli czechi dimostrativamente accentuavano, finchè visse Ferdinando, il quale per lo più dimorava a Praga, ove morì nel 1875, ch'egli era il loro vero re incoronato. Sull'ex-imperatore Ferdinando I, detto il Benigno fu pubblicato recentemente dal pronipote del capo del suo gabinetto interno un'ampia biografia apologetica (conte Vittorio Ségur-Cabanac: *Kaiser Ferdinand I (V) der Gütige in Prag*, Bruna 1913, ed. Fed. Irrgang). L'autore vorrebbe dimostrare, contro le affermazioni dello statista Kübeck nelle sue « Memorie » e del medico privato dell'ex-imperatore bar. *von* Stifft, che il male, che affliggeva Ferdinando I, non aveva indebolito le sue facoltà mentali. Una dimostrazione, che difficilmente può riuscire. La debilità mentale di Ferdinando I era tanto notoria, che subito dopo l'incontro di Francesco I con lo zar Nicolò I a Münchengrätz (1833) fu raccontato, che il vecchio imperatore d'Austria commosso avrebbe espresso allo zar le sue preoccupazioni per l'avvenire causa la malattia del principe ereditario, al che lo zar in un impeto di generosità si sarebbe inginocchiato e avrebbe giurato di voler esser sempre d'aiuto a Ferdinando. Nel 1849 quindi Nicolò I, secondo alcuni storici austriaci, non avrebbe fatto che mantener la parola data. V. Molden, op. cit.

uffici al posto della latina e l'unione amministrativa della Transilvania all'Ungheria. La Transilvania ora tra le inutili proteste dei sassoni e dei rumeni diviene una provincia ungherese; sorge così la questione dell'autonomia transilvana, richiesta dalle popolazioni non magiare di quella provincia, soprattutto dai rumeni, chè i sassoni godendo ancora dei privilegi la dimenticano volontieri. A Vienna però a corte si comincia ad impensierirsi delle troppe riforme e libertà concesse agli ungheresi, si teme le conseguenze dell'esempio pericoloso nelle province austriache, specialmente in Boemia e la reazione comincia con l'arresto e con la condanna di Kossuth, che uscito dal carcere diverrà ancor più popolare e assumerà la direzione del partito dei patriotti più radicali.

Breve idillio di fratellanza nazionale.

Qui a Buda e a Pest, in questo periodo di relativa libertà, e Kollar e Gaj ed altri precursori ed iniziatori dei movimenti dei popoli tedeschi e slavi d'Austria fanno le loro prime armi e pubblicano i loro primi libri di propaganda nazionale; qui si ordinano pure i fili segreti della grande congiura della democrazia internazionale austriaca, che farà scattare nel 1848 al segno della rivoluzione di Parigi anche i popoli d'Austria e d'Ungheria con le rivoluzioni quasi simultanee di Praga, di Vienna, di Budapest e di Zagabria, rivoluzioni finite male per la poca maturità dei popoli d'Austria di allora specialmente degli slavi del nord e del sud, che formarono i battaglioni degli eserciti di Windisch-Graetz, di Jelacic e di Radetzki, rivoluzioni però, che — sia pure dopo due decennî di nuovo assolutismo militare — daranno anch'esse i loro buoni frutti.

olizia di stato.

(I) Veramente non sarebbe esatto dire Metternich « fondatore » della « polizia di stato » in Austria. La Polizia, che esisteva anche nei secoli precedenti come autorità degli stati provinciali posta a tutelare l'ordine pubblico con leggi e con la forza, fu statizzata in Austria già nel 1754 sull'esempio prussiano, ma appena sotto Giuseppe II con il primo ministro di Polizia Pergen e ancor più sotto Francesco I con Metternich e con il ministro di Polizia Sedlnitzky la « polizia di stato » in Austria diviene l'autorità, che con mezzi segreti spesso illeciti persegue scopi politici a tutela dello stato e delle azioni e degli interessi suoi politici. La cura dell'ordine pubblico in interesse dei cittadini è affidata ora alle autorità di polizia comunale, locale e alla gendarmeria. Il buon andamento della « polizia di stato » fu la cura pubblica principale di Francesco I; per esso egli — avaro in tutto — non lesinava sulle spese e nel 1793 crea subito il vero ministero di Polizia (*Polizei-Hofstelle*); con Pergen ordina nei più minuti particolari il sistema dei servizi polizieschi; affida la censura a questo ministero e abolisce per la Polizia ogni segreto epistolare. Il « gabinetto segreto delle cifre » aveva la sua sede nel palazzo imperiale e dal 1812 fa parte della cancelleria privata dell'imperatore. Ogni ufficio postale più importante nelle province ha la propria « loggia postale », che ha lo stesso scopo del « gabinetto » di decifrare e riassumere le lettere intercettate. Le copie, i sunti e alle volte gli originali di queste lettere sono gli « intercetti », che il ministro allegava ai suoi rapporti all'imperatore. Quante lettere, che invece di arrivare al destinatario finirono all'Archivio di Vienna! Nel 1803 Pergen ottiene, che l'attività del suo ministero sia estesa anche all'estero « per sorvegliare (con i corrispondenti, confidenti) lo spirito dominante in tutta Europa, le segrete società filantropiche » (allora filantropia per le autorità significava rivoluzione e quindi le società da sorvegliarsi erano: massoni, illuminati, Carbonari, mazziniani poi, in Germania le corporazioni studentesche e i *Tugendbündler*. La risoluzione sovrana dei 2 febbr. 1806 deve esser considerata come la vera costituzione della polizia segreta di stato in Austria. Francesco I d'accordo con i suoi consiglieri ordinava: « in ogni casa degli inviati diplomatici esteri più cospicui dovranno trovarsi uno due servitori (portinai, cocchieri, camerieri) al servizio della polizia; occorre molta attenzione nella scelta dei confidenti di alto bordo e della gente minore; negli alberghi più in voga e nelle *pensions* più ricercate è bene assicurarsi sempre alcuni confidenti fra le persone di servizio; tener sempre pronto un numero sufficente di tali individui per adibirli al servizio delle persone, che saranno da sorvegliarsi; ...tutte le corrispondenze lungamente continuate sono da invigilarsi; si devono scoprire i *canali* delle corrispondenze segrete e specialmente alle stazioni dei confini daziari visitare rigorosamente i passanti di ceto inferiore, con maggior prudenza i viaggiatori di distinzione; quanto più di rado ricorrere agli strattagemmi delle perquisizioni domiciliari per pretesto di contrabbando, ad arresti per vari pretesti, ecc. ». I servitori, confidenti della polizia, avevano fra altro l'obbligo di raccogliere i resti dei cestini, delle stufe, le carte asciuganti con le impronte d'inchiostro; negli archivi di Vienna ci sono parecchi « intercetti » di questa specie. I funzionari decifratori arrivavano a fare dei veri miracoli d'interpretazione. Napoleone nelle sue memorie per lodare la sua Polizia la confronta soltanto a quella austriaca. Questa — con la breve interruzione del '48 — ha continuato la sua attività fino ai giorni nostri, con arte sempre più raffinata, e ancor sempre anche all'estero, secondo vedremo, e in Italia, e in Serbia; da non confondersi ripeto con lo spionaggio militare. La polizia austriaca ha però il vantaggio di trovar delle popolazioni tedesche e slave, che si prestano facilmente a renderle servizi. Sulla Polizia in Austria v. l'importante op. cit. di Fournier, prof. all'Università di Vienna, e il mio artic. nella *Tribuna* dei 5 settem. 1913, N. 247.

ustria e Russia in Oriente.

(II) Subito dopo la guerra russo-turca 1828-29 le relazioni della Russia verso le sue alleate occidentali s'eran raffreddate; lo zar si era riavvicinato a suo suocero, il re di Prussia. La rivoluzione del luglio 1830 a Parigi finì con lo staccare completamente Nicolò I, che aveva ancora l'impressione della sanguinosa rivolta decabrista scoppiata fra le sue truppe il giorno, che salì al trono, e i suoi ministri dalla Francia e dall'Inghilterra. Metternich ne approfittò subito; appena avutane notizia si recò a Carlsbad a conferire con il vice-cancelliere russo conte Nesselrode e qui fu stipulato su un foglietto di carta (*le chiffon de Carlsbad* dei 6 agosto 1830) il ritorno alla Santa Alleanza, sebbene in modo ancora del tutto generico: « non intervenire nelle questioni interne di Francia, ma non permettere, che la Francia attenti agli interessi materiali d'Europa, garantiti dalle transazioni generali, nè alla pace dei vari stati europei ». Lo stesso anno nella questione dell'indipendenza del Belgio le grandi potenze d'Europa si trovarono divise nei due gruppi: quello liberaleggiante anglo-francese e quello legittimista austro-russo-prussiano. All'amico fidato dello zar, al conte Alessio Orloff, che era venuto con un autografo del suo sovrano ad assistere all'incoronazione di Ferdinando I a re d'Ungheria (Presburgo 1830) e che offriva 150.000 soldati russi per una guerra contro le potenze occidentali, Francesco I consegnava una lettera per lo zar, in cui diceva, che « soltanto l'unione più intima fra i due imperatori poteva essere la salvezza nei gravissimi pericoli dei tempi ». Metternich aggiungeva in un lungo memoriale (v. Archivio di stato a Vienna), che si doveva accentuare dinanzi a tutto il mondo la solidarietà dei due imperi, regolare la questione di aiuto reciproco in caso di pericoli interni e prevedere il caso di una grande guerra contro la Francia e contro i rivoluzionari europei. Perchè — secondo le parole di un agente di Metternich, Prokesch — nel cancelliere austriaco « era incancellabile l'idea fissa (Gentz la dice: la menzogna fondamentale), che tutte le rivoluzioni fossero opera di società segrete » concentrate a Parigi. La rivoluzione di Varsavia (nov. 1830) compì l'avvicinamento della Russia all'Austria, sebbene Metternich non fosse stato alieno per un momento di accarezzare l'idea di una resurrezione del regno di Polonia, che separasse i due imperi. La resistenza polacca durata quasi un anno diminuì il prestigio della Russia in Europa a tutto vantaggio dell'Austria e della politica di Metternich, che preservò in quegli anni l'Austria, sola fra tutti i paesi d'Europa, da rivoluzioni interne. L'egemonia conservatrice austriaca in Europa era ora indiscussa e l'occupazione francese di Ancona in risposta all'intervento militare di Radetzky contro i rivoluzionari di Modena e delle legazioni pontifice non turbò punto l'azione austriaca appoggiata anche con minacce di guerra a Parigi (marzo 1832) dalla Russia. Metternich con orgoglio scriveva in quei giorni (11 apr. 1832, Archivio di stato, Vienna) all'ambasciatore austriaco a Pietroburgo, conte Ficquelmont: « sono la persona di fiducia intima di uomini e di partiti di opinioni molto opposte. Ora sono loro padre spirituale, ora mi chiamano in aiuto, come un malato chiama un medico. Sono più ministro del re di Prussia del suo stesso ministro; salvo il re della Baviera dall'orlo del precipizio; Casimir Perier mi confida le sue preoccupazioni per il suo posto e il papa mi prega di regolare le sue faccende ». — Metternich riesce ora con il principio conservatore legittimista di appianare per qualche tempo con trattato di Münchengrätz (18 sett. 1833) il contrasto d'interessi e di vedute esistente fra Austria e Russia nelle questioni dell'Oriente europeo. Veramente fino alla fine del sec. XVIII le due monarchie procedettero d'accordo nella cacciata dei turchi dall'Europa e si divisero le spoglie del nemico. Il primo trattato di alleanza offensiva austro-russa contro il turco con una susseguente azione comune guerresca è del 1696 e fu rinnovato nel 1726. La pace di Belgrado (1739) diede poco buoni risultati per l'Austria, perchè i suoi eserciti erano stati battuti. Così pure lo furono quelli di Giuseppe II, che pareva secondasse il bel sogno della sua alleata, Caterina II, di fondare un grande impero orientale, che — secondo gli storici austriaci (v. Hans Uebersberger: *Russlands Orientpolitik in den letzten zwei Jahrhunderten* (I. vol.), Stoccarda, 1913) — sarebbe stato una secondogenitura russa.

Ma il prudente Leopoldo II lasciò in asso la Russia e nel 1791 firmò la pace di Sistova. Daallora il contrasto or latente or palese nella politica orientale austriaca e russa è questo: la Russia vuole accelerare la cacciata della Turchia dall'Europa e liberare dal giogo turco i popoli balcanici, riservandosi mano libera nella Turchia asiatica, assicurandosi la via aperta dei Dardanelli ed escludendo l'Austria da ulteriori conquiste balcaniche; l'Austria invece vuole ritardare lo sfacelo della Turchia (afferma perciò il principio legittimista della conservazione dello *status quo*), finchè non giunge il momento buono per essa di far delle conquiste territoriali (Bosnia-Erzegovina), e si oppone quindi non solo ad ogni conquista russa, ma anche alla liberazione dei popoli balcanici, specialmente se questa liberazione avviene per opera o per aiuto della Russia rivale.

I due stati sono stati conseguenti in questi loro punti di vista fino al giorno d'oggi in tutte le crisi d'Oriente e persino nei loro trattati e nelle loro convenzioni comuni d'alleanza giocando d'astuzia e di parole diplomatiche per mascherare le loro tendenze opposte. Si accordavano sui due punti: 1. aiutare la Turchia a conservarsi e a riformarsi; 2. ma se la Turchia era condannata a sfasciarsi e non voleva riformarsi, i due governi dovevano intendersi per fissare il nuovo ordine di cose. Il guaio era, che la Russia poi nella sua politica perseguiva piuttosto il secondo punto e l'Austria il primo.

Così fu dopo il trattato di Münchengrätz, così durante la guerra di Crimea, così nel 1878, così nel 1912-1913. Uebersberger, che nel suo libro mostra tendenze di un imperialismo cristiano sociale austriaco, spiega le origini di questa « missione storica » liberatrice assunta dalla Russia dai tempi del « manifesto » di Pietro il Grande ai « greci, valacchi (rumeni), bulgari e serbi gementi sotto il giogo barbarico dei turchi », contro la tesi di storici slavi, che i molti profughi iugoslavi, ricoveratisi in Russia dopo le conquiste turche in Europa abbiano entusiasmato la corte e l'alta società russe per l'idea della liberazione dei Balcani, con la tendenza egoistica degli zar della Russia di arrivare a Costantinopoli e di proclamarsi capi ecumenici di tutto il mondo ortodosso: Bisanzio slavo, invece che greco, contro Roma cattolica. Ora álmeno per la politica orientale russa del sec. XIX quest'affermazione non corrisponde alla verità storica e stanno a provarlo i documenti dello stesso Archivio di stato di Vienna e gli avvenimenti storici svoltisi fino ai giorni nostri.

Certamente anche nella politica russa vi è il lato dell'interesse proprio particolare: conquiste e penetrazione nella Turchia asiatica, libero passaggio per il commercio russo e per la flotta russa del Mar Nero nel Bosforo e nei Dardanelli e chiusura di questi per le flotte nemiche, difesa dell'ortodossia e influsso del prestigio russo fra i popoli balcanici; ma vi è anche il lato ideale della liberazione e dell'indipendenza sempre maggiore di questi popoli, il che invece è stato sempre ostacolato da Metternich e dai suoi successori, se si eccettua l'episodio albanese del 1913, anche questo però poco onorifico per il governo austriaco. — E' noto, che già nel sett. 1829 pochi giorni prima della pace di Adrianopoli la Commissione orientale istituita dallo zar Nicola I consigliava in un memoriale allo zar di non portar la Turchia allo sfacelo e in caso, che ciò fosse inevitabile, di impedire a qualunque costo, che lo sbocco del Mar Nero cadesse in mano di una grande potenza. Questo disinteressamento da parte russa di conquiste territoriali nella Turchia europea fu ancor meglio accentuato nella seguente crisi provocata dal vicerè d'Egitto con la sua conquista della Siria. Mehemet Alì minacciava di prender Costantinopoli e di ricostituire un nuovo impero arabo, che avrebbe fatto cadere tutti i piani della Russia nella Turchia asiatica e di liberazione in Europa; inoltre Mehemet Alì era un ribelle contro il proprio sultano. La difesa del legittimismo e la conservazione della Turchia in questo momento indussero Metternich e lo zar a firmare il trattato di Münchengrätz tanto più, che anche in questa crisi Austria e Russia legittimiste si trovavano di contro la Francia e l'Inghilterra e mentre la Russia mandava a difesa del sultano le sue navi e 15,000 uomini nel Bosforo e stringeva il patto segreto di alleanza russo-turca a Hunkiar Iskelessi (8 luglio 1833), che obbligava la Turchia a chiudere lo stretto dei Dardanelli in caso di bisogno a qualsiasi nave di guerra non russa, l'Inghilterra e la Francia mandavano le loro navi all'imbocco dei Dardanelli. Lo zar in questo frangente voleva assicurarsi la cooperazione austriaca anche per il caso di uno sfacelo della Russia e fu egli a far delle *avances* a Vienna. Metternich tergiversò per qualche mese quasi per accentuare la superiorità austriaca di fronte alla Russia uscita da poco dalla rivoluzione polacca; ma quando apprese del trattato di Hunkiar Iskelessi si affrettò a seguire l'invito dello zar.

Questi (v. relazione di Ficquelmont a Metternich, 25 febbr. 1833, Archivio dello stato, Vienna) aveva detto all'ambasciatore austriaco: « Vorrei conservare l'impero turco; ma non ho fiducia nella sua vitalità. *S'il tombe, je ne veux rien de ses débris; je n'ai besoin de rien.* Ma non possiamo affidar la faccenda al caso. Che fare? ». E lo zar propose « la seguente soluzione — secondo lui — la più semplice, la più naturale e la meno compromettente: al posto dell'impero turco ricostituiamo l'antico impero greco cristiano; il principio l'abbiamo già nel nuovo stato greco e nel suo re Ottone di Baviera ». Metternich appena nel maggio di quell'anno si sbottonò un po' all'ambasciatore russo Taticeff: a Vienna si voleva conservare con ogni mezzo il potere del sultano; sulle rovine della Turchia non doveva sorgere mai un grande stato pericoloso per i due imperi e men che meno una seconda Baviera dall'altra parte dell'Austria; in caso di uno sfacelo della Turchia si sarebbe dovuto provvedere alla costituzione di tanti piccoli stati indipendenti: Moldavia, Valacchia, Serbia, Bosnia, Bulgaria, Albania, gli stati cristiani retti da principi, quelli maomettani da Khans; il principe, che risiederà a Costantinopoli non dovrà in nessun caso portar il titolo d'imperatore. Nelle ulteriori conversazioni lo zar abbandonò il suo progetto e il trattato di Münchengrätz, tenuto conto delle circostanze speciali del momento, fu redatto all'incirca sullo schema solito: conservazione della Turchia e intesa preventiva in caso di sfacelo; un articolo segreto faceva il trattato diretto specialmente contro il vicerè d'Egitto. Lo zar, che era quello, che faceva la politica russa, e che conosceva la natura ambiziosa del cancelliere austriaco, salutò Metternich al loro primo incontro a Münchengrätz con le parole: « Vengo a pormi sotto gli ordini del mio capo. Conto, che vorrà farmi cenno, quando starò per commettere qualche *gaffe* ».

Dopo Münchengrätz a Vienna e nelle capitali europee si accusò Metternich di aver asservito la politica austriaca a quella russa; Metternich al contrario affermò, che era stata la Russia ad accettare il suo punto di vista della conservazione della Turchia. Secondo il solito avevano ragione per il momento ambedue le parti: Metternich pensava più alla conservazione, lo zar più allo sfacelo. Questa pagina di storia orientale è interessante, perchè segna nelle sue linee generali le direttive della politica, che seguiranno verso la Russia e la Turchia tutti i successori di Metternich dal conte Buol-Schauenstein ai conti Andrassy, Goluchowski, Aehrenthal, Berchtold e che condurranno la monarchia alla guerra di oggi, quando alle questioni austro-russe d'Oriente si saranno aggiunte quelle dell'ukrainismo e della ortodossia in Galizia e in Bucovina (v. cap. ss.). — Un vero successo in quest'incontro della politica antirivoluzionaria e antiliberale di Metternich fu il trattato di Berlino, in cui i tre monarchi alleati stabilivano il loro diritto d'intervenire a tutela dell'ordine e delle autorità legittime in tutti i paesi d'Europa.

Era questa una vera alleanza difensiva e offensiva contro la Francia. Metternich aveva cercato di prepararla con uno scambio di visite separate dei tre sovrani (Francesco I e il re di Prussia a Theresienstadt; lo zar e il re di Prussia a Schwedt; lo zar, Francesco I e il *kronprinz* di Prussia a Münchengrätz).

Gli accordi firmati poi nel trattato di Berlino produssero impressione a Londra e a Parigi.

Il duca di Broglie in risposta alla comunicazione dei tre alleati consegnò loro una breve nota asciutta, in cui dichiara, che la Francia non avrebbe mai permesso un intervento straniero in Piemonte, in Svizzera e nel Belgio. — V. su tutto ciò l'interessante op. cit. di Molden.

CAPITOLO VIII.

L'intermezzo rivoluzionario, (1848-1849)

La reazione militare

Concordia di popoli.

I prodromi delle rivoluzioni del 1848 in Austria si fanno sentire più apertamente dal 1840 in poi; sono le classi più elevate delle popolazioni, quasi esclusivamente le città maggiori, che vi prendono parte; il movimento è parallello e, si può dire, concorde fra le varie nazioni della monarchia; regna ancora non turbato il principio della fratellanza fra i popoli, gli sforzi sono uniti contro il comune oppressore, contro l'assolutismo della corte, di Metternich, dell'aristocrazia e del militare di Vienna; e questa concordia di italiani, di ungheresi, di tedeschi e di slavi, documentata dagli articoli dei giornali democratici di quei tempi e dagli oratori alle diete e al parlamento del '48 — esempio, che vanamente si cercherà più tardi nella storia dei popoli d'Austria — porta ai primi trionfi della democrazia, distrutti poco dopo dalle gelosie e dai conflitti fra slavi e tedeschi, fra ungheresi e slavi e rumeni e così via, provocati e sfruttati con mano maestra dalla corte, dal militare e dal clero (1).

(1) I giornali di Vienna mai scrissero con tanta simpatia e con tanto senso di giustizia delle aspirazioni e delle cose italiane, come in questi tempi. Sfogliando le collezioni dell'annata 1848 di quei giornali conservate nella Biblioteca municipale di Vienna, se ne trovano prove ad ogni pagina. Ne porto un esempio; il *Radikale* d. d. 22 sett. recava una notizia, datata Torino 16 sett. 1848, così concepita: « Il governo di

A parte gli italiani, fra le altre popolazioni della monarchia sono sempre gli ungheresi i primi all'avanguardia del movimento. Qui Luigi Kossuth con la sua fervida parola e con la penna si fa apostolo del costituzionalismo più democratico, più liberale e dei diritti di libertà e di uguaglianza per tutti e — nonostante gli attacchi mossigli per la sua pericolosa violenza dal conservatore Dessewffy e persino dal liberale Széchenyi, che poi sarà suo collega nel primo ministero costituzionale ungherese — egli diviene ora il vero capo dell'opposizione, cioè — meno i pochi conservatori — di tutta la nazione ungherese; Deák ed Andrássy, sebbene non altrettanto violenti, sono con lui; essi sono alla dieta i principali fautori dell'autonomia dei comitati, sapendo bene quale arma formidabile essa racchiuda in sè stes-

Ungheria:

i partiti;

---

qui (piemontese) fece fare delle ricerche presso tutti i reggimenti e fu constatato, che non mancava nemmeno una bandiera; per cui si suppone, che le *conquistate* bandiere esposte al pubblico (dagli austriaci) a Vienna, le quali hanno i colori sardi, mai sentirono l'odore della polvere, ma furono prese da magazzini di provviande pacificamente abbandonati ». Il dottore B. (evidentemente Becker, il direttore, fucilato poi nel periodo della reazione militare) postillava così: « Noi non possiamo fare a meno di rilasciare alle bandiere qui esposte il certificato, che esse hanno l'aspetto d'esser in ottimo stato e lavate di fresco. Noi riteniamo anche questi trofei per una delle molte menzogne od esagerazioni del nostro ministero ». Tutto ciò mutò come per incanto, quando la rivoluzione fu domata; i giornali non soppressi dalla dittatura militare, in parte con gli stessi redattori di prima, sia pure con altro nome, ridivennero fedelissimi e umilissimi prestaservizi del governo militare e poliziesco, riassumendo quindi anche il loro atteggiamento antitaliano, secondo vedremo in seguito. Nelle file dei rivoluzionari viennesi e ungheresi combatterono e trovarono eroicamente la morte anche parecchi giovani italiani. Il giornale *Wanderer* di Vienna (durante la rivoluzione si chiamava *Demokrat*) recava in data 3 dic. 1848 che Matteo Padovani di Trieste era stato condannato dal tribunale militare di Vienna a parecchi anni di fortezza con lavori forzati per aver preso parte alla rivoluzione, e in data 14 dello stesso mese portava: « Ieri mattina fu giustiziato il gregario Mazutto del reggimento fanteria Ceccopieri, perchè abbandonato il reggimento si era arruolato nella legione (dei rivoluzionari). Si dice, che la prima salva non l'abbia colpito ». Quanti altri eroi ignorati? Per il Lombardo-Veneto, che non entra nella materia di questo libro, si veda la ricca letteratura del nostro risorgimento nazionale.

sa contro l'assolutismo di Vienna, mentre il bar. Giuseppe Eötvös, poeta e romanziere, il suo amico Augusto Trefort e Ladislao de Szalay sono a capo della frazione liberale d'opposizione, che vuole limitata l'autonomia e centralizzata l'amministrazione di tutta l'Ungheria. Ma quando Metternich, preoccupato del movimento ungherese, crede giunto il momento di ritentare un regime assolutistico in Ungheria cominciando appunto dal sopprimere le autonomie comitali mettendovi a capo degli amministratori, e centralisti dottrinarî e autonomisti si uniscono in un fascio e nelle elezioni per la dieta battono clamorosamente i conservatori governativi. Ai 12 novembre 1847 Ferdinando I (V come re d'Ungheria) inaugura la sessione dietale con un discorso tenuto in magiaro. La rivoluzione scoppiata nel febbraio seguente a Parigi accelera il tempo dell'azione di tutte le democrazie d'Europa e anche dell'ungherese. La dieta comincia a votare le leggi fondamentali dello stato ungherese su base costituzionale moderna: abolizione delle antiche cancellerie auliche, istituzione di un ministero responsabile, libertà completa dei contadini; su proposta di Kossuth una deputazione della dieta, di cui fanno parte egli e il conte Lodovico Batthyány, va ai 15 marzo 1848 a Vienna, accolta con dimostrazioni entusiastiche dai viennesi, ormai anch'essi in bollore rivoluzionario, e ottengono in udienza da Ferdinando I, che in un momento di disorientazione generale a corte è lasciato in balìa di sè stesso, (1) la sanzione di tutte le loro leggi e la nomina del primo ministero ungherese con presidente il co. Batthyány e ministri Deák per la giustizia, Széchenyi per i lavori pubblici, Eötvös per l'istruzione e il culto, Trefort (più tardi) per il com-

Il primo ministero ungherese.

(1) Due giorni prima Metternich era fuggito allo scoppiare della rivoluzione viennese; a corte avevano perduto la testa; le truppe erano in massima parte impegnate in Italia; da tutte le capitali, da Praga, da Presburgo, da Zagabria e dalle altre città maggiori si annunciavano moti rivoluzionari.

mercio e per le finanze Kossuth, che, però è l'anima di tutto il consiglio. (1).

le "leggi del '48"

Ora governo e *parlamento* (la dieta assume ora tal nome *Reichstag*) passano da Presburgo a Pest e continuano ad elaborare le leggi fondamentali dello Stato tenendosi però sempre strettamente ad un programma costituzionale legalitario. Ferdinando I sanziona tutto; sono le cosiddette « leggi fondamentali del '48 », sanzionate tutte insieme (31) dal re agli 11 aprile 1848; la

---

(1) Luigi Kossuth, nacque di povera famiglia nobile nel 1802 (gli slavi lo dicono di origine slovacca). Fu avvocato. Nel 1832 mandato rappresentante alla dieta di Presburgo entrò nella vita politica e divenne giornalista coraggioso in lotta contro il governo austriaco e contro il partito dei moderati, conservatori. Dal 1837 al 1840 fu in prigione per reati politici di stampa. L'idea sua era di fare l'Ungheria indipendente dall'Austria politicamente ed economicamente con proprie industrie e propri commerci. Questo fu poi il programma di tutti i « partiti dell'indipendenza » in Ungheria. Agli slavi ed ai rumeni, che la corte gli aizza nel '48 contro, dice: « Deciderà la spada! » e provvede a creare l'esercito degli *honveds*. Fuggito nel '49 in Turchia si rifiuta di passare all'*islam*, mezzo consigliatogli dalla Porta per negare all'Austria la sua estradizione; si rifugia in America, poi nel 1853 con Mazzini a Londra, donde continua a cospirare contro l'Austria. Nel 1859 ritenta far insorgere l'Ungheria, ma la pace di Villafranca è conchiusa troppo presto. L'amnistia generale (1867) non lo rimuove; resta a Torino, sebbene in parecchi collegi d'Ungheria riesca eletto a deputato, e manda lettere aperte ai concittadini suoi quali capo intellettuale del partito dell'indipedenza. Nel 1879 per una legge portata dal ministero di Colomano Tisza perde la cittadinanza; molte città d'Ungheria lo fanno allora cittadino onorario. In occasione della sua morte (a Torino 1894) e del trasporto della sua salma in Ungheria gli si tributano onori imponenti, plebiscitari, tanto che Francesco Giuseppe di passaggio in quei giorni a Lubiana si sente mosso ad esprimere la sua indignazione; però l'edizione del giornale *Slovenski Narod* di Lubiana, che riporta le parole imperiali è fatta scomparire dalla circolazione. Il culto di Kossuth in Ungheria è grandissimo; gli furono dedicati finora circa 25 monumenti. Dal 1895 suo figlio Francesco gli successe come capo del partito (morto nel 1914). Il bar. Eötvös (1813-71) fu attivo ministro dell'istruzione anche come seguace di Deák dal 1867-71; gli successe fino al 1885 l'amico suo Trefort (1817-88) divenuto pure Deakista, cioè fautore del dualismo del '67. Szalay (1813-64) fu mandato come inviato diplomatico dell'Ungheria indipendente a Londra, ma, come gli altri inviati ungheresi alle altre corti, non fu riconosciuto. Di Deak e di Andrassy parleremo in seguito. Gli uomini politici di questi tempi erano amici degli italiani e rispettarono sempre il carattere italiano di Fiume.

camarilla reazionaria a corte non ha ancora ordinato le sue forze contro i rivoluzionari trionfanti e non può che lasciar fare. (1).

Austria. Mentre in Ungheria ciò si compieva finora tranquillamente, senza spargimento di sangue, a Vienna il 13 marzo, mentre la folla costringeva i rappresentanti degli stati provinciali con a capo il conte Montecuccoli e il settantenne conte Hoyos a presentare all'imperatore le petizioni votate dagli studenti, dai cittadini e dagli operai, chiedenti tutte le libertà costituzionali, le truppe intervenivano e dinanzi al palazzo della dieta con una scarica di fucileria uccidevano cinque persone fra

(1) Abbiamo già notato: le leggi in Ungheria invece del nome a indicarle portano il numero ordinale secondo l'ordine cronologico, in cui vennero create nella sessione. Per es. « II articolo delle leggi dell'anno 1848 » significa la legge sul palatinato e questa legge potrebbe poi esser divisa in più articoli o paragrafi. I principali fra questi 31 articoli di legge degli anni 1847-8 sono il II, che regola l'elezione del palatino il quale ha le funzioni di reggente anche quando il re è assente dal regno (le province austriache e Vienna sono pure riguardate come estero, quindi — abitando il re a Vienna — sarebbe una reggenza quasi continua), il V, che regola l'elezione dei deputati (446, eleggibili soltanto, se conoscono la lingua magiara, che vedemmo già prima introdotta al posto del latino negli uffici, in dieta, nelle scuole) e fonde tutte le *partes adnexae* (Croazia, Slavonia, Transilvania e confini militari; della Dalmazia, che invece sarà rappresentata a Vienna, non vi è parola) nello stato unitario d'Ungheria, rappresentato da un parlamento comune (camera dei magnati e dei deputati); la dieta transilvana acconsente; i croati invece con Jelacich protestano contro la fusione, contro la lingua magiara, contro il ministero ungherese, che non vogliono riconoscere, e d'accordo con Vienna dichiareranno poi guerra all'Ungheria, dalla quale si saranno proclamati indipendenti; gli articoli di legge VIII e IX sulle imposte e sull'esonero del suolo dai vincoli delle giurisdizioni patrimoniali; il XXI sui colori nazionali e sugli emblemi in Ungheria. Insomma è una costituzione parlamentare moderna, che riduce l'unione fra Austria e Ungheria al solo vincolo personale della dinastia comune; le 31 leggi non fanno cenno di alcun altro affare comune austroungarico. Oltrechè per il pretesto, che offrono ai croati di Jelacich di allearsi a Vienna, queste leggi sono importantissime anche per la storia recente d'Ungheria. Sebbene sanzionate regolarmente, domata l'insurrezione non sono più riconosciute dalla corte; anzi servono come capi d'accusa d'alto tradimento contro l'ex-ministro presidente Batthyany, che le presentò alla sanzione, e gli costano la vita, toltagli in modo miserando. Gli ungheresi però ne esigono ancor oggi il completo riconosci-

cui una vecchia; (1) il movimento rivoluzionario assunse allora dimensioni minacciose. La corte cedette su tutta la linea: concesse il licenziamento di Metternich e della sua mano destra, del presidente di polizia, Sedlnitzky, rimandò a Praga il generale principe Windisch-Graetz, che voleva soffocare con le truppe la rivolta, permise che si armassero gli studenti e formassero la «legione accademica» e che si rinforzasse la guardia civica, promise la costituzione e nominò il primo ministero austriaco costituzionale responsabile con presidente prima il conte Kolowrat, poi subito il ministro degli esteri Ficquelmont e infine il ministro bar. Pillersdorf, un funzionario del vecchio stampo giuseppino, però cieco istrumento anch'egli della camarilla aulico-militare, ritornata dopo le prime confusioni al potere. (2).

Ministero responsabile.

Anche nelle provincie austriache si hanno dopo il 1840 i primi segni forieri della rivoluzione. Nella dieta dell'Austria inferiore già in quell'anno il co. Breuner osa proporre, con grande scandalo del governo, di conceder dei rappresentanti in dieta ai cittadini, di abolire gli obblighi dei sudditi verso i signori feudali e di riformare le scuole. Fra i tedeschi d'Austria influirono moltissimo i sincroni movimenti di Germania; la rivoluzione stessa

I tedeschi.

mento e queste leggi sono le basi del programma dei cosiddetti «partiti del '48» (quarantottini) di oggigiorno in Ungheria (kossuthiani, justhiani e indipendenti, fusi ora tutti insieme contro Tisza) mentre i «partiti del 67» (Andràssy, Deàk, Tisza ecc.) accettarono l'accordo, il compromesso del '67 con la corona, appena quando questa formalmente riconobbe la validità di quelle leggi, ma in pari tempo ne ottenne la modifica dal parlamento del '67 nei punti, ritenuti da essa inconciliabili con la Sanzione prammatica, base della monarchia: per es. con una nuova legge fu sospesa l'elezione del palatino. In quei giorni di fervore nazionale, democratico anche il clero ungherese volle spontaneamente rinunciare ai suoi diritti di decime e anche l'abolizione di questo diritto fu inarticolata (art. XIII).

(1) Sono i *Märzgefallene* (i caduti di marzo) di Vienna (a Berlino ce ne furono pure) e ogni anno i socialisti e i liberali viennesi in quella data si recano in cortei alla tomba dei caduti.

(2) Fra i ministri sono da notarsi per la giustizia un Sommaruga, di origine italiana, uno dei capi del vecchio liberalismo tedesco-austriaco, per la guerra un Zanini.

di Vienna ,oltrechè esser diretta contro l'assolutismo, è uno scoppio di sentimento nazionale pangermanico, con sventolìo dei colori tedeschi nero-rosso-oro dal campanile di s. Stefano e con il pensiero dei cittadini e degli studenti diretto al grande parlamento nazionale di Francoforte. (1).

Dai primi di marzo piovono a corte petizioni di società, di cittadini, di studenti, una scritta anche da quel dott. Alessandro Bach, che poi diverrà il ministro assolutista di Francesco Giuseppe I; gli studenti, l' « Aula », secondo la frase di allora, sono a capo del movimento; Adolfo Fischhof, Giovanni Kudlich, (2) Willner e i giornalisti radicali Berger, Häfner, Tuvora ed altri ancora, cui più tardi nel periglio si uniranno rivoluzionarî democratici internazionali tedeschi, polacchi ed ungheresi, li guidano; l' «aula» e la guardia civica eleggono prima un comitato centrale, poi un comitato di si-

---

(1) Il sentimento *austriaco* a Vienna e in tutta l'Austria in questi giorni s'era dileguato a tal punto, che Leopoldo von Hasner poteva intitolare uno dei suoi articoli da giornali: « Un regno per *un* austriaco. » A Vienna uno dei circoli intellettuali democratici, che poi divennero rivoluzionari, sin dal 1841 era stato il *Juridisch-politische Leseverein* (Società di letture giuridico-politiche). Nei giorni della rivoluzione si trovò affissa sulla porta della sede sociale la scritta: « Qui si trovano dei buoni ministri ». Di fatti da questo circolo uscì quel, per quei tempi e per quelle popolazioni tipico ministro di giustizia Bach, un avvocatuncolo, di provincia, dalla rivoluzione del '48 *evoluzionatosi* in breve fino a divenire uno dei capisaldi della reazione aristocratica. A questo Bach che poi, caduto il suo regime, fu fino al 1867 ambasciatore d'Austria presso il Vaticano, i cristiano-sociali austriaci, fatti della stessa sua pasta, offersero nel 1891 un mandato al parlamento di Vienna, che egli per vecchiaia respinse.

(2) Kudlich nasce da contadini slesiani; nel 1849 deve scappare dall'Austria; combatte fra gl'insorti del Palatinato; condannato *in contumacia* a morte passa in Isvizzera poi in America a Hoboken (pr. New Jork), ove fa il medico e vive ancora; nel 1872, tornato a riveder Vienna, fu fatto da quel consiglio municipale, allora liberale, cittadino onorario. — Adolfo Fischhof, israelita, dopo Kremsier fu tenuto per 9 mesi in arresto; si ritirò poi su un suo piccolo podere nelle Alpi carinziane, donde in opuscoli (*Oesterreich und die Bürgschaften seines Bestandes*) e in articoli di giornali dal 1869 al 1889 consiglia di riformare la monarchia fondandola su autonomie nazionali, federali, ma si trova in opposizione ai centralisti tedeschi costituzionali.

curezza pubblica, che veglia sull'ordine e sulle conquiste della democrazia. Ai 25 aprile 1848 il ministero pubblica la costituzione, che era stata promessa (*April verfassung*, anche *Pillersdorfsche Verfassung*, sebbene sembri, che Pillersdorf non abbia fatto che copiare quella belga) e che per la prima volta dà il nome di « Austria » all'insieme delle province cislaitane (Istria, Dalmazia, Boemia, Galizia compresevi) di fronte all « Ungheria », mentre la patente del 1804 diceva Austria tutta la monarchia. La costituzione non trova però l'approvazione dell' «aula» e quindi nemmeno della popolazione, anzitutto perchè fu imposta (*octroyé*) con ordine sovrano invece che esser discussa e votata da un'assemblea costituente, poi perchè ha adottato il sistema delle due camere e ha negato il diritto di voto agli operai vincolandolo a un dato censo, tanto più che in quegli stessi giorni nelle province austriache appartenenti alla Lega germanica erano state fatte le elezioni per l'Assemblea nazionale di Francoforte in base al suffragio universale secondo il conchiuso della dieta federale dei 7 aprile 1848 in seguito alle rivoluzioni di Germania.

La prima " costituzione " - Austria e Ungheria.

La Corte, ove la *camarilla* degli arciduchi, delle arciduchesse, degli aristocratici e dei generali non ha ancora ordinato le file della reazione militare, al ripetersi di gravi tumulti popolari ai 15 maggio, cede ancora e in un proclama imperiale dei 16 maggio rinuncia all'idea del senato e del censo per il diritto di voto e dà alla camera dei 383 deputati, che ora saranno eletti a suffragio universale i diritti di un'Assemblea costituente (« *Feststellung der Verfassung durch die konstituierende Reichsversammlung* » dice il proclama); due giorni dodo emana una legge per la stampa, che istituisce i giurati per i reati di stampa; la censura era stata abolita già in marzo. La corte però si sentiva poco sicura o poco libera nei suoi movimenti e nelle sue macchinazioni segrete a Vienna e perciò fugge ad Innsbruck, fra i tirolesi recalcitranti alle teorie rivoluzionarie di quei tempi, portate dagli eserciti napoleonici, da essi tanto odia-

La Costituente.

La corte fugge ad Innsbruck.

ti e tanto combattuti nel 1809, (1) e lascia a Vienna il ministero Pillersdorf, che poi per la metà di luglio — perduta la fiducia dei viennesi per la politica di repressione iniziatasi a Praga, in Galizia, in Ungheria con gl'intrighi di Jelacich in Croazia — cederà il posto al ministero dei baroni Doblhoff e Wessenberg, ministro degli

---

Tirolo.

(1) Nel Tirolo si accentua in quest'anno un movimento inverso di quello di tutte le altre province. I tirolesi, fedeloni, protestano contro le riforme democratiche progettate dalla Costituente di Vienna e di Kremsier e iniziano una forte agitazione per ottenere una separazione amministrativa e politica dal resto della monarchia, rimanendo soltanto in un' « unione personale » per mezzo del sovrano comune. — Il Trentino, italiano, vuole invece anche ora il suo distacco dal Tirolo e proprio, mentre l'imperatore arriva a Innsbruck (18 mag. 1848), un gran comizio popolare tenutosi a Calliano (19 maggio '48) protesta contro la continuata unione illegale del Trentino al Tirolo, e si decide d'inviare al parlamento costituente di Kremsier una « petizione » firmata poi da ben 40.000 cittadini chiedente l'*autonomia* del Trentino. Di fatti la commissione costituzionale di Kremsier aveva dapprima deciso di staccare il Trentino dal Tirolo, ma poi su protesta dei tedeschi tirolesi annullò il suo deliberato. Nessun trentino comparve nel '48 alla dieta di Innsbruck, fuorchè il principe vescovo, che era un tedesco. I deputati trentini Maffei, Prato e Turco nella seduta dei 22 ott. 1848 protestarono contro la convocazione di quella dieta illegale e Turco disse: « Quella dieta sarà valida per il Tirolo; i distretti di Trento e di Rovereto protestarono subito contro la sua convocazione. Dal Trentino, che è quasi la metà della provincia, non vi si recò nemmeno un deputato. Perchè la dieta era composta secondo il vecchio sistema e vi erano prelati e nobili (*Ritter*), gli italiani domandarono una nuova rappresentanza del popolo, ma nulla giovò: la nuova costituzione fu elaborata secondo la vecchia, gli italiani non parteciparono in alcun modo alla elaborazione ed essi non andranno mai più alla dieta d'Innsbruck. » Poi continuando disse: «I trentini hanno aspirazioni e simpatie differenti da quelle dei tirolesi oltre alle questioni di nazionalità. Non si lasceranno più asservire dall'irrilevante maggioranza del Tirolo. Il capitano provinciale convochi pur la dieta, non vi andrà alcun deputato italiano. Si distingua bene fra i deputati tirolesi e trentini: questi siedono qui (nel parlamento costituente), invece i tirolesi no (perchè reazionari vi si astennero). » (Dal protoc. nel *Der Radikale* di quei giorni; v. collez. Bibliot. municip. di Vienna.) — Anche all'Assemblea nazionale di Francoforte, che andava prendendo arie pangermaniche sotto l'influsso del Bundestag, divenuto tedesco nazionale, i deputati trentini esigono l'*autonomia* del Trentino. Il giornale *Die Presse* di Vienna dei 18 agosto 48 reca da Francoforte « che quella Costituente respinse la proposta dei deputati trentini di separare i distretti di Trento e Rovereto dalla confederazione germanica e dal Tirolo. » Il giornale aggiunge:

Trentino.

esteri e persona di fiducia della corte, e di Bach, ministro di giustizia ora e rappresentante dei democratici, raccolti intorno al giornale *Costitution*, e più tardi barone e famoso presidente del consiglio durante il redivivo assolutismo burocratico-militare. Ai 22 luglio il primo parlamento austriaco, l'Assemblea costituente si riunisce a Vienna, elegge a presidenti un tedesco (Schmitt), uno czeco (Strobach) ed un polacco (Smolka) ed inizia i suoi lavori con la proposta di Kudlich, fatta ai 26 luglio e che diviene legge ai 7 settembre, con la quale si decretano l'esonero della terra, l'abolizione dei servizi rustici, delle giurisdizioni e della polizia patrimoniali, la fine dunque del feudalismo agrario, unica legge votata prima della fine forzata di questo parlamento ed eseguita poi con la patente imperiale dei 14 marzo 1849 dal nuovo sovrano Francesco Giuseppe I. In agosto furono nominate due commissioni: una per elaborare il « Progetto della costituzione dell'impero, delle province e dei comuni » e l'altra per un Progetto dei diritti fondamentali dei cittadini. Ma sopravvenne la reazione aulico militare, che vedremo, e i progetti rimasero soltanto progetti. (1).

L'esonero del suolo.

« I deputati trentini erano Festi, Pretis, Marsilli, Vettorazzi e Prato. Molti deputati dal Tirolo, dal Salisburghese, dalla Stiria ecc. presentarono controproposte. La commissione per questioni internazionali decise, che sebbene oggigiorno si dia peso alla lingua e alla nazionalità per stabilire i confini degli stati, pure la Germania non può esser tanto generosa (*sic*) da cedere territori, strategicamente tanto importanti, quando gli altri stati non fanno lo stesso e accenna all'Alsazia, Lorena, Kurlandia e Livonia. Consiglia i trentini di rivolgersi al loro governo (austriaco), per la separazione dal Tirolo e la Costituente riconosce loro il diritto dell'uso della lingua italiana negli affari ecclesiastici, scolastici, letterari (*Literatur*), giudiziari e nell'amministrazione interna ». I deputati trentini dopo ciò abbandonarono l'Assemblea e Francoforte. (V. collez. Bibliot. municip. di Vienna.)

(1) I due progetti, come pure i protocolli dell'Assemblea e delle commissioni sono stati pubblicati da Antonio Springer (Lipsia 1885) e nella *Wiener Zeitung* (23 dic. 1848). V. pure Bernatzik, op. cit. Delle commissioni facevano parte anche i deputati italiani Filippi (dalmata), Gobbi (medico, triestino), Goriup, Madonizza (istriano), Turco (trentino), Vaccano, i nomi dei quali si trovano segnati sotto tutte le proposte più

Boemia.

Anche in Boemia il movimento politico nazionale slavo, czeco comincia intorno al 1840, sorge un partito nazionale e alla dieta degli stati provinciali si domanda una censura più mite, più tardi persino l'autonomia della Boemia. A capo del movimento politico sono Palacky, il celebre storico czeco, Rieger, Faster, Trojan, Brauner e Strobach, che, nel marzo rivoluzionario di tutti i popoli, convocano la grande adunanza popolare al *Wenzelsbad* (1), formano un comitato nazionale, che poi assumerà le forme di un vero consiglio provvisorio di governo con il tacito consenso della corte, e inviano due deputazioni a Vienna *dal re di Boemia* a chiedere il ristabilimento del Regno boemo unito (Boemia, Moravia e Slesia) su base costituzionale moderna con piena equiparazione delle lingue czeca e tedesca negli uffici e nelle scuole, mentre finora dominava dappertutto soltanto il tedesco. Agli 8 aprile di fatti Ferdinando I emana un rescritto sovrano indirizzato al ministro presidente da comunicarsi ai deputati boemi in cui *ordina* l'equiparazione delle due lingue e *promette* la fusione e unione delle province boeme sotto un ministero boemo responsabile alla dieta del Regno boemo. Questa è la cosiddetta «Carta boema» (*böhmische Charte*), che fu subito poi ignorata completamente dalla « costituzione di Pillersdorf» dei 25 aprile e che fu citata in tutti i discorsi

" Carta boema ".

---

liberali e più democratiche. — Importante e caratteristico nel « progetto di costituzione » è il tentativo di risolvere le questioni nazionali dell'Austria dando alle sue province un'ampia autonomia, sicchè l'impero avrebbe avuto l'aspetto di una confederazione, di un'unione personale con la dinastia comune; entro le singole province poi, con una divisione in « circoli » (*Kreise*), che avrebbero avuto pure proprie rappresentanze autonome, si sarebbe tenuto conto delle diversità nazionali; così nel Tirolo il Trentino e il Vorarlberg avrebbero formato due circoli da sè. Il prof. Bernatzik dice questa idea « grande e fruttifera, alla quale in avvenire si ritornerà ». Per le divergenze di carattere puramente nazionale, che sorgessero entro le province di popolazioni etnicamente miste, il progetto prevedeva (art. 113) l'istituzione di « tribunali arbitramentali ».

(1) Grande salone di un ex-stabilimento di bagni su un'isoletta della Moldava in mezzo a Praga.

dei deputati czechi, di Palacky specialmente, nell'Assemblea costituente di Vienna e di Kremsier a fondamento delle loro richieste di autonomia completa; essa fu il pomo di discordia nel 1848 fra czechi e tedeschi, i quali non vollero già allora riconoscerla e servì egregiamente a Windsch-Graetz per inasprire fra i due popoli il dissidio a tal punto da poter contare sull'appoggio czeco — dopo domati con le armi gli spiriti più ribelli di Praga — nella sua opera di repressione reazionaria combinata d'accordo con la *camarilla* aulica. (1).

Croazia.

In Croazia il movimento letterario « illirico » iniziato da Gaj prende forme di agitazione politica nazionale, quando le leggi della dieta di Presburgo del 1840 ordinano di introdurre anche negli uffici e nelle scuole di Croazia la lingua magiara invece della latina finora in uso. Il partito nazionale con a capo il conte Draskovich entra in lizza per le elezioni delle assemblee comitali e già nel 1842 vi sono conflitti sanguinosi fra croati e magiari (2). Si cercano vie di accomodamento fra i due popoli e nell'anno delle rivoluzioni pare in principio, che uno spirito di fratellanza unisca tutti. Nel marzo del '48 si forma anche a Zagabria un comitato nazionale e fa eleggere a bano il generale Giuseppe Jelacich;

(1) Gli czechi attribuiscono ancor oggi somma importanza a questo rescritto imperiale, mai eseguito nè per ciò, che riguarda l'equiparazione delle lingue nè per l'unione delle provincie; subito nel 1848 lo inarticolarono fra le leggi provinciali (N. 74). Si trovò persino un senato della Suprema Corte di Giustizia (Cassazione) a Vienna, che in una sua decisione del 13 dicembre 1898 riconobbe quel rescritto per legge ancor vigente. L'opinione pubblica tedesca se ne mostrò nei giornali indignatissima dicendo fra altro, che quel rescritto era stato carpito ad un sovrano infermo. — Anche questo rescritto contribuì ad accrescere le simpatie boeme per Ferdinando I.

(2) Storici moderni croati, probabilmente per un piccolo tentativo di compensare le malefatte dei *confinari* croati, soldati austriaci in Italia, narrano, che le truppe che fecero fuoco a Zagabria contro la folla in ribellione erano formate da italiani. Il che, dati i metodi di governo in Austria, potrebbe esser anche vero. Finora però ne mancano le prove. Gli stessi storici narrano, che dopo le guerre di repressione di questi anni in Italia e in Ungheria la Croazia aveva avuto 44,000 vedove di più. V. Horvat, op. cit.

anche una deputazione croata guidata da Gaj si reca a Vienna a corte, ove fra tante deputazioni non si sapeva a che santo votarsi, e Ferdinando I dà l'approvazione al bano eletto dal popolo. Cade così in conflitto con gli ungheresi, che proprio allora stavano votando nuove leggi ribadenti l'unione della Croazia quale semplice provincia (e non quale *regnum socium*, secondo l'affermazione dei croati) all'Ungheria e l'obbligo di usare la lingua magiara nei rapporti fra gli uffici croati ed ungheresi, i colori e gli emblemi ungheresi nelle bandiere, sulle monete, nei bolli e nei suggelli. Le proteste e le minacce di Jelacich, le insistenti rimostranze del ministero ungherese contro di lui a corte, ove pare godesse appoggi speciali di arciduchesse, (1) e l'intervento diretto del presidente del consiglio ungherese ad Innsbruck inducono Ferdinando I a destituire Jelacich dal banato, ma questi, sicuro dei suoi appoggi e forse incitato segretamente dalla *camarilla*, resta al suo posto e prepara la guerra contro l'Ungheria, per la quale otterrà anche l'approvazione del sovrano, che poco prima l'aveva destituito.

rdie di popoli.

Così da una parte e dall'altra, dal nord e dal sud, gli slavi dell'Austria e dell'Ungheria, ai quali si alleeranno i russi, chiamativi dalla corte di Vienna, contribuiranno potentemente alla repressione dei movimenti di libertà nella monarchia; però — ad essere giusti — bisognerà rilevare l'errore d'intransigenza commesso allora, come frequentemente anche più tardi, e dagli Ungheresi verso i croati e dai tedeschi verso gli czechi. Errore, che se non fu causa — perchè bisogna tener conto, almeno per i croati, dell'immaturità politica di quel popolo, ancora in gran parte soggetto ad una dura amministrazione militare e quindi estremamente accessibile agli influssi aulici e militari — fu certamente pretesto della loro azione liberticida. È da notarsi an-

(1) In Croazia si narra e si scrive, che Jelacich abbia goduto le grazie e la protezione dell'imperatrice stessa, Maria Anna.

cora, che nè la Dalmazia nè Fiume, dominate dallo spirito italiano delle loro classi dirigenti, non parteciparono in alcun modo a questo movimento nazionale croato nè inviarono, sebbene invitatevi ufficialmente, rappresentanti alla dieta di Zagabria (1). Inoltre alla dieta stessa fra croati (o serbi cattolici) e serbi (o croati

(1) Anzi, quando si seppe, che ai 2 dic. 1848 Jelacich era stato nominato governatore di Fiume e (per brevissimo tempo) di Dalmazia, i deputati di Dalmazia, che erano arrivati ai 20 ag. a Vienna alla XIX' seduta di quella Costituente, nella seduta degli 11 dic. 1848 a Kremsier protestano contro tale nomina e interpellano l'intero ministero: come va che Jelacich sia stato nominato governatore della Dalmazia; accentuano, che la Dalmazia fu sempre riguardata come un corpo a parte, con propria amministrazione autonoma fino dai tempi romani. L'interpellanza è redatta in italiano. Nella seduta dei 14 dic. il deputato dalmata Natale Petranovich, leggendosi il protocollo dell'ultima seduta, osserva che non tutti i deputati dalmati firmarono l'interpellanza p. e. lui. Strobach (vicepresidente) propone e si accetta di metter i nomi dei firmatari nel protocollo. V. protoc. nel *Wanderer*, 15 dic. 1848, Bibliot. municip. di Vienna. Il solo, che non firma, è questo Petranovich, deputato serbo-ortodosso delle Bocche di Cattaro e consigliere di tribunale, che avendo occasione di seguire a Vienna più da vicino il movimento nazionale czeco e quello degli altri slavi della monarchia tenta d'iniziarne uno serbo-croato contro gli italiani in Dalmazia. Una pubblicazione croata recente del dott. Petar Karlic: *Matica Dalmatinska*, parte I - III, Zara 1913, ci rivela parecchi lati interessanti, documentati, di quest'azione. Essa prova anzitutto quanto artificiosa e non sincera sia la negazione, che fanno i croati di oggi, dell'esistenza di un forte elemento italiano in Dalmazia. I loro deputati alla dieta di Zagabria e i loro giornali nel '48 e più tardi nel 62 rivolgevano voci da sirene agli italiani di Dalmazia, dei quali riconoscevano i diritti nazionali e promettevano di farli rispettare invitandoli ad aderire all'annessione della Dalmazia alla Croazia. Invece appena ottenuta la maggioranza, con l'appoggio subdolo e violento del governo austriaco, alla dieta dalmata intorno al 1880, i croati — veri e non veri (vedi n. a p. 100 e ss.) — diressero tutte le loro armi all'annientamento dell'elemento italiano ed oggi ne negano persino l'esistenza. Il Petranovich s'era messo allora a raccogliere dei fondi per istituire secondo l'esempio czeco una *Matica Dalmatinska* (non si fidava ancor di darle il nome: slava o croata o serba per non aprire gli occhi agli italiani di Dalmazia sul vero suo scopo; appena nel 1913 si tenterà la fusione di questa Matica di Zara con quella *croata* di Zagabria). Ma nelle sue lettere, che dovevan restar segrete, dirette agli czechi, agli sloveni e allo stesso bano Jelacich per ottener il loro aiuto alla sua impresa, Petranovich dichiarava senza reticenze, che l'opera della *Matica* doveva esser diretta contro « il maledetto spirito italiano », che dominava in Dalmazia. Nella sua lettera da

ortodossi, poichè serbi e croati sono lo stesso popolo diviso da due confessioni) scoppiarono dissidî profondi per la delimitazione dei proprî distretti e non tutti i serbi parteciparono all'azione contro gli ungheresi, anzi una parte di essi combattè per l'indipendenza ungherese (1).

Galizia. Il movimento rivoluzionario dei polacchi in Galizia, a Leopoli ai 18 marzo ed a Cracovia ai 26 aprile con sanguinosi conflitti sulle barricate, non abbe nemmeno i successi effimeri di quello di Praga, poichè il logotenente conte Francesco Stadion, figlio all'ex-ministro delle finanze e fino pochi mesi prima benemerito logotenente di Trieste, con un decreto ministeriale dei 18 aprile libera i contadini dai servizi rustici e da altri obblighi di sudditanza fondiaria e li attira così dalla sua parte (contadini in maggioranza ruteni, russi) contro i signori, che sono i polacchi rivoluzionari; mezzo questo, di cui vedemmo e vedremo fatto grand'uso in Austria e in Ungheria un po' contro tutti i popoli e che avrebbe il suo lato buono, favorendo esso pure il progresso di una parte della popolazione e della parte più oppressa, se poi, ottenuto lo scopo voluto, non si lasciassero di nuovo gli oppressi in balìa dei loro op-

---

Kremsier dd. 19 febbr. 1849 al bano Jelacich Petranovich scrive: « Dalla piccola Dalmazia ogni corriere postale mi reca tristi notizie, secondo le quali l'italianità (*talijanstina*) lavora tenacemente a trattenere, se non soffocare il ridestatosi spirito slavo... Gli italiani (*Talijani*) lavorano segretamente e palesemente per annientarci. » Domanda quindi per mezzo del bano l'appoggio del ministero, dei funzionari scolastici e dei vescovi. Questi documenti dimostrano quindi una coscienza nazionale negli italiani di Dalmazia esistente già nel 1848. Soltanto che Petranovich fa apparire la loro azione di difesa come un'offesa agli slavi. La *Matica Dalmatinska* potè esser istituita appena nel 1862, dopo che 14 anni di assolutismo militare austriaco aveva preparato bene il terreno per i croati. In 14 anni erano stati raccolti soli 810 fiorini. L'opera di questa *Matica* fu anche in seguito miserrima, mentre quella della *Matica hrvatska* (prima *Matica ilirska* di L. Gaj) è stata finora insigne nella letteratura croata.

(1) A capo dei serbi contro gli ungheresi si misero il patriarca serbo Rajacich, il colonnello Sciuplikaz, eletto a vojevoda, l'ufficiale, poi generale Stratimirovich e per i volontari dalla Serbia il gen. Knicianin. Per gli ungheresi era il vicecconte di Temes, Sava Vukovich, con i suoi serbi.

pressori, appunto come avvenne dei ruteni in Galizia, dei rumeni, pure sollevati contro gli ungheresi, e dei croati in Ungheria, o non si facessero degli ex-oppressi nuovi oppressori, spesso ben più tristi perchè meno civili (1).

La grande crisi.

Abbiamo ora in aprile, maggio e giugno del '48 la potente monarchia di una volta divisa in quattro stati indipendenti, tenuti uniti soltanto dalla persona di un sovrano comune, ma impotente e ramingo: l'Ungheria, la Croazia, la Boemia e le province tedesche dell'Austria, che però minacciano ogni momento di fondersi con la grande Germania, che i patriotti tedeschi sperano di veder nascere dall'Assemblea di Francoforte. Le province italiane con Milano dalle 5 giornate e con Venezia repubblica sono già in pieno distacco dall'impero degli Absburgo, per il quale sembra sia giunta l'ultima ora; la sua fine pare imminente, poichè la corte non vuole adattarsi ai fatti compiuti, alla sorgente confederazione dei regni di Absburgo con costituzioni democratiche; gli arciduchi, i generali, tutta la camarilla aristocratica aulica tentano l'ultima carta per riprendere il potere nelle loro mani; è un giuoco azzardato: se fallisce, la rovina della dinastia — il parlamento ungherese ne proclamerà in ottobre la destituzione — segnerà la fine della quasi millenne monarchia. La fortuna invece volle arridere ancora agli Absburgo; fu fortuna delle armi di tre generali, del Windisch-Graetz prima a Praga, di Radetzky poi in Italia, di Jelacich e di tutto l'esercito austriaco, riunito e alleato ai russi infine, in Ungheria; il partito aulico militare riordinatosi alla riscossa, favorito dalle gelosie e dai dissidî sorti fra i popoli, finora nella con-

(1) I termini «oppressi» e «oppressori» specialmente per i tempi, in cui alcuni popoli d'Austria e d'Ungheria non avevano alcuna coscienza nazionale, si devono prendere *cum grano salis*. Per lo meno mancava il lato soggettivo, l'intenzione del popolo superiore di civiltà di opprimere. L'inferiorità dell'oppresso era una condizion di fatto, un portato storico. Oggi le cose non sono più così: oggi in Austria una nazione opprime l'altra con l'intenzione di farlo.

cordia vittoriosi, vince con le armi dei 3 generali e il nuovo sovrano, Francesco Giuseppe I deve a loro e ai loro eserciti il suo trono riconsolidato.

La reazione.

Gioverà seguire più attentamente il lavorìo segreto e le contrastanti azioni palesi apparentemente costituzionali della corte e dei partiti aulico e militare, mettendoli nel giusto nesso con gli avvenimenti, che si svolgono nella seconda metà del '48 e che ristabiliscono nella monarchia di nuovo unificata il vecchio sistema di assolutismo non meno poliziesco ed ancor più burocratico e militare; gioverà per farci comprendere, in quale ambiente, sotto quali auspici, sotto quali influssi crebbe e salì al trono, a soli diciott'anni, — secondo lo statuto della famiglia degli Absburgo, la maggiore età con tanta preoccupazione attesa da sua madre, l'energica ed attivisima arciduchessa Sofia, nata principessa di Baviera — Francesco Giuseppe, figlio all'arciduca Francesco Carlo, il vero erede al trono di suo fratello Ferdinando, che era senza prole; il nostro giudizio sui 65 anni di regno di questo sovrano non potrà che risultarne più completo e più spassionato.

Francesco Giuseppe I.

L'ambiente di corte, in cui crebbe Francesco Giuseppe, nato il 18 agosto 1830, ci è già in parte noto: è formato dagli arciduchi, dalle arciduchesse, dagli aristocratici in funzioni auliche e dai generali, che intorno a Ferdinando I, debole di mente e privo di qualsiasi volontà, sono il vero governo assolutista della monarchia. Vediamo anzitutto gli arciduchi zii, già in azione durante il regno di loro fratello Francesco I, dall'arciduca Giovanni, il « liberale » — uno di questi c'è sempre a disposizione della corte di Vienna per ogni buon evento! — al reazionarissimo arciduca Lodovico e a Carlo, dopo la morte del quale (1847) subentra in luogo suo il figlio Alberto, cui si attribuisce l'ordine delle fucilate dei soldati contro la folla ai 13 marzo, noto poi per la sua partecipazione nelle guerre contro la risorgente Italia e perchè ritenuto il capo (1) della reazione aulica militare in Austria e in Ungheria durante il regno di Francesco Giuseppe, l'arciduchessa Sofia invece del marito arciduca ereditario, ch'è debole di mente; la bonaria e timida imperatrice Maria Anna, figlia a Vittorio Emanuele I, con l'obbligo ingrato di vegliare continuamente intorno al marito sovrano, affinchè non commettesse delle *gaffes* (2). Metternich e Kolowrat, in continua rivalità però tra di loro, attorniati da una serqua di aristocratici, che coprivano le più alte cariche di stato e militari, erano i consiglieri più ascoltati e più potenti; ai loro servigi a Vienna e nelle province stavano i capi dell'esercito e della burocrazia, dominî questi oramai incontrastati dell'aristocrazia cortigiana e reazionaria. Questo fu l'ambiente, in cui fu allevato ed educato Francesco Giuseppe, sotto la sorveglianza di Metternich, da un abate Rauscher, che divenne poi il più fanatico vescovo agitatore clericale dell'Austria, da un gesuitico conte Enrico Bombelles, uomo di fiducia di Metternich, e da un conte Coronini, scelto ad aio dall'archiduchessa madre; salì al trono nel momento più burrascoso che la monarchia degli Absburgo avesse a passare nei secoli, quando le rivoluzioni di Vienna due volte costrinsero alla fuga la corte prima a Innsbruck, poi ad Olmütz e quando la salvezza della dinastia e dello stato rimase affidata a tre generali e a tre eserciti.

Windisch-Graetz.

Caduto Metternich è il generale, principe Windisch-Graetz, uno dei più ricchi feudatarî, al quale si attribuisce la frase, che l'uomo comincia ad esser uomo dal barone in su, che — divenuto generalissimo delle forze rimaste in Austria — senza curarsi delle autorità centrali costituite, dei ministri, spadroneggia da dittatore

(1) Morì nel 1895 presso Riva del Garda ad Arco, ove nel 1913 fu inaugurato in sua memoria un monumento. Era noto per la sua poca simpatia verso gli italiani, fra i quali era andato ultimamente a vivere, dicevasi, a sorvegliarli.
(2) Vedasi Friedjung, op. cit.

onnipotente con la violenza, con l'astuzia e con gli intrighi. Mentre l'arciduchessa Sofia, impressionata dai moti popolari, faceva, per mezzo di suo marito l'arciduca ereditario, radunare di notte la conferenza di Stato e il consiglio di famiglia per concedere al popolo, contro l'opposizione più caparbia dell'arciduca Lodovico, una semi costituzione e preparava la caduta del *Greisenregiment*, del regime dei vecchiardi (Metternich, Ferdinando I, i vecchi arciduchi, compresovi suo marito, Windisch-Graetz subito proclama lo stato d'assedio e fa sorvegliare il vecchio imperatore, affinchè non ricevesse delle deputazioni popolari e non si lasciasse andare a promesse inconsiderate di concessioni liberali.

a reazione all'opera.

Intanto la rivoluzione a Vienna — lo vedemmo — trionfa e la corte scappa ad Innsbruck lasciando a Vienna un ministero ibrido, mezzo liberale mezzo segretamente reazionario, che ha l'incarico di tener a bada con apparenze costituzionali il popolo, mentre da Innsbruck l'arciduchessa Sofia, divenuta ora la più decisa fautrice di repressione e di reazione, e Windisch-Graetz da Praga, ove la corte dovette rinviarlo cedendo al postulato dei viennesi a comandarvi le truppe, in corrispondenza continua con Radetzky in Italia, con Jelacich in Croazia e con tutti i fautori del partito di corte e militare (*Hof-und Militärpartei*) dell'impero, preparano ed affilano le armi, che soffocheranno nel sangue le rivoluzioni di Vienna e d'Ungheria. Fu ora, che il ministro presidente Wessenberg in risposta alle accuse da parte ungherese, che cioè, mentre da Vienna ufficialmente si sconfessa il bano Jelacich per la sua azione contro l'Ungheria e lo si dichiarava fellone, segretamente lo si incoraggiava ed aiutava, scriveva: non potersi difendere dai rimproveri degli ungheresi « perchè il bano dietro alle spalle del ministero è d'accordo con la *camarilla* ». Per farla finita con questo doppio giuoco della corte verso l'Ungheria, il ministro presidente ungherese Batthyany si recò in persona ad Innsbruck ed approfittando di un momento di mancata sorveglianza dell'imperatore, rimasto solo con lui, si fece firmare in data 10 giugno 1848 il suo bravo decreto, che destituiva Jelacich dalla carica di bano e di generale e persino metteva una taglia sul suo capo. Sei giorni dopo, mentre il decreto non promulgato ancora era nelle mani di Batthyany a Budapest, arrivava ad Innsbruck Jelacich e, ricevuto con gran pompa in solenne udienza pubblica dall'imperatore, commoveva con un suo altisonante discorso patriottico fino alle lagrime le arciduchesse e le dame di corte. Partito da Innsbruck con nuovi incoraggiamenti ed aiuti della corte, giunto ai confini della Croazia, gli piombava sul capo, pubblicato dai giornali, il decreto di bando e di morte; continuò la sua azione alla dieta, sebbene ufficialmente dichiarata illegale e — non interi tre mesi dopo ai 4 settembre — un nuovo decreto, firmato dallo stesso Ferdinando I, lo riponeva in carica e in onori; munito di poteri dittatoriali dalla sua dieta, dichiara ai 10 settembre in nome del regno di Croazia guerra al regno di Ungheria; si prende le prime sconfitte e prudentemente si ritira in Austria ad aiutare Windisch-Graetz, che in ottobre marcerà contro Vienna. Di nuovo Wessenberg, raggiunto di buon mattino ancora in letto dalle rampogne del segretario di stato ungherese Pulszky, rispondeva: « Anche questo avvenne dietro alle mie spalle; io non ne so proprio nulla e nulla posso dirle » (1).

La Croazia dichiara guerra all'Ungheria.

---

(1) Jelacich si sentiva tanto austriaco ed era tanto legato alla corte di Vienna, che ingannava anche il suo popolo croato e con un macchiavellismo del tutto militare alla dieta croata, che voleva proclamare l'indipendenza della Croazia, prometteva mari e monti, la dichiarava permanente e intanto per avere le mani libere... l'aggiornava. — Il giornale *Der Demokrat* di Vienna dei 12 ott. 1848 recava: « Ieri nella seduta del Parlamento fu letta la seconda parte delle lettere, che Jelacich mandava a Vienna (alla corte) e che furono intercettate; risulta da esse, che esisteva una congiura militare, che si voleva — occupata Pest — marciare su Vienna per chiudervi l'Aula (l'Università), punire i lavoratori e i cittadini e mostrare, chi sia il padrone; si voleva pure il soggiogamento del popolo magiaro, lo scioglimento della legione e della guardia

Un mese dopo, nell'ottobre, quando la camarilla ritenne ormai giuto il mometo di agire apertamente con mano armata, Jelacich è nominato dall'imperatore generalissimo di tutte le truppe rimaste fedeli in Ungheria. Radetzky aveva comunicato ancor prima di Custoza ai ministri a Vienna, che, se avesse dovuto abbandonare l'Italia, era deciso a venire in difesa della dinastia a Vienna e mandava intanto a corte a far parte del consiglio della camarilla un suo fiduciario, il principe Schwarzenberg, pure uno dei più ricchi feudatarî d'Austria e cognato di Windisch-Graetz. Questi intanto a Praga continuava i suoi preparativi alacremente e dirigeva senza scrupoli nè tentennamenti le mosse della reazione, aiutato potentemente a corte dall'arciduchessa Sofia.

rancesco Giuseppe sale al trono.

Si trovò subito d'accordo con lei nel progetto di preparare l'avvento al trono di un sovrano più energico e più sveglio di mente e sano di corpo nella persona del giovane arciduca Francesco Giuseppe. L'arciduchessa madre ne aveva già parlato a Metternich e continuò ad accarezzare il suo piano sempre all'insaputa di suo marito l'arciduca Francesco Carlo, che naturalmente avrebbe dovuto esser persuaso a rinunciare ai suoi diritti di erede al trono. Però c'era ancora tempo, bisognava attendere i 18 anni, l'età maggiore del figlio. Windisch-Graetz, che non era uomo di molte parole, si mise subito all'opera: fece nominare ad aiutante generale dell'imperatore — una delle cariche militari più influenti a corte ancor oggi, perchè in contatto continuo con la persona del sovrano, e perciò guardata con somma cura e gelosia dalle alte sfere austriache di tutti i tempi — il principe Lobkowitz, suo amico intimo e pure uno dei più cospicui feudatarî austriaci e gli dà in iscritto in

di Vienna, la restituzione del vecchio assolutismo fra i liberi popoli dell'Austria con l'aiuto di un esiguo numero di pazzi generali ed ufficiali e con un'orda di briganti (*sic*) raccolti in tutte le parti della Croazia. » — Altri giornali (*Der Radikale* dei 24 ott.) e fogli volanti portavano componimenti in versi dileggianti il bano e i suoi croati.

28 agosto 1848 nientemeno che queste istruzioni, che segnano il culmine dell'arbitrio, della tracotanza e della prepotenza, cui erano giunti la camarilla e anzitutto il suo capo effettivo, il Windisch-Graetz. Egli ordinava a Lobkowitz semplicemente di usar anche violenza, occorrendo, per far portar via l'imperatore da Vienna, ove la corte aveva dovuto far ritorno da Innsbruck, non curandosi di eventuali proteste dei ministri e nemmeno di quelle del suo superiore immediato, del ministro della guerra. « Appena ti sembrasse, — gli scriveva — che si facessero pressioni per ottenere qualche concessione o che la persona dell'imperatore in qualunque modo corresse qualche pericolo, raccogli quante truppe puoi e sotto la scorta del proprio esercito, e non come in fuga, guida Sua Maestà e l'imperial famiglia per la via di Krems ad Olmütz. Allora io conquisterò Vienna, Sua Maestà abdicherà a favore di suo nipote, l'arciduca Francesco Giuseppe, e allora io conquisterò Pest » (la capitale ungherese non ancora unita con Buda). Alcuni mesi dopo, i piani di Windisch-Graetz erano avverati: anzitutto in Boemia e nelle province austriache; in Croazia Jelacich era rimasto sempre fedele alla corte e in Italia Radetzky cominciava a vincere; poi anche in Ungheria grazie all'aiuto russo.

Trionfo della reazione.

Intanto il parlamento costituente di Vienna discuteva i titoli del sovrano e si opponeva alla dicitura « *per grazia di Dio* imperatore e re »; fu udito allora Windisch-Graetz furioso esclamare: « ebbene, sentiranno la grazia dei cannoni! » Gli prudevan le mani e rodeva a stento il freno impostogli; ma approfittò della prima occasione per entrar in azione e fu la prima azione energica, militare, sanguinosa nell'Europa centrale in quell'anno contro i movimenti rivoluzionari. A Praga fece — secondo la testimonianza di un aristocratico, allora suo consenziente, del conte Thun, governatore di Boemia — scoppiare fra gli 11 e i 17 giugno a bella posta dei conflitti fra i suoi soldati e la popolazione, che festeggiava per Pentecoste il congresso slavo,

Repressioni sanguinose.

e fece subito bombardare la città sollevatasi in tumulto. Quest' atto costò la vita a sua moglie, che cadde colpita da una palla rivoluzionaria o dei suoi soldati, mentre osservava dalla finestra le scene d'orrore nelle vie; poi — « ristabilendo l'ordine », cioè spazzate tutte le istituzioni democratiche costituzionali improvvisate e sostituite da una dittatura militare, che mette fine al regno indipendente boemo, appena rinato, — si mette ad aizzare con promesse di riforme federaliste e di autonomie le popolazioni slave contro i tedeschi e contro il parlamento centralista di Vienna (comincia così a sfruttare le lotte nazionali fra czechi e tedeschi a favore della reazione). Intanto raccoglie un esercito di 40-50,000 uomini, coi quali, scoppiata di nuovo in ottobre la rivoluzione a Vienna (che, vista la lotta aperta impegnata ora dalla camarilla e persino dal finto ministero liberale contro le libertà d'Ungheria, insorge, impedisce la partenza delle truppe contro gli ungheresi e appicca alla lanterna il ministro della guerra conte Latour) e rifugiatasi la corte a Olmütz, marcia contro la capitale e in un mese, dopo una eroica resistenza, la conquista e vi istituisce un regime di terrore e di persecuzioni. Fa nominare ministro presidente suo cognato ,il principe Felice Schwarzenberg, l'ex-ufficiale di Radetzky ed ex-diplomatico avventuroso, più duro e severo di Windisch-Graetz stesso, che di politica ignorava anche i primi princìpi e non conosceva nemmeno i programmi dei vari partiti politici.

La corte fugge a Olmütz.

Ora finalmente la lotta è aperta su tutta la linea; camarilla e governo sono tutt'uno: W J R (Windisch-Graetz, Jelacich, Radetzky) è la sigla, che gli ufficiali fanno imprimere sulle loro sciabole, è la triade salvatrice, sono i « paladini » della monarchia; è la dittatura militare più perfetta, che si inaugura nell'impero e che durerà per anni ancora nel primo periodo di regno del nuovo imperatore che sale al trono appena ora, 2 dicembre 1848, dopo le abdicazioni alquanto laboriose di Fer-

Abdicazioni.

dinando I e di Francesco Carlo ad Olmütz (1). È facile imaginare, quale impressione debbano aver prodotto sull'animo dell'imperatore diciottenne questi avvenimenti e quanto grata, obbligante ed interessata affezione debba esser rimasta in lui per l'esercito e per le istituzioni militari, che unici nei violenti trambusti rivoluzionari restarono fedeli alla sua casa; e se il feudalismo, se i privilegi dell'aristocrazia — squagliatasi nel momento del periglio — poterono essere spazzati dalla rivoluzione per sempre, anche dopo che questa fu domata, l'esercito, il militarismo tradizionale a corte, le sue istituzioni auliche non fecero che crescere di potere e di onore (2).

La guerra d'Ungheria.

In Ungheria le cose non andarono altrettanto lisce per le armi austriache; il governo di Pest, di cui ve-

(1) Imperatore ed arciduca ereditario erano molto affezionati alla parvenza di potere e agli onori supremi del trono. Ci volle del bello e del buono per indurli all'abdicazione. L'arciduca rinunciò in favore di suo figlio appena dopo una visione in sogno di suo padre, che approvava l'abdicazione. — Francesco Giuseppe sale al trono senza curarsi delle cerimonie d'incoronazione. Dopo lunghe lotte dovrà assoggettarvisi nel 1867 a Budapest; in procinto un paio di volte d'incoronarsi anche a Praga, vi fu finora sempre distolto in tempo dai centralisti tedeschi.

(2) Della gratitudine vivissima e della grande considerazione, che l'arciduchessa Sofia e la famiglia imperiale dimostrarono poi verso Radetzky dà prova una lettera, scritta dall'arciduchessa madre da Ischl dd. 9 ott. 1851 al generale per invitarlo ad assistere al matrimonio di Franc. Giuseppe con la principessa Elisabetta di Baviera (in primavera del 1852). L'arciduchessa Sofia, che era pure principessa di Baviera, aveva trovato a suo figlio la sposa e ne scriveva con vero entusiasmo al vecchio generale: « Raccomando al di Lei amore ed interessamento questa cara creatura; ella ne è degna, perchè tutta la sua poesia, tutto il suo pensiero sono diretti a render felice mio figlio ed a piacergli ». Troppa felicità la bella imperatrice non ebbe; aveva una natura troppo romantica per l'ambiente in cui si trovava; un fascino speciale aveva nella sua voce (secondo notizie datemi su lei dallo scultore Haselriss del monumento di Heine per la città di Düsseldorf da lei ordinato, di cui però l'accettazione da parte della città fu impedita dall'imperatore Guglielmo II, perchè Heine — secondo l'imperatore — non era stato un buon tedesco.) — L'appartamento della Hofburg di Vienna, in cui Radetzky abitò in occasione del matrimonio, porta ancora il nome del generale.

demmo anima Luigi Kossuth, all'esercito della reazione austriaca volle opporre l'esercito della nazione ungherese; abbiamo veduto nei secoli precedenti, la vedremo ancora ai nostri giorni la lotta degli ungheresi per avere un proprio esercito nazionale, che sia difesa dei confini e della costituzione d'Ungheria contro qualsiasi nemico. Quando Kossuth si accorge delle macchinazioni aulico-militari austriache per mezzo di Jelacich in Croazia e nei confini militari croati e serbi e per mezzo del generale Puchner fra i rumeni della Transilvania e di quei confini militari, fa votare agli 11 luglio 1848 dal parlamento la formazione di un esercito di 200.000 *honveds* (difensori della patria) e un credito di 42 milioni di fiorini; la corte non approva la legge e il conflitto comincia ad acuirsi. L'arciduca Stefano, l'ultimo Palatino, fra l'incudine e il martello, accusato dagli ungheresi di tradimento e dalla corte di tentata usurpazione del trono, quando il parlamento di Pest lo nomina generalissimo delle forze ungheresi contro Jelacich rinuncia al palatinato e si ritira a vita privata (1); da Vienna la camarilla, che sta riprendendo il potere in segreto, fa mandare quale « commissario regio » — dunque contro la costituzione, che non conosce una tale carica — al suo posto il generale conte Lamberg; il popolo attende il suo arrivo ai 28 settembre sul ponte fra Buda e Pest e lo lincia; la guerra ora comincia su tutta la linea fra ungheresi e truppe austriache. Jelacich al sud e Puchner in Transilvania, ove ha fatto insorgere gli oppressi contadini rumeni, capitanati dal rolo vescovo Sciaguna e dall'avvocato Jancu, che compiono una strage (il « bagno di sangue di Zalatna ») di magiari, i quali non volevano riconoscere loro i diritti di quarta nazione del paese, sono battuti; ma poi Jelacich unitosi a Windisch-Graetz, dopo la presa di Vienna, che era insorta in aiuto degli ungheresi e che non

“ Honved ”

(1) Appena dieci anni più tardi, nel 1858 Francesco Giuseppe si riconcilia con l'arciduca Stefano.

fu a tempo da questi aiutata (1), rientra per la metà di dicembre in Ungheria e i due eserciti cominciano ad occidente a guadagnar terreno e ai 5 gennaio 1849 occupano Buda e Pest. Governo e parlamento passano a Debreczin; il ministero è ricostruito, i più prudenti ne sono usciti; il conflitto, che finora per finzione poteva riguardarsi interno fra governo ungherese e croati e rumeni ribelli, ora è aperto fra corona e cittadini d'Ungheria; guai ai vinti!

Deposizione degli Absburgo in Ungheria.

Il parlamento di Debreczin — che già a Pest avea proclamato nulla l'abdicazione di Ferdinando (2), con la quale la corte soprattutto voleva liberarsi degli impegni da lui presi verso l'Ungheria con la sanzione delle leggi del '48 — vota con entusiasmo tutte le leggi richieste da Kossuth, che riordina gli *honveds* al comando del generale Görgey; questi con memorabili marce forzate fra i ghiacci e le nevi dei Carpazi settentrionali gira le forze austriache, le batte a Kaschau e disimpegna la fortezza più importante, Komorn; gli austriaci — a Windisch-Graetz, che tergiversava troppo, è succeduto il conte Welden — abbandonano, minacciati di fianco, in fretta Pest (non la fortezza di Buda) e si ritirano a Presburgo; in Transilvania e nel Banato gli ungheresi con Bem e Perczel sono vittoriosi ancor sempre; l'Ungheria è quasi completamente sgombera di nemici; Kossuth crede giunto il momento ora di proclamare la piena assoluta indipendenza del regno d'Ungheria e il parlamento dichiara ai 14 aprile 1849 decaduta la dinastia degli Absburgo-Lorena dal trono di s. Stefano ed elegge Kossuth a governatore! È la fase

---

(1) Vi fu un tentato attacco da parte degli *honveds*, comandati anche dal co. Andràssy (poi ministro austro-ungarico degli esteri!) contro le truppe Windisch-Graetz assedianti Vienna, ma fu respinto presso Schwechat a poca distanza da Vienna ai 30 ottobre 1848. — Un distaccamento di truppe ungheresi, che era riuscito a disertare dall'esercito austriaco combattente in Italia, e a varcare i confini della Carniola diretto in Ungheria per unirsi agli honveds contro gli austriaci, fu preso in un'imboscata poco oltre il confine e distrutto.

(1) Ratificata dal parlamento ungherese appena nel 1867.

culminante della parabola; la catastrofe segue subito e varie ne sono le cause, che gli storici ungheresi ed austriaci non hanno ancora finito di discutere: defezioni di pusillanimi dinanzi ad un passo così radicale; malcontenti e gelosie fra i capi del governo e dell'esercito; a Görgey stesso qualcuno fa colpa di gelosia verso Kossuth e di non aver perciò sfruttato subito le sue vittorie, ma di essersi accanito nell'assedio di Buda (1), presa d'assalto ai 21 maggio, sicchè il governo potè ritornare a Pest, la causa principale però, se non unica, fu senza dubbio l'intervento dei due corpi d'esercito russi, 181,471 uomini in tutto, mandati in aiuto dallo zar Nicolò, che trovandosi a Varsavia in quel tempo ne fu richiesto dal nuovo sovrano d'Austria, consigliato ed indotto a quest'estremo atto di umiliazione ancor sempre da Windisch-Graetz, lo spirito maligno della reazione (2).

Intervento russo.

Gli ungheresi, in tutto 135,000 uomini, sono presi ora fra quattro fuochi: da settentrione cala su Kaschau il generale russo Paskijevich, da oriente, dalla Valacchia entra nella Transilvania meridionale per il passo della Torre rossa (*Rotenturmpass*) il corpo dell'altro generale russo Lüder, ad occidente dal confine austriaco agisce il famigerato Haynau, la iena di Brescia, man-

(1) La fortezza di Buda difesa da 5000 ausriaci comandati dal gen. Enrico Hentzi, nob. de Arthurm (pronipote del rivoluzionario svizzero Samuele Henzi) resistette per 17 giorni agli assalti di 30,000 ungheresi. Durante l'assedio Hentzi fece bombardare la sottostante città di Pest, non fortificata. Hentzi morì coperto di ferite infertegli dagli *honveds* vincitori. La reazione austriaca nel 1852 gli eresse un monumento nella piazza di S. Giorgio dell'ex-fortezza accanto al grandioso palazzo reale di Buda; ma gli ungheresi dopo il 1867 lo deturparono ripetutamente, finchè per ordine di Francesco Giuseppe (12 agosto 1899) il monumento fu trasportato nel cortile interno di una nuova scuola militare fuori città; ma anche qui pochi anni or sono un bel giorno si trovò la statua deturpata.

(2) Questo intervento secondo fonti russe (v. Dr. Dmitrij Markow, deputato al parlamento di Vienna: *Die russische und ukrainische Idee in Oesterreich*, Vienna e Lipsia 1912, ed. L. Rosner et C. W. Stern costò alla Russia migliaia di morti e 365 milioni di rubli (circa 900 milioni di lire). I russi amano ricordare questo fatto, quando parlano dell'ingratitudine austriaca.

dato a sostituire Welden e che non disdirà la fama acquistata in Italia nemmeno in Ungheria quale comandante supremo, e dal confine austriaco meridionale riprende la sua azione Jelacich con i croati e con i serbi, in tutto fra russi ed austriaci 275.000 uomini con 600 cannoni. A Kossuth non resta, che — invitatovi, si dice da Görgey — rinunciare ad Arad al governatorato (11 agosto 1849), nominare dittatore Görgey e mettersi in salvo oltre i confini, dopo aver assieme con il ministro presidente Szemere nascosto sotterra presso Orsova la corona e le insegne dei re d'Ungheria. Due giorni dopo Görgey capitolava presso Világos con 22.000 uomini dinanzi al generale russo Rüdiger mettendo per patto, che all'atto della capitolazione non dovesse assistere alcun austriaco. L'ira perciò di Haynau e di Vienna fu tale, che già ai 17 agosto tredici generali (« i martiri di Arad ») degli *honveds* furono giustiziati per ordine del comandante supremo e soltanto a Görgey l'intervento russo potè salvare la testa. Poco a poco cedettero le armi anche gli altri comandanti ungheresi, ultimo ai 27 settembre l'eroico difensore di Komorn, il generale Klapka (1).

Capitolazione di Görgey.

Ora s'inizia il dominio del terrore con la reazione di Haynau; una delle prime sue vittime è l'ex-ministro presidente Batthyany, che pure si era astenuto dagli ultimi atti rivoluzionari, superba figura di patriotta, che sdegna di difendersi dalle accuse e già quasi com-

(1) Giorgio Klapka fu uno dei più fortunati comandanti delle truppe ungheresi contro gli austriaci. Dopo essere stato anche ministro della guerra (maggio 1849) ed aver tentato invano di far da paciere fra Kossuth e Görgey stava proprio per invadere con le sue truppe la Bassa Austria, quando la catastrofe di Világos lo costrinse di rinchiudersi nella fortezza di Komorn (ung. Komárom), ove con 24.000 honvèds resistette fino ai 27 settembre 1849, anche dopo che tutta la rimanente Ungheria era stata domata. Capitolò con tutti gli onori militari. Peregrinò all'estero pronto ad ogni cimento contro l'Austria e contro la Russia. Offrì i suoi servigi alla Turchia nella guerra contro la Russia; nel 1859 formò la legione ungherese in Italia, nel 1866 in Prussia contro l'Austria. Dopo il compromesso del 1867 ritornò in patria; morì nel 1892. A Komorn gli fu eretto un monumento.

pletamente dissanguatosi con arma fattagli pervenire segretamente da sua moglie, è trascinato alla fucilazione (6 ottobre 1849); i suoi beni, circa 9 milioni di lire, sono confiscati (1). Fino al luglio 1851, che Haynau rimase in Ungheria comportandosi da *alter ego* dell'imperatore, fece eseguire ben 114 condanne capitali e firmò 1765 condanne a carcere con confische di beni contro patriotti ungheresi, alti funzionarî, vescovi, ufficiali di *honveds* ed altri. Fu una tentata ripetizione della cura radicale applicata da Ferdinando II dopo la battaglia sulla Montagna bianca nel 1620 contro la Boemia ribelle, che però, tenuto conto dell'importanza numerica dei magiari e dei tempi mutati, non poteva più esser coronata da altrettanto fortunato successo. L'assolutismo burocratico militare, che ora domina in tutta la monarchia, riunificata come nei tempi di Giuseppe II (*Einheitsstaat*), di cui l'Ungheria è ora una semplice provincia senza diritti, senza privilegi costituzionali, non potrà durare a lungo (2).

---

(1) Forse anche questa tragedia spiega la tenacia dell'odio tradizionale contro l'Austria nella famiglia dei conti Batthyany, ancor oggi influente nelle sfere politiche dei partiti d'opposizione in Ungheria.

(2) Al posto di Haynan fu nominato nell'autunno del 1851 a *governatore* d'Ungheria l'arciduca Alberto, uno dei capi della reazione militarista. Haynan fu licenziato per aver disubbidito agli ordini di Vienna condannando a morte 23 deputati di Debreczin; egli allora per ingraziarsi gli ungheresi e apparire vittima della sua mitezza li amnistia tutti 23 e si commuove sino alle lagrime al loro discorso di ringraziamento! Kossuth e gli altri fuorusciti ungheresi avevano tentato di muovere l'Europa contro l'intervento armato austriaco e russo in Ungheria, contrario agli usi internazionali, dovendosi l'Ungheria, — dopo la proclamazione della sua indipendenza — riguardare quale stato sovrano; a tale scopo il governo provvisorio di Debreczin aveva inviato alle varie corti d'Europa dei proprî plenipotenziari, che però non furono riconosciuti. Fra questi è da notarsi specialmente il conte Giulio Andrassy, divenuto poi nel 1867 presidente del ministero d'Ungheria e 4 anni più tardi ministro degli esteri austro-ungarico e persona di fiducia di Francesco Giuseppe. La folata rivoluzionaria del '48 lo ebbe subito tra i suoi, deputato al Parlamento; e nel '49 — proclamata da Kossuth decaduta la dinastia degli absburghesi — combattè a capo degli *honveds* del suo distretto contro gli austriaci a Schwechat; fu vinto. Quando Kossuth pensò di

I primi influssi su Francesco Giuseppe.

È naturale, che con questo stato di cose, in queste condizioni, dopo tali avvenimenti, che abbiamo dovuto più del nostro solito dilungarci a descrivere ,perchè ci rispecchiano con fedeltà controllabile alla luce di fatti storici l'intreccio complicato di poteri, d'influssi, d'ingerenze, che dominava alla corte di Vienna di allora, che è pure su per giù la corte di oggi, la corte dello stesso sovrano Francesco Giuseppe, è naturale, — dicevamo — che il giovane monarca diciottenne non abbia potuto far altro che adattarsi alle circostanze e all'ambiente e lasciarsi guidare da sua madre, da Windisch-

---

chieder aiuto all'estero, in Turchia anzitutto, forse per il secolare antagonismo fra questa e l'Austria e forse anche per l'affinità di lingua e di razza fra turchi e magiari, vi mandò ambasciatore, accompagnato da un segretario e da un servo, fornito di 3000 ducati, il conte Andrassy. La missione diplomatica fallì; simpatie per gli ungheresi dappertutto; ma nè i serbi di Belgrado, nè i turchi a Costantinopoli, ove giunse sfuggendo a stento ai varî tranelli tesigli dagli austriaci, osavano muovere un dito per una causa, che era già perduta.

Arrivò a Costantinopoli pochi giorni dopo la resa di Vilagos, che suggellò la fine dell'indipendenza ungherese; non gli rimase altro, che, aiutato dall'Inghilterra contro i maneggi e le minacce russe e austriache, ottenere dalla Porta, che Kossuth e gli altri patriotti ungheresi rifugiatisi in Turchia non fossero consegnati ai loro persecutori. Nell'imbarazzo la Turchia aveva proposto ai rifugiati di passare all'*islam;* così avrebbe potuto rifiutare l'estradizione; Kossuth rispose: « Fra la morte e la vergogna la scelta non può esser nè dubbia nè difficile ». Salvati gli amici Andrassy partì con loro per Londra e Parigi, ove passò 7 anni dell'esilio. Qui appresero dal giornale ufficiale, ch'egli stesso era stato processato ed impiccato in effigie assieme ad altri 33 fuggitivi: una di quelle procedure, che faceva tanto ridere il popolo di Milano, ove era frequente, perchè la sola che vi rimaneva veramente impiccata era... l'aquila bicipite impressa sul decreto. L'avventura valse ad Andrassy fra le dame dei salotti aristocratici di Parigi il nomignolo: *le beau pendu,* mentre l'ambasciatore austriaco, quel conte Hübner, che poi doveva intendere dalla bocca di Napoleone le parole foriere della guerra liberatrice d'Italia, quando lo incontrava per via, faceva abbassare gli occhi ai suoi bambini, affinchè non vedessero l'orrido spettacolo di un ribelle ungherese impunito. Pochi anni dopo nel '57 Andrassy, ottenuta dopo lungo lavorio dei suoi parenti l'amnistia, deponeva nelle mani dello stesso Hübner, il suo « giuramento di fedeltà umilissima ». La vita, gli studî, il contatto col gran mondo, l'osservazione l'avevan reso uomo più posato, più pratico, sebbene ancora nel 1878 uno dei segretari del Congresso di Berlino, il conte prussiano Mony, lo chiamerà nelle sue memorie « il diplomatico romantico ».

Graetz, dagli arciduchi maggiori di età, dai generali e ministri di loro fiducia, finchè a poco a poco — e ci vollero lunghissimi anni e dolorosissime esperienze — le arti del governo divennero familiari anche a lui e seppe e potè agire più indipendentemente ed imporre la propria volontà a tutti; ma intanto la sua mente e la sua volontà crebbero e si svilupparono negli anni avvezzandosi alle ingerenze, ai consigli e agli atti politici delle sfere militari e aristocratiche, che continuarono a circondare il trono e a coprire le tradizionali cariche di corte e di stato e specialmente gl'importantissimi uffici delle famose cancellerie imperiali civile e militare, onnipotenti ancor oggi, sebbene dopo il '67 con la costituzione *formalmente* siano passate in seconda linea, quali semplici uffici aulici e militari per il servizio personale del monarca (1).

Reazione aulica-militare.

Così nei primi due anni di regno di Francesco Giuseppe, si può dire, tutta la piena del potere statale rimase nelle mani dei due principi generali e cognati Windisch-Graetz e Schwarzenberg, che godevano a corte la fiducia illimitata dell'arciduchessa madre Sofia e degli arciduchi (2). Sono due anni, il '49 e il '50, in cui la reazione aulica militare, quasi non ancora sicura dell'insperato successo, e nell'attesa di consolidare le basi del suo potere con il regime di terrore di Haynau in Ungheria e con l'energica politica di Schwarzenberg, aiutata dalla Russia, in Germania, non sa ancora decidersi di ripristinare senz'altro l'assolutismo. Perciò abbiamo due anni di finto costituzionalismo, due anni

(1) Fino al giorno dell'attentato di Sarajevo vi era anche una cancelleria militare influentissima addetta all'arciduca ereditario Francesco Ferdinando, che dal 1898 rappresenta l'imperatore nel comando supremo e dal 1913 è pure ispettore generale di tutta la forza armata della monarchia.

(2) Il principe Schwarzenberg morì improvvisamente a soli 52 anni; una vita scapestrata aveva minato la sua salute. In Croazia è diffusa una leggenda, secondo cui egli sarebbe morto in duello per mano del bano Jelacich, il quale lo avrebbe schiaffeggiato per una promessa mancata verso la Croazia. La leggenda aggiunge, che perciò più tardi Jelacich morì avvelenato.

di costituzioni scritte, promulgate e stampate, ma mai mandate ad effetto; finzione certamente non intenzionale, per lo meno non in tutti i ministri e non tale subito da principio tanto che Windisch-Graetz, allora ancora onnipentente, il quale trovandosi a Budapest, donde dirigeva la campagna contro gli ungheresi, aveva avuto dal sovrano il diritto di *veto* per tutti gli atti più importanti di governo del ministero, ne fece subito uso contro il progetto di costituzione elaborato dai ministri Stadion, Bach, e Bruck, (1) che volevano favorire con esso la burocrazia centralista e germanizzatrice e la ricca borghesia piuttosto che l'aristocrazia feudale, che egli invece voleva veder padrona ovunque nelle rappresentanze delle provincie, dei comitati, dei circoli e dei comuni; e sbagliava, perchè proprio quest'aristocrazia era in Polonia e in Ungheria e più tardi in molto minor parte anche in Boemia, il fulcro di ogni movi-

(1) Il conte Francesco Stadion, un gaudente raffinato, indebolito dai troppi piaceri fino al punto di dover esser munito sempre della boccettina di cordiali, era una bella mente di intellettuale e di esteta; finchè la malattia di nervi non lo costrinse ad abbandonare il ministero, diresse gli affari interni con una elevatezza di vedute, che era in vivo contrasto con la vera missione del gabinetto Schwarzenberg e perciò tutti i suoi sforzi diretti a dare alla monarchia un ordinamento costituzionale con autonomie nazionali in territori separati dovettero fallire. Come governatore del Littorale a Trieste (1840-1847) aveva tentato di render giustizia a quella cittadinanza italiana dimostrando molte simpatie alla civiltà, alle lettere, alle arti e alle aspirazioni italiane. Suoi ospiti furono C. Cantù e dall'Ongaro. Favorì lo scambio di simpatie fra Trieste e Venezia. Trieste denominò da lui una delle sue vie principali. Dal 1847 al 1849 fu governatore in Galizia. — Bruck, fatto poi barone, figlio di un piccolo mercante di Elberfeld (Prussia), rappresenta un caso unico nella storia dei ministri austriaci. Stadion aveva osato per la prima volta metter un borghese, Luigi Fischer, a governatore dell'Alta Austria e Bruck borghese e protestante diviene ministro. Era diretto da giovane in Grecia a combatter per l'indipendenza; rimase a metà strada, a Trieste; come libraio fece fallimento; fu uno degli ideatori del Lloyd austriaco e in breve salì commercialmente e finanziariamente fino al punto di esser mandato deputato di Trieste alla dieta di Francoforte. Era più, anzi unicamente, rappresentante degli interessi commerciali di Trieste che di quelli politici, eppure egli e il suo compagno Burger accentueranno anche a Francoforte l'autonomia politica di Trieste. Entrò così nella vita politica; finirà, lo vedremo, suicida.

mento nazionale separatista. Quattro ministri si dimisero perciò e suo cognato, lo Schwarzenberg, dovette scrivere a lui e a Metternich, che da Brusselles dava gli stessi consigli alla corte: « In tutta la monarchia non conosco 12 individui del nostro ceto (aristocrazia feudale), che nelle odierne condizioni possano utilmente sedere in un senato ». Ci vollero però le sconfitte inflitte dagli ungheresi al suo esercito, perchè sentendo scossa un po' la sua posizione a corte Windisch-Graetz cedesse. Del resto sapeva forse già, che quella era una costituzione per burla, che doveva esser promulgata in fretta e in furia per render vana l'opera del parlamento costituente, trasferitosi ai 15 novembre 1848 da Vienna a Kremsier (1), e per esser subito revocata.

a costituente a Kremsier.

L'Assemblea costituente aveva cominciato a discutere il progetto di legge sui diritti fondamentali, approvato ai 12 dicembre 1848 dalla commissione, e ne aveva votati i primi 13 articoli perdendo però parecchio tempo in « discussioni teoriche », come le rimprovererà il manifesto imperiale dei 4 marzo 1849; ai 15 marzo doveva cominciare la discussione del progetto di costituzione per l'Austria e per le sue singole province (non per l'Ungheria, che aveva il suo parlamento; si rispettava quindi il dualismo!); la corte e il nuovo go-

(1) A Vienna spirava ormai un vento infido. La dittatura militare fucilava ed impiccava i capi rivoluzionari. La popolazione aveva fatto un gran voltafaccia e si accaniva a denunciare i compagni d'armi di prima. I giornali, non soppressi, predicavano la repressione e la reazione, come quel *Wanderer* (l'ex-*Demokrat*, con lo stesso redattore Seyfried), che ai 13 dic. 1848 annuncia, che ben 50.000 cittadini hanno firmato la petizione, che lo stato d'assedio fosse prolungato a Vienna. Lo stesso giornale d. d. 22 nov. 1848 reca contro gli italiani questa nota da Trieste: « Il partito terrorista (*sic*) italiano di qui pretese dal consiglio municipale l'erezione di un'Università italiana qui nella città commerciale di Trieste, ove il ginnasio conta appena 100 frequentanti. E' facile a comprendersi il movente di questa pretesa. — Un'altra notizia dice, che a Trieste si italianizza con furore. » Si comprende, che ormai la direzione di tutto a Vienna era in mano dei militari. Non bisogna scordare, che Radetzky fu uno dei consiglieri della slavizzazione della sponda orientale dell'Adriatico. (V. collezioni d. Biblioteca municip. di Vienna.)

verno, che nel proclama di Francesco Giuseppe dei 2 dicembre 1848 ai suoi popoli, contrassegnato dallo Schwarzenberg, promettevano la cooperazione dei rappresentanti del popolo all'opera legislativa, lasciarono da principio fare senza troppo curarsi dell'Assemblea; vi avevano però fra i deputati i loro uomini di fiducia e vi acuivano il dissidio fra czechi e tedeschi; quando però si accorsero, che il progetto di costituzione restringeva i diritti della corona più di quanto loro garbava e introduceva un vero sistema parlamentare democratico in Austria, fecero uscire il manifesto imperiale dei 4 marzo con la costituzione cosiddetta « di marzo » (*Märzverfassing*) e in pari tempo dichiarare sciolta l'Assemblea costituente. Windisch-Graetz e Schwarzenberg volevano far di più: avevan già dato ordine alla truppa di circondare il luogo delle sedute e di arrestare gli oratori più focosi per farli processare; per fortuna il ministro Stadion lo seppe e li fece scappare a tempo.

La "Costituzione di marzo"

La costituzione di marzo, che è nel suo complesso lavoro del co. Stadion, rappresenta quasi lo svolgimento del programma di governo segnato nel proclama imperiale dei 2 dicembre 1848, proclama che naturalmente passò la censura, se non fu addirittura opera di Windisch-Graetz e di Schwarzenberg, che lo contrassegnò: anzitutto accentuazione ripetuta dei diritti della corona, ciocchè poco dopo — ottenute le vittorie militari — doveva significare sovranità assoluta, accentuazione dell'unità di tutta la monarchia (*zu einem grossen Staatskörper*: dunque non più dualismo, ma lo stato unificato di Giuseppe II), promessa di dividere il potere con la rappresentanza popolare, la quale però non fu mai convocata, appello patriottico o piuttosto dinastico ai contadini, svincolati dagli obblighi fondiarî e dai servizi rustici, alla burocrazia fedele (*getreüe Staatsdiener* fedeli servi dello stato) e soprattutto al « gloriosissimo esercito » (*glorreiche Armee*) «che sarà un baluardo incrollabile del trono, della patria e delle libere istituzioni ». Questi furono i capisaldi anche del manifesto di costituzione dei 4 marzo 1849, soltanto che le libere istituzioni ivi statuite: il senato eletto dalle diete provinciali, la camera dei deputati eletti con un diritto di voto sulla base del censo dai 5 ai 20 fiorini, le diete provinciali, le cui costituzioni furono imposte con le patenti dei 30 dicembre 1849, la completa separazione in tutte e tre le istanze della giustizia dall'amministrazione e la riforma più moderna dei tribunali (giurati, principî di pubblicità e di processo orale), restarono lettera morta; le disposizioni invece di questo statuto, che riaffermavano il principio centralizzante dello stato unificato, la fine del dualismo, della costituzione e dei privilegi ungheresi e magiari, il predominio della lingua tedesca quale lingua di stato rimasero in vigore anche dopo la revoca definitiva ed esplicita della costituzione, avvenuta ai 31 dicembre 1851 con la cosiddetta Patente di s. Silvestro (*Sylvester-Patent*) (1), che assieme con alcune patenti minori precedenti chiuderà formalmente il breve periodo di titubanze costituzionali della corte di Vienna e segnerà l'inizio di quel primo periodo del governo di Francesco Giuseppe I, che durò fino al 1867 ed ebbe per principî: la centralizzazione, la germanizzazione e l'assolutismo burocratico militare, un ritorno dunque ai sistemi di governo di Giuseppe II, senza però il suo *giuseppinismo illuminato*.

Patente di s. Silvestro: assolutismo burocratico-militare.

La « costituzione di marzo », che dice nel manifesto, che la precede, di volerla far finita con la « rivoluzione e con l'abuso della libertà », ha lo scopo principale, richiamandosi al « vittorioso progredire delle nostre armi in Ungheria » — veramente un progresso molto dubbio, poichè Görgey vinceva già in aprile con l'esercito riordinato su tutta la linea, prendeva d'assalto agli austriaci in maggio Buda e li costringeva a chieder l'aiuto russo — di compiere « la grand'opera

---

(1) La notte di S. Silvestro, l'ultima dell'anno, è notte di grandi baldorie nei paesi tedeschi; pare che in Austria spesso si ami approfittare di questa festività per far passare le leggi al popolo meno gradite.

di rinascita di un'*Austria* unificata, che noi (l'imperatore) ci siamo prefissi a mèta della nostra vita ». L' « impero d'*Austria* uno e indivisibile », l' « unità dell'insieme con l'indipendenza e con il libero sviluppo delle sue parti » ripete per tre e quattro volte in una pagina il manifesto. Di fatti da ora in poi — e le patenti seguenti svolgeranno questo principio ancor maggiormente — non c'è più dualismo, tutto è un *impero* (*Reich* e *Kaisertum*), tutto è *Austria*, come nella patente di Francesco I del 1804. Ora per la prima volta, dacchè Austria e Ungheria sono unite, domata l'insurrezione definitivamente nel 1850, secondo la costituzione di marzo cessa ad esistere la barrierra doganale fra i paesi d'Austria e quelli d'Ungheria; sparisce così uno dei principali simboli dell'individualità statale del regno di s. Stefano e sorge un nuovo oggetto di competizioni, una nuova questione politica ed economica fra austriaci ed ungheresi, che formerà uno dei punti principali dei programmi dei partiti politici d'Ungheria.

L'Austria unitaria: cadono le barriere doganali verso l'Ungheria.

La costituzione d'Ungheria, non soltanto quella del '48, ma anche quella degli antichi privilegi degli stati provinciali è abrogata ora completamente; si promette di darle un nuovo statuto, che però mai venne, anzitutto perchè gli ungheresi datisi ad una sorda resistenza passiva l'avrebbero ignorato, poi perchè si volle punirli secondo la famosa teoria di quei tempi contro di loro a corte, che cioè con l'insurrezione avevano perduto tutti i diritti (*Verwirkungstheorie*) e perciò l'Ungheria fu trattata ora come una qualunque provincia austriaca, amministrata militarmente prima da Haynau, poi dall'arciduca Alberto; la lingua magiara fu bandita dagli uffici e dalle scuole, sostituita dappertutto dal tedesco.

Ungheria.

In segno di gratitudine per le nazionalità non magiare d'Ungheria, che combatterono a fianco degli austriaci la costituzione di marzo proclama l'indipendenza completa della Transilvania, ove anche i rumeni sono ora equiparati alle altre nazioni e i sassoni conser-

Transilvania. Croazia. Fiume Dalmazia.

vano i loro privilegi nazionali tedeschi, e della Croazia e Slavonia, alle quali fu incorporata ora per la prima volta la città italiana di Fiume con il suo territorio, che era stata occupata dalle truppe croate durante la guerra (1); nell'eccesso momentaneo di gratitudine per i croati nella costituzione di marzo si promette persino l'annessione della Dalmazia alla Croazia ammettendo però la necessità di un previo accordo fra i rappresentanti dei due regni, promessa ripetuta nella stessa forma condizionata nella patente imperiale dei 7 aprile 1850, con cui si regola la posizione autonoma ed indipendente nell'impero dei regni di Croazia e Slavonia con Fiume (2). Con ciò si aprono due nuove questioni di diritto costituzionale e di stato nella monarchia, che riguardano interessi italiani :la questione di Fiume, che dal 1868 appartiene di nuovo all'Ungheria quale *corpus separatum* con il consenso della cittadinanza italiana e contro le proteste dei croati, la questione della Dalmazia, che nonostante tutte le promesse rimane ancora di fatto provincia austriaca, prima in grazie all'opposizione degli italiani, che fino a trent'anni or sono

---

(1) Quando il viceconte del comitato di Zagabria Giuseppe Bugnevaz entrò — nonostante le proteste del consiglio municipale — con 1000 *confinari* e prese possesso della città in nome del bano Jelacich, diffuse fra i cittadini un proclama, che garantiva loro « anche per l'avvenire l'uso della lingua italiana. » Jelacich approvò l'operato del viceconte. Il fatto è narrato anche nel giornale *Die Presse* di Vienna di quei giorni. (V. collez. Bibliot. municip. di Vienna.) — Già intorno al 1840 gli stati provinciali (dieta) croato-slavoni avevano ricominciato ad elevar pretese sul possesso di Fiume. Subito il Consiglio municipale fiumano pensò di correr ai ripari e delegò una commissione di 5 cittadini, che doveva con una storia documentata sostenere i diritti dell'autonomia di Fiume come *Corpo isolato* tra i paesi della Corona ungarica. L'occupazione croata e l'assolutismo impedirono la continuazione dei lavori della commissione; ma uno dei suoi componenti, il Kobler (op. cit.), continuò l'opera per suo conto e il Municipio di Fiume nel 1896 la pubblicò a spese proprie come monumento della sua autonomia. V. n. a p. 50 e per la Dalmazia la n. a p. 100 e la n. a p. 249.

(2) La patente imperiale dei 7 apr. 1850, che sanziona i deliberati della dieta croata del 1848 ha un capitolo intero pieno di lodi e di espressioni di gratitudine per la fedeltà e per i servizi resi al trono dai croati e dal bano Jelacich.

formavano ancora la maggioranza della dieta provinciale, poi — essendo dopo il 1867 ritornata la Croazia in dipendenza dall'Ungheria — in parte per opposizione degli stessi croati di Dalmazia, che preferiscono subire il dominio austriaco che quello ungherese. Di ciò però avremo occasione di riparlare. Con la patente imperiale dei 7 maggio 1850 furono ricostituiti i confini militari di Croazia, che saranno incorporati nell'amministrazione civile appena nel 1871 per opera del co. Andrassy. — Un'altra provincia, finora politicamente mai esistita, fu creata con la costituzione di marzo (veramente già una precedente patente dei 15 dicembre 1848 ne aveva promessa la formazione per sollevare i serbi contro gli ungheresi) e regolata con la patente imperiale dei 18 novembre 1849: la Voivodia Serbia costituita dell'angolo meridionale orientale dell'Ungheria con parte del Sirmio croato con proprio governo provinciale a Temesvar, indipendente dall'amministrazione ungherese. L'imperatore assume il titolo di Granvoivoda della Voivodia Serbia, che porta ancora. Però 10 anni più tardi, quando la prima guerra perduta scosse l'assolutismo austriaco e cominciarono le prime concessioni ai magiari, la Voivodia cessava d'esistere; restava soltanto l'autonomia della chiesa nazionale serba-ortodossa in Ungheria, che ancor oggi è un'arma potente di difesa nazionale dei serbi da quelle parti ed appunto perciò causa di frequenti conflitti fra serbi e il governo ungherese (2). L'ex-regno d'Ungheria è ora dunque di-

Confini militari. Voivodia Serbia (1)

(1) Alcuni atti ufficiali la dicono pure Vojvodia serba con maggior rispetto per lo stato indipendente, Serbia.

(2) La chiesa serba-ortodossa ha goduto nei confini militari croati-slavoni e ungheresi parità perfetta con la cattolica; durante il breve periodo della Vojvodia serba, che in fondo rappresentava un'amministrazione provinciale teocratico-militare, l'autonomia della chiesa serbo-ortodossa in Ungheria (Croazia compresa) cominciò ad esser codificata ed ottenne i suoi statuti dopo l'annessa la Vojvodia all'Ungheria, quasi in compenso della soppressa individualità amministrativa di quella provincia, con l'art. IX delle leggi del 1868, con la Normativa dei 29 mag. 1871 e con l'ordinanza regia dei 14 mag. 1875. Era un'autonomia abbastanza larga: il patriarca veniva

viso in quattro province austriache. Appena nel 1860 dopo le sconfitte sui campi d'Italia comincerà lentamente l'opera di ricostituzione dell'antico regno e la guerra infelice del 1866 indurrà poi la corte di Vienna definitivamente a ripristinare il dualismo e la costituzione ungherese del '48, sebbene alquanto modificata.

Costituzioni provinciali del '49.

La costituzione di marzo, elaborata ancora con un certo spirito di libertà dal co. Stadion prometteva un'autonomia abbastanza ampia alle singole province su basi costituzionali moderne e abrogava tutti gli antichi privilegi degli stati provinciali; uscito Stadion dal ministero per una grave infermità di mente, da cui poi morì, Bach continuò la sua opera e ai 30 dicembre 1849 fu pubblicata una serie di patenti con le costituzioni delle singole province e con i regolamenti elettorali per le diete provinciali; sola l'Ungheria (vedemmo sopra il perchè), la Dalmazia (forse appunto per non darle una rappresentanza provinciale, che sarebbe stata secondo la costituzione di marzo obbligata di trattare dell'annessione con la Croazia) e il Lombardo-Veneto, che da ora in poi secondo la stessa costituzione doveva pure con proprio statuto speciale far parte dello stato unificato austriaco non più come vice-reame, ma come semplice provincia, non ebbero alcuno statuto provinciale. Nè perciò si trovarono in peggiori condizioni di libertà che le altre province; chè anche queste costituzioni provinciali, come quella di marzo dell'impero intero, non furono mai mandate ad effetto; le elezioni per le

---

proposto alla sanzione sovrana dal congresso laico-ecclesiastico di Karlowitz (in Slavonia sede del patriarcato); i beni e i fondi ricchissimi erano amministrati dal patriarcato, che istituiva e manteneva scuole serbe confessionali ed era così una potente organizzazione nazionale. Con rescritto regio degli 11 luglio 1912 (era il periodo dell'assolutismo in Croazia, commissario regio l'ex-bano Ciuvaj) l'autonomia fu in grandissima parte soppressa e non ancora restituita. — In Austria i serbi-ortodossi di Dalmazia (circa 100,000 oggi) sottostanno formalmente al patriarcato rumeno-ruteno di Czernowitz in Bucovina (v. n. a p. 170), ma di fatto il loro capo è il metropolita serbo-ortodosso di Zara. Il sovrano ha la sorveglianza suprema in Austria e in Ungheria sulle chiese ortodosse.

diete, sebbene indette, non si fecero e la patente di s. Silvestro del 1851 revocò anche tutti i diritti costituzionali largiti alle province; le giunte e i collegi dei rappresentanti degli stati provinciali, ove c'erano (la Dalmazia e l'Istria per esempio, che avevano ancora in parte il sistema di amministrazione veneziana non li avevano) rimasero in vita, ma presieduti dal capo del governo provinciale, della logotenenza (*Landeschef*): sono gli ultimi resti dell'antico potere degli stati provinciali, che una volta erano i rivali temuti della corona. Ora essi, nobiltà e alto clero, sono al servizio della corona contro la democrazia in ascesa. Appena le sconfitte del '59 metteranno fine — trasformandoli in vesti più moderne — a questi resti d'istituzioni medioevali, che ai loro tempi, 2-3 secoli prima, avevano pure rappresentato un simpatico principio di opposizione al sovrano assoluto e nel 1861 saranno emanate le nuove costituzioni provinciali, che vigono con alcune modifiche non essenziali ancor oggi e sono quasi identiche a quelle del '49 meno che in un paio di disposizioni molto importanti, in cui gli statuti più vecchi erano più moderni dei nuovi; prova anche questa dei malefici effetti del regime assolutista militare: oggidì, 60 anni più tardi, si sta peggio che prima.

Pregi delle costituzioni abolite.

Di fatti i regolamenti elettorali per le diete del '49 non conoscevano i cosiddetti *virilisti, voti virili* (*Virilstimmen*), cioè persone che per la carica, che coprono (vescovi, rettori d'università), fanno parte della dieta come qualunque altro deputato eletto, e — pur mantenendo il principio della rappresentanza di classe, un resto anche questo, come i voti virili, degli stati provinciali privilegiati — nella classe superiore e più privilegiata mettevano tutti i cosiddetti « maggiori censiti », dunque indistintamente tutti i più ricchi propretarî di beni immobili e mobili, mentre gli statuti del 1861 — meno che quello della Dalmazia, che ha i « maggiori censiti — hanno e i « virilisti » e invece dei maggiori censiti la classe più privilegiata del cosiddetto « gran possesso fondiario » (*Grossgrundbesitz*), che in alcune province si divide persino in nobile e non nobile e che dà ancor oggi alla ricca nobiltà latifondiaria spesso il predominio nell'amministrazione di alcune province (per es. in Boemia, in Galizia, in Tirolo, quando sa approfittare delle lotte nazionali fra i rappresentanti della borghesia); inoltre il presidente e il vicepresidente della dieta secondo gli statuti del '49 avrebbero dovuto esser eletti dalla dieta, ora invece sono di nomina del sovrano. Un'altra disposizione non passata dalle costituzioni provinciali del '49 in quelle del '61, ritenuta utile da alcuni statisti austriaci (1), è l'articolo che dà all'imperatore il diritto di provvedere provvisoriamente con decreto-legge in casi d'urgenza, quando la dieta è sciolta; chi però sa l'abuso, che di un simile articolo (il famoso § 14 della legge sul parlamento austriaco) fecero parecchi governi di Vienna a danno dei diritti di quel parlamento, piuttosto deplorerà che tale disposizione sia rimasta nello statuto del consiglio e dieta della città e provincia di Trieste (§ 121, III all.). Trieste, che — è noto — è una provincia a sè dell'impero ebbe in quei tempi con la patente imperiale dei 12 aprile 1850 pure il suo satuto e fu l'unico — oltre quello dei Confini militari croati — che rimase in vigore senza l'interruzione del decennio assolutistico fino ai giorni nostri, anzitutto perchè la dieta provinciale è nello stesso tempo consiglio municipale e la città non poteva restare senza amministrazione, poi perchè la cittadinanza di Trieste, non ancora esposta alle persecuzioni ed alle violenze contro il suo carattere italiano da parte del governo centrale, godendo di un relativo benessere economico non aveva finora avuto motivo di assumere degli atteggiamenti di opposizione alla politica del governo in città e infine forse, perchè l'influsso di Stadion, l'exluogotenente di Trieste, che dimostrò larghe simpatie alla città, non era ancora scomparso presso il governo di Vienna, sebbene già dal maggio del '49 fosse uscito

Trieste.

(1) Vedi Bernatzik, op. cit., p. 175!

malato dal ministero (1). Lo statuto di Trieste, modificato nel 1908 da un nuovo regolamento elettorale, sta a sè per il carattere peculiare della città-provincia fra gli statuti provinciali emanati in quel tempo e tutti tra di loro quasi identici; soltanto la costituzione provinciale per la Galizia, ideata da Stadion, che fu logotenente anche in quella provincia, e finita poi da Bach (emanata con la patente dei 29 settembre 1850) era del tutto differente dalle altre e *pour cause*: si voleva eliminare ogni possibilità di una preponderanza della ricca nobiltà polacca, che aveva ancora aspirazioni d'indipendenza nazionale pericolose per lo stato austriaco e perciò la Galizia fu divisa in tre parti territoriali ciascuna con una propria curia dietale (cioè 3 diete in proporzioni ridotte: una puramente polacca, una rutena e una mista), in cui i contadini polacchi e ruteni dovevano avere la maggioranza dei rappresentanti (2). Con queste costituzioni, nate da un certo spirito di libertà e di progresso rimasto ancora dall'anno della rivoluzione in alcuni ministri (Stadion, Bruck, Schmerling (3), in principio anche Bach), l'unità dello stato, della monarchia intera non era tale, quale la proclamava il manifesto dell'imperatore diciannovenne; c'era ancora in esse largo spazio per particolarismi di legislazione di singole province; da ciò ancor più decisa

Galizia.

(1) Però anche a Trieste in tutto questo decennio assolutistico non si fecero nuove elezioni (istituzione troppo democratica, in orrore in quei tempi al governo e alla corte) e il consiglio della città rimase sempre lo stesso, donde il suo nome di « decennale ».

(2) Lo statuto del '61 invece assicurò il predominio della nobiltà e dei ricchi proprietari polacchi, che della Galizia fecero quasi un vero stato indipendente polacco, ed oggidì una delle questioni nazionali più scottanti è appunto la lotta fra i polacchi, che difendono la loro egemonia ed i ruteni (russi) che vogliono disfarsene.

(3) Schmerling era un burocratico, centralista e tedesco, già per i suoi natali, figlio di un consigliere del tribunale di appello; però non volle asservirsi all'assolutismo; il che gli renderà nel 1861 più facile il ritorno al potere fra le simpatie della borghesia tedesca, che gli darà il nome di « padre della costituzione », di una costituzione ben misera però, lo vedremo.

l'azione della camarilla reazionaria di corte intorno al sovrano contro tutto questo complicato sistema costituzionale, mai mandato ad effetto.

Giustizia.

Anche altre riforme moderne e liberali in questo breve periodo di promesse e di titubanze costituzionali furono elaborate e decretate dai ministri meno reazionarî: Bach cominciò e Schmerling, succedutogli nel luglio del '49 a ministro di giustizia, finì il riordinamento dei tribunali, che mise fine per sempre ai giudizi patrimoniali; fu istituita la Suprema corte di giustizia e di cassazione (*Oberster Gesichts-ùnd Kassationshof*), che doveva fungere da ultima istanza per tutta la monarchia; la « tavola dei settemviri » (*Septemviraltafel*), l'antico tribunale supremo ungherese, divenne ora un semplice senato della Suprema corte di Vienna con lingua d'ufficio tedesca, il codice di procedura penale dei 17 gennaio 1850 ad imitazione di quello francese fondato sui principî d'accusa, di pubblicità e di procedura orale introduce le corti d'assise per tutti i crimini, secondo le promesse della costituzione di marzo; Bach divenuto ministro degli interni riordina nel marzo 1850 tutto il sistema d'amministrazione, la cui riforma era stata iniziata da Stadion con principî più liberali: Bach sopprime il sistema delle decisioni collegiali (prese in sedute di collegi di funzionarî amministrativi) e vi sostituisce il vero principio burocratico, secondo cui il capo d'ufficio prende le decisioni da sè; invece dei governi provinciali egli istituisce 15 logotenenze (*Statthaltereien*) ad accentuar maggiormente la loro funzione di autorità rappresentanti il potere centrale dello stato; tutte le riforme però più democratiche, consolidatosi il potere dei partiti aulici militari, saranno spazzate dal ritorno dell'assolutismo con le patenti di s. Silvestro, che cancellano ogni traccia delle conquiste della rivoluzione; nullameno il seme è gettato ed apporterà più tardi frutti benefici. Unica riforma d'importanza grandissima, che vedemmo votata dall'Assemblea costituente e che è mandata ad effetto

Amministrazione. Principio burocratico.

dal governo del nuovo sovrano, il quale se ne attribuisce anche tutto il merito per ingraziarsi le grandi masse dei contadini e renderli più affezionati al trono, fu la completa liberazione del possesso fondiario (l'esònero del suolo) dei contadini dai vincoli e dai servizi rustici dovuti ai signori patrimoniali, cosiddetti giurisdicenti. Contro questa riforma il ricco principe feudale Windisch-Graetz a nome anche di altri signori latifondiarî scagliò uno dei suoi ultimi strali reazionarî in forma di un lungo memoriale diretto nel febbraio 1850 al giovane imperatore, in cui gli descriveva a foschi colori la rovina minacciante dalla riforma una delle colonne più salde della dinastia e dello stato, l'aristocrazia feudale; il generale, ferito nel più profondo della sua anima feudale, scriveva al sovrano con la sua solita tracotanza: « Il più fanatico comunista non ha osato chiedere quel che il governo di Vostra Maestà praticamente ha concesso ». Però l'astro tramontava e i contadini furono liberi; su di essi la corte ora contava, come contava sull'esercito, che sarà da loro formato, sul clero, che li dirigeva, e sulla burocrazia. La patente dei 4 marzo 1849 regolava il procedimento dell'esonero e dell'estimo dell'indennità da concedersi ai signori: del prezzo di stima di regola si detraeva un terzo per le imposte, un terzo era pagato dai fondi della provincia, formati da prestiti *ad hoc*, e un terzo dai contadini; soltanto in Galizia, secondo le proposte di Stadion, tutta l'indennità fu pagata dalla provincia: si calcolano 289 milioni di fiorini (circa 620 milioni di lire), di cui 225 sarebbero andati a favore di signori secolari e 34 a favore della chiesa, il rimanente a comuni e ad altri privilegiati (1). Si calcolò pure il numero dei contadini

Esonero del suolo.

(1) Questo nella sola Galizia, ove però l'esonero diede poco buoni frutti, perchè con esso non furon fatte di pari passo altre riforme necessarie: non si provvide cioè alla cosiddetta « commassazione » (un altro termine latineggiante del gergo burocratico austriaco per i « rimembramenti di terre »), all'arrotondamento dei fondi e quindi il contadino restava spessissimo proprietario di piccoli appezzamenti frastagliati, di-

liberati in tutta la monarchia ascendente a 2.625.512 e quello dei loro ex-signori fondiarî a 54.267. Appena nel 1857 le operazioni di svincolo dirette da Bach e dal consigliere aulico Bayer erano finite (1); con ciò non è detto ancora, che tutti i contadini nella monarchia siano divenuti proprietarî liberi: specialmente nelle provincie meridionali, fra le popolazioni italiane e iugoslave, ci sono ancora parecchie varietà di sistemi di colonia e di mezzadria, naturalmente ben diversi dalla servitù medioevale della gleba dei paesi tedeschi e degli slavi settentrionali, che limitava, quando addirittura non la toglieva completamente, la libertà personale dei contadini e che ora è abolita definitivamente; il proletariato agricolo con ciò certamente non sparisce, ma diviene politicamente libero, non è più suddito del si-

Colonie; mezzadria. Proletariato agricolo.

---

stanti l'un dall'altro; non si provvide neppure all'abrogazione o alla regolazione delle servitù rustiche (specialmente diritti di pascoli e di boschi dei contadini verso i signori) in modo, che le liti fra contadini e signori furono infinite; nel solo ventennio 1860-1880 ci furono in Galizia oltre 32,000 processi di questa specie per non parlare anche dei famosi processi galiziani di «pregravazione» (un altro di quei termini; *Prägravationsprozesse*) per troppo aggravio d'imposte sui contadini a favore dei signori, infine non si abolì «il diritto delle propine» (*Propinationsrecht*), che in Boemia, Moravia e Slesia durò fino al 1869, in Galizia anzi fino al 1910 e in Bucovina fino al 1911. Questo diritto dava ai signori e ad alcune città il monopolio esclusivo non solo di fabbricare, ma (in Galizia e in Bucovina) anche di vendere l'acquavite, la birra e l'idromele; i contadini erano quindi condannati ad essere consumatori soltanto dei loro prodotti. In Galizia e in Bucovina esistono ancor oggi i fondi provinciali detti «delle propine) *Propinationsfond*), dai quali la provincia con l'aiuto pure dell'erario statale riscatta i diritti dei proprietari propinatori.

(1) La patente imperiale dei 25 settembre 1850 ordinava d'istituire in ogni provincia un fondo provinciale per l'esonero del suolo e lo stato si obbligava di garantire sussidiariamente l'estinzione delle obbligazioni dei prestiti provinciali per l'esonero del suolo. Nell'anno 1862 il debito così garantito ancora esistente ammontava per tutta la monarchia a 1,045,339,281 corone (circa un milliardo e 98 milioni di lire), di cui 562,863,483 corone erano la parte austriaca del debito; il resto era debito ungherese.

Nel 1896 le obbligazioni ancora esistenti in Austria furono convertite in semplici debiti delle province senza garanzia statale. Ai possessori dei titoli era stata concessa libertà di scelta: pagamento ad estinzione o conversione.

gnore fondiario; alla peggio il contadino, che non ha fondi proprî, sarà ora un lavoratore libero a mercede dei campi altrui, ove non sia rimasto colono o mezzadro; la riforma è senza dubbio di grand'importanza e mette finalmente l'Austria fra gli stati di civiltà occidentale per le condizioni delle classi sociali. Se la rivoluzione del '48 non avesse dato altri frutti, che questo, avrebbe già dato molto per il progresso benefico di una parte tanto numerosa e tanto benemerita della popolazione, finora tanto negletta. Se non che, nonostante il rincrudimento dell'assolutismo militare del decennio seguente, i principî di uguaglianza e di umanità affermati dalla rivoluzione non potranno scomparire sez'altro, ma bensì poco a poco anche la corte austriaca dovrà con maggior o con minor sincerità subirli e adattarsi alle condizioni più civili dominanti generalmente nell'Europa moderna.

Stati d'assedio.

Intanto il potere della corte o meglio della camarilla aulica militare con i sistemi burocratici e con le dittature militari andava consolidandosi in tutte le parti della monarchia; dappertutto, ove lo spirito rivoluzionario, nazionale o democratico, aveva fatto capolino, regnava lo stato d'assedio: a Vienna, a Praga e nelle altre città boeme, in Istria, ove fra gli italiani la ripercussione della rivoluzione veneziana era più viva, in Galizia e in Ungheria, dopo domata l'insurrezione; dapprtutto regimi di generali tracotanti e reazionarî: a Vienna governatore militare il generale Welden, poi dal giugno 1851 il generale Kempen, che si affrettava di proibire le sedute pubbliche del consiglio municipale permesse dal ministro Bach, in Ungheria Haynau, poi l'arciduca Alberto, in Croazia Jelacich, in Italia Radetzky e così via dappertutto a capo dell'amministrazione delle province, a capo della burocrazia e dell'esercito uomini di fiducia della camarilla. È naturale, che — stando così le cose — le costituzioni dell'impero e delle province, le leggi liberali del '49 e del '50 tutto il sistema liberaleggiante ispirato da Stadion non dovevano restare che semplice carta scritta e stampata senza alcun valore effettivo se non quello di dar tempo alla reazione aulica militare di riordinar bene le sue file per riprendere con energia e con sicurezza l'opera interrotta dagli avvenimenti del '48. Si cominciò — mentre il ministero elaborava costituzioni — appena ritornata la corte da Olmütz a Vienna con un decreto imperiale degli 8 giugno 1849, che istituiva 13 (elevati poi a 19) reggimenti di « gendarmeria » di 1000 uomini ciascuno ad esempio di quella prussiana e degli altri stati germanici, che l'avevano presa ai tempi napoleonici dalla Francia, destinata a sostituire le guardie nazionali e civiche (1) poco fidate pel mantenimento dell'ordine, quale lo volevano i reggitori dell'assolutismo. In pari tempo furono ristabiliti su basi forse ancor più larghe i sistemi di spionaggio politico e di delazioni dei tempi di Metternich in modo, che già nell'anno 1850 il numero dei processi per reati *politici* ascendevano a 510 e nel 1854 — dopo che ai 27 maggio 1852 era stato ripubblicato il codice penale del 1803, riveduto soltanto per aggravarvi le pene e aumentarvi il numero dei delitti politici — a ben 3693.

La gendarmeria.

---

(1) Le guardie nazionali e civiche furono soppresse con la patente imperiale d. d. 22 agosto 1851.

Trieste godeva anche in ciò di un suo antico privilegio municipale; aveva un suo battaglione di milizia territoriale arruolato fra i suoi territoriali, chiamati dal popolo in dialetto anche *bàcoli* (scarafaggi) per il color nero dell'uniforme. Ma la legge dei 5 dicembre 1868 abrogò anche questo privilegio cittadino. Però era stato provveduto a tempo pochi mesi prima (la notte del 13 luglio 1868) con una feroce aggressione, da nulla giustificata, dei territoriali contro i cittadini, che ebbero un morto (il giovane Rodolfo Parisi), a rendere invisa alla città quest'istituzione, che era pure un resto di antichi diritti dell'autonomia municipale. — La gendarmeria, che fa parte dell'esercito territoriale austriaco (Landwehr) e ungherese (*honved*), è anche oggi l'arma destinata al mantenimento dell'ordine nel paese e rende ottimi servigi, anche politici, alle autorità dello stato. E' l'arma in Austria-Ungheria dei carabinieri. Sottostà ai ministeri dei rispettivi due eserciti territoriali austriaco e ungherese; soltanto la gendarmeria della Bosnia-Erzegovina sottostà al ministero della guerra comune, cioè dell'esercito comune austroungarico. Conta complessivamente circa 60,000 ou., che sono da calcolarsi nel numero complessivo della forza armata austroungarica.

La camarilla aulico-militare comprese, che a serrar le file della reazione per formarne un blocco formidabile oltre a quella dell'esercito e della burocrazia era necessaria la cooperazione del clero e della chiesa onde asservire quanto più agli scopi della politica reazionaria le larghe masse dei contadini ora liberati dagli influssi dei signori, che in alcune parti (in Ungheria e in Galizia specialmente) vedemmo erano a capo dei movimenti nazionali e in Ungheria anche dei movimenti democratici contro la corte.

Chiesa. - Clero.

Intermediari fra essa e l'alto clero ce n'erano a disposizione: il principe vescovo di Seckau Giuseppe Ottmar cav. von Rauscher (1), divenuto nel 1853 arcivescovo di Vienna, era stato uno dei più assidui educatori del giovane imperatore, godeva la fiducia dell'arciduchessa madre, Sofia e degli arciduchi maggiori; il cardinale principe Schwarzenberg era fratello del presidente del consiglio e cognato del principe Windisch-Graetz; inoltre alla corte degli Absburgo non mancarono mai confessori di arciduchi e di arciduchesse, in maggioranza gesuiti, con grande ascedente sulle anime loro affidate, e consiglieri aristocratici bigotti per convinzione o per interesse ferventi fautori di una politica clericale. A questi non riuscì difficile affacciando costantemente lo spauracchio della rivoluzione, prodotta — secondo essi — dalla mancanza di religione subentrata nelel popolazioni dopo le riforme « irreligiose » di Giuseppe II, di ottenere dalla corte e dal ministero la convocazione a Vienna di una conferenza di tutti i vescovi d'Austria, che sotto la presidenza del vescovo principe Schwarzenberg discusse dai 29 aprile ai 17 giugno 1849 tutte le riforme d'indole religiosa da consigliarsi al governo. A trattare con il ministero fu eletta

Conferenza di vescovi, 1849.

(1) Era nato nel 1797, figlio ad un funzionario aulico, mise tutta la sua vasta cultura, la sua forte intelligenza e le sue arti da cortigiano al servizio della chiesa. Era conoscitore profondo del diritto ecclesiastico, della filosofia, delle lettere, della storia; il tipo di un umanista del Cinquecento.

una commisione permanente di vescovi, cui appartenevano e Schwarzenberg e Rauscher.

Primo frutto di quest'azione fu la nomina a ministro del culto e dell'istruzione di quel conte Leone Thun (1), ricco feudatario boemo, che ai 17 aprile 1850 in un'udienza esponeva all'imperatore appena ventenne, che « tutti gli stati, in cui le convinzioni religiose hanno perduto il loro potere sugli animi, devono andar incontro ad una dissoluzione interna » e gli consigliava di approvar alcune riforme proposte dai vescovi subito e per altre di permettergli di trattare con il Vaticano e di regolarle in un « concordato ». L'imperatore — ripetiamo: ventenne e circondato da quella corte! — firmava senza indugio le due ordinanze (2) dei 18 aprile 1850, che abolivano le riforme del *giuseppinismo* illu-

(1) Nato nel 1811, m. 1888. La famiglia dei Thun rappresenta l'aristocrazia feudale federalista conservatrice della Boemia odierna, simpatizzante con il movimento nazionale czeco, sebbene educata tedescamente.

Leone Thun aiutato da Fr. Exner e da Erm. Bonitz riordinò i ginnasi (vi sono compresi anche i licei: 8 classi) e le università in Austria sul modello germanico, ma provvide pure a « cristianizzarli ». Fu sempre anche al senato e alla dieta di Praga conservatore e clericale.

(2) *Ordinanze* si dicono in Austria i decreti amministrativi del potere esecutivo (firmati da uno o da più ministri), che stabiliscono norme durature e spesso — anche ai giorni nostri — fanno le veci di leggi. Delle ordinanze a § 14 tratteremo in seguito. — Prima del 1849 in Austria non vi era una *forma* obbligatoria e unica per la pubblicazione delle leggi dell'impero o delle province.

Pubblicazione delle leggi.

Appena ai 14 marzo 1849 fu istituito il « Bollettino delle leggi dell'impero » (Reichsgesetzblatt), che pubblicava le nuove leggi in tutte le lingue della monarchia e ogni testo in queste lingue era l'autentico. Ai 27 dic. 1852 un decreto imperiale dichiarava soltanto il testo tedesco autentico: così rimase pure nella legge dei 10 giugno 1869, che dice i testi nelle altre lingue « traduzioni ufficiali del testo autentico; » la pubblicazione nel Bollettino è ora un requisito necessario per la validità delle leggi e delle ordinanze, che subentra di regola dopo una *vacatio legis* di 45 giorni. L'Ungheria dopo il 1867 ha il proprio Bollettino delle leggi. Ogni provincia in Austria ha poi i proprio « Bollettino delle leggi provinciali » (Landesgesetzblatt), redatto nelle varie lingue della provincia. Il compito dei Bollettini provinciali non è regolato da una legge e le ordinanze provvisorie dei 14 marzo 1860 e dei 17 febbr. 1863 lasciano molti punti controversi (bastano pubblicazioni in altra forma? come si correggono gli errori delle pubblicazioni avvenute?

minato sopprimendo la sorveglianza dello stato sulle relazioni fra clero, Vaticano e fedeli e restituendo alla chiesa ed ai vescovi la vigilanza sull'insegnamento nelle scuole popolari e medie. In pari tempo furono riammessi definitivamente in Austria gli ordini dei gesuiti e dei redentoriani, cacciatine dalla rivoluzione. Con ciò s'inizia il periodo di quella politica ecclesistica in Austria, che culminerà con il « concordato » del 1855 e cesserà, non del tutto però, appena con le leggi confessionali del 1874.

Epilogo reazionario.

Assicuratosi così anche l'appoggio del clero e per mezzo suo dei contadini, la camarilla si sente abbastanza forte di gettar la maschera e di entrar in lotta aperta contro le costituzioni e contro i ministri liberaleggianti, che ingenuamente forse credevano ancora alla possibilità di un governo costituzionale in Austria. Sintomatico per i metodi di lotta delle sfere reazionarie auliche e militari è il libello anonimo, apparso in quei giorni, di cui l'autore fu subito noto al pubblico nella persona del maggiore von Babarczy, aiutante di campo dell'imperatore, quindi addetto costantemente al suo servizio personale e certamente uomo di fiducia della corte e della cancelleria aulica militare; il libello intitolato *Confessioni di un soldato*, tutto una requisitoria feroce contro il costituzionalismo e contro i ministri meno ligi alla camarilla, conchiude consigliando: « Si ritorni con fiducia all'antico regime — si riconduca (i sudditi) all'antica ubbidienza con energia! » La polizia finì col sequestrare l'opuscolo per ordine dei ministri attaccati, ma la lotta era impegnata e Babarczy non era che una sentinella avanzata di ben più forti avversari.

---

in quali lingue il testo è autentico?) V. Bernatzik, op. cit., p. 977. Io non citerò per ogni nuova legge il N. del B. L. I. (bollettino leggi dell'impero), che recherebbe una confusione di cifre. Chi desidera può trovare facilmente ogni legge con l'aiuto della sola data in qualsiasi collezione di leggi austriache (raccomandabile l'op. cit. di Bernatzik per la parte costituzionale).

Carlo Federico Kübeck, figlio di un sarto di Moravia, parente del direttore di polizia di Venezia noto non sempre sfavorevolmente dai processi del '21, fatto barone da Francesco I, ch'egli accompagnò ai congressi di Lubiana e di Verona e cui rese buoni servigi quale amministratore, dopo essere stato deputato e uomo di fiducia della corte all'Assemblea costituente di Kremsier, richiamato a corte divenne uno dei più ascoltati consiglieri del giovane imperatore e uno dei più ferventi fautori dell'assolutismo fondato sulle forze riunite dell'esercito della burocrazia e della chiesa; Schwarzenberg senza troppi preamboli si schierò dalla sua parte nel consiglio della corona contro i colleghi liberali del ministero; ai 13 aprile 1851 una patente imperiale fissava lo statuto del cosiddetto « consiglio dell'impero » (*Reichsrat*), l'unica delle istituzioni promesse dalla costituzione di marzo che fosse stata realmente attuata; era del resto stata ideata già prima nel progetto di costituzione dell'Assemblea di Kremsier, doveva esser ora un collegio « puramente consultivo » ed agevolare l'opera legislativa della corona e del ministero, al quale era coordinato; i consiglieri erano di nomina dell'imperatore; era insomma il vecchio « consiglio di stato » sott'altro nome redivivo e che ora durerà per altri 10 anni; a presidente vi fu nominato Kübeck, che così divideva con Schwarzemberg le supreme cariche dello stato. Ai ministri Schmerling e Bruck non restò che rinunciare alle loro cariche: la reazione era ormai padrona del campo. Ai 17 agosto Francesco Giuseppe in una conferenza dei ministri, cui intervenne anche Kübeck, lesse una dichiarazione annunciante il proposito di ristabilire l'assolutismo e già ai 20 dello stesso mese emanava 3 rescritti di gabinetto (*Kabinettschreiben*), coi quali dichiarava il « consiglio dell'impero » consiglio addetto esclusivamente alla corona e quindi perfettamente indipendente dal ministero, il ministero responsabile d'ora innanzi « soltanto verso il monarca e verso il trono » e infine incari-

Consiglio dell'impero.

cava Schwarzemberg di accordarsi con Kübeck sulle proposte da fargli per esaminare, se sia ancora « possibile attuare la costituzione di marzo » tenendo fermo il « principio delle forme monarchiche e dell'unità statale dell'impero ». Con ciò l'assolutismo era già anche formalmente ristabilito, mancava l'ultima formalità: l'abrogazione esplicita della costituzione di marzo e dei diritti fondamentali politici della stessa data. E questa venne con le famose 3 patenti imperiali di San Silvestro (*Sylvester-Patent*) dei 31 dicembre 1851, dopo che a presidente della « commissione di revisione della costituzione » era stato nominato Kübeck. La revisione fu radicale: non rimasero intatti che i principî dell'eguaglianza di tutti i cittadini (principio però ancor oggi non completamente adempiuto!) e dell'esonero del suolo dei contadini; le autonomie comunali sono addirittura abolite: le giunte comunali dovranno ottenere la conferma e occorrendo saranno semplicemente nominate dal governo, così pure i funzionarî superiori dei comuni; le corti d'assise, cioè i giurati, i principî di pubblicità e di processo orale sono aboliti, i giudizi di I^a istanza non collegiali sono da fondersi con le autorità distrettuali di amministrazione politica, un regresso di un secolo nell'amministrazione della giustizia in confronto agli altri stati e che durò in Austria fino all'entrata in vigore della legge dei 19 maggio 1868 sull'ordinamento delle autorità politiche; la validità dei codici civile e penale è estesa ora a tutta la monarchia, anche all'Ungheria (Croazia, Transilvania), che finora aveva le proprie leggi antiche; non c'è più traccia dell'articolo della costituzione di marzo, passato poi in tutti gli statuti di province con più nazionalità, garantente la parità di diritti di tutte le lingue e di tutte le nazioni (lo statuto di Trieste del 1850 ancora vigente non ebbe tale disposizione, perchè allora il governo austriaco non negava ancora l'omogeneità nazionale di Trieste italiana!); ora la lingua privilegiata, la lingua dello stato (meno che nelle provincie italiane!) sarà la

" Tabula rasa "

tedesca fino alle leggi del '67; infine la patente prometteva statuti nuovi e privilegi speciali a favore della nobiltà fondiaria che per fortuna mai furono emanati.

Ricapitolazione.

Questo è il succo della patente contenente i « principî per le istituzioni organiche nelle province dell'impero austriaco » e questa è la fine formale del breve periodo post-rivoluzionario di titubanze costituzionali. Ai nostri giorni vedemmo una ripetizione storicamente abbastanza fedele di questi avvenimenti negli scotimenti interni dell'impero russo dopo l'infelice guerra russo-giapponese: qui come in Austria mancò la maturità politica delle grandi masse popolari, dei contadini e l'assolutismo, sebbene scosso, potè di nuovo trionfare. L'Austria internamente per il momento consolidata apparentemente più di quanto lo sia stata durante i regni di Francesco I e di Ferdinando I riprende il suo posto di gran potenza di primissimo ordine, al quale l'aveva ricondotta Metternich; due dei suoi rivali però nel continente occidentale d'Europa nel frattempo hanno riordinato le loro forze, la Francia e la Prussia, e con l'aiuto del rinascente popolo italiano e in parte anche degli altri popoli malcontenti della monarchia, in prima linea degli ungheresi si preparano di metter fine anche a questo secondo ed ultimo periodo di splendore e di grandezza dell'impero degli Absburgo. E vi riusciranno tanto più facilmente, in quanto appunto la solidità della compagine interna dell'impero risultante dal lungo regime d'assolutismo dopo Giuseppe II è soltanto apparente: lo stato è ora interamente unificato, non c'è dualismo, non ci sono particolarismi provinciali, tutto il potere statale è accentrato nelle mani della corte, la lingua tedesca domina dappertutto negli uffici e nelle scuole e in tutta la vita pubblica, perfettamente, come ai tempi di Giuseppe II, ma come l'assolutismo dello stato unificato di Giuseppe II non durò più di un decennio così anche questa sua nuova edizione peggiorata non durerà di più, perchè, a parte l'anacronismo suo in questo secolo, è spoglia appunto di quelle riforme del *giuseppinismo* illuminato, che oggi molto più di allora si sarebbero addette alle nuove tendenze democratiche (1). Intorno alla corte ora si serrano contro i diritti dei popoli e contro le aspirazioni delle cittadinanze liberali l'alta aristocrazia e il clero; con loro stanno una nuova burocrazia, educata con ferrea disciplina alla cieca obbedienza delle leggi assolutistiche, una burocrazia ed un esercito esclusivamente statali, imperiali, sottratti a qualsiasi ingerenza delle provincie e degli ex-stati provinciali, dei quali anche gli ultimi resti, qualche giunta o qualche collegio provinciali sono ora in dipendenza diretta presieduti dal logotenente imperiale della provincia, che è di solito un generale dell'esercito; in Ungheria la corte si trova a peggior partito: qui le manca ogni appoggio indigeno forte ed intelligente, tutto il popolo magiaro, tutta l'aristocrazia ungherese sono contro Vienna; la corte non può contare qui che su una burocrazia del tutto straniera, importata dalle provincie austriache (2), e sull'esercito, che vi dovrà restar impegnato per precauzione in gran quantità, anche quando vi sarà estremo bisogno di esso sui campi d'Italia e contro la Prussia; le popolazioni d'Ungheria non magiare sono ancora troppo arretrate di civiltà per poter rappresentare un elemento essenziale di forza, su cui poggiare

(1) Le scienze durante il lungo periodo di assolutismo poliziesco metternichiano erano rimaste in Austria completamente trascurate. Un manipolo di studiosi austriaci, che nel 1837 avevano diretto una *supplica* al sovrano, perchè permettesse l'istituzione di un'Accademia delle scienze austriaca, scrivevano all'imperatore: « di centinaia delle più belle scoperte nei campi delle scienze naturali e matematiche non una sola anche di minor conto è austriaca. » Appena nel nov. 1847, pochi giorni prima dell'anno rivoluzionario, Metternich acconsente alla fondazione dell'« Imperiale Accademia delle scienze », perchè trova che « l'assegnare al lavorio spirituale dei punti fissi sotto la sorveglianza sovrana » era utile per lo stato. A capo dell'Accademia (« curatore » di nomina sovrana) fu messo l'arciduca liberaleggiante Giovanni e poi dal 1849 al 1859 il ministro degli interni (e quindi della polizia), il famoso Bach.

Le scienze in Austria.

(2) *Bachhussàren*, usseri di Bach sono detti questi funzionari tedeschi e czechi importati in Ungheria.

tutto un sistema di governo, e le più incivilite, i sassoni e i serbi, delusi delle promesse non mantenute finiranno con l'allearsi ai magiari contro l'assolutismo, che nel '67 dovrà cadere. Con ciò le sfere reazionarie auliche, militari e clericali, sebbene sconfitte, non cederanno le armi ed appunto perciò fece d'uopo illustrarle nelle loro azioni tanto estesamente, poichè hanno oggi ancora tanta parte negli avvenimenti di politica estera ed interna della monarchia.

FINE DEL VOLUME PRIMO

FONTI E NOTA BIBLIOGRAFICA

Già dal titolo di quest'opera si comprende, che sono dovuto ricorrere per dati di fatti a molte fonti e diverse. Le cito qui in questa nota e, quando occorre, nelle note in calce di pagina (op. cit. significa: cit. nella nota bibliografica) non tanto per sgravio di coscienza, poichè ho attinto sempre a fonti, che sono riguardate da tutti come competenti e degne di fede nella materia trattata, quanto per rispetto all'opera altrui e per dare possibilmente un prospetto bibliografico esauriente (completato con le bibliografie contenute nelle opp. cit.) dei singoli argomenti da me trattati, affinchè, chi voglia, possa approfondirvi i suoi studi.

Oltre alle fonti e ai libri, che enumero qui sotto, e alle cognizioni acquisite per esser vissuto quasi sempre ed aver fatto tutti gli studî prescritti in Austria-Ungheria, attinsi gran parte delle mie informazioni sui varî problemi trattati nel libro direttamente sul posto durante frequenti viaggi di studio in tutte le province e in tutte le città maggiori della monarchia austro-ungarica e dell'Oriente europeo, che entra nella sfera d'azione della politica austro-ungarica e da appositi colloqui informatívi con rappresentanti, con deputati e con studiosi di tutte le nazioni e di tutti i partiti politici della monarchia. Specialmente tutti i deputati italiani delle ultime legislature alla camera di Vienna, moltissimi rappresentanti italiani nelle giunte, nelle diete e nei consigli municipali delle province italiane ebbero la cortesia di comunicarmi dati preziosi per il mio lavoro. Non è questo il momento di fare i nomi dei miei informatori, diremo, politici, tanto più che alcuni di loro, slavi, hanno già sentito il peso della dittatura militare terroristica inaugurata allo scoppio della guerra nelle loro province e si trovano ancora, se sono sani e vivi, in carcere. Esprimo a tutti, anche se anonimi, la mia gratitudine.

Per le questioni nazionali slave oltrechè essermi servito di alcune fonti e di testi scritti in slavo grazie alla conoscenza della lingua croata o serba, che appresi nelle scuole elementari e medie di Dalmazia, ebbi in materia puramente scientifica alcune utili informazioni sulle caratteristiche nazionali dei ruteni (piccoli russi) e degli slovacchi (czechi) dall'egregio professore di slavistica all'università di Vienna de Resetar, che ebbe la cortesia di comunicarmi pure l'opinione in proposito dell'altro celebre slavista, prof. Vatroslav de Jagic, suo suocero e predecessore sulla cattedra di Vienna.

Naturalmente dell'interpretazione e del collegamento logico e filosofico dei fatti documentati e delle deduzioni trattene porto tutta la responsabilità io.

Oltre a quelle sopra accennate ecco le fonti e le pubblicazioni più importanti, cui sono ricorso e che sono raccomandabili per studî più particolareggiati:

Nella « Biblioteca palatina » di Vienna si conservano alcuni documenti pregevolissimi sulla storia austriaca delle origini e dei primi secoli. Citeremo il *Codex Carolinus* di Carlo Magno, l'epistolario del suo segretario Alcuino e la sua biografia scritta dal segretario Einhardo; gli annali dei conventi di Lorch (dall'a. 703 all'803) di Fulda, di Salisburgo, dei Benedettini di Vienna (fino al 1233), la cronaca del vescovo Ottone di Frisinga, figlio del margravio Leopoldo IV di Austria e altre cronache in prosa e in versi. Ci sono conservate pure cronache della storia di Boemia (di Cosma da Praga fino al 1162, detto « il padre della storia boema ») e d'Ungheria (*Gesta Hungarorum*, la più antica cronaca d'Ungheria, scritta dal segretario anonimo del principe Bela per gli anni 819-913; *La cronaca d'Ungheria* scritta nel 1358 in latino per il re Lodovico il Grande; le memorie di Elena Kottauer, una viennese addetta alla corte di Ladislao il Postumo circa il 1440). Ricchissima è poi qui la collezione dei documenti delle epoche seguenti di storia austriaca, boema e ungherese (annali cronache, autografi, la cronaca austriaca di Enea Silvio, il papa Pio II Piccolomini, è pure qui in autografo; autografi, schizzi, progetti di Massimiliano I, a prova del suo regno di splendore.

Le più importanti pubblicazioni di collezioni di documenti per la storia dei secoli passati sono:

Monumenta Germaniae historica, pubblicati dal 1826 dalla Commissione speciale di Berlino con l'appoggio della Germania e dell'Austria.

Fontes rerum Austriacarum, ed. dal 1849 dall'Accademia delle scienze di Vienna (finora circa 80 vol.).

Archiv für österreichische Geschichte (Vienna dal 1848), circa 100 vol.

Mitteilungen des Instituts für österr. Geschichtsforschung (Innsbruck, dal 1880), 34 volumi.

Monumenta Hungariae historica, oltre 100 vol. finora, fra i quali anche quelli dell'« Archivio turco-ungherese », per cura dell'Accademia ungherese di Budapest.

Historiae Hungariae fontes domestici, per cura di Florian Mátyás, Budapest 1881-85.

Theiner: *Vetera monumenta historica Hungariam sacram illustrantia*, Roma, 1859 e ss.

Monumenta Vaticana historiam regni Hungariae illustrantia, pubblicati per cura dell'episcopato ungherese, Budapest, 1874 e ss.

Corpus iuris Hungarici. Editio Millenaria. Ed. von Márkus, Lipsia 1902; 7 volumi.

Dott. Andrea Galante, prof. e decano della Facoltà giuridica italiana di Innsbruck: *Fontes juris canonici selecti*, Oeniponte, Wagner 1906.

Schwind-Dopsch: *Urkunden zur Verfassungsgeschichte der deutsch-österreichischen Erblande im Mittelalter*, 1875.

Weiland: *Constitutiones et Acta publica imperatorum et Regum*, 1893-6

Fontes rerum Bohemicarum, Praga 1871-88; 4 volumi.

Reliquiae tabularum terrae regni Bohemiae ecc., ed. Emler, Praga, 1880-7; 5 volumi.

Palacky: *Archiv Cesky*, Praga 1840-72, 6 volumi.

H. Jirecek: *Codex iuris bohemici*; Praga, 1867-96; 12 volumi.

Le colleizoni seguenti, sebbene dette iugoslave, contengono molti e importantissimi documenti appartenenti alla storia degli italiani della sponda orientale adriatica (v. app. I a p. 100 di questo volume!):

Monumenta spectantia historiam Slavorum meridionalium; atti dell'Accademia iugoslava di Zagabria dal 1860; finora circa 40 volumi.

Monumenta historico-juridica Slavorum meridionalium; atti dell'Accademia iugoslava di Zagabria dal 1877. I primi tre vol. di questa collezione contengono esclusivamente monumenti storici-giuridici italiani: gli statuti e le leggi delle città dalmate di Curzola, Spalato, Budua, Scardona e Lesina.

Arkiv za povjesnicu jugoslavensku (arch. per la storia iugoslava) redatto da G. Kukuljevich-Sakcinski, Zagabria, 1863-75; 12 volumi.

G. Kukuljevich: *Jura regni Croatiae Dalmatiae et Slavoniae*, Zagabria 1862, 3 volumi.

Don F. Racki: *Documenta historiae chroaticae periodum antiquam illustrantia*, Zagabria, 1877.

Smiciklas: *Codex diplomaticus*, Zagabria 1904-8, 3 vol. (fino al 1300).

Aug. Theiner: *Vetera monumenta Slavorum meridionalium*, Roma 1863-75; 2 volumi.

Per la storia dei secoli a noi più prossimi e fino ai giorni nostri:

Prof. dott. Gust. Turba: *Die Pragmatische Sanktion* (testi autentici con chiose e trad.) « per incarico avuto dall'i. r. presidente del consiglio Carlo co. Stürgkh », ed. l'« i. r. deposito di libri scolastici », Vienna 1913.

Autogramme zur neueren Geschichte der habsburgischen Länder, ed. dalla Direzione dell'Archivio del Ministero della guerra (Vienna), dal 1906 e ss.

Prof. dott. E. Bernatzik: *Die oesterreichischen Verfassungsgesetze*, Vienna, ed. Manz, 1911, 2 ediz. Con ottimi cenni storici e chiose.

Kaindl: *Studien zu den ungarischen Geschichtsquellen*, Vienna, atti dell'Accademia 1894-1902, 16 fasc.

Gust. Steinbach: *Ungarische Verfassungsgesetze*, Vienna, ed. Manz.

Atti e documenti editi e sparsi in varie pubblicazioni ed inediti degli archivi del Ministero degli interni, del Ministero degli esteri (Archivio di stato) e del Ministero della guerra di Vienna, nonchè di archivi provinciali, municipali e privati; sono precisati nel corso del libro al loro posto.

Resoconti, protocolli stenografici e atti dei parlamenti di Vienna e di Budapest (trad. uff. dall'ungh.), delle delegazioni austriaca e ungherese, delle varie diete provinciali; atti dei vari ministeri e degli uffici statistici centrali di Vienna e di Budapest, atti di Tribunali; altri atti delle Accademie delle scienze di Vienna, di Budapest e iugoslava di Zagabria; resoconti ufficiali delle Camere di commercio e d'industria, dei vari istituti finanziari, commerciali ed industriali più importanti della monarchia. (Sono citati più precisamente al loro posto nel corso del libro). Qui cito questi:

Prof. dott. Josef Redlich: *Entwicklung und gegenwärtiger Stand der österr. Finanzverwaltung*, ed. Stamp. dello stato, Vienna 1913 dagli atti della Commissione per la riforma dell'amministrazione statale in Austria.

I. r. Ministero delle finanze: *Die Landeshaushalte der im Reichsrate vertretenen Königreiche und Länder*, 18 fascicoli, Vienna, Stamp. dello stato, 1907.

Fünfzig Jahre Staatsschuld (1862-1912), compilato per incarico della Commissione di controllo del debito dello stato dal segretario dott. Jos. Puregger, Vienna, Stamp. dello stato 1912.

Dott. Friedr. Fellner: *Das Volksvermögen Oesterreichs und Ungarns*; Institut international de Statistique, XIV Session. Septembre 1913. Rapports N. 34. (Comunicato al Congresso di Vienna).

Dott. Richard Sorer: *Einige Indexzahlen zur wirtschaftlichen Entwicklung Oesterreichs*; Institut international de Statistique, XIV Session, Septembre 1913, Rapports N. 35 (comunicato al Congresso di Vienna).

Statistische Uebersichten betreffend den auswärtigen Handel, ibi-*Reichsrate vertretenen Königreichen und Ländern*, ed. dalla i. r. Commissione centrale di statistica di Vienna, 1913, a XI, Stamp. dello stato.

Oesterreichisches Städtebuch, idem, vol. XIV, ibidem, 1913.

Statistische Uebersichten betreffend den auswärtigen Handel, ibidem, 1913.

Statistik des Bergbaues in Oesterreich, ibidem, 1912.

Vorläufige Ergebnisse der gewerblichen Betriebszählung, ed. della Commissione centrale di statistica, Vienna 1913.

Statistik der Sparkassen (1910), Vienna, Gerold, 1912.

Die Ergebnisse der Volkszählung von 31 *Dez*. 1910 (l'ultimo censimento); Vienna, Gerold 1913.

Das österr. Abgeordnetenhaus (dati statistici e personali ufficiali sulle ultime due legislature in Austria a suffragio universale); redatto da Fr. Freund, Vienna e Lipsia, 1907 e 1911.

Ungarisches Statistisches Jahrbuch, ed. dalla Stamp. dell'« A. G. Athenäum », trad. uff. dall'originale ungherese, a. 1910-13.

Rechnungsabschlüsse der Oesterrechisch-ungarischen Bank für das Jahr 1912, ed. della stessa Banca, Vienna 1913.

I più importanti periodici (riviste e giornali) della monarchia austro-ungarica, meno quelli pubblicati in lingua magiara (questa lacuna è riempita dai giornali ungheresi di Budapest scritti in tedesco); anche questi sono citati nel luogo dovuto.

I testi più importanti di carattere generale concernenti tutta la monarchia o uno dei due stati, di cui oggi è formata, sono per i secoli passati:

Brunner: *Grundzüge der deutschen Rechtsgeschichte;* Lipsia, 1901.

Fessler: *Geschichte von Ungarn*, rifatta da Ernst Klein; Lipsia 1867; 5 volumi.

Ludw. Gumplowicz: *Oesterreichische Reichsgeschichte*, Berlino, Heymann, 1896.

Heilfron: *Deutsche Rechtsgeschichte. Staatsrecht. Kirchenrecht.* Berlin, 1905. Buono.

Luschin v. Ebengreuth, prof.: *Oesterreichische Reichsgeschichte*, Bamberg, 1895-6; 2 vol.

Prof. Sartori-Montecroce, ex-decano della Facoltà giuridica italiana di Innsbruck: *Corso di storia del diritto pubblico germanico* (edito dal prof. A. Galante); buono e ricchissima bibliografia.

Schröder: *Lehrbuch der deutschen Rechtsgeschichte;* Lipsia, 1902, 4 ed.

A. von Viroczil: *Das Staatsrecht des Königreiches Ungarn vom Standpunkte der Geschichte;* Pest, 1865.

Per i tempi più recenti:

Richard Charmatz: *Oesterreichs innere Geschichte von* 1848 *bis* 1907 (Teubner, Lipsia 1909), 2 vol. Bisogna notare, che Charmatz, come parecchi altri autori austriaci tedeschi, ai quali accenneremo in seguito e che del resto sono tra i più seri, nel trattare delle cose degli italiani soggetti all'Austria prestano fede cieca agli atti e alle versioni ufficiali delle autorità austriache e fanno di ogni agitazione di quegli italiani per il rispetto dei loro diritti di autonomia o linguistici o culturali un movimento di irredentismo antistatale, secondo essi condannabile e reprimendo.

R. Charmatz: *Geschichte der auswärtigen Politik Oesterreichs im* 19. *Jahrhundert*, 2 vol., ed. Teubner Lipsia 1912-14.

Heinrich Friedjung: *Oesterreich von 1848 bis 1860* (Cotta's Nachfolger, Stoccarda e Berlino 1908), 2 vol. Anche per questi vale la nota fatta per Charmatz.

Lo stesso: *Der Kampf um die Vorherrschaft in Deutschland* (idem, 1907), 2. vol.

Ludw. Gumplowicz: *Das oesterreichische Staatsrecht* (*Verfassungs-und Verwaltungsrecht*, Vienna, ed. Manz, 1902. Con larghi cenni bibliografici per le collezioni di leggi d'Austria e d'Ungheria (pp. 31-39).

Kolmer: *Parlament und Verfassung in oesterreich* 1848-1885, Vienna-Lipsia, 1902-5, 3 vol.. Importante.

W. Rogge: *Oesterreich von Vilàgos bis zur Gegenwart*, Lipsia 1872-73, 3 vol..

P. Samassa: *Der Völkerstreit im Habsburgerstaat*. Lipsia, 1910. Vedi la n. fatta su Charmatz.

Sayous: *Histoire générale des Hongrois*, Budapest 1900, 2. ed., 2 vol.

Th. von Sosnosky: *Die Politik im Habsburgerreiche*, Berlino 1912. Segue una tendenza panaustriaca, direi cristianosociale. Qui vale in modo speciale la nota fatta a Charmatz.

Wickham Steed: *La monarchia degli Absburgo*, ed. ingl. e fr. 1914. Purtroppo non ebbi modo nè tempo di consultare quest'opera certamente pregevole. Dalle poche pagine lèttene pare persegua la stessa tendenza, come il libro di R. W. Seton-Watson: un'Austria forte, piuttosto slava, contro la Germania.

Eduard von Wertheimer: *Graf Julius Andrassy, sein Leben und seine Zeit* (*Deutsche Verlags-Anstalt*, Stoccarda, 1910-13; 3 vol.); specialmente quest'opera e quelle di Friedjung sono corredate di preziosissimi ed incontrovertibili documenti storici; ma anche qui vale per gli italiani la nota fatta a Charmatz.

Per dati di carattere generale sulla monarchia austro-ungarica possono essere utilissimi a consultarsi anche:

Rich. Charmatz: *Wegweiser durch die Literatur der österr. Geschichte*, Stoccarda e Berlino, 1912. Ottima bibliografia.

Meyers *Grosses Konversations-Lexikon*, 6 ed., 24 vol. (1907-12, Lipsia e Vienna).

Wurzbach: *Biographisches Lexikon des Kaisertums Oesterreich*, Vienna 1857-92; 60 vol..

Die österreichisch-ungarische Monarchie in Wort und Bild, opera cominciata sotto il patronato del defunto arciduca ered. Rodolfo, Vienna 1886-1902; 24 vol..

Oesterreichische Volkskunst; ed. di lusso del « Museum für österr. Volkskunde » di Vienna, per cura del prof. dott. M. Haberlandt; 1911.

Dati preziosi contengono le memorie degli uomini politici contemporanei, specialmente dei ministri austriaci conti Beust e Belcredi e di Bismarck; naturalmente bisogna spogliarle di ciò, che può esser troppo soggettivo in esse.

Testi importanti riguardanti materie speciali per argomento o per territorio:

Eisenmann: *Le compromis Austro-Hongrois de* 1867, Parigi, 1904.

Fischel: *Sprachenrecht;* 1910, 2. ed., e dello stesso: *Materialien zur Sprachenfrage;* 1902.

Augusto Fournier: *Die Geheimpolizei auf dem Wiener Kongresse,* Vienna e Lipsia (Tempsky, Freytag ed.) 1913.

Dott. Andrea Galante: *Elementi di diritto ecclesiastico,* Soc. ed. libr., Milano 1909; ottimo e con ricchissima bibliografia.

Prof. Gross: *Lehrbuch des kath. Kirchenrechts mit besonderen Berüksichtigung der particularistischen Gestaltung desselben in Oesterreich,* Vienna, 1899, 3 ed.

Prof. Hussarek, *Grundriss des (österr.) Staatskirchenrechts,* Lipsia, 1899.

Eug. Guglia, *Wien,* Vienna, ed. Gerlach et Wiedling, 1908.

Ernst Molden: *Die Orientpolitik Metternichs,* ed. Hölzel, Vienna Lipsia 1913.

Hans Uebersberger: *Russlands Orientpolitik in den letzten zwei Jahrhunderten,* Stoccarda 1913.

Dott. Max Reinitz: *Das österreichische Staatsschuldenwesen von seinen Anfängen bis zur Jetztzeit.* Lipsia e Monaco, ed. Duncker et Humblot, 1913.

Arth. Singer: *Geschichte des Dreibundes,* Lipsia ed. Rabinowitz, 1914. V. la n. a Charmatz.

Conte Ferdin. Zichy: *Zur Geschichte des kirchenpolitischen Reformkampfes in Ungarn;* trad. dall'ung.; Innsbruck 1913.

Più particolarmente per gli slavi dell'Austria-Ungheria:

Vatr. von Jagich: *Die slawischen Sprachen* (in *Die Kultur der Gegenwart,* I parte; sez. IX, p. 1-40), Berlino 1908.

Per la questione *boema*: il fasc. apposito scritto da autori czechi nei *Les annales des nationalités,* Parigi 1914. Buono.

Denis: *La Bohême depuis la Montagne Blanche,* Parigi, 1902-3, 2 vol.; e altre opere dello stesso.

Jirecek: *Das Recht in Böhmen und Mähren,* Praga 1865.

Fr. Palacky: *Geschichte von Böhmen* (fino al 1526); Praga 1836-67; 5 vol.

Toman: *Das böhmische Staatsrecht und die Entwicklung der österr. Reichsidee,* 1527-1848; Praga.

Per i polacchi, ruteni ed ebrei di Galizia:

La questione *rutena* nel fasc. di marzo del 1913 dei *Les annales des nationalités,* Parigi.

Dott. Dmitrij Markow: *Die russische und ukrainische Idee in Oesterreich,* Vienna e Lipsia 1912, 2. ed.

Eugenio Starczewski: *L'Europe et la Pologne,* Parigi 1913.

Dott. Fr. Stefczyk: *Polen und Ruthenen in Galizien;* Leopoli, 1912.

C. Widmann: *Franz Smolka. Sein Leben und politisches Wirken* (trad. dal pol.); Vienna, 1887.

Wirtschaftliche Zustande Galiziens in der Gegennant; 6 interessantissime conferenze di professori ed uomini politici polacchi; Vienna e Lipsia, 1913.

Per i jugoslavi:

Dott. R. Horvat: *Najnovije doba hrvatske Povjesti* (i tempi più recenti della storia croata), Zagabria 1906.

Prof. V. Klaich: *Povjest Hrvata*, Zagabria, 1899-1912, 5 vol.

Dott. St. Ortner: *Repetitorij iz pravne povjesti Germana i Slavena* (Guida nella storia del diritto germanico e slavo); Zagabria, 1898.

R. W. Seton-Watson (Scotus Viator): *Die südslawische Frage im Habsburger Reiche*, Berlino 1913, trad. dall'inglese. Ricchissima bibliografia per le questioni iugoslave. L'autore si mostra parzialmente informato e persegue una tendenza slavofila e austrofila nello stesso tempo con una punta contro il germanesimo e contro i magiari. Ignora quasi completamenta l'elemento italiano delle province meridionali dell'Austria-Ungheria.

Prof. F. Sisic (Scisich): *Hrvatska Povjest*, (fino al 1790), Zagabria 1908. 2 vol.

Tade Smiciklas: *Poviest hrvatska* (storia della Croazia fino al 1848), Zagabria 1882, 2 vol.

Stefanovich-Vilovsky: *Die Serben in Ungarn, Dalmatien, Bosnien und Herzegovina*, Vienna, 1884.

Dott. G. Surmin (Sciurmin): *Povjest kujizevnosti hrvatske i srpske* (storia della letteratura croata e serba), Zagabria 1898.

Vanicek: *Specialgeschichte der Militärgrenze*, Vienna 1875.

D. Wachsmuth: *Geschichte des Illyrismus*, Lipsia 1849.

Dott. Uros Krulj: *Predstavka glavnog odbora srpske narodne organizacije sa sarajevskim programom*, Mostar, ed. *Narod*, 1908. Per la Bosnia-Erzegovina.

Prof. dott. Ferdinand Schmid: *Bosnien und die Herzegovina unter der Verwaltung Oesterreich-Ungarns*, Lipsia, ed. Veit et Comp., 1914; opera molto vasta, però ufficiosa, austriaca.

Mir. Spalajkovich: *La Bosnie-Herzégovine;* Parigi, 1899.

Dott. Nikola Stojanovich: *Die Verfassung Bosniens und der Herzegovina*, Zurigo, 1908.

Pubblicazioni più importanti attinenti le province italiane, la politica dell'Italia e degli italiani in genere:

Graziadio Ascoli: *Saggi Ladini.* I vol. dell'« Archivio glottologico italiano »; Roma, 1873.

Bonfiglio: *Italia e confederazione germanica*, 1865.

Lettere di Cavour, per cura di Chiala; Torino, ed. Roux e Viarengo, 6 vol.

Carlo Combi: *La Frontiera Orientale d'Italia e la sua importanza*, Politecnico di Milano, 1862.

Franc. Crispi: *Politica estera*, per cura di Palamenghi-Crispi; Treves, Milano, 1912.

Franc. Crispi: *Questioni internazionali*, idem, 1913.

Cr. Crispolti e Guido Aureli: *La politica di Leone XIII da Luigi Galimberti a Mariano Rampolla*, Roma, 1912; ed. Casa Bontempelli e Invernizzi.

Gröber: *Grundriss der romanischen Philologie*, 1888-1893.

Die romanischen Literaturen und Sprachen nella collezione «Die Kultur der Gegenwart» dei professori Zimmer, Meyer, Stern, Morf, Meyer-Lübke; Berlino e Lipsia, 1909.

Mommsen: *Le province romane da Cesare a Diocleziano*.

Ferd. Pasini: *L'Università italiana a Trieste*; 2 vol., Firenze; Casa ed. it., 1910.

Pertile: *Storia del diritto italiano*, 6 vol., 2 ed., Torino 1892.

Lettere e documenti del bar. Bettino Ricasoli, per cura di M. Tabarrini e Aur. Gotti; Firenze, 1893, vol. 8.

Augusto Sandonà: *Contributo alla Storia dei processi del 1821 e dello Spielberg*, Torino ed. Bocca, 1911.

Aug. Sandonà: *Il Regno Lombardo-Veneto* (1814-1859), Milano 1912, ed. Cogliati.

Per gli anni del Risorgimento mi basti ricordare qui le ben note opere di Alessandro Luzio, di Pierantoni, di Barbera, di Chiattone ecc.

Archivio storico per Trieste, l'Istria ed il Trentino, Roma, dal 1881.

Le Alpi, che cingon l'Italia considerate militarmente, Torino, 1845 (ed. dello Stato maggiore piemontese?).

Pro patria. Risposta dell'Associazione «pro Italia irredenta» alle *Italicae res* del Haymerle. Zanichelli, 1879.

Il ministero Ricasoli e i paesi italiani ancora soggetti all'Austria; anonimo; Firenze, 1867.

Gr. Ascoli: *Gli Irredenti*, «Nuova Antologia» S. III, vol. LVIII, 1895.

Umberto De Bin: *Leopoldo I e la sua corte nella letteratura italiana* nel Bollettino del «Circolo accademico italiano» di Vienna, 1910.

F. Salata: *Le Nazionalità in Austria-Ungheria*; «Nuova Antologia», 16 ag. 1913.

Relazioni delle Camere di Commercio, dell'Istituto per le piccole industrie, dell'Ispettorato industriale ecc

Più particolarmente per il Trentino e per l'Alto Adige:

Fr. Fel. Alberti: *Annali del Principato Ecclesiastico di Trento dal 1022 al 1540*, reintegrati da Tommaso Gar. Trento, 1860.

Fr. Ambrosi: *Commentari della storia trentina*. Rovereto, 1887.

Prof. Carlo Battisti (dell'Università di Vienna): studi sui dialetti ladini e trentini nell'«Archivio per l'Alto Adige» e negli Atti dell'Accademia di Vienna.

Prof. Arturo Galanti: *I tedeschi sul versante meridionale delle Alpi*; Roma, 1885.

Prof. Des. Reich: *Del più antico statuto della città di Trento*. Nel «Programma dell'i. r. ginnasio di Trento» 1889.

L'Alto Adige; opuscolo; Tip. Naz. di G. Bertero e C., Roma 1914.

Chi sono i Trentini?, Trento, ed. Zippel, 1908.

Il Trentino, a cura dell'Associazione Trento-Trieste, Ravenna, 1908.

Alcuni cenni sul Trentino, Roma 1912.

Archivio per l'Alto Adige, diretto dal dott. Ettore Tolomei; dal 1907; Trento-Egna. Ottimo!

Archivio Trentino, ann. dal 1882.

Atti dell'Accademia degli Agiati, Rovereto.

Tridentum, rivista diretta dal dott. Cesare Battisti, esce a Trento.

Per le province italiane della sponda orientale dell'Adriatico in genere:

Benussi: *Storia e statistica della regione Giulia*, 1903.

Gius. Caprin: *Marine istriane;* ed. Caprin, Trieste — *Istria nobilissima;* Trieste, ed. Schimpf — *Pianure friulane;* Trieste, ed. Caprin — *Lagune di Grado*, ivi — *Il trecento a Trieste;* ivi — *Tempi andati;* ivi — *I nostri nonni;* ivi — *Le Alpi Giulie;* ivi.

Fambri: *Venezia Giulia*, 1880.

Daniele Farlati: *Illyricum Sacrum*, Venezia, 1751-1811; 8 vol.

E. Mayer: *La costituzione municipale dalmata-istriana nel medioevo e le sue basi romane*, trad. dal ted. di C. De Franceschi con osservazioni di U. Inchiostri e del traduttore. Parenzo 1907.

Vinc. Solitro: *Documenti storici sull'Istria e la Dalmazia*, Venezia 1844.

N. Tommaseo: *Intorno a cose dalmatiche e triestine*, Trieste, Tip. Lloyd, 1847. Dello stesso molti altri scritti su questioni politiche e nazionali, specialmente della Dalmazia.

Angelo Vivante: *Irredentismo Adriatico;* ed. « La Voce »; Firenze, 1912; pubblicazione tendenziosa e inopportuna, sebbene contenga parecchie notizie utili.

Monografie di città; ed. Mayländer, Trieste, 1909: *Capodistria* di Baccio Ziliotto, — *Pirano* di Attilio Tamaro, — *Trieste* di Silvio Benco; ed. Quidde, Trieste, 1912: *Muggia* di Italo Sennio, — *Zara*, di Antonio Battara. Buone.

Anonimo (Pacifico Valussi autore; traduttore in franc. Cost. Ressmann, triestino, ambasciatore d'Italia a Parigi): *Trieste e l'Istria: Loro diritti nella questione italiana*, Milano, Brigola, 1861.

La provincia dell'Istria e la città di Trieste; ed. Barbera, 1866. Atti del Comitato istriano-triestino, attivissimo durante la guerra del 1866.

Più particolarmente per il Friuli orientale:

Prosp. Antonini: *Il Friuli Orientale*, Milano, 1865.

C. Czörnig: *Das Land Görz und Gradisca;* Vienna, 1873. Ha buone notizie; è però un rappresentante dell'idea austriaca.

Dott. Edoardo Traversa: *Das Friaulische Parlament* (fino alla scomparsa del Patriarcato di Aquileia, 1420), ed. Deuticke, Vienna e Lipsia, 1911.

Valentinelli: *Bibliografia friulana;* continuata fino al 1900 da Occioni-Bonaffons.

Forum Iulii, rivista, Gorizia.

Per Trieste:

Mario Alberti: *La fortuna economica di Trieste ed i suoi fattori*. Trieste, 1913.

*** (M. Alberti) *La conquista di Trieste* (il problema economico del dominio italiano sull'Adriatico), ed. C. A. Bontempelli, Roma 1914. Buono.

Bersa (direttore del giornale ufficiale *Osservatore triestino*): *Il Consiglio Decennale*; Trieste.

Don Iacopo Cavalli: *La storia di Trieste raccontata ai giovanetti*, 1877, ristampata recentemente con aggiunte di Silvio Benco per opera del Municipio di Trieste.

Cavalli: *Commercio e vita privata a Trieste nel 1400*; Trieste, 1910.

Cavalli: *Le reliquie del dialetto ladino a Trieste e a Muggia*; nell'« Archivio glottologico italiano ».

Cesca: *Le relazioni fra Trieste e Venezia sino al 1381*, Drucker, 1881.

Alb. Errera: *Trieste commerciale e marittima*; Roma, 1874.

Della Giacoma: *Trieste nell'ultima metà del sec. XVI* (Programma del Ginnasio comunale di Trieste 1872-3).

Kandler: *Storia del consiglio dei patrizi*; Trieste, 1858.

Kandler: *Emporio e Portofranco*; Trieste, 1864.

Montanelli: *Il movimento storico della popolazione di Trieste*, 1905.

Carlo Nobile: *Franchigie storiche e Portofranco di Trieste*, 1866.

Rossetti: *Meditazione storico-analitica sulle franchigie di Trieste*, 1815.

Un italiano (Att. Tamaro): *Il problema di Trieste nel momento attuale*; ed. Provenzani, 1914.

Gius. Vidossich: *Studî etimologici sul dialetto di Trieste*; nell'« Archeografo Triestino » (1908?).

Archeografo Triestino, Trieste; finora 36 vol. Utile anche per l'Istria.

Costituzione della Città immediata di Trieste 12 aprile 1850, ecc.; Trieste, tip. Lloyd, 1869. — *Progetto approvato della legge del 26 ag.* 1908 (v. Allegato al resoconto della II seduta della Dieta provinciale di Trieste dei 19 giugno 1908).

Per l'Istria:

Benussi: *L'Istria fino ad Augusto* — Lo stesso: *L'Istria nel Medio-Evo*, 1897 — Lo stesso: *Storia documentata di Rovigno* (Istria).

Carlo Combi: *Etnografia dell'Istria*, Torino, « Rivista Contemporanea, 1860-1 ».

C. Combi: *Istria*, Milano, 1886.

C. Combi: *Appello degli istriani all'Italia*, 1866.

Kandler: *Archivio diplomatico istriano* (dal 50 d. Cr. al 1526), 5 vol. Importantissimo!

P. S. Leicht: « *Note ai doc. istriani di diritto priv. dei secoli IX-XII* » in « Miscellanea di studî in onore di Attilio Hortis », 1910.

Parenzo. — Per l'inaugurazione del nuovo palazzo del Comune. — Parenzo, 1910. Eccellenti monografie: del dott. Antonio Pogatschnigg, di Franc. Babudri, del dott. Bernardo Benussi, di Ugo Inchiostri e di Francesco Salata sulla storia, sul diritto, sulla chiesa, sull'arte ecc. di Parenzo (e quindi di quasi tutta l'Istria).

Studio sulla storia dell'Istria interna nel « Programma del ginnasio tedesco dello Stato » a Pola, 1913.

Un anno di trattative per il compromesso nazionale in Istria; relaz. dei membri italiani della Giunta provinciale e della Commissione al compromesso; nov. 1910, Parenzo.

Pagine istriane, rivista, Capodistria (?).

Per Fiume:

Icilio Bacchich: *Il problema dell'Adriatico e Fiume*, Ancona, 1914.

Giovanni Kobler (fiumano): *Memorie per la Storia della liburnica città di Fiume*; op. postuma pubblicata per cura del Municipio di Fiume, 1896. Buona. Il Municipio continua a pubblicare in Bollettini periodici documenti concernenti la storia di Fiume.

F. Spinelli (pseudon.): *Il Calvario di una città italiana*, Bergamo, 1914.

Annuario marittimo ungherese, pubblicato in lingua italiana e in ungh. dal Governo marittimo di Fiume.

Per la Dalmazia:

Prof. Matteo Bartoli (dell'Università di Torino): studî sul *neolatino dalmatico* negli Atti dell'Accademia di Vienna; nella Grammatica storica italiana di Meyer-Lübke; in Miscellanee, ecc.

Vitaliano Brunelli: *Storia della città di Zara*, ed. per cura del Municipio di Zara fatta dall'Istituto veneto di arti grafiche, Venezia, 1914, I vol. Ottimo, ricchissime note bibliografiche buone per tutte le province italiane.

Tullio Erber: *Storia della Dalmazia*, Zara 1886 e nel giornale il « Risorgimento » di Zara dal 1910.

A. Fortis: *Viaggio in Dalmazia*; Venezia 1774.

A. Fortis: *Dalmatien*, Berna 1776.

Franceschi: *Statuti, prime leggi in Rogosnizza* (nel periodico « Dalmazia » di Zara, a. 1845); *Le Poglizza* (ibid. a 1846-7).

Gelcich. *Memorie storiche sulle Bocche di Cattaro*, Zara 1880.

Gelcich-Thalloczy: *Diplomatarium Ragusanum*, Budapest, 1887.

U. Inchiostri: *Contributo alla storia del diritto romano in Dalmazia nel X e XI sec.* Trieste 1906 (estratto dall'Archeografo Triestino).

Prof. Jirecek: *L'elemento romano in Dalmazia*; (in ted.) negli Atti dell'Accademia di Vienna: Denkschriften, 48-49; a 1901.

Prof. Kretschmayr: Storia della Dalmazia veneziana e storia di Venezia; in ted.; Vienna.

Lucius: *De Regno Dalmatiae et Croatiae a gentis origine ad an.* 1480, Amsterdam 1666.

Prof. Adolfo Mussafia: *La Dalmazia letteraria* in « Die österr.-ung. Monarchie in Wort und Bild » (v. sopra).

Schindler: *Darstellung des Colonen - und Contadinen - Wesens im Ragusaner Kreise*, (« Zeitschrift für österr. Rechtsgelehrsamkeit » 1837).

Dott. Strohal: *Pravna povijest dalmat. gradova* (storia del diritto nelle città dalmate), Zagabria, 1914. Uno di quei libri fatto *ad usum Croatarum* (v. n. a p. 100 del testo).

M. V. Sufflay: *Die dalmatinische Privaturkunde*. Vienna 1904 (dai « Sitzungsberichte der k. Akad. der Wissen. in Wien; phil. ist. Classe » vol. 147).

Luigi Villari: *The Republic of Ragusa*. Londra 1904. Non ho potuto consultarla.

K. Vojnovich: opere in lingua croata sulla costituzione e sull'amministrazione della repubblica di Ragusa nei vol. 105, 108, 121, 127 e 129 degli atti dell'Accademia iugoslava di Zagabria, 1896

Wenzel: *Studien über den Entwickelungsgang des Rechtslebens auf der Insel Curzola* (in Dalmazia); — id.: *Beiträge zur Quellenkunde der dalmatinischen Rechtsgeschichte im Mittelalter* (nell'« Archiv für Kunde österr. Geschichtsquellen », 1849).

Statuti di Spalato, ed. per cura di G. Alacevich; Spalato 1878.

La Rivista dalmatica; Zara.

Utili sono pure le collezioni dei periodici più importanti, passati e presenti, delle province italiane. Citeremo specialmente per gli anni intorno al 1848: *L'Istria*, diretta da P. Kandler (1845-52), la *Favilla* (Trieste 1836-46, diretta da Fr. Dall'Ongaro), *La Dalmazia* (Zara) ecc. Dei giornali odierni parleremo a suo luogo; qui citeremo i chiari articoli di M. Alberti sull'economia dell'Austria-Ungheria e delle province italiane nel *Piccolo della sera* di Trieste dal 1912 in poi.

In Italia non abbiamo opere complete organiche sull'Austria-Ungheria nè dagli anni passati nè da quelli più recenti. Invece negli ultimi due anni si è scritto parecchio delle cose austro-ungariche e specialmente delle province italiane in un paio di periodici maggiori del regno, che hanno saggiamente intuito l'importanza di tali questioni per l'Italia. Li citeremo, perchè possono essere utili a completare il quadro dell'Austria-Ungheria presente; naturalmente, si dovrà tener conto delle inesattezze, che sono inevitabili in un lavoro impressionistico e affrettato del giornalismo moderno.

Nel *Corriere della sera* (Milano, settembre 1913) alcuni articoli di Luigi Barzini; raccolti in opuscolo, ed. « Società Dante Alighieri », Milano 1913.

Nella *Stampa* (Torino) articoli di Virginio Gayda da Vienna e dalle province italiane; raccolti ed ampliati in due volumi, ed. Bocca (Torino): *La crisi di un impero* (1913) e *L'Italia d'oltre confine* (1914). Molto lodati.

Dallo stesso ed. Bocca è uscito un libro pure di carattere giornalistico di F. Mattei: *L'Ungheria e gli Ungheresi*, 1912. Superficiale.

Nella *Rassegna Contemporanea* (Roma, dal 1912) buone notizie periodiche sulle province italiane di Ant. Battara.

Della letteratura giornalistica più recente, dopo lo scoppio della guerra europea, citeremo:

nel *Giornale d'Italia* (Roma, settembre-novembre 1914) parecchi buoni articoli di Antonio Cippico sulla Dalmazia e sulla « questione adriatica »; uno magistrale per la sintesi storica dell'Austria-Ungheria di Art. Colautti

(7 settembre 1914) dal titolo « Il Cesare rosso »; due di Att. Tamaro: su Trieste (7 ott. 1914) e sulle province adriatiche (24 nov. 1914); buoni.

Dello stesso Att. Tamaro due buoni articoli sulla Dalmazia nell'*Idea Nazionale* (Roma, 3 nov. 1914) e nel *Secolo* (Milano, 14 nov. 1914; riportato nel *Messaggero* di Roma, 16 nov. 1914).

Cito qui in ordine cronologico anche la mia opera giornalistica, anche perchè non avvenga, che ripetendo nel libro delle idee già svolte nei miei articoli precedenti e che per avventura fossero comparse poi anche in lavori di altri, non fossi ingiustamente tacciato di plagio.

La Tribuna (Roma): Anno 1907: N. 279, Studenti italiani sotto processo; N. 250, Contro gli italiani della Dalmazia; N. 256, Lotta economica fra Austria e Ungheria; N. 302, L'ultimo « compromesso » fra l'Austria e l'Ungheria; N. 319, L'università italiana a Trieste; N. 343, I polacchi d'Austria e la legge Bülow (colloquio con l'on. Battaglia). — Anno 1908: N. 37, Colonie croate o serbe nell'Italia meridionale; N. 89, 307, 327, L'università italiana a Trieste e gli studî in Italia; N. 107 e 163, Il giubileo di Francesco Giuseppe; N. 155, Praga (la questione boema); N. 182, 202, 226, 228, 259, 291, Tra Austria Serbia e Montenegro (Il processo delle bombe a Cetigne, Lo spione Nastich); N. 186 199, 229 Contro gli agrumari italiani a Vienna; N. 194, L'Italia, il Vaticano e l'arciduca ereditario; N. 199, Il congresso panslavo a Praga; N. 217, *Die hohen Herren* (aristocratici viennesi); N. 217, Per un accordo fra Austria e Italia. — Anno 1909: N. 58 e ss.; Il processone di Zagabria (Croazia); N. 69, 139, 248, Vienna e suoi usi; N. 117, La questione delle lingue in Dalmazia e la nuova ordinanza; N. 123, L'Italia e l'Austria nella Triplice; N. 173, 328, l'Università italiana a Trieste; N. 196, La ferrovia dei Tauri (effetti commerciali e importanza strategica); N. 226, Croati e italiani in Dalmazia e in Istria; N. 238, Francesco Giuseppe nella vita privata; N. 270, La ferrovia fra il Danubio e l'Adriatico; N. 271, 274, 285 e ss., Dalle capitali del vicino Oriente (Belgrado, Sofia, Bucarest), colloqui con il principe Giorgio di Serbia, con i ministri Milovanovich, Pasich, Takeff, Diuvara; N. 361, Il processo Friedjung (Austria-Ungheria, Croazia e Serbia). — Anno 1910: N. 1, 10, Vienna e suoi usi; 313, Novelli zuavi pontifici (chi sono i cristiani-sociali?); N. 5, Aeronautica militare in Austria-Ungheria; N. 15, La crisi in Ungheria e in Croazia; N. 21, La costituzione nella Bosnia-Erzegovina; 290, La politica della monarchia austro-ungarica (l'annessione della Bosnia i rapporti con l'Italia); N. 22, Processi galiziani (Cracovia); N. 26, Il mistero di Meyerling (la morte di Rodolfo d'Absburgo); N. 37, Montenegro (lo spione Nastich); N. 42, Diplomatici alle prese; N. 41, la lingua italiana sulla linea del Brennero; Nn. 180, 142-166, 330-351, L'università italiana a Trieste; N. 132, Istria nobilissima; N. 155, Filippo Zamboni;

217, Opinioni e sentimenti processati (l'influenza delle autorità militari — l'articolo di fondo finiva con un appello agli italiani del regno di aiutare la *Lega Nazionale* e di favorire le imprese economiche degli italiani in Austria-Ungheria); N. 238, Prima del convegno di Salisburgo (l'Austria, gli italiani e la stampa viennese — con seguito di polemiche nei Nn. 240-242 con la *Neue freie Presse* di Vienna); N. 259, Aquileia (Friuli orientale); N. 224, La liturgia veteroslava e il Vaticano; Nn. 242 e 244, Salisburgo, Salzkammergut e Ischl. — Anno 1911: Nn. 12-73, 197, 215, L'università italiana a Trieste (il messaggio imperiale); N. 248, Per le scuole italiane di Gorizia; N. 259, I mosaici d'Aquileia; Nn. 25-92, Il progettato viaggio dei deputati austriaci a Roma; N. 165, Le elezioni generali in Austria (a suffragio universale); 199, La nuova camera austriaca; N. 175, Intorno a un trono; N. 294, L'erede presuntivo al trono d'Austria-Ungheria sposa la principessa Zita dei Borboni di Parma; Nn. 292 e 305, L'opinione pubblica in Austria-Ungheria e la stampa; N. 60, Controversie per forniture alla marina da guerra fra l'Austria e l'Ungheria; 220, L'esercito comune in Austria-Ungheria e l'ostruzionismo alla camera ungherese; 245, Impiccato in effigie poi presidente del consiglio ungherese (Andrassy); N. 100, Documenti inediti sui processi del 1821; N. 185, L'unità d'Italia nelle memorie di una diplomatica; Nn. 126-139 L'insurrezione albanese (corrispondenze dall'Albania e dal Montenegro); N. 262, Vienna e suoi usi. — Anno 1912: N. 39, L'ostruzionismo alla camera di Vienna, l'ex-ministro ungherese conte Apponyi; 1 aprile, Minaccia di abdicazione di Francesco Giuseppe; 31 magg., Da Bismarck a Bülow; 9 giugno, Kovacs spara contro Tisza; 12 luglio, Parlando con sovrani...; 5 agosto, L'università italiana a Trieste; 24 settembre, Il regno lombardo-veneto (lo sfruttamento). — Anno 1913: 18 giugno, Arte italiana nelle province adriatiche e a Vienna; 25 luglio, Un decennio di politica internazionale (Andràssy); dai 24 ag. fino a dic.: I decreti antitaliani del logotenente Hohenlohe; 5 settembre, Origini e storia della polizia di stato in Austria; 17 nov., L'ammiraglio Chiari e la *Reichspost* contro i pubblicisti italiani; 28 nov. e ss., L'università italiana a Trieste (i conflitti studenteschi a Graz). — Anno 1914: 16 febbr., L'italianità di Dalmazia; 12 marzo, L'università italiana a Trieste; 11 febbr., Il processone di Maramarossziget contro 95 alti traditori (piccoli russi); (dalla Galizia): 28 marzo, Due climi e due civiltà; 28 aprile, Il Piemonte polacco; 11 maggio: Il Piemonte ukraino; 1 luglio, Cause e conseguenze dell'attentato di Saraievo; 3 luglio, Il nuovo arciduca ereditario; 25 luglio, Colloquio con il ministro di Serbia; 30 luglio, Le spese militari in Austria-Ungheria; 31 luglio, La leva in massa in Austria-Ungheria e le prestazioni militari; 4 agosto, Austria, Russia e i Balcani; 6 agosto, L'esercito austro-ungarico; 11 agosto, La Polonia non è morta...; 25 agosto, Elementi etnici e religiosi del conflitto austro-russo; 6 settembre, La Russia rossa (Galizia); 15 settembre, Bucovina e Galizia; 16 settembre, Russi e serbi in Ungheria; 29 settembre, Il conte Tisza; 6 ottobre,

Conrad von Hoetzendorf; 12 ottobre, Carlo dei Hohenzollern; 5 novembre, Il ministro comune degli esteri d'Austria e d'Ungheria; 11 novembre, La Turchia fra Austria e Russia.

L'Italia all'Estero (rivista, Roma): Anno 1908: N. 10, Un'azione austriaca per un accordo fra Italia e Austria; N. 12 (16 giugno), L'Austria contro i serbi della Bosnia-Erzegovina e per l'annessione delle due provincie; N. 13, L'inchiesta austriaca per un'intesa fra Italia e Austria; Nn. 22-23, Inchiesta a Vienna sulla politica dell'Italia. — Anno 1909: N. 6, Lo spirito pubblico in Austria e la presente crisi balcanica; N. 22, Dal vicino Oriente (Ungheria, Serbia, Bulgaria e Rumenia); N. 23, La situazione in Grecia (colloquio con l'ex-ministro Ralli). — Anno 1911: Nn. 1-2, L'Università italiana a Trieste; N. 5-6, Un po' di dignità nazionale! (l'Ambasciata d'Italia a Vienna); Nn. 11-12, La nuova camera austriaca e gli italiani.

L'Adriatico (Venezia): Anno 1911: Nn. 39 e 212, L'Università italiana a Trieste (il messaggio imperiale); N. 50, Le « delegazioni » in Austria-Ungheria; N. 57, Le « delegazioni », l'Italia e gli italiani; Nn. 65 e 68, Gli armamenti e le spese di guerra in Austria-Ungheria; N. 74, Nuovi studî sui processi del 1821; N. 103, Parlamentarismo austriaco; N. 122, La liberazione di Venezia nelle memorie di una diplomatica; N. 135, L'insurrezione in Albania; N. 154, La *rentrèe* russa nella politica balcanica; N. 162, Le seconde elezioni a suffragio universale in Austria; N. 188, Casa Savoia nelle memorie di una diplomatica; N. 195, Teatro politico; N. 203, Dal patibolo a presidente del consiglio (Andrassy); N. 224, La lotta alla Camera di Budapest contro l'esercito comune austro-ungarico; N. 233, Propaganda pangermanica nelle Dolomiti (Alto Adige). — Anno 1912: N. 188, Peregrinazioni balcaniche; N. 238, Un libro militarista di un anonimo austriaco; N. 246, Storia lombardo-veneta.

Rassegna Contemporanea (rivista, Roma): Anno 1912: fasc. VII: « Appunti di viaggio in Bosnia-Erzegovina, nella Dalmazia meridionale, in Montenegro e in Albania » — ffasc. X e XI: *La politica antiitaliana in Austria-Ungheria*, raccolti in opuscolo di pp. 56, ed. Bontempelli-Invernizzi (Roma, 1912). — Anno 1913, fasc. XVII: « Un decennio (1870-1880) di politica europea nella biografia di un ex-ministro degli esteri austro-ungarico ». — Anno 1914: fasc. XV, « L'italianità in Dalmazia »; fasc. XVI, La guerra fra Austria-Ungheria e Russia (sue cause nazionali e religiose).

La Stampa (Torino): Anno 1913, tutti i fonogrammi da Vienna dal N. 210 (31 luglio) al N. 312 (9 novembre); specialmente: fine agosto e principio settembre sui « decreti Hohenlohe »; N. 243, politica antiitaliana a Gorizia, Pola e Trieste; N. 245, L'italofobia nella politica interna dell'Austria » (vi dico fra altro: « In Austria si sbaglia di grosso, se si crede, che all'Italia possa esser indifferente, che le province austriache ai suoi confini mutino o non mutino per artificio o per violenza il carattere nazionale o il sentimento delle loro popolazioni »); N. 296, danni economici nel Trentino per la politica antiitaliana.

Noi e il Mondo (rivista, Roma), a. 1914, N. 10: Le razze dell'Austria-Ungheria e le loro lotte. — Alcuni articoli sulla corte d'Austria-Ungheria in *La Donna* (rivista, Torino).

Voce degli insegnanti (rivista, Trieste), a. II, Nn. 25-26, « Per Gorizia e per altre terre italiane » (scuole e lo studio delle lingue).

L'Italia, la guerra e la Dalmazia, nel Numero unico *Italia avanti!* del 20 settembre 1914.

Questa bibliografia, secondo già dissi, si completa con alcune note apposte alle pagine relative dei singoli capitoli.

INDICI ANALITICI

Gli indici analitici non riescono mai perfetti e completi, come si vorrebbe. Bisognerà quindi, non trovandosi un nome, cercarne un altro affine, o relativo o più generale. Per es., se mancasse Bulgaria, si cercherebbe: Balcani opp. Oriente. Si tenga inoltre presente per la consultazione, che l'ordine del libro è in gran parte cronologico.

ERRATA-CORRIGE

Pagina 14, postilla marg.: *Corinzia* corr. *Carinzia*.
» 17, postilla marg.: *creditano* corr. *ereditano*.
» 34, 9ª riga dall'alto: *Mauslasch* corr. *Maultasch*.
» 58, 2ª riga dall'alto: leggi *Bruges* (*Brügge*).
» 61, postilla marg.: *central* corr. *centrali*.
» 69, 15ª riga dall'alto: *Carlo V* corr. *Carlo IV*.
» 70, 7ª riga dall'alto della nota: dopo *indusse* aggiungi *Leopoldo II, come più tardi.....*
» 74, scrivi secondo la grafia czeca *Hus* oppure secondo la grafia tedesca *Huss*.
» 83. 4ª riga dall'alto: *hangarici* corr. *hungarici*.
» 97, 1º capoverso: *contrifughe* corr. *centrifughe*.
» 115, 11ª riga della nota: *Thresianum* corr. *Theresianum*.
» 171, 7ª riga dal basso (nota): *Starczewiski* corr. *Starczewski*.
» 190, nota: *vivixit* corr. *vixit*.
» 264, 2ª nota: *Haynan* corr. *Haynau*.
» 278, 11ª riga dall'alto: *Gesichts-* corr. *Gerichts-*.

318

INDICE DEL VOLUME I

La Monarchia degli Absburgo — Origini, grandezza e decadenza — Con documenti inediti

Volume Secondo

(1849-1915)

Storia politica, costituzionale e amministrativa con speciale riguardo alle province italiane.

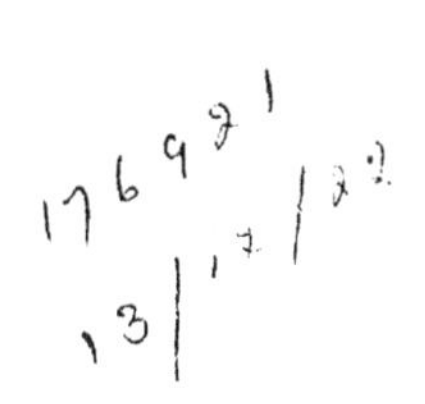

ROMA - C. A. BONTEMPELLI EDITORE

Cooperativa Tipografica Italiana - Viale del Re, 22 - Roma

AVVERTENZA

Anche per questo volume rimando il lettore alla prefazione premessa al volume I. E accentuo ancora una volta che la mia è una storia politica d'Austria e di Ungheria soltanto in quanto gli avvenimenti politici sono legati con la storia costituzionale e amministrativa della monarchia degli Absburgo. Se mi fossi accinto a far un'opera di pura storia politica, non mi sarebbero bastati dieci di questi grossi volumi ad illustrare tutti gli episodi di dieci secoli storici della duplice monarchia e delle terre che la compongono.

Altrettanto voluminosa sarebbe riuscita l'opera mia, se avessi voluto accompagnare ogni fatto da me esposto da lunghe considerazioni mie personali. Lo spirito animatore di questo lavoro deve ricercarsi nella scelta e nell'esposizione dei fatti, dei dati in esso narrati e deve trovar la sua giusta espressione nelle conclusioni da me tratte in ogni capitolo e più sinteticamente nel capitolo conclusionale. Spero di esserci riuscito. E se qualche lettore ci tenesse a conoscere anche le mie impressioni personali più direi da giornalista che da studioso, le troverà, se non teme di annoiarvicisi, nei miei articoli citati nella nota bibliografica aggiunta al I volume (1).

A. D.

Roma, aprile 1915.

---

(1) Per comodità del lettore riportiamo a pagina seguente l'indice della materia trattata nel I volume.

INDICE DEL VOLUME I.

CAPITOLO I.

Êra Bach

Altri dieci anni di supremazia austriaca
(1849-1859)

Spezzata la via degli ingombri di leggi costituzionali, che la rivoluzione del '48 aveva strappate alla corte, si ritorna all'assolutismo, al potere accentrato a Vienna per tutta la monarchia, e all'intedescamento di tutta la vita pubblica. Il sogno, che Giuseppe II aveva tentato invano di attuare, ora è un fatto compiuto e durerà quasi un decennio intero; sarà però lo stato unitario assoluto germanizzante non dell'illuminato giuseppinismo, ma della famosa *êra Bach.* Giuseppe II aveva idealmente sognato di fondare il suo stato su principî di umanità, di giustizia sociale, di riforme moderne, liberali e incontrò la sorda, ma efficace opposizione dei signori feudali, lesi nei loro interessi, del contadino ancora semiselvaggio, bigotto fanatico e ignaro dei proprî interessi, e del clero onnipotente, che si vedeva spodestato dalla nuova cresciuta autorità statale. L'avvocatuncolo Bach, (1) l'ex-demagogo rivoluzionario, che nel

(1) Veramente dopo la morte improvvisa del presidente dei ministri principe Schwarzenberg ai 12 aprile 1852 venne chiamato a succedergli anche come ministro degli esteri e

1854 sarà fatto barone, conosce meglio le condizioni reali del paese e sa asservirlo con maggior fortuna al potere assoluto della corte: il contadino, che forma la gran massa delle popolazioni dell'impero, conserva la libertà acquistata nel '48, ma, oltre al militare, anche il clero e la chiesa cattolica come tale ottengono una posizione privilegiata, una vera autonomia entro lo stato, anzi con il concordato del 1855 in certi riguardi il potere statale è mancipio di quello ecclesiastico. La nobiltà, i signori feudali, quando non fanno parte dell'esercito, entrano nell'amministrazione dello stato e sono fedelissimi al nuovo regime, che finalmente ha tolto loro la paura di vedersi spogliati dalla rivoluzione delle ricchezze raccolte dai loro avi non sempre con mezzi legittimi.

Amministrazioni autonome.

Nemmeno gli antichi stati provinciali, le diete degli stati esistono più a frenare, come una volta, il potere centrale assoluto. L'amministrazione autonoma delle provincie e dei comuni è lasciata quasi per dimenticanza alle giunte provinciali e comunali ancora esistenti, ma non si fanno più elezioni; le rappresentanze son divenute automaticamente decennali; i consiglieri morti o dimessisi sono sostituiti per nomina dall'autorità politica; le loro funzioni sono ridotte al minimo necesario della pura amministrazione, sottoposto anche questo minimo alla più illimitata ingerenza e al controllo delle autorità statali. Un'opposizione costituita, ordinata non vi è: la nobiltà e il clero sono con lo stato; la borghesia è indebolita, oppressa dal regime militare e burocratico in tutte le province, in tutte le città. I capitoli, che nelle storie d'Austria trattano di questo periodo e degli anni seguenti, fino al 1859, portano il titolo *Dittatura militare e miseria finanziaria*,

---

della casa imperiale il conte Carlo Ferdinando Buol-Schauenstein, il quale otto anni prima era stato ministro plenipotenziario austriaco a Torino e nel 1859 dovrà cadere, vittima della guerra contro il Piemonte. Ma il vero *spiritus rector* del ministero, specialmente per la politica interna della monarchia, fu sempre il ministro degli interni Bach.

due corollari, di cui più tardi per far finire uno ricorrendo alle tasche del popolo contribuente, bisognerà far cessare anche l'altro, ritornando più o meno sinceramente alle concessioni costituzionali. Spadroneggiarono nuovi generali, Welden e poi Kempen, governatori di Vienna, in continua lotta coi ministri meno reazionarî, Radetzky in Italia, donde mandava continui lagni contro i funzionarî e le autorità civili lombardo-venete, Haynau e poi l'arciduca Alberto — il nuovo capo della reazione a corte — in Ungheria, Grünne, aiutante generale nella cancelleria imperiale: dappertutto abusi militari, vendette personali, arresti per opera del militare di giornalisti, di pensatori, di scrittori, stati d'assedio, tribunali di guerra ovunque.

Clero.

Abbiamo veduto nel capitolo precedente serrarsi le file dell'episcopato e del clero e schierarsi i vescovi con l'arcivescovo Rauscher e il cardinale Schwarzenberg in capo intorno alla corte (1) e abbiamo veduto i primi

(1) Loro agenti fra gli slavi meridionali contro le popolazioni più civili e più liberali ivi predominanti italiane, magiare e tedesche sono: a Marburgo (Stiria merid.) il vescovo Ant. Martino Slomscek, sloveno (n. 1800); a Lubiana il vescovo Wolf; nel ricchissimo vescovato di Djakovar (Croazia) il vescovo Giorgio Strossmayer (croato, 1815-1905), ex-cappellano aulico a Vienna, mente del resto superiore, che nel concilio vaticano del 1869-70 fu uno dei due ultimi oppositori al dogma dell'infallibilità papale e che poi spesso si trovò in conflitto con Vienna per le sue idee troppo iugoslave più che austriache; nel vescovato delle isole di Cherso e di Veglia (Istria) il croato vesc. Vitesich; nel vescovato di Trieste e di Capodistria lo sloveno vesc. Legat e nel vescovato di Pola-Parenzo il vesc. croato Giorgio Dobrila (1812-82), che poi nel 1875 succede nella diocesi di Trieste al Legat per volontà dell'imperatore e contro l'opposizione dei ministri liberali tedeschi Unger e Glaser, che lo conoscevano per uno slavo fanatico e reazionario. Intorno a questi prelati funzionavano eserciti interi di preti e frati agitatori sloveni e croati: una vera associazione di propaganda slava e antiliberale estesa a tutte queste diocesi e a quelle di Dalmazia, una volta tanto fiere della loro latinità. Nè era azione individuale di singoli, bensì cooperazione ordinata, reciproca di vescovi e parroci e coadiutori. Specialmente il vescovo Dobrila fu attivissimo e si può dire il promotore dell'agitazione slovena e croata in Istria e nel circondario di Trieste. Nel 1854 fatto parroco e canonico della vetusta basilica di s. Giusto a Trieste e nel 1857 — per raccomandazione del vescovo di Lubiana Wolf — vescovo di Pola-Parenzo, seppe

frutti, le prime concessioni alla chiesa e al clero in compenso dell'appoggio da esso dato con la sua azione fra le masse rurali e con altri mezzi non sempre confessabili alla politica di reazione. Il premio massimo però l'ebbe la chiesa cattolica con il *Concordato*, la cui firma fu annunciata dai giornali di Vienna ai 21 agosto 1855 con una breve notizia come un lieto avvenimento atto a render più solenne la festa del genetliaco imperiale Nell'ottobre del 1852 si comunicava nella semi-ufficiosa *Österreichische Correspondenz*, che il ministro degli esteri conte Buol per incarico dell'imperatore aveva cominciato delle trattative con il Vaticano; ma la conclusione del concordato fu opera principalmente dell'arcivescovo Rauscher e del ministro del culto conte Thun, che condussero le trattative decisive a Vienna con il delegato pontificio cardinale Viale-Prelà. L'abdicazione dello stato alla sua supremazia non solo sulla chiesa, ma e sulla scuola e sul diritto matrimoniale e di famiglia, insomma la fine delle riforme giuseppine era stata ora decretata con il concordato.

Il "concordato" del 1855.

La comunione diretta libera fra il papa, i vescovi,

---

entrare nelle grazie della corte di Vienna, ove aveva fatto conoscere questo suo programma: fede nella religione cattolica, nel popolo (intendi nel contadino ancora incivile) e devozione all'imperatore. Dobrila crea in Istria un vero partito politico croato (ancor oggi diretto da preti e vescovi); fa istituire scuole croate, diffonde libri e letture croate e slovene, publicazioni delle Società di s. Gerolamo di Zagabria e di s. Mohor (slovena) di Klagenfurt; fonda al 1° giugno 1870 a Trieste addirittura un giornale politico croato, la *Nascia sloga* («la nostra concordia» ancora esistente) diretta da preti; vi collabora assiduamente e paga 400 delle 500 copie del giornale con i denari del vescovato. Il ricco vescovo di Djakovar, Strossmayer, manda pure aiuti vistosi in denaro per quest'agitazione in Istria e in Dalmazia. Dobrila morendo lascia in testamento circa 200,000 lire a favore di scuole e del clero croati. A vescovo di Trieste gli succede un altro agitatore slavo, il suo esecutore testamentario, And. Strk; anche oggi Trieste e Capodistria — per volontà di Vienna — hanno un vescovo sloveno, mons. Karlin. Di tutto ciò riparleremo. I dati qui riferiti sono presi dalla pubblicazione commemorativa del centenario della nascita del Dobrila fatta dai croati dell'Istria: *Biskup Dr. Juraj Dobrila*, 1812-1912, redatta da mons. Ante Kalac, Pisino 1912 con l'*imprimatur* del vesc. Karlin, sebbene il libro predichi l'odio nazionale contro gli italiani.

il clero e il popolo era concessa di nuovo, abrogata la censura delle pastorali vescovili; la scuola sottoposta alla sorveglianza diretta dei vescovi (1); la giurisdizione ecclesiastica ristabilita; la proprietà della chiesa è sacrosanta e intangibile; i fondi di religione e di studî, istituiti da Maria Teresa e da Giuseppe II con i beni degli ordini soppressi, passeranno in proprietà della chiesa e saranno da essa amministrati. In aggiunta a tutto ciò ci fu anche un trattato segreto, in cui l'Austria si obbligava di non modificare in alcun modo le sue leggi confessionali o interconfessionali (riguardanti i rapporti fra le varie confessioni) senza il consenso del Vaticano. Da

(1) Riporto qui dallo studio di Ant. Bettioli: *Legislazione scolastica austriaca* (da La Voce degli insegnanti, Trieste, Nn. 35-36) questi art. del Concordato, che servivano bene alle intenzioni, che vedemmo del conte Thun di educare nuove generazioni timorate di Dio e dello stato assolutista: Art. V. L'istruzione della gioventù dovrà essere impartita in tutte le scuole tanto pubbliche che private in conformità ai dettami della religione cattolica, e i vescovi in virtù delle prerogative di cui sono insigniti, dovranno sorvegliare tutte le scuole, badando a che non venga insegnato nulla di ciò che possa ledere i dogmi di fede o la morale cristiana. — Art. VII. Nei ginnasi e nelle scuole medie dovranno essere chiamati a fungere da insegnanti soltanto sudditi di religione cattolica, e tutto l'insegnamento avrà lo scopo di infondere nel cuore dei discenti la fede e la pietà cristiana. — Art. VIII. Tutti i maestri delle scuole popolari dovranno sottostare all'autorità ecclesiastica diocesana: la fede e la morale di colui ch'è chiamato all'ufficio d'insegnante dovranno essere senza macchia: chi devierà dal retto sentiero dovrà senz'altro venir rimosso dal posto indegnamente occupato. — Art. IX. I vescovi e il clero in genere potranno eliminare dalle scuole tutti quei libri e trattati che si mostrassero ostili all'idea religiosa e in questi loro intendimenti saranno coadiuvati efficacemente dagli organi dello Stato.

Con altre parole s'istituiva la censura preventiva, si mettevano i maestri e i professori legati mani e piedi in balia dei vescovi, i quali venivano perciò stesso a sovrapporsi allo Stato. Le autorità scolastiche erano il parroco o il curato del villaggio, in cui sorgeva la scuola; poi il decano e infine il concistoro; da ispettore fungeva sempre un commissario vescovile. Mezzi didattici erano: per i negligenti il banco degli asini o gli orecchioni di cartone da applicare alla testa del disgraziato che veniva esposto così a una specie di berlina; per chi aveva lo scilinguagnolo sciolto c'erano le croci da farsi igienicamente per terra con la lingua o i chicchi di granturco sotto le ginocchia; per i refrattari poi a ogni disciplina, legnate a distesa.

qui poi nel 1868 e 1874 il conflitto fra Austria e Vaticano per le leggi confessionali votate dal parlamento di Vienna e ancor vigenti. Nell'aprile del 1856 i vescovi austriaci, chiamati dal governo, tennero delle conferenze a Vienna per discutere dell'esecuzione del concordato e ottennero ancora, che il ministero con decreto emancipasse le « associazioni cattoliche » dalla legge comune sulle associazioni e agli 8 ottobre 1856 fosse emanata la patente imperiale, che abrogava gli articoli del codice civile universale per i matrimonî fra cattolici, rimetteva in vigore il medioevale diritto matrimoniale canonico e persino ristabiliva i tribunali ecclesiastici per le contese di diritto matrimoniale con competenza non soltanto per coniugi cattolici, ma anche per matrimonî, in cui un solo coniuge fosse cattolico (1).

Burocrazia. La terza colonna, oltre il militare e il clero, su cui doveva poggiare il nuovo stato unificato e assoluto, era la burocrazia, ma una burocrazia purificata dallo spirito giuseppino o dai ricordi costituzionali del '48, ligia in tutto e per tutto ai voleri della corte, dei generali, dei vescovi e del governo, dotata di poteri quasi illimitati con nuove leggi e con decreti ministeriali. Bach, quale ministro degli interni, dedicò appunto le sue cure principali a ordinare una tale burocrazia e una tale amministrazione dello stato intero: inondò tutti i paesi della monarchia di funzionari fedeli e ossequiosi ai cenni dall'alto più che intenti al bene delle popolazioni, fra cui si trovavano e fra cui si sentivano stranieri, poichè Bach aveva adottato il sistema di non prendere gli im-

(1) Il matrimonio di un cattolico o di un cristiano in generale con un non cristiano (ebreo, maomettano, ateo ecc.) è proibito (v. vol. I, nota 3 a p. 214) oggi in Austria, anche dopo abrogato il concordato. Tutto al più la parte cristiana può uscire dalla chiesa, farsi atea o passare alla religione dell'altro coniuge e così appena sposarsi. Ad illustrare meglio lo spirito della patente del 1856 eccone due articoli: § 66. « La chiesa aborre i matrimoni fra cristiani e quelli, che hanno abiurato al cristianesimo, e li sconsiglia ». — § 77. Il vescovo può impedire un matrimonio « se prevede, che esso provocherà gravi contese, scandali e altri malanni ». — Dove c'è qui il limite per il potere vescovile?

piegati per una provincia dalla popolazione di quella provincia; preferiva quindi sceglierli fra gli czechi e fra i ceti più bassi dei tedeschi; le popolazioni slave e le classi meno elevate dei popoli più civili fornivano naturalmente in numero sufficiente persone ancora incoscie dei più alti doveri civili, doveri inconciliabili con il servilismo e con i metodi polizieschi, che caratterizzarono l'amministrazione dell'era Bach. Vige ancor oggi, nel XX sec., in Austria la famosa « patente Bach », cioè l'ordinanza imperiale dei 20 aprile 1854, che concede alle autorità politiche (di polizia e, dove non ci sono quelle statali, persino alle autorità comunali, magistrati civici) di punire con procedura sommaria e con pene da sei ore fino a 14 giorni di arresto o con multe da 2 a 200 corone le contravvenzioni agli ordini di polizia e le offese ai funzionari di polizia (1).

La patente Bach.

Però dell'opera di legislatore e di ordinatore dell'amministrazione dello stato di Bach qualcosa di buono è rimasto, poichè spesso il male delle leggi non dipende

---

(1) Veramente nell'era Bach oltre all'arresto e alle multe era stata reintrodotta la pena corporale del bastone. Per questo la *Bachpatent* era detta anche *Prugelpatent* (« delle bastonature »). Si tratta insomma di una vera giurisdizione penale esercitata da funzionari di polizia. A Vienna sul palazzo della polizia voi vedete un'ala con tanto di tabella: « Ufficio penale di polizia »; hanno almeno il pudore di non metterci « giudizio penale ». La seconda istanza per i ricorsi contro queste « nozioni » (le dicono così, perchè « sentenze » sarebbe troppo!) di polizia è la logotenenza e ultima istanza il ministero degli interni. E' evidente a quanti abusi da parte dei funzionari di polizia può dar adito questo loro potere quasi discrezionale: partigianerie, vendette personali, nazionali, ricatti. Ebbi a che fare con un commissario di polizia, che faceva fioccare condanne sui cittadini meno ligi alle autorità e poi ne procrastinava l'esecuzione... per tener sospesa su di essi come spada di Damocle la minaccia di doverle una volta espiare. Diceva di tener così i cittadini in pugno. Oltre alla condanna « in sede di polizia » l'imputato, se deferito ai tribunali, poteva buscarne anche una giudiziaria. Spessissimo avviene, specialmente nelle contravvenzioni di carattere politico (dimostrazioni nazionali, antigovernative ecc.), che il giudice manda assolto un imputato, ma allora l'autorità di polizia si prende il gusto d'intervenire, di punire e, se cittadino estero, di bandirlo. V. in proposito una motivata interpellanza dell'on. Gasser e compagni sull'attività della Polizia a Trieste, presentata alla Camera di Vienna, sess. 1914.

tanto da esse quanto da quelli, che le applicano. Abbiamo veduto, che fu in gran parte merito suo il rimodernamento del codice penale, che con lievi modificazioni vige ancor oggi, e che fu egli a creare quell'ordinamento dei giudizi, delle autorità amministrative, statali e comunali, che è di base ancora ai nostri giorni alla costruzione statale dell'Austria. Specialmente per i fautori del centralismo e dell'unità di stato in Austria questo è un merito non insignificante, anche se Bach con quelle leggi e con quelle istituzioni abbia perseguito il suo scopo oltrechè del centralismo anche dell'assolutismo e dell'intedescamento delle province italiane, slave e ungheresi, le quali fino allora — meno il breve periodo di Giuseppe II — erano riuscite a conservare una tal quale autonomia amministrativa e nazionale.

Ordinamento amministrativo.

Associazioni. — Stampa.

Meritano esser notate due leggi reazionarie di Bach, che pochi anni dopo la sua caduta furono abrogate; ambedue del 1852: con la « legge sulle associazioni » furono soppresse le società politiche e le non politiche date in balìa delle autorità politiche; con la « legge sulla stampa » i giornali si può dire furono rovinati; nel 1855 in tutta l'Austria non c'eran più che soli 50 giornali, che si dicevano politici, nella cui parte politica però non c'eran che apologie del governo. E lo si capisce bene; ogni periodico politico, che voleva cioè trattare di politica, doveva deporre una cauzione, che secondo il colore del giornale le autorità potevano far salire fino a 20.000 corone; il giornale doveva esser presentato all'autorità di censura un'ora prima della sua pubblicazione e dopo due ammonimenti per iscritto poteva esser soppresso per sempre; non solo il direttore, ma tutti i collaboratori, tipografi e rivenditori potevano esser processati per un articolo di giornale (1).

Vedemmo, che le autonomie provinciali e comunali,

(1) V.: R. Charmatz op. cit., I p. 32 e dott. Max Garr: *Die wirtschaftlichen Grundlagen des modernen Zeitungswesens* — Vienna e Lipsia, 1912. Dalla collezione *Wiener Staatswissenschaftliche Studien*, ed. i proff. Bernatzik e Philippovich.

che nella loro varietà erano un portato della storia e na necessaria conseguenza delle differenti condizioni nazionali e sociali dei popoli della monarchia, erano state soppresse dal centralismo assoluto germanizzatore dell'era Bach. La vinta Ungheria ne sentì il danno maggiore per la sua individualità statale ora completamente eliminata; divisa in quattro parti — ungherese, transilvana, serba e croata — diede quattro nuove province austriache, amministrate con gli stessi metodi militari, polizieschi e burocratici, come tutto il resto dell'impero (1). Nell'autunno del 1851 fu nominato a governatore al posto di Haynau l'arciduca Alberto, il capo del partito militare e della reazione di corte. Già nel 1849 un'istruzione imperiale aveva abrogato l'uso della lingua magiara dal servizio interno degli uffici in Ungheria; un anno dopo una patente imperiale sopprimeva la suprema corte ungherese di giustizia, la cosiddetta « tavola settemvirale » di Budapest, e la sostituiva con un senato presso la suprema corte di Vienna, di cui la lingua d'ufficio era la tedesca. Come i tribunali così tutti gli altri rami dell'amministrazione statale furono accentrati a Vienna e intedescati. Con decreto ministeriale dei 16 dicembre 1854 fu imposta a tutte le scuole medie, almeno nelle classi superiori, come lingua d'insegnamento la tedesca; le università e gli istituti superiori divennero tedeschi; la popolazione doveva così con la scuola essere intedescata e intanto, fino al compimento di quest'opera di snazionalizzazione, tutti gli impieghi pubblici e giudiziari erano stati coperti da funzionari tedeschi e czechi, pervasi dello spirito poliziesco e militare dell'era Bach, tanto che il popolo non li chiamava con altro nome che con quello di « ùsseri di Bach » (*Bach-hussaren*).

Ungheria.

---

(1) Veramente dovevano esser sei i territori amministrativi, in cui era ora divisa l'Ungheria, se si contano il Banato di Temes (serbo) e i confini militari come territori separati. Sui metodi di governo di questo periodo in tutta la monarchia si troveranno dati interessanti presi dal Friedjung, op. cit. in un artic. di Alessandro Luzio: *L'Austria dal '48 al '60* (Corriere d. sera, 15 genn. 1908).

esistenza passiva.

La nazione ungherese o per meglio dire la sua parte colta con alla testa la ricca aristocrazia latifondiaria e l'alto clero, che qui a differenza della maggior parte della nobiltà e del clero austriaci mantennero viva la coscienza nazionale e i principî di libertà, seguiti dalle popolazioni rurali, spesso anche da quelle non magiare asservite ai signori fondiarî, opposero per consiglio di Deák (1) al nuovo regime la loro spesso e con buon successo esperimentata resistenza passiva: negare il riconoscimento delle autorità incostituzionali, rifiuto tenace di pagare le imposte, di dare soldati; anche ora i « comitati » erano i centri dell'agitazione nazionale. Le persecuzioni, gli arresti, i processi, le condanne erano all'ordine del giorno contro tutti i partiti; anche i più moderati fra loro, i « vecchi conservatori », ancor sempre guidati dai fratelli Dessewffy, che si sarebbero accontentati del ripristino dello stato di cose prima del '48· passavano ora per rivoluzionari, per nemici dello Stato; nel 1857, recatosi l'imperatore a Budapest, durante il grande ricevimento a corte il primate d'Ungheria gli presentò un memoriale firmato da 130 capi delle famiglie più aristocratiche, vescovi, scienziati ecc. chiedenti la restituzione della costituzione ungherese; ma Francesco Giuseppe dietro suggerimento dei suoi consiglieri, l'arciduca Alberto, Bach e Kempen, avvertiti a tempo delle intenzioni del primate, rifiutò di accettarlo; ciò non fece che inasprire gli ungheresi e provocare una resistenza sempre maggiore, che poi si vendicò durante la guerra del 1859 (2).

---

(1) Franc. de Deák (1803-1876) è il padre del dualismo austro-ungarico; bella figura di patriotta, di liberale e di statista dal senso pratico, ma di una dirittura di carattere esemplare; era con Kossuth uno dei capi del partito delle riforme; più moderato di lui, quale ministro di giustizia nel gabinetto Batthyanyi, fu contrario alla rivoluzione, ma rifiutò sdegnosamente di cooperare con Schwarzenberg al ritorno dell'assolutismo. Dal 1854 è il capo della resistenza passiva, poi, con Andràssy ritornato dall'esilio, guiderà il partito dell'indirizzo (*Adresspartei*), che porterà l'Ungheria al compromesso del '67 e resterà fino alla sua morte capo del partito del compromesso.

(2) Il gen. bar. Kempen, governatore militare di Vienna

Simile se non identico regime di arbitrî militari e polizieschi fu inscenato in tutte le altre province; in tutte le scuole imposta a lingua di uso e di insegnamento la tedesca, meno che nelle province del Lombardo-Veneto, della Dalmazia e dell'Istria, ove l'italiano fu rispettato. In pari tempo però cominciarono i favoreggiamenti da parte del governo specialmente per opera del clero delle nazionalità slave della monarchia per opporre la forza bruta delle popolazioni meno civili e fino allora inconscie di sè stesse ai movimenti pericolosi sia nazionali che liberali dei popoli più evoluti della monarchia, dei tedeschi in Boemia, degli italiani e, lo vedremo, degli ungheresi. Così poco a poco fra il clero, la burocrazia e l'ufficialità militare presero radice quei movimenti nazionali slavi, czechi sloveni e croati, che poi trapiantatisi nelle province sempre più estendendosi assunsero delle dimensioni, certamente dallo stesso governo centrale non previste nè volute. Il movimento nazionale più interessante di questi anni è quello dei polacchi di Galizia, che fanno l'evoluzione da popolo rivoluzionario, antiaustriaco, come era ed è antirusso e antiprussiano, a popolo favorito dal governo centrale e quindi anche suo fautore; questo rapporto di favori reciproci fra il governo di Vienna e i polacchi della Galizia dura ancora ed è una tradizione ormai degli uomini politici polacchi, senza che esso significhi una loro rinuncia all'idea dell'indipendenza e dell'unità della

Province italiane.

Lotte nazionali.

Galizia. Polacchi.

---

scriveva nella sua relazione dei 9 mag. 1853 all'imperatore: « Soltanto il rigore continuato puo' tener in freno gli ungheresi » e ai 15 dicembre 1853: « Rigore categorico incute rispetto all'ungherese, le concessioni lo guastano ». L'arcid. Alberto si divertiva ai 3 apr. 1853 rinnovare la proibizione di portare i cappelli a larghe tese (« cappelli Kossuth ») perchè erano un « segno rivoluzionario ». I risultati ne erano l'attentato del sarto ungherese Libényi a Vienna alla vita di Francesco Giuseppe sfuggito alla morte, perchè la fibbia della cravatta fermò la punta del coltello (in ricordo di ciò fu eretta la bella chiesa votiva, *Votivkirche*, di Vienna), e il progetto del capitano ungherese Szakmáry di mandar in aria con una macchina infernale la *Hofburg* con l''imperatore e con gli arciduchi. V. Wertheimer, op. cit.

grande Polonia (1). Come avvenne un tale mutamento? I polacchi erano pure uno di quei popoli irrequieti, rivoluzionarî, che prima la Santa alleanza, poi, dopo il '48, i tre monarchi di Austria, Russia e Prussia si erano impegnati di sorvegliare comunemente. Ma la guerra di Crimea del 1854 ruppe l'amicizia austro-russa; i ruteni, russi della Galizia e della Bucovina, e i rumeni della Bucovina, che il conte Stadion aveva svegliati nel '46-'48 contro i polacchi rivoluzionari, sembrarono ora più pericolosi dei polacchi all'Austria e parvero pure un'arma buona contro la Russia, che aveva in vivo fermento i suoi polacchi. Luogotenente della Galizia era allora il conte Agenore Goluchowski sen., padre del ministro degli esteri di poi; un polacco, ottimo austriaco, che seppe esser severissimo contro la nobiltà ribelle dei suoi connazionali; egli poco a poco seppe preparare così bene l'avvicinamento fra i polacchi e Vienna, che in breve tempo, specialmente dopo la fine del'era Bach la Galizia divenne quasi uno stato autonomo polacco, in cui i ruteni e i pochi tedeschi (la Bucovina fu staccata dalla Galizia) furono abbandonati alla mercè dei polacchi. Appena ai giorni nostri i ruteni hanno cominciato a risollevarsi, ma di ciò avremo occasione di riparlare, come pure dell'aiuto prestato dalle autorità austriache della Galizia all'insurrezione polacca del 1863 contro la Russia, fonte di nuovi malumori fra i due imperi.

Economia.

Le condizioni economiche dell'impero — lo vedemmo nei capitoli precedenti — specialmente dopo le guerre napoleoniche erano tristissime; tristissime per i popoli, tenuti nell'ignoranza, che non permetteva loro di sfruttare le ricchezze pur esistenti del paese, e per lo stato, cui necessariamente perciò mancavano le fonti dei redditi erariali. È noto e le ricerche storiche più recenti ce

(1) Me lo disse anche il conte Dzieduszycki, ex-ministro austriaco per la Galizia. V. anche la mia intervista con l'on. Battaglia, deputato polacco alla camera di Vienna, nella *Tribuna* del 1907, n. 343, confermata dallo stesso deputato nella *Zeit* di Vienna, che l'aveva svisata contro i polacchi.

lo documentano, che una delle cure principali dei governi di Francesco I e di Ferdinando I fu il risparmio spinto alle volte fino alla grettezza estrema. Negli anni della rivoluzione queste condizioni non poterono che peggiorare. Nel ministero assolutista Schwarzenberg-Bach entrò però — dopo aver rapresentato l'Austria nelle trattative di pace con il Piemonte — quale ministro del commercio quell'ex-deputato di Trieste all'assemblea costituente, Bruck, fatto poi barone, uomo di larghe vedute moderne, che aveva già dato prova del suo valore di mente ordinatrice e creatrice cooperando fra altro a Trieste alla fondazione del *Lloyd austriaco*. Salito al potere trovò le condizioni del suo ministero desolate: il commercio austriaco si può dire non esisteva; dove c'era, come a Trieste per esempio, era frutto dell'attività dei cittadini, un portato, diremo, locale; mancava ogni e qualsiasi ordinamento e legame statale; dazi proibitivi su tutto; barriere doganali persino fra Austria e Ungheria; (1) comunicazioni e viabilità mi-

Commerci. Bruck.

(1) Il commercio ai tempi dello stato retto feudalmente e dagli stati provinciali era soggetto al libero arbitrio dei signori e delle autorità amministrative, che per i loro scopi fiscali lo aggravavano di ogni specie di angarie: gabelle, pedaggi ecc. Appena lo stato assolutistico comincia a intravedere tutti i vantaggi, che possono derivare al fisco centrale da un maggiore sviluppo delle industrie nazionali, con il quale è strettamente connesso quello dei commerci. Quindi comincia a curare ambidue con un sistema, che per il commercio è il « proibitivo », onde impedire l'importazione dei prodotti esteri, che fanno concorrenza a quelli interni. Leopoldo I applica per primo questo sistema in Austria; continuano ad applicarlo Carlo VI, che abolisce parecchie barriere doganali internamente fra le province, Maria Teresa nella sua tariffa doganale del 1775 (proibitiva specialmente contro i prodotti fabbricati) e Giuseppe II nella patente doganale del 1784 e nell'ordinanza dog. del 1788. Il sistema proibitivo divenne ancor più rigido sotto Francesco I e Ferdinando I (Metternich; V. capit. precc.). Finalmente Bruck mise fine alle proibizioni e inaugurò il sistema del « liberismo mercantile » con i trattati, che vedremo. Il grande *crac* commerciale del 1873 a Vienna, di cui le cause furono ingiustamente attribuite al liberismo, ricondusse l'Austria-Ungheria, se non al sistema proibitivo, ad un sistema di tariffe « protezionistiche » sempre più forzato, al quale da principio si opponeva l'Ungheria, che non aveva proprie industrie da proteggere; nel 1873 Austria e Ungheria si accordarono su una tariffa doganale comune rinno-

serrime: sole cinque province avevano poche miglia di ferrovia, l'Austria inferiore 37, l'Austria superiore 21, la Boemia 68, la Moravia 53 e la Stiria 36; strade nazionali veramente carrozzabili mancavano quasi del tutto; le provincie italiane le possedevano grazie ai governi nazionali e al breve dominio napoleonico; delle altre province avevano delle strade un po' migliori ancora nel 1853 su 100 miglia quadrate la Boemia sole 58 miglia, l'Austria inferiore 38 e il Tirolo appena 34 miglia; stazioni telegrafiche c'erano in tutta la provincia dell'Austria inferiore sole 3, in Tirolo 8, in Boemia 11, in Galizia 7 e in tutto il Littorale e Dalmazia compresa sole 5. (1) Bruck si mise alacremente al lavoro: abbattè anzitutto le barriere doganali fra l'Austria e l'Ungheria e dal 1° luglio 1851 fino ad oggi, nonostante gli sforzi del « partito dell'indipendenza », dei kossuthiani d'Ungheria diretti a ristabilire quelle barriere, l'Austria e l'Ungheria formano un solo territorio doganale. Poi con la tariffa doganale dei 6 novembre 1851 mette fine a quel sistema proibitivo doganale della monarchia, che le recò danno gravissimo politicamente ed economicamente escludendola dall'unione doganale germanica esistente dal 1833. Bruck avrebbe voluto ora fare entrare anche l'Austria nell'unione, ma la Prussia riesce ad eludere i suoi tentativi, conchiude invece con l'Austria un trattato commerciale e doganale di nazione maggiormente favorita, che indirettamente — per il tramite della Prussia, ciocchè politicamente aveva molta importanza — permette all'Austria di godere quasi di tutti i benefici dell'unione doganale ger-

" Zollverein ".

vata poi nel 1882 e nel 1907 da far valere verso l'estero: gli austriaci industriali (d'accordo coi pochi ungheresi venuti nel frattempo su) vi proteggono i loro prodotti industriali, i latifondisti agrari ungheresi (d'accordo con quelli austriaci, arciduchi, signori feudali ecc.) proteggono i loro prodotti agricoli e il consumatore austro-ungarico ne risente tutti i danni e i rapporti internazionali con gli stati produttori vicini si fanno sempre più tesi. Per i dati v. Gumplowicz, op. cit.

(1) Vedi: Charmatz, op. cit. e *von* Czoernig, *Oesterreichs Neugestaltung*, Stoccarda 1858.

manica. Il trattato durò dal 19 febbraio 1853 fino alla guerra del '66, rinnovato agli 11 aprile 1865. Anche la tariffa doganale generale, modificata lievemente ai 5 dicembre 1853 fu rinnovata appena ai 30 giugno 1865. L'abbandono del sistema proibitivo fu di sommo vantaggio e per il commercio e per le industrie della monarchia: da principio crebbe l'importazione, ma poi aumentò fortemente anche l'esportazione austriaca e la concorrenza fu utile incentivo al maggiore sviluppo delle industrie austriache (1).

Bruck migliorò subito i servizi postali e telegrafici (questi sottostanno ancor oggi in Austria e in Ungheria al ministro del commercio), iniziò costruzioni di strade e di ferrovie e regolazioni di fiumi per renderli navigabili; a lui si attribuisce pure gran merito della costruzione della ferrovia oltre il passo di Semmering, grandiosa opera di ingegneri italiani (2), che doveva più tardi unire Vienna e le provincie settentrionali della monarchia a Trieste; durante il suo ministero sorsero la accademie di commercio di Vienna, Praga e Graz; migliorò i servizi consolari all'estero con speciale riguardo agli interessi commerciali della monarchia e procurò con buon successo di attirare

Capitali. Banche. Navigazione.

(1) Lo provano questi pochi dati (v. Czörnig, *op. cit.* e Charmatz, *op. cit.*): nel decennio 1847-58 il numero dei fusi dei filatoi meccanici del lino crebbe in Austria da 21,000 a 82,000 (quadruplicato quindi); nella filatura della lana crebbe complessivamente di circa 200.000 fusi; la produzione dei carboni minerali crebbe nello stesso decennio da 7 1/2 milioni di quintali a 27 1/2 milioni, la produzione nazionale del ferro greggio aumentò di circa un milione di quintali e l'importazione del ferro greggio crebbe da soli 18,000 quintali a 265,500 quintali. Un segno del progresso del commercio e dei cresciuti traffici è pure l'aumento dei servizi postali: nel 1848 per es. erano state impostate 20,754,000 lettere in tutta la monarchia e già nel 1856 il numero loro era giunto a 53,707,000.

(2) Carlo cav. de Ghega, n. 1802 a Venezia, m. 1860 a Vienna; studiò a Padova; fu ingegnere prima nel Trentino; poi alla costruzione della ferrovia meridionale; suo è il grandioso progetto del Semmering, ove gli fu elevato un busto commemorativo. Scrisse parecchie opere d'ingegneria in italiano e in tedesco. — Negrelli, ingegnere trentino, resosi celebre nei lavori del canale di Suez. Collaborò con Ghega nei suoi lavori di costruzioni ferroviarie.

capitali esteri (dalla Francia, dal Belgio, dall'Inghilterra) in imprese nazionali; favorì l'istituzione di banche fondate su principî moderni di credito (*Escomptebank* e *Creditanstalt*) e ordinò studî preparatori per un diritto commerciale e marittimo austriaco; intanto creò la camera della borsa a Vienna e il « governo marittimo » di Trieste, suprema autorità statale marittima in Austria, cui sottostanno i « capitanati di porto » nelle città costiere (1).

Camere di commercio e d'industria.

Una delle più importanti istituzioni di Bruck sono le « camere di commercio e d'industria », create con decreto imperiale dei 18 marzo 1850 « per dar modo ai ceti commerciali e industriali di comunicare al governo i loro desiderî e di appoggiarlo nell'azione a favore del commercio » (2).

Bruck continuò la sua opera benefica per l'economia dello stato anche quale ministro delle finanze dal 1855 fino ala sua tragica morte nel 1860 (3), coadiu-

---

(1) Dopo il 1867, anno della separazione dualistica fra Austria e Ungheria, Fiume ha il proprio « governo marittimo » ungherese.

(2) Allora furono fondate 60 camere, che potevano esser composte almeno da 10 e al più da 30 membri; ristabilito il dualismo si dovette riformare l'istituzione; la legge austriaca dei 25 giugno 1868 affida alle camere di comm. e di industr. anche la rappresentanza degli interessi minerarî. Ora ci sono in Austria 29 città con camere di commercio (cito fra queste le città italiane di Gorizia, Rovigno, Trieste, Rovereto, Zara e Spalato, Ragusa, Bolzano con camere proprie); i membri sono eletti e possono essere ora almeno 16 e al più 48; la camera è solamente corpo consultivo e in alcuni casi ufficio esecutivo del governo; è interessante l'eccezione per la camera di Trieste, che permette che un terzo dei suoi membri possano essere cittadini esteri; ciò dipende dalle speciali condizioni di quell'emporio marittimo; fino all'introduzione del suffragio universale in Austria, le camere di commercio eleggevano i propri rappresentanti alla camera dei deputati (*Reichsrath*) di Vienna e alle diete provinciali (*Landtag*); ora li eleggono soltanto per quest'ultime, che non hanno ancora il suffragio universale.

(3) Il bar. Aug. Fed. von Eynatten generale maresciallo austriaco e governatore di Verona, colpevole di frodi nelle forniture militari nella guerra del 1859 fu coinvolto nel processo contro il direttore di banca Franc. Richter; ai 7 marzo 1860 si suicidò. Nello stesso processo fu fatto anche il nome del ministro Bruck, accusandolo di connivenza. Ai 22 aprile

vato dal suo successore al ministero del commercio cav. von Toggenburg. È da attribuirsi a quest'ultimo la legge industriale (*Gewerbeordnung*) dei 20 dicembre 1859, una legge fondata su principî tanto liberali e scientificamente moderni, che venti anni dopo e poi nei nostri giorni di nuovo il parlamento austriaco, in questo più reazionario dell'assolutismo dell'êra Bach, ha creduto opportuno cedendo alle pressioni degli elettori piccoli industriali di modificarla ristabilendo quasi del tutto gli antichi ordinamenti delle maestranze (gilde, *Zünfte*) di arti e mestieri a tutto danno della libera concorrenza e del pubblico consumatore (1).

Legge industriale.

l'imperatore congedò il ministro in modo piuttosto brusco. Il giorno dopo Bruck fu trovato svenato; si era suicidato. Il suo successore Ign. de Plener riabilitò poi alla camera la sua memoria.

(1) Già Leopoldo I d'Austria (1657-1705) aveva iniziatò la lotta contro le maestranze, che erano divenute — secondo il parere da lui richiesto a celebri economisti dell'epoca — « un abuso maligno, che impedisce a povera e onesta gente di divenire cittadini e mastri e nasconde in sè un vero monopolio » dannoso ai consumatori. Giuseppe I, figlio a Leopoldo, emise il primo decreto nel 1708 a favore di un'industria più libera; i suoi successori e più di tutti Giuseppe II lo seguirono su tale via. Ma l'animo reazionario e spaurito per la rivoluzione francese di Francesco I distrusse tutto quello, che era stato fatto fino allora. E" interessantte seguire nei rapporti al sovrano il conflitto fra le maestranze, che difendono i proprî interessi egoistici di lucro, e quei funzionarî dello stato, che osano tutelare gli interessi dei consumatori. Ma l'imperatore è dalla parte delle maestranze: non vuole il libero esercizio delle arti e dei mestieri, non vuole nuove fabbriche a Vienna e nei sobborghi, « perchè la popolazione è già cresciuta di troppo e l'imperatore non vuole che il numero delle manifatture cresca a Vienna, bensì vuole, che diminuisca » (sic!). Finalmente ai 17 agosto 1831 Francesco I ordina alla polizia « che fino a nuovi ordini suoi non si devono dare concessioni industriali ». Questo stato di cose rimase fino alla legge del 1859, sebbene già Francesco I nell'ultimo anno del suo regno avesse progettato una riforma. La legge del '59 abrogò le maestranze: non vi erano più che industrie, per le quali si doveva chiedere la concessione dall'autorità politica, e industrie libere; invece di maestranze s'istituivano consorzi liberi; il lavoro era regolato dal contratto fra padrone e operaio. Subito cominciò l'agitazione dei piccoli industriali, danneggiati da tanta libertà. I deputati del nuovo parlamento credettero di doverne tener conto e nel 1883 (15 marzo) abbiamo la prima e nel 1885 (8 marzo) la seconda novella alla legge industriale: ora una parte delle industrie libere può esser esercitata soltanto da

Legislazione industriale e sociale.

Tutta questa attività sul campo economico, che aveva anche lo scopo con il benessere e con il lavoro di distogliere le popolazioni dalle cure della politica e da movimenti contro l'assolutismo, risollevò alquanto anche le condizioni finanziarie dello stato. Ma un grosso errore nella politica estera, di cui tratteremo più a lungo più tardi, segnò il primo crollo all'assetto economico dello stato con tante fatiche raggiunto. Il caso volle, che proprio lo stesso bar. Bruck fosse — sia pure come istromento ignaro delle conseguenze gravissime, cui la monarchia andava incontro — incaricato nel giugno 1853 di rappresentare l'Austria a Costantinopoli e di ottenere dalla Turchia il consenso, che le truppe austriache occupassero i principati danubiani in atto ostile contro la Russia impegnata nella guerra di Crimea. Quell'occupazione costò alla monarchia 600 milioni di fiorini: fu la rovina delle finanze dello stato, fu causa dell'isolamento dell'Austria in Europa e rese quindi possibile la guerra del 1859. Già nel 1857 si fecero sentire gli effetti di quell'errore con una profonda crisi economica, specialmente commerciale, che scosse tutto il paese; la guerra di due anni dopo non fece che approfondire le piaghe (1).

Finanze.

Crimea. Crisi economica.

---

mastri abilitati al mestiere con garzonato o con studî speciali. Poi con l'affermarsi dei partiti clericali al parlamento vengono nuove leggine industriali sul riposo domenicale (1895) sull'istruzione religiosa e morale per i garzoni (1897); i consorzi assumono sempre più le forme delle antiche maestranze; per diventare mastro indipendente ci vuole la prova di abilitazione; si fa una legge contro il commercio girovago (che colpisce i gelatieri, gli arrotini e i figurinai italiani, 1902); una leggina recente fissa le ore di chiusura dei negozi alla sera (1910). Fra queste leggi più recenti ce ne sono alcune in parte utili al ceto operaio con disposizioni sul contrattto di lavoro, sulle casse per operai malati (1889), assicurazione contro gli accidenti sul lavoro (1894); esistono pure ispettori statali per le industrie (1883 e 1903). Il parlamento del suffragio universale (dal 1907) sta preparando una grande « legge dell'assicurazione sociale » (*Sozialversicherung*), che però causa le continue lotte nazionali, ostruzioni e opposizioni governative è ancor sempre nella fase preparátoria in una commissione speciale della camera dei deputati.

(1) Nel 1857 un decreto imperiale ordinava la demolizione dei bastioni della città di Vienna, che cessava di essere

Politica estera.

Poichè anche nella politica estera, come in quella interna, furono i partiti militari e di corte a dirigere le sorti e nella prima metà di questo decennio è innegabile, che la mano ferrea del soldato aveva saputo ottenere dei successi, che potevano far credere, che l'antico splendore della casa degli Absburgo fosse risorto; è che la politica del soldato è politica del momento, della giornata; raggiunta la mèta, senza distinzioni scrupolose dei mezzi, egli non si cura delle conseguenze, che l'azione, coronata da un buon successo momentaneo, potrà far maturare in un avvenire più o meno lontano e che spesso, come lo furono per l'Austria, potranno riuscire disastrose.

Così per avere mano libera e forze sufficienti a far valere l'egemonia austriaca in Germania contro la Prussia e in Italia contro il Piemonte e contro la rinascente anima nazionale, il principe Schwarzenberg, che era in pari tempo ministro degli esteri, la corte e i suoi consiglieri militari non seppero resistere alla tentazione d'invocare l'aiuto delle truppe dello zar di Russia contro i ribelli ungheresi; l'Austria assunse con ciò un obbligo di gratitudine, sul quale lo zar Niccolò I e suo figlio Alessandro II dovèvano poter contare. La Russia fece ancora di più: appoggiò diplomaticamente ed efficacemente l'azione dell'Austria in Germania, principalmente — s'intende — perchè quell'azione era diretta a distruggere in tutti gli stati tede-

piazza fortificata. Liberata così dai divieti di costruzioni intorno alla cinta fortificatoria, che è la *Ringstrasse* di oggi, la città prese subito uno sviluppo edilizio meraviglioso e — concentrata ora tutta la somma dei poteri amministrativi, finanziari ecc. di tutta la monarchia nell'unica capitale — la popolazione e le ricchezze di Vienna crebbero in modo straordinario: da 175,460 ab. nel 1754 (primo censimento), — 235,098 nel 1796, — 431,147 nel 1851 — 827,567 nel 1890 — oggi Vienna con i sobborghi ne conta circa 2,200,000; secondo un calcolo recente, fatto sulle confesisoni ufficiali per le imposte nell'a. 1912, i milionari sono 3809 con una rendita annua complessiva dichiarata di 476 milioni di lire. Una lieve sosta nello sviluppo ebbe Vienna nel 1867 dalla restituzione di Budapest a capitale d'Ungheria, ove ora si accentrarono tutti i poteri, tutta l'aristocrazia, finanza ecc. di quel regno.

schi i frutti della rivoluzione del '48, invisi alla corte di Pietroburgo altrettanto che a quella di Vienna. A Francoforte funzionava ancora l'Assemblea costituente nazionale, uscita dalla rivoluzione, che con il « ministero dell'impero » e con l' « amministratore dell'impero » (*Reichsverweser*, reggente provvisorio), l'arciduca Giovanni (1), s'accingeva a creare la grande Germania di tutti quei paesi, che una volta appartennero al « sacro romano impero » (2), e a darvi una costituzione, unica per tutto l'impero. Schwarzenberg, per asicurare il predominio all'Austria, avrebbe voluto che tutta la monarchia, quindi anche quella parte, che finora mai aveva appartenuto all'impero germanico (Lombardo-Veneto, Dalmazia, la vera Istria, Ungheria, Galizia) entrasse a far parte della nuova Germania ed anche perciò si affrettò a proclamare la famosa costituzione dei 7 marzo 1849 (mai entrata in vigore), che di tutte le varie parti della monarchia faceva uno stato unico, indivisibile. Con ciò la rottura con il partito « della Germania ridotta » (3) fu completa e già ai 28 marzo l'assemblea eleggeva a imperatore di Germa-

Germania.

---

(1) L'arciduca era figlio del Granduca di Toscana Leopoldo II, poi imperatore, nato a Firenze e, come tutti gli arciduchi austriaci nati ed educati in Italia, di sentimenti abbastanza democratici, tanto da divenire popolarissimo nella Stiria ed a Graz, ove era vissuto ultimamente, ammogliatosi morganaticamente con la figlia di un maestro postale, dedicando cure incessanti ad opere culturali e sociali. Il museo provinciale stiriano a Graz si chiama dal suo nome *Johanneum*. Ma il sentimento dinastico atavico fu anche in lui più forte e finì ben presto anch'egli con assecondare la politica della corte di Vienna a favore dell'egemonia austriaca.

(2) Per le proteste dei deputati italiani trentini e adriatici contro il tentativo d'incorporare anche le loro province nell'impero germanico v. vol. I, nn. a pp. 244 e 267 e il poderoso discorso dell'on. Attilio Hortis, deputato di Trieste, alla camera di Vienna nel 1902 (prot. stenogr.; pubblicato pure in opuscolo a Trieste). Il deputato dell'Istria interna, lo storiografo Kandler semplicemente si rifiutò di recarsi a Francoforte. L'Istria veneziana e la Dalmazia non erano comprese nei piani pangermanici.

(3) *Kleindeutsche Partei*, detta così per ironia, perchè voleva esclusa l'Austria dall'impero germanico, dagli aderenti alla *Grossdeutsche Partei*, che voleva la grande Germania, il cosiddetto « impero dei 70 milioni », con l'Austria.

nia il re di Prussia Federico Guglielmo IV (con 290 voti contro 248 astenuti); ma il conflitto sorto subito dopo fra l'Assemblea nazionale e i governi dei vari stati germanici, che non vollero riconoscere incondizionatamente la nuova costituzione dell'impero, troppo democratica, tramutatosi in una nuova rivoluzione sanguinosa, specialmente nel Granducato di Baden, mise una fine miseranda a tutta l'opera della dieta di Francoforte. Federico Guglielmo IV di Prussia tentò ora in un proclama diretto al popolo tedesco di creare una *Unione* degli stati germanici senza l'Austria; al suo invito aderirono quasi tutti gli stati minori; soltanto i regni di Baviera e di Württemberg, fedeli alle loro tradizioni antiprussiane, si associarono all'Austria, che ora — domata l'insurrezione ungherese — riprende con maggior vigore la sua azione per l'egemonia austriaca in Germania; ha l'appoggio della Russia e poco dopo anche i due regni di Sassonia e di Hannover, che con la Prussia avevano formato l'« alleanza dei tre re, » si staccano dall'Unione e si uniscono alla Baviera e al Württemberg formando ora l'« alleanza dei quattro re » contro la Prussia. Ora contro l'Unione l'Austria fa rinascere la Confederazione germanica, cui oltre i quattro regni partecipano anche i Paesi Bassi, (1) la Danimarca perchè in possesso dello Schleswig-Holstein, e le due Assie. Nelle mani della rappresentanza di questa Confederazione, non ancora ben rinata, l'arciduca Giovanni si affretta di riporre il suo ufficio di reggente provvisorio.

Conflitto e pace di Olmütz. Egemonia austriaca.

Il principe elettore dell'Assia-Cassel con l'abrogare la costituzione, concessa nel 1831 al suo stato, provoca un'insurrezione dei suoi sudditi, che lo costringono alla fuga; è così la prima causa del conflitto aperto, che ora scoppia fra la Confederazione e l'Unione o meglio fra l'Austria e la Prussia; i due eserciti, l'austro-ba-

(1) Perchè in possesso del Lussemburgo, che fu uno degli stati dell'impero germanico.

varese e il prussiano erano venuti in contatto a Bronnzell su territorio assiano; ma subito dopo la prima scaramuccia Federico Guglielmo IV, informato che la mobilitazione dell'esercito prussiano aveva dato risultati poco sodisfacenti, decise di battere in ritirata e nel trattato di Olmütz (29 nov. 1850) il presidente del consiglio austriaco Schwarzenberg, cui la fortuna finora aveva arriso in tutta la sua opera di restaurazione del dominio absburgico, ristabilisce per altri tre lustri l'egemonia dell'Austria in Germania: la Prussia deve rinunciare all'Unione, che scompare, e alle convenzioni militari conchiuse con alcuni stati germanici, deve far sgombrare dalle sue truppe l'Assia elettorale e lo Schleswig-Holstein, che prima in nome dell'impero germanico aveva avuto l'incarico di sottrarre al dominio danese e che ora deve restituire alla Danimarca rientrata nella Confederazione (1). È l'ultima umiliazione che l'Austria infligge al regno di Prussia; a Berlino si sente ora più che mai il bisogno e il desiderio della rivincita; si prepara il 1866, che ridarà alla Prussia e l'Assia e lo Schleswig-Holstein e caccerà il rivale secolare dalla Germania. I soldati, governanti l'Austria, lo previdero?

Russia. Pare di no, perchè continuarono una politica estera, che doveva condurre all'isolamento più completo in Europa; le restava ancora l'amicizia utilissima dello zar della Russia; a Vienna si temeva, che tale amicizia apparisse come una protezione, specialmente dopo l'intervento delle truppe russe in Ungheria; si attri-

(1) A rappresentante costituzionale e organo di governo della Confederazione, di cui fanno parte ora di nuovo tutti gli stati germanici compresa l'Austria e la Prussia, sempre soltanto con le loro province appartenenti una volta all'impero germanico, è « riattivata » la dieta di Francoforte (*reaktivierter Bundestag*), che è composta dei plenipotenziari dei diversi governi confederati e presieduta dall'Austria. L'attività sua è minima; tutta a favore della reazione; continuano invece le gelosie e la lotta sorda fra Austria e Prussia, che riesce — lo vedemmo — ad impedire l'ingresso dell'Austria nella Unione doganale germanica. Il 1866 segna la fine di questa confederazione e dell'egemonia austriaca in Germania.

buisce a Schwarzenberg la frase: « Stupiremo il mondo con l'enormità della nostra ingratitudine verso la Russia ». Ciò, che non è arrivato in tempo a fare Schwarzenberg, lo fece il suo successore conte Buol-Schauenstein, seguendo le ispirazioni dei soliti consiglieri della corte. La Russia s'era impegnata nell'estate del 1853 nella guerra contro la Turchia per la liberazione dei principati danubiani dal dominio turco e per assicurare dei privilegi in oriente alla chiesa ortodossa. L'Inghilterra e la Francia, poi anche il Piemonte, con una geniale mossa di Cavour, si allearono alla Turchia e ne venne la « guerra di Crimea ». L'Austria commise l'enorme errore di voler approfittare della guerra a danno di ambedue le parti belligeranti; accordatasi con la Prussia dichiarò, che avrebbe riguardato un'occupazione dei principati danubiani da parte dei russi come un *casus belli* e concentrò le sue truppe ai confini dell'odierna Rumenia. La Russia, che si aspettava dall'Austria piuttosto un aiuto, si vide costretta di ritirare i suoi eserciti dai Balcani per evitare, che le truppe austriache penetrando in Rumenia tagliasero le retrovie delle forze russe; allora l'Austria fece occupare con le sue truppe i principati danubiani e lasciò, che gli alleati della Turchia continuassero da soli in Crimea la guerra e l'assedio di Sebastopoli. Caduta Sebastopoli si venne alla pace di Parigi (30 marzo 1856), che gli statisti austriaci di allora e le sfere militari proclamarono come un successo strepitoso della monarchia, perchè aveva frustrato il tentativo della Russia di stabilire il protettorato russo nei principati danubiani ora divenuti autonomi e perchè — affermavano — aveva sollevato il prestigio e l'autorità dello stato all'interno della monarchia consolidando l'assolutismo.

Il vero risultato di quest'azione fu invece, che lo zar della Russia Alessandro II, salito proprio ora al trono, fu pervaso da un'odio invincibile contro l'Au-

Francia e Piemonte.

stria, (1) le cui conseguenze fatalissime per la monarchia absburgica si fecero sentire ben presto e nel 1859 e nel 1866; quell'odio dura nelle alte sfere russe ancor oggi. Le potenze occidentali rimasero pure malcontente dell'ambiguo contegno dell'Austria; chi se ne avvantaggiò sommamente, furono i due nemici della monarchia del prossimo avvenire il Piemonte, che si cattivò l'amicizia di Napoleone III, il cui prestigio dopo questa guerra era cresciuto immensamente in Europa, e la Prussia, che si avvicinò ora alla Russia.

Ricapitolazione.

L'êra Bach diede alla monarchia un'apparenza di forza e di robustezza interna e di prestigio all'estero forse ancor maggiore di quanta ne ebbe ai tempi di Metternich, di cui del resto Bach era divenuto quasi un continuatore con idee però più moderne di amministratore e di ordinatore dello stato. Mai apparvero la monarchia tanto unificata, il potere assoluto tanto accentrato, la vita dell'impero negli uffici e nelle scuole tanto intedescata quanto in questo decennio; la supremazia della politica austriaca in Germania, in Italia e nei Balcani pareva indiscutibile. Ma tutto ciò fu pura apparenza. I lodatori del centralismo tedesco nella monarchia — pur riconoscendo gli errori della politica dell'êra Bach — ascrivono a gran merito di Bach le riforme fondamentali da lui fatte alle amministrazioni giudiziarie, statali, provinciali e comunali, che sono ancora in Austria (non più in Ungheria dopo il '67) la base dell'ordinamento dello stato. Un soffio di modernità c'è stato senza dubbio in quelle riforme; ma appunto l'aver voluto applicarle ugualmente, uniformemente, con il principio del centralismo tedesco, opprimente ed antinazionale, a tutte le parti eterogenee del variopinto impero ha contribuito assieme con tutti gli altri errori del regime assoluto, militare

(1) Si narrava in quei tempi, che alla notizia del contegno dell'Austria o dei suoi effetti nel trattato di pace, lo zar Alessandro II in un impeto di ira mandasse in frantumi il busto di Francesco Giuseppe, che ornava lo studio dello zar, suo padre. V. Wertheimer, *op. cit.!*

e clericale a preparare nell'odio delle nazioni più oppresse, degli italiani e degli ungheresi, e nel malcontento di tutti gli altri popoli più civili, di tutte le classi più elevate (1) della monarchia quello stato di cose all'interno, che ai nemici esterni, i quali come Cavour, Napoleone e poi più di tutti Bismarck seguono attentamente e secondano i movimenti dissolventi interni della monarchia, offrì l'occasione propizia per distruggere per sempre con le guerre del 1859 e del 1866 l'egemonia degli Absburgo nell'Europa occidentale e centrale. Per contraccolpo naturale alla rovina del prestigio all'estero seguirà quella dell'assolutismo interno. È un assolutismo — è vero — dalle mille vite, proteiforme questo dell'Austria e ai nostri giorni lo vedremo rigermogliare pur sotto spoglie costituzionali, anche sotto l'egida abbagliante del suffragio universale.

(1) Persino nel basso clero dell'Austria del concordato c'era un profondo malcontento, perchè mentre i vescovi e i conventi nuotavano nell'abbondanza e nel lusso e si mandavano tesori al Vaticano, gran parte dei parroci percepiva uno stipendio *annuo* di soli 300-400 fiorini e i loro cooperatori percepivano appena 50-100 fiorini *annui*. (Charmatz, op. cit.).

CAPITOLO II.

Da Solferino a Königgrätz

Il "Diploma d'ottobre„ e la "Costituzione di febbraio„

Il primo formidabile crollo alla grandezza e allo splendore apparenti dell'Austria di Bach fu dato nel 1859 dal piccolo Piemonte alleato al terzo Napoleone. Lo stato unitario, moderno, quale l'avrebbe voluto fare Bach con mano di ferro e non con alto intelletto di statista e con occhio veggente le peculiarità di questo paese, che non è e mai potrà essere *uno*, tra gli sforzi vani di unificazione era rimasto dietro a tutti gli altri popoli occidentali nella corsa verso una civiltà superiore, industriale, commerciale, capitalista; era rimasto uno stato di contadini, quindi economicamente debole, impari alla missione di egemonia, che la corte voleva conservata all'Austria almeno nell'Europa centrale, in Germania e in Italia (1).

risi economica e finanziaria.

Sebbene l'êra Bach non seguisse più i metodi veramente proibitivi di Francesco I e di Metternich contro lo sviluppo industriale del paese, anzi lo favorisse in quelle città e in quelle province, nelle quali si credeva

(1) Vedi vol. I, p. 208, n. 1.

di non dover temere movimenti democratici ed ora ancor più movimenti nazionali, pure questi timori erano ancora tanti e tali da indurre le autorità statali di polizia e per opera loro i ministeri di Vienna a misure metternichiane contro la creazione di nuove industrie e contro il maggiore sviluppo delle esistenti e dei commerci proprio presso quei popoli della monarchia, che — come gli italiani, i polacchi e gli ungheresi — per la loro civiltà superiore avrebbero potuto meglio e più efficacemente cooperare all'incremento del benessere economico del paese e dello stato. Ma erano le nazioni rivoluzionarie, pericolose, invise alla corte ed ai governanti e per colpire esse si colpiva lo stato nel suo nervo più vitale, qual'è oggi l'economia nazionale (1). Già nel 1857 si sentirono gli effetti di questa errata politica interna, che andava di conserva con gli errori della politica estera. Gli armamenti del 1853 e 1854 per la guerra di Crimea accrebbero in un solo anno di oltre

---

(1) Per esempio in Galizia si ostacolava lo sviluppo economico dei polacchi, mentre invece vi si asportavano milioni e milioni di valori sfruttando le grandiose saline di Wieliczka presso Cracovia. Nel 1850 si rifiutava alla camera di commercio di Cracovia la richiesta istituzione di una semplice filiale della Banca nazionale. Due industriali intraprendenti avevano costruito con spese ingenti uno una fabbrica di cotone a Nawsie, l'altro una fabbrica di panno a Zaloscie; ambidue dovettero subito chiuderle, perchè al primo fu ordinato di mandare ogni volta tutta la merce prodotta, prima di esser messa in vendita, a Vienna (trasporto ferroviario di circa 500 km.!) e al secondo fu imposta una contribuzione annua di 10.000 fiorini. Ad un consorzio galiziano fu semplicemente proibito dal governatore (logotenente) di fondare una società di navigazione a vapore sul Dniestr, dopochè il consorzio aveva già acquistato del materiale da costruzione di prima qualità. Così oggi la Galizia è una delle province austriache industrialmente più retrograde, nonostante gli sforzi fatti dopo il 1877 — acquistata l'autonomia provinciale — dall'amministrazione provinciale polacca per sfruttare le ricchissime sorgenti di nafta, i giacimenti di carbone, di torba, le forze idrauliche e gli estesi boschi. V. l'op. cit. *Wirtschaftliche Zustande Galiziens* ecc. — Oggidì gli identici procedimenti si adoperano dalle autorità austriache a danno dello sviluppo economico di altre nazioni ritenute pericolose, specialmente degli italiani (lo vedremo poi), dei rumeni, dei serbi ecc. Tutto ciò ridonda infine ad enorme danno dell'economia generale dello stato.

600 milioni di fiorini (1236 milioni di lire) il debito pubblico della stato: fu concesso cioè alla *Banca Nazionale* di convertire la carta moneta dello stato in note di banca, fu emesso con decreto imperiale dei 23 marzo 1854 un prestito a lotteria di 50 milioni di fiorini e con decreto dei 26 luglio 1854 fu ordinato un « prestito nazionale » di 500 milioni di fiorini. Nella notte di s. Silvestro, che usa portare spesso delle brutte sorprese ai popoli d'Austria, tra il 1854 e il 1855 fu deciso di vendere tutte le ferrovie di stato allora esistenti in Austria. Con tutto ciò il bilancio dello stato aveva un disavanzo annuo cronico di circa 50 milioni di fiorini (106 milioni di lire) e il « prestito nazionale » — lo si seppe poco dopo — fu sorpassato illegalmente per interi 116 milioni di fiorini. Tutto ciò scosse fortemente il credito e nel 1857 subentrò una crisi finanziara e commerciale profondissima (1).

Oppressione di popoli; loro reazione.

L'oppressione dei popoli in uno stato porta sempre seco anche un indebolimento della potenzialità militare oltre che di quella politica ed economica del paese; ne soffre non soltanto l'amministrazione statale per le accresciute funzioni poliziesche, giudiziarie e fiscali delle varie autorità opprimenti e reprimenti, ma anche una buona parte delle forze effettive militari devono restare impegnate nei territorî abitati dalle popolazioni sospette per tenerle a bada proprio nei momenti più cri-

(1) Fu ora, che il ministro delle finanze Bruck si mise a tutt'uomo ad attirare capitali esteri, francesi, inglesi e belghi in Austria ed ora Francesco Giuseppe decretava (20 dicembre 1857) la demolizione dei bastioni e della cinta fortificatoria della città di Vienna provocando così in brevissimo volger d'anni l'enorme sviluppo edilizio della città e quello della sua popolazione. Nel 1861 al comune della città di Vienna si uniscono la prima cerchia dei sobborghi (*Vorstädte*, i 9 primi distretti: fino al '48 signorie feudali, poi comuni indipendenti) e nel 1890 anche la seconda cerchia (*Vororte*); ora in tutto 21 distretti con un'area cittadina complessiva di 273 km.q. (circonferenza 95.6 km.). Dell'area cittadina l'11 % è edificato circa il 10 % sono strade e ferrovie, il 9 % giardini, il 5 % acque (fiumi Danubio e Vienna), il 3 % cimiteri e fondi improduttivi, 2.3 % *vigneti*, 15 % boschi (selva viennese) e circa 45 % campi, prati, pascoli. Vedi anche la n. 1 a p. 24.

tici, quando lo stato avrebbe bisogno di quelle truppe contro nemici esterni per tutelare i suoi interessi internazionali. Inoltre dai popoli oppressi lo stato non può sperare di avere nel pericolo buoni soldati per la sua difesa; al contrario deve prevedere, che almeno le classi colte di questi popoli approfitteranno della prima occasione per migliorare le proprie condizioni sia pure a tutto danno dello stato stesso. E qui appare in tutta la sua luce questo fenomeno specificamente austro-ungarico di ripercussione della politica estera su quella interna della monarchia e viceversa; fenomeno, che certamente non si osserva in ugual misura in alcun altro stato e dipende anzitutto dalla mancanza di un esercito nazionalmente omogeneo, compatto, infiammato da alti ideali, e quindi dalla preoccupazione costante, martoriante dei supremi suoi capi, di vegliare, affinchè nulla venisse a turbarne la forte compagine creata con ferrea disciplina e con patriottismo artificioso. Con ciò si spiega l'enorme influsso politico, non solo in questioni militari, della cancelleria militare dell'imperatore, dello stato maggiore, dell'alta ufficialità in Austria con una concatenazione viziosa di cose di politica estera di guerra di esercito e di questioni nazionali, poichè dalle popolazioni si forma l'esercito.

Politica estera e politica interna.

I governi esteri seguono naturalmente con occhio vigile tutte queste vicende di politica interna e di lotte nazionali traendone partito per la propria politica. Così, prima che scoppiasse la guerra del 1859 l'ambasciatore austriaco da Parigi annunciava, che Napoleone aveva spedito parecchi milioni di franchi in Ungheria per farla insorgere e a Vienna si era convinti, che Kossuth solo aveva ricevuto a tale scopo tre milioni. Anche Bismarck, che sapeva l'importanza, che il malcontento dei popoli poteva assumere in certi momenti, seguiva attentamente tutte le fasi dei conflitti fra la corte d'Austria e i suoi popoli e dalla corrispondenza fra lui e il ministro prussiano a Vienna, barone Werther, si detraggono interessanti notizie in proposito. Nel '66 si affermava, che la Prussia mandava il suo oro in Ungheria e la Russia in Croazia, fra i serbi, e in Boemia, fra gli czechi, come poi la Rumenia fra i rumeni d'Ungheria e come più tardi per ripicco Beust ne manderà fra i tedeschi della Germania meridionale malcontenti della politica bismarckiana (1).

Isolamento dell'Austria.

Non solo nella politica interna, ma anche in quella estera i partiti militare e di corte ebbero in questi anni mano completamente libera e compirono un'opera veramente disastrosa. Abbiamo veduto, che per conservare l'egemonia austriaca anche in Germania avevano invocato vergognosamente l'aiuto dello zar contro gli ungheresi per poter meglio con le proprie forze tener fronte nella questione dell'Assia Elettorale alla Prussia, con la quale stavan già per venire ai ferri corti nel 1850. La Prussia allora prudentemente cedette e nove anni più tardi avrebbero potuto averla alleata contro la Francia e contro il Piemonte, se l'arciduca Alberto, andato a Berlino a trattare, non avesse rifiutato ai prussiani ogni concessione anche quella di metter a capo dell'esercito comune degli alleati sul Reno *accanto* all'imperatore austriaco il principe reggente prussiano. Forse la sorte della guerra del '59 sarebbe stata un'altra! La Prussia così fu ben lieta di poter restare neutrale, sebbene appartenente assieme con l'Austria alla Lega germanica; si limitò quindi soltanto a far sapere agli alleati (Francia e Piemonte), che non avrebbe tollerato una violazione del territorio facente parte della Lega germanica (2). Ma altri errori ancora

(1) Vedi Wertheimer: op. cit.! — Del resto ancor prima di Napoleone III e di Bismarck tutti i nemici degli Absburgo anche nei secoli precedenti, così i re di Francia, di Prussia, i sultani turchi, Napoleone I e Venezia, sapevano ricorrere a questi stessi mezzi di sobillamento. — Nelle guerre del '59 e del '66 furono moltissimi i legionari polacchi e specialmente ungheresi, che combatterono per puro patriottismo nelle file degli eserciti italiani, francesi e prussiani contro l'Austria (generali ungheresi Klapka e Türr).

(2) Questa intimazione prussiana, che otteneva gran valore nel momento critico di una guerra, fu certamente il mo

furono commessi per fortuna d'Italia a Vienna: anzitutto il contegno ambiguo durante la guerra di Crimea dell'Austria, che aveva costretto la Russia a sgombrare i principati danubiani senza però muoverle guerra, come si era obbligata nel trattato di alleanza dei 2 dicembre 1854 stretto con la Francia e con l'Inghilterra, l'aveva completamente isolata in Europa in modo, che Napoleone III poteva senza troppe preoccupazioni al ricevimento di capo d'anno del 1859 rivolgere la nota frase all'ambasciatore austriaco barone Hübner (1); le intimazioni di disarmare e l'*ultimatum* diretti da Vienna a Torino furono atti precipitati, che misero subito nell'opinione pubblica l'Austria dalla parte del torto; erano stati inviati direttamente dalla onnipotente cancelleria militare dell'imperatore all'insaputa del ministro degli esteri conte Buol, che avrebbe voluto evitare almeno la guerra con la Francia se non con il Piemonte; il ministro risentito presentò le dimissioni (2). Un altro errore dei militari: a generalissimo si nomina l'inetto conte Gyulai, perchè amico dell'aiutante generale dell'imperatore conte Grünne, e a comandare cinque dei sette corpi d'esercito sono messi cinque gene-

---

tivo principale per cui gli italiani non continuarono nè nel '59 nè nel '66 le loro operazioni felicemente iniziate nel Trentino; operazioni, che avrebbero potuto servire di pretesto per un intervento della Lega germanica a favore dell'Austria.

(1) « Mi dispiace, che le nostre relazioni con il Suo governo non siano più così buone come lo erano nel passato » — era la frase. Il conte Gius. Aless. Hübner era stato uno degli autori dell'accordo dell'Austria con la Francia nella prima parte dell'azione politica contro la Russia durante la guerra di Crimea. Anche dopo la guerra del 1859 Hübner fu persona grata alla corte di Vienna. Divenuto ministro di polizia vedendo insodisfatta la sua ambizione di esser fatto ministro degli esteri, si diceva, che nel settembre 1859 si fosse dimostrato fautore nel consiglio dei ministri di una costituzione per l'Ungheria appunto per crearsi una via di uscita dal ministero. In ottobre gli succedette il bar. Thierry. — Hübner scrisse 2 vol. di sue memorie: *Neun Jahre der Erinnerungen eines österr. Botschafters in Paris* (1851-1859), Berlino, 1904.

(2) L'inviato prussiano bar. Werther informava nel maggio 1859 il suo governo, che la caduta di Buol era stata preparata da lungo tempo dalla cancelleria militare imperiale. Il capo

rali dell'aristocrazia feudale, tutti cinque completamente battuti, mentre l'unico generale, che a Solferino riesce a resistere con la sua ala ed a salvarla nella ritirata, è nato borghese, Benedek (1).

'assolutismo tentenna.

L'assolutismo comincia a tentennare; subito dopo Solferino (24 giugno 1859) l'imperatore emana dal campo di battaglia, ove si era recato con slancio giovanile, ma soltanto per assistere ad una serie di sconfitte dei suoi generali, un proclama ai suoi popoli promettendo « miglioramenti corrispondenti ai tempi nella legislazione e nell'amministrazione »; è che il debito dello stato ammonta a più di 2268 milioni di fiorini

---

della cancelleria co. Grünne, il gen. maresciallo Hess e il gen. principe Windisch-Grätz sussurravano a corte continuamente intorno a Francesco Giuseppe contro Buol, che voleva si cercasse in via diplomatica un accomodamento con la Francia. Anche Metternich, che pur morendo quell'anno arrivò a vedere i frutti della sua politica in Italia, in un colloquio durato 3 ore con l'imperatore gli consigliò di lasciar cadere Buol e di sostituirlo con il co. Rechberg. Difatti, subito dopo questo colloquio, l'imperatore dichiarò a Buol, che accettava le sue dimissioni già prima spesso offerte. — V. Wertheimer, op. cit.

(1) Gyulai fu subito destituito ancora durante la guerra. Assieme con Benedek si distinse all'ala destra austriaca sotto i suoi ordini presso S. Martino il capitano Fejervary, che per ben 4 volte riprese e perdette la importante posizione strategica del colle di S. Martino. Dopo 14 ore di combattimenti e in seguito all'insuccesso delle truppe austriache su tutta la rimanente linea Benedek dovette per ordine superiore pure ritirarsi dietro al Mincio. Provvide però efficacemente a proteggere la ritirata austriaca dalle incalzanti truppe piemontesi della divisione Cucchiari ed evitò così un guaio ben maggiore.

Benedek stesso indusse poi Fejervary a domandare la « croce di cavaliere dell'ordine di Maria Teresa », riservata quale somma onorificenza per il valore militare, e gliela fece avere. Fejervary, morto mesi or sono, era l'ultimo cavaliere di quest'ordine nell'esercito austro-ungarico.

Benedek e Fejervary, divenuto pure generale, ambidue ungheresi, ma buoni austriaci ebbero parecchi momenti comuni nella loro vita ed una certa importanza nella storia aulico-militare dell'Austria e dell'Ungheria. Fejervary fu più fortunato. Lo vedremo in seguito. Erano due di quei generali, che la corte di Vienna tiene sempre in serbo per servirsene all'occorrenza, quando vuol fare sentire il suo pugno di ferro o quando vuol avere in Ungheria od altrove il suo uomo di fiducia. (V. l'art. « San Martino » del ten. colonnello H. Sallagar nella *Zeit* di Vienna del 20 giugno 1909).

(circa 4800 milioni di lire) e l'esercito ha bisogno di soldati e di denaro. Cadono uno alla volta Bach, Kempen, Grünne, le colonne della reazione. L'imperatore a 30 anni, dopo le prime esperienze dolorose, comincia a liberarsi dai suoi consiglieri più reazionarî e ad agire con maggior indipendenza personale. Però è soltanto ai primi passi; tropi sono i fili intricantissimi della reazione a corte, che lo circondano, troppo profonde le secolari tradizioni degli Absburgo, che perseguono anzitutto e soprattutto gli interessi della dinastia, legati finora indissolubilmente a quelli dell'esercito. Ci vorranno ancora i disastri guerreschi del '66 per romperla decisamente — ma non definitivamente! — con la politica degli arciduchi, dei generali e dei vescovi.

Ministero Rechberg-Goluchowski. Bruck.

Intanto, premuto dalle circostanze, cedendo ai consigli esposti in un memoriale direttogli dal ministro delle finanze barone Bruck, che rappresentava anche nel nuovo ministero Rechberg-Goluchowski (1) la corrente d'idee più moderne, l'imperatore tenta di accontentare i popoli con un'ombra di costituzione comune per tutta l'Austria e per l'Ungheria. Si vuol tener fermo ancora

(1) Il conte Rechberg aveva assunto il portafoglio degli esteri già ai 17 maggio 1859, dopo il ritiro di Buol. Ai 22 agosto assunse anche la presidenza del nuovo consiglio, di cui fu gran parte quale ministro degli interni il conte Agenore Goluchowski, fino allora logotenente di Galizia, ove si era adoperato con vera abnegazione della sua persona, esponendosi all'odio dei suoi connazionali polacchi rivoluzionari, per un avvicinamento dei polacchi alla corte e all'Austria. Quando poi i polacchi videro i frutti benefici della sua politica consistenti in una completa autonomia nazionale per essi in Galizia, lo colmarono di segni della loro gratitudine e gli eressero un monumento dinanzi al palazzo della dieta provinciale a Leopoli. Goluchowski fu il primo dell'aristocrazia polacca salito tanto in alto alla corte di Vienna. Da allora i polacchi seppero conservare la loro posizione privilegiata a corte, nel governo e poi anche al parlamento. Per caratterizzare Goluchowski si narra, che preso possesso del palazzo ministeriale vi fece togliere la biblioteca per farne una sala da pranzo.

Nel consiglio vi era anche l'ex-ambasciatore bar. Hübner, quale ministro di polizia, che con metodi un po' più occidentali cominciò a lasciar respirare un po' più liberamente i popoli della monarchia.

al principio unitario dell'« impero austriaco » fondato precipuamente sull'elemento tedesco, che è il nocciolo della borghesia austriaca, secondo il memoriale di Bruck. E alla borghesia, ai ceti più larghi delle popolazioni bisogna ricorrere, perchè l'aristocrazia, la chiesa — nonostante le loro ricchezze immense — e gli stati provinciali non bastano a risollevare le finanze dello stato, il credito pubblico. A questo scopo già ai 23 dicembre 1859 una patente imperiale, dando seguito alla proposta del ministro delle finanze, istituiva la « commissione per il debito dello stato » (*Staatsschulden-Kommission*) con un presidente e due membri nominati dall'imperatore fra i proprietari di latifondi e i capitalisti (1), con tre membri da nominarsi dalla Banca nazionale e due da nominarsi dalla camera di commercio e d'industria e dalla camera della borsa di Vienna e con l'incarico: 1.) (transitorio) di cooperare alla liquidazione del « fondo di ammortizzazione » istituito durante la crisi finanziaria del 1817 e 2.) (funzione permanente) di controllare il debito dello stato consolidato (di quello fluttuante non c'era parola nella patente) di darne relazione all'imperatore e pubblicamente mediante il giornale ufficiale (2).

Debito pubblico. Controllo pubblico.

(1) L'imperatore nominò a presidente il principe Fr. G. Colloredo-Mannsfeld, a membri il march. Alfonso Pallavicini e il banchiere Anselmo bar. Rothschild; un altro ebreo nella commissione era stato nominato dalla Banca nazionale, il suo direttore cav. Maurizio *von* Wodianer, ungherese; ambidue negli ultimi anni parteciparono a quasi tutti i consorzi di creditori dello stato austriaco: unico campo in cui la corte di Vienna tollerò, anzi cercò il contatto con gli ebrei.

I Rothschild di Vienna sono discendenti di quel Mayer Anselmo Rothschild di Francoforte sul Meno (n. 1743), che fu il fondatore della grande casa bancaria « M. A. von Rothschild e figli ». L'imperatore d'Austria conferì nel 1815 la nobiltà e nel 1822 (anni delle crisi finanziarie più profonde dell'Austria) la baronia austriaca a tutta la famiglia Rothschild. Il bar. Anselmo Salomone Rothschild (1803-1874) è il capo della casa viennese dei Rothschild, di cui sopra.

(2) Ci furono cioè anche prima in Austria in momenti di calamità finanziarie coercitive un paio di tentativi di ricorrere al controllo pubblico, alla *pubblicità* del debito di stato per poter ottenere *crediti nazionali* invece di prestiti con le

Quest'istituzione segna un fatto importantissimo nella storia delle finanze austriache, perchè mette fine all'amministrazione patrimoniale finora usata a corte del debito statale e tanto incostituzionale, che l'Ungheria al momento della separazione dualistica del 1867 non vorrà riconoscere nè assumere la sua parte del debito pubblico fino allora comune, perchè contratto senza consenso della dieta ungherese. Anche ora la commissione non aveva altra funzione che quella di controllo; però godendo di un'indipendenza abbastanza larga (era sottoposta immediatamente all'imperatore e quindi in contatto diretto con lui) potè svolgere un'azione benefica sull'amministrazione del debito e appunto perciò divennero frequenti i conflitti fra essa e il nuovo ministro delle finanze *von* Plener, succeduto a Bruck, quando al

---

antiche forme patrimoniali: garanzie su fondi, su redditi speciali o su contribuzioni di singole province. Così nel 1761 ci fu una prima emissione di 18 milioni di fiorini di obbligazioni, garantite da tutti gli stati provinciali e firmate da un loro rappresentante e quindi controllate.

Ma poi fino alle crisi causate dalle guerre napoleoniche non si ricorse più al controllo pubblico. Fu allora (1810) il presidente (ministro) delle finanze co. O' Donell, che propose all'imperatore Francesco I di istituire la « camera di ammortizzazione » (*Einlösungs und Tilgungs-Deputation*), formata di 10 rappresentanti degli stati provinciali e di tre deputati delle città commerciali pure con incarico di controllare il debito di stato. Nel 1817 fu istituito anche il fondo di ammortizzazione; ma nè la camera nè il fondo servirono allo scopo, per cui erano stati creati; anzi i redditi del fondo furono adoperati per le spese correnti dello stato. Appena la « commissione per il debito dello stato », compiendo la missione affidata dall'imperatore, mise fine a questo abuso nel 1860 adoperando i 193 milioni di fiorini (tre varie valute) per estinguere titoli del debito dello stato per il valore nominale di 143 milioni di fiorini e una parte del debito corrente verso la Banca.

Maggiori particolari in proposito e in generale sul debito pubblico in Austria si possono vedere nell'ottimo volume commemorativo del cinquantenario di esistenza della « commissione parlamentare di controllo del debito pubblico »: *Fünfzig Jahre Staatsschuld*, 1862-1912; *verfasst von k. k. Sekretar* Dr. Josef Puregger; Vienna 1912; stampato dall'i. r. tipografia Aulica e statale e in Dr. Max Reinitz: *Das österr. Staatsschuldenwesen*, Lipsia 1913, ed. Duncker et Humblot. Del debito pubblico in Austria e in Ungheria avremo occasione di riparlare ancora.

ministro parve, che la commissione criticando l'amministrazione finanziaria dello stato e proponendo la conversione e l'unificazione del debito pubblico sorpassasse la sfera d'attività, concessale dalla patente imperiale, ed invadesse il campo delle attribuzioni del parlamentino appena allora creato e del potere esecutivo del ministro (1). Il conflitto si accentuò in seguito fino al punto, che i membri della commissione erano già in procinto di rinunciare alle loro cariche, quando con la legge dei 13 dicembre 1862 il parlamento istituiva la « commissione parlamentare di controllo del debito di stato » (*Staatsschulden-Kontroll-Kommission des Reichsrates*), che quattro giorni dopo si costituiva formata da 5 senatori e da altrettanti deputati e funse regolarmente fino alla sospensione della costituzione nel 1865, sostituita di nuovo da una commissione di nomina imperiale (legge 27 ottobre 1865: concedeva l'immunità ai membri di commissione), per rinascere modificata,

Controllo parlamentare.

---

(1) Gli appunti mossi dalla commissione erano però perfettamente giustificati. Dalla relazione commissionale di data 4 giugno 1860 presentata all'imperatore risultava, che il debito consolidato dello stato ascendeva a 2.268.071.532 fiorini (circa 4.800.000.000 di lire), che esigevano un annuo servizio d'interessi di 99.465.947 fior. (circa 210 milioni di lire). Il debito era diviso nientemento che in 101 specie di obbligazioni, con 197 sottospecie e in tre diverse valute con i più vari tassi d'interesse. Tutte le obbligazioni — si disse allora in parlamento — superavano il numero di 400 milioni di pezzi. Tutto ciò causava enormi difficoltà e spese di amministrazione. Perciò la commissione insisteva a proporre la conversione e unificazione forzosa. Il conte Clam-Martinic rilevava ancora al parlamento (1860), che negli ultimi 12 anni le imposte in Austria erano aumentate del 143 % che lo stato aveva riscosso nell'ultimo decennio circa 800 milioni di fiorini (1680 milioni di lire) d'imposte più che nel decennio precedente e che aveva aumentato il debito di stato di 1300 milioni di fiorini (2730 milioni di lire) e diminuito i beni demaniali per un valore superiore a 100 milioni di fiorini (210 mil. di lire). Un tentativo di conversione libera in obbligazioni con il 5 % dai 15 nov. 1858 ai 31 dic. 1859 era riuscito a convertire soli 38,327,530 fior. del debito di stato. E' vero, che i tempi minacciosi e critici non erano allora propizi ad un'operazione finanziaria di tale importanza; ma la commissione nelle sue relazioni non chiedeva, lo si facesse subito. La conversione forzosa al 5 % fu fatta poi nel 1868.

dopo stipulato il compromesso austro-ungherese, con le leggi dei 10 giugno 1868, che vigono perciò che concerne il debito pubblico austriaco ancor oggi (1). Dal '62 in poi però tutto il debito dello stato anche quello fluttuante (2) sottostà al controllo della commissione.

Nuovi debiti.

L'azione moderatrice della commissione non potè impedire, che già nel primo anno dopo la guerra, nel marzo 1860, lo stato fosse costretto per far fronte ai suoi impegni con un bilancio, che segnava 280 milioni di disavanzo per quel solo anno, ad emettere un nuovo prestito a lotteria di 200 milioni di fiorini, che però non trovò sottoscrittori che per soli 76,177.000 fiorini; il resto delle obbligazioni fu dato in pegno alla Banca nazionale accrescendo così il debito dello stato verso di questa; nello stesso anno l'amministrazione delle finanze dovette ricorrere di nuovo all'emissione di carta moneta e nel 1861 dovette assumere sulle imposte un prestito di 30 milioni di fiorini al 5 %, estinguibile in 5 anni e al corso di 88 fiorini per un'obbligazione di 100 fiorini! Con tutto ciò si dovette continuar a vendere a società private, costituitesi per lo più con capitali francesi, le ferrovie dello stato finora costruite e ad affidare ad esse le concessioni per nuove linee da co-

Politica ferroviaria.

---

(1) In tutte queste trasformazioni della commissione rimasero sempre a farne parte il presidente princ. Colloredo-Mannsfeld e il bar. Rothschild, eletti ora dal parlamento.

(2) Cioè: i debiti delle saline (*Salinenscheine*: debito contratto nel 1848 con la Banca nazionale dandole in pegno alcune saline del Salisburghese per 30 milioni di fiorini, poi nel 1863 aumentati a 100 milioni al 5-6 %), di anticipazione, i depositi (si noti, che per es. i soli depositi giudiziari nel 1905 in Austria ammonteranno a 1020 milioni di corone; ci sono inoltre i depositi politici, amministrativi), le cauzioni; è controverso fra gli statisti austriaci, se la legge del '68 metta fra i debiti fluttuanti anche i *debiti di amministrazione*, di *ressort* dei singoli ministeri, contratti per singoli negozi (compra-vendita, affitti ecc.; è una questione, che sta in nesso del resto con il bilancio di previsione), e i *debiti speciali*, votati con leggi speciali, per scopi speciali (per es. regolazione del Danubio, ferrovie, che hanno propri tipi di obbligazioni). — L'interpretazione più liberale del controllo parlamentare non può far a meno di estendere tale controllo anche su questa e su ogni altra specie di debito statale.

struirsi, in modo che nel 1860 lo stato non era più proprietario che di soli 13 km e 800 m. di linea ferroviaria e si iniziava così in Austria quella politica ferroviaria a base di sovvenzioni e di garanzie statali alle società ferroviarie private e poi (dopo il '77) di statizzazioni costose, che — quasi come il debito pubblico — divenne un'altra piaga estenuante delle finanze di stato e per correlazione dell'economia nazionale di tutta la monarchia, finchè l'Ungheria almeno per la sua parte — più fortunata economicamente anche in questo di quella austriaca — non fu in grado di provvedere da sè ai suoi interessi ferroviari (1).

" Verstärkter Reichsrat "

La prima concessione di carattere costituzionale politico dopo Solferino fu ben poca cosa; venne con la patente imperiale dei 5 marzo 1860 e doveva arrecare ai popoli d'Austria (vi è compresa ancora l'Ungheria) nientemeno che un parlamento; non era invece che il vecchio « consiglio dell'impero » dell'êra bachiana (pat. 13 aprile 1851) « rinforzato » (2) (*verstärkter Reichsrat*, secondo il termine del decreto imperiale) di alcuni membri nominati a vita dall'imperatore e scelti fra gli arciduchi fra i prelati e fra i personaggi resisi più illustri negli uffici civili e miltari od anche in altri campi, inoltre di 38 membri nominati pure dall'imperatore per la durata di sei anni ma scelti da terne proposte dalle diete provinciali. Così per es. la dieta d'Ungheria doveva proporre sei terne per sei suoi rappresentanti, la dieta del Lombardo-Veneto due, quella del Tirolo due, quella di Dalmazia uno, il consiglio di Trieste uno e l'Istria con Gorizia e Gradisca assieme uno. Siccome però le diete non esistevano ancora o non funzionavano più dopo il '48, l'imperatore con un rescritto della stessa

---

(1) Sulle ferrovie e sulla politica ferroviaria in Austria e in Ungheria vedi l'appendice I' in fine del vol.

(2) V. i due capitoli precedenti! Il vecchio « consiglio » permanente rimaneva però in vita e i suoi consiglieri naturalmente facevano parte del consiglio rinforzato, quando questo era riunito (§ 5).

data si riservava di nominare *motu proprio* anche i 38 rappresentanti delle province; sicchè questo parlamento si ridusse ad essere un piccolo senato di nomina imperiale, senza avere però i diritti e tutte le attribuzioni di un senato costituzionale.

Sue funzioni.

Il consiglio di fatti non aveva alcun diritto d'iniziativa, non aveva che un voto consultivo sul bilancio, sui conti, sulle relazioni della commissione per il debito dello stato e su « tutti i progetti più importanti di leggi generali ». Appena con l'autografo sovrano dei 17 luglio 1860 — crescendo sempre più i bisogni finanziarî dello stato — si fecero dipendere dal consenso del consiglio rinforzato l'introduzione di nuovi tributi, l'aumento dei già esistenti e l'assunzione di nuovi prestiti (1). Il regolamento interno fu pure imposto con decisione sovrana al consiglio, del quale le sedute dovevano essere segrete; era soltanto permesso al presidente di pubblicare nel giornale ufficiale un sunto dei procolli stenografici (2). Il consiglio fu convocato ai 31 maggio 1860 sotto la presidenza dell'arciduca Ranieri, il rappresentante di idee meno reazionarie a corte, e ai 28 settembre dello stesso anno fu dichiarato chiuso, ma appena la patente dei 26 febbraio 1861 abolirà ambidue i consigli e quello permanente e quello rinforzato. Però nei quattro mesi di sua vita quest'ultimo aveva pur fatto qualcosa, anche se non aveva adempiuto tutte le speranze in esso riposte dai partiti meno reazionari d'Austria e dai conservatori d'Ungheria sebbene si fosse proceduto con molta prudenza nella scelta dei consiglieri, ce ne furono di quelli, che pur appartenendo alle sfere aristocratiche feudali più conservatrici, come il conte

(1) Charmatz attribuisce il merito, che l'autografo sia stato emanato al ministro delle finanze Ign. *von* Plener (v. l'art. « Der alte Plener » nella *Neue Freie Presse* dei 7 giugno 1914).

(2) Questi, interessantissimi per la storia di quei tempi, furono pubblicati già nel 1860 in due volumi (ed. Manz, Vienna).

Clam-Martinic, non risparmiarono critiche acerbe al malgoverno assolutistico, (1) tanto che il consiglio deliberò di domandare al sovrano un mutamento del sistema di governo e — dopo aver discusso il bilancio e l'ordinamento dei libri fondiarî — in due relazioni, una di maggioranza e una di minoranza, espose all'imperatore i suoi « pareri » (*Gutachten*, secondo la patente) sulla necessità di riforme costituzionali.

ederalisti e centralisti.

La maggioranza era dei cosiddetti *federalisti*, che desideravano un decentramento del potere statale e il rispetto delle « individualità storico-politiche dei paesi della monarchia » (il termine è del conte Clam-Martinic) magari con un ritorno agli antichi stati provinciali un po' riformati, mentre i *centralisti* tedeschi peroravano la conservazione dell'unità dell'impero con tutto il potere accentrato a Vienna in un parlamento e in un governo. I federalisti ottennero per il loro « parere » 34 voti, i centralisti soli 16 e sei furono gli astenuti. Ora a corte e intorno all'imperatore ferve la lotta fra questi due partiti; potenti ambidue: tra i federalisti vi è la ricca aristocrazia latifondiaria boema, che poco a poco da tedesca, importata dopo la battaglia del Monte bianco, va divenendo czeca, assimilandosi nazionalmente ai propri coloni e facendo suo il programma dei patriotti czechi Palacky e Rieger di rivendicazione dell'antico diritto di stato del regno di Boemia; vi sono i rappresentanti del Tirolo, sempre gelosi dei loro privilegi provinciali; vi è la nobiltà conservatrice ungherese, unica speranza della corte contro i rivoluzionari in Ungheria, con a capo sempre il conte Emilio Dessewffy, che in un memoriale presentato al presidente del consi-

---

(1) Il conte Enrico Jaroslaw Clam-Martinic, figlio del generale, che fu aiutante di Schwarzenberg contro Napoleone, era stato educato assieme con Francesco Giuseppe ed era suo amico d'infanzia; fu uno dei capi più attivi dell'aristocrazia feudale conservatrice boema. Anche il consigliere sassone della Transilvania Carlo Maager, protestante, parlò energicamente contro il regime assolutistico e fu perciò rimbeccato... dal capo del partito *liberale* tedesco, dott. Hein.

glio co. Rechberg domanda la restituzione della costituzione in Ungheria, in Croazia, in Transilvania e delle istituzioni provinciali in Austria, privilegi ai proprietarî latifondiari e l'incoronazione del sovrano a re d'Ungheria a Presburgo e di Boemia a Praga; vi è tra di loro il vescovo di Croazia Strossmayer, (1) vi è quella

(1) Altri capi conservatori ungheresi erano il conte Cziráky, il barone Jósika e il conte Ant. Szécsen, che rappresentava il partito nel « consiglio rinforzato« », mentre il conte Dessewffy, fedele al suo principio anticentralista, non aveva voluto andarvi. —

Strossmayer (v. n. a p. 9) sebbene di famiglia originariamente tedesca di Esseg (la capitale della Slavonia) fu indubbiamente il più benemerito patriotta croato del secolo scorso; gli stessi croati lo dissero « primo figlio della nazione » loro. La sua diocesi di Djakovo era una delle più vaste d'Europa; oltre al Sirmio si estendeva anche sulle parti cattoliche della Bosnia e *nominalmente* anche sui cattolici della Serbia. La Serbia si oppose negli ultimi tempi efficacemente all'ingerenza di questo vescovato nelle sue faccende interne. Per la Bosnia fu creato nel 1881 il vescovato di Savajevo (con l odierno vescovo Stadler). Era quindi anche uno dei vescovati più ricchi d'Europa e, quando a Strossmayer fu vietato da Vienna per volontà degli ungheresi di occuparsi di politica iugoslava, l'opera sua principale fu di mecenate delle arti, delle lettere e delle scienze in Croazia. Il denaro di Strosmayer contribuì moltissimo anche alla propaganda croata antiitaliana in Dalmazia e in Istria. Alla dieta di Zagabria, nel Consiglio dell'impero a Vienna e poi nelle trattative fra croati e ungheresi egli fu sostenitore tenace della più larga autonomia della Croazia. Ma Beust e Andràssy seppero eliminarlo dalle sedute dietali del 1867 facendogli pervenire la minaccia, che altrimenti sarebbe stato sospeso dal vescovato per volontà del governo di Vienna.

Ottenne invece la sanzione sovrana per l'istituzione dell'« Accademia iugoslava di belle arti e scienze » fondata in massima parte con i denari del suo vescovato ai 28 luglio 1867 (v. anche I vol. p. 103). Alcuni anni più tardi ottenne con l'aiuto del bano poeta Mazuranich l'istituzione dell'Università croata di Zagabria (mancante della facoltà medica e di studî tecnici), fondata anche questa in buona parte con dotazioni pecuniarie del vescovato ai 19 ottobre 1874. Più tardi, nel 1884, donò all'Accademia una preziosa collezione di quadri, ricca di pitture italiane e fece costruire un magnifico duomo a Djakovo.

Dal 1860 in poi ebbe per assiduo collaboratore letterario e politico lo storico Franc. Racki, prete, e diede appoggio a tutti gli scrittori e agitatori croati di quell'epoca. Seton-Watson (op. cit.) pubblica la corrispondenza corsa fra Strossmayer e Gladstone intorno al 1878 per gli avvenimenti balcanici di quei tempi; ne risulta ad evidenza l'avversione del

parte della nobiltà polacca, che con l'energico ed influente ministro degli interni co. Goluchowski a capo, comincia la nuova politica di orientazione del popolo polacco verso Vienna. Dall'altra parte tra i centralisti in prima linea sta il cardinale principe arcivescovo di Vienna, Rauscher, l'ex-aio dell'imperatore, questa volta in accordo con i liberali tedeschi, con la nobiltà tedesca e con quella parte della burocrazia austriaca, che sente ancora in sè gli ultimi influssi delle idee giuseppine.

Il Diploma d'ottobre.

A corte si è indecisi; anche fra gli arciduchi non si è di un pensiero; il ministero e la maggioranza federalista del « consiglio dell'impero » finiscono con trionfare; il diploma imperiale dei 20 ottobre 1860

---

vescovo croato per gli ungheresi e per i centralisti tedeschi austriaci, che arriva fino al punto di perorare un'azione comune dell'Inghilterra con la Russia per la liberazione degli slavi balcanici dal giogo turco, per l'unione della Bosnia-Erzegovina alla Serbia o almeno per un'autonomia di quella provincia e contro le aspirazioni austroungariche. Caratterizza Strossmayer anche quel passo della corrispondenza, in cui esprime il suo compiacimento a Gladstone per la fine del potere temporale dei papi. Un telegramma di saluto inviato dal vescovo a Pietroburgo per le feste commemoranti s. Metodio « l'apostolo slavo », gli procura una pubblica lavata di capo orale da parte di Francesco Giuseppe, venuto per le manovre in Slavonia e istigatovi dall'*entourage* magiaro-tedesco. Il vecchio vescovo ne fu tanto avvilito, che questa volta si ritrasse completamente dalla vita politica. Lo scrittore belga Emilio de Laveleye afferma che Marco Minghetti gli abbia detto: « di tutti gli uomini illustri dei nostri tempi ne conobbi soltanto due, dai quali ebbi l'impressione, che appartenessero ad un'altra specie che non fosse la nostra: Bismarck e Strossmayer ». —

Dopo la morte di Jelacich e con la scomparsa dell'illirismo di Gaj, che vistosi trascurato dal bano e da Vienna si era adattato ai sistemi di Bach, alla dieta croata era sorto il nuovo partito radicale croato, poi « partito del diritto croato » con a capo il dott. Eugenio Kvaternik, morto sul patibolo quale congiurato, e Antonio Starcevich (spesso incarcerato e che malmenò in piena dieta il bano magiaro Khuen). Il partito era antiaustriaco e antiungherese. Un'ala serba antiaustriaca e antiungherese era guidata da Svetozar Miletich, condannato anch'egli e impazzito in carcere. Gli ungheresi seppero dopo il 1867 con le solite arti di corruzioni e di violenze e acuendo il dissidio fra croati e serbi crearsi un forte partito amico nella dieta croata detto degli « unionisti » (per l'unione con l'Ungheria) o dei « magiaroni » (spregiativo da magiaro), che dominò in Croazia fino al 1905.

(*Oktober-Diplom*) attua, quanto la maggioranza del consiglio aveva proposto nel suo parere. Dopo aver cercato di giustificare, nel manifesto di introduzione al diploma, con le necessità dei tempi « il concentramento più rigido del potere statale » nel decennio precedente, dopo di aver accentuato nel diploma stesso con richiamo alla Sanzione prammatica anzitutto l'immutabilità del diritto di successione al trono (sempre primo pensiero degli Absburgo!) e l'indissolubilità delle varie parti, regni e province con i loro privilegi e con le loro guarantige, Francesco Giuseppe in forma solennè decreta « dai suoi pieni poteri questa legge fondamentale *irrevocabile* dello stato eterna per lui e per i suoi legittimi successori » (1). Anche questa volta però, se le concessioni fatte dal diploma ai federalisti erano rilevanti, erano ben poca cosa considerate nel loro vero valore di leggi costituzionali: il diploma non creava nè veri corpi legislativi, nè veri diritti parlamentari.

Consiglio dell'impero.

La struttura organica dei nuovi poteri costituzionali doveva esser questa: rappresentanza comune della monarchia intera sarebbe stato il « consiglio dell'impero » (2) ma rinforzato non più come prima di soli 38 bensì di 100 rappresentanti delle varie diete provin-

---

(1) « ...*kraft Unserer Machtvollkommenheit... ein beständiges und unwiderrufliches Staatsgrundgesetz* ». Forse per questo, quando quattro mesi dopo la patente di febbraio veniva a sostituire completamente il diploma d'ottobre, nè quella patente nè più tardi le altre leggi statutarie mai proclamarono esplicitamente la *revoca* del diploma, sul quale ancor oggi alcuni partiti nazionali in Austria (czechi) fondano le loro aspirazioni federaliste. Fu scelto questa volta il termine *diploma* meno ostico di quello di « patente » per consiglio e per riguardo dei conservatori ungheresi, cui forse ricordava i diplomi d'incoronazione dei loro re. Wertheimer (op. cit.) dice merito del co. Szecsen di aver convinto Francesco Giuseppe di emanare il diploma.

(2) Questo nome improprio (*Reichsrat*) è rimasto fino ad oggi al parlamento austriaco; mentre il termine proprio tedesco sarebbe *Reichstag*, usato anche in Germania per « parlamento » e in Ungheria.

ciali; (1) le sue attribuzioni però erano limitate nell'art. II del diploma alle sole faccende comuni a tutti i regni e paesi della monarchia, cioè riguardanti la moneta, i commerci, i dazi, le banche d'emissione, la posta e i telegrafi, le ferrovie, l'obbligo al servizio militare, il bilancio delle uscite (quindi non l'entrate!) e i conti finali, ma anche in queste faccende il consiglio dell'impero aveva soltanto il diritto di cooperare con la corona (*Mitwirkung*), il che a stretto rigore poteva significare un semplice e platonico voto consultivo; soltanto per nuove imposizioni tributarie, per nuovi prestiti di stato e per aggravi o vendite della proprietà immobile dello stato il diploma richiedeva, come l'autografo dei 17 luglio 1860, il *consenso* del consiglio. Tutte le altre leggi, quindi anche quelle giudiziarie, civili e penali, erano di competenza delle diete provinciali, che nei regni e nelle province d'Ungheria dovevano esser riattivate secondo le costituzioni antiche e nelle province austriache secondo i nuovi statuti provinciali da emanarsi. Anche qui il testo del diploma, che usa ora il termine «cooperare» ora quello di «sbrigare in modo costituzionale» (*verfassungsmässig*), lasciava libera l'interpretazione restrittiva di un solo diritto di voto consultivo, ciocchè Goluchowski tentò infatti di statuire in uno (carinziano) dei quattro statuti provinciali (Carinzia, Tirolo, (2) Salisburghese e Stiria), che furono pubblicati assieme con il diploma e che in gran parte ristabilivano nei loro diritti gli antichi stati provinciali e persino (meno che nel Trolo) concedevano ai nobili di nuovo il diritto di vestire l'antica uniforme dei nobili.

Diete provinciali.

Si ritornava quindi all'antica federazione degli stati

(1) Il numero di deputati per ciascuna dieta da fissarsi per legge in proporzione all'estensione territoriale e alla popolazione di ogni provincia. Legge, che non fu però pubblicata.

(2) In questo statuto il Vorarlberg, tedesco, già non è più rappresentato alla dieta del Tirolo; avrà una dieta da sè; mentre il Trentino, italiano e quindi ancor più diverso di sentimenti e d'interessi dal Tirolo, vi resta unito per imposizione sovrana.

dei tempi di Carlo VI, dei tempi della Sanzione prammatica, con riforme alquanto, ma ben poco più corrispondenti alle esigenze moderne; la corte non sapeva ancora decidersi a lasciar di mano più che poche briciole del suo potere sovrano assoluto; una certa autonomia si concedeva alle provincie soltanto nell'amministrazione, diremo, locale e patrimoniale; con ciò si spiega anche il fatto, che dopo dieci anni per la prima volta si chiamavano ai 18 novembre 1860 i cittadini alle urne per eleggere secondo la legge comunale del 1850 le nuove amministrazioni comunali; erano queste le prime elezioni, il primo segno di vita costituzionale, democratica dopo il periodo d'assolutismo.

Amministrazioni comunali.

È innegabile però, che se si fosse continuato sulla via del federalismo aperta dal diploma di ottobre, le diete provinciali, acquistando con il tempo sempre maggior potere, avendo un campo d'azione legislativa tanto largo avrebbero potuto facilmente distruggere tutta l'opera, che da Maria Teresa, in poi era stata compiuta per l'unità della monarchia, ritornando a quella congerie di particolarismi provinciali, che forse può nuocere alla solidità e all'efficenza di una grande potenza militare, ma che invece può essere molto più consona agli interessi dei popoli di uno stato etnicamente e socialmente tanto eterogeneo. Forse, se subito allora si fosse tenuto maggior conto anche delle individualità nazionali nel riordinare le province e si fosse tenuto fermo al federalismo, molte lotte, molti conflitti, molte questioni nazionali, che oggi paiono e sono insolubili non esisterebbero. L' « irrevocabile » diploma d'ottobre invece rimase lettera morta; nè il suo consiglio dell'impero, nè le sue diete mai furono costituiti. La gioia degli czechi, dei polacchi, dei tirolesi e di pochi conservatori aristocratici in Ungheria fu breve. La borghesia colta della monarchia, i tedeschi, gli ungheresi e per giustissimi motivi nazionali anche gli italiani non avevano nascosto il loro malcontento all'appari-

Le nazionalità.

re del diploma ottobrino, come non nasconderanno la loro sodisfazione alla sua scomparsa. (1)

Ungheria: agitazioni;

L'Ungheria era quella, che maggiormente preoccupava il sovrano la corte e il governo. Durante la guerra del '59 gli immigrati politici ungheresi tentarono dall'estero far insorgere il paese; nel '66 lo ritenteranno; quelli di loro, che negli ultimi anni attratti dalla nostalgia erano riusciti ad ottenere l'amnistia, concessa loro con speciali cautele, erano di nuovo nelle prime file tra i combattenti del partito nazionale democratico, che aveva per capi Deak e Andrássy, da poco ritornato dall'esilio (2). L'assolutismo del governatorato militare dell'arciduca Alberto, anima della reazione aulico-militare di Vienna, durato dal 1851 al 1859 e le promesse concilianti del gen. Benedek, successogli da aprile a ottobre del 1860, non fecero che unire in un campo tutti i partiti ungheresi reclamanti la restituzione della costituzione del '48· Persino i conservatori, che come il co. Dessewffy avevano un programma più modesto di postulati nazionali e costituzionali, ora — dopo le sconfitte austriache in Italia — non si sarebbero acconten-

---

(1) A Trieste gli italiani nazionali infransero le finestre delle abitazioni dei conservatori illuminate in segno di giubilo per la pubblicazione del diploma imperiale.

Il Trentino restava legato al Tirolo. Anche Fiume e gli italiani di Dalmazia (vedremo poi) non avevano motivo di gioire.

(2) Si faceva loro firmare delle «reversali», in cui si obbligavano fra altro a non occuparsi, ritornati in patria, di politica. Un simile impegno dovette firmare anche Andràssy all'ambasciata austriaca a Parigi, con tutto ciò egli fu eletto pochi anni dopo deputato e fu fatto ministro. Ad un altro emigrato ungherese al conte Ladislao Teleky questa promessa costò la vita, perchè eletto anch'egli deputato ed essendo dell'opposizione gli fu rinfacciato di aver mancato alla parola data all'imperatore in un'udienza privata. Teleky, accorato, si suicidò nel 1861. L'anno scorso (ai 26 genn. 1914) fu aperto un plicco di lettere di Teleky lasciato da un suo amico al Museo Nazionale di Budapest con la condizione, che fosse aperto appena nel 1914, ma essendo comparso nelle lettere il nome di Francesco Giuseppe il plicco fu di nuovo rinchiuso con la motivazione, che era intenzione del legatore che non lo si rendesse pubblico, finchè vivono le persone, di cui si parla in quelle carte.

tati più di mezze concessioni. Prima contro ogni proposta di riforme, che avrebbe potuto almeno in parte sodisfarli, c'era sempre l'opposizione, l'intrigo, il *veto* della camarilla e specialmente dell'arciduca Alberto, tanto che nel '60 invitati gli arciduchi Ranieri e Massimiliano, vissuti gran tempo in Italia e conosciuti per spiriti più liberi, ad assumere il posto di governatore in Ungheria vi si rifiutarono energicamente e anzi si disse che fra l'imperatore e Masimiliano ci fosse stato un vivacisimo scambio di parole sul malgoverno nella monarchia. Più tardi, quando — contro gli ammonimenti del gen. Benedek — subito dopo il diploma d'ottobre anche in Ungheria si volle ristabilita l'autonomia delle amministrazioni locali, qui rappresentate dagli antichi « comitati », gli elementi radicali avevano guadagnato ovunque tanto terreno, che in segno di protesta eleggevano a consiglieri municipali e comitali Cavour, Garibaldi, Napoleone e il profugo Kossuth;

restituzione dei "comitati,, (1)

(1) Abbiamo veduto già l'importanza dei «.comitati » in Ungheria: erano delle piccole repubbliche nobiliari, che confederate formavano il regno di S. Stefano. Con le leggi del '48 il carattere prettamente nobiliare è scomparso, ma sono rimaste tante piccole province con amministrazione autonoma a base elettiva. Uffici politici statali nelle province (comitati) in Ungheria si può dire che non esistono; sono insomma delle province senza prefetture o sottoprefetture ecc. Gli articoli di leggi XLII *ex* 1870, VI *ex* 1876 e alcuni posteriori meno importanti hanno ordinato un po' più modernamente l'amministrazione dei comitati, che per sommi capi sarebbe questa: la somma dei poteri del comitato è nell'Assemblea generale composta di 400 membri, di cui 200 virilisti (cioè vi appartengono per legge: per l'alto censo, per i latifondi ecc., questi sono quasi sempre delle due « nazioni » privilegiate: magiari o sassoni) e 200 eletti secondo il sistema della legge elettorale per la camera di Budapest, la quale riusciva sempre composta di magiari, di alcuni sassoni e di pochissimi di altre « nazionalità ». (In Croazia naturalmente i comitati sono tutti croati e serbi). Le cariche comitali, cioè i funzionari pubblici del comitato sono tutti eletti per 6 anni dal comitato; soltanto il « conte supremo » del comitato è nominato dal re ed è — dice la legge — « rappresentante del potere esecutivo », è dunque il prefetto, ma senza la prefettura; le funzioni di questa sono esercitate dai funzionari eletti dall'Assemblea generale, che elegge anche il presidente del comitato, il « viceconte », e dieci consiglieri che

dimostrazioni antiaustriache si ripetevano in ogni parte del paese; (1) il portar armi — sintomo minaccioso

---

assieme con i funzionari più alti del comitato formano la «giunta amministrativa» del comitato. Il «conte supremo» ha soltanto la sorveglianza sull'amministrazione autonoma.

Le altre cariche più alte, sempre elette dall'Assemblea e che secondo le leggi richiedono una cultura giuridica, sono per ciascuno dei 4-10 distretti, di cui è formato un comitato, un «giudice supremo» (*Oberstuhlrichter*) con due «giudici» (Stuhlrichter); i comuni poi, che sono l'ultima unità amministrativa, eleggono i propri sindaci contadini, detti «giudici locali» (*Ortsrichter*), ed i notai comunali, che sono i *factotums* del comune: essi riscuotono le imposte, fanno le liste di coscrizione, sorvegliano le scuole, quando non vi insegnano, e così via. [Soltanto qui in qualche comune le altre nazionalità (rumeni, slovacchi, ruteni, serbi) riescono qualche volta ad eleggere propri rappresentanti, ma assai raramente in numero da avere la maggioranza nel consiglio comunale]. Da ciò si vede l'importanza di quest'autonomia comitale, che forma l'ingranaggio di tutta la vita nazionale, finanziaria e militare dello stato ungherese; si vede pure, quant'ingerenza possono avere i partiti sulla conformazione delle autorità comitali e come sia stato possibile all'Ungheria opporre la più efficace resistenza a Vienna negando le imposte e i coscritti ogni volta, che l'Austria ha minacciato l'indipendenza del paese.

Oggi vi sono in Ungheria oltre Budapest e Fiume (corpo separato) 63 comitati e 24 città con analoga giurisdizione municipale. Varî governi ungheresi un po' per frenare le ingerenze anche negli atti elettorali dei partiti specialmente di opposizione e un po' premuti da Vienna, che vorrebbe quanto più soppressa quest'autonomia noiosa, hanno tentato ripetutamente di far passare delle leggi, diremo, di statizzazione dei comitati. Nel 1891 vi fu il progetto Szapary, che cadde. Ai 22 giugno 1914 il conte Tisza presentò il suo progetto di riforma dell'amministrazione comitale (si disse, elaborato dal ministro degli interni Sandor) contenente tre leggi: la prima per la nomina dei funzionari comitali da farsi dal re e dal governo, la seconda per la prammatica di servizio e la terza sull'amministrazione dei comitati. Sebbene quest'ultima legge disponga in un paragrafo, che anche funzionari nominati dal re e dal governo non devono, a scanso di pene disciplinari, riscuotere imposte e far leve di coscritti, che non siano stati votati dal parlamento, pure il solo fatto della nomina statale basterebbe per sopprimere ogni valore all'autonomia millenaria dei comitati ungheresi.

Perciò l'opposizione alla camera di Budapest era in pieno lavoro di ostruzionismo contro questa riforma, quando scoppiò la grande guerra e Tisza allora, *pro bono pacis* all'interno, ritirò il progetto.

(1) Persino in presenza dell'arciduca Alberto, del ministro del culto e dell'istruzione co. Thun, del cardinale Rauscher ad una festa giubilare in onore del primate d'Ungheria a Gran

più di ogni altro — non si poteva più impedire, tant'era divenuto generale. *Alles zu spät*, tutto in ritardo in Austria: si vuol essere costretti a viva forza a concessioni, che fatte a tempo sarebbero costate minor sagrificio di dignità e di autorità, avrebbero evitato lotte, odî, disarmonie difficilmente cancellabili.

Il diploma di ottobre era pure una di quelle mezze concessioni, che forse in altri tempi avrebbe potuto accontentare almeno i partiti più moderati d'Ungheria e che ora invece non sodisfaceva nessuno. Il partito di Deák, che del resto rappresentava la corrente meno radicale fra i liberali nazionali, aveva proclamato idea fondamentale del suo programma il principio della continuità del diritto di stato ungherese (*Rechtskontinuität*) e quindi non ammetteva altra soluzione del conflitto fra l'Ungheria e la corona, che non fosse il riconoscimento di tutte le leggi costituzionali del regno d'Ungheria, anche di quelle del '48 e la ripresa della vita costituzionale da quel momento, in cui l'assolutismo l'aveva interrotta: tutta l'opera del decennio assolutistico doveva esser dimenticata, cancellata, come se mai fosse esistita. Alla corte e da Vienna si proclamava invece un altro principio teorico completamente opposto, una specie di diritto di confisca da parte della corona (*Verwirkungstheorie*), secondo cui gli stati ungheresi con la ribellione del '48 avrebbero perduto ogni diritto, ogni privilegio. Era la teoria, che gli Absburgo avevano già fatto valere una volta nel 1627 contro i boemi; ma i tempi erano mutati, le circostanze erano propizie agli ungheresi, la resistenza passiva irreconci-

continuità del diritto ungherese;

confisca del diritto.

---

i discorsi dei capi conservatori e dei vescovi accentuanti i diritti del « re e della patria ungheresi » erano tali, che l'arciduca Alberto indignato telegrafava subito (7 nov. 1859) al ministro di polizia Thierry a Vienna, che non si permettesse ai giornali la pubblicazione che dei soli due « discorsi leali » tenuti in quell'occasione da lui e dal primate. E Thierry ne faceva subito rapporto all'imperatore e al consiglio dei ministri chiedendo misure di repressione contro queste tendenze separatiste. V. Wertheimer, op. cit.I

liabile predicata da Deak e seguita da tutta la nazione, le minacce di fuori, le agitazioni di Kossuth, di Türr, di Klapka, tutto ciò induceva la corte a cedere. Il diploma di ottobre con altre parole ripeteva ancora la strana teoria punitiva; però tutta una serie di autografi sovrani, pubblicati lo stesso giorno, dichiaravano di voler « ristabilita » la costituzione ungherese, il che era in aperta contraddizione con quella teoria. Di fatti vedremo negli anni seguenti la tenace costanza degli ungheresi trionfare su tutta la linea. È che il dissesto economico interno, le necessità militari e le complicazioni della politica estera renderanno indispensabile la pacificazione dell'Ungheria, unita tutta in una aspirazione, guidata in quel momento per sua fortuna da uomini di mente superiore, che seppero sfruttare tutte le circostanze vantaggiose.

Ritorno parziale alla costituzione in Ungheria.

Gli autografi sovrani dei 20 ottobre, che andavano a metà incontro ai desiderî ungheresi, ristabilivano la cancelleria aulica ungherese, (1) il tribunale supremo ungherese (*curia regis*), l'amministrazione politica (comitati) e giudiziaria (2) ungherese con l'uso della lingua

(1) Già durante il governatorato di Benedek un decreto imperiale dei 19 aprile 1860 ordinava il concentramento della amministrazione politica delle cinque parti, in cui Bach aveva diviso l'Ungheria, nella logotenenza di Buda. Ma questa misura lasciò freddi gli ungheresi.

(2) Ai 20 genn. 1861 fu sospesa la competenza del Tribunale supremo di Vienna per l'Ungheria e fu restituito l'antico Tribunale supremo ungherese (*Curia regis*), fu nominato il *Judex curiae* e fu convocata ai 23 genn. 1861 sotto la sua presidenza una conferenza (*Judex-Curial-Conferenz*), che ristabilì l'antico ordinamento giudiziario ungherese quasi medioevale fondato su leggi del 1723.

I giudizi patrimoniali erano stati aboliti già nel 1847-8. Ma tutto l'ordinamento giudiziario rimanente era lo stesso antico, comitale: i distretti dei comitati avevano i loro giudici eletti (i « giudici supremi », i « viceconti » e « conti supremi », che vedemmo a p. 54), che assieme con alcuni nobili possidenti giudicavano in I istanza (*sedes judiciariae, sedria comitatus*); le città avevano i magistrati civici; in II istanza fungeva la « regia tavola giudiziaria » di Pest e in III e ultima la « suprema tavola settemvirale » con parecchi vescovi per assessori. Appena gli articoli di leggi IV *ex* 1869 e VIII *ex* 1871 modernizzarono l'amministrazione della giustizia in Ungheria

magiara in tutti gli uffici nel servizio interno (1) e inoltre annunciavano prossima la convocazione della dieta ungherese « perchè (Francesco Guseppe) voleva suggellare il definitivo ordinamento della costituzione d'Ungheria secondo le leggi con la pubblicazione di un diploma e con l'incoronazione ». Erano queste appunto le premesse di ogni regime costituzionale in Ungheria. Dei cinque territori amministrativi, in cui l'Ungheria era stata divisa dopo il '49, due dovevano essere reincorporati nel regno d'Ungheria: la Vojvodina serba e il Banato di Temes (2). Il granprincipato di Transil-

Serbi. Rumeni. Transilvania.

---

ordinandola, come quella austriaca, in tribunali collegiali (circa 70) e giudizi con giudice singolo (circa 400) di I istanza e 10 corti di assisi per delitti di stampa, in 11 « regie tavole giudiziarie » di II istanza e nella « regia curia » di Budapest di III istanza. La Croazia ha un proprio ordinamento giudiziario analogo accentrato a Zagabria (II istanza la « tavola *banale* » (del bano) e III la « regia tavola settemvirale ».

Gli avvocati sono indipendenti dai tribunali e sottostanno, come in Austria, al ministro di giustizia.

(1) L'era Bach — abbiamo veduto — aveva prescritto per tutti gli uffici statali (autonomi, provinciali o comunali, non ne esistevano quasi più) dappertutto, fuorchè nelle province italiane, nel servizio interno l'uso esclusivo della lingua tedesca. Soltanto in alcune province (Boemia e Galizia) era permesso, nelle altre necessariamente tollerato l'uso di un altra lingua nel servizio esterno, nei rapporti fra uffici e quelle parti private, che non conoscevano la lingua tedesca. Con l'autografo sovrano diretto al cancelliere aulico d'Ungheria la lingua magiara riprendeva il suo posto di unica lingua ufficiale negli uffici statali del regno; nell'uso esterno però l'autografo voleva garantito il diritto alle altre nazionalità d'Ungheria (rumeni, tedeschi, slavi) di usare la propria lingua; per gli uffici autonomi (comitati, municipi, comuni rurali) l'autografo andava ancora più oltre: voleva garantito il diritto alle rispettive maggioranze di quelle rappresentanze autonome di stabilire la propria lingua d'ufficio; il che oggidì le leggi d'Ungheria attenendosi strettamente al principio dello stato *unitario* ungherese più non permettono.

(2) Gli ungheresi, chiedendo il ripristino delle leggi del '48, domandavano anche l'unione delle membra scomparte del regno di s. Stefano. La corona cedette ora soltanto in riguardo alle due province serbe, nelle quali fu facile cosa al gen. maresciallo co. Mensdorff-Pouilly, mandatovi *ad hoc* quale commissario imperiale, riunire ai 24 novembre 1860 a Temesvar una « conferenza di notabili », che propose la fusione delle due province con l'Ungheria, il che fu subito decretato dall'imperatore con rescritto dei 27 dic. 1860. Il rescritto prometteva per la nazionalità e per la lingua serba

vania conservava la sua individualità politica; si ristabiliva la cancelleria aulica transilvana di un tempo a Vienna e si annunciava la convocazione anche della sua dieta, avvenuta appena nel luglio 1863 dopo che l'antica legge elettorale del 1691 fu riformata con decreto imperiale dei 15 giugno 1862. Quivi come in Croazia, al contrario del resto d'Ungheria, restavano in vigore l'ordinamento giudiziario e amministrativo di prima e i codici di diritto civile e penale austriaci.

Croazia.

Degli imbarazzi della corte e del governo di Vienna seppe approfittare in questi giorni specialmente la Croazia, che l'arciduca Alberto e le sfere militari reputavano il più forte baluardo della dinastia contro le aspirazioni nazionali degli ungheresi e degli italiani nelle provincie adriatiche, rimaste ancora dopo la guerra del '59 sotto l'Austria. L'autografo sovrano dei 20 ottobre diretto al bano di « Croazia e Slavonia », bar. Sokcevic, annuncia anche qui la convocazione della dieta, che d'accordo con quella d'Ungheria dovrà regolare i rapporti ungaro-croati, e chiede anche qui l'opinione di una conferenza di notabili sulla forma che dovrebbe aver la rappresentanza, cioè la dieta croata. Già ai 5 dicembre dello stesso anno — mentre tutta l'Ungheria si mostrava contraria al diploma di ottobre — un altro autografo sovrano faceva altre concessioni importantisime ai croati: istituiva un regio dicastero aulico croato-sla-

---

guarentige da prendersi d'accordo con la dieta ungherese e con una deputazione serba da inviarsi a Vienna da parte del patriaca serbo-ortodosso di Carlovitz e dei notabili serbi; in fine ordinava a tutela della nazionalità e della lingua rumena di alcune popolazioni del banato di Temes, che i funzionari pubblici in quei paesi dovessero essere scelti tra i connazionali di quelle popolazioni. Superfluo dire, che l'opera di magiarizzazione dello stato unitario ungherese da quelle parti dopo il '67 fu tale, che oggi quasi tutte le città e le borgate maggiori di quelle provincie (e Temesvar in prima linea) sono in potere dei magiari.

La domanda degli ungheresi di unire secondo la legge del '48 anche la Transilvania fu per ora respinta dalla corona, che ivi si appoggiava sui sassoni contro i magiari. Nel 1865 l'imperatore cederà anche qui. I rumeni qui erano e sono ancor sempre senza diritti pubblici.

vonico a Vienna poi mutato in cancelleria aulica, come quella di Transilvania, introduceva di nuovo in tutti gli uffici di Croazia l'uso della lingua croata e prometteva di tener conto dei desiderî espressi dai croati riguardo alla « restituzione del triregno » (*trojedina kraljevina;* i tre regni avrebbero dovuto essere: Croazia, Slavonia e Dalmazia) riservando però una decisione definitiva in proposito dopo conosciuto l'atteggiamento, che avrebbe assunto la Dalmazia, la quale per il momento non aveva ancora una rappresentanza. Dalla Dalmazia, ove l'elemento italiano delle città era ancora politicamente predominante in tutta la provincia e in tutta la provincia nella vita sociale e politica e negli uffici regnavano ancora sovrane la civiltà e la lingua italiana, si era risposto già altra volta con un solenne ed energico rifiuto ad una proposta simile venuta da Zagabria; questa volta le proteste dei dalmati furono ancora più energiche, più plebiscitarie. Ma il fatto ormai era stato compiuto: un autografo sovrano riconosceva una parvenza di legittimità alle pretese dei croati riguardo all'annessione della Dalmazia alla Croazia, la quale ultima mai e poi mai ebbe un diritto statale, costituzionale effettivo sulla Dalmazia e men che meno sulla parte costiera latina, poi italiana di quella provincia, parte sempre retta — dopo cessato il dominio romano e bizantino — a liberi municipi o in dipendenza dalla repubblica veneta con qualche breve interruzione di dominio sporadico ungherese. (1)

Dalmazia. Il "triregno croato."

(1) Tutte le leggi, tutte le pubblicazioni ufficiali d'Ungheria e di Croazia quando parlano del regno croato usano dal '68 in poi il termine « regno di Croazia, Slavonia e Dalmazia » e il bano e il governo di Zagabria si dicono « bano o governo croato-slavonico-dalmata », sebbene in Dalmazia non abbiano nè l'uno nè l'altro nè il governo di Budapest ombra di potere e la Dalmazia sia *di fatto* in tutto e per tutto come una qualunque altra provincia austriaca. Il re d'Ungheria — il caso ha del comico — che è imperatore d'Austria sanziona dal '68 in poi questi termini delle leggi ungheresi e croate, che sono in aperta contraddizione con la realtà dei fatti. La questione inaugurò un periodo di lotte violente in Dalmazia fra il partito autonomo (per l'autonomia della provincia) guidato da-

In seguito alle proteste dei dalmati la celebre patente imperiale dei 26 febbraio 1861, venuta tanto presto a sostituire l'inattuato diploma d'ottobre, portava riguardo alla Dalmazia l'inciso, secondo cui l'imperatore « non aveva ancora definitivamente deciso della posizione costituzionale del regno di Dalmazia verso i regni di Croazia e di Slavonia ». Il fatto divenne così dal punto di vista di diritto pubblico ancor più grave. Con un rescritto e una patente imperiale, che secondo la giurisprudenza austriaca hanno valor di leggi e che non furono mai esplicitamente abrogati, sebbene di fatto e da leggi posteriori spesso vi si derogò, la posizione

---

Lotte per l'autonomia di Dalmazia.

gli italiani di Dalmazia (Tommaseo, Lapenna, Baiamonti ed altri) e il partito annessionista croato; il quale accortosi per suggerimenti viennesi, che gli sarebbe stata cosa facile ottenere le grazie della corte e dei governanti contro il partito italiano, se avesse abbandonato il suo programma di annessione della Dalmazia alla Croazia, con il pretesto di attendere il momento più opportuno per l'annessione (*zgodan cias;* da qui pure il suo nome di « opportunista »; il nome ufficiale era *narodniaci*, nazionali; capi dei croati erano alcuni preti, Danilo, Pavlinovic e professori Klaic, Nodilo e purtroppo anche alcuni italiani affaristi o traviati nella incoscienza nazionale, che allora regnava ancora in gran parte fra i dalmati, italiani e croati) rinunciò all'idea dell'unione con la Croazia e — in perfetto accordo ora con Vienna — si diede a fare una guerra di sterminio contro l'elemento italiano, fino allora dominante nell'amministrazione della provincia e di tutte le maggiori città e borgate di Dalmazia. Oggi la sola amministrazione del comune di Zara è ancora in potere degli italiani. Ma di ciò riparleremo.

Al proclama diretto ai dalmati dalla dieta croata di Zagabria nel 1861 e alle voci di sirene croate (v. I vol., p. 249, n. 1) quasi tutti i comuni di Dalmazia (si astennero soltanto quelli di Macarsca e di Ragusa) risposero con una fiera protesta contro ogni progetto di annessione della Dalmazia alla Croazia e contro ogni velleità croata di conquista e a tale scopo inviarono una numerosissima deputazione di protesta a Vienna (vi aderirono quasi tutti i deputati dietali e i podestà). Il podestà di Spalato Dott. Baiamonti fece sapere ai croati di Zagabria, che la migliore risposta al loro invito di annessione veniva dal fatto, che il Comune di Spalato aveva dovuto passare il proclama croato ad un interprete di lingua croata, onde lo traducesse in italiano per renderlo comprensibile al consiglio. Noto ancora una volta, che *Il Nazionale*, organo ufficiale del sorgente partito *nazionale* (croato) era scritto in italiano per poter esser compreso dai lettori dalmati.

presente della Dalmazia quale provincia austriaca fu dichiarata « provvisoria »; dichiarazione finora in realtà soltanto platonica, che però è sfruttata a dovere e da croati e da ungheresi. La soluzione di questa, del resto, come di tutte le questioni politiche, dipende e dipenderà dal diritto del più forte.

Fiume.

Le proteste degli italiani di Fiume contro la continuata occupazione della città e del suo circostante territorio amministrativo da parte dei croati (avvenuta con Jelacic nel 1848 e sancita con la patente imperiale dei 7 aprile 1850 con evidente violazione della Sanzione Prammatica) non giovarono a nulla. Appena l'accordo austro-ungarico del '67 renderà possibile all'Ungheria di sottrarre nel 1868 quella città italiana all'amministrazione croata; anche qui però la legge creerà un « provvisorio ». Fino al '67 però, finchè dura il conflitto fra Vienna e l'Ungheria, la Croazia otterrà favori e concessioni ancor più importanti, che poi vedremo (1).

Trasformazioni del ministero.

Per render più accetto il diploma di ottobre in Ungheria d'accordo con i capi conservatori ungheresi, l'imperatore introdusse con gli autografi dello stesso giorno importanti mutamenti nella forma e nella composizione del consiglio dei ministri. Il consiglio restava l'organo centrale del potere esecutivo (presidente del consiglio Rechberg), ma ad accentuare anche in esso l'idea federalista del diploma, cessavano di esistere i ministeri, finora comuni per tutta la monarchia, degli interni, della giustizia e del culto e istruzione, (2) cessando

(1) I « provvisori » sono una specialità costituzionale e amministrativa austriaca e austroungarica; servono a risolvere le questioni scabrose in modo da non scontentare troppo nessuno e sono.... eterni.

Da Fiume Kossuth e gli emigrati ungheresi, appoggiati dagli italiani di quella città tentarono nel 1859 far insorgere l'Ungheria contro Vienna.

(2) Il co. Thun, ministro del culto e istruzione, s'era reso maleviso specialmente in Ungheria dopo la pubblicazione della « patente dei protestanti », con cui tendeva di togliere l'autonomia, che la chiesa protestante godeva largamente in Ungheria. Per l'Austria, ove i protestanti erano appena tollerati, quella patente era ancora un male minore.

d'esser comuni anche le loro attribuzioni di spettanza ora delle diete provinciali. A rappresentare l'Ungheria nel ministero era chiamato il cancelliere aulico ungherese (barone Nicolò Vay) (1) mentre uguale diritto non fu concesso nè al cancelliere aulico transilvano nè a quello croato. A suo dirimpettario nel consiglio per le altre province della monarchia per gli affari politici-amministrativi fu creato il posto di « ministro di stato » (*Staatsminister*) e affidato al conte Goluchowski. La giustizia era rappresentata nel consiglio per l'Ungheria dal cancelliere aulico, previo il suo accordo con il *judex curiae* ungherese, per le altre province dal presidente della corte di cassazione di Vienna, che come tale aveva un posto nel ministero. Il conte Szecsen, che si può dire il capo ufficiale effettivo dei conservatori ungheresi in questo tempo, fu nominato ministro senza portafoglio, carica che vedremo poi spesso rinnovarsi in Austria ora per i polacchi di Galizia, ora per gli czechi o per i tedeschi di Boemia a seconda delle circostanze politiche e parlamentari.

Tramonto del diploma d'ottobre

Le speranze dei capi conservatori ungheresi di tranquillare il paese con le mezze concessioni ottenute dalla corona nel diploma di ottobre e i loro tentativi di accordarsi con i capi dell'opposizione liberale fallirono completamente. Già la forma quasi di « regalo sovrano » — secondo le parole di Deak — offendeva i sentimenti costituzionali degli ungheresi superbi dei loro diritti costituzionali multisecolari, che reclamavano ad alta voce e che ora erano persino menomati dal diploma, il quale toglieva alla dieta ungherese il diritto di voto sulle imposte e sulla leva militare per concederlo invece al « consiglio rinforzato dell'impero ». Il fermento crebbe in tutto il paese. Parecchi dei personaggi

(1) Era uno dei capi dei protestanti d'Ungheria; nel '52 era stato condannato a morte; la pena gli fu commutata in 4 anni di fortezza e ferri. Ora si trovava nelle file dei conservatori.

più in vista del mondo politico ungherese (Andrássy Tisza, Lonyay) si rifiutarono di accettare le cariche di conti supremi (capi dei comitati, prefetti); i consigli municipali e comitali domandano la restituzione della costituzione del '48 e persino i capi conservatori, che ormai si possono dire senza seguito nel paese, nella « conferenza di Gran », convocata per incarico sovrano dal primate d'Ungheria al 1° dic. 1860, deliberano di chiedere, che le elezioni per la dieta si facciano secondo la legge democratica del '48 e non, come avrebbe desiderato la corte, secondo quella aristocratica del 1608. Di fatti l'imperatore con autografo sovrano dei 21 gennaio 1861 accoglie la proposta apportando alcune modificazioni alla legge quarantottina e la dieta si riunirà ai 2 aprile dello stesso anno.

Il diploma di ottobre sarà però allora già tramontato. L'agitazione in Ungheria sempre crescente, che minaccia di mutarsi in vera rivoluzione e costringe il nuovo ministro di stato Schmerling a concentrare truppe non magiare in Ungheria, il movimento centralista, che va accentuandosi fra i tedeschi d'Austria, e le gelosie, che ora vanno destandosi fra Cislaitania e Translaitania e specialmente fra tedeschi centralisti e ungheresi, ne affrettano il tramonto, rimpianto dagli czechi, dai polacchi e dai tirolesi.

L'imperatore tratta direttamente con gli uomini politici.

Tutti questi tentennamenti e questo andar a tastoni nel buio costituzionale avevano anche il loro lato buono: resero possibili nuovi contatti fra l'imperatore e gli uomini politici più cospicui di tutte le parti e di tutte le nazioni della monarchia, togliendolo a quell'isolamento olimpico, in cui lo tenevano l'arciduchessa madre, gli arciduchi, i generali, i vescovi e i suoi consiglieri burocratici. Tutti questi uomini invece di essere convocati in un'assemblea costituente trattavano e discutevano nella sala d'udienze dell'imperatore o nella sua cancelleria militare o nei gabinetti dei ministri o presentavano memoriali e le patenti e i diplomi costituzionali esprimevano appunto il preponderare di questa o di quella corrente politica, nazionale nelle lunghe conferenze a corte e nei ministeri. Ciò spiega il lungo periodo di indecisioni e di transizioni costituzionali, finchè nel '67 si trovò una tal qual via di mezzo, che non fu osteggiata per lo meno dai popoli più influenti, più progrediti e più favoriti della monarchia.

I capi centralisti: Schmerling.

Contro il diploma d'ottobre federalista erano insorti in Austria specialmente i centralisti tedeschi, ch'ebbero a loro rappresentanti alla corte e nelle alte sfere di Vienna il cardinale Rauscher, ancor sempre influentissimo, e quella parte della burocrazia — quasi tutta tedesca o intedescata — che era imbevuta ancora delle idee giuseppine e che aveva tra i suoi il cav. Antonio *von Schmerling*, presidente di senato della suprema corte di giustizia, il bar. Giuseppe Lasser reggente il ministero di giustizia, Ignazio *von* Plener, reggente il ministero vacante di finanza, e Pratobevera e Perthaler. (1) Tutti questi si erano segnalati nel movimento liberale del '48, certamente da buoni funzionarî di stato senza troppo compromettersi, affermando però sempre l'idea grantedesca (*grossdeutsch*) di quei tempi con l'egemonia dell'Austria in Germania. Schmerling specialmente sostenne quest'idea energicamente a Francoforte e come deputato e come ministro e poi come plenipotenziario austriaco.

Trionfo dei centralisti.

La nomina quindi di Schmerling ai 15 dic. 1860 a ministro dello stato aveva un doppio significato: nella politica interna essa segnava a corte il trionfo della corrente centralista burocratica e tedesca, dinanzi alla quale il co. Goluchowski dovette ritirarsi; di fronte

---

(1) Hans von Perthaler, consigliere d'appello, era l'estensore nel consiglio dei ministri degli atti di maggior importanza giuridico-politica. Era stato educatore di due arciduchi. Il barone von Lichtenfels, profondo conoscitore del diritto di stato austriaco, era stato uno degli educatori di Francesco Giuseppe; era un « giuseppino » convinto. Questi due assieme con il bar. Lasser, ordinatore dell'amministrazione austriaca, furono i collaboratori più attivi di Schmerling. La « costituzione di febbraio », che sarà opera loro, è detta dagli storici austriaci « la carta del centralismo tedesco ».

all'agitazione e ai postulati ungheresi Schmerling rappresentava pure l'idea centralista dell'unità dell' « impero » e quindi fu egli principalmente ad opporsi al sodisfacimento di quei postulati, esigenti la incondizionata restituzione della costituzione ungherese del '48, esposti dinanzi all'imperatore dai due capi dell'opposizione liberale ungherese, Deák e bar. Eötvös, nell'udienza dei 26 dicembre 1860. Fu un ultimo tentativo diretto dell'imperatore di accordarsi con l'opposizione ungherese, che si può dire rappresentava l'intera nazione. Ma Schmerling, presi i necessari provvedimenti militari in Ungheria, che però non bastavano ad impedire la continua affluenza di armi e di munizioni importate di contrabbando nel paese, assumerà di fronte agli ungheresi l'atteggiamento di aspettativa paziente. *Wir können warten* (noi possiamo attendere) — era la sua frase. Però era un errore, perchè non avrebbero atteso nè la Prussia nè l'Italia. E qui nella politica estera stava il secondo significato della nomina di Schmerling: egli era stato ed era il rappresentante dichiarato dell'egemonia austriaca in Germania e i suoi sentimenti nazionali di tedesco, che avrebbero dovuto cattivargli le simpatie anche dei tedeschi di oltre i confini della monarchia, egli li aveva riaffermati in un discorso entusiastico in occasione della prima grande festa nazionale, permessa ai viennesi dopo l'era Bach, per commemorare Schiller nel novembre del 1859. Ed era giunto il momento, che doveva decidere di quell'egemonia!

"Possiamo attendere".

Nei primi giorni dopo l'entrata di Schmerling nel ministero il presidente del consiglio co. Rechberg nei suoi colloqui con diplomatici e con uomini politici affermava, che il nuovo ministro di stato si era dichiarato fautore del diploma d'ottobre e che non vi erano da aspettarsi da lui innovazioni radicali. Invece già ai 4 febbraio 1861 Rechberg cedeva il suo posto di presidente all'arciduca Ranieri, figlio dell'ex vice-re del Lombardo-Veneto e cugino dell'imperatore, conservando nel nuovo ministero, che ebbe nome di Ranieri-Schmer-

Ministero Ranieri-Schmerling.

ling, il portafoglio degli esteri. Passando l'arciduca nell'opinione pubblica per un principe costituzionale e persino liberale, questo era il primo segno, che il governo, di cui ora Schmerling indiscutibilmente era divenuto lo *spiritus rector*, stava preparando mutamenti profondi. Nè questi si fecero lungamente attendere. Ai 26 febbraio 1861 il giornale ufficiale pubblicava la celebre patente imperiale (*Februar-Patent*), che con le modificazioni apportatevi poi — dopo l'accordo fra Austria e Ungheria — forma ancor oggi la base delle costituzioni parlamentari e provinciali in Austria. La patente era opera di Schmerling e dei suoi collaboratori, usciti, com'egli, dalla burocrazia giuseppina tedesca e la nuova costituzione, con sistemi elettorali molto elastici e per le diete e per il parlamento, veniva — anche con riguardo agli interessi austriaci in Germania — a riaffermare il centralismo tedesco nell'« impero » unito e a larvare l'assolutismo aulico-militare-burocratico, che ancora tenacemente perdurava.

Patente di febbraio.

Patente e diploma.

Anche questa patente nella forma è solenne, come il diploma d'ottobre, che da essa non solo non è esplicitamente abrogato, ma al contrario nell'introduzione è detto, che la patente è quasi come una continuazione dell'opera costituzionale iniziata con il diploma. Invece i quattro statuti provinciali pubblicati con il diploma sono ora abrogati dalla patente e sostituiti da altri, anche il consiglio dell'impero permanente e rinforzato è ora abolito ed in sua vece istituito un « consiglio di stato » (*Staatsrat*) (1), formato di consiglieri nominati e scelti dall'imperatore tra i suoi migliori funzionari militari e civili, che avranno soltanto un voto consultivo riguardo ai progetti di legge da presentarsi al nuovo parlamento, che ora pure si istituisce. L'imperatore si riservava di dare con una legge speciale, che poi non venne, a questo consiglio anche la funzione di tribunale nel contenzioso politico ed amministrativo. Del solen-

Consiglio di Stato.

(1) Creato con la Patente imperiale dei 26 febbr. 1861, B. L. I. N. 22. Abolito con legge parlamentare dei 12 giugno 1868.

ne e « irrevocabile » diploma d'ottobre resterà soltanto l'enumerazione esemplificativa (non tassativa) delle materie di legislazione sottratte all'attività delle diete provinciali e riservate al nuovo parlamento, ritenuta nelle nuove leggi; però anche la patente di febbraio, almeno per ciò che riguarda l'unità dell'impero e l'Ungheria, resterà senza valore.

Costituzione di febbraio (Februar-Verfassung).

La patente di febbraio con il suo art. I istituiva il parlamento centrale per tutto l'impero (il *Reichsrat*, modificato, di oggi), con l'art. II riaffermava la volontà sovrana di « ripristinare le costituzioni precedenti » (cioè di *prima del* '48) per i paesi della corona d'Ungheria e per le province austriache di « sviluppare, riformare e porre in armonia i *diritti e le franchigie dei fedeli stati provinciali* con le condizioni e con i bisogni dei tempi presenti e con gli interessi della monarchia complessiva » (*Gesammtmonarchie*) pubblicando per esse nuovi statuti provinciali. Di fatti assieme con la patente uscivano 46 leggi allegatevi, cioè una per la rappresentanza centrale dell' « impero » e 15 statuti provinciali con 15 rispettivi regolamenti elettorali e 15 appendici regolanti il modo, con cui ogni dieta doveva eleggere i deputati da inviare al parlamento di Vienna (1). Nei due ultimi articoli (VI e VII) della

---

(1) Le province austriache erano ora e sono ancor sempre 17, ma gli statuti sono 15, perchè uno di essi contiene le norme costituzionali per tutte e tre le province italiane del cosiddetto Litorale austriaco, che però hanno tre diete proprie: Trieste città e provincia, qui il consiglio municipale funge pure da dieta; la contea principesca di Gorizia e Gradisca (cioè il Friuli orientale; dieta finora sempre a Gorizia); e l'Istria (dieta a Parenzo; finora l'imperatore ha fatto unicamente in Istria, dando ascolto alle proteste della minoranza dietale croata, uso del diritto riservatosi nell'art. 9 degli statuti provinciali di poter convocare le diete anche in un'altra città, che non sia la capitale della provincia). Per il Regno Lombardo-Veneto (la Lombardia veramente faceva già parte del regno d'Italia!) la patente ordinava al ministro di stato di preparare per il « momento opportuno » un'analoga costituzione provinciale. Frattanto i deputati al parlamento di Vienna avrebbero dovuto esser inviati dalle Congregazioni del Regno esistenti. Ma queste si rifiutarono di farlo; il governo nominò allora da sè i deputati; però anche questi rifiu-

patente tutte queste leggi assieme con le precedenti leggi « fondamentali » (1) sono proclamate « complesso di leggi fondamentali formante la Costituzione dell'impero» e l'imperatore aggiunge: «non solo vogliamo Noi stessi seguire e mantenere con l'aiuto dell'Onnipotente *inviolabilmente* le norme qui solennemente promulgate e giurate, ma obblighiamo anche i Nostri successori nel Regno a seguirle e mantenerle inviolabilmente e a giurarle nel Manifesto da pubblicarsi all'atto della loro assunzione al trono. Dichiariamo altresì essere Nostra ferma decisione di difenderle con tutto il Nostro potere imperiale contro ogni attacco e di sorvegliare affinchè ognuno vi si conformi e le mantenga » (2).

Diete (Parlamenti provinciali).

Anche secondo la costituzione di febbraio le diete provinciali formavano, come secondo il diploma d'ottobre, il fondamento del sistema rappresentativo della monarchia; ma mentre il diploma prometteva loro solennemente e irrevocabilmente un ampio campo d'attività nella legislazione riservando alla competenza del « consiglio dell'impero » poche attribuzioni d'interesse generale, i nuovi statuti del 1861 invertivano le parti e nei loro articoli 18° e 19° (tutti i 15 statuti sono analoghi; seguono *un* modello) enumeravano tassativamente

---

tarono di recarsi a Vienna. Vedemmo le nuove leggi elettorali per le diete d'Ungheria e di Transilvania nelle pagine precedenti. In Croazia fu imposta con decreto sovrano dei 21 febbraio 1861 una legge elettorale per quella dieta di Zagabria.

(1) La patente non dice quali leggi intenda. Vi appartengono certamente la Sanzione prammatica e il Diploma d'ottobre in tutto il loro complesso e — stando alla lettera della patente — tutte quelle leggi precedenti al 1861, che sia in Ungheria e paesi annessi, sia nelle province austriache furono validamente fatte quali leggi fondamentali e non siano state abrogate con leggi posteriori.

(2) La patente è firmata dall'imperatore e controfirmata da tutti i membri del consiglio dei ministri meno che dal bar. Vay, che pur restando cancelliere d'Ungheria, prudentemente si astenne dal sottoscrivere prevedendo l'accoglienza, che gli ungheresi avrebbero fatto a questo nuovo tentativo centralista. Invece il ministro senza portafoglio, l'ungherese co. Szécsen firmò attirandosi le ire dei connazionali.

le materie riservate all'amministrazione e alla legislazione delle diete (1), mentre al nuovo parlamento venivano assegnate tutte quelle materie della legislazione

Attribuzioni.

---

(1) Riproduco qui ad esempio gli articoli, che stabiliscono la sfera d'attribuzioni della dieta, dallo statuto per le tre province italiane del Litorale, Trieste, Istria e Friuli orientale:

« § 19. — Quali affari provinciali si dichiarano:

I. — Tutte le disposizioni riguardanti:

1° L'agricoltura;

2° Le pubbliche costruzioni, a carico dei fondi provinciali;

3° Gli istituti di beneficenza dotati da fondi provinciali;

4° I conti preventivi e consuntivi della provincia tanto:

a) delle rendite provinciali provenienti dall'amministrazione della sostanza appartenente alla provincia, dalle sovra imposte per iscopi provinciali, e dall'utilizzazione del credito provinciale, quanto

b) delle ordinarie e straordinarie spese provinciali.

II. — Le disposizioni speciali entro i limiti segnati dalle leggi generali (v. p. seg. *Rahmengesetz*):

1° In oggetti comunali;

2° In oggetti del culto e della pubblica istruzione;

3° Per la somministrazione dei trasporti, viveri e alloggi militari, finalmente

III. — Le disposizioni concernenti altri oggetti relativi alla prosperità od ai bisogni della provincia, che da particolari disposizioni vengono demandate alla rappresentanza provinciale.

§ 20. — La Dieta provinciale è chiamata:

1° a dare il suo voto e a fare proposte:

a) sopra leggi generali e disposizioni pubblicate, in quanto alla speciale influenza che esercitano sulla prosperità della provincia, e

b) sull'emanazione di leggi generali e disposizioni richieste dai bisogni e dalla prosperità della provincia.

2° a fare proposta sopra tutti gli oggetti sui quali viene domandato il suo parere dal Governo.

§ 21. — La Dieta provinciale ha cura della conservazione della sostanza che per la sua origine o per dedicazione forma una proprietà della provincia, nonchè delle fondazioni e degli istituti eretti e coservati con mezzi provinciali.

Deliberazioni della Dieta provinciale importanti una vendita, un permanente aggravio od un pegno della sostanza stabile, devono riportare l'approvazione Sovrana.

§ 22. — La Dieta provinciale amministra la sostanza provinciale ed i crediti e debiti provinciali, e cura l'adempimento delle obbligazioni relative incombenti alla provincia.

Essa amministra ed impiega il fondo provinciale e quello dell'esonero del suolo, con scrupoloso riguardo agli scopi legali ed alle dedicazioni di tali fondi.

§ 23. — La Dieta provinciale discute e delibera definitivamente sul rintracciamento dei mezzi necessarii all'adempimento dei suoi incombenti per iscopi provinciali, per la so-

«che riguardano diritti, doveri e interessi comuni a tutti i regni e paesi» della monarchia e citava soltanto ad esempio, l'articolo enumerativo del diploma.

---

stanza, le fondazioni, ed istituti della provincia, in quanto non sieno sufficienti le rendite dell'esistente sostanza stabile. A tale scopo essa è autorizzata ad imporre ed incassare delle addizionali sulle imposte dirette del Sovrano erario fino al *dieci per cento*. Addizionali più alte sovra un'imposta diretta od altre sovraimposte provinciali, abbisognano della Sovrana approvazione.

Diete e Comuni.

§ 24. — L'attività della Dieta provinciale in affari comunali verrà regolata dalla legge comunale o dai particolari statuti comunali».

I principî fondamentali del diritto comunale sono stabiliti, secondo vedremo, dalla legge generale sui comuni per tutto l'impero dei 5 marzo 1862. Entro la cornice di questi principî (perciò queste leggi sono dette in Austria «di cornice», *Rahmengesetz*) le diete hanno diritto di legislazione particolare, provinciale. Di fatti ogni provincia ha in Austria i propri Regolamenti comunali, con propri regolamenti elettorali, suscettibili spesso dei mutamenti di partito nella maggioranza della dieta. La legge sul parlamento del 1867 ha sottratto alle attribuzioni delle diete gli «oggetti del culto», gli affari confessionali (provocando violente e minacciose proteste nel cattolico Tirolo); ha lasciato alle province soltanto le spese per le fabbriche delle chiese. — Per le scuole è come per i comuni: entro una legge «di cornice» (dei 14 maggio 1869) quasi ogni provincia ha la propria legge scolastica dietale (Trieste non l'ha ancora in parte per l'ostruzionismo slovenofilo del governo). Tutte le spese per l'insegnamento obbligatorio, elementare sono a carico dei comuni e della provincia!

Il 10 % di addizionali provinciali sulle imposte dirette — cresciuti i bisogni — si è intanto decuplicato quasi in tutte le province. Il requisito della sanzione sovrana serve naturalmente ai governi centrali quale mezzo di pressione sulle province e sui partiti dietali e parlamentari. Dall'altro canto il diritto di addizionale provinciale serve quale mezzo di ricatto alle province contro lo stato nel caso di introduzione di nuove imposte dirette. Così fu ritardata dal 1874 fino al 1896 l'introduzione in Austria dell'imposta personale, finchè lo stato cioè non si obbligò di erogare ogni anno dal ricavato di quell'imposta 6 milioni di corone di «dotazione» a beneficio delle province; così pure dall'imposta sugli alcool recentemente si dovette concedere alle province una «dotazione» annua di 12 1/2 milioni di corone. La dieta può inoltre *con leggi*, che però dovranno esser sanzionate dal sovrano (v. n. 3 a p. 77), stabilire qualsiasi specie di imposte indirette e di addizionali provinciali. I comuni hanno in questo riguardo un diritto maggiore delle stesse diete: possono imporre addizionali sui dazi di consumo senza bisogno di sanzioni superiori.

Importantissimo è il diritto di sorveglianza delle giunte provinciali sui comuni per il potere, che ne deriva alle mag-

Tutta l'opera legislativa costituzionale di questi anni non è che un rimaneggiamento delle costituzioni, che vedemmo nel '48 e '49, naturalmente, a seconda del prevalere delle varie tendenze a corte, con maggiori o minori restrizioni dei diritti costituzionali allora largiti. Anche gli statuti provinciali del 1861 segnano in linea democratica un regresso di fronte alle leggi degli anni rivoluzionarî, però confrontati con le costituzioni del '60 dànno prova del sentire alquanto più liberale e più costituzionale di Schmerling e dei suoi collaboratori. È vero però, che all'attività delle diete provinciali era stato sottratto tutto ciò, che al governo e alla corte premeva di riservare nella sfera d'azione del potere centrale, specialmente ogni ingerenza nelle cose che toccavano la forza pubblica, l'esercito, la polizia e persino il potere giudiziario in modo, che le diete erano ridotte a corpi piuttosto esclusivamente amministrativi che legislativi delle province. (1) La legislazione,

---

gioranze dietali sulla conformazione dei consigli comunali e che viene sfruttato a scopi elettorali.

Per il consiglio municipale di Trieste, quando funge da consiglio e non da dieta vige ancor sempre lo statuto dei 12 aprile 1850 con le poche modicafizioni apportatevi da leggi posteriori. Il consiglio funge da dieta soltanto quando è convocato a tale scopo dall'imperatore.

(1) Una volta — vedemmo — tutto ciò era in potere degli stati provinciali; una milizia territoriale c'era in ogni provincia; l'assolutismo di Bach privò le province di tutti questi diritti, che davano loro un potere effettivo, una forza pubblica. Gli statuti del '61 restituivano alle province nelle cose militari un'ingerenza soltanto nel disporre « entro i limiti segnati dalle leggi generali dell'impero della somministrazione dei mezzi di trasporti, viveri e alloggi militari ». Soli il Tirolo e il Vorarlberg, per le loro condizioni patriarcali speciali, nelle quali i corpi di milizia territoriale per ogni vallata sono una tradizione popolare, oltre all'onere del servizio militare obbligatorio secondo le leggi generali dell'impero hanno conservato queste istituzioni militari paesane e nello statuto provinciale anche il diritto per le loro diete di « cooperare (con il sovrano) all'ordinamento della milizia territoriale e dei casini di bersaglio ».

Anche Trieste, secondo il suo statuto del 1850, aveva un battaglione di milizia territoriale, che con la legge dei 5 dic. 1868 fu abolito e la città sottoposta al servizio militare obbligatorio generale.

Tutti questi diritti delle province e delle città (cioè degli

in quanto restava conservata alle diete, era più formale, amministrativa anch'essa (bilanci, fondi provinciali ecc.) che creativa. In ciò consisteva appunto il trionfo dell'idea centralista. Appena nel 1867 e poi più tardi, quando si accentuano le tendenze e le lotte per l'autonomia nazionale nel conflitto imminente, ora aperto ora latente fra centralismo tedesco e federalismo nazionale, si allarga di nuovo la sfera di attribuzioni delle rappresentanze provinciali, che specialmente in alcune province (Galizia) divengono veri parlamenti (1).

---

stati provinciali antichi), che erano dunque diritti di autonomia provinciale e municipale, Bach nelle sue leggi costituzionali e comunali (rimaste poi fino al 1860 lettera morta) li comprese nel termine di « attribuzioni delegate », cioè affidate dallo stato all'amministrazione provinciale o municipale. Era questa una via per non metter a rumore subito dopo la rivoluzione del '48 gli stati provinciali privandoli dei loro diritti di polizia, militari, fiscali ecc.; ma nello stesso tempo si creava un fondamento giuridico per il momento, in cui lo stato avrebbe creduto opportuno di avocare a sè quegli affari del resto tanto importanti per l'autonomia di una città. Questo fu fatto dal governo di Vienna a danno della città di Trieste nel 1906. *Formalmente dai tempi di Bach appena* il governo aveva diritto di farlo; nullameno storicamente e realmente il governo commetteva un attentato ingiusto contro l'autonomia di Trieste, garantita dalla Sanzione prammatica come quella di tutte le altre province d'Austria; nè le leggi di Bach, imposte assolutisticamente alla città, potevano attenuare l'ingiustizia. Quelli erano diritti, dei quali ora lo stato per la prima volta, dacchè Trieste appartiene all'Austria, privava effettivamente e formalmente la città. Quei diritti non erano stati mai « delegati »! L'affermare il contrario era o ignoranza o tartuferia.

(1) La legge del 21 dic. 1867 sul parlamento (*Dezember-Verfassung*) inverte di nuovo i termini delle sfere di attribuzioni ed enumera tassativamente (§ 11) le attribuzioni (molto ampie) del parlamento e tutte le altre materie non enumerate (§ 12) sono riservate alla legislazione delle diete. Più tardi in parecchie leggi speciali il parlamento fisserà soltanto i principî fondamentali della materia trattata e affiderà alle diete di fissarne i particolari per ogni provincia (sono le cosiddette leggi in bianco, di cornice, *Blanko* e *Rahmengesetze*, così per es le leggi comunali, scolastiche; specialmente ne approfitta la Galizia, ove i polacchi sono riusciti subito da principio dell'era costituzionale ad assicurarsi una larga autonomia). In occasione della riforma elettorale (suffragio universale) per il parlamento il deputato polacco Starzynski è riuscito a far passare nella legge dei 26 genn. 1907 un'altra importante disposizione a favore dell'autonomia provinciale con l'art. III (*Lex Starzynski*), che concede alle diete il diritto di legiferare anche in materia di diritto penale e civile, quando questo sta

Struttura organica delle diete.

Nella loro struttura organica le diete provinciali create con gli statuti del '61 mostrano in molti riguardi di esser — come del resto la patente stessa lo proclamava — una continuazione riformata degli antichi stati provinciali. In ciò appare appunto il regresso in linea democratica di fronte alle costituzioni degli anni 1849-50, che fra gli elettori non distinguevano che quelli dei collegi urbani (paganti almeno 10 fiorini d'imposta diretta annua) e quelli dei collegi rurali (paganti almeno 5 fiorini) e ammettevano ancora soltanto una classe di « maggiori censiti » cioè quelli che pagando almeno 500 fiorini d'imposta diretta annua erano eleggibili nel senato (a. 1849). Altre distinzioni di classe fra proprietari di fondi, nobiltà, clero, industriali non c'erano. I nuovi statuti invece ristabilivano queste distinzioni; tutte le diete provinciali hanno i cosiddetti « voti virili » di alcune persone, che sono deputati per legge in grazia alla carica, che coprono (tutti i vescovi e i rettori d'Università) (1); ad eccezione della dieta più piccola, quella del Vorarlberg (2), tutte le altre diete da

in relazione con oggetti di attribuzione della dieta, e persino di prender disposizioni riguardanti l'ordinamento delle autorità amministrative *statali*, quando queste disposizioni sono rese necessarie dall'ordinamento delle autorità autonome e non collidono con le leggi dell'impero.

In Austria ci sono dunque ora *leggi dell'impero* (valide per tutta l'Austria; non per l'Ungheria) e *leggi provinciali* (valide per quella singola provincia, la cui dieta le ha votate). La loro efficacia giuridica è perfettamente uguale. Più si estende l'opera di legislazione provinciale e più l'Austria assume l'aspetto di una Confederazione di stati e non di una monarchia soltanto dualistica. Appunto perciò i magiari e i tedeschi dualisti sono antifederalisti!

(1) Questo è un resto dell'antico stato provinciale dei prelati, che vedremo godere ancora altri privilegi elettorali. Mentre nelle altre provincie tutti i vescovi hanno il « voto virile », in Dalmazia l'hanno soltanto i due metropoliti, il cattolico e l'ortodosso di Zara. — I rettori ai nostri tempi non sono più nè ecclesiastici nè clericali meno che forse nell'anno in cui tocca il rettorato per turno ad uno dei professori della facoltà teologica, che fa parte delle università austriache. In Galizia con legge del 1900 fu concesso il « voto virile » anche al presidente dell'Accademia delle scienze di Cracovia, e al rettore del Politecnico di Leopoli.

(2) La quale — essendo il paese quasi esclusivamente agricolo e senza latifondi — dei suoi 20 deputati ne aveva

Curia dei latifondisti. Nobiltà. Clero.

quella di Gorizia, che allora aveva 22 deputati a quella di Boemia, che ne aveva il maggior numero, 241, tutte avevano da un terzo ad un quarto (mai meno di 1/4) dei deputati appartenente al gran possesso fondiario nobile, ecclesiastico od anche comune (1); la sola Dalmazia invece di questa «curia» del gran possesso aveva ed ha quella dei « maggiori censiti », che eleggono 10 dei 41 deputati eletti (2 son voti virili) di questa provincia. In questa curia elettorale, in cui di solito ogni provincia forma un solo collegio elettorale, il censo d'imposta diretta fondiaria (in Dalmazia basta qualunque imposta diretta) varia secondo le province tra le 100 e le 500 corone. Ad accentuare ancor più il carattere medioevale di questa curia, rappresentante i resti dell'antico stato provinciale dei nobili, in quelle province ove c'erano le tavole provinciali (2) il gran possesso per avere diritto di voto in questa curia doveva essere iscritto nelle tavole (*landtäflich*); in più in Boemia, Moravia e Slesia entro a questa curia si faceva un'altra distinzione, si formavano due corpi elettorali: uno privilegiato per l'esiguo numero di latifondisti fidecommissarî e uno più

---

4 eletti dai collegi di città, 1 dalla camera di commercio e d'industria, 14 dai collegi dei comuni rurali. Il ventesimo (a rappresentare il clero) era quale *voto virile* il vicario generale per il Vorarlberg del vescovo di Bressanone. Con le riforme elettorali del 1902 e 1909 furono aggiunti un mandato alla « curia » delle città e 5 mandati della nuova « curia generale mista ». Anche in altre province — vedremo — fu aggiunta una modesta curia generale a suffragio universale; qui nel Vorarlberg non è suffragio universale puro, perciò la curia è detta « mista ».

Trieste eleggeva secondo il suo statuto del 1850, ora riformato con la legge elettorale del 1908.

(1) Qualcuno la dice curia della grande proprietà fondiaria, sebbene la traduzione del termine autentico tedesco *Grossgrundbesitz* sia gran *possesso* e il voto sia legato più al possesso che alla proprietà dei latifondi.

(2) Da non confondersi con i libri fondiari moderni, con il catasto. Nelle tavole s'iscriveva soltanto la proprietà dominicale, la proprietà dei signori patrimoniali, giurisdicenti (v. I vol., pag. 72). Dunque in tutte le province meno che in Tirolo, nel Salisburghese, nel Trentino, nella Venezia Giulia e in Dalmazia, che non conoscevano quest'istituzione slavo-germanica.

largo per gi altri latifondisti (1). Nella dieta tirolese oltre ai tre vescovi principi con « voto virile » vi sono 4 deputati del gran possesso fondiario ecclesiastico e 10 del gran possesso fondiario *nobiliare* (2). Anche lo statuto della Bucovina ha 2 dei 10 deputati del gran possesso fondiario riservati alla ricchissima chiesa ortodossa di quella provincia.

Curie urbane e rurali.

Oltre alla « curia » del gran possesso fondiario vi erano e vi sono negli statuti provinciali altre tre « curie » o classi elettorali, ricordanti gli antichi stati provinciali: quella delle città, quella delle camere di commercio e d'industria e quella dei comuni rurali (*foresi* secondo il termine dialettale usato nelle province italiane dell'Austria). In queste curie ogni provincia è divisa — secondo la sua stensione e secondo l'intensità della popolazione — in un maggior o minor numero di collegi elettorali. Non vi è diritto di voto senza censo, che varia anche in queste curie a seconda delle condizioni economiche della provincia: di solito nelle città il minimo è di 20 corone (a Vienna 40 corone) d'imposte

(1) Così per esempio in Boemia il corpo fidecommissario elegge 16 deputati, il rimanente gran possesso fondiario ne elegge 54; e ciò vuol dire che ciascuno dei 44 elettori fidecommissari (nel 1872 non ce ne erano di più in Boemia; per creare un fidecommesso ora ci vuole una legge dell'impero) ha diritto di votare tutt'una lista di 16 candidati e ciascuno dei 509 elettori dell'altro corpo latifondista tutt'una lista unica di 54 candidati! Quindi nella sezione fidecommissaria veniva e viene un deputato su meno di 3 elettori e nel 1872 per es., avendo votato soli 19 dei 44 elettori iscritti, veniva un deputato su quasi ogni elettore fidecommissario votante. I 70 deputati latifondisti e i 4 vescovi (voti virili) formano più di un quarto, quasi 1/3 di tutta la dieta. — I fidecommissari appartengono tutti all'alta aristocrazia feudale. — Tutto ciò vige ancor oggi.

(2) Veramente qui il diritto di voto è legato più alle cariche ecclesiastiche che al possesso fondiario. Così l'arciprete di Rovereto e il preposito di Arco, questi due prelati, hanno diritto di eleggere un deputato, cioè di accordarsi tra di loro, chi dei 2 sarà il loro deputato. — Nel corpo nobiliare il Tirolo assieme con il Trentino formava un solo collegio elettorale e quindi i nobili tedeschi fiscavano gli italiani della loro parte di rappresentanti. La riforma elettorale per la dieta Tirolese di quest'anno ha rimediato a ciò, dividendo la curia in 2 corpi nazionali; il gran possesso fondiario nobile italiano elegge ora 4 deputati.

dirette; in ogni caso però sono elettori almeno quelle persone, che in ogni comune pagano i maggiori contributi d'imposte dirette fino all'ammontare complessivo dei due terzi delle imposte dirette pagate da quel comune, sicchè può darsi, che in province poverissime il censo vada anche sotto il minimo. (1) In questo punto l'ordinamento elettorale dietale è collegato con quello comunale, che aggiunge agli elettori censiti anche quelli con speciali qualifiche personali (funzionari dello stato, della provincia, della chiesa, persone con grado accademico).

Rappresentanza degli interessi.

Questo sistema elettorale ebbe il nome in Austria di sistema della « rappresentanza degli interessi, delle curie e delle classi ». (2) E non soltanto nell'ordinamento elettorale, ma anche nella dieta stessa gli statuti distinguono i deputati secondo le curie, che rappresentano. Altro resto anche questo degli antichi stati provinciali! Così gli *assessori*, i membri della Giunta provinciale, (*Landesausschuss*), che è l'esecutivo delle diete provinciali ed è composta in media di 6 deputati, sono eletti per la maggior parte dai rappresentanti di ogni singola curia e soltanto un paio di loro sono eletti dalla dieta intera; sicchè anche nella Giunta vi sono degli assessori, che rappresentano gli interessi della loro curia e non della dieta intera. Così pure le elezioni, che secondo le appendici agli statuti del 1861 si facevano in dieta dei deputati da inviarsi al parlamento centrale (*Reichsrat*), eran fatte pure dalle singole curie

---

(1) Il diritto di voto era limitato così a pochi privilegiati. La città di Vienna per es., che allora contava circa 600.000 ab., aveva soli 15.000 elettori, mentre a suffragio universale ne avrebbe avuti almeno 100.000; la città di Graz, allora con 75.000 ab., aveva soli 2000 elettori. Si aggiunga, che mentre 26.000 di questi elettori urbani nella Bassa Austria eleggevano 20 deputati dietali, soli 201 latifondisti della stessa provincia ne eleggevano 15.

(2) *Interessen-Klassen-Kurien-Vertretung* e quando alcuni anni più tardi fu esteso al parlamento, a questo fu dato il nome spregiativo di *Kurien*, *Klassen-Parlament* in confronto al parlamento con suffragio universale dal 1907 in poi, cui danno il nome — certamente non meritato con i fatti — di *Volks-Parlament*, parlamento del popolo.

dei deputati dietali. (1) Era dunque tutta una concatenazione di rappresentanze degli interessi di classe con privilegi speciali per gli antichi stati provinciali. (2)

Diritto di consenso.

Ridotta la sfera delle attribuzioni delle diete a funzioni quasi esclusivamente amministrative patrimoniali e assicurata anche in queste al governo una forte ingerenza mediante i « voti virili » e la formazione delle « curie », Schmerling potè accogliere negli statuti provinciali il principio costituzionale del diritto di consenso: non c'è legge provinciale senza il consenso della dieta e senza la sanzione sovrana. (3) Inoltre l'esecutivo, cioè la Giunta provinciale è responsabile alla dieta del proprio operato. Questo è il vero parlamentarismo moderno. Ma Schmerling l'ha circondato di cautele assolutistiche: anzitutto il presidente della dieta e quindi per legge anche della Giunta, è scelto tra i deputati dall'imperatore; naturalmente la scelta cade quasi sempre su qualcuno del grande possesso fondiario piuttosto fidecommissario o nobiliare, in quelle province, ove ci sono queste sezioni curiali; poi accanto all'esecutivo dell'amministrazione autonoma (giunta) c'è l'altro esecutivo dell'amministrazione statale, il logotenente o « capo della provincia », secondo il termine ufficiale, che però si addirebbe maggiormente al presidente della dieta. (4) La responsabilità del-

Poteri esecutivi. Giunta provinciale. Presidente.

(1) I rappresentanti delle camere di commercio eleggevano insieme con quelli della città.

(2) Altri resti delle vecchie istituzioni provinciali si riscontrano ancora negli statuti del 1861; il più importante è la confusione del potere legislativo e di quello esecutivo nelle attribuzioni della rappresentanza provinciale e l'esplicita istituzione (§§ 27-32) della Giunta provinciale a erede delle funzioni degli antichi collegi rappresentativi degli stati provinciali; anche il patrimonio « domesticale » e l'amministrazione di fondi degli stati provinciali restano conservati, dove esistevano.

(3) E' consuetudine di governo in Austria, alla quale le maggioranze dietali e parlamentari si devono adattare, se vogliono che i loro progetti di leggi siano una volta — naturalmente nella forma accettata dal Governo e dalla corte — sanzionati, che siano presentati prima al governo, affinchè « li studii » e li presenti al sovrano ad una « presanzione » (*Vorsanktion*).

(4) Sulla derivazione storica dei vari termini usati nelle varie province d'Austria di presidente, capitano, maresciallo

l'esecutivo autonomo non fu però regolata in alcun modo; una responsabilità dell'esecutivo statale verso la dieta costituzionalmente non esiste, la sua responsabilità è soltanto politica verso il governo. (1) Non avendo le leggi finora circoscritto con precisione le attribuzioni della dieta e dei due esecutivi, statale e autonomo, i conflitti sono frequenti fra questi due poteri, specialmente fra i rappresentanti dell'autonomia provinciale e le logotenenze nelle province con popolazioni nazionalmente miste, quando le autorità statali per partito preso favoriscono una nazione contro l'altra o un partito contro l'altro. — Alla dieta lo statuto vieta categoricamente di entrare in rapporti con un'altra rappresentanza provinciale; inoltre lo statuto non può esser modificato dalla dieta che con un voto di « maggioranza qualificata », formata cioè di almeno due terzi dei deputati presenti alla votazione ed è necessaria in questi casi la presenza di almeno tre quarti di tutti i deputati: così la sola assenza dei deputati del gran possesso fondiario (superanti 1/4 dei deputati) bastava ad impedire ogni riforma costituzionale nelle diete. (2) Appena con la legge dei 3 ottobre 1861, votata dal parlamento, Schmerling si decise a garantire l'immunità parlamentare anche ai deputati dietali.

Maggioranza qualificata. Immunità.

Abbiamo dovuto soffermarci qui a lungo su questi statuti provinciali di Schmerling, perchè con le riforme, che abbiamo vedute e che vedremo ancora, sono ancor sempre essi, che formano le costituzioni vigenti

provinciale per i presidenti delle diete e giunte provinciali v. il I vol.. Il presidente, come pure i vicepresidenti e gli assessori delle giunte provinciali godono di un emolumento annuo abbastanza rilevante, che viene loro dai fondi provinciali. Il logotenente invece, come tutti i funzionari statali, ha il suo stipendio dall'erario statale.

(1) Cioè dovrebbe essere; di solito invece i logotenenti sono persone di fiducia della corte e spesso più sicuri dei ministri nei loro posti. — Parecchi tentativi in Croazia, in Boemia e in Galizia di codificare la responsabilità del capo statale della provincia non approdarono a nulla.

(2) Il requisito della « maggioranza qualificata » fu poi esteso da varie diete anche ad altre disposizioni e leggi, specialmente a tutela di diritti nazionali contro nuove nazioni sorgenti e invadenti nella stessa provincia.

delle province austriache e il fondamento anche delle più recenti riforme elettorali. Negli ultimi anni le lotte nazionali e sociali, l'ascesa civile e politica di nazioni e di classi sociali fino allora prive di diritti e ignorate, hanno finito con vincere le varie e molte resistenze e con far trionfare il loro postulato di essere rappresentate anche esse adeguatamente nelle diete provinciali. Questo intorno al predominio nelle diete e quindi nelle amministrazioni provinciali è il campo delle competizioni più fiere tra nazione e nazione, tra partito e partito; ancora l'amministrazione delle province comprende in sè tali e tanti mezzi di potenzialità politica ed economica da poter esser la mèta più agognata di conquiste politiche e nazionali. Da qui le riforme elettorali votate nell'ultimo decennio da quasi tutte le diete provinciali, che aggiunsero quasi dappertutto una quinta « Curia generale », eletta a base di suffragio universale, e nelle province nazionalmente miste o divisero le varie curie in sezioni nazionali con separazione personale degli elettori in catasti nazionali o cercarono di delimitare territorialmente i collegi delle nazioni in lotta. In tutte queste riforme restò però sempre fermo il principio della « rappresentanza degli interessi », proclamato in ripetute dichiarazioni del governo austriaco al parlamento e dei suoi rappresentanti (logotenenti) nelle diete, quale assioma d'immutabile validità per tutti i corpi amministrativi, comuni e diete. (1)

Riforme.

Il « consiglio dell'impero » (*Reichsrat*), cioè il parlamento centrale di Vienna istituito con la patente di febbraio è la creazione, che meglio c'indicherà fino a qual punto arrivavano il costituzionalismo e il liberalismo, allora ed anche più tardi tanto decantati, di Schmerling e dei suoi collaboratori burocratici. Certamente si deve tener conto, che contro la volontà dell'im-

Il Parlamento centrale.

(1) Siccome queste riforme hanno la loro attinenza principale con le lotte nazionali e sociali degli ultimi anni ne parleremo più a lungo trattando quelle materie.

peratore o della sorte nemmeno Schmerling avrebbe potuto molto. Però la sua « legge sulla rappresentanza dell'impero » significa un regresso in linea costituzionale-parlamentare persino in confronto ai diritti concessi dalle prime leggi del 1860 al « consiglio dell'impero rinforzato ».

Senato.

Il parlamento, che doveva esser comune per tutto l'« impero » austro-ungarico, era fondato sul sistema delle due camere, sistema già accolto nelle costituzioni del 1848-49, che però allora al « senato » *eletto* davano struttura quasi più democratica di quella data da Schmerling alla camera dei deputati. Il nome del senato, *Herrenhaus*, camera dei signori, doveva subito significarne l'essenza. Nella sua conformazione — meno il *numerus clausus* dei senatori introdotto in compenso del suffragio universale concesso per i deputati nel 1907 (1) — il senato è rimasto anche poi nella legge sul parlamento del 1867 e fino ad oggi identico; lo compongono: tutti i principi maggiorenni (18 anni) della casa imperiale; per diritto *ereditario* i capi di quelle « famiglie nobili cospicue per possessioni latifondiarie », alle quali l'imperatore concederà tale diritto (2), tutti gli arcive-

(1) La legge del 26 genn. 1907 stabilisce nell'art. 1 che il senato non deve esser composto mai di meno di 150 e di più di 170 senatori. Quindi le infornate di senatori possono al massimo portarne 20 nuovi nella camera. L'effetto voluto dai senatori, che hanno messo questo *numerus clausus* a condizione del loro consenso all'introduzione del suffragio universale è evidente. Difficilmente un'infornata potrà mai più influire sul voto del senato, specialmente se si tien conto, che fra arciduchi, latifondisti nobili e vescovi almeno 100 senatori appartengono a queste tre categorie. Si capisce così, che il senato austriaco sia il più formidabile baluardo dell'agrarismo e della reazione aristocratico-clericale-militare dell'impero. I senatori nominati a vita dall'imperatore sono in gran parte generali ed ex-burocratici.

La parte più liberale è rappresentata dai professori di università e dagli industriali. Anche al senato vi è una divisione nazionale: a destra gli slavi, a sinistra i tedeschi, nel centro i sospesi.

Un senatore, *finchè* è deputato alla camera, non fa parte della camera del senato.

(2) Finora sono 78 queste famiglie. Naturalmente devono essere austriache; prima del '67 potevano essere anche ungheresi.

scovi e quei vescovi, che hanno rango principesco, (1) e infine, nominati a vita dal sovrano, alcuni uomini illustri, resisi benemeriti dello stato, della chiesa o delle scienze e delle belle arti. Meno che in quest'ultima esigua categoria di senatori, che dopo la legge del 1907 non può superare il numero di 70, nelle tre prime si ha di nuovo la continuazione dei privilegi degli antichi stati provinciali e cioè dei due stati più retrogradi, aristocrazia feudale e alto clero.

Camera dei deputati; "allargata e ristretta."

I deputati al parlamento erano eletti — lo dicemmo — dalle varie diete provinciali (2); dovevano essere in 343 se la camera (*Abgeordnetenhaus*) doveva trattare affari comuni a tutto l'«impero» (Ausria e Ungheria) e in tal caso il parlamento aveva il nome di *weiterer Reichsrat* (consiglio allargato dell'impero); dovevano essere invece 223, se si dovevano discutere affari concernenti l'Austria e il Veneto, e allora il parlamento si diceva *engerer* (ristretto) *Reichsrat* (3). — Abbiamo veduto la sfera delle attribuzioni del parlamento: tutto quello, che non era riservato tassativamente alle diete, spettava al parlamento. E qui vediamo tutta la tendenza centralista di Schemerling potenziata con l'assolutismo burocratico tedesco larvato di forme costituzionali. È che il preteso liberalismo dei ministri usciti dalla burocrazia austriaca, come del resto più o meno da quella di

(1) In tutto sono finora 18 questi ecclesiastici. Principi vescovi sono quelli di Gorizia, di Trento, di Lubiana, di Salisburgo, di Praga, di Cracovia.

(2) Il «regno lombardo-veneto» doveva mandarne 20, Trieste 2, l'Istria 2, il Friuli 2, la Dalmazia 5, l'Ungheria 85, la Transilvania 26, la Croazia 9, la Boemia 54, la Galizia 38, la Bucovina 5, il Tirolo e il Vorarlberg 12 e così via. (V. n. a p. 67.)

(3) Nè in una forma nè nell'altra la camera dei deputati non fu mai al completo. Nè il Veneto, nè l'Ungheria, nè la Croazia mai vollero elegegre propri deputati. Dalla Transilvania soltanto comparvero ai 26 ott. 1863 dieci deputati sassoni (dei 26 eletti da quella dieta) e Schmerling ebbe la sodisfazione di dare così per qualche mese il nome di «allargato» al suo parlamento. — L'imperatore si era riservato il diritto di far eleggere, occorrendo, i deputati anche direttamente dai territori, dalle città ecc.; ma non ne fece uso, sebbene le astensioni fossero moltissime anche da parte di czechi e di polacchi.

tutti i paesi, cessa quando si tratta di conservare i privilegi della dinastia, che si appoggia sulla burocrazia, la quale a sua volta trae vantaggi e favori dalla dinastia.

Assolutismo larvato.

Perchè di queste larghissime e infinite attribuzioni non una era riservata esplicitamente al consenso necessario del parlamento. Quel consenso, di cui le diete godevano il diritto, non era menzionato nella legge sul parlamento; valeva quindi per esso soltanto il diritto di «cooperazione», frase classica della patente di febbraio. C'era però di peggio; l'ultimo capoverso del § 10 della legge stabiliva, che il governo poteva riscuotere tutti i tributi secondo le leggi esistenti, finchè queste non venissero mutate in via costituzionale; il che semplicemente voleva dire, che il parlamento non aveva il diritto di votare annualmente le imposte. Di più per precauzione c'era il famoso § 13, — precursore del § 14, celebre ormai nella storia parlamentare austriaca — secondo cui in caso di urgente bisogno, *quando il parlamento non è riunito* (e soltanto l'imperatore ha diritto di convocarlo!) il ministero può prendere delle disposizioni anche in materie riservate alla legislazione parlamentare. Letto così, senza commenti, sembra questo a prima vista un articolo ragionevole tanto più che vi è aggiunto un inciso, che fa obbligo al ministero di esporre in parlamento, appena riconvocato, i motivi e i risultati della disposizione presa. In un paese retto con vero sistema parlamentare, con ministri veramente responsabili, l'articolo potrebbe anche riuscir benefico. In Austria invece, specialmente con i ministeri burocratici, esso significa la perpetuazione dell'assolutismo e Schmerling stesso s'incaricò subito a dimostrarlo chiudendo il parlamento, ogni qual volta si mostrava ritroso a votare ciò, che il governo reputava indispensabile, e decretandolo poi con il richiamo al § 13. Persino il bilancio dell'anno 1863 stava per esser promulgato da

Il § 13 (ora § 14).

Schmerling in forza del § 13. Il « padre della costituzione » uccideva il parlamento! (1).

---

(1) Ecco il famoso § 14 (ex-§ 13) nella sua forma presente, approvata dallo stesso parlamento:

« Legge del 21 Dicembre 1867, colla quale è modificata la Legge *fondamentale* del 26 febbraio 1861 sulla Rappresentanza dell'Impero:

§ 14. Se nel tempo in cui il Consiglio dell'Impero non è riunito, si presenta l'urgente necessità di siffatte disposizioni, per le quali giusta la Costituzione occorre l'approvazione del Consiglio dell'Impero, esse possono essere rilasciate mediante Ordinanze imperiali sotto la responsabilità del complessivo Ministero, in quanto non importino una modificazione alla Legge fondamentale dello Stato, od un onere durevole al Tesoro dello Stato, od un alienamento di sostanza dello Stato.

Cotali Ordinanze hanno provvisoriamente forza di legge se sono sottoscritte da tutti i Ministri e pubblicate con espresso richiamo alla presente disposizione della Legge fondamentale dello Stato.

La forza di legge di queste Ordinanze cessa, se il Governo ha tralasciato di presentarle per l'approvazione al Consiglio dell'Impero nella prossima sessione, in cui questo si riunisce dopo la loro pubblicazione, e ciò dapprima alla Camera dei Deputati entro quattro settimane dacchè questa si è riunita, e così pure cessa se le Ordinanze non conseguono l'approvazione di una delle due Camere del Consiglio dell'Impero.

Il complessivo Ministero è responsabile, che tali Ordinanze sieno poste immediatamente fuori di attività tostochè abbiano perduta la loro provvisoria forza di legge ».

Nella camera dei deputati si protestò subito e ripetutamente contro gli abusi del § 13 (poi 14). Il deputato Berger domandò, che almeno il parlamento avesse poi un diritto di approvazione posticipata, e ottenne l'approvazione della camera per questa sua proposta. Ma Schmerling si oppose ad ogni modifica e il senato respinse la proposta Berger. Il parlamento riunito in una specie di baracca di legno, poco dopo demolita, doveva restare, secondo il nome datogli subito da alcuni begli spiriti, lo *Schmerling-Theater* e nulla più!

Il prof. Bernatzik (op. cit.) deplora, di fronte all'imperversare delle ostruzioni anche nelle diete, che un simile articolo non vi sia negli statuti provinciali e afferma che vi è a Trieste. Di fatti lo Statuto imposto a Trieste nel 1850 contiene questo articolo:

« Attribuzioni della Delegazione municipale.

Attribuzioni più estese quanto è sciolto il Consiglio:

§ 121. Per il tempo in cui la Delegazione municipale rimane in funzione dopo lo scioglimento del Consiglio (§ 66) è essa autorizzata, in oggetti d'amministrazione comunale, e se il caso non ammetta dilazione, ad adottare anche misure che dalla presente costituzione sono riservate al Consiglio.

Tuttavia le incomberà prima di mandarle ad effetto di invocare l'approvazione del Luogotenente.

In quegli oggetti all'incontro che appartengono alle attri-

tre cautele.

I presidenti e i vice-presidenti di ambedue le camere erano di nomina imperiale. I deputati non dovevano accettare istruzioni dagli elettori. Le sedute erano finalmente dichiarate pubbliche. Anche per le modifiche di questa legge fondamentale era necessaria una maggioranza qualificata, cioè almeno due terzi dei votanti, in ambedue le camere; inoltre s'intende, ci voleva la sanzione sovrana. Il regolamento interno fu imposto al parlamento dal governo stesso, ma poi dalle due camere modificato con la legge dei 31 giugno 1861.

eccanismo elettorale.

Infine il governo poteva trarre dal meccanismo elettorale ideato da Schmerling nuovi aiuti per il potere centrale e almeno per l'egemonia tedesca nella parte austriaca della monarchia. Il diritto del voto non si esercitava segretamente e il voto orale — è noto — dà il modo di far pressioni sugli elettori; nei comuni rurali il voto era indiretto, gli elettori cioè dovevano eleggere dei fiduciari, che alla loro volta eleggevano il deputato per la dieta. (1) Nelle diete la curia del gran

buzioni del Consiglio nella sua qualità di dieta provinciale, spetta all'Imperatore, nel caso sopra esposto, il diritto di dare le opportune disposizioni con forma di legge provvisoria, e sotto la responsabilità del Ministero, sempre però coll'obbligo di comunicarne i motivi e i risultamenti al prossimo Consiglio ».

Questo diritto, che gli statisti tedeschi chiamano « di decreti, ordinanze d'urgenza » (*Notverordnungsrecht*) non può vigere però più — dopo le leggi fondamentali del 1861 — per il consiglio di Trieste, quando è in funzione di dieta, nè per le sue attribuzioni dietali, per le quali vale soltanto lo statuto del 1861 per il Litorale.

Il § 31 dello statuto del 1850, che dava poteri legislativi, dietali al consiglio di Trieste, mai entrò in vigore. E' vero, che la legge dietale del '61 per Trieste si richiama allo Statuto del 50 soltanto per la formazione della rappresentanza provinciale identificandola in tutti i suoi organi: dieta, giunta provinciale, presidente con il consiglio municipale, giunta comunale e podestà! Per l'attività della dieta, diritti e doveri, vale soltanto la legge del 61, che — come per tutte le altre province dell'Austria — non ha il *Notverordnungsrecht*. Di fatti mai alcuno finora pensò a farlo valere!

(1) Erano questi gli « elettori eletti » (*Wahlmanner*), che fino a pochi anni fa esistevano ancora in gran parte delle province austriache. In Galizia, ove questa istituzione era utile specialmente ai proprietari polacchi nei distretti orientali abitati dai piccoli russi, gli « elettori eletti » furono abrogati appena con la nuova legge elettorale del 1914.

possesso, che bastava da sola assentandosi ad impedire qualunque mutamento degli statuti provinciali, era, meno che in Galizia e nelle province italiane, quasi tutta tedesca e ligia al governo; accordandosi con la curia dei contadini — la più numerosa in ogni dieta e certo legata a quella dei latifondisti da non pochi interessi comuni — il governo poteva esser sicuro di una maggioranza in quasi tutte le rappresentanze provinciali e quindi anche nella camera dei deputati. Era una doppia possibilità elettorale di favorire il governo e i tedeschi, che di fatti al parlamento avevano la maggioranza. Ma l'arma era pericolosa; mutandosi i tempi a corte e nel governo, poteva divenire una minaccia per i tedeschi. E fu così dopo la guerra del '66 per qualche anno!

Statuti imperfetti.

Questo complesso di « leggi fondamentali », che la patente di febbraio proclamava « costituzione dell'impero », non era uno statuto organico, completo, come quelli moderni degli stati occidentali; era piuttosto un complesso di statuti parziali, regolanti cioè soltanto i rapporti di rappresentanza e di legislazione fra il potere centrale (l'« impero ») e i poteri autonomi particolari (le province). Anche in ciò appariva dunque il carattere originario federativo dello stato austriaco; ogni statuto era ed è una parte della costituzione e soltanto quella rappresentanza, per la quale vige, può modificarlo; le diete sono con ciò protette contro ogni attentato del parlamento a danno della loro autonomia. Questi statuti però, oltre ad esser — secondo vedemmo — retrogradi in parecchie disposizioni loro, non erano perfetti nemmeno nelle materie, che dovevano regolare. Per esempio: la funzione del controllo del debito pubblico, una delle prerogative parlamentari più importanti, potè esser ordinata appena due anni dopo con la legge dei 13 dic. 1862; la prerogativa parlamentare certamente più importante, il diritto di votare le imposte e le coscrizioni militari, fu resa illusoria; non ci fu modo d'indurre Schmerling a lasciar votare dal parla-

Responsabilità ministeriale. Immunità e indennità dei deputati.

mento una legge sulla responsabilità dei ministri, anche questo uno dei requisiti principali di una costituzione moderna; tutti gli sforzi di Giskra, capo dei deputati tedeschi, e di Rieger, capo degli czechi, non riuscirono, che a far pervenire alla camera un messaggio imperiale(1 maggio 1862) riconoscente platonicamente il principio della responsabilità ministeriale e nulla di più. Anche la legge sull'immunità dei deputati parlamentari e dietali (3 ott. 1861) fu ostacolata da Schmerling e dal senato, che nella libertà di parola dei deputati scorgeva un grave pericolo. (1) La legge del 7 giugno 1861 concedeva ai deputati parlamentari un'indennità giornaliera di 20 corone (*Taggeld diaria*) e le spese di viaggio (2).

---

(1) Nella discussione di questa legge da alcuni oratori non si volle riconoscere al parlamento il diritto di occuparsi anche dell'immunità dei deputati *dietali*. V. il Protocollo stenografico della camera dei deputati dei 29 mag. 1861, p. 143 e seg. — L'immunità dei deputati *dietali* è fondata esclusivamente su questa legge.

(2) Questo assegno *giornaliero* di 20 corone vale soltanto, finchè la camera lavora, e — come pure il rimborso delle spese di viaggio, che è calcolato ad un tanto per chm. di distanza da Vienna alla sede del deputato, — è divenuto un indecente mezzo di corruzione in mano del governo austriaco specialmente, dacchè abbassatosi con il suffragio universale il livello di agiatezza dei deputati, molti di loro hanno nelle diarie di 20 cor. la loro unica fonte di guadagno per la vita. Il governo si è mostrato finora contrario a qualunque iniziativa tendente ad un conglobamento fisso mensile od annuo delle diarie, perchè pagando a giorno tiene sempre sospesa sui deputati la minaccia della chiusura di sessione o dell'aggiornamento della camera, due misure che importano la sospensione dei pagamenti. Se invece i deputati rendono contento il governo, questo li manda in vacanze magari per mesi e mesi (come spesso avvenne) senza aggiornare la camera, ma semplicemente facendo annunciare dal presidente « che l'ordine del giorno della prossima seduta sarà comunicato per iscritto »; e se vuole premiarli ancor maggiormente provvede con un altro giuoco di parole e di date, che siano loro rimborsate le spese di viaggio. Le funzioni di presidente e di vicepresidenti (sette) della camera sono rimunerate con un fisso annuo. Un altro mezzo di corruzione parlamentare legittimata è quello delle laute pensioni da fissarsi dal sovrano (v. cap. ss.) per chi fu anche per un sol giorno ministro; donde frequenti passaggi di portafogli ministeriali da un amico all'altro nello stesso gruppo parlamentare.

Costituzione imperfetta.

Perchè questa fosse una vera costituzione, mancavano nelle « leggi fondamentali » di quest'anno tutte quelle franchige costituzionali per i singoli cittadini, per gli individui, che sono una parte essenziale integrante di ogni costituzione moderna e che erano state concesse anche in Austria negli anni rivoluzionari, ma poi abrogate con la patente di s. Silvestro del 1849. Soltanto con le due leggi dei 27 ottobre 1862, che poi nel 1867 saranno dichiarate leggi fondamentali, il parlamento provvederà alla tutela della libertà personale e del diritto domiciliare « contro l'arbitrio degli organi della pubblica forza ». Mancavano le leggi, che regolassero i rapporti fra il potere esecutivo e il potere giudiziario; mancava, in omaggio al centralismo tedesco, ogni norma costituzionale, che concernesse i diritti nazionali dei vari popoli della monarchia.

Diritti civili.

Legge comunale.

Il diritto comunale vi era appena menzionato; nel giugno 1861 Schmerling però presentò al parlamento un progetto di legge, che fu approvato e sanzionato al 5 marzo 1862 e che vige ancora oggi quale legge dell'impero per i comuni. (1) A render la costituzione ancor

---

I deputati dietali hanno un assegno giornaliero di sole 10 corone durante la sessione; le cariche della dieta e della giunta provinciali sono pure rimunerate. Specialmente il partito cristiano-sociale di Vienna ha saputo approfittare di questi benefici parlamentari e dietali a favore dei propri capi, uomini nuovi appena arrivati e presto arricchitisi. In una delle sue ultime sessioni la dieta della Bassa Austria quasi raddoppiò (a 12,000 corone annue) gli emolumenti degli assessori della giunta, tutta cristiano-sociale, provocando critiche acerbe da parte dell'opposizione liberale e socialista. Nello stesso modo procedettero i cristiano-sociali anche nel Consiglio municipale della Città di Vienna, ove le cariche sono pure rimunerate.

(1) Riproduciamo qui gli articoli della legge concernenti la sfera d'azione dei comuni:

« Legge del 5 Marzo 1862, con cui vengono stabilite le disposizioni fondamentali per l'ordinamento degli affari comunali.

Art. 4. — La sfera d'azione d'un comune è di due specie:
a) indipendente, e
b) delegata.

Art. 5. — L'indipendente, cioè quella sfera d'azione, entro la quale il Comune, osservando le leggi dell'Impero e provinciali, può liberamente ordinare e disporre, abbraccia

più imperfetta mancava qualsiasi sanzione penale contro le violazioni delle leggi costituzionali e contro gli abusi elettorali; appena con la legge del 17 dicembre 1862

---

in generale tutto ciò che tocca più da vicino gl'interessi del Comune, e che esso può entro i suoi confini, provvedere ed eseguire colle proprie forze.

In tali sensi appartengono specialmente a questi affari:

1. La libera amministrazione della sua sostanza e degli affari relativi al suo nesso comunale;

2. La cura per la sicurezza della persona e della proprietà;

3. La cura per la conservazione delle strade comunali, delle vie, delle piazze e dei ponti, come pure la sicurezza e facilità del passaggio sopra strade ed acque, nonchè la polizia campestre;

4. La polizia delle vettovaglie e la sorveglianza sui mercati e specialmente sui pesi e sulle misure;

5. La polizia sanitaria;

6. la polizia sulla gente di servizio e sui lavoranti, nonchè l'esercizio del Regolamento sulla servitù;

7. La polizia sulla moralità;

8. Il pauperismo e la cura degli stabilimenti di beneficenza comunali;

9. La polizia delle fabbriche e del fuoco, l'esercizio del regolamento sulle fabbriche e l'accordare i permessi di polizia sulle stesse;

10. L'influenza, da regolarsi dalla legge, sulle scuole medie mantenute dal comune, nonchè sulle scuole popolari, la cura per l'erezione, il mantenimento e la dotazione di quest'ultime con riguardo ai patronati scolastici ancora esistenti;

11. Il tentativo d'accomodamento di parti litiganti, a mezzo di uomini di fiducia eletti dal Comune (cioè l'istituto dei giudici di pace, adottato da alcuni pochi dei comuni maggiori d'Austria);

12. L'effettuazione di aste volontarie di cose mobili.

Per viste superiori di Stato possono in via di legge essere assegnati, in singoli Comuni, a speciali organi governativi determinati affari di polizia locale.

Art. 6. — La sfera d'azione delegata dei Comuni, cioè l'obbligo degli stessi di cooperare agli scopi della pubblica amministrazione, viene stabilita dalle leggi generali ed entro i limiti delle stesse dalle leggi provinciali. »

Quasi tutte le città capitali di province ed altre città maggiori hanno poi un proprio ordinamento municipale (con proprio regolamento elettorale); queste sono le città dette in Austria « con proprio statuto »; esse non si regolano quindi nelle loro cose comunali secondo la legge generale o provinciale sui comuni, ma secondo il proprio statuto, che ebbero o direttamente dal sovrano ai tempi assolutistici o con legge dietale dopo introdotta la costituzione. Fra queste vi sono le città italiane di Trento, Rovereto, Gorizia, Trieste, Rovigno (in Istria) e da pochi anni Pola con uno statuto, che è una mostruosità giuridico-costituzionale imposta a quella città

si provvide a tutelare la costituzione con norme di diritto penale. Ai 17 dicembre 1862 fu pubblicata la legge sulla stampa, vigente ancora in Austria, che pur migliorando alquanto le tristissime condizioni fino allora esistenti, diede modo a Schmerling ad ai suoi successori di imbavagliare, quando volevano, i giornali con il famoso « procedimento oggettivo » (*objektives Verfahren*) escogitato dal procuratore di stato superiore di Vienna Lienbacher, divenuto poi uno dei capi clericali (1). Anche quì ogni tentativo del parlamento di ottenere una legge più liberale fu respinto dal ministro di stato.

Legge sulla stampa.

---

dal governo e dalle autorità della marina di guerra per *codificare* il diritto di croati immigrati a 7 seggi di consiglieri comunali e di funzionari della marina di guerra (di una casta dunque!) a 12 seggi di consiglieri! (anno 1908). La dieta istriana con maggioranza italiana dovette approvare questa mostruosità, perchè nelle conferenze, che precedettero a Vienna l'accordo tra i rappresentanti del governo e dei partiti istriani, l'ammiraglio conte Montecuccoli pretendeva una legge ancora più antiitaliana e il presidente del consiglio, Beck, pur opponendosi alle pretese eccessive dell'ammiraglio e del suo rappresentante, minacciava di ricorrere a *misure e leggi eccezionali* per l'amministrazione di Pola, se gli italiani non accettavano lo statuto voluto dal governo.

Una particolarità delle province Stiria, Boemia e Galizia è quella di avere nessi amministrativi di parecchi comuni uniti in un distretto (*Bezirk*), con propria rappresentanza e con propria giunta distrettuali; è una specie d'istanza intermedia fra i comuni e le province. Altre province, fra cui anche il Goriziano, hanno simili nessi distrettuali ma soltanto per affari speciali (per es. per gli affari scolastici, stradali, sanitari ecc. allo scopo di risparmiare in comune sulle spese). Una particolarità delle province con latifondi (Galizia) è quella dei territori latifondiari esenti dal nesso comunale (*Gutsgebiet*), che sono un resto dei tempi feudali; qui il latifondista assume tutti gli obblighi del comune e vi provvede con propri organi.

Per i comuni, come per le città con proprio statuto e come per le rappresentanze distrettuali il diritto elettorale si fonda sempre sul principio, che vedemmo, della rappresentanza degli interessi. Le divergenze sono soltanto in alcuni particolari; li vedremo assieme con le riforme degli ultimi tempi di alcuni statuti di città trattando delle lotte nazionali e sociali, con le quali sono strettamente collegate.

(1) Consiste in ciò, che il procuratore di stato o l'autorità di pubblica sicurezza ha diritto di far sequestrare un giornale e impedirne la diffusione, appena si accorge, dopo

Vedremo poi, dopo la guerra del '66, quando il parlamento avrà acquistato maggior importanza, l'ulteriore sviluppo della costituzione austriaca nelle « leggi fondamentali » del dicembre 1867 (*Dezember-Verfassung*) più corrispondenti ai nostri tempi.

---

uscito, che contenga qualche passo incriminabile; deve però anche subito incriminare giudizialmente... l'oggetto, cioè l'articolo sequestrato, non il soggetto, la persona, che l'ha scritto. Il tribunale ha da giudicare e confermare o togliere il sequestro. Siccome passano dei giorni, finchè viene la sentenza, l'autorità politica ottiene quasi sempre il suo scopo, anche se dovrà poi far rifondere dall'erario al giornale i danni di un sequestro tolto. E' una commedia, che costa cara al giornale, colpito di sequestro, e che sostituisce ottimamente l'abolita censura preventiva. — Un'altra disposizione gravosa e odiosa di questa legge è l'obbligo imposto dal § 19 di pubblicare le rettifiche anche quando molto spesso sono del tutto ingiustificate. — Inoltre fino all'anno 1894 vigeva anche l'articolo di questa legge, che imponeva di versare una cauzione da 2000 fino a 16000 corone ad ogni giornale, che anche di sfuggita trattasse di politica, di religione o di questioni sociali.

CAPITOLO III.

Königgrätz

Lotte nazionali. - Tedeschi.

In linea nazionale i più sodisfatti della costituzione di febbraio dovevano essere naturalmente i tedeschi; con il centralismo burocratico, con i privilegi elettorali per la nobiltà, per il censo e per le classi colte, che — eccettuate le province italiane e la parte polacca della Galizia — erano ancora in tutte le altre province quasi esclusivamente tedesche, con un governo, che come quello di Schmerling, rappresentava l'idea della grande Germania con capo l'Austria, (1) si capisce, che i partiti nazionali tedeschi abbiano festeggiato il primo anniversario dalla proclamazione della patente di febbraio e che abbiano subito in parlamento con parecchia docilità gli strappi frequenti di Schmerling al costituzionalismo e al liberalismo. Le competizioni nazionali hanno servito sempre allora, come nel '48 e come appunto ancor oggi, alle tendenze assolutistiche.

(1) A caratterizzare la tendenza anche della corte in proposito servono le parole rivolte da Francesco Giuseppe nel settem. 1862 al presidente del congresso di giurisprudenza, tenutosi a Vienna: « Io sono anzitutto austriaco, ma decisamente tedesco e desidero l'unione più intima dell'Austria con la Germania ». E nell'aprile del 1861, quando una deputazione di protestanti austriaci si recò da Schmerling a ringraziarlo della pubblicazione della patente a favore dei protestanti in Austria, il ministro di stato disse loro senza ambagi: « Miei signori, voi dovete riacquistarci le simpatie perdute in Germania ».

Czechi: i "vecchi" e l'aristocrazia feudale.

La lotta nazionale assunse subito le forme più vivaci in Boemia, ove dalla parte czeca ad una borghesia nazionale democratica sorgente — preti, maestri e professori ne sono i primi germogli — guidata da Francesco Palacky e da Ladislao Rieger si era unita la parte conservatrice dell'aristocrazia feudale latifondiaria, (1) di

(1) Palacky (1798-1876), detto il « padre del popolo czeco; fu protetto dal co: Franc. Sternberg, l'iniziatore del movimento culturale czeco; divenne storiografo noto e capo riconosciuto del partito dei vecchi czechi. Era protestante; eppure si unì ai feudali cattolici. — Franc. Ladislao Rieger (1818-1903) bell'uomo e avvocato affascinante fu suo genero. Fondò l'enciclopedia czeca e il primo giornale quotidiano czeco a Praga « Národni Listy » (dal 1. gennaio 1861); dopo morto suo suocero, fu il capo del partito czeco ed anche della maggioranza federalista durante il governo Taaffe. Nel 1888 la nazione czeca gli fece un dono di 100,000 fiorini (210.000 lire). — Loro collaboratore attivissimo fu il professore e storico Vaclav Vladivoj Tomek (1818-1905), deputato e poi senatore.

Il loro partito fu detto dei « vecchi czechi ». Dopo l'unione con l'aristocrazia feudale, era divenuto un partito conservatore, persino alle volte clericale. Perciò intorno al 1863 si staccherà da loro l'ala giovane, guidata dal dott. Giulio Gregr, direttore del *Narodni Listy*, da suo fratello Edoardo e da Sladkowsky e formerà il partito nazionale liberale hussiticamente anticlericale e antitedesco detto « dei giovani czechi », che dopo lotte durate 2-3 decenni sopraffarà il vecchio partito. Contro l'onnipotenza in Boemia di questo giovane partito, che oggi ancora è influentissimo fra gli czechi ed ha a capo effettivo il dott. Carlo Kramarz, sorgeranno e si affermeranno poi (alcuni con l'aiuto segreto del governo centrale di Vienna) nuovi partiti radicali czechi (socialisti, agrari, liberali radicali, socialisti nazionali, progressisti democratici, cattolici popolari), che nelle elezioni a suffragio universale per il parlamento strapperanno la maggioranza ai giovani czechi nel gruppo parlamentare czeco. Nei consigli comunali e alla dieta i giovani czechi continuano ancor oggi ad aver la preponderanza.

Le linee fondamentali del programma dei partiti nazionali czechi dal 1848 in poi si possono ritenere sempre quelle enunciate nel programma della prima associazione politica czeca sorta a Praga nel 1848 *Slovanska Lipa* (« il tiglio slavo »; il tiglio è l'albero nazionale, mitologico degli slavi) pubblicato nel giornale omonimo: 1.) rispetto ai principî costituzionali; 2.) vigilanza sui diritti naturali nazionali degli slavi e dei tedeschi nelle cose pubbliche e nelle scuole; 3.) difesa dell'autonomia della Boemia, Moravia e Slesia contro gli appetiti della Confederazione germanica; 4) solidarietà nazionale fra tutti gli slavi; 5) cura degli interessi economici delle terre slave specialmente al sud.

Un tentativo nel 1849 di istituire una simile associazione con lo stesso nome in Dalmazia fallì completamente. Vi avevano aderito soltanto alcuni i. r. funzionari dello stato.

quella aristocrazia, che — vedemmo — dopo la battaglia della Montagna bianca era stata — in massima parte tedesca — importata dall'imperatore per soffocare l'anima ribelle del popolo czeco hussitico di Boemia e che ora, dopo aver compiuto per due secoli fedelmente questa sua missione, pur non essendosi ancora nella sua essenza etnica individuale assimilata al popolo czeco, politicamente si schierò tra le sue file, forse non tanto per un sentimento superiore di giustizia ideale, quanto per la necessità di non trovarsi in conflitto con tutto il popolo, che la circondava e che lavorava sui suoi latifondi, per mire ambiziose personali e più di tutto per reazione contro quel liberalismo, che una costituzione, per quanto imperfetta, può sempre nascondere in sè e che, vittorioso, non avrebbe mancato di muovere all'assalto anche contro gli ultimi resti di privilegi medioevali (1). Il metodo di lotta adottato dagli czechi fu naturalmente subito quello dell'assalto al potere, alla conquista della maggioranza nei consigli comunali, nella dieta e quindi nella giunta provinciale, poichè con i mezzi di cui dispongono i comuni e la provincia, con i fondi, con le scuole, con le funzioni di polizia (in senso lato) si riesce a dominare tutta la vita economica e nazionale del paese e poco a poco si costringe anche lo stato centrale a coordinare le sue funzioni pubbliche (uffici sta-

Metodo di lotta.

---

(1) A capo dei *feudali boemi* (è il termine per l'aristocrazia latifondiaria di Boemia simpatizzante con gli czechi ed ora sempre più assimilantesi etnicamente) stanno il conte Clam-Martinic, il cardinale Schwarzenberg, il principe Carlo Schwarzenberg, il principe Lobkowitz, i conti Nostitz, i conti Thun ed altri. Tutti questi non sapevano nemmeno parlare czeco; tutta la loro educazione era tedesca. In dieta perorando i diritti della nazione «boema» (intendesi: czeca) parlavano in tedesco. Una parte di questi aristocratici (Lobkowitz, Nostitz, Chotek ecc.) era di origine czeca; altri erano di origine italiana (Colloredo, Thurn-Taxis), spagnuola (Sylva-Tarouca), francese (Bouquoy) ecc. venuti con le conquiste imperiali durante la guerra dei 30 anni. La parte rimasta tedesca si disse «partito costituzionale del gran possesso fondiario» (*verfassungstreuer Grossgrundbesitz*). — I feudali fino all'epoca Taaffe (1879) non volevano accettare funzioni e onori a corte dell'«imperatore d'Austria» attenendosi al loro programma del «diritto di stato boemo», che non riconosceva che

tali) alla nuova situazione, che si va creando nella provincia.

Ancor prima che le diete fossero riunite gli czechi cominciano a Praga l'agitazione contro il sistema elettorale e domandano una riforma elettorale, che equiparasse il loro diritto al voto a quello dei tedeschi (1). La dieta boema poi, due giorni soli dopo essere stata convocata, delibera ai 10 aprile 1861 su proposta del cardinale Schwarzenberg d'invitare — come aveva fatto la dieta ungherese — il sovrano ad incoronarsi a « re di Boemia » (2). La deputazione dietale boema recatasi dall'imperatore a comunicargli il deliberato ottenne una promessa adesiva, fino ad oggi non adempiuta.

alizia. Polacchi.

In Galizia il fermento rivoluzionario dei polacchi radicali, che videro con piacere tutti gli sforzi dell'austrofilo Goluchowski approdar ad un bel nulla, ebbe

---

un re ed una corte di Boemia. Si narra, che il princ. Schwarzenberg abbia rifiutato di accettare una carica a corte dicendo, che la sua prosapia era più vecchia di quella degli Absburgo. — Nel gennaio 1861 appunto sulla base di questo postulato comune di tutti i partiti czechi del « diritto di stato boemo », per opera di Rieger e di Clam-Martinic i due partiti, feudale e liberale, strinsero un patto di alleanza contro il centralismo tedesco, che fu da loro combattuto in dieta e al parlamento. —

A diriger il movimento tedesco in Boemia fu istituito nel 1862 il *Deutsches Kasino* (casino tedesco), liberale, che ancor oggi esercita un'azione — frammentaria e non sempre benefica — sulla politica dei tedeschi di Boemia. A presidente ne era stato eletto l'avvocato Francesco Schmeykal, che per lungo tempo poi rimase a capo del movimento nazionale tedesco in Boemia, specialmente contro il regime Taaffe. L'elemento ebraico industriale, abbastanza numeroso in Boemia, si tiene ancora dalla parte tedesca anzi è a capo del partito liberale tedesco di Boemia.

(1) Di fatti mentre nella parte tedesca di Boemia un deputato corrispondeva ad un collegio urbano di 10.000 abitanti o ad uno rurale di 40.000 ab., nella parte czeca corrispondeva appena ad un collegio urbano di 12.000 ab. o ad uno rurale di 53.000 ab. In questo modo e con i rappresentanti delle camere di commercio, allora tutte tedesche, era sicura una maggioranza tedesca, almeno finchè il governo non mutasse rotta e non provocasse la vittoria dei federalisti czechi nelle due sezioni della curia latifondiaria. (V. n. 1 a p. 75).

(2) Anche la dieta di Moravia, come dieta di una parte dei paesi della corona boema fece una protesta di rivendicazione del « diritto di stato boemo » (6 aprile 1861).

nuovo alimento e quando l'insurrezione polacca contro la Russia del 1863 (1) — tacitamente favorita dall'Austria — minacciò di estendersi anche sul territorio austriaco, fu proclamato lo stato d'assedio in tutta la provincia, durato dal febbraio 1864 all'aprile 1865. Anche ora, mentre i polacchi sono in opposizione a Vienna, il governo centrale cerca e trova l'appoggio dei miseri contadini ruteni e dei loro preti nella Galizia orientale. Il logotenente conte Mensdorff-Pouilly, che poi succederà nell'ottobre 1864 a Rechberg nel ministero degli esteri, segue la politica di Stadion del '47, tenta di separare la Galizia orientale da quella occidentale polacca onde indebolire la posizione dell'aristocrazia latifondiaria e della borghesia polacche nella parte orientale della provincia. Nel 1862 aveva già ottenuto, che i funzionari di stato nella Galizia orientale dovessero conoscere la lingua rutena; nella Galizia occidentale accanto alla lingua tedesca ora si concede un posto negli uffici anche alla lingua polacca. Qui la dieta ebbe pochissimo o niente a fare. — In Bucovina dominavano tedeschi e polacchi, formanti ivi assieme con gli ebrei la borghesia e l'aristocrazia. I rumeni avevano una rappresentanza soltanto per mezzo del loro clero.

Ruteni.

Bucovina. Rumeni.

Sloveni. Croati.

Anche fra gli sloveni della Carniola e fra i croati dell'Istria e della Dalmazia era cominciato ora, principalmente per opera di preti e di vescovi, che godevano di appoggi a corte e nelle alte sfere clericali e militari di Vienna, un movimento nazionale politico (2); il go-

(1) Vi partecipò anche una legione di volontari italiani comandata da Nullo, che vi trovò eroicamente la morte. V. l'opuscolo di Giuseppe Locatelli-Milesi: *La spedizione di Fr. Nullo in Polonia* (1863); ed. Agenzia polacca di stampa; Roma, 1913.

(2) Abbiamo veduto (I vol., p. 223 e ss.) il movimento letterario precursore e nei cap. precedenti (p. 9 n. 1) le prime agitazioni del clero sloveno e croato nelle province meridionali. In Carniola nel 1861 a capo del partito nazionale sloveno stavano l'avv. Toman e il prof. di medicina dott. Bleiweiss, che redigevano il giornale *Novice*. Il movimento degli slavi del sud incontrava i favori della corte e delle alte sfere militari, imperialiste — oltrechè come punto di appoggio alla

verno di Schmerling naturalmente sosteneva nella Carniola i tedeschi e nelle province meridionali non favoriva l'avanzata croata contro gli italiani, che al parlamento stavano con i liberali tedeschi contro i conservatori slavi. Gli sloveni, che nel giugno 1861 presentarono a Schmerling una petizione per ottenere l'equiparazione della lingua slovena nelle scuole e negli uffici a quella tedesca, che persino ancor oggi predomina in Carniola, ove i tedeschi furono ridotti e nel paese e nella dieta ad una minoranza numericamente, se non economicamente e culturalmente, insignificante, quale unica lingua del servizio interno negli uffici e quale lingua d'insegnamento nelle scuole secondarie, e che nel 1863 domandarono, che nei protocolli della dieta fosse aggiunta almeno una traduzione slovena, ottennero, massima concessione, che il diploma di ottobre e la patente di febbraio fossero loro consegnati in dieta in traduzione slovena.

Italiani.

La costituzione di febbraio con i privilegi per il censo e per la coltura era favorevole agli italiani, che formavano la borghesia e le classi superiori in tutte le province meridionali, ove vivevano commisti a masse agricole slave, cioè croate e slovene. Ciò non di meno, anche dominando politicamente, gli italiani mai si erano fatti oppressori dei comprovinciali slavi e con una generosità e nobiltà, di cui non c'è altro esempio nella storia delle lotte nazionali in Austria, gli italiani dai fondi pubblici formati con le loro contribuzioni e da loro ammini-

---

reazione contro il liberalismo tedesco, magiaro e italiano — anche perchè corrispondeva alle crescenti ambizioni di espansione austriaca nel vicino Oriente iugoslavo. Già Radetzky in un memoriale diretto all'imperatore nel 1856 raccomandava di preparare la conquista della Bosnia-Erzegovina, perchè quelle terre — secondo lui — erano necessarie a difendere la Dalmazia e l'Istria contro l'irredentismo italiano, il di cui trionfo egli presentiva prossimo nel Lombardo-Veneto. Gli stessi consigli darà nel 1866 in un suo memoriale Tegetthoff all'imperatore (v. Wertheimer: *op. cit.*) e questa volta, dopo Königgrätz e Lissa, con maggior effetto. Nel Consiglio dell'impero a Vienna il vescovo Strossmayer perorava nel 1860 la causa dei croati e l'annessione, non voluta dai dalmati, della Dalmazia alla Croazia, il che farà poi ancora nel 1865 e nel 1866 alla dieta di Zagabria e di Budapest. Vedremo poi.

strati, spontaneamente, senza che nemmeno gli slavi le chiedessero, istituivano scuole croate e slovene per le popolazioni slave. Oggi, che per esempio in Dalmazia le condizioni politiche si sono invertite, non un centesimo, si può dire, dei fondi pubblici impinguati pur sempre in gran parte dall'agiata borghesia italiana di quella provincia, va a favore delle scuole italiane, che quei nostri connazionali, se vogliono averle, devono istituire e mantenere con i propri denari, con l'obolo di ciascuno di loro versato patriotticamente alla *Lega Nazionale*. Nella dieta dalmata in quei primi anni di sua vita l'azione politica più importante fu la protesta contro le proposte croate di annessione della Dalmazia alla Croazia. A Schmerling con riguardo alla sua idea centralista dell'impero questo atteggiamento degli italiani di Dalmazia non poteva che piacere. Gli italiani dal loro canto certamente non affermavano l'autonomia della provincia per fare un piacere al governo, ma perchè così speravano di poter meglio difendere il loro patrimonio politico, nazionale. Bisogna pensare, che allora tutta l'amministrazione della provincia era nelle mani degli italiani, dappertutto nella vita pubblica dominava la lingua italiana. Un'unione alla Croazia — nonostante i dinieghi e le voci da sirene di giornali e di deputati croati (1) — avrebbe significato subito la fine di tutto ciò. In Istria e nel Friuli la posizione degli italiani, numericamente molto più forti di quelli delle città dalmate, era molto più favorevole. A Trieste il nuovo consiglio municipale provvide subito nel 1861 a sostituire nelle scuole la lingua d'insegnamento tedesca con l'italiana e ai 21 gennaio 1865 il consiglio veniva sciolto, perchè aveva osato esprimere le sue simpatie agli italiani di Udine oppressi dalle truppe di Benedek (2).

Dalmazia.

Istria. Friuli. Trieste.

(1) Vedi n. 1 a pp. 59 e 60.

(2) A Udine, come nelle altre città venete, la cittadinanza aveva voluto festeggiare nel 1864 l'anniversario di Solferino. Da qui le ire di Benedek. Per l'Istria vedi la nota seguente.

rentino.

Nel Trentino invece gli italiani si trovavano di fronte ai tedeschi tirolesi, naturalmente favoriti dalle leggi di Schmerling. I trentini in segno di protesta contro il pertinace rifiuto di riconoscer loro il diritto all'autonomia proclamarono l'astensione dalla dieta. Soli quattro deputati trentini, di cui due prelati, comparvero alla dieta e subito in una delle prime sedute, ai 10 aprile 1861, tutti e quattro con l'on. Riccabona a capo presentarono una proposta, che istituiva per il Trentino una dieta a Trento. Con maggior probabilità di esser accolta l'on. Sartori faceva ai 9 marzo 1863 un'altra proposta, che cioè per intanto la dieta di Innsbruck fosse divisa in due sezioni nazionali: tirolese e trentina. Per votare una simile modifica dello statuto ci voleva la maggioranza qualificata dei 2/3 e la presenza di almeno 3/4 dei deputati. I tirolesi non si mostrarono allota tanto contrari ai postulati degli italiani, che forse sarebbero stati sodisfatti; ma gli avvenimenti del '66 mutarono del tutto la situazione a danno degli italiani rimasti soggetti all'Austria.

parlamento.

L'atteggiamento degli italiani al parlamento si arguisce da quanto dicemmo or ora: quelli delle province adriatiche erano uniti ai tedeschi costituzionali contro zli slavi; i trentini al contrario, che avevano avversarî i tedeschi, quando non si astennero più dal venire al parlamento, necessariamente furono dalla parte dei federalisti (1). Anche gli czechi in omaggio al loro program-

(1) Veramente anche la dieta istriana fu per qualche anno federalista; ma essa allora non rappresentava sinceramente i corpi elettorali italiani. Nei primi mesi della sua esistenza la dieta istriana fu semplicemente astensionista, fu la dieta del « Nessuno! », cioè — come il Veneto (v. n. 1 a p. 67) — la dieta istriana si rifiutava due volte (ai 9 ed ai 15 aprile 1861) di mandare i suoi rappresentanti al parlamento di Vienna (20 su 29 schede portavano scritto: *Nessuno!*) e votava un indirizzo al sovrano, che non conteneva nè omaggi nè ringraziamenti per la costituzione di febbraio, bensì esponeva i bisogni e i postulati della provincia. Questa rappresentanza provinciale genuina fu naturalmente la seconda volta subito seduta stante sciolta dal logotenente bar. Burger con decreto imperiale, che teneva pronto in tasca, e il governo — ricorrendo ai preti ed ai soliti mezzi — ne fece eleggere un'altra,

ma del « diritto di stato di Boemia » avrebbero voluto astenersi dall'esser rappresentati al parlamento di Vienna, ma forse lusingati dalla promessa del sovrano e forse per il desiderio un po' anche ambizioso di Rieger di ordinar le file di tutti i federalisti, per i quali compilò un programma comune, gli 82 deputati czechi della dieta di Praga dichiararono ai 18 aprile 1861, che avrebbero eletto i loro rappresentanti al parlamento di Vienna con la protesta formale, che ciò non dovesse recar pregiudizio in alcun modo nè al « diritto di stato boemo » nè al diploma d'ottobre. Rieger quindi entrò con i suoi alla camera dei deputati e Palacky al senato, chiamatovi dall'imperatore. Ma il conflitto fra i federalisti slavi e i centralisti tedeschi assunse ben presto —

Diritto di stato boemo.

---

che per soli 2-3 voti di differenza restava ancora in maggioranza composta da italiani, ma da italiani austriaci tanto che i due rappresentanti mandati ora (26 settembre 1861) a Vienna erano: uno il logotenente (tedesco) eletto con 18 voti e l'altro il vescovo Dobrila (croato) eletto con 14 voti.

I deputati croati alla dieta istriana erano quasi tutti vescovi e preti. In una delle prime sedute del 1861 essi iniziano la lotta per l'equiparazione nell'uso in dieta delle lingue slovena e croata (essi le dicono « illirica »), dagli italiani non conosciute, all'italiana, conosciuta da tutti gli slavi istriani; fra i firmatari della proposta ci sono i vescovi Dobrila, Legat e Vitesich (v. n. 1 a p. 9) e i parroci Feretich e Jurinaz. La maggioranza italiana acconsente soltanto che sia assunto alla dieta un funzionario, che conoscendo una delle lingue slave (croato o sloveno) possa fare da traduttore. Nel 1863 il parroco Jurinaz propone, che tutti gli atti della dieta siano pubblicati anche in croato; oltre ai vescovi e preti croati vota per questa proposta anche il prete italiano Favento; resta però in minoranza lo stesso. Così anche nella dieta dalmata la minoranza croata domandava da principio soltanto l'equiparazione, ma poi divenuta maggioranza diede l'ostracismo alla lingua italiana dagli uffici pubblici e dalle scuole.

Già nelle prossime elezioni gli italiani d'Istria — abbandonato il *Nessuno!* — riprendono la loro posizione dominante nella dieta, conservata fino ad oggi, nonostante tutti gli sforzi, che vedremo, diretti dal governo e dagli slavi negli ultimi decenni contro di loro, e da allora i deputati istriani al parlamento si tennero uniti agli altri italiani adriatici.

Cessata la lotta tra federalisti e costituzionali centralisti, finì anche la divisione fra i deputati italiani al parlamento. Ma la vera fusione di tutti i deputati italiani trentini e adriatici in un *club* parlamentare (prima « Unione parlam. italiana », ora assieme con i rumeni — senza i socialisti — *Unio latina*) avvenne appena nel 1897.

anche per il procedere parziale del presidente della camera, Hein, un liberale tedesco, chiamato a quella carica dall'imperatore — tali forme, che già nel giugno 1861 czechi e polacchi abbandonavano la sala; la stessa scena si ripetè nel maggio 1862 discutendosi il bilancio e infine — visto, che anche l'imperatore non si accingeva a farsi incoronare a Praga — ai 17 giugno 1863 in una « dichiarazione » (1) letta alla dieta di Praga e riletta otto giorni dopo alla camera a Vienna i deputati czechi e il senatore Palacky proclamavano la loro astensione dal parlamento di Vienna, che ormai con tante astensioni rappresentava ben poca cosa.

Impotenza del parlamento.

Abbiamo veduto fin qui il principio delle lotte nazionali trasportate nel campo politico e costituzionale. Non è che il principio e già se ne scorge l'opera di devastazione. Il *tertius gaudens* gioisce e approfitta. Corte e governo rispettano i voti del parlamento e delle diete e se ne valgono soltanto, quando possono trarne profitto per la loro politica; del resto li ignorano e i partiti parlamentari divisi in frazioni nazionali, pronte ad invocare l'una contro l'altra colpi di stato assolutistici, tutt'al più osano protestare fievolmente lasciando fare!

Chiesa. Cattolici.

Una prova della sua impotenza l'ebbe il parlamento nella questione dei rapporti fra stato e chiesa. Il deputato viennese avv. *von* Mühlfeld (2) ripetutamente aveva combattuto nei suoi discorsi il concordato obbrobrioso del 1855 e aveva fatto delle proposte concrete di abrogarlo o almeno di modificarlo. La commissione « confessionale » della camera nella seduta dei 28 febbraio 1862 l'aveva in parte approvate; ma la camera mai ebbe l'occasione di discuterle. L'opposizione veniva

---

(1) *Deklaration* (v. Protocollo stenografico della camera dei deput. 1863, p. 17 e ss.). Anche i deputati czechi di Moravia ne presentarono una analoga ai 24 nov. 1864. Ce ne sono parecchie e celebri nella storia parlamentare austriaca. Le vedremo poi.

(2) Il « Napoleonide dei rétori » era stato detto oltrechè per le sue doti tribunizie per la sua somiglianza di lineamenti con Napoleone, che anzi la fama diceva essere stato suo padre durante i soggiorni del Corso vittorioso a Vienna.

dalla corte e da Rauscher; Schmerling, che in questo riguardo aveva le sue idee giuseppine della supremazia dello stato, avrebbe voluto far qualche concessione al parlamento e a questo scopo fu inviato a Roma nel 1863 il prelato Fessler, un furbo figlio di contadini del Vorarlberg, a trattare con il Vaticano per ottenere il consenso del papa a render meno difficili i matrimoni di persone di differenti confessioni e le conversioni da una confessione all'altra. Il prelato ritornò senza aver ottenuto niente. Per compenso di questa sua opera fortunata, che servirà d'esempio ai negoziatori austriaci a Roma anche nel 1870, Fessler fu fatto, d'accordo tra l'imperatore e il papa, vescovo di Sankt Pölten presso Vienna. Anche il concordato cadrà appena dopo le sconfitte del '66. — Per i protestanti Schmerling, anche con riguardo alle mire austriache d'egemonia in Germania, potè ottenere dall'imperatore la pubblicazione della « patente dei protestanti » (*Protestanten-Patent*) degli 8 aprile 1861, che concedeva loro finalmente la piena libertà religiosa e stabiliva a suprema autorità ecclesiastica l'i. r. supremo consiglio ecclesiastico evangelico di confessione d'Augusta ed elvetica con a capo il presidente di confessione evangelica (fino allora presidente del « concistoro » supremo doveva essere un cattolico). La costituzione ecclesiastica votata poi dal sinodo generale fu approvata dal ministero Belcredi dopo avervi introdotto varie modificazioni limitanti l'autonomia della chiesa protestante (1).

Protestanti.

---

(1) Nel 1889 fu votata dai sinodi evangelici di ambedue le confessioni una nuova costituzione della chiesa evangelica, che ottenne la sanzione sovrana ai 9 dic. 1891. Secondo questa costituzione per formare una nuova comunità evangelica (parrocchia) è necessario comprovare la sufficenza dei mezzi per il servizio ecclesiastico e per l'insegnamento ai giovani. Il parroco e il presbiterio, che gli sta a lato, sono eletti dall'assemblea della comunità; così pure il « seniore » e la « giunta » sua dall'assemblea del seniorato (il decanato cattolico) e il « sopraintendente » e la sua giunta dall'assemblea della sopraintendenza (la diocesi cattolica). A capo della chiesa evangelica in Austria stanno anche secondo la costituzione del 1889 l'i. r. supremo consiglio ecclesiastico, la giunta sinodale e il sinodo generale; i consiglieri sono nomi-

Ungheria.

L'opposizione più seria e più efficace alla costituzione centralista di febbraio venne naturalmente da parte ungherese. La dieta riunitasi ai 2 febbraio 1861 apparve subito formata quasi esclusivamente da deputati di opposizione, tutti solidali nel programma della « continuità legale della costituzione ungherese », che quindi ignorava completamente tutta l'opera del regime assolutistico dal 1848 in poi, quasi non fosse mai esistito. La parte più radicale della camera, guidata da Colomano Tisza, voleva, che la dieta semplicemente con un deliberato proclamasse valide le leggi del '48 e ne ordinasse l'applicazione; Deák ed Andrássy invece erano a capo dell'altr'ala meno focosa, che avrebbe desiderato trovar una via per ripristinare la costituzione d'accordo con la corona e perciò proposero un indirizzo da presentarsi al sovrano contenente i postulati costituzionali della nazione. Il « partito dell'indirizzo » (*Adresspartei*) la vinse dopo lunghe discussioni ai 5 giugno con soli 155 voti contro 152 voti del « partito del deliberato » (*Beschlusspartei*). I postulati dell'indirizzo erano: prima di entrare in qualsiasi ulteriore trattativa fra corona e nazione si dovevano ripristinare le leggi

Deák, Andrássy. Colomano Tisza.

nati a vita dall'imperatore e sono stipendiati dallo stato, così pure il personale della cancelleria del consiglio, che è quindi una specie di autorità statale. Il consiglio dirige le faccende di tutta la chiesa evangelica in comune od anche separatamente di ciascuna delle due confessioni. Il sinodo generale si convoca ogni sei anni separatamente per ciascuna delle due confessioni. La chiesa evangelica ha il diritto di erigere scuole entro le sue comunità. A Vienna vi è una facoltà teologica evangelica, equiparata nei diritti alle facoltà universitarie, sebbene non faccia parte, come la cattolica, dell'Università. Lo stato passa annualmente sovvenzioni alla chiesa evangelica per i suoi bisogni.

In Ungheria e in Transilvania la chiesa « riformata » ha una costituzione comune; vi stanno a capo un « convento generale » e cinque sopraintendenti. La chiesa « luterana » ha invece un ordinamento differente in Ungheria da quello in Transilvania. In Ungheria vi sta a capo un Ispettorato generale e in Transilvania un'Assemblea della chiesa provinciale con un Consistorio provinciale. Si veda in proposito: dott. Georg Loesche, prof. della i. r. facoltà teologica evangelica di Vienna: *Von der Duldung Zur Gleichberechtigung* — Vienna e Lipsia, 1911.

del 1847-8, nominare un ministero ungherese responsabile (al posto dell'irresponsabile cancelleria aulica), completare la dieta con i rappresentanti di Transilvania e di Croazia, ottenere dalla dieta l'approvazione suppletoria dell'abdicazione di re Ferdinando (imperatore d'Austria) e incoronare Francesco Giuseppe a re; inoltre l'indirizzo protestava contro qualsiasi ingerenza nelle cose d'Ungheria del parlamento « allargato » di Vienna, al quale nessun ungherese avrebbe partecipato. L'imperatore, verso del quale nell'indirizzo non si volle nemmeno usare il termine re o sovrano, perchè non ancora incoronato, respinse l'indirizzo che fu poi accettato appena, quando vi fu mutato il titolo in imperatore e re (1).

Il " provvisorio ,, assolutistico.

Ma tutti gli indirizzi della dieta e i memoriali del co. Andrassy diretti all'imperatore a nulla giovano. Schmerling resta duro ed irremovibile nella sua strana teoria di punizione e — spintovi anche dai soliti generali bellicosi — ai 23 agosto 1861 fece sciogliere la dieta e inaugurò di nuovo in Ungheria il regime assolutistico « provvisorio », — si disse — finchè gli ungheresi cadessero.

L'imperatore nello sciogliere la dieta aveva promesso, che si sarebbe fatto incoronare appena dopo che fossero stati regolati di comune accordo i rapporti fra Ungheria

---

(1) L'Imperatore era del resto persuaso che la nomina di un Ministero indipendente ungherese avrebbe significato una nuova rivoluzione in Ungheria. Interessante la calorosissima discussione, che s'impegnò sul titolo da darsi nell'indirizzo a Francesco Giuseppe: non imperatore, non re, perchè soltanto l'imposizione della corona di SantoStefano, la quale nella fuga era stata nascosta sotterra presso Orsova dal ministro presidente Szemere del '49 e poi era stata ritrovata, può concedere il *ius sacrae regni coronae*, e quindi nemmeno sovrano o sire. Finalmente fu accolta la proposta di Andrassy e si decise di chiamarlo: *allerdurchlauchtigster Herr*, qualcosa come « arciserenissimo signore ». Questa dei nomi e dei titoli è una questione capitale in Ungheria. Andrassy ci spese una buona parte della sua attività da presidente del consiglio per coniare i nuovi nomi: Austria-Ungheria, imperatore *e re*, re apostolico, monarchia (non impero!), ministri comuni (non dell'impero!) austro-ungarici.

Croazia.

e Croazia. Naturalmente con la dieta sciolta non c'era modo, che questo accordo si facesse. Deák, che aveva compreso, che il punto debole dell'Ungheria era appunto la Croazia, sulla quale la corte e i militari contavano sempre, si fece promotore di un'azione, che potesse cattivare le simpatie e l'appoggio dei croati alla causa ungherese; episodio, che si ripeterà nel 1905, quando gli ungheresi avranno di nuovo bisogno dell'aiuto croato contro Vienna. Nel marzo 1861 con un articolo rimasto celebre nel giornale *Naplo* di Pest Deák offriva « carta bianca » ai croati, perchè vi scrivessero la lista dei loro postulati. Un avvicinamento di fatti vi fu e la dieta di Croazia, riunitasi ai 15 aprile, protestava pure contro la costituzione di febbraio Ai 13 luglio deliberava di iniziare trattative per un accordo con la dieta ungherese a patto che questa riconoscesse l'indipendenza completa del « triregno » croato (Dalmazia e Fiume compresevi) dal regno d'Ungheria e l'equiparazione nei diritti d' questi due regni; votava inoltre l'art. di legge XLII *ex* 1861, che separava completamente l'amministrazione politica e giudiziaria in Croazia da quella ungherese ed equiparava il dicastero aulico croato alla cancelleria aulica ungherese. Avvenuta la rottura fra Vienna e gli ungheresi, l'imperatore *ad captandam benevolentiam* dei croati sanziona con il rescritto dei 12 novembre 1861 l'articolo di legge XLII e quindi l'indipendenza della Croazia dall'Ungheria, creando così un precedente costituzionale, che sarà fonte di nuove lotte fra croati ed ungheresi (1). La dieta dalmata protestò subito contro

Diritto di stato croato.

(1) Con lo stesso rescritto fu istituita la suprema corte di giustizia per la Croazia a Zagabria, la cosiddetta « tavola settemvirale », ancor oggi esistente.

Ai 24 settembre '61 la dieta croata aveva votato ad unanimità pure un indirizzo al sovrano, in cui rifiutava di eleggere deputati al parlamento di Vienna, affermava, che fra il « triregno » croato e l'Ungheria non vi era che una « unione personale », cioè nella persona del sovrano comune e protestava, perchè la Dalmazia e i confini militari non erano stati ancora incorporati alla Croazia (v. n. a p. 60).

Su questo indirizzo e sull'art. di legge *XLII ex* 1861, come pure sulla Sanzione prammatica, il cosiddetto « partito del

le pretese croate di annessione e la Dalmazia mai fu unita alla Croazia. Anche gli italiani di Fiume protestarono, ma fino al 1868 inutilmente.

Transilvania. Rumeni.

La dieta di Transilvania fu riunita a Hermannstadt appena ai 16 luglio 1863. La legge elettorale imposta dall'imperatore dava finalmente qualche diritto e qualche mandato anche ai rumeni. I deputati magiari (*szekli*) elettivi non vollero parteciparvi perchè la Transilvania secondo le leggi del '48 faceva parte dell'Ungheria. La dieta invece, composta così di soli sassoni e rumeni, proclamò con la legge dei 21 novembre 1863 abrogata la legge di fusione del '48 e l'equiparazione nei diritti della nazione e della lingua rumena alle nazioni magiara e sassone. Un idillio, che doveva cessare ben presto per i poveri rumeni.

Imbarazzi finanziari.

Le finanze non cessano ormai più dall'essere il pensiero preoccupante di ogni governo in Austria. I bilanci dello stato, cioè dell' « impero » intero in questi anni mettono spavento; le spese — e sono sempre quelle militari le maggiori — superano regolarmente di un quarto gl'introiti, nel 1864, anno della guerra contro la Danimarca, anzi di un terzo e nel 1866 li supereranno persino della metà (1). L'aggio sull'argento, che nel 1859 era arrivato al 50 %, nel 1864 era ancora del 16 %. Il credito dello stato era ancor sempre profondamente scosso; le obbligazioni *metalliques* al 5%, vendute nella maggior parte in Olanda, segnavano soltato 62 e in tali condizioni, dopo aver tentato invano di accrescere gl'introiti dello stato con riforme tributarie, fra

diritto » (*stranka prava, pravasci*) fonda ancora oggi in Croazia il suo programma di diritto di stato.

(1) Ecco le cifre ufficiali in *corone*:
a. 1862: introiti 639,306,584; spese 789,224,886; disav. 149,918,302
a. 1863: introiti 657,333,218; spese 803,915,870; disav. 146,582,652
a. 1864: introiti 1,062,084,702; spese 1,344, 258,018; dis. 282,173,316
a. 1865: introiti 888,895,924; spese 993,091,928; disav. 104,196,004
a. 1866: introiti 1,002,543,866; spese 1,522,726,282; dis. 520,182,416
Questi sono gli estremi dei bilanci effettivi. Quello dell'a. 1864 comprendeva 14 mesi. (v. allegati ai protocolli stenografici della camera dei deputati degli anni corrispondenti).

Debito pubblico.

le quali c'era anche una specie d'imposta personale sui redditi, respinte tutte dalla camera, tra frequenti conflitti con il parlamento e con la commissione parlamentare per il debito pubblico, il ministro delle finanze doveva ricorrere ancora a prestiti. Era naturale, che il parlamento si opponesse a nuovi prestiti e che la camera esigesse piuttosto minori spese militari. Alla fine del 1862 il debito pubblico ascendeva a 4,912,653,604 corone; il servizio del debito, tra interessi ed ammortizzamenti, costava annualmente dal 30 al 40 per cento, cioè più di un terzo, di tutte le spese dello stato (1). Plener pensò anzitutto di restringere la circolazione della carta

Banca nazionale.

moneta regolando il debito dello stato verso la Banca nazionale in modo da diminuire l'aggio accescendo il tesoro (allora in argento) della banca. A tale scopo con il consenso del parlamento fu conchiuso tra il ministro e la banca nel gennaio 1863 un patto, secondo cui lo stato avrebbe estinto fino al 1866 circa 170 milioni del suo debito di 249 milioni di fiorini verso la banca con la

---

(1) Lo si desume da questi specchietti del debito e degli interessi crescenti, che la commissione di controllo allegava alle sue « arciumilissime relazioni » all'imperatore per gli anni 1865 e 1866, e dai bilanci dello stato:

alla fine di ottobre 1862 il debito pubblico ammontava a	*corone*	4,912,653,604
alla fine di ottobre 1864 esso ammontava a	»	5,085,644,617
e alla fine dicembre 1866 a	»	5,839,435,378

il servizio annuo degli interessi richiedeva poi le spese seguenti:

anno 1862	*corone*	236,017,466
» 1863	»	243,438,246
» 1864 (per 14 mesi) .	»	224,615,934
» 1865	»	236,043,210
» 1866	»	252,245,734

e gli ammortizzamenti negli anni corrispondenti richiesero: 36,017,466 — 91,648,158 — 68,079,302 — 103,340,440 — 164,081,482.

Dalle cifre surriferite del debito pubblico sono detratte le somme del debito lombardo-veneto, che passa all'Italia (70 milioni di corone), o del debito per l'esonero del suolo (1045 milioni di corone), che andrà diviso fra le province (v. I vol., nota a p. 280). Vi sono compresi invece i biglietti di stato (carta moneta, *Staatsnoten*, 800 milioni di corone e 24 1/2 milioni in biglietti del valore di soli 20 cent., *Münzscheine*). La carta moneta fu poi definitivamente ritirata appena con l'ordinanza imperiale dei 21 sett. 1899.

cessione di vecchie obbligazioni e con la vendita di beni demaniali e alla banca si prolungava il privilegio di emissione fino al 1876 restandole lo stato debitore di 80 milioni di fiorini (168 milioni di lire).

Nuovi debiti.

Con la legge dei 17 novembre 1863 Plener ottenne dal parlamento l'autorizzazione per nuove emissioni e per nuovi crediti militari fino all'ammontare di 109,279,309 fiorini (215 milioni di lire). Cominciavano le complicazioni in Germania per lo Schleswig-Holstein ed un'azione militare era imminente. Ai 5 febbraio il ministro fece uso la prima volta pubblicamente di questa autorizzazione con un'emissione di cartelle per 44 milioni di fiorini di un prestito a lotteria (*Prämienanleihe* '64). Il risultato per lo stato fu di soli fiorini 38,400,000 introitati essendo stato il corso delle cartelle 96 per 100, corso bassissimo trattandosi di un prestito a premi con cinque estrazioni annue. Tre mesi dopo il ministro emetteva un secondo prestito (2 maggio 1864) per 70 milioni di fiorini in obbligazioni di 1000 fiorini al 5% pagabili in argento (*Silberanlehen*) ed estinguibili in 35 anni. Il corso fu di soli 771 fiorini per mille eppure con queste condizioni d'oro per i compratori dei 70 milioni ne furono venduti soli 23 e mezzo tutto il resto sarebbe stato assunto da un consorzio in commissione e in parte dato in pegno. Ma non essendosi raggiunti i 70 milioni, agli 8 novembre 1864 — continuava l'occupazione dello Schleswig-Holstein — si emetteva un terzo prestito, sempre in base alla legge del novembre precedente, di 25 milioni di fiorini al 5%, estinguibile in 5 anni (*Subskriptionsanlehen*) Questo ebbe il corso di 87 per cento e fu tutto sottoscritto. In questa maniera però il credito concesso dal parlamento era stato sorpassato dal ministro di 4 milioni, sebbene le obbligazioni non fossero ancora tutte vendute; inoltre nel marzo 1864 la commissione parlamentare fu informata dal ministro, che nel dicembre e nel gennaio precedenti egli aveva contratto un prestito di anticipazione di 3 milioni di lire sterline presso una banca inglese

Conflitto fra camera e ministro. Corte e spese militari.

all'interesse corrente da estinguersi entro sei mesi. Tutto ciò accresceva il contrasto fra la camera, la commissione parlamentare e il ministero. I deputati insistevano, che si riducessero le spese militari e di fatti nel 1865 la camera ebbe il coraggio di cancellare 15 milioni dal bilancio per l'esercito. Ma con ciò la camera provocava l'ira della corte e affrettava la propria fine. Agli 8 giugno dello stesso anno Plener domandava un nuovo credito di 116 milioni di fiorini; i deputati rimasero perplessi; il capo dei tedeschi, Herbst, propose di concedergli per ora soltanto un credito di 13 milioni. Un mese dopo il parlamento sarà chiuso; poco dopo la costituzione sarà sospesa; altri avvenimenti precipiteranno

Politica estera.

Tali erano le condizioni interne della monarchia nel momento in cui gli eventi e gli uomini, in prima linea Bismarck, stavano preparando l'atto, che avrebbe deciso dell'egemonia in Germania. Nella politica estera perdurava l'isolamento dell'Austria, quale era dopo la guerra di Crimea; la scissura fra Vienna e Pietroburgo era anzi aumentata per l'atteggiamento della Russia dudurante la guerra del 1859 e per quello dell'Austria durante l'insurrezione polacca. Unico appoggio degli Absburgo erano gli stati meridionali di Germania; quelli settentrionali subivano già l'influsso prussiano.

Germania.

La Prussia aveva cominciato a consolidarsi internamente di nuovo subito dopo l'umiliazione di Olmütz; ma la malattia mentale del re, le lotte interne dei partiti di Manteuffel, burocrata assoluto, di Gerlach e di Bethmann-Hollweg (padre) tra di loro ostacolavano un'azione energica nella politica estera (1); la salita al trono di Guglielmo I, reggente dal 1858 e re dal 1861 (fino al 1888), che dedica tutte le sue cure ad un esercito forte, e ancor più la venuta al potere nel settembre del 1862 di Bismarck, fino allora ministro plenipo-

(1) Cnfr. dott. Walter Schmidt: *Die Partei Bethmann-Hollweg und die Reaktion in Preussen* 1850-1858; Berlino, ed. Aless. Duncker.

tenziario a Parigi, dopo esserlo stato a Pietroburgo, danno subito nuovo impulso al movimento di ascesa della Prussia.

Lotta per l'egemonia.

Proprio in quell'anno gli stati germanici di mezzo avevano presentato un progetto di riforma della *Lega germanica*, elaborato dal ministro sassone Beust, poi ministro austriaco, di cui comincia ora la rivalità con Bismarck; era un progetto, che divideva il potere direttivo nella Lega fra i tre gruppi di stati germanici del sud, di mezzo e del nord. La Prussia vi si oppose dichiarando, che soltanto un parlamento nazionale avrebbe potuto decidere in proposito. L'anno dopo, mentre il governo prussiano si trova impegnato in una vivace lotta costituzionale con il parlamento prussiano (1), a Vienna si crede giunto il momento di far accettare dagli stati germanici un progetto di riforma della Lega, compilato da Schmerling stesso, che assicurava nel « direttorio » della Lega all'imperatore d'Austria e nell' « assemblea federale » al rappresentante austriaco la presidenza. A prendere una deliberazione su questo progetto Francesco Giuseppe invita a congresso per i 17 agosto 1863 a Francoforte sul Meno tutti i principi sovrani e i rappresentanti delle città libere di Germania. Vi aderiscono quasi tutti e l'imperatore d'Austria è accolto con grandi feste; egli presiede il congresso (*Deutscher Fürstentag*), ma il re di Prussia, consigliato da Bismarck, sebbene invitato personalmente da Francesco Giuseppe, vi si astiene. Al 1° di settembre il congresso approva quasi ad unanimità il progetto Schmerling e manda un invito collettivo al re di Prussia di aderire.

Congresso di sovrani a Francoforte.

(1) Bismarck dovette sostenere al parlamento una fiera guerra combattuta contro di lui dall'opposizione liberale; il celebre economista Schulze-Delitzsch protestava allora contro il « solletico di grande potenza » appunto nella questione dello Schleswig-Holstein, che Bismarck faceva vedere esistente in Prussia. Il « conflitto costituzionale » durò in Prussia fino al 1866; negli ultimi anni del conflitto Bismarck governò senza parlamento; poi nel '66, vittorioso, su tutta la linea si fece votare l'indennità parlamentare per gli anni di assolutismo.

Bismarck risponde ancora, che soltanto un parlamento di tutta la nazione tedesca, con la quale la Prussia ha interessi identici, potrà deliberare riforme della Lega; quindi le decisioni del congresso restano lettera morta.

Schleswig-Holstein.

Intanto sorge all'orizzonte di nuovo la questione dello Schleswig-Holstein. Con il trattato di Olmütz — vedemmo — l'Austria aveva costretto la Prussia di ritirare le sue truppe da quelle due provincie, che la Danimarca fino al 1848 amministrava come parti separate costituzionalmente dal regno di Danimarca e appartenenti alla confederazione germanica. Invece con la « lettera aperta » di Cristiano VIII nel 1846 lo Schleswig (con Lauenburg) veniva dichiarato parte integrante della Danimarca, onde assicurare la successione anche in quella provincia alla linea femminile della dinastia danese e l'unione fu di fatto attuata, dopo ritirate le truppe prussiane nel 1852, con il protocollo di Londra, cui aderì anche l'Austria (1). Ora nel 1863, morto l'ultimo erede maschio della dinastia danese, vi succedette Cristiano IX della linea femminile; una parte degli stati provinciali della Schleswig-Holstein non vuole riconoscerlo e si schiera dalla parte del pretendente tedesco

(1) La Prussia affermò allora che la « lettera aperta » significava una violazione delle costituzioni e dei privilegi garantiti ai due ducati Schleswig e Holstein nel 1460, quando si unirono al regno di Danimarca. Secondo quelle costituzioni in quei ducati vigeva riguardo la successione al trono la *lex salica*, che escludeva le donne dal trono; inoltre — secondo i prussiani — era stata garantita ai due ducati l'inseparabilità. Nel 1852 l'Austria per mezzo del ministro Schwarzenberg nella pace di Olmütz costrinse la Prussia ad adattarsi alla « lettera aperta » di Cristiano VIII, che era una specie di Sanzione prammatica per la Danimarca e per lo Schleswig, mentre invece lasciava valere la *lex salica* per il Holstein, che così sarebbe stato separato — dopo morto senza eredi maschi l'unico figlio di Cristiano VIII — dallo Schleswig e sarebbe passato alla linea maschile cadetta degli Augustenburg. Nel 1863 il figlio di Cristiano VIII, il re Federico VII morì e gli succedette Cristiano IX della linea femminile, che nel nov. dello stesso anno proclamava di nuovo in una costituzione l'unione dello Schleswig alla Danimarca. Ora invece l'Austria mancando al protocollo di Londra, che aveva firmato, fa causa comune con la Prussia.

Federico duca di Augustenburg, del quale il padre aveva però pure aderito al protocollo di Londra. Ora la Prussia si erige di nuovo a paladina degli interessi germanici tanto più che questa volta erano in realtà anche veri interessi politici, strategici ed economici prussiani. L'Austria non poteva esser da meno della Prussia ed ambedue ottengono dall'assemblea federale il mandato di esecuzione in comune contro la Danimarca.

Opposizione alla camera di Vienna.

Alla camera dei deputati a Vienna si protestò subito energicamente dai migliori oratori della maggioranza costituzionale contro l'avventura guerresca, in cui era lanciata la monarchia senza che se ne scorgesse una ragione plausibile, senza che si potesse prevedere, come farà poi ad uscirne, anche riuscendo le truppe alleate vittoriose, e con la certezza che tutti i vantaggi sarebbero stati ritratti dalla Prussia a danno dell'egemonia austriaca in Germania (1).

L'opposizione del parlamento non faceva che aumentare i malumori a corte contro di esso e contro la costituzione. Il partito aulico-militare reazionario traeva nuova forza dalle vittorie dell'esercito ai confini danesi (2);

---

(1) Specialmente i deputati del partito costituzionale tedesco erano contrari a questa politica del « buon conte Rechberg » allora ministro degli esteri. L'on. Nepomuk Berger rilevava l'avversione intima di Bismarck per l'Austria, deplorava l'isolamento dell'Austria e profetizzava i pericoli, che minacciavano dall'Italia. L'on. Giskra affermava che l'Austria non doveva fare causa comune con la Prussia bensì con tutta la Confederazione germanica e accusava Rechberg di indecisione, di mezze misure. Altri capi costituzionali, l'on. Edoardo Herbst e l'on. Rechbauer tennero pure nello stesso senso discorsi memorabili e l'on. Kuranda domandava: « Quali sono gli interessi austriaci nella guerra per lo Schleswig-Holstein? » (V. i protocolli stenografici della camera di quel tempo).

E' interessante rilevare in questo momento, come i giornali viennesi (*Zeit*, *Neue freie Presse* ecc.) al principio del 1914 abbiano ripetutamente usato la frase, che l'Albania stava per divenire un secondo Schleswig-Holstein fra l'Austria-Ungheria e l'Italia.

(2) Se si può parlare di vittorie austriache e prussiane sui danesi per terra, non si può dire lo stesso per mare. Nella battaglia navale, che ebbe luogo ai 9 maggio 1864 presso Helgoland fra tre navi di guerra danesi e 5 austro-prussiane e che durò dalle ore 13 1/2 fino quasi alle 16, gli alleati furono

già si sentivan nell'aria minacce contro la rappresentanza costituzionale e il deputato Schindler ne fece parola

battuti. I danesi nelle due fregate *Niels Juel* e *Iylland* e nella corvetta *Heimdal* sotto il comando del capitano E. Svensen avevano tre unità più forti e meglio armate delle due fregate austriache (*Schwarzenberg* (nave ammiraglia) e *Radetzky* e delle due cannoniere prussiane *Blitz* e *Basilisk* e del piroscafo armato *Adler*. La flotta degli alleati era sotto il comando di Tegetthoff, allora appena capitano e subito dopo la battaglia perduta promosso a contrammiraglio all'età di 37 anni. La nave ammiraglia austriaca fu quella, che maggiormente ebbe a soffrire in questa battaglia. La flotta nemica giuntale a 2-300 metri di vicinanza la coprì di granate, che provocarono quattro incendi a bordo; i tre primi furono domati, ma il quarto divampò sempre maggiormente e dalla coperta superiore si estese all'interno della nave, sicchè Tegetthoff, vedendo anche la *Radetzky* in pericolo, ordinò la ritirata. Le navi danesi non inseguirono il nemico; si disse che agirono così per ordine superiore; gli austriaci affermano che anche la fregata danese *Iylland* era stata gravemente avariata e che dovette esser rimorchiata. (V. lo studio del cap. di fregata Fr. Pick von Seewart nella *Neue freie Presse* dei 9 mag. 1914).

La marina da guerra austriaca.

Questo fatto d'arme ha importanza storica, oltrechè perchè segna i principi di Tegetthoff e del suo successore bar. Sterneck, perchè è ai primi albori della formazione di una marina da guerra austriaca (dopo il 1867: austro-ungarica). Un primo tentativo di formarne una era stato fatto fra il 1733 e il 1737 dal conte Luca Pallavicini, nobiluomo genovese passato ai servizi austriaci, più però a spese sue che a spese dello stato, sebbene l'Austria allora avesse bisogno di navi di guerra per le sue spedizioni nel regno di Napoli e delle Sicilie a sostegno di quella secondogenitura. Le due prime navi di guerra austriache portavano il nome *Imp. Carlo VI* e *Trieste* (in italiano). Nello stesso tempo il conte Pallavicini fu incaricato di armare una flottiglia danubiana contro i turchi. Ma già nel 1738 una conferenza di consiglieri della corona convocata appositamente deliberava: « Siccome una marina da guerra austriaca reca pochi vantaggi, costa moltissimo e corre il rischio di andare incontro ad un *affronto* (*sic*) in caso di un attacco nemico, la si deve nel modo migliore vendere per farne denari, dei quali lo stato ha estremo bisogno ». (V. lo studio del cap. di corvetta Arturo Leugnick nella pubblicazione dell'Esposizione adriatica austriaca a Vienna nel 1913: *Die Entwicklungsgeschichte unserer Kriegsmarine*). Di fatti le navi furono vendute.

Durante la guerra dei sett'anni parecchie navi mercantili inglesi e dopo il 1764, quando « il cantone di Algeria — dicono i rapporti diplomatici austriaci — dichiarò guerra all'i. r. bandiera », anche navi algerine cominciarono (sempre « sotto bandiera prussiana ») catturare le navi austriache commercianti con il Levante. Allora fu ordinata la costruzione di due fregate da mettersi al comando del cavaliere dell'ordine di Malta Giov de Maussè, sottoposto però all'« Intendenza marittima » di Trieste e non al consiglio aulico

nel suo discorso, respingendole energicamente, riaffermando, che l'Austria avea bisogno di pace e ammonen-

di guerra (*Hofkriegsrat*, presentemente ministero di guerra) di Vienna. Ma le due fregate rimasero disarmate. Il conte Kaunitz consigliava poi Giuseppe II di provvedere ad una propria marina da guerra per proteggere i commerci marittimi austriaci, ma nelle casse di stato non c'era denaro sufficente.

Un terzo tentativo di formare una flottiglia armata finì nel 1792 sotto Leopoldo II con il mandare all'asta quello, che era stato costruito.

La pace di Campoformio diede all'Austria con Venezia e con i suoi possedimenti nel Friuli, con l'Istria, con la Dalmazia (persino con il Palazzo Venezia a Roma) anche tutta la ricca e forte flotta militare e mercantile veneziana. Anche questa però secondo un « parere » della Camera aulica (il ministero delle finanze di allora) doveva esser ridotta e in gran parte venduta. Vi si oppose energicamente il comandante in capo di tutte le forze armate austriache di allora, l'arciduca Carlo, in un memoriale diretto nel 1803 all'imperatore e la flotta fu salva. Così dopo la pace di Parigi nel 1814 essa contava circa 200 navi. Però subito dopo ricominciarono gli imbarazzi finanziari della monarchia e, su proposta sempre della camera aulica, si ebbero fino al 1828 ripetutamente trattative di vendita con i governi d'Inghilterra, d'Olanda, del Portogallo, del papa e persino d'Egitto. Di fatti una parte della flotta veneziana andò venduta. Ma rimase all'Austria ancora una parte bastante a permetterle d'intervenire con efficacia nei conflitti internazionali degli anni seguenti: contro Murat a Napoli e in Sicilia, contro il bey di Tripoli, contro la rivoluzione in Spagna (1822), a favore di Don Miguel in Portogallo, nelle spedizioni in Brasile e in Cina, contro l'indipendenza della Grecia, nell'azione sulla costa marocchina e nella guerra di Siria nel 1840 (la marina di guerra consisteva allora di 61 navi con 3000 combattenti). La politica di Metternich trovava quindi nella flotta anche ridotta un forte appoggio.

Però già nel 1844 l'arciduca Federico, fatto comandante della flotta, in un memoriale all'imperatore deplorava le misere condizioni della marina da guerra, della sua ufficialità e dei depositi suoi, tutti vuoti. Nello stesso anno Radetzky pure in un memoriale all'imperatore scriveva: « Sarebbe ridicolo pensare in caso di una guerra con uno stato marittimo uscire incontro al nemico con la nostra flotta » e domandava nuove opere di difesa per Venezia, allora base navale austriaca. La flotta era ancora di lingua e di spirito nazionale veneziana (fratelli Bandiera e altri). Il nuovo imperatore Francesco Giuseppe seguendo i consigli dei suoi generali (fra i quali il bar. Hess), ordinò subito le riforme necessarie, ma queste si poterono attuare appena con i crediti ottenuti dall'arciduca Ferdinando Massimiliano fra il 1860 e 1866 (era stato nominato comandante della marina nel 1854; nello stesso tempo si applicavano i propulsori ad elice inventati parecchi anni prima da Ressel, ingegnere a Trieste, ignorato e abbandonato dall'Austria a morir in miseria). L'Austria ebbe allora

do di non fidarsi della Prussia. Ma delle opinioni dei deputati e del parlamento, quando non corrispondevano ai desideri della corte e del governo, nè allora nè poi mai nessuno si curò in Austria.

Pace di Vienna, 1864. Trattato di Gastein, 1865.

Con la pace di Vienna (30 ottobre 1864) la Danimarca cedette lo Schleswig-Holstein all'Austria e alla Prussia; questa richiese dal pretendente duca di Augustenburg alcune concessioni di importanza militare e marittima nelle due province, che ora sarebbero divenute il suo stato; ma il duca, sobillato dall'Austria e dagli stati germanici ostili alla Prussia ed a Bismarck, rifiutò; allora la Prussia si oppose alla sua salita al trono affermando, che l'adesione di esso padre al protocollo di Londra significava un'abdicazione valida anche per il figlio. Comincia ora la politica di Bismarck diretta alla conquista delle due province. L'Austria e gli altri stati germanici vi si oppongono; subentra già ora una tensione pericolosa; il conflitto per il momento è scongiurato con il trattato di Gastein (14 agosto 1865) che provvisoriamente affida l'amministrazione dello Schleswig alla Prussia e del Holstein all'Austria mantenendo però il condominio dei due stati su ambedue le province. La guerra non è che ritardata; verrà a dar ragione ai deputati ammonitori.

Politica estera e politica interna.

Ed ora assistiamo di nuovo ad uno di quei casi tipici tanto frequenti in Austria, di ripercussione della politica estera sulle cose interne e specialmente su quelle nazionali della monarchia. A corte, intorno all'imperatore si sente l'avvicinarsi del momento critico e si comincia andar a tastoni in cerca di un punto di consistenza nello squilibrio della politica interna: da principio pare, che Schmerling riesca a far prevalere il suo programma centralista e tedesco: procedere d'accordo con le popolazioni tedesche contro la Prussia per l'egemonia austriaca; la vittoria di Schmerling a corte pro-

---

le prime navi corazzate e cannoniere rapide con artiglieria pesante. La battaglia di Lissa accrebbe nelle alte sfere austriache l'importanza della marina da guerra, di cui vedremo poi l'ulteriore sviluppo.

voca la caduta del ministro degli esteri, del « buon » Rechberg, che aveva quattr'anni fa raccomandato all'imperatore la nomina di Schmerling a ministro di stato; ora Schmerling non voleva aver rivali nel ministero e fece nominare ai 27 ottobre 1864 a suo successore il ricchissimo e modesto conte Mensdorff-Pouilly, cugino della regina d'Inghilterra. Ma nello stesso tempo cominciavano ad agire a corte contro Schmerling e contro i tedeschi, che si opponevano in parlamento ai crediti e alle spese militari, i federalisti slavi, Clam-Martinic in prima linea, i conservatori ungheresi, spintivi prudentemente da Deák, e fra questi specialmente il conte Esterhazy, collega dello Schmerling stesso nel ministero, l'ex-deputato Giorgio de Mailáth e infine il partito militare e arciducale, contrario sempre a qualunque forma di costituzione.

Federalismo.

Troppo difficile influire in questi momenti sull'animo dell'imperatore non dirò contro i tedeschi, ma a favore delle altre nazionalità della monarchia, non doveva essere. In una guerra contro tedeschi era meglio non fidarsi dei soli tedeschi d'Austria. Ma come sempre in Austria anche questa volta si restò a mezza strada o si arrivò troppo tardi; non si accontentò nessuno: nè ungheresi, nè slavi; e si disgustarono i tedeschi; non parliamo poi degli italiani del Veneto e delle altre province; l'Austria andava in guerra, con tutti i suoi popoli malcontenti. L'avvicinamento dell'imperatore ai magiari avvenne nel giugno del 1865, si può dire, del tutto all'insaputa di Schmerling; a prepararlo, oltre l'opera lunga e costante dei due capi conservatori a corte, avevano contribuito il celebre « articolo pasquale » di Deák nel suo organo *Pesti Napló* (16 aprile 1865) e le tre interviste con Deák pubblicate dal giornalista Ludassy nell'organo viennese dei conservatori ungheresi, *Debatte* (maggio 1865), nei quali il capo dell'opposizione ungherese esponeva le sue idee sulla possibilità di un accordo fra la corona e la nazione ungherese, fra

Ungheria.

l'Austria e l'Ungheria, ammettendo oltre l'unione personale nel sovrano anche i cosiddetti affari comuni prammatici fra i due stati (diplomazia, esercito, finanze comuni) e proponendo l'isituto delle deputazioni (le delegazioni di poi) a regolarli (1). Sarà questo *in nuce* il principio informatore del « compromesso » austro-ungarico del 1867.

Caduta di Schmerling.

Il primo atto dimostrativo da parte di Francesco Giuseppe, che non intendeva più di identificarsi con la teoria di punizione di Schmerling verso gli ungheresi, fu la decisione improvvisa dell'imperatore di visitare la capitale ungherese in occasione della mostra dell'associazione agricola (6 giugno 1865). Poco dopo, ai 26 giugno, l'imperatore nominava a cancelliere aulico d'Ungheria Giorgio de Mailáth al posto del co. Ermanno Zichy, cieco istrumento in mano di Schmerling, e ne dava notizia al presidente del consiglio arciduca Ranieri appena dopo avvenuta la nomina. L'arciduca chiese subito un congedo, concessogli, e assieme con Schmerling, dopo una seduta burrascosa del consiglio, già il giorno dopo presentava le dimissioni, accolte (2). Ai 27 luglio fu dichiarato chiuso il parlamento austriaco con un discorso del trono, che faceva prevedere un seguito ancor peggiore, e lo stesso giorno assunse il potere il nuovo ministero con presidente del consiglio e ministro dello stato il co. Riccardo Belcredi, fino allora logotenente di Boemia, ove aveva strette amicizie con l'aristocrazia feudale federalista e clericale, raccomandato al-

Il "ministero dei conti".

---

(1) Questi stessi tre ordini di affari comuni erano stati posti come condizioni indispensabili per un'intesa con l'Ungheria già nell'a. 1861 da Francesco Giuseppe in un suo colloquio con il presidente della dieta ungherese Ghyczy. V. Wertheimer, op. cit. — I dualisti ungheresi tributarono onori dimostrativi nel gennaio 1914 ai funerali del tipografo, che aveva composto l'articolo pasquale di Deak nel 1865.

(2) Questo modo di licenziare i ministri, usato verso Schmerling, è ancora in uso alla corte di Vienna. Qui i ministri non cadono per voti del parlamento, ma per volontà del sovrano! Fu questo il tempo in cui Palmerston caratterizzò così bene le funzioni del sovrano d'Austria: « non ha che da fare l'eterno mediatore fra i suoi ministri in baruffa continua ».

l'imperatore dal co. Esterhazy, che restava ministro senza portafoglio; a ministro degli esteri restava il co. Mensdorff e ministro delle finanze diveniva il latifondista co. Larisch-Mönich. Fu questo il « ministero dei conti » rimasto celebre per le sconfitte del 1866. Schmerling cadde con il parlamento, nato e morto con il suo ministero, creato quasi a suo uso personale (1).

Sospensione della costituzione (Sistierungsperiode).

Il malcontento dei tedeschi d'Austria per questo mutameno di sistema di governo fu enorme (2) e crebbe ancor più, quando ai 20 settembre dello stesso anno (1865) apparve il manifesto imperiale, che sospendeva la costituzione di febbraio, finchè — diceva — non fosse stato conseguito un accordo fra la corona e le diete d'Ungheria e di Croazia sulla base del diploma d'ottobre e della patente di febbraio, accordo, che poi sarebbe stato presentato anche al parlamento austriaco « per intendere anche il suo giudizio equivalente ». Una patente imperiale dello stesso giorno autorizzava il governo di prendere da sè, in mancanza del parlamento, tutte le disposizioni improrogabili. Al co. Esterhazy fu attribuita anche la paternità di questa sospensione (*Sistierung*); anzi egli stesso si gloriava di aver redatto, alcuni mesi pri-

1) Tutte le notizie suesposte sull'imperatore, sulle cose ungheresi e su Schmerling sono confermate nei telegrammi dell'inviato prussiano Werther da Vienna a Bismarck di data 5 e 10 luglio 1865. L'inviato assicura di avere le notizie da « fonte degna di fiducia ». A caratterizzare bene Schmerling ci serve il seguente passo di una lettera (d. d. 28 ottobre 1871) del bar. Bela Orczy, capo di sezione al Ministero degli esteri di Vienna e uomo di fiducia del conte Andrassy, diretta a sua madre: « Schmerling ha la debolezza ogni volta, che c'è una crisi ministeriale, *à plusieurs reprises* di farsi annunciare in udienza dall'imperatore per relazionargli, essendo egli ora presidente della Suprema corte di giustizia, cose del suo ufficio di solito di nessuna importanza, *plutôt prétexte que matière d'intérêt; au fond* solamente, perchè si dica: Schmerling è stato ricevuto ripetutamente in udienza dall'imperatore, egli è quindi il prescelto (al ministero!) ». V. Wertheimer, op. cit.

(2) Nè poteva diminuirlo la maggior libertà di stampa concessa praticamente da Belcredi ai giornali; perchè dall'altro lato il nuovo ministero procedette inesorabile contro i più alti funzionari tedeschi dello stato, che erano rimasti fedeli ai principî centralisti giuseppini cominciando dallo spazzarli da tutte le cariche negli uffici più delicati del ministero.

ma, lo schema del manifesto; secondo lui, il parlamento austriaco, centralista in maggioranza, doveva esser sciolto e non rieletto, onde non intralciasse le trattative fra la corona e gli ungheresi. Dai partiti reazionarî a corte non gli mancò l'appoggio. Due giorni prima della sospensione del parlamento centrale erano state concovate per novembre le diete provinciali; questa era una vera dimostrazione federalista; la dieta di Boemia, ove gli czechi con una vittoria nella curia del gran possesso fondiario avevano ottenuto la maggioranza, — il meccanismo elettorale di Schmerling e di Lasser cominciava a vendicarsi! — e le diete federaliste dei polacchi di Galizia e di Bucovina ed ora anche degli italiani dell'Istria espressero i loro ringraziamenti al sovrano per la patente di settembre. Così pure i tedeschi del Tirolo, federalisti sempre, ringraziano; le altre diete tedesche protestarono tutte (1); soltanto quelle della Carniola e della Moravia, nelle quali l'opera slavizzatrice di Belcredi aveva già indebolito le posizioni dei tedeschi, si astennero dall'esprimersi.

.e diete.

Gli ungheresi e Bismarck.

L'Ungheria ebbe la fortuna di avere in questi momenti a capo della sua politica persone di alto intelletto, di grande abilità diplomatica e di sentire patriottico. I capi dei partiti ungheresi compresero subito, che un indebolimento dell'elemento centralista tedesco in Austria non poteva che giovare all'effettuazione delle loro aspirazioni nazionali. Da ciò le simpatie ungheresi e di Andrássy stesso per Bismarck e per l'unità germanica fuori dell'orbita austriaca. In gran parte da ciò anche l'opposizione di Andrássy nel 1870-71, acchè l'Austria si alleasse alla Francia contro la Prussia (2). Nè

(1) Un deputato alla dieta dell'Austria inferiore protestò contro la sospensione con le parole: « l'Austria e la Turchia hanno lo stesso sistema di governo: l'arbitrio ».

(2) L'abilità di Andrássy emergerà subito dopo nel 1872, quando — passato il pericolo di una rivincita austriaca in Germania e finita per sempre l'egemonia tedesca in Austria — impedirà l'ascesa dello slavismo in Austria con il ministero Hohenwart da lui fatto cadere e aiuterà di nuovo i tedeschi d'Austria, fatti ormai innocui per l'Ungheria, a risorgere.

si può negare, — scorrendo la corrispondenza fra Bismarck e l'inviato prussiano a Vienna, bar. Werther (1) — che il presidente del consiglio prussiano sia stato tenuto con molta precisione a giorno di tutte le fasi della laboriosissima crisi austro-ungherese. E se gli ungheresi approfittarono del conflitto austro-prussiano, i prussiani approfittarono pure di quello austro-ungherese! Gli sconfitti furono di nuovo la corte e i partiti militari, reazionarî, che speravano — tirando in lungo le trattative con gli ungheresi e facendo mezze concessioni — salvare capra e cavoli, cioè vincere la guerra e ristabilire l'assolutismo centralista. Intanto sacrificarono agli ungheresi la Transilvania; un rescritto imperiale del 1° settembre 1865 scioglieva la dieta transilvana e ne ordinava la rielezione secondo la legge elettorale transilvana del 1691, che riconosceva gli stati provinciali delle sole tre « nazioni » (magiari, szekli e sassoni) e i cosiddetti « regalisti », membri della dieta da nominarsi dal re in numero indefinito (2). La dieta, rinforzata da regalisti, « rivedeva » e approvava ai 6 dicembre 1865 di nuovo la legge di fusione del 1848; l'individualità politica statale della Transilvania cessava di esistere e l'equiparazione nazionale dei rumeni svaniva come un bel sogno, durato soli due anni! La Transilvania manda i suoi 75 deputati alla dieta di Pest, che da ora in poi si chiamerà « parlamento » (*Reichstag*) (3). L'indipendenza della Croazia sarà sacrificata appena dopo la guerra; per intanto la dieta croata, convocata ai 12 no-

Fusione della Transilvania con l'Ungheria, 1865.

Croazia.

(1) Werther non fa mistero dei nomi di personaggi ungheresi rispettabilissimi, suoi informatori. Vedi: Ed. Wertheimer, op. cit.

(2) Nella dieta del 1848, che votò la fusione della Transilvania con l'Ungheria c'erano 90 deputati eletti e 300 « regalisti! » (V. I vol., p. 86).

(3) La Transilvania incorporata ora all'Ungheria è divisa in 15 comitati; l'opera di magiarizzazione del governo negli uffici e nelle scuole diviene intensissima; anche i sassoni, che conservano alcuni privilegi nazionali, sono favoriti a danno dei rumeni; con tutto ciò questi, sebbene lentamente, crescono di numero e si rinforzano economicamente. Gli *szekli* invece emigrano in gran parte anche in Rumenia.

vembre 1865, elegge ai 9 marzo 1866 una deputazione di 12 membri (la deputazione regnicolare), che doveva trattare dei rapporti fra l'Ungheria e la Croazia con una deputazione « regnicolare » ungherese. Le trattative allora fallirono, anche perchè i croati non volevano rinunciare a Fiume italiana (1).

Trattative con la dieta ungherese.

Ai 14 dicembre 1865 fu inaugurata solennemente la dieta ungherese con un discorso di Francesco Giuseppe, che non negava più la validità delle leggi del '48 ma ne esigeva la revisione. S'impegnò ora una lunga polemica di indirizzi dietali, in cui ancora si evitavano i termini « re » e « sovrano », e di rescritti imperiali; la dieta domandava anzitutto il riconoscimento incondizionato della continuità legale della costituzione; si sarebbe provveduto poi alle modifiche in via costituzionale. L'imperatore esigeva, consigliato da Belcredi e dai generali guerrafondai, avanti tutto garanzie dalla dieta. I partiti militari tergiversavano ancora (2) e Belcredi consigliava di sciogliere anche il parlamento ungherese sperando con un esercito, che ritornasse vit-

(1) La deputazione croata era presieduta dal vescovo Strossmayer, che era secondato dal suo amico, lo storico prete Racki, pure membro della commissione croata. Presidente della deputazione ungherese era il conte Giorgio Mailàth, che agiva però secondo le direttive di Deàk. I croati affermavano che gli avvenimenti del '48 avevano sciolto ogni vincolo legale fra Ungheria e Croazia ed esigevano completa autonomia interna per la Croazia. Gli ungheresi ammettevano soltanto fino ad una certa misura dei diritti statutari della Croazia; del resto questa doveva essere una parte dell'Ungheria soggetta al parlamento comune di Budapest, il quale solo aveva diritto di trattare con l'Austria; inoltre esigevano da parte croata la rinuncia esplicita ad ogni pretesa su Fiume. Dopo due mesi di trattative inutili i croati ritornarono a Zagabria; ma dopo Königgrätz Vienna li abbandonerà alla mercè degli ungheresi e Strossmayer sarà costretto a tacere (v. cap. seg.).

(2) L'addetto militare prussiano conte Gröben comunicava da Vienna a Berlino, in data 24 gennaio 1866, che il nuovo aiutante generale dell'imperatore conte Crenneville era seguace della nota teoria di punizione contro l'Ungheria e che il secondo aiutante generale conte Coudenhove aveva detto apertamente all'addetto militare prussiano: « Non l'accondiscendenza, bensì solamente i cannoni saranno l'*ultima ratio* nelle differenze con l'Ungheria ».

torioso dalla campagna contro la Prussia, di poter piegare i popoli ungheresi e austriaci ai suoi voleri.

Agitazioni in Ungheria.

A Bismarck premeva pure, che l'accordo non avvenisse prima della guerra; lo si accusava di mandar milioni in Ungheria; forse anche per questo affrettò lo scoppio delle ostilità; dalla Slesia doveva irrompere in Ungheria la legione degli emigranti di Klapka. Il parlamento ungherese si trovava ancora a discutere senza alcun risultato, quando la guerra scoppiò. Se Vienna tergiversava nella speranza di vincere, ora anche Deák chiedeva l'aggiornamento della camera in attesa degli avvenimenti. Ai 26 giugno 1866 il parlamento fu di fatti aggiornato e Deák fece pubblicare a provare quasi, che non era stata la dieta a non lavorare, l'operato fino allora compiuto dalla sottocommissione dei 67 deputati, che erano stati eletti dalla dieta per elaborare una nuova costituzione; operato, che servirà poi dopo Königgrätz di base all'accordo fra la corona e gli ungheresi. Ma le tergiversazioni della corte e l'aggiornamento della dieta non potevano che esasperare maggiormente l'opinione pubblica ungherese e Bismarck appunto contava su ciò.

Finanze. Nuovi debiti.

Fra le mansioni « improrogabili » demandate nella patente di settembre al consiglio dei ministri vi era soprattutto quella di provvedere a nuovi prestiti dello stato, resisi necessari per le sempre crescenti spese militari. Le condizioni, alle quali il governo austriaco nei pochi mesi di crisi più acuta avanti e durante la guerra potè trovare del credito, furono disastrosissime. Se ci fosse stato il controllo del parlamento, certamente quei debiti non si sarebbe osato di contrarre. La Commissione di controllo istituita con la legge dei 27 ottobre 1865 (anche senza parlamento si pubblicavano « leggi » nel bollettino dell'impero) non poteva che chinar il capo dinanzi all'argomento sovrano, che il denaro era necessario per la salvezza dello stato contro « i pericoli del nord e del sud », e Rothschild, membro della commissione, partecipava ai consorzi dei creditori, che faceva-

Condizioni disastrose.

no affari d'oro. Basti rilevare, che il corso effettivo pagato allo stato da un consorzio parigino per il prestito in argento emesso secondo la « legge » dei 23 novembre 1865 (*Silberanlehen* 1865) fu di soli 61 1/4 per cento e che quindi per ottener 90 milioni di fiorini lo stato dovette emettere obbligazioni per il valore nominale di 146,938,800 fiorini.

Il debito, che doveva rendere il 5% ed era estinguibile in 37 anni, fruttava così l'8 1/6% al consorzio. Conteneva in più l'umiliante condizione, che le estrazioni delle cartelle da estinguersi si facessero a Parigi. Naturale conseguenza di questo prestito fu subito un notevole ribasso di tutti gli altri valori austriaci sul mercato finanziario con tutte le altre concomitanze malefiche per il credito pubblico e privato della monarchia. Il prestito in obbligazioni di rendita secondo le « leggi » dei 7 luglio e dei 25 agosto 1866 fu, se possibile, ancora più disastroso. Al consorzio partecipavano soltanto istituti austriaci, fra i quali le case Rothschild e Wodianer; il consorzio assunse il prestito soltanto « in commissione » e si assicurò una triplice provvisione. Le cartelle si vendettero nei primi mesi al corso di soli 55.13 fiorini per cento; poi il prezzo salì alquanto; ma nel 1868, quando finalmente i 50 milioni effettivi di fiorini furono conseguiti con questo prestito, il complessivo valore nominale delle cartelle emesse per esso dallo stato raggiungeva la somma di 84,300,000 fiorini. E questo era pure un titolo al 5%, estinguibile e senza imposta sugli interessi! Per trovare i 30 milioni di fiorini, che la monarchia doveva pagare quale indennità di guerra alla Prussia, il ministro delle finanze dovette conchiudere un prestito da strozzini nientemeno che con 59 istituti e case di credito, dando in pegno all'i. r. priv. Istituto di credito austriaco per il commercio e per l'industria cartelle del debito ipotecario dello stato per oltre 41 milioni di fiorini, che i creditori avrebbero avuto diritto poi — scaduto il termine — di vendere a qualunque prezzo, dove volevano; dava in pegno inoltre

Strozzinaggio.

metà dei redditi dei dazi, il ricavato di vendite di alcuni beni dello stato, qualsiasi indennità proveniente dalla cessione del Lombardo-Veneto e infine pagava gli interessi correnti e la provvisione di 3/4% per ogni tre mesi. Insomma con questi e con altri prestiti, con l'emissione di carta moneta (per complessivi 412 1/2 milioni di fiorini) il debito pubblico austriaco crebbe dal dicembre 1864 al dicembre 1866 di 769,040,708 corone, ammontando ora a 5,839,435,378 corone senza inchiudervi un altro miliardo di corone del debito delle provincie per l'esonero del suolo e il debito, che passava con il Veneto all'Italia.

Suprema corte dei conti.

Per ridare al pubblico la fiducia nell'amministrazione finanziaria si ricorse questa volta, come nel '60 alla commissione di controllo del debito pubblico, con una di quelle « leggi » improrogabili (21 novembre 1866) alla creazione della Suprema corte dei conti (*Oberster Rechnungshof*) autorità « immediatamente sottoposta » all'imperatore ed equiparata ai ministeri nella sua posizione, che ha l'incarico di controllare tutta l'amministrazione finanziaria e patrimoniale dello stato, spcialmente i bilanci effettivi in fin d'anno con l'obbligo di sottoporne poi i conti di chiusura all'approvazione parlamentare (1).

Guerra con l'Italia e con la Prussia 1866.

Königgrätz mette fine ai tentennamenti costituzionali. Chi porta la responsabilità, in questo caso anzi la colpa della guerra disastrosa per l'Austria del 1866? Quasi tutti gli storici austriaci, certamente tutti i più ser. fra di loro si trovano d'accordo nell'affermare, che fu la camarilla militare, clericale, arciducale, domi-

(1) Veramente la legge dice « costituzionale », che in Austria, quando commoda, vuol dire « anche senza il parlamento » (§ 14). Difatti dal 1895 al 1910 il parlamento non trovò tempo di occuparsi dei conti di chiusura presentatigli regolarmente. Il presidente e i membri della corte sono nominati dall'imperatore; il decreto di nomina loro — come del resto anche quello dei nuovi ministri — *usa* non esser contrassegnato da ministri responsabili. Il presidente della corte o il suo sostituto devono esser invitati a tutti quei consigli dei ministri, nei quali si discutono faccende concernenti l'attività della corte dei conti.

nante ora, dopo la caduta di Schmerling, più di prima a corte ad acuire sempre più il conflitto con la Prussia e a provocare la guerra, desiderata da Bismarck (1). Schmerling, non si può negarlo, era riuscito a cattivare alla politica austriaca in Germania le simpatie di quasi tutti gli stati meridionali e centrali germanici; ma non sapeva o — da buon tedesco — non voleva sfruttarle in una guerra fratricida; trovava inoltre un ritegno anche nel parlamento, con il quale forse divideva in fondo dell'animo suo le preoccupazioni e per le tristi finanze dello stato e per le condizioni nazionali del paese; avrebbe preferito invece vincere la Prussia in trattative diplomatiche. La guerra del resto non sarebbe stata che ritardata, ma forse l'Austria vi sarebbe stata meglio preparata. La camarilla militare, il cui centro ancor sempre era il gabinetto degli aiutanti generali dell'imperatore, appoggiata potentemente dalle sfere clericali, odiatrici della Prussia protestante, dai ministri Esterhazy, Mensdorff e dallo stesso Belcredi (2) e da un influentissimo nucleo di alti funzionarî ministeriali, ex-cittadini degli Stati germanici minori, ed

La camarilla all'opera.

(1) Nella più volte citata interessante corrispondenza fra Bismarck e il ministro prussiano a Vienna bar. Werther sulle condizioni nazionali in Austria e sull'opera della camarilla e del partito militare a Vienna, Werther attribuisce la responsabilità della guerra del '66 in prima linea anche questa volta all'aiutante generale dell'imperatore, ora conte Crenneville, che trovò appoggio nei ministri conti Mensdorff ed Esterhazy; persino la nomina di Benedek a generalissimo austriaco sarebbe stata — secondo un altro informatore di Bismarck — un inganno della camarilla teso all'imperatore per fargli vedere con una sconfitta, prevedibile ed inevitabile, quanto poco valore avesse l'opinione pubblica, che raccomandava Benedek a generalissimo dell'esercito operante al nord.

La scelta doveva farsi tra Benedek e l'arcid. Alberto. Benedek si schermì, ma dovette assumere il comando. L'arciduca fu mandato in Italia.

(2) I tre conti e ministri dopo la guerra si schermivano delle accuse e si davano la colpa a vicenda uno all'altro di aver voluto il conflitto armato. Così Belcredi nelle sue memorie: *Fragmente*. I suoi due colleghi erano noti quali scettici, ricercatori di *bons mots* e d'*esprit* leggero, per i quali anche le sorti di uno stato potevano sembrare un bel giuoco d'azzardo (v. Wertheimer, op. cit).

ora passati in servizio austriaco e al cattolicesimo, (1), voleva invece, come nel 1859, la guerra ad ogni costo non preoccupandosi punto delle condizioni economiche del paese, non del pericolo italiano, non di quello ungherese, non dell'isolamento internazionale della monarchia; bastava loro il miraggio, dimostratosi ben presto vano, della cooperazione militare degli stati germanici minori. Bismarck invece seppe approfittare genialmente, assecondato altrettanto genialmente sui campi di guerra da Moltke, dei lati deboli del nemico. Quando l'opposizione austriaca ad una soluzione favorevole alla Prussia nella questione dello Schleswig-Holstein si fece sempre più intransigente nello scambio di note diplomatiche e quando l'Austria in un nota (16 marzo 1866) diretta ai governi degli stati germanici espresse l'intenzine di demandare la soluzione della questione all'assemblea federale, nella quale l'Austria era certa della maggioranza, cominciarono gli armamenti e Bismarck, ormai sicuro del fatto suo, stringeva gli 8 aprile 1866 il patto d'alleanza con l'Italia, che avrebbe dovuto intervenire contro l'Austria, se la guerra fosse scoppiata *entro tre mesi*.

Error austriaci.

Bismarck aveva con ciò dunque in mente già fissato un termine perentorio. Il governo austriaco in tale frangente, invece di cogliere la prima via di scampo, che gli si presentasse, nelle trattative, in aprile, per un disarmo reciproco, non volle acconsentire a disarmare anche ai confini del regno d'Italia; al 1° giugno in risposta alla mobilitazione dell'esercito prussiano dopo aver ancora, intervenute le grandi potenze, rifiutato ogni cessione di territorio nello Schleswig-Holstein al-

(1) Fra questi i più noti sono il bar. *von* Biegeleben, ex-ministro plenipotenziario assiano a Vienna, poi consigliere e relatore per gli affari di Germania al ministero degli esteri a Vienna, noto per il suo clericalesimo e per i suoi sentimenti contro la Prussia; delle stesse opinioni erano il bar. Massim. *von* Gagern, e il bar. Otto Meysenburg, pure consiglieri al ministero degli esteri austriaco, pure ex-germanici e convertitisi al cattolicesimo.

la Prussia, fece proposta formale all'assemblea federale di risolvere la questione delle due province e quattro giorni dopo convocava gli stati provinciali del Holstein a decidere delle proprie sorti. Il generale prussiano Manteuffel già due giorni dopo occupava il Holstein e ne cacciava gli austriaci, perchè l'Austria era venuta meno ai patti di Gastein. L'Austria allora — invece di convocare il tribunale federale arbitrale — propose l'esecuzione militare della federazione contro la Prussia. L'assemblea decise invece di mobilitare soltanto alcuni corpi federali per tutelare la pace sul territorio federale. Un vero aiuto militare l'Austria non ebbe che dall'esercito sassone ritiratosi in Boemia dinanzi all'invasione prussiana e unitosi all'esercito di Benedek.

Dichiarazione di guerra.

Alla proposta austriaca in seno all'assemblea federale l'inviato prussiano *von* Savigny dichiarò, che per la Prussia la Lega non esisteva più, e ne propose la trasformazione in un'altra Lega con l'esclusione dell'Austria. Allo stesso tempo Bismarck mandava un *ultimatum* in questo senso agli stati del nord, Hannover, Sassonia e Assia elettorale, e il giorno dopo già (16 giugio) li faceva invadere dalle truppe prussiane. Quest'era ormai la guerra, dichiarata formalmente nel manifesto di Francesco Giuseppe ai 17 giugno, a cui rispose il giorno dopo il manifesto del re di Prussia. Per la fine giugno i tre eserciti prussiani penetravano, senza incontrar troppa resistenza, in Boemia. Benedek invece li aveva attesi invano in Moravia. Dopo parecchie vittorie in scontri minori, la giornata campale di Königgrätz (3 luglio) fu decisiva con la vittoria definitiva dei prussiani (1). Benedek aveva telegrafato la sera avanti all'imperatore di conchiuder la pace a qualunque patto. Gli fu ordinato telegraficamente di resistere. Gli storici austriaci affermano, che Benedek fu vittima — fu subito destituito e processato, al suo posto fu chiamato

Königgrätz. Benedek.

(1) Il nome di Sadova dato a questa battaglia proviene da un episodio secondario di tutta la giornata combattuta nelle vicinanze di Königgrätz.

l'arciduca Alberto dall'Italia — di un'insubordinazione dell'arciduca Leopoldo, comandante dell'ottavo corpo, il quale, contro l'ordine esplicito di Benedek, accettò battaglia presso Skalitz ai 28 giugno perdendola e costringendo Benedek a ritirarsi a Königgrätz e ad accettarvi battaglia in condizioni poco propizie (1).

---

(1) Confr. Friedjung op. cit. e un'opera recente del generale austriaco von Samonigg, che fu dello stato maggiore dell'arciduca Leopoldo: *Das Gefecht von Skalitz am 28 Juni 1866*, Vienna e Lipsia, 1914. Nel 1912 vi fu in proposito una vivace polemica nella stampa viennese tra Friedjung e alcuni suoi seguaci da una parte e un giovane storico austriaco Wilhelm Alter dall'altra; questi era accusato dai suoi contraddittori di aver portato documenti falsi intorno alla faccenda del telegramma imperiale a Benedek; Alter non seppe difendersi efficacemente e nel dicembre dello stesso anno o nel gennaio del 1913 lo si trovò morto, suicidatosi, a Salisburgo.

A Königgrätz le forze austriache (con gli alleati sassoni) e prussiane erano quasi pari; gli austriaci avevano artiglieria migliore; invece la fanteria prussiana aveva fucili più moderni. Le posizioni tenute dalle truppe austriache erano buone; avevano però lo svantaggio del fiume Elba dietro le spalle e i prussiani ne approfitteranno. Si disse un errore del comando austriaco di aver concentrato tutte le forze contro il centro prussiano; ciò da principio dava la vittoria a Benedek. Ma poi gli mancarono forze sufficenti da opporre alla rapida avanzata dal nord del principe ereditario prussiano. Ne seguirono il panico e la fuga, ostacolata dal fiume, degli austriaci. I prussiani non li inseguirono. Le perdite furono: tra i prussiani 360 ufficiali e 8812 uomini morti e feriti; gli austriaci ebbero 330 ufficali e 5328 uomini morti, 43 uff. e 7367 uo. scomparsi (?), 738 uff. e 16.127 uo. feriti, di cui oltre la metà fatti prigionieri, inoltre 202 uff. e 12.677 uo. non feriti fatti prigionieri; il corpo sassone ebbe 58 uff. e 1523 uo. tra morti, feriti e prigionieri; gli austriaci perdettero pure cinque bandiere e 160 cannoni.

Il processo di Benedek fu troncato dall'imperatore per il suo diritto di abolizione (v. I vol., p. 215); ma Benedek dovette giurare all'arciduca Alberto, recatosi appositamente a trovarlo, che mai si sarebbe difeso nè che mai avrebbe parlato delle accuse mossegli; la ufficiale *Wiener Zeitung* portava quindi agli 8 dec. 1866 un articolo, in cui riversava tutta la colpa della guerra perduta su Benedek. Avvilito il vecchio generale visse da allora lontano da ogni rumore e morì dopo aver bruciato tutte le carte, che potevano fare qualche luce su quegli avvenimenti.

L'occupazione dopo Königgrätz della Boemia, della più ricca provincia austriaca, fu decisiva per la pace, perchè — e lo dicono anche i rapporti del ministro delle finanze e della commissione di controllo del debito pubblico all'impe-

L'arciduca Alberto nulla potè fare; gli eserciti prussiani, aumentati di uomini del doppio, avanzavano su tutta la linea, in Germania e in Austria; erano già a Hollabrunn (16 luglio) a 45 km. da Vienna e a Florisdorf, sobborgo della capitale austriaca, si stavano già scavando trincee di difesa (1). I soldati ungheresi, fatti prigionieri a Königgrätz, si arrolavano nella legione di Klapka che doveva far insorgere l'Ungheria (2). In Italia Cialdini — nonostante la battaglia indecisa di Custoza e la giornata disgraziata ed inesplicabile di Lissa — aveva ripreso l'offensiva e tutto il Veneto e una parte del Trentino erano in sue mani, quando ai 21 luglio fu conchiuso l'armistizio di 5 giorni a Nikolsburg, ove s'era insediato il re di Prussia con il suo stato maggiore, ed ai 27 si firmò il trattato di pace preliminare. La pace definitiva fu sottoscritta a Praga ai 23 agosto. L'armistizio con l'Italia fu conchiuso, per inter-

Vienna in pericolo.

Paci di Nikolsburg, di Praga e di Vienna.

ratore — venivano a mancare all'erario le fonti dei maggiori proventi e al paese i prodotti più necessari agricoli e industriali.

(1) Il poeta tedesco austriaco Anastasius Grün (pseudonimo del conte Auersperg) scrisse allora il suo: *Finis Austriae* e la cittadinanza di Vienna ne era tanto poco preoccupata, che nello stesso giorno della disfatta di Königgrätz oltre 2000 viennesi eran raccolti in un allegro *festival* mascherato estivo all'aperto. Per la guardia civica, che avrebbe dovuto contare 20,000 uomini, si erano arruolati invece in tre giorni appena 3000 cittadini. Francesco Giuseppe mostrò il suo risentimento di ciò alla prima occasione trattando molto aspramente il borgomastro di Vienna dott. Zelinka, venuto dopo la guerra con molte altre deputazioni a sollecitare la c nvocazione del parlamento.

(2) Anche Bismarck nei suoi *Gedanken und Erinnerungen* afferma ch'egli in dati casi contava sull'insurrezione in Ungheria; anzi le spese necessarie a tale scopo sarebbero state prevedute nel trattato di alleanza italo-prussiano, secondo un'affermazione austriaca (v. *Information* di Vienna dei 15 giugno 1914). Ai 27 luglio, mentre scadeva l'armistizio, la legione Klapka entrava nella Slesia austriaca e procedeva anche dopo, che i preliminari di pace erano stati firmati, con l'appoggio dei prussiani evidentemente per usar pressione su Vienna durante le trattative di pace. Klapka dovette poi naturalmente ritirarsi; il suo aiutante conte Scherr-Thoss, preso dagli austriaci, ebbe salva la vita per opera di Bismarck, che minacciò di fucilare i cittadini boemi di Trautenau, presi ostaggi, se si eseguiva la condanna contro Scherr-Thoss.

vento di Bismarck, agli 11 agosto a Cormons e la pace firmata ai 3 ottobre a Vienna (1).

La pace con la Prussia obbligava l'Austria a riconoscere la fine della Lega germanica, tutti i mutamenti territoriali e tutte le nuove istituzioni statali, che la Prussia avrebbe create nella Germania del nord, a cedere alla Prussia tutti i diritti sullo Schleswig-Holstein e a pagare un'indennità di guerra di 20 milioni di talleri (circa 100 milioni di lire). (2) Con la pace di Nikolsburg, cui parteciparono anche gli altri stati germanici sconfitti, furono fondate le due Leghe germaniche del nord e del sud. (3) Nella prima l'egemonia della Prussia era esplicitamente riconosciunta; nella seconda la Prussia se l'era assicurata accontentandosi di modeste indennità di guerra, e senza chiedere mutamenti territoriali, e stringendo un'alleanza offensiva e difensiva con gli stati meridionali, alleanza messa in pratica

Fine dell' egemonia degli Absburgo in Germania.

(1) Dopo Koniggrätz l'Austria aveva tentato d'indurre l'Italia ad abbandonare la Prussia sola in guerra cedendo il Veneto a Napoleone III, che avrebbe dovuto girare la cessione all'Italia. Ricasoli respinse questo turpe mercimonio.

(2) Una clasola, che — per volontà della Francia — imponeva alla Prussia di cedere i distretti settentrionali dello Schleswig alla Danimarca, se la popolazione lo avesse chiestó in plebisciti, non fu mai effettuata e l'Austria nel 1879, conchiudendo l'alleanza con la Germania, vi rinunciò.

(3) Gli altri stati della confederazione germanica aderirono alle nuove formazioni nei trattati di Berlino, riconosciuti dalle grandi potenze firmatarie del congresso di Vienna nel trattato di Londra degli 11 maggio 1867. Degli staterelli germanici solo il piccolo principato di Liechtenstein, che dal 1862 si trova in un rapporto di « accessione » verso l'Austria (un po' come la repubblichetta di San Marino verso l'Italia) non riconobbe esplicitamente la fine della confederazione germanica nè firmò nuovi trattati. Esso — posto fra il Vorarlberg e i Grigioni svizzeri — conservò il suo rapporto verso l'Austria-Ungheria fino ad oggi. Il principato non ha che una superficie di 159 km. q. e 10,000 abitanti, tutti cattolici, che però hanno 33 scuole elementari (una scuola per ogni 300 ab.) e una scuola tecnica inferiore nella capitale Vaduz. Gli abitanti si occupano d'industrie del legno di filande, tessiture e birra. La costituzione largita ai 26 sett. 1862 al suo stato dal principe di Liechtenstein ricchissimo per i suoi possedimenti in Boemia, in Moravia, in Slesia e in Austria e per i suoi palazzi a Vienna, ove tiene corte, fu modificata nel '78, nel '95 e nel '01. La successione al trono spetta al primogenito di linea maschile; il paese è rappresentato da una dieta di 15 deputati,

Il principato di Liechtenstein.

nel 1870. La pace di Nikolsburg suggellava la fine dell'egemonia degli Absburgo in Germania. L'occidente d'Europa si chiudeva al loro dominio durato mezzo millennio tra vicende più e meno fortunate. Nella pace di Vienna l'Italia verso la cessione del regno Lombardo-Veneto assumeva 35 milioni di fiorini del debito pubblico austriaco a proprio conto (1).

---

di cui tre nominati dal principe e 12 eletti indirettamente per la durata di 4 anni. Il tribunale d'appello austriaco d'Innsbruck funge da terza istanza per la giustizia; invece l'istanza per i ricorsi in cause amministrative-politiche è a Vienna. Dal 1852 il Liechtenstein è in unione doganale e d'imposte con il Vorarlberg; vi funge la posta austriaca; valgono la moneta e le misure come in Austria. Il bilancio del principato segnava nel 1903: introiti 835.629 corone, spese 820.810 corone.

(1) La « corona ferrea » longobarda, che era stata portata a Vienna nel 1859, fu ora restituita « spontaneamente » e riposta nel duomo di Monza. Appena ai 6 gennaio 1867 il nuovo ministro degli esteri conte Beust con un suo decreto fa togliere dal titolo imperiale la dizione « re di Lombardia e di Venezia ». Le *insignia* dell'impero germanico rimangono invece ancora a Vienna custodite nel tesoro di corte.

CAPITOLO IV.

Il "dualismo"

Le leggi costituzionali del 1867

Dopo Königgrätz.

Dopo Solferino Francesco Giuseppe prometteva riforme costituzionali; la camarilla seppe sventarle; dopo Königgrätz l'imperatore agisce; la camarilla è sbaragliata dalle sconfitte sul campo di guerra e dalle minacciose condizioni interne conseguitene. In Ungheria i disordini rivoluzionari cominciavano. (1) Le finanze dello Stato erano più che mai in rovina: le province più ricche della monarchia, la Boemia, parte della Moravia e della Slesia erano occupate dal nemico. I tedeschi davano poco affidamento: a Vienna stessa il tentativo di arrolare 20.000 uomini per la difesa della città, gravemente minacciata, in tre giorni aveva dato appena 3000 iscritti. Non c'erano nè uomini, nè denaro. La

(1) Una folla di migliaia e migliaia di ungheresi salutava a Kecskemét entusiasticamente i prigionieri di guerra italiani ivi portati. I coscritti e i richiamati ungheresi si rifiutavano di andare in guerra e preferivano fuggir nei boschi. A Pest, nella capitale stessa studenti e giovani portavano distintivi rivoluzionari. Emissari degli emigranti ungheresi (Klapka) e di Bismarck dappertutto. Andràssy stesso era in rapporti con il conte ungherese Seherr Thosz, suo ex-compagno d'emigrazione ed ora persona di fiducia di Bismarck, forse non tanto allo scopo di aiutare la rivoluzione quanto ad esser al corrente di tutto e in grado di sfruttare gli imbarazzi della corte per i progetti suoi e di Deak.

notte della battaglia di Königgrätz l'imperatore e la imperatrice attendevano ansiosi le tristi notizie. Forse fu presa qui da loro, soli, la decisione di ricorrere allo aiuto degli ungheresi. È certo, che l'imperatrice Elisabetta ebbe una parte importante, quasi decisiva nelle ultime trattative fra l'imperatore, Deák ed Andrássy (1). Già ai 9 di luglio, cinque giorni dopo Königgrätz, ella arrivava a Pest evidentemente in missione speciale ed anche per metter in salvo i figli dinanzi al pericolo di un'occupazione di Vienna. Deák, Andrássy ed altri capi ungheresi andarono ad ossequiarla all'arrivo esponendosi alle critiche dei più radicali. L'azione dell'imperatrice dev'esser cominciata subito, perchè già ai 16 luglio scriveva ad Andrássy: « In questo momento ricevo la risposta, che l'imperatore L'attende a Vienna. Del rimanente a voce dopopranzo, di nuovo dalla contessa Königsegg » (2). Ai 19 luglio, Deák, sceso in un albergo di Vienna incognito sotto il nome di avv. Ferenczy, e subito dopo Andrássy furono ricevuti dall'imperatore. Deák propose subito di nominare quale presidente del consiglio ungherese Andrássy e chiese, si concedesse all'Ungheria il ripristino della costituzione con quelle riforme che erano state elaborate dalla commissione dei 67 deputati prima della guerra; ma nel consiglio dei ministri austriaci Belcredi si oppose a qualunque concessione in questo momento agli ungheresi.

L'imperatrice Elisabetta e l'Ungheria.

La pace era stata conchiusa e il presidente del consiglio austriaco sperava di poter continuare nel suo

Trattative fra Vienna e Pest.

(1) L'imperatrice, di carattere un po' romantico, nota per i suoi sentimenti liberali, ammiratrice di Heine, aveva simpatie per gli ungheresi, aveva appreso anche la loro lingua, di cui si serviva anche nella sua corrispondenza con Andràssy. Era divenuta buona amica di questo ex-ribelle, romantico anch'egli, impiccato in effigie ed ora — in gran parte per opera di lei — divenuto presidente del consiglio ungherese. Nelle lettere ad Andràssy lo chiamerà « caro amico ». Si narra, che al ballo di corte prima della guerra del '66 l'imperatrice abbia detto ad Andràssy: « Vede; se le cose dell'imperatore vanno male in Italia, me ne duole; ma se lo stesso avviene in Ungheria, ne muoio ».

(2) La contessa Paolina Maria Königsegg-Aulendorf era la grande cerimoniera di Elisabetta.

regime assolutistico a governare la monarchia; e tanto più si opponeva, in quanto che Deák metteva per condizione dell'accordo austro-ungarico anche il ritorno ad un governo costituzionale anche in Austria. Cominciarono di nuovo trattative laboriose fra l'imperatore e — ora direttamente — Deák ed Andrássy. Ormai l'imperatore era deciso ad accettare il dualismo; ma la controversia s'imperniava ancor sempre sul postulato del sovrano, che la revisione delle leggi costituzionali del '48 si facesse prima della nomina di un governo costituzionale, responsabile per l'Ungheria. La soluzione della questione fu affrettata finalmente dalla nomina dell'ex-ministro sassone e protestante co. Beust (1), il presuntuoso rivale di Bismarck, che aveva dovuto abbandonare la corte di Dresda appunto per volontà del cancelliere prussiano, a ministro degli esteri austriaco. Era una nomina di protesta e indice di propositi di *revanche* contro la Prussia. Beust si convinse subito della necessità di un accordo fra corona e ungheresi; sperava di trovare poi nell'Ungheria il più forte appoggio contro la Prussia. Si avvererà invece poi il contrario; quando gli ungheresi avranno di nuovo la loro costituzione, Bismarck troverà nel 1871 l'appoggio di Andrássy a far cadere Beust e ad intendersi con Vienna. Beust intanto fa convocare ai 17 novembre il parlamento ungherese, ove s'impegnano di nuovo discussioni vivacissime fra i seguaci di Deák e quelli di Tisza, che accusano Deák persino di essere un « giallo-nero » (colori della bandiera austriaca) per la sua troppa arrendevolezza verso Vienna. Ciò non impedirà più tardi Tisza a divenire capo del governo e del « partito dei sessantasettini », cioè di quelli che si attengono alle leggi di Deák del '67.

Il conte Beust.

Ai 20 dicembre Beust si recò a Pest a trattare diret-

Tra Beust e Belcredi.

(1) Fino al 1867 era ancora barone; ai 5 dic. 1868 fu fatto conte forse, secondo l'uso frequentemente seguito da Francesco Giuseppe verso i suoi ministri degli esteri, per rimunerarlo del conseguito accordo austro-ungarico.

tamente con i capi ungheresi. Il conflitto tra lui e Belcredi si acuiva di giorno in giorno. Ora era l'uno ora l'altro che otteneva maggior ascolto presso l'imperatore. Belcredi riuscì in uno dei suoi buoni momenti indurre l'imperatore a convocare con la patente dei 2 gennaio 1867, una « riunione straordinaria del consiglio dell'impero (parlamento austriaco) a discutere unicamente la questione costituzionale ». Belcredi intendeva provvedere con nuove elezioni per le diete, le quali poi dovevano eleggere i deputati per questa costituente austriaca, a formarsi una maggioranza favorevole, che gli avrebbe reso possibile di ostacolare l'opera di Beust.

Anche Deák desiderava una cooperazione dei parlamenti di Pest e di Vienna nella questione costituzionale. Invece Andrássy, prevedendo nuovi ostacoli da parte degli austriaci, preferiva mettere il parlamento austriaco dinanzi ad un fatto compiuto e trovò in ciò l'appoggio di Beust. Di fatti un decreto imperiale dei 4 febbraio 1867 ordinava, che la costituente austriaca non dovesse esser più che un solito parlamento costituzionale. Le elezioni riuscite favorevoli ai federalisti e a Belcredi in Boemia, Moravia e Carniola, furono annullate e le rielezioni diedero poi al parlamento, riunitosi appena ai 20 maggio a Vienna una maggioranza tedesca costituzionale, favorevole a Beust. Tutto ciò aveva indotto Belcredi già ai primi di febbraio di rinunciare al suo posto e Beust stesso ve lo surrogò, prendendo poi ai 23 luglio il titolo pomposo di cancelliere dell'impero, non più usato dai tempi di Metternich. Ma un rivale di Bismack non doveva esser da meno del cancelliere prussiano nemmeno nel titolo.

Beust cancelliere dell'Impero.

Intanto l'imperatore Beust e Andrássy si erano accordati su questo modo di procedere nella controversia costituzionale d'Ungheria: fra la corona, il governo di Vienna e i capi ungheresi, candidati a formare il governo ungherese si era stabilito un patto contenente le riforme, che avrebbe dovuto votare il parlamento ungherese alle leggi del '48 e che erano in fondo quelle contenute nell'elaborato della commissione dei 67 deputati; il ministero upngherese si obbligava di far votare le riforme a Pest. Ai 18 febbraio 1867 Andrássy fu nominato, tra il giubilo della camera ungherese, a presidente del primo (dopo quello del '48) governo parlamentare, responsabile d'Ungheria (1). Un tentativo di un previo accordo con la dieta croata convocata al 1° maggio 1867 fallì, perchè questa non volle decampare dai suoi postulati dell'anno precedente e ai 25 maggio la dieta fu sciolta. Sicchè l'accordo definitivo fra la corona e l'Ungheria e l'incoronazione di Francesco Giuseppe a re d'Ungheria, si compirono senza la « cooperazione », invocata nelle patenti imperiali, nè dell'Austria nè della Croazia. Il parlamento di Vienna e la dieta di Zagabria aderirono appena nel dicembre 1867 e nel 1868 ai fatti compiuti.

Il ministero ungherese: il dualismo.

L'opera di restaurazione della costituzione del '48 ora compiuta in Ungheria è compresa nei sedici articoli di legge dell'anno 1867 sanzionati tra i 12 giugno e i 27 dicembre di quell'anno (2); contengono specialmente

Le leggi del '67 in Ungheria.

(1) Specialmente l'urgente bisogno di avere dalla dieta ungherese approvate le leggi militari (i coscritti) e le imposte indussero Vienna ad affrettare l'accordo.

(2) Secondo il desiderio dtlla corona l'art. II (28 luglio), che codifica il diploma e il giuramento del re, riafferma l'abolizione del *ius resistendi* (v. I vol.) degli ungheresi; l'art. VII (12 giugno) sòspende l'elezione del Palatino, che era sempre uno spauracchio per Vienna, fino al giorno « in cui con una legge sarà regolata la sua sfera di attribuzioni » (la legge mai fu fatta); l'art. IX (12 giugno) concedeva 48,000 coscritti in Ungheria e in Transilvania; l'art. XI sospendeva la pericolosa « guardia nazionale ». Si cancellano così le leggi del '48 più spiacenti alla corte. Inoltre per cattivarsi maggiormente l'animo dell'imperatore con l'art. IV (28 luglio) gli si decreta un ricco dono d'omaggio. Nello stesso tempo e nel diploma e nel giuramento e nei seguenti articoli si affermano ad ogni passo decisamente « i diritti costituzionali l'indipendenza legittima e l'integrità territoriale dell'Ungheria e delle sue parti annesse » e persino « i suoi buoni antichi legittimi diritti *consuetudinari* ». L'art. III, che codifica l'abdicazione di Ferdinando I (V come re d'Ungheria) avvenuta nel '48, dice nel § 3: « Però a garantire i diritti del paese per l'avvenire si stabilisce, che da ora in poi ogni eventuale abdicazione debba seguire dopo fattane speciale comunicazione all'Ungheria e con il suo consenso costituzionale ». Questo passo — vedemmo — manca negli statuti austriaci.

nell'importantissimo articolo XII (formato da 69 paragrafi) quelle riforme delle leggi del '48 che la corona aveva ritenute necessarie, perchè il dualismo fra l'Austria e Ungheria non consistesse, com'era nelle leggi del '48, in una pura e semplice unione personale del sovrano ma fosse fondato anche su alcuni « affari comuni » a tutti e due gli stati e precisamente su quegli affari, — detti perciò *prammatici* — che secondo la Sanzione prammatica dovevano servire alla « comune difesa della monarchia », cioè su un esercito comune e su una rappresentanza diplomatica comune; per l'amministrazione di questi due affari comuni se ne rendeva necessario un terzo, quello delle finanze comuni, cioè soltanto di quelle finanze, che dovevano servire per gli scopi dell'esercito e della diplomazia comuni (1). La legislatura nei riguardi di queste tre specie di affari

Affari "prammatici". Le "delegazioni".

(1) La legge ungherese veramente non adopera qui mai il termine corrispondente in magiaro al nostro « comune » e al *gemeinsam* tedesco (*közös* in magiaro), bensì il termine *együttes*, che vorrebbe dire « d'accordo, con comuni forze ». (Vedi: *J. Zolger*: *Der staatsrechtliche Ausgleich zwischen Oesterreich und Ungarn*, Lipsia 1911). Perciò per es. gli ungheresi non riconoscono nè usano ufficialmente (nelle delegazioni, negli atti ufficiali loro ecc.) il nome, che viene dato ufficialmente in Austria al ministro comune austroungarico della guerra di « ministro dell'impero » (*Reichs-Kriegsminister*); e il ministro stesso, mentre usa questo nome per sè in Austria, non lo adopera in Ungheria. I partiti ungheresi quarantottini, quelli cioè che come i kossuthiani esigono il ripristino integrale della costituzione del '48, fondano anche su questa diversione filologica il loro postulato, che in Ungheria non vi sia che un esercito nazionale, ungherese.

Del resto lo stesso artic. XII ammette anche l'esistenza di un « esercito ungherese » quale parte integrante dell'« esercito complessivo » (non dice mai comune!) ed è l'esercito degli *honveds*, prima formato soltanto di pochi reggimenti di fanteria, poi — dopo lunghe lotte fra Vienna e Budapest — completato poco a poco e con artiglieria e con cavalleria. Più tardi anche l'Austria ha elevato al grado di esercito austriaco la propria *Landwehr* (difesa, milizia territoriale), che è pure parte integrante dell'esercito austro-ungarico, il quale oggi dunque consiste:

La forza armata.

dell'esercito comune con propria riserva;
della *Landwehr* austriaca con propria riserva;
degli *honveds* ungheresi con propria riserva;
dei 2 *Landsturm* (leva in massa austriaca e ungherese);
delle truppe della Bosnia-Erzegovina con propria riserva e della marina da guerra, che è retta non da un proprio

comuni e il controllo delle loro amministrazioni furono affidati alle *delegazioni*, cioè alle rappresentanze di ciascuno dei due parlamenti austriaco ed ungherese, verso delle quali sono responsabili i tre ministri comuni,

---

ministero, bensì dalla Sezione della marina da guerra aggiunta al Ministero comune della guerra e alla quale sta a capo un ammiraglio. L'arciduca ereditario ucciso a Sarajevo, che era « ispettore generale di tutta la forza armata », estendeva appunto il suo ufficio d'ispettore su tutte queste parti dell'esercito e sulla marina da guerra.

Nella *Landwehr* austriaca, che sarebbe una specie di continuazione delle antiche milizie degli stati provinciali, però con amministrazione centralizzata nel « ministero della difesa territoriale » a Vienna, sola la *Landwehr* del Tirolo conservò una posizione privilegiata — vedemmo — con carattere maggiormente provinciale (V. vol. I, p. 221).

Tra gli *honveds*, che hanno il proprio ministero a Budapest, hanno una posizione privilegiata quelli di Croazia con la propria lingua croata. Gli altri *honveds* usano soltanto l'ungherese e hanno i colori ungheresi. L'esercito comune invece, che ha un'amministrazione del tutto separata, sottoposta al ministero comune della guerra (dunque 3 ministeri della guerra in Austria-Ungheria!). usa la lingua tedesca, come la *Landwehr*, e gli emblemi austriaci e contro questi usi protestano tutti i partiti ungheresi anche quelli sessantasettini; su questo punto però la corona non ha mai voluto cedere richiamandosi l'imperatore ai suoi « diritti sovrani » (*Herrscherrechte*) su tutte le cose militari.

Ma anche in proposito vi è una divergenza fra la legge ungherese, che dice « costituzionali » questi diritti sovrani militari; mentre l'analoga legge austriaca dei 21 dic. 1867 li dice diritti « esclusivi » del sovrano. Anche altri termini delle leggi ungheresi del '67 e di più tardi, per es. « esercito ungherese », « parte integrante dell'esercito intero » (non comune!), dànno ragione al punto di vista ungherese e al postulato ungherese di avere un esercito proprio, nettamente distinto da quello austriaco.

La gendarmeria (v. vol. I, p. 282) fa parte in Austria della *Landwehr*, in Ungheria degli *honveds* ed è adibita al servizio politico e giudiziario nel paese; in Bosnia-Erzegovina dipende dal ministero comune della guerra, dal quale dipendono anche le truppe di quelle province. La milizia territoriale, secondo le leggi più vecchie non potrebbe esser adoperata che nelle province, nelle quali è coscritta; ma più nessuno — meno che i tirolesi — pare ci badi a questa norma. Gli *honveds* invece non escono dall'Ungheria, finchè il parlamento ungherese non lo concede. L'esercito comune invece si trova dappertutto commisto con la *Landwehr* e con gli *honveds*. Nella stessa città austriaca si potranno trovare quindi comandi militari dell'esercito comune con propri stati maggiori, propri medici e tribunali e con proprie scuole militari ecc. e le autorità e gli istituti e le scuole militari analoghe per la *Landwehr* con propri servizi sanitari, giuridici ecc. Così

quello degli esteri, della guerra e delle finanze comuni, i quali formano quasi un terzo consiglio di ministri in Austria-Ungheria, sebbene ciò non sia detto in alcuna legge (1). L'art. XII ungherese obbliga il ministro degli esteri di accordarsi con i governi ungherese ed austriaco nelle faccende diplomatiche e commerciali della monarchia; la legge austriaca, molto più imperfetta e meno rispettosa dei diritti parlamentari di quella ungherese, tace in proposito, come in tante altre cose. Per le spese comuni, fissate nei bilanci dalle delegazioni, i parlamenti assegneranno nei loro bilanci annui i contributi di ciascuno dei due stati nella « proporzione » (dice

a "quota ,,.

---

pure in Ungheria: *honveds* ed esercito comune. Soltanto che l'esercito comune porta il predicato *k. u. k.* (imperiale e regio), mentre la *Landwehr* è *k. k.* (imp. regia) e gli *honweds* sono soltanto *k.* (regi).

Mentre il soldato dell'esercito comune (*Heer*) austroungarico presta un giuramento assoluto di fedeltà e di obbedienza « in *tutti* i servizi », il soldato della *Landwehr* e dei *honveds* giura fedeltà e obbedienza anche « alle leggi sanzionate della patria ». I ministri austriaco e ungherese delle difese territoriali sono obbligati dalla legge militare di tenersi in comunicazione con il ministro comune della guerra su tutto ciò, che avviene d'importante nelle loro amministrazioni.

In caso di guerra però tutte queste sottigliezze costituzionali scompaiono dinanzi alle dure necessità del momento e alla volontà del supremo comando militare, che è tenuto dal sovrano. Cnfr. i miei articoli sull'esercito austro-ungarico nella *Tribuna* (a. 1911, nn. 60 e 220; a. 1914, 30 e 31 luglio e 6 agosto) e nell'*Adriatico* (a. 1911, nn. 65, 68 e 224).

(1) Il ministero *austriaco* è composto del presidente del consiglio e dei ministri per gli affari interni, per la difesa territoriale (*Landwehr*), per il culto e l'istruzione, per le finanze, per il commercio (vi sono comprese le poste e i telegrafi), per le ferrovie, per l'agricoltura, per la giustizia e per i lavori pubblici (quest'ultimo ministero è stato istituito dopo il 1907, cioè dopo l'avvento della maggioranza cristianosociale fra i tedeschi alla camera di Vienna, e si disse: per creare anche per essi un posto di ministro); a questi dieci ministri del consiglio austriaco si aggiungono uno, due o tre ministri nazionali (secondo che uno due o tutti tre i maggiori partiti nazionali della camera sono coalizzati nella maggioranza governativa) e sono ministri « senza portafoglio » (*Landsmannminister*): uno « per la Galizia », polacco (i ruteni ukraini di Galizia negli ultimi anni lo combattono e domandano anche un ministro ruteno-ukraino), uno per i tedeschi e uno per gli czechi di Boemia. Il ministro polacco c'è sempre; gli altri due ci sono, quando la lotta fra czechi e tedeschi alla camera è meno violenta. Negli ultimi anni, dopo il suffragio universale, anche i

ministeri.

la legge ungherese e « *quota* » quella austriaca) che sarà stabilita d'accordo da due deputazioni (*Quoten-Deputation*) dei due parlamenti. Poi la legge ungherese enumera i cosiddetti *affari dualistici*, nei quali nell'interesse comune sarebbe utile ed opportuno (*zweckmässig*) si procedesse d'accordo fra i due governi e i due parla-

Affari " dualistici ,,; unione doganale e commerciale.

---

iugoslavi (specialmente gli sloveni clericali dell'on. Sustersich) domandano di avere un proprio ministro senza portafoglio.

Il ministero *ungherese* è composto del presidente del consiglio e dei ministri per gli affari interni, per le finanze, per il commercio (vi sono comprese oltre le poste e i telegrafi anche le ferrovie), per l'agricoltura, per il culto e l'istruzione, per la giustizia, per la difesa territoriale (*honved*), per la Croazia e Slavonia e un ministro detto *a latere* (a lato dell'imperatore), con sede a Vienna, che è una specie di rappresentanza diplomatica del governo ungherese presso la corte e presso il governo di Vienna e che serve da intermediario fra il governo di Budapest e il re, quando questi si trova a Vienna e quando il presidente del consiglio ungherese o i suoi colleghi non preferiscono venire a Vienna a far da sè i loro affari; ma anche in questo caso essi scendono al palazzo del ministro *a latere* ungherese (nella Bankgasse), che è un terreno extraterritoriale, in cui si riunisce la delegazione ungherese, quando tiene le sue sedute a Vienna e dove non hanno accesso gli organi di pubblica sicurezza austriaci (nelle ultime sessioni delle delegazioni, temendosi eccessi da parte dell'opposizione quarantottina, funzionava in palazzo tutt'un corpo di guardie di polizia ungheresi trasportate da Budapest).

Il terzo consiglio di ministri sarebbe quello *austro-ungarico* dei 3 ministri comuni, dei quali quello per le finanze ha anche l'amministrazione della Bosnia-Erzegovina. Anche per il nome « comune » di questi ministri vi sono divergenze fra l'Austria e l'Ungheria. Per consuetudine uno di questi 3 ministri è ungherese; dalla cittadinanza (austriaco o ungherese) del ministro dipendono i posti dei capi delle sezioni dei rispettivi ministeri: è consuetudine cioè, che se il ministro è per esempio ungherese il primo capo di sezione sia austriaco e così di seguito. Tutto ciò da continui motivi di conflitti, di incidenti, di gelosie austro-ungarici. Gli ungheresi vorrebbero poi, che almeno uno di questi tre ministeri comuni avesse sede a Budapest, mentre ora sono tutti a Vienna e soltanto, quando il sovrano soggiorna in Ungheria (per qualche settimana ogni anno a Budapest o in villeggiatura a Gödölö), lo segue il ministro degli esteri, che è in pari tempo ministro della casa imperiale e reale, con tutto il corpo diplomatico estero.

I ministri ungheresi specialmente sono così costretti di fare spessissimo la spola in treno fra Budapest e Vienna e molto spesso sedute importanti del consiglio ungherese e di uomini politici ungheresi si sono tenute in un carrozzone del direttissimo Budapest-Vienna.

Quando vi sono sedute dei ministri comuni, vi assistono

menti di Vienna e di Budapest (non fra le due delegazioni, che qui non ci entrano; soltanto gli affari prammatici sono riservati ad esse). Questi affari dualistici si regoleranno periodicamente in veri « trattati doganali e commerciali » fra Austria e Ungheria (*Zoll-und Handelsbündnis*: unione doganale e commerciale). Anche questa sarà una fonte di continue competizioni e controversie fra i due stati; il partito quarantottino avrà anzi nel suo programma il postulato delle barriere doganali da erigersi di nuovo (abolite nel 1852) fra la Cislaitania e la Traslaitania e quello della banca nazionale ungherese. E potrà fondare i suoi postulati sullo stesso art. XII delle leggi del 1867, che nel § 68 stabilisce esplicitamente riguardo agli affari dualistici, che l'Ungheria « naturalmente, se ed in quanto non si ottiene un accordo (in questi affari) con l'Austria, si riserva il suo legittimo diritto di disporre indipendentemente, da sè, mantenendo anche in ciò illesi tutti i suoi diritti » (1).

---

di solito anche i due presidenti dei consigli austriaco e ungherese; le presiede il ministro degli esteri (in omaggio forse all'antico « cancellierato dell'impero »); quando invece vi assiste e le presiede l'imperatore stesso, il consiglio prende il nome di « consiglio della corona » (*Kronrat*) ed ha luogo nelle grandi occasioni, quando si tratta di guerre o di paci, di alleanze e simili faccende. Tutto ciò è consuetudine, non regolata da alcuna legge.

(1) Per i rapporti politici ed economici (delegazioni, compromessi, unione doganale, affari dualistici, banca comune ecc.) si veda l'appendice II in fine del vol..

Diamo qui intanto l'elenco degli affari prammatici e dualistici secondo la legge *austriaca* (traduz. autentica ufficiale):

« Legge del 21 dicembre 1867, concernente gli oggetti comuni a tutti i Paesi della *Monarchia Austriaca* e il modo della loro trattazione.

§ 1. — I seguenti oggetti sono dichiarati comuni ai Regni ed ai Paesi rappresentati nel Consiglio dell'Impero ed ai Paesi della Corona ungherese (*affari prammatici*):

a) Gli affari esteri, compresa la rappresentanza diplomatica e commerciale all'estero, come pure i provvedimenti, che occorressero in riguardo ai trattati internazionali, da parte dei corpi rappresentativi delle due metà dell'Impero (del consiglio dell'Impero e della Dieta Ungherese) in quanto tale approvazione sia richiesta dalla Costituzione;

b) Tutto ciò che concerne la guerra, compresa la Marina di guerra, eccettuato però la concessione di reclute e la legi-

La questione del debito pubblico.

Una delle questioni più difficili da regolare fra l'Austria e l'Ungheria era quella del debito pubblico. L'articolo XII della legge ungherese affermava semplicemente, che tutti i prestiti, che erano stati conchiusi dal sovrano in modo incostituzionale« a stretto rigor di legge non potevano essere a carico dell'Ungheria », però — aggiungeva — se l'imperatore introdurrà un vero costituzionalismo e in Ungheria e in Austria (1),

---

slazione sul modo di soddisfare all'obbligo del servizio militare, nonchè i provvedimenti risguardanti l'acquartieramento ed il mantenimento dell'esercito, e la regolazione dei rapporti civili e di quei diritti ed obblighi dei membri dell'esercito che non si riferiscono al servizio militare;

c) le finanze rispetto alle spese da sostenersi in comune, in particolare la fissazione del bilancio e l'esame dei conti, che a quelle si riferiscono.

§ 2. — I seguenti affari inoltre non saranno amministrati in comune, ma bensì trattati secondo le massime eguali da stabilirsi di tempo in tempo di comune accordo:

1° Gli affari commerciali, segnatamente la legislazione doganale;

2° La legislazione sulle imposte indirette, che sono strettamente connesse alla produzione industriale;

3° La fissazione del sistema monetario e del piede delle monete;

4° I provvedimenti concernenti quelle strade ferrate, che interessano ambedue le metà dell'Impero;

5° La fissazione del sistema militare.

§ 3. — Le spese per gli oggetti comuni (§ 1) saranno sostenute da ambedue le parti dell'Impero, giusta la proporzione, che sarà stabilita di tempo in tempo con una convenzione da stipularsi fra i rispettivi Corpi rappresentativi (Consiglio dell'Impero e Dieta ungherese) e da sanzionarsi dall'Imperatore. Qualora le due Rappresentanze non riuscissero ad un accordo, questa proporzione sarà stabilita dall'Imperatore, ma soltanto per la durata d'un anno. Il provvedimento dei mezzi per sopperire ai pagamenti per tal modo assegnati a ciascuna delle due parti dell'Impero, incomberà esclusivamente a ciascuna parte.

Per sopperire alle spese per gli oggetti comuni si potrà però anche assumere un prestito in comune, ed in questo caso tutto ciò che risguarda la stipulazione del prestito e la modalità dell'impiego e della restituzione del medesimo, sarà da trattarsi di comune accordo.

La decisione della questione, se si debba assumere un prestito comune, resterà però riservata alla legislazione di ciascuna delle due metà dell'Impero ».

(1) E' da notarsi, che la legge ungherese ripetutamente esige, che anche « le province austriache » siano governate in modo costituzionale. Anche questo serve di arma contro i fre-

il parlamento farà il possibile e terrà conto delle condizioni economiche delle province austriache, affinchè non soffrano sotto il peso degli errori del regime assolutistico in modo da danneggiare gli interessi d'Ungheria. Questa legge ungherese, sanzionata ai 12 giugno 1867, fu il fatto compiuto che Beust e Andrássy vollero presentare al parlamento austriaco. A questo non restava che « aderirvi », secondo diceva l'art. XII. Gli economisti austriaci (1) dicono, che soltanto uno « straniero » (il sassone Beust) ha potuto consigliare all'imperatore di accettare una simile legge, che rovinava le finanze austriache. Il deputato Skene disse, che questo era il Königgrätz del parlamentarismo austriaco. Furono elette due deputazioni dei due parlamenti; quella austriaca era presieduta dal cardinale Rauscher; ma di fronte agli ungheresi, che ormai avevano tutte le loro leggi sanzionate, gli austriaci non hanno potuto che cedere ottenendo in compenso la sanzione sovrana alle riforme costituzionali del dicembre 1867 per l'Austria. Quindi l'accordo nella questine del debito fu codificato, nel modo desiderato dagli ungheresi, nella loro legge del 1867 artic. XV e nell'analoga legge austriaca dei 24 dicembre 1867. L'Ungheria non assumeva, secondo queste leggi, in proprio conto alcuna parte di capitale del debito pubblico. L'Austria restava la debitrice di fronte ai creditori. L'Ungheria si obbligava soltanto di contribuire annualmente con 29,188,000 fiorini (di cui 11,776,000 in moneta sonante) agli interessi del debito pubblico, che ascendevano alla fine del 1867 a fiorini 127,718,147. Il contributo ungherese doveva restare immutabile; inoltre l'Ungheria si obbligava di versare ogni anno 1,150,000 fiorini (di cui 150 mila fiorini in argento) allo scopo di estinguere il debito pubblico e

Contributo ungherese.

---

quenti tentativi assolutistici in Austria; però è un'arma poco efficace, dati la tensione dei rapporti e il conflitto d'interessi fra austriaci e ungheresi.

(1) Vedasi Beer: *Die Finanzen Oesterreichs im XIX Jahrhundert;* 1878.

specialmente con i 150 mila fiorini quei debiti, che gravavano sui beni demaniali ungheresi; infine partecipava alla garanzia in comune per i 400 milioni di fiorini emessi in carta moneta. Per l'Ungheria l'accordo finanziario significava certamente un ottimo affare, altrettanto dannoso esso era invece per le finanze austriache, separate ora da quelle ungheresi e quindi con redditi ridotti in proporzioni molto maggiori del contributo ungherese al debito pubblico. Con ciò però la questione non era ancora risolta; per ogni conversione di qualche prestito, per ogni estinzione risorgeva di nuovo e fino al « compromesso » del 1907 fu anche questa una fonte di continui incidenti austro-ungarici.

La legge austriaca del compromesso. Divergenze di testi.

La legge austriaca analoga all'art. XII ungherese — abbiamo detto — è quella del 21 dicembre 1867, che, perchè tratta delle delegazioni, è detta pure la legge delle delegazioni. L'analogia va fino ad un certo punto; è una legge « austriaca » ,il che vuol dire: con minor copia di diritti parlamentari (1). Importante è il § 8 di questa legge, che stabilisce il modo di eleggere i delegati della camera austriaca: i deputati di ogni provincia dell'Austria (e non il pieno della camera!) eleggono i propri delegati. Anche questo un resto del federalismo austriaco. È da notarsi ancora, che la legge austriaca usa sempre il termine« comune » (*gemeinsam*) per gli affari prammatici, per i tre ministri comuni, per l'esercito e in tutti questi affari per la legge austriaca i due stati formano un'individualità unica, l' « impero » (*Reich*). Contro questa interpretazione unitaria, sia pure nei soli affari prammatici, insorgono tutti gli ungheresi: per essi non vi sono che due stati alleati, che nei tre ministri e negli organi dipendenti da loro hanno soltanto dei rappresentanti o dei funzionari identici comuni. Le leggi ungheresi, sanzionate dal re d'Ungheria, che è imperatore d'Austria, finora hanno dato sempre ragio-

(1) Ved. la nota sull'esercito a p. 136 e ss. e l'appendice II (*quota, titoli, termini* ecc.).

ne agli ungheresi. Anche questo uno dei tanti contrasti nella posizione di re ed imperatore della monarchia dualistica. Andrássy si mise subito all'opera a far emergere l'individualità statale dell'Ungheria anche nelle apparenze nei titoli del sovrano, dei ministri, della monarchia e negli emblemi e già l'autografo sovrano dei 14 novembre 1868 stabiliva che il titolo minore del monarca doveva essere: « imperatore d'Austria e re apostolico d'Ungheria » oppure « Sua Maestà l'imperatore e re » o « Sua i. e r. Maestà apostolica ». La monarchia non doveva più chiamarsi soltanto Austria, bensì « Monarchia austro-ungarica » oppure « Impero austro-ungarico ». Ma gli ungheresi negli anni seguenti, specialmente nel 1907, ottennero, che fosse ancor maggiormente rilevata la separazione statale dualistica e nei titoli militari e negli emblemi e nel conio delle monete e negli uffici a corte. Il titolo maggiore dell'imperatore invece rispecchia ancora l'antico federalismo dei regni e delle province unite nella monarchia degli Absburgo.

Nomi e titoli della monarchia.

Questioni territoriali. Croazia.

Il nuovo ministero ungherese aveva da regolare ancora parecchie questioni costituzionali di carattere territoriale. La corona cedeva su tutta la linea di fronte al governo nazionale di Budapest, sebbene la camarilla militare intrigasse ancor sempre. (1) La Croazia specialmente resisteva; la dieta croata non voleva rinun-

(1) Sarà interessante notare le gesta e gli sforzi della camarilla e del partito militare anche in questo periodo per intralciare l'opera di Beust, di Andrassy e dei parlamenti liberali di Vienna e di Budapest. Anzitutto si crearono ostacoli di ogni sorta alle trattative fra la Corona e la nazione ungherese, fra Beust e Andrassy per il compromesso del '67; specialmente gli articoli, che riguardavan l'esercito e che concedevan all'Ungheria gli *honveds*, destarono le ire e l'opposizione della camarilla, che più volte con i suoi intrighi per poco mandava a rotoli tutta l'azione pacificatrice dei ministri. L'arciduca Alberto, il colonnello Beck capo della cancelleria militare dell'imperatore, i generali principe Liechtenstein e conte Neipperg furono i più attivi in questa lotta; Beck presentò all'imperatore un proprio amplissimo memoriale corredato di argomentazioni, più che tecniche, politiche e diplomatiche (imaginarsi la politica e la diplomazia del colonnel-

ciare all'indipendenza del regno croato, sanzionata anche da Francesco Giuseppe; il vescovo Strossmayer era a capo del movimento nazionale; Andrássy fece sciogliere la dieta ed eleggerne con una legge elettorale improvvisata dal governo un'altra, che riuscì in maggioranza favorevole all'Ungheria. Ai 9 gennaio 1868 la dieta fu convocata; i 13 deputati d'opposizione abbandonarono la sala delle sedute dopo aver letta una « dichiarazione » di protesta conro l'« illegalità » della dieta stessa; anche su questa protesta si fonda oggidì l'opposizione del « partito del diritto » in Croazia contro l'unione decisa allora dalla dieta. La maggioranza elesse una « deputazione regnicolare », che d'accordo con quella del parlamento ungherese stipulò il « compromesso » (*nagodba*) ungaro-croato, codificato poi nell'art. XXX delle leggi ungheresi del 1868 e nell'analogo art.I delle leggi croate dello stesso anno. Il compromesso proclama « indivisibili i paesi della corona ungherese », alla quale appartengono la Croazia e la Slavonia. La Croazia con-

---

lo!) contro la divisione dell'esercito; Liechtenstein emanò, quale capo del comando generale, due decreti sprezzanti gli *honveds* e — si disse con la cooperazione dell'arciduca Alberto — li fece pubblicare nel giornale *Politik* di Praga sollevando un putiferio in Ungheria; Andrassy dovette correr a Vienna e minacciare le sue dimissioni per ottenere un'ammenda dei decreti nell'ufficiale *Wiener Abendpost;* il più grave attentato fu quello messo in esecuzione dal generale Grivicich, rappresentante il ministro della guerra alla prima delegazione ungherese, con un violentissimo discorso, detto in piena seduta dei delegati ungheresi contro le aspirazioni nazionali degli ungheresi nell'esercito; anche allora si affermò, che l'arciduca Alberto aveva letto ed approvato 24 ore prima il testo del discorso; tutta l'Ungheria ne fu in subbuglio e Andrassy corre di nuovo dall'imperatore ed ottiene, che il ministro della guerra faccia dichiarare da un altro suo rappresentante nella prossima seduta dei delegati che egli non aveva autorizzato il gen. Grivicich a tenere un simile discorso; altri ostacoli furon frapposti dall'arciduca Alberto, che aizzava persino alla disobbedienza verso il governo ungherese gli ufficiali e gli impiegati militari in Croazia contro l'azione di Andrassy per l'abolizione dei confini militari, che fornivano i famosi *graniciari* (i confinari, i cosacchi dell'Austria) coi quali l'arciduca voleva mantenere una Vandea iugoslava contro l'Ungheria, e a Fiume contro quella cittadinanza italiana, che non voleva l'unione della città alla Croazia.

serva però la propria amministrazione autonoma, con a capo il governo del bano a Zagabria, responsabile alla dieta e nominato dall'imperatore su proposta del presidente del consiglio ungherese; un ministro croato rappresenterà la Croazia nel consiglio dei ministri ungheresi. Un'altra legge da rinnovarsi d'accordo e periodicamente regola i rapporti finanziari tra l'Ungheria e la Croazia. (1).

(1) Anche in queste leggi abbiamo sempre la strana finzione di un triregno di Croazia, Slavonia e *Dalmazia*, finzione sanzionata dal re d'Ungheria (imperatore d'Austria), mentre — lo vedemmo ripetutamente — la Dalmazia come tale mai e poi mai appartenne ad un regno di Croazia e i dalmati (italiani e slavi) respinsero finora sempre costantemente ogni proposta fatta da parte croata di un'unione e ancor oggi la Dalmazia è una provincia austriaca. E' una finzione puramente nominale senza alcun valore pratico.

Teorie sul diritto di stato croato.

Queste leggi dei « compromessi ungaro-croati », sebbene abbiano ridotto di molto l'indipendenza e l'autonomia complete rispetto all'Ungheria godute dalla Croazia dopo il 1848 sotto il governo dei suoi *bani*, governatori civili e militari in una volta ed *ab antico* (fin dal 1063 compare il loro nome nei documenti e sembra provenga dall'avarico *baian*), pure con alcune loro disposizioni danno adito a statisti croati e austriaci (di tendenze trialistiche e antiungheresi) a sostenere che la Croazia costituzionalmente e giuridicamente sia uno *stato*, sia pure per alcuni riguardi inuguale agli altri due stati (Austria e Ungheria) ed imperfetto, dipendente; gli statisti ungheresi invece affermano e il governo ungherese mette in pratica la loro teoria, che cioè la Croazia non è che una « provincia autonoma » dello Stato ungherese. E a suffragio della loro tesi gli ungheresi rilevano, che secondo il compromesso ungaro-croato il bano è nominato dal re su proposta del presidente del consiglio ungherese, che il bano può comunicare con il sovrano soltanto per il tramite del ministro croato nel consiglio ungherese, il quale ministro è responsabile al parlamento ungherese e non alla dieta croata di Zagabria, che il governo croato non ha una personalità giuridica nel diritto delle genti e che infine la Croazia non ha nè proprio esercito nè proprie finanze. — Contro questi argomenti gli statisti croati e austriaci fanno rilevare, che il bano secondo il § 50 della *nagodba* e secondo leggi posteriori croate è responsabile alla dieta (una responsabilità del resto illusoria dipendendo la sua nomina e la sua destituzione dal governo ungherese tanto, che il presidente del consiglio ungherese dott. Wekerle nel 1907 lo disse un *esponente* del governo di Budapest), che le leggi della dieta croata, sanzionate dal sovrano e contrassegnate dal bano, hanno ugual valore delle leggi del parlamento ungherese e più di tutto che secondo il § 4 della *nagodba* i compromessi austro-ungarici per esser validi hanno bisogno del consenso costituzionale della Croazia e che secondo il § 70 ogni mutamento al compromesso

Il compromesso ungaro-croato riconosceva finalmente nella questione di Fiume il punto di vista ungherese, che era nello stesso tempo quello della cittadinanza ita-

Fiume.

---

ungaro-croato deve avvenire di comune accordo fra i corpi legislativi d'Ungheria e di Croazia.

Anche questa controversia in fondo si risolve secondo il diritto del più forte. Con il bano Jelacich dal '48 fino al '68 ebbero ragione i croati; dopo il '68, nonostante i richiami a diritti e a privilegi garantiti su antiche pergamene e nonostante le frequenti proteste di minoranze e di maggioranze della dieta croata, ebbero ragione gli ungheresi, i quali provvidero pure subito, acchè non fosse possibile un ritorno di bani *à la* Jelacich con il § 52 della *nagodba* (modificato nel 1873), che dice: « il bano non deve avere alcuna sfera di attribuzioni militari ». La milizia territorale croata ha conservato la propria lingua e la propria bandiera croate; dipende però ora dal ministro degli *honveds* ungheresi. — Nel § 59 gli ungheresi fanno una grande concessione ai croati: mentre in Ungheria non vi è che una « nazione », l'ungherese, e i rumeni, gli slovacchi, i serbi ecc. sono « nazionalità », ai croati è riconosciuto il carattere di « nazione politica con proprio territorio » ed hanno quindi il diritto (essi soltanto!) di usare anche la propria lingua nel parlamento e nella delegazione ungheresi.

La "nagodba."

La Croazia, secondo il § 48 della *nagodba* dovrebbe godere una completa autonomia legislativa e amministrativa in questi tre rami di affari: ammnistrazione interna politica, culto ed istruzione, giustizia (eccettuata la giurisdizione marittima). Si capisce però che con la dipendenza del bano dal governo di Budapest e con la dipendenza dei funzionari degli uffici autonomi croati dal bano (egli nomina i tre capi di sezione: amministrativa, culto e istruzione, giustizia, specie di ministri croati presieduti dal bano e nomina pure tutti gli altri funzionari dei dicasteri autonomi), tutta questa autonomia si riduce a cosa di un valore ben relativo. Tutti gli altri affari sono di competenza del « parlamento comune ungaro-croato » di Budapest. — Il § 56 stabilisce per tutto il territorio croato-slavonico quale lingua degli uffici autonomi la croata. Perciò nel 1907 gli ungheresi nella « prammatica di servizio per le ferrovie » vollero che la lingua di ufficio anche sulle linee percorrenti la Croazia fosse l'ungherese, perchè le ferrovie — dissero — non erano autonome croate, bensì appartenevano ad un'impresa dello stato ungherese. Provocarono con ciò il conflitto fra il parlamento ungherese (ministero Wekerle-Kossuth-Andrassy-Apponyi) e la coalizione serbo-croata della dieta di Zagabria, che condusse alla sospensione dei diritti costituzionali in Croazia, alle persecuzioni, ai processi e agli attentati contro i bani magiarofili (dal 1907 al 1913 con relazione anche all'annessione della Bosnia-Erzegovina e alle successive crisi balcaniche).

Le finanze di Croazia sono di competenza del parlamento e del governo centrali di Budapest; le amministra una « direzione provinciale di finanza » di Zagabria, che sottosta al ministero di finanza di Budapest. Il diritto di approvazione e di controllo del bilancio della dieta croata si estende soltanto ai

liana di Fiume, cioè che questa città era « un corpo separato annesso alla sacra corona del regno ungherese con speciale autonomia ». Il compromesso però riserva-

---

bilanci dei tre rami di affari autonomi croati. Per i proventi e per le spese dei rimanenti rami dell'amministrazione statale non esiste quindi un controllo parlamentare croato, bensì quello comune del parlamento di Budapest. Secondo i compromessi ungaro-croati le spese per gli affari comuni austro-ungarici e per quelli ungaro-croati dovrebbero esser sostenute dalla Croazia e dall'Ungheria « a seconda della capacità tributaria » dei due paesi. La proporzione di questa capacità fu fissata nel 1906 con 91:873 % per l'Ungheria e 8·127 % per la Croazia (prima del 1906 era minore per la Croazia). Però onde questo contributo per le spese comuni non aggravasse di troppo la Croazia, l'Ungheria — fatte alcune detrazioni contemplate nella legge — dal reddito netto delle finanze croate assegna il 44 % per le spese d'amministrazione in Croazia. Gli ungheresi affermano che così la Croazia finanziariamente è di aggravio al bilancio d'Ungheria, perchè il rimanente 56 % non basterebbe per il contributo alle spese comuni e perchè spessissimo l'Ungheria deve aggiungere somme considerevoli per l'amministrazione della Croazia, che per es. nel 1903 diede un reddito netto di 36 milioni di *corone*, ma ne spese per la propria amministrazione circa 19 1/2 milioni; restarono quindi soli 16 1/2 milioni per le spese comuni (ben meno cioè del 56 % dei redditi croati e ben meno dell'8 % di tutte le spese comuni). La Croazia è quindi sempre in debito verso l'Ungheria. Il compromesso finanziario ungaro-croato del 1906, che è scaduto nel dic. 1913, annullava appunto ogni e qualsiasi pendenza, conto aperto, debito o credito reciproco fra Ungheria e Croazia, che fosse esistito prima dei 31 dic. 1903. La vita finanziaria fra Ungheria e Croazia ricomincia appunto da quell'anno. I croati dal loro canto negano di esser avvantaggiati da questi compromessi finanziari, perchè — dicono — anzitutto non partecipano in ugual proporzione ai benefici delle spese comuni (investizioni, crediti, forniture ecc.) e poi perchè i conteggi fatti esclusivamente dagli ungheresi non danno loro sufficente affidamento di precisione e di correttezza.

Rapporti finanziari tra Ungheria e Croazia.

Bani e partiti in Croazia.

Il compromesso ungaro-croato subì delle revisioni nel 1873, 1880, 1881, 1889 e 1891, sempre piuttosto in peggio per la Croazia. Da principio sotto i primi bani magiarofili, lo scorretto bar. Levin Rauch, Colomano Bedekovich, Vakanovich, Giovanni Mazuranich (1873-1880 buon poeta ma debole bano per la sua nazione) e il conte Ladislao Peiacevich (il bano « cavaliere » 1880-83), nonostante le frequenti riforme elettorali e le violenze governative, l'opposizione (specialmente lo Starcevich con il suo « partito del diritto ») potè spesso efficacemente combattere in dieta i progetti di revisione; ma dal 1883 fino al 1903 — consolidatosi il dualismo nella monarchia — subentra in Croazia il regime di ferro e di corruzione del conte Carlo Khuen-Hedervary, un cugino del conte Tisza padre, allora presidente del consiglio ungherese. Egli con la riforma elettorale del 1887, che riduce all'1.8 % di tutta la popolazione di Croazia

va ad un trattato da conchiudersi tra Fiume, la Croazia e l'Ungheria di decidere sulla posizione di diritto statale della città. A quest'accordo mai fu nemmeno tentato di addivenire. Ai 28 luglio 1870 — dopo clamorose e violente dimostrazioni degli italiani di Fiume contro le autorità croate, sobillate e sostenute dalle sfere militari — un rescritto imperiale affidava l'amministrazione statale della città alle autorità ungheresi; i funzionari croati partirono; e si ristabilì l'autonomia del municipio italiano, garantita dallo statuto civico (1).

---

gli elettori (circa 45.000 su 2 1/2 milioni di ab. nel 1906), dei quali 50-60 % impiegati dello stato, riesce ad assicurare una maggioranza schiacciante al partito dei suoi « mamelucchi, unionisti, magiaroni » e acuisce sempre più le lotte fra serbi e croati, scoppiate nel 1878, quando i croati favorivano l'occupazione austriaca della Bosnia-Erzegovina. Contro Khuen scoppiò nel 1903 una rivolta dei contadini croati repressa nel sangue. Gli seguì il conte Teodoro Pejacevich, figlio a Ladislao, dal 1903 al 1907. Intanto serbi e croati stringevano il « patto (risoluzione) di Fiume » nel 1905 e si accordavano con l'opposizione ungherese di Kossuth, Andràssy e Apponyi. Saliti al potere rinnovavano il compromesso ungaro-croato del 1906 ottenendo in compenso maggiori libertà interne. Poi nel 1907 ci fu la rottura fra Zagabria e Budapest con il bano Rakodczaj, cui seguì il bar. Paolo Rauch (1907-10, pure scorretto), che sospese la costituzione. Con il bano Tomassich (1910-12) in un altro tentativo di governo costituzionale fu allargato il diritto del voto (ora circa 200.000 elettori) e da allora il governo ungherese non è più riuscito a formarsi alla dieta croata la maggioranza voluta. Perciò nel 1912 la nomina a « commissario regio », carica incostituzionale, del sig. Ciuvay un vero satrapo) con nuova sospensione della costituzione, attentati contro di lui e contro il suo successore, ora bano bar. Skerlecz. Si vedano in proposito la nota a pp. 47 e 48 e i miei articoli nella *Tribuna* (a. 1909, N. 58 e ss.).

Questioni di territori e di scuole fra croati e ungheresi.

Una questione territoriale fra Ungheria e Croazia oltre quella di Fiume, di cui riparleremo, esiste per quel tratto di territorio fra la Drava la Mur e il confine austriaco stiriano, che è abitato quasi esclusivamente da croati (circa 84.000) e che fu nel 1868 incorporato all'Ungheria e non alla Croazia; è la questione del *Medjumurje* (fra la Mur). Gli ungheresi non vollero ammettere nemmeno una discussione in proposito con i rappresentanti croati. Circa altri 100.000 croati vivono nei distretti vicini d'Ungheria; gli ungheresi vi mantengono un'unica scuola croata, mentre invece a spese dello stato e con l'aiuto della Società di s. Giuliano (la loro *Dante Alighieri*) mantengono in Croazia (1910) 65 scuole elementari magiare per 90.000 magiari ivi abitanti. Anche questo un elemento di conflitti continui. Nel 1914 gli ungheresi avevano deciso di fondare una scuola media (ginnasio-liceo) a Zagabria.

(1) La legge elettorale per la Croazia votata dalla dieta

Confini militari.

Un'altra grave questione territoriale e costituzionale, per la quale Andrássy nell'interesse dell'indipendenza della sua patria dovette lottare a lungo contro gli

---

di Zagabria ai 3 gennaio 1883 concede anche alla città di Fiume il diritto di eleggere 2 deputati. Fiume dimostrativamente mai si curò di tale diritto; manda invece il suo deputato italiano al parlamento di Budapest.

Azione dei fiumani per l'autonomia di Fiume.

Già nel 1861, quando fu di nuovo riconvocata la dieta ungherese, il consiglio municipale italiano di Fiume deliberava l'invio di un indirizzo all'imperatore con la preghiera di concedere anche a Fiume una rappresentanza a quella dieta e dimostrazioni popolari della cittadinanza italiana confermavano la volontà espressa dal consiglio che la città fosse liberata dal giogo croato. Il governo croato in risposta proclamò lo stato d'assedio a Fiume provocando le proteste della rappresentanza civica di Pest, che si rivolse ai 18 febbr. 1861 pure con una petizione al sovrano, affinchè il governo del bano a Fiume fosse sostituito con un governatore ungherese. Nel 1867 — delineandosi sempre più il prossimo accordo fra il sovrano e l'Ungheria — gli italiani di Fiume accentuano il loro movimento « autonomista », per l'autonomia di Fiume fra i paesi della Corona di S. Stefano e indipendente dalla Croazia. Un comitato cittadino, che metteva capo al *Casino patriottico* (tutte le città italiane del Trentino, del Friuli, dell'Istria e della Dalmazia hanno ancor oggi a capo del loro movimento politico i vari Gabinetti o Casini di lettura o filarmonici) e di cui facevan parte i cittadini Gaspare Matcovich, Giuseppe Sgardelli, Antonio Waluschnig, il dott. Antonio Giacich, l'avv. cav. de Thierry, Antonio Randich, Ernesto Verneda, Paolo Scarpa e Ciotta Giovanni, vegliava sull'occasione propizia per far valere la volontà dei cittadini.

L'occasione venne con la nomina del primo ministero ungherese ai 18 febb. 1867. Alcuni giorni prima l'avv. Thierry era stato a comunicare a nome del comitato cittadino al rappresentante del governo del bano (gen. Sokcevich) di Croazia, conte supremo del comitato di Fiume e capitano civile della città cav. Bart. de Smaich, l'intenzione dei fiumani di festeggiare tale nomina pubblicamente. Il cav. Smaich diede il suo consenso a patto, che non si desse per l'occasione gratuitamente del vino al popolo « facilmente eccitabile ». Ma poi consigliato male da alcuni funzionari e capi croati (il comandante di piazza Cernadak, il giudice Cepulich, Derencin, Voncina ed altri) ai 16 febbr. proibì ogni « esultanza », perchè potrebbe condurre a disordini ed a maligne interpretazioni. Ma ai 18 arrivava a Matcovich da Pest un telegramma annunciante la nomina del ministero costituzionale; la notizia si diffuse in un baleno per la città; dal balcone del *Casino* Matcovich lesse il telegramma alla folla: un corteo imponente di cittadini si formò subito e percorse con musiche le vie della città imbandierate e alla sera illuminate. Smaich nell'ira ordinò l'arresto illegale del settantaquattrenne Matcovich, dello Sgardelli, di Waluschnig e Giacich. Per ordine del tribunale fu trattenuto in arresto soltanto il Matcovich. Il fatto diede motivo ad Andràssy di immischiarsi nella faccenda. Ottenne dal sovra-

intrighi delle sfere militari austriache, fu quella della soppressione dei reggimenti militari confinari (*graniciari*) serbi e croati e della incorporazione dei loro terri-

---

no la nomina di un Commissario regio per il comitato, città e distretto di Fiume con l'incarico di esaminare quei fatti e con il diritto di disporre provvisoriamente a volontà dei funzionari del comitato. Commissario fu nominato il cons. aulico Edoardo de Cseh, persona di fiducia di Andràssy.

Dalla Croazia piovvero subito proteste: dalla congregazione (assemblea) generale del comitato di Zagabria ai 26 febbr., dal bano bar. Sokcevich, che ricorse alla cancelleria aulica croata di Vienna, all'imperatore stesso e scrisse ad Andrassy che la nomina del commissario di Fiume, seguita in quel modo, sarebbe stata l'ostacolo maggiore ad un accordo ungaro-croato.

Vedemmo però che il suo successore, il bano bar. Rauch, troverà il modo per far approvare l'accordo anche dalla dieta croata. Le trattative per l'accordo nella questione di Fiume seguirono a Budapest nel maggio 1869 fra le deputazioni del parlamento ungherese, della dieta croata e della rappresentanza civica fiumana (questa mandò gli italiani Randich, Verneda, Scarpa e il dott. Giaxich (?)). I fiumani si opposero a qualunque segno di una dipendenza di Fiume dalla Croazia. Non si potè ottenere quindi un accordo definitivo. Fu concordata **invece una soluzione provvisoria**, ma anche per questa i croati lasciarono aperta una controversia: mentre cioè nel testo della legge codificante quest'accordo provvisorio approvata dal parlamento ungherese è detto che — restando la parte rimanente del comitato di Fiume (cioè la città e il distretto di Buccari) alla Croazia — « la città e il distretto di Fiume ridivengono *separatum sacrae regni coronae adnexum corpus*, delle cui forme di autonomia dovranno ancora deliberare il parlamento ungherese la dieta croata e la città di Fiume » la legge approvata dalla dieta croata dice: appartiene alla Croazia tutto il comitato « *con eccezione della città e del distretto di Fiume, per i quali non fu raggiunto un accordo fra le due deputazioni regnicolari* ». Dovendosi però presentare alla sanzione sovrana due leggi perfettamente concordanti, il passo discordante (in corsivo) del testo croato presentato per la firma al sovrano fu coperto per opera del governo di Budapest da una striscia di carta (dimensioni 2.27 × 9.8 *cm.*) portante il passo corrispondente nel testo ungherese. Il dott. Ivan Bojnicich (*Zakoni o ugarsko-hrvatskoj nagodi*, Zagabria 1907) afferma che questa falsificazione si può constatare sul documento originale conservato nell'Archivio croato. — Quest'accordo (!) provvisorio, codificato nel 1870, non fu più mutato.

Il “provvisorio” di Fiume.

Il primo governatore ungherese di Fiume e capo del governo marittimo del litorale ungaro-croato fu nominato con rescritto sovrano dei 28 luglio 1870 e fu il conte Giuseppe Zichy. Fiume da allora ebbe uno sviluppo commerciale industriale e marittimo sempre maggiore; fino ad oggi triplicò la sua popolazione (oltre 45,000 ab. presentemente); divenne l'unico emporio marittimo d'Ungheria con grandi società di navigazione, case commerciali, istituti finanziari in massima parte

tori, fino allora amministrati militarmente, parte all'Ungheria, parte alla Croazia. (1) La Transilvania, di cui vedemmo già la « fusione » fu ora con la legge del 1868 art. XLIII regolarmente unita all'Ungheria e completamente assimilata nell'amministrazione alle altre parti del regno ungherese. Sicchè, mentre l'Austria resta suddivisa in province, con propria individualità storica e in parte amministrativamente e persino costi-

Transilvania.

---

dipendenti da Budapest, fabbrica di torpedini (Whitehead), arsenale ecc..

I primi governatori d'accordo con i ministeri liberali di Ungheria rispettarono i diritti nazionali e l'autonomia di Fiume. Intorno al 1900 comincia però anche a Fiume una politica antiitaliana con tendenza di magiarizzare la città da parte del governo ungherese: si magiarizzano tutte le scuole statali (quelle comunali naturalmente sono italiane, perchè il Comune è ancora italiano), gli uffici statali e si attenta persino ai diritti statutari della città con la introduzione di una « polizia di stato » a Fiume.

Le lotte più recenti, che accanto al vecchio partito autonomista italiano (capitanato ora dall'on. Vio) fanno sorgere anche il partito più radicale italiano (dell'on. Zanella) contro il governo di Budapest sono note specialmente per la losca faccenda dell'attentato con bombe ordinato dagli agenti provocatori ungheresi. Si veda in proposito la nota bibliografica del vol. I.

(1) L'incorporazione fu decretata per i comitati divenuti ungheresi con l'autografo imperiale dei 9 settem. 1869, per quelli croati con il manifesto degli 8 agosto 1873 e con l'artic. XXVII del 1873 (leggi ungheresi) sulla « provincializzazione » dei confini militari. Per questo aumento del suo territorio — i confini sparirono gradatamente e completamente nel 1881 — l'Ungheria dovette aumentare in compenso la sua « quota » per le spese comuni (il *praecipuum;* v. appendice II in fine del vol.).

Questione territoriale fra Austria e Ungheria.

L'incorporazione dei confini militari creò un'altra questione territoriale nella monarchia: fra Austria e Ungheria e più particolarmente fra Carniola e Croazia per il distretto di Sichelburg (sl. Zumberak 4 miglia quadrate e 11,000 ab. con bei boschi e pascoli) e per il comune di Marienthal (3 villaggetti con 600 ab.) ai confini croato-carniolici. Anche qui si ebbe un'incorporazione « provvisoria » dei due distretti alla Croazia. Ripetutamente protestarono le rappresentanze austriache (il parlamento nel 1871 il governo austriaco in un memoriale e la dieta carniolica nella sua XII seduta del 1881 e la deputazione austriaca per la quota nel 1907) e controprotestarono i rappresentanti ungheresi e croati. Nella legge degli 8 giugno 1871 il parlamento austriaco afferma: l'incorporazione dei confini militari ecc. è permessa « però con l'esplicita condizione, che ne siano provvisoriamente esclusi il distretto di Sichelburg e il comune di Marienthal e che regolandosi i confini sia tenuto

tuzionalmente autonoma, con resti ancora sopravviventi dell'antico federalismo, l'Ungheria territorialmente e nazionalmente si è fusa in uno stato unitario. Questo contrasto dipende appunto dalla differente conformazione nazionale dei due stati: la nazione dominante in Ungheria, la magiara, si trovò di fronte dei popoli civilmente ancora quasi primordiali e potè facilmente imporre loro con le scuole, con gli uffici di stato, con le leggi, al caso anche con metodi orientali, con la violenza e con la corruzione, l'idea dello stato *nazionalmente unitario*. In Austria invece ai tedeschi stanno di fronte popoli di civiltà occidentale superiore: italiani, polacchi; gli czechi stanno elevandosi con rapidità ammirevole. Le leggi ungheresi proclamano: in Ungheria non vi è che un'unica nazione, l'ungherese (intendi: magiara); le altre « nazionalità » (rumeni, tedeschi, slavi) non sono nazioni, devono essere anch'esse anzitutto ungheresi; è un giuoco col doppio senso della parola, è una finzione, che però finora valse a salvare l'unità e — quel, ch'è più, — la libertà dell'Ungheria, perchè — bisogna riconoscerlo — le altre nazioni d'Ungheria abusarono della loro indipendenza, quando l'ebbero, a danno delle libertà costituzionali degli unghere-

Idea dello stato nazionale unitario in Ungheria.

Le " nazionalità ".

---

il dovuto conto dei diritti del ducato di Carniola su quei territori ». Nel memoriale del 1881 il governo austriaco prova in base a documenti trovati negli archivi, che quei distretti abitati da *uskoki* erano feudi militari del duca di Carniola. Da principio l'Ungheria e la Croazia si richiamano sull'identità nazionale della popolazione croata di quei territori e sugli interessi locali per affermare l'opportunità di non staccarli dagli ex-confini militari, ma poi nel 1884 la commissione ungaro-croata in una relazione diretta al governo di Vienna « scopre » che i documenti addotti dagli austro-carniolici riguardano un altro Sichelburg ignoto e nel sett. 1898 una notizia telegrafica da Zagabria riportata dai giornali di Vienna annunciava con un'infinità di particolari, che la commissione ungaro-croata era riuscita a scoprire il luogo dell'antico castello veramente carniolico di Sichelburg e che la popolazione del Sichelburg croato giubilante aveva inviato per l'occasione un telegramma di omaggio all'imperatore e re. Con ciò per gli ungaro-croati la questione era risolta; non così per gli austriaci, che però finora dovettero accontentarsi delle sole proteste. V. in proposito anche l'articolo del prof. Fournier nella *Neue Freie Presse* di Vienna del 27 dic. 1907.

si e non a vantaggio proprio, ma a tutto vantaggio della reazione aulica di Vienna. Dipendeva e dipende ancora — ripeto — dal minor grado di civiltà di quei popoli, che però ora, pare, cominciano aver coscienza della propria esistenza e dei propri interessi senza indentificarli con quelli di Vienna. (1)

A tutela dei diritti linguistici e scolastici di queste « nazionalità » il parlamento ungherese votò l'articolo XLVI del 1868 sull'equiparazione dei diritti delle nazionalità; la legge ebbe più un valore platonico, che altro; corrispose ad un desiderio della corte: ma giovò poco o nulla alle popolazioni non magiare, le quali poterono conservare alcuni diritti nazionali (proprie scuole) soltanto, in quanto appartenevano a chiese nazionali, quali l'ortodossa rumena, l'ortodossa serba o l'evangelica tedesca: queste chiese mantengono le proprie scuole confessionali; ma anche qui la legge Apponyi del 1908 venne a render obbligatorio l'insegnamento della lingua magiara (2).

Liberalismo moderno della costituzione ungherese.

A parte quest'intolleranza delle leggi ungheresi verso le popolazioni non magiare, intolleranza, che trae le sue ragioni di essere dalla lotta per l'esistenza del popolo magiaro, che si vede circondato da genti avverse ed infide, la costituzione ungherese è una costituzione

(1) Sole la Croazia e Fiume italiana seppero conservare la loro autonomia garantita dalle leggi statutarie. Gli attentati recenti contro le franchige costituzionali e nazionali di Fiume da parte del governo ungherese derivano appunto dalla tendenza a sottomettere anche quella città all'idea unitaria dello stato *nazionale* ungherese. Ma se popoli molto meno civili degli italiani arrivarono a comprendere l'assurdità di questo principio « nazionale » *sui generis*, come si può credere a Budapest di poter piegare con esso gli italiani?

(2) Perciò i conflitti nazionali provocati dall'istituzione di diocesi cattoliche, che fanno la politica magiara, fra i rumeni; conflitti che condussero all'attentato con bombe (3 morti) contro il vescovo greco-cattolico di Debreczin in principio del 1914. Il conte Tisza aveva avviato pochi mesi prima dello scoppio della guerra presente delle trattative per un accordo con la coalizione serbo-croata della Croazia e con i rumeni d'Ungheria. Ma specialmente le concessioni, che prometteva ai rumeni, erano tanto insignificanti che tutte le sue fatiche a nulla approdarono, provocarono anzi in Transilvania e in Rumenia un'agitazione maggiore.

moderna, liberale, parlamentare. Formalmente non esiste uno statuto od una serie di leggi fondamentali in Ungheria, che formino la costituzione e che siano provvedute di speciali cautele legali (come la « maggioranza qualificata » in Austria). La costituzione ungherese è formata dalla continuità nei secoli di leggi semplici votate dalla dieta prima ed ora dal parlamento, leggi che domani potranno essere abrogate da altre leggi altrettanto semplici nella forma. Solo le leggi di « compromesso » con l'Austria, con Fiume, con la Croazia richiedono una condizione, hanno un requisito speciale: devono essere precedentemente concordate con le rappresentanze di quei paesi. (1) Del resto l'idea liberale parlamentare della costituzione ungherese emerge quasi da ogni articolo delle leggi del '48 e del '67, le quali appositamente accentuano ogni tanto, che non vi è legge, che tenga, in Ungheria, se non è votata dal parlamento e sanzionata dal sovrano. Qui non c'è § 14, qui non ci sono bilanci, non ci sono coscritti senza il parlamento; anzi l'art. X delle leggi del '67 stabilisce esplicitamente, che, se la camera è sciolta, la si deve riconvocare in gni caso in modo da poter nel debito tempo discutere e votare il bilancio. La funzione prima del parlamento è così assicurata e questa è l'arma più formidabile degli ungheresi contro ogni violazione dei loro diritti, contro ogni offesa al parlamentarismo (2).

Parlamentarismo ungherese.

---

(1) Veramente per l'Austria la questione è controversa, essendoci il precedente della legge XII del 67 sugli affari comuni votata in Ungheria del tutto indipendentemente dal parlamento austriaco, che appena dopo vi « aderì ».

(2) Per questo può riuscir pericoloso il giuoco, che faceva il co. Tisza recentemente in Ungheria. La riforma del regolamento interno, la guardia militare del parlamento, che hanno il compito di impedire qualsiasi ostruzionismo alla camera ed infine il progetto di legge per la riforma dell'amministrazione dei comitati, che impedirà la resistenza passiva del paese, se oggi giovano al governo ungherese di Tisza, domani potrebbero giovare — caduto Tisza — a qualche governo non parlamentare e straniero.

I ministeri in Ungheria devono essere parlamentari per questa forza, che deriva dalla costituzione al parlamento un-

Riforme costituzionali in Austria.

Come in Ungheria, così anche in Austria le sconfitte del '66 furono benefiche per la vita costituzionale del paese; non in altrettanta misura, perchè mentre gli ungheresi, i magiari cioè seppero imporre da dominatori l'idea unitaria nazionale e statale a tutti i popoli d'Ungheria e alla corte un regime *parlamentare* consono a quell'idea ed ai tempi moderni, gli « austriaci » in Austria semplicemente non esistevano, nè i tedeschi d'Austria potevano atteggiarvisi dopo l'epica lotta per l'unità nazionale, combattuta dai prussiani. Qui la corona si trovò di fronte popoli divisi e quindi la resistenza sua ai postulati di libertà e di costituzionalismo potè esser più efficace.

Nuovi tentativi federalistici.

Già nell'aprile e nel maggio del '66 Francesco Palacky pubblicava una serie di articoli chiedenti la federazione dei popoli in Austria sulla base delle « individualità territoriali storico-politiche ». Rieger scriveva lo stesso in una lettera aperta, cui nell'agosto dopo la guerra seguiva una conferenza a Vienna dei capi federalisti, tra i quali eccellevano Rieger per gli czechi, il vescovo Strossmayer per i croati, per i polacchi di nuovo il co. Goluchowski, subito dopo ridivenuto logotenente di Galizia. Le diete delle province maggiori con popolazioni di nazionalità miste con l'aiuto di Belcredi — abbiamo veduto — avevano assunto carattere federalista, così in Boemia, così in Galizia, ove la maggioranza polacca cominciò subito ad esercitare il suo predominio assoluto con una riforma elettorale, che ridusse di dodici il numero dei deputati ruteni a quella dieta (1). Persino uno degli uomini politici tedeschi

---

gherese e ai comitati; il tentativo extra-parlamentare di Fejervary è fallito appunto per la resistenza passiva dei comitati.

Che la costituzione ungherese sia liberale, questo non vuol dire ancora che l'amministrazione del paese sia esemplare, moderna, occidentale; c'è anzi molto dell'orientale, c'è molta corruzione nelle sfere politiche, ufficiali dell'Ungheria e basterebbero a provarlo i frequenti scandalosi processi contro ex-ministri ed ex-funzionari di stato.

(1) Nel 1861, alla prima dieta, erano 47 i deputati ruteni. Le persecuzioni dell'elemento ruteno provocano una rivolta san-

più noti, Adolfo Fischhof, ch'ebbe tanta parte nei movimenti rivoluzionari del '48 perorava in articoli di giornali la federazione di popoli in Austria.

Centralismo austriaco e ritorno alla Costituzione.

Ma la vittoria di Beust e di Andrássy che nell'interesse del maggior influsso politico dell'Ungheria nella monarchia giustamente temeva la creazione di un terzo stato czeco e di un quarto polacco e così via, ridiede nuove speranze e nuove forze al partito tedesco centralista in Austria, che però doveva ora limitare le sue mire centraliste alle sole province austriache e anche qui con parecchi riguardi alle popolazioni non tedesche già emancipatesi. (1) I consigli munipali delle maggiori

guinosa dei contadini ruteni in maggio e giugno 1867. Seguirono poi frequenti processi per alto tradimento contro i capi ruteni accusati di russofilia. In seguito con riforme e con violenze elettorali il numero dei deputati dietali e parlamentari ruteni della Galizia fu sempre più ridotto. La parte dei ruteni, che intorno al 1890 — abdicando completamente ad ogni idea nazionale russa anzi assumendo un atteggiamento decisamente austriaco e antirusso — si disse ukraina, poco a poco riacquistò la fiducia della corte e del governo di Vienna e con l'appoggio del clero greco-cattolico (1/3 di esso era però ancora russofilo prima della guerra presente) e delle autorità centrali austriache risollevò le sorti dei ruteni di Galizia, sia pure sotto il nome di *ukraini*. La riforma a suffragio universale del 1907 portò al parlamento di Vienna 23 deputati ruteni ukraini e 2 russofili (russi nazionali) dalla Galizia (i voti raccolti nel 1911 erano però 122,500 per i russofili e 356,000 ukraini austrofili) e 5 deputati ukraini dalla Bucovina (41,000 votanti ruteni contro 55,000 votanti rumeni, che ebbero pure 5 deputati). E la riforma a curie sanzionata allo scoppio della guerra presente avrebbe portato alla dieta galiziana di Leopoli circa 61 deputati ruteni contro circa 167 deputati polacchi; la Giunta provinciale sarebbe dovuta esser composta di 6 assessori polacchi e 2 ruteni. Nelle rappresentanze distrettuali i polacchi si erano assicurata la maggioranza con cautele legali speciali (la «pietrificazione dei consigli distrettuali»). V. su tutto ciò i miei articoli nella *Tribuna* (1914, N. 11 febbraio, 28 marzo, 28 aprile, 11 maggio, 11 ag., 25 ag., 6 sett., 15 sett. e 16 sett.) e il mio studio nella *Rassegna Contemporanea* (a. 1914, fasc. XVI).

(1) Il favore di Beust per i tedeschi dell'Austria proveniva dal bisogno, ch'egli aveva del loro appoggio per la sua politica di *revanche* contro la Prussia; Andrássy invece — con visione più chiara dei tempi e delle cose — voleva favoriti i tedeschi in Austria per la ragione del tutto opposta, per un amicizia sempre più intima fra Austria e Germania. Una vittoria militare austriaca in Germania avrebbe messo in pericolo di nuovo la costituzione d'Ungheria.

città tedesche e quasi tutte le diete provinciali con maggioranza tedesca (meno la tirolese, sempre federalista) elevarono proteste contro la continuata sospensione della costituzione e chiesero la riconvocazione del parlamento. Persino la commissione per il controllo del debito pubblico in una relazione all'imperatore, quale unico mezzo per giovare alle finanze e al credito dello Stato consigliava il ritorno alla vita costuzionale.

Il parlamento nuovo e le varie nazioni.

Il parlamento fu di fatti ai 20 maggio 1867 riconvocato, ma appena quando non avrebbe potuto più intralciare l'opera del compromesso dualistico austro-ungarico e quando Beust con le elezioni dietali si era assicurata una maggioranza di 118 tedeschi liberati contro 57 federalisti e 11 clericali tedeschi (1). Gli czechi continuavano la loro tattica di astensione dimostrativa; i polacchi invece, allettati da promesse e da concessioni reali di una certa autonomia nazionale in Galizia, cominciavano già ad adattarsi al nuovo ordine di cose e non si unirono agli altri slavi, czechi, ruteni (russi della Galizia), sloveni e croati, che proprio in quei giorni — in segno di protesta contro la politica tedescofila inaugurata da Beust in Austria — a dimostrare la solidarietà di tutto il mondo slavo si erano recati in pellegrinaggio nazionale e politico a Mosca con grave scandalo delle sfere austriache e della stampa di Vienna. Fra gli italiani regnava ancora vivo il fermento per la guerra testè combattuta; nei trentini s'aggiungeva il malcontento diffuso per la continuata unione

(1) Capo dei tedeschi liberali era allora l'on. dott. Edoardo Herbst, la cui famiglia era originaria dalla Boemia. Gli storici austriaci gli rimproverano appunto di aver veduto la politica austriaca troppo dal punto di vista del tedesco di Boemia, che teme sopra tutto il progresso degli czechi, degli slavi e — essendo un ottimo giureconsulto, professore di leggi prima a Leopoli, quando quell'università era ancora tedesca, poi a Praga — di essere stato eccessivamente un teorico della politica. Con lui per la ostinatezza sua contro il progetto dell'occupazione della Bosnia-Erzegovina scomparve la maggioranza governativa tedesca liberale. Bismarck chiamò allora lui e i suoi seguaci con ironia *Herbstlos* (senza autunno, cioè senza maturità politica). Fu però un uomo di carattere fermo: in politica misera lode.

forzata del loro paese al Tirolo e nel febbraio 1867 fu proclamato lo stato d'assedio in tutto il Trentino.

Il conte Taaffe nel ministero austriaco.

Prima di iniziare l'opera di riforme costituzionali con il parlamento austriaco Francesco Giuseppe provvide ad un rimpasto del ministero, in cui ora accanto a Beust « cancelliere dell'impero » la carica più alta ebbe il compagno d'infanzia dell'imperatore e suo amico intimo il co. Taaffe, quale presidente del consiglio. Ed ora il parlamento cominciò a funzionare. Sebbene i federalisti e specialmente gli czechi affermassero, che non il parlamento, bensì le singole diete, come ai tempi della Sanzione prammatica, erano sole competenti a trattare del « compromesso » con l'Ungheria, il governo e la maggioranza tedesca liberale si accordarono a far passare solamente nelle due camere del parlamento centrale le leggi del compromesso. Il governo dovette però ottenere il consenso della maggioranza a prezzo di concessioni costituzionali abbastanza liberali. Anzitutto ai 16 luglio 1867 fu trasformato il famoso § 13 (poi § 14) nel modo, che già vedemmo e che avrebbe dovuto impedirne l'abuso già fatto da Schmerling (1). Poi con

Riforme della costituzione austriaca. § 14. Responsabilità dei ministri. Tribunale di stato.

(1) Già allora ci fu però, chi anche nella nuova forma di quell'articolo scorgeva un gravissimo pericolo per il parlamento e per la costituzione d'Austria. Nella seduta del 27 giugno (v. protoc. stenogr. atti parlam.) l'on. dott. Kaiser concludeva un suo discorso dicendo: « Il § 13 è il drappo funerario sulla costituzione austriaca; toglietelo, così soltanto vivificherete la costituzione ». E l'on. dott. *von* Figuly aggiungeva: « L'articolo è non il drappo, bensì il sepolcro della costituzione ». Questo è l'articolo della costituzione austriaca, che autorizza gli statisti austriaci ad affermare, che l'Austria non è uno stato parlamentare, ma soltanto costituzionale, perchè il sovrano assieme con tutti i ministri può emanare decreti con validità di leggi anche senza il parlamento. E' inutile aggiungere, che l'abuso di aggiornare appositamente il parlamento per poter emanare tali decreti (detti *Notverordnungen*: « ordinanze d'urgenza ») con una validità « provvisoria », che invece dura eterna, per affari « urgenti », che invece spessissimo non lo sono punto, dura ancor oggi in Austria, come ai tempi di Schmerling. In Ungheria invece — vedemmo — non solo non esiste un tale articolo, ma al contrario nella costituzione ungherese sono state introdotte delle cautele speciali per impedire qualsiasi tentativo di governo assolutistico senza o contro il parlamento. Perciò si insegna

la legge dei 25 luglio fu statuito il principio della responsabilità dei ministri austriaci e regolati il procedimento contro i ministri colpevoli « di aver violato intenzionalmente o con negligenza supina la costituzione *dei regni e paesi rappresentati al consiglio dell'impero* (circonlocuzione federalista per Austria) o le costituzioni provinciali o un'altra legge». Ogni atto di governo dell'imperatore per essere valido, secondo l'articolo I di questa legge, dovrebbe essere controfirmato da uno dei ministri responsabili; così la legge voleva evitare atti di governo assolutistici; (1) nello stesso tempo istituiva il « tribunale di stato » (*Staatsgerischtshof*) formato da sei giudici eletti dal senato e da altrettanti eletti dalla camera, ma tutti e dodici « indipendenti, giurisperiti ed estranei al parlamento ». Questi eleggevano tra di loro il presidente, il quale — comunicatogli dal presidente di una delle due camere il voto approvato con due terzi di maggioranza di mettere in istato d'accusa un ministro — « doveva essere *invitato* a convocare subito a Vienna i giudici del tribunale di stato ». Così dice l'art. 13 di questa legge ed ora sorge di nuovo una controversia di diritto si stato: se il presidente del tribunale non vuole o non è in grado (perchè morto, o malato o assente) di convocare i giudici, che avvie-

---

nelle università austriache di legge, che l'Ungheria è uno stato parlamentare, mentre l'Austria è soltanto costituzionale.

In Austria c'è tutta una letteratura formatasi sul valore e sulla durata dei decreti a § 14. Alcuni scrittori affermano, che quei decreti non essendo leggi possono essere discussi e non rispettati in casi di controversia dai tribunali, i quali sono tenuti soltanto al rispetto delle leggi. In tal senso si ha da intendere l'interpellanza di protesta dell'on. Heilinger alla dieta di Vienna contro un ringraziamento diretto pubblicamente dal presidente della Suprema corte di giustizia di Vienna bar. Ruber al ministro di giustizia per una di queste ordinanze a § 14, che semplificava alcuni procedimenti giudiziari (v. resoconto stenogr. dietale dei 16 giugno 1914). Bernatzik invece afferma, che i decreti a § 14 sono « leggi provvisorie », quindi valgono anche per i tribunali, ma soltanto provvisoriamente.

(1) Anche questa disposizione costituzionale spesso non si osserva in Austria, sebbene l'art. 3 della stessa legge dice punibile il non osservarla.

ne? Finora, nonostante le frequentissime violazioni di leggi, il tribunale di stato non ebbe occasione di funzionare; mancano quindi precedenti risolutivi della controversia (1). Altre due leggi importanti furono votate dal parlamento e sanzionate ai 15 novembre 1867 sul diritto di associazione e su quello di riunione; leggi che vigono ancor oggi, che hanno però piuttosto lo scopo di prevenire i pericoli per lo stato, che potrebbero provenire dalla libertà di associazione e di riunione, che quello di tutelare i diritti dei cittadini riuniti in società o in adunanze (2).

Leggi di associazione e di riunione.

(1) Del resto questa sulla responsabilità dei ministri in Austria sarebbe una legge abbastanza perfetta. L'art. 25 vieta al sovrano di graziare il ministro condannato, se la camera che ha elevato l'accusa contro di lui non lo propone alla grazia sovrana. Ciascuna delle due camere ha il diritto di mettere da sè in istato d'accusa un ministro; la proposta deve esser fatta al senato da almeno 20 senatori, alla camera da almeno 40 deputati. La camera accusatrice si fa rappresentare dinanzi al tribunale di stato da 3 dei suoi membri. Questa legge era stata combattuta al senato specialmente dal card. Rauscher, che vi scorgeva menomati i diritti del sovrano. Ma passò lo stesso. Per compensare i ministri di questa responsabilità un'altra legge ai 22 luglio 1868 darà loro diritto — « senza riguardo alla durata delle loro funzioni di ministri », quindi anche se devono dimettersi subito dopo essere stati nominati — a una pensione annua di almeno 8000 corone (la vedova con 6000 cor.; legge 14 maggio 1896). Di solito il sovrano eleva questa pensione fino a 20.000 cor. annue; è un aggravio sensibile del bilancio dello stato, un'esca alla caccia dei portafogli e spesso un mezzo di corruzione parlamentare.

(2) Così per es. per ogni associazione è necessario il riconoscimento degli statuti sociali da parte della logotenenza, che però deve approvarli o respingerli entro 4 settimane, dacchè le sono stati presentati. Per le « associazioni politiche » (nella legge manca la loro definizione e quindi il termine elastico si presta ad abusi di interpretazione) vigono norme speciali: sorveglianza speciale dei ruoli sociali, esclusione dei cittadini esteri, delle donne e dei minorenni, divieto di distintivi sociali ecc. Le adunanze pubbliche (meno quelle per scopi elettorali) devono essere preannunciate all'autorità politica almeno 3 giorni prima non contando il giorno dell'annuncio nè quello dell'adunanza (quindi invero 5 giorni prima). Si tenta di eludere questa disposizione con il § 2, che permette riunioni senza preannuncio, se fatte di invitati *conosciuti personalmente* al convocatore della riunione. Sono queste le riunioni, che in Austria si dicono a § 2 (cioè della legge sulle riunioni).

Intanto la commissione costituzionale lavorava alacremente intorno alle cinque « leggi fondamentali di stato », che furono l'opera principale di questo periodo di attività parlamentare. Sono le leggi, che formano la « costituzione di dicembre » (1867, *Dezember-Verfassung*), leggi uscite da progetti del g overno e di iniziativa parlamentare e che anche per le condizioni, in cui furono sanzionate, rappresentano un vero compenso per l' « adesione » del parlamento austriaco al compromesso austro-ungarico. Il parlamento cioè prudentemente votò prima una legge, secondo cui la « legge delle delegazioni » contenente l'adesione al fatto compiuto del compromesso entrava in vigore soltanto se otteneva la sanzione e la validità assieme con le altre cinque leggi fondamentali dello stato austriaco. E in fatti ai 21 dicembre l'imperatore sanzionava tutte queste leggi, che assieme con la Sanzione prammatica e con le due leggi del 27 ottobre 1862 (libertà della persona e tutela del domicilio), ora pure dichiarate leggi fondamenali (1); sono riguardate dagli statisti tedeschi dell'Austria come lo statuto fondamentale della parte austriaca della monarchia degli Absburgo.

La " costituzione di dicembre ", 1867.

Riforma del parlamento.

Di queste leggi la più importante è quella che riforma la legge del febbraio 1861 sulla rappresentanza dell'impero: il parlamento non può esser più « allargato »; l'Ungheria con le sue parti annesse non ci entra più e neppure il Lombardo-Veneto; i 203 deputati ora sono eletti soltanto dalle diete delle province austriache. L'art. 11, che enumera le attribuzioni del consiglio dell'impero (*Reichsrat*), fa ora una concessione d'importanza straordinaria ai federalisti; inverte quasi le parti delle diete provinciali e del parlamento; mentre la costituzione di febbraio limitava le attribuzioni delle diete agli affari enumerati tassativamente negli articoli 18-24 degli statuti provinciali in confor-

(1) Il che mette anch'esse sotto la garanzia della « maggioranza qualificata » necessaria per modificarle.

mità ai principi centralisti di Schmerling, ora l'art. 12 della legge sul parlamento affida alle diete « tutti gli altri oggetti della legislazione, che nella presente legge non sono *espressamente* riservati al Consiglio dell'impero ». I centralisti tedeschi e i professori tedeschi di diritto si richiamano veramente al primo comma dell'art. 11 per trovarvi una contraddizione con l'art. 12 e per aprire anche qui una controversia affermando, che l'enumerazione delle attribuzioni del parlamento è soltanto dimostrativa, esemplificativa e non assoluta, tassativa; e constatano il fatto, che il parlamento precisamente con questa legge ha regolato di propria iniziativa ed autorità — senza il consenso delle diete — la loro competenza, sia pure allargandola; ne deducono quindi una superiorità di potere legislativo del parlamento anche sulle diete e sul loro ordinamento (1). Anche

Sue attribuzioni e le diete.

(1) Ecco qui i passi relativi dalla Legge del 21 dicembre 1867, colla quale è modificata la legge fondamentale del 26 febbraio 1861 sulla Rappresentanza dell'Impero (traduz. ufficiale):

« § 11. — La competenza del Consiglio dell'Impero abbraccia tutti gli oggetti, che si riferiscono ai diritti, agli obblighi ed agl'interessi, che sono comuni a tutti i Regni e Paesi rappresentati nel Consiglio dell'Impero, in quanto tali oggetti, in seguito all'accordo conchiuso coi Paesi della Corona ungherese, non sieno da trattarsi in comune fra quegli e gli altri Paesi della Monarchia.

Appartengono quindi alla competenza del Consiglio dell'Impero:

a) l'esame e l'approvazione dei trattati di commercio e di quegli altri trattati, che importassero un onere all'Impero od a parte dell'Impero, od un obbligo a carico di singoli cittadini, o variazione di territorio dei Regni e Paesi rappresentati nel Consiglio dell'Impero;

b) tutti gli oggetti, che riflettono le modalità, l'ordine e la durata dell'obbligo al servizio militare, ed in particolare l'approvazione annuale del numero dei soldati da reclutarsi e le disposizioni generali sulla somministrazione degli attiragli (Vorspann), dei viveri e degli alloggi per l'esercito;

c) la fissazione dei bilanci preventivi dello Stato ed in particolare l'approvazione annuale delle imposte, contribuzioni e gabelle da riscuotersi; l'esame dei conti consuntivi dello Stato e dei risultati della gestione finanziaria, ed il relativo giudizio di liberazione; l'assunzione di nuovi prestiti, la conversione degli attuali debiti dello Stato, l'alienazione, la permuta e l'aggravio dei beni immobili dello Stato, la legislazione sulle privative e sulle regalie, ed in generale tutti gli oggetti finanziari,

questa però è una questione di diritto del più forte; finora il centralismo tedesco ha saputo far valere il suo punto di vista; ma negli ultimi tempi e specialmente in Galizia i federalisti cominciano a guadagnar terreno

---

che sono comuni ai Regni e ai Paesi rappresentati al Consiglio dell'Impero;

d) la regolazione dei rapporti pecuniari, monetari e dei viglietti di banca, gli oggetti concernenti le dogane e il commercio, come pure il servizio dei telegrafi, delle poste, delle strade ferrate, della navigazione e delle altre comunicazioni dell'Impero;

e) la legislazione risguardante il credito, le banche, i privilegi e le industrie, ad eccezione della legislazione sui diritti di propinazione; in oltre la legislazione sui pesi e sulle misure, sulla protezione delle marche e dei modelli;

f) la legislazione medica e la legislazione riflettente la protezione contro le epidemie e le epizoozie;

g) la legislazione sui diritti di cittadinanza e di indigenato, sulla polizia circa i forestieri, sul servizio dei passaporti, e sulla anagrafe della popolazione;

h) la legislazione sui rapporti di confessione, sul diritto di associazione e di riunione, sulla stampa, e sulla protezione della proprietà letteraria e artistica;

i) la fissazione delle massime fondamentali per l'istruzione nelle scuole popolari e nei ginnasi: inoltre la legislazione sulle università;

k) la legislazione sulla giustizia penale e sulle punizioni di polizia, nonchè la legislazione civile, ad eccezione di quella che concerne l'ordinamento interno dei libri pubblici e gli oggetti appartenenti in virtù dei Regolamenti provinciali e della presente Legge fondamentale alla competenza delle Diete provinciali; inoltre la legislazione sul diritto commerciale, cambiario, marittimo, minerario e feudale;

l) la legislazione sui tratti fondamentali dell'organizzazione delle autorità giudiziarie e amministrative;

m) le leggi da emanarsi a termini e in esecuzione delle Leggi fondamentali sui diritti generali dei cittadini, sul Tribunale dell'Impero, e sul potere giudiziario, governativo ed esecutivo;

n) la legislazione sugli oggetti riferibili agli obblighi ed ai rapporti dei singoli Paesi fra loro;

o) la legislazione sulla forma, con cui sono da trattarsi gli oggetti stabiliti quali oggetti comuni nell'accordo stipulato coi Paesi appartenenti alla Corona ungherese.

§ 12. — Tutti gli altri oggetti della legislazione, che nella presente Legge non sono espressamente riservati al Consiglio dell'Impero, appartengono alla competenza delle Diete provinciali dei Regni e Paesi rappresentati nel Consiglio dell'Impero, e vengono esauriti in queste Diete provinciali e colla loro cooperazione.

Ove però una Dieta provinciale decidesse, che l'uno o l'altro degli oggetti di legislazione di sua competenza abbia ad essere trattato ed esaurito dal consiglio dell'Impero, tale oggetto pas-

tanto più, che realmente la loro interpretazione della legge corrisponde più esattamente alla verità logica e storica, che ha informato l'opera dei legislatori del 1867 (1).

Diritti del parlamento.

Mentre la nomina del presidente e dei vice-presidenti del senato resta ancora riservata all'imperatore,

---

sarà per questo caso e relativamente a quella Dieta provinciale nella competenza del Consiglio dell'Impero ».

La gelosia delle proprie attribuzioni fra parlamento e diete si può comprendere soltanto, se si tien conto che nella maggior parte dei casi le diete sono piccoli parlamenti nazionali (per gli czechi in Boemia, per i polacchi in Galizia, per gli italiani a Trieste e in Istria ecc.) e che rappresentano un complesso considerevolissimo di interessi reali. Per questo una delle prime funzioni del tribunale dell'impero (*Reichsgericht*) istituito nel 1867 è quella di risolvere i conflitti di competenza fra parlamento e diete. Le provincie del resto finora hanno saputo far rispettare dal parlamento i loro diritti e se il parlamento ha potuto modificare nelle sue riforme elettorali dal 1867 al 1907 gli statuti provinciali (privando le diete del diritto di mandar esse i deputati al parlamento), vi è riuscito soltanto perchè in fondo quelle riforme non toccavano la struttura interna delle diete e queste non avevano alcun mezzo per impedire quelle riforme. Dovettero perciò accontentarsi di protestare riaffermando il loro punto di vista: che il parlamento non ha il diritto di modificare gli statuti provinciali senza il consenso delle diete. Il concetto informativo della costituzione austriaca del 1867 era in fondo federalistico: quello che le delegazioni sono accanto ai due parlamenti di Vienna e di Budapest per gli affari comuni fra Austria e Ungheria, doveva esserlo secondo quel concetto il parlamento austriaco accanto alle diete per gli affari comuni delle province austriache. Questa fu anche la genesi storica del § 11; invece per opera dei centralisti tedeschi il parlamento ha saputo negli anni seguenti rendersi indipendente dalle diete. Prima con la legge dei 13 marzo 1872, che introduceva l'elezione diretta per singoli collegi, che si rendessero vacanti, poi con la legge dei 2 aprile 1873, che aboliva completamente il diritto delle diete di elegger i deputati alla camera. Queste leggi furono manovre dei centralisti tedeschi per combattere l'astensione degli czechi, i quali ora per evitar il pericolo, che insignificanti minoranze di elettori tedeschi o governativi eleggessero propri deputati nei collegi czechi, si trovarono costretti ad esercitare il loro diritto di voto per l'aborrito parlamento centrale. Rimase un unico resto di federalismo nella camera: il modo di eleggere i rappresentanti delle province alla delegazione austriaca (v. pp. 193 e 200 e append. II).

(1) Il progetto governativo per gli articoli 10 e 11 di questa legge diceva proprio il contrario degli artic. 11 e 12 approvati dal parlamento e votati. Basterebbe questo a provare, che il loro mutamento fu una voluta concessione ai postulati autonomistici dei polacchi e degli altri federalisti.

la nuova legge dà alla camera dei deputati il diritto di eleggersi la presidenza per la durata della sessione. L'art. 10 prescrive, che il parlamento sia convocato dall'imperatore ogni anno, possibilmente nei mesi d'inverno, che i bilanci dello stato e specialmente l'approvazine dei coscritti e delle imposte siano votati *annualmente* dalle due camere. Basterebbero queste disposizioni a rendere parlamentare il governo d'Austria, se venissero rispettate ed osservate dai ministri e dalla corona; un po' con la connivenza di alcuni partiti parlamentari, un po' per la mancanza di altre disposizioni risolventi la questione, che debba avvenire, se quelle norme degli art. 10 e 11 non sono rispettate e se il sovrano non vuole sanzionare le decisioni del parlamento, e anzitutto per opera del famoso § 14, il parlamentarismo di questa legge costituzionale è reso illusorio. (1). Nè giovarono a rafforzarlo le riforme degli anni seguenti, votate dal parlamento, fino ai nostri giorni;

(1) Di fatti spesse volte il parlamento fu convocato soltanto formalmente per esser subito aggiornato, dopo una comandata ostruzione di qualche partito di deputati notoriamente governativi (il gruppo Sustersich contro la facoltà italiana per esempio), e per far luogo all'applicazione del § 14. Con questo — contro l'esplicita parola della legge — furono decretati bilanci, leve di coscritti, imposte e persino prestiti dello Stato. — L'approvazione dei coscritti di solito si fa in Austria per 10 anni; a tale scopo — per salvare le apparenze costituzionali — la camera dei deputati esige un voto con i due terzi di maggioranza, perchè si tratta di mutare una norma costituzionale.

Le sessioni del parlamento.

Il concetto inglese di « sessione » annua del parlamento non esiste in Austria, sebbene la legge ne parli esplicitamente. La « sessione » austriaca è un concetto divenuto tanto elastico, che magari ci sono anni con parecchie sessioni anche di durata di un solo paio di giorni oppure ci sono sessioni della durata ininterrotta di parecchi anni. Così per es. la XVII sessione del parlamento austriaco è durata tutto il periodo legislativo, cioè 6 anni dal 1901 al 1907. In Ungheria il periodo legislativo dura 5 anni. Presentemente in Austria dai 17 luglio 1911 è il XII periodo legislativo; la XXI sessione fu « chiusa » nell'imminenza della presente guerra europea. Questa elasticità dipende — lo accennammo altrove — dai vari gradi di pena, di pressione o di corruzione che il governo vuole applicati ai deputati. Gli effetti dello *scioglimento* della camera sono noti: nuove elezioni (la legge austriaca non ha un termine per le nuove elezioni; in Ungheria invece il parlamento dopo sciolto, deve esser riconvocato in tempo utile per control-

furono riforme, che democratizzarono sempre più nella forma esteriore il parlamento austriaco, cioè soltanto la camera dei deputati, devolvendo il diritto di elezione

Riforme elettorali fino ad oggi.

---

lare la gestione dell'anno passato e per approvare il bilancio dell'anno prossimo, in ogni caso però al più tardi tre mesi dopo lo scioglimento). La *chiusura della sessione* ha conseguenze altrettanto gravi per i deputati austriaci, eccettuata la pena di sottoporsi a nuove elezioni: cessa la loro immunità, cessa il diritto alle diarie, cessano le funzioni di tutti gli organi del parlamento (presidenze, giunte, commissioni; i presidenti del senato e della camera restano in carica soltanto per sbrigare le faccende correnti fino alla riconvocazione del parlamento e ciò anche in caso di scioglimento; le commissioni possono esser dichiarate permanenti solo mediante una legge speciale, soltanto la Commissione di controllo del debito pubblico è sempre permanente), cessa il diritto di metter in istato d'accusa un ministro e vengono annullati tutti i lavori incompiuti (siano magari giunti quasi quasi alla sanzione; si ricordino le sorti tristissime dei molteplici progetti di legge per l'Università italiana a Trieste; è questo il « principio della discontinuità delle sessioni »). L'*aggiornamento*, che come la chiusura e come lo scioglimento può esser decretato soltanto dall'imperatore, produce pure la perdita delle diarie per i deputati, ma non dell'immunità e non annulla i lavori del parlamento, anche se incompiuti; li interrompe. La *sospensione delle sedute*, del senato o della camera fino a giorno indeterminato avviene per ordine della rispettiva presidenza (con o senza il consenso del governo), spesso dura parecchi mesi e significa soltanto vacanze parlamentari con decorrenza delle diarie (v. n. 2 a p. 86).

Il governo avrebbe voluto poter privare all'occorrenza il parlamento austriaco anche del diritto di votare ogni anno le imposte; proponeva cioè nel suo progetto originario della legge la « clausola prussiana », secondo cui le imposte continuano a deccorere « finchè non vengono modificate costituzionalmente ». La camera dovette sostenere una lotta vivace contro il senato, ove specialmente il cardinale Rauscher perorava quella clausola, per eliminarla dalla costituzione. L'effetto dell'eliminazione è però ben magro, se con il § 14 il governo si crede in diritto di promulgare persino l'intero bilancio (così prima della guerra presente quello per il 1914-15).

Regolamenti e ostruzionismi parlamentari.

Se la corte e i governi in Austria tenevano e tengono così poco conto del parlamento, non è da stupirsi che anche i partiti abbian fatto nelle loro lotte nazionali scempio della sua dignità e di ogni sua attività con *ostruzionismi*, che dal 1897 in poi sono cronici alla camera e dal 1901 (dopo la prima ostruzione degli italiani alla dieta di Innsbruck) anche nelle diete austriache. I regolamenti interni votati nel 1875 da ciascuna delle due camere del parlamento, in complemento delle due leggi dei 30 luglio 1867 (trattazione speciale di leggi voluminose) e dei 12 maggio 1873, rendevano facile il giuoco degli ostruzionisti. Un paio di deputati dotati di buoni polmoni bastavano per ritardare di parecchi giorni i lavori della camera;

dei deputati dalle diete ai cittadini e allargando sempre più il diritto al voto fino a giungere nel 1907 al suffragio universale; ma l'essenza fondamentale della costituzione austriaca rimase immutata dal '67 fino ad oggi; anzi quella stessa legge, che dava il suffragio

gruppi di 15 oppure 20 deputati potevano ostruire per mesi e mesi ogni attività parlamentare. Ogni deputato aveva il diritto di pretendere che al principio di seduta si leggessero tutti gli atti arrivati alla camera ed avendo pure ogni deputato il diritto di presentare in ogni momento in iscritto proposte di leggi (che poi per esser messe all'ordine del giorno dovevano esser appoggiate da almeno 20 deputati) e interpellanze, che dovevano esser firmate da almeno 15 deputati, poteva presentarne tante e così voluminose (alcune interpellanze ostruzionistiche erano veri libri per volume) da riempire per ore ed ore la seduta, senza contare le discussioni che poteva impegnare per rettifiche del protocollo. Se poi gli ostruzionisti disponevano di 20 firme di deputati da opporre alle loro proposte, con il § 42, che dava il diritto ad ogni deputato, di esigere la « trattazione d'urgenza » cioè di precedenza di una proposta su tutti gli altri oggetti dell'ordine del giorno, e che obbligava la camera a discutere anzitutto dell'urgenza di queste mozioni (le famose « proposte d'urgenza » della camera austriaca) essi potevano presentare tante *mozioni di urgenza* e quindi provocare tante discussioni sull'urgenza con tanti discorsi, quanti erano gli ostruzionisti, che — e questo avvenne ripetutamente — per anni interi l'ordine del giorno della camera austriaca era ingombro delle più futili proposte d'urgenza, che ostruivano ogni lavoro più serio. L'abuso crebbe a tal segno, che tutti i partiti maggiori, anche quelli governativi infine, tenevano in serbo degli *stocks* interi di proposte d'urgenza e andavano a gara a chi primo le presenterà per guadagnarsi un posticino nell'ordine del giorno da cedere all'occorrenza a qualche progetto di legge più serio. E fu in questo modo, che qualche bilancio provvisorio e qualche legge indispensabile poterono essere approvati, quasi per grazia e con grande fatica, perchè l'urgenza per esser riconosciuta richiede una maggioranza di almeno due terzi dei presenti. Inoltre i discorsi, specialmente quelli tenuti nelle rispettive lingue dei deputati e quindi incontrollabili per il presidente (ogni tentativo di codificare l'obbligo di usare la lingua tedesca al parlamento fallì sempre), potevano durare, finchè i polmoni avevano forza (il *record* del deputato tedesco dott. Lecher nel 1897 di 12 ore fu poi battuto ripetutamente, ultimamente dal ruteno-ukraino dott. Baczynskyi, che nel 1913 parlò per oltre 14 ore).

Onde non permettere che gli ostruzionisti, approfittando della stanchezza della camera, deserta durante i lunghi discorsi, e chiedendo improvvisamente la constatazione del numero legale (del *quorum* necessario per la camera, 100 deputati; per il senato, 40 senatori) ottenessero la chiusura della seduta e potessero ripigliare lena per la prossima, la maggioranza spesso ha dovuto trasformare il parlamento in dormitori per poter accorrere al primo squillo di campanello del presi-

universale per la camera di deputati, rendeva — vedemmo — con il *numerus clausus* più aristocratico e più oligarchico il senato. Non solo; ma con le profonde differenze nazionali, sociali e culturali, che dominano,

---

dente nell'aula a formare i 100 del *quorum*. Altri mezzi di ostruzione sono le domande, che ogni deputato può fare, di una pausa prima delle votazioni, della constatazione della proporzione numerica dei voti o quella, che 50 deputati possono fare, dell'appello nominale o la proposta di votazione segreta. Questi i mezzi dell'ostruzione *tecnica;* per quella *meccanica* (fischietti, sirene, tamburi ed altri istrumenti) si veda il mio articolo nella *Tribuna* (a. 1912, n. 39). L'ostruzionismo tecnico consiste nello sfruttamento di ogni occasione offerta dal regolamento interno della camera, della dieta e persino dei consigli comunali per ingombrare l'ordine del giorno della rappresentanza con lavori inutili onde impedirle un'attività proficua o almeno corrispondente alle intenzioni della maggioranza; a tale scopo gli ostruzionisti fanno regola delle eccezioni concesse dai regolamenti in larga misura.

Riforme dei regolamenti interni.

Ogni tentativo da parte del governo o da parte delle maggioranze di modificare questo regolamento interno fu infruttuoso, anzi vano, perchè il regolamento stesso vietava, che lo si potesse mutare in via d'urgenza; quindi le minoranze poterono sempre ostruire con altre mozioni d'urgenza le relative proposte. In fondo poi nè il governo nè tutti i partiti volevano sinceramente reso impossibile ogni ostruzionismo forse tenendo presente l'*hodie mihi cras tibi*. La *lex Falkenhayn* fatta votare illegalmente d'urgenza nel 1897 con l'aiuto della polizia chiamata nell'aula poco dopo dovette esser annullata. Anche il progetto di legge presentato in occasione della riforma a suffragio universale e allargante i poteri disciplinari del presidente (esclusioni da sedute, perdite di diarie per gli ostruzionisti) sfumò. Invece in un modo abbastanza strano dopo una seduta ostruzionistica durata ininterrottamente dai 14 ai 19 dicembre 1910 i partiti della camera si accordarono di approvare con la validità per un solo anno la legge dei 21 dic. 1910 (detta Krek-Kramarz-Udrzal-Sustersich dai nomi dei deputati che la proposero), che rende molto più difficile l'ostruzionismo ai partiti minori, perchè concede al presidente di rimandare in fin di seduta — *dopo esaurito dunque l'ordine del giorno* — la lettura degli atti e la discussione delle mozioni di urgenza e gli dà il diritto di rifiutare le pause prima delle votazioni e gli appelli nominali su proposte formali. Da anno in anno la camera prolungò la validità *provvisoria* di questa legge. Ai 15 maggio 1914 però scadeva la sua ultima prolungazione ed ora avrebbe di nuovo vigore la vecchia legge tanto propizia alle ostruzioni, poichè un progetto dell'on. Steinwender di un nuovo regolamento interno finora non arrivò nemmeno alla prima discussione.

Anche in Ungheria l'ostruzionismo, sebbene adoperato in lotte molto più serie per l'indipendenza sempre maggiore di quello stato da Vienna, aveva facile giuoco a causa del regolamento, che per giunta fissava le ore, oltre le quali le sedute

in Austria, il suffragio universale non ha fatto che fiaccare quel poco di liberalismo costituzionale, che era rappresentato alla camera di Vienna dalla borghesia delle popolazioni più civili e a portarvi fortissimi nuclei di deputati clericali e di rappresentanti di un socialismo spesso purtroppo politicamente molto equivoco (1).

Altre leggi fondamentali. Tribunali "dello Impero" e "amministrativo".

Le altre quattro « leggi fondamentali » dei 21 dicembre 1867 sono: 1) « sull'esercizio del potere governativo ed esecutivo », che regola la posizione del sovrano, dei ministri e dei funzionari di stato loro sottoposti; 2) « sui diritti generali dei cittadini (diritti civili) nei regni e paesi rappresentati nel Consiglio dell'impero »; 3) « sull'istituzione di un Tribunale dell'impero » (*Reichsgericht*): per le decisioni in conflitti di competenza e in controversie di *diritto pubblico*; 4) « sul potere giudiziario », che ordina la separazione assoluta della giustizia dall'amministrazione politica e annuncia l'istituzione del Tribunale amministrativo (*Verwaltungsgerichtshof*) per il contenzioso amministrativo (2).

---

non potevano esser protratte e che permetteva a pochi deputati di esigere ogni momento che la seduta fosse dichiarata segreta con la conseguente perdita di tempo per lo sgombero delle tribune pubbliche e poi per la riammissione del pubblico. Il conte Tisza ricorse a mezzi violenti contro gli ostruzionisti; fece approvare di sorpresa (e illegalmente, affermano i suoi oppositori) un nuovo regolamento, che dà pieni poteri al presidente e gli mette a disposizione la ormai celebre « guardia parlamentare », che provocò le rivoltellate dell'on. Kovacs (v. *Tribuna*, 9 giugno 1912) e di cui il comandante Gerö prese a sciabolate il deputato Hedervary in piena aula.

(1) V. la nota a p. 165 e la III append.!

(2) Della legge sui diritti generali dei cittadini in Austria l'art. più importante e quello invocato in tutte le competizioni nazionali, scolastiche, linguistiche è l'art. 19, che dice:

« Tutte le nazioni dello Stato hanno eguali diritti, ed ogni singola nazione ha l'inviolabile diritto di conservare e di coltivare la propria nazionalità ed il proprio idioma. — La parità di diritto di tutti gli idiomi del paese nelle scuole, negli uffici e nella vita pubblica è riconosciuta dallo Stato. — Nei paesi, in cui abitano diverse nazioni, gli istituti di pubblica istruzione devono essere regolati in modo, che ognuna di queste nazioni trovi i mezzi necessari per istruirsi nel proprio idioma, senza l'obbligo d'imparare un altro idioma del paese. »

Vedemmo già la legge sulle delegazioni e sugli affari comuni fra Austria e Ungheria e le due leggi del 1862, ora dichiarate fondamentali, sulla tutela della libertà personale e del domicilio. Con ciò abbia-

---

Il Tribunale dell'impero doveva essere il palladio della costituzione austriaca, l'istanza suprema in tutti i conflitti di competenza e di attribuzioni fra tutte le autorità supreme giudiziarie e amministrative, provinciali e statali, doveva giudicare in modo definitivo dei reclami (« gravami ») dei cittadini per eventuali violazioni dei loro diritti politici costituzionali (ma in quest'ultimo caso la sentenza ha un valore puramente *teorico*, non è cassazione nè giudizio in merito del caso contestato). L'imperatore nomina il presidente e il vicepresidente del Tribunale a vita; i 12 consiglieri e i 4 sostituti loro del Tribunale sono nominati pure dall'imperatore e a vita ma da terne di periti in materia costituzionale proposte dal parlamento per ogni consigliere (dal senato per 6 e dalla camera per 6 posti). La legge dei 18 apr. 1869 ordina il procedimento dinanzi a questo Tribunale e l'esecuzione delle sue sentenze.

Il Tribunale amministrativo fu istituito con la legge dei 22 ott. 1875 (modificata con le leggi 19 marzo 1894 e 21 sett. 1905) per giudicare in ultima istanza delle decisioni e disposizioni di qualsiasi autorità *amministrativa* (statale, provinciale o comunale) impugnate con « gravami » da chi si ritiene leso nei suoi diritti. Una lunga serie di questioni è esclusa con la legge stessa dalla competenza di questo tribunale: così tutto ciò che è di competenza del Tribunale dell'impero e tutto ciò che le autorità amministrative sono in diritto di decidere « secondo il loro arbitrio ». Il Tribunale amministrativo non può che o respingere il gravame o, trovandolo giustificato, cassare la decisione impugnata; non può però riformare la sentenza di modo, che anche qui la sentenza ha spesso soltanto valore teorico, sebbene le autorità amministrative siano tenute dalla legge di regolarsi in seguito secondo il giudizio del Tribunale supremo. Il Tribunale è composto del primo e del secondo presidente, di presidenti di senato e di consiglieri, che sono nominati dall'imperatore su proposta del ministero (d'accordo con i presidenti, meno il caso di nomina del primo presidente). — Per i conflitti di competenza fra i due Tribunali (Contenzioso costituzionale e Contenzioso amministrativo) la legge dei 22 ott. 1875 provvede con una specie di supertribunale composto di 4 consiglieri del Tribunale dell'impero e di 4 del Tribunale amministrativo e presieduto dal presidente della Suprema corte di giustizia.

Quanto inefficace sia tutto questo apparato a tutela della costituzione in Austria, lo prova il fatto, che nel 1913 in seguito al continuato ostruzionismo dei tedeschi nella dieta di Boemia, i quali volevano costringere con esso gli czechi a venir ad una separazione territoriale nazionale della provincia, il sovrano si credette in diritto di sospendere la costituzione provinciale boema e di metter a capo dell'amministrazione provinciale di Boemia invece della giunta autonoma

mo esaminato e analizzato tutte le leggi costituzionali d'Austria, d'Ungheria e delle loro province e parti annesse. Ora una breve sintesi critica.

Sintesi critica.

Quando si parla della costituzione austriaca, come pure di quella ungherese, non si deve pensare ad uno statuto organico, fondamentale e complesso dello stato intero, bensì a varie singole leggi e a complessi di leggi regolanti il diritto pubblico statale: 1) della monarchia intera (la Sanzione prammatica e le leggi del compromesso austro-ungarico); 2) dell'Austria e dell'Ungheria, ciascuna presa indipendentemente e 3) delle singole province austriache e delle parti annesse all'Ungheria. Ma anche per ciascuna di queste parti dei due stati non esistono che costituzioni frammentarie, fatte per le province austriache, di « leggi fondamentali », di novelle e di riforme a quelle leggi, spesso prive della garanzia « fondamentale » della maggioranza qualificata, imperfette e contenenti controversie insolute di competenza (1).

Elementi caratteristici della costituzione austriaca.

La caratteristica essenziale di queste costituzioni è che esse tutte, per volontà sovrana si fondano sulla San-

---

una commissione di funzionari dello stato, che amministra ancor oggi quella provincia. Il Tribunale dell'impero di fronte al gravame interposto da assessori czechi della giunta provinciale si disse incompetente, quello amministrativo trovò di giustificare la sospensione con la ragion di stato. Un esempio dell'impotenza del Tribunale amministrativo ci è offerto dalla sua sentenza del 1883 fondata sull'art. 19 sopra citato e sulla legge scolastica, che riconosceva il diritto degli italiani di Spalato di riavere la scuola elementare italiana, soppressa quell'anno dall'amministrazione comunale croata successa allora all'italiana. Fin'oggi quella sentenza non fu eseguita. Invece un'analoga sentenza a favore degli sloveni di Gorizia dovette esser eseguita da quel municipio italiano per imposizione recisa da parte del governo. —

La separazione della giustizia dall'amministrazione non si può quindi dire ancora perfetta in Austria anche per la giurisdizione, che vedemmo a p. 13, in sede di polizia e per la giurisdizione nei casi di contravvenzioni alle leggi di finanza giurisdizione riservata alle autorità finanziarie.

(1) L'Ungheria sola prima con il *ius resistendi* e ora con la clausola generale, che non vi è legge in Ungheria senza il consenso del parlamento, è esente di queste controversie e ha mezzi per impedire i tentativi d'assolutismo.

zione prammatica, cioè su un complesso di leggi o meglio di patti d'*interesse* eminentemente *dinastico* (1). La conservazione della sovranità nella dinastia degli Absburgo su tuti i paesi uniti indissolubilmente nella monarchia: ecco il perno di tutta l'opera costituzionale della corte prima e dopo il '67. Fra gli elementi caratteristici delle costituzioni *austriache* sono inoltre da notare:

1) la codificata conservazione di un influsso maggiore degli antichi *stati provinciali* (nobiltà, clero, gran possesso) nelle rappresentanze legislative; con il senato, con le curie del gran possesso, con i voti « virili » dell'alto clero si tendeva di paralizzare il liberalismo della borghesia; ma di fronte alle lotte nazionali anche la nobiltà e i latifondisti e persino una parte del clero, sentirono le necessità dei tempi e si schierarono con la borghesia in partiti nazionali e liberali tanto, che la reazione aulica e militare dovrà finire, aiutata dal clero e dall'aristocrazia rimastile fedeli, mobilitare le folle e con il suffragio universale dare il colpo di grazia al liberalismo almeno nel parlamento centrale;

2) accanto ad alcune leggi veramente liberali della costituzione austriaca del '67, la permanenza specialmente nella legge sul parlamento dell'*assolutismo sussidiario*, codificato nell'art. 14 e circondato di altre cautele legali (2); anche per le diete sia con la legge elettorale (meccanismo delle curie), sia con la nomina della presidenza, sia pure contro legge fu provveduto a ren-

---

(1) Qui sorge però la controversia, che già vedemmo nel I° vol. (p. 126 e ss.), chi e come può obbligare con la Sanzione prammatica il Trentino, che non volle accettarla, la Galizia, la Bucovina, l'Istria, la Dalmazia e la Bosnia-Erzegovina, che furono annesse all'Austria nei 2 ultimi secoli!

(2) Fra queste in prima linea: la sovranità *assoluta* su tutta la forza armata e il diritto di *abolire* (*Abolitionsrecht*) qualunque procedimento giudiziario in qualunque stadio si trovi (da non confondersi con il diritto di grazia sovrana esistente anche in altre costituzioni). Con il § 14 e con questi soli due diritti il potere governativo del sovrano in Austria può farsi, quando vuole, assoluto. Non così in Ungheria!

der possibili eventuali atti di governo assoluto da parte del sovrano;

3) il contrasto fra il centralismo austriaco, il dualismo austro-ungarico e il federalismo delle province storiche, che poi andrà divenendo federalismo delle nazioni; contrasto che troverà la sua massima espressione nelle lotte nazionali del periodo seguente.

Validità legale della costituzione austriaca.

La versione, specialmente di alcuni autori stranieri, (inglesi) che la costituzione *austriaca* abbia una minore validità legale di quelle degli altri paesi, perchè sarebbe una costituzione largita dal sovrano e quindi pretesamente suscettibile di mutamenti arbitrarî da parte del sovrano, è erronea. Anzitutto l'Austria non è il solo paese, che ebbe una costituzione formalmente concessa dal monarca (1); poi il sovrano stesso la dichiarò « con giuramento solenne, irrevocabile, immutabile »; riforme sono possibili soltanto in via costituzionale con la garanzia della « maggioranza qualificata »; ma — e questo importa di più — l'origine sovrana delle costituzioni in Austria è quasi scomparsa; a parte il fatto, che il parlamento « costituente » del '48 aveva già provveduto di sua iniziativa e di sua autorità ad uno statuto organico, mai entrato in vigore, e che le diete degli antichi stati provinciali avevano nelle loro costituzioni diritti ben più ampî, sebbene non più moderni, di quelli largiti loro dagli statuti del '61, si può dire, che oramai tutte le leggi costituzionali in Austria più o meno furono riformate nel '67 e più tardi con voto parlamentare; non solo, ma una di queste leggi votate dal parlamento e precisamente quella sull'esercizio del potere governativo ed esecutivo (21 dic. 1867) nell'art. 8 decreta che « l'imperatore assumendo il governo presta

(1) Basti ricordare gli statuti promulgati dai sovrani nel secolo XIX in Francia, in Italia (Carlo Alberto, Pio IX ecc.) nei vari stati di Germania (quello di Prussia del 1848-50 vige ancora) e nel secolo nostro quello promulgato dallo zar di Russia. Nessuno può metter in dubbio l'inviolabilità di questi statuti.

in presenza d'ambedue le camere del Consiglio dell'impero il giuramento: *di osservare inviolabilmente le Leggi fondamentali dei Regni e paesi rappresentati nel Consiglio dell'impero e di governare in conformità delle medesime Leggi generali* ». Del resto anche qui si tratta del diritto del più forte nella lotta fra corona e rappresentanze dei popoli. Ci fu il periodo fra il '67 e il '78, in cui il parlamento seppe farsi rispettare; poi — — dopo la vittoriosa occupazione della Bosnia-Erzegovina — subentrò di nuovo il predominio della corona e della corte ed ora — con tutto il suffragio universale, anzi ora peggio di prima — il parlamento in Austria vegeta e spesso dorme per lasciar fare l'assolutismo del § 14.

CAPITOLO V.

L'Austria "costituzionale" e l'Ungheria "parlamentare" fino ad oggi

---

Delle condizioni presenti della monarchia, create dalle nuove costituzioni, dalla vita parlamentare, dalle lotte nazionali, della politica interna, estera, economica, finaziaria, militare, sociale ed ecclesiastica dei due stati d'Austria ed Ungheria, quali sono oggi, parleremo più diffusamente nei capitoli speciali del secondo volume (1). Qui e nel capitolo conclusionale dovremo in brevi cenni dare uno sguardo generale dell'opera legislativa ed amministrativa dell'ultimo periodo di storia e della vita presente della monarchia, come un risultato finale dei secoli di storia, che vedemmo nei capitoli precedenti.

Êra liberale in Austria.

Dal 1868 al 1878 abbiamo ora in Austria la cosiddetta êra liberale tedesca con una breve interruzione federalistica slava nel 1871, della quale parleremo poi. Le dure lezioni del '59 e del '66, le tristi condizioni economiche e finanziarie dello stato, le necessità militari avevano finito con sottrarre l'imperatore al malefico influsso diretto degli arciduchi e delle arciduchesse, dei

---

(1) Questo era nel progetto originario del libro (v. prefaz. al I vol.); ne abbiamo invece trattato e ne tratteremo nelle note e nelle appendici del I e di questo volume.

generali e dei vescovi a corte. L'imperatore si era deciso di riporre la sua fiducia nei suoi ministri costituzionali, in Beust e in Andrássy specialmente, fra i quali poi s'impegnò la lotta per la supremazia nel governo, vinta dal ministro ungherese. La partita con ciò era per ora perduta per le alte sfere reazionarie di corte e della parte federalistica dell'aristocrazia; l'aveva vinta la borghesia più agiata e più colta con la parte liberaleggiante dell'aristocrazia latifondiaria, che si dirà « costituzionale » (*verfassungstreu*).

Il " ministero dei borghesi ".

Di fatti il primo ministero austriaco di quest'êra, formatosi ai 30 dicembre 1867, sarà detto il « ministero dei borghesi » (*Bürgerministerium*), sebbene a presidente del consiglio sia stato nominato un principe, Carlo Auersperg, « il primo cavaliere dell'impero », secondo lo battezzò la stampa liberale tedesca... Accanto a lui vi erano nel ministero quali rappresentanti della borghesia liberale tedesca il prof. Herbst, ministro di giustizia, il dott. Giskra, degli interni, il dott. Brestel, rigido e prudente ministro di finanze, Leopoldo *von* Hasner, dell'istruzione e del culto, Ignazio *von* Plener, del commercio (1). Ma a maggior tranquillità propria e della

---

(1) La famiglia degli Auersperg diede anche altri rappresentanti al liberalismo tedesco in Austria, fra i quali il noto poeta co. Antonio Auersperg (pseudonimo: Anastasius Grün), senatore in questi anni. La famiglia appartiene all'alta aristocrazia tedesca della Carniola ed ha grandi meriti per l'aiuto efficace prestato sempre alla conservazione dell'elemento tedesco in Carniola, specialmente alla difesa dell'oasi tedesca di Gottschee (città e territorio). — Carlo Giskra, assieme con Herbst uno dei capi più influenti del partito liberale tedesco, era nato in Moravia, di famiglia di artigiani. Oratore facondo, affascinante, nel 1848 seguace delle idee democratiche, divenne in seguito moderato; era il tipo dell'uomo politico affarista e ambizioso, coinvolto in faccende bancarie non sempre corrette. — Rodolfo Brestel era invece il tipo dell'onestà e della modestia persino esagerata, confinante con l'avarizia; ancora ministro, preferiva servirsi dell'*omnibus* meno caro di una vettura. Anch'egli fu dei democratici del '48 al parlamento di Kremsier e dovette mettersi in salvo rifugiandosi in Prussia. — Hasner era un burocratico austriaco del vecchio stampo giuseppino però nei principi della sua vita politica quasi anazionale tanto, che nel 1861 czechi e tedeschi

corte l'imperatore mette fra i ministri anche il suo fidatissimo amico d'infanzia co. Taaffe, quale vicepresidente del consiglio — carica mai più esistita — e ministro della difesa territoriale (1). Egli e il ricchissimo co. Alfredo Potocki, polacco, ministro di agricoltura, assieme con il dott. Berger, ministro senza portafoglio, rappresenteranno poi intorno al 1870, quando di nuovo s'acuirà la tensione fra Austria e Germania, l'ala federalista nel ministero.

'pera sua liberale e illiberale.

L'opera legislativa di questo ministero e del parlamento è veramente ispirata a principî liberali e senza alcun dubbio questo è il periodo più proficuo del parlamentarismo austriaco; non si potrà dire, che altrettanto liberale sia stato l'esercizio del potere amministrativo statale di fronte ai movimenti nazionali dei popoli non rappresentati nel ministero e nella maggioranza governativa e verso gli iniziatori del movimento operaio so-

gli avevano offerto un mandato alla dieta di Boemia. Egli fu il riformatore liberale delle scuole elementari austriache, che il suo protettore co. Thun aveva asservite al clero.

(1) Ai 26 settem. 1868 Taaffe prenderà il posto del princ. Auersperg, che si dimetterà, perchè Beust a sua insaputa — durante una visita dell'imperatore a Praga per l'inaugurazione del ponte Elisabetta (nome dell'imperatrice) — aveva tentato di trovare un modo d'accordarsi anche con gli czechi, come con gli ungheresi. Ai 28 agosto dell'anno precedente le insegne reali di Boemia erano state di nuovo restituite a Praga e rinchiuse con gran pompa nella cappella di s. Venceslao (v. I vol., p. 70 e 193). Ma il popolo czeco esigeva anche l'incoronazione e il riconoscimento del « diritto di stato » del regno boemo. Perciò quando venne Francesco Giuseppe a Praga ai 21 giugno per l'inaugurazione del ponte, tutta la popolazione czeca abbandonò dimostrativamente la città tanto, che l'imperatore ironicamente osservò, che « Praga dava l'impressione di una città completamente tedesca ». I giornali czechi pubblicavano che nello stesso giorno, alcuni secoli fa, parecchi patriotti boemi erano stati giustiziati dal boia (austriaco) e degli affissi pubblici ammonivano la cittadinanza che, chi partecipava alla festa, era un traditore della nazione czeca. Nello stesso anno il ministero dei borghesi tedeschi faceva procedere i tribunali draconicamente contro i giornalisti di parte federalista, specialmente contro gli czechi; parecchi tra di loro, arrivati poi persino al posto di ministri austriaci, furono condannati per alto tradimento; così per es. l'ex-ministro Pacák, uno dei capi dei giovani czechi morto quest'anno, era stato condannato nel 1868 a 5 anni di carcere duro per un discorso fatto al caffè tra studenti.

cialista, del quale stranamente alcune alte sfere reazionarie tentarono subito di servirsi contro la borghesia liberale (1). Sono contraddizioni queste, che si possono

(1) Per i movimenti nazionali v. la n. precedente. I principî di un *movimento socialista* ordinato si hanno in Austria appena con l'entrata in vigore della « legge di associazione e di riunione » (v. p. 161). La tendenza più moderata, più borgheseggiante avrebbe voluto fondare questo movimento sui principî del mutualismo di Schulze-Delitzsch, mentre la tendenza dei seguaci di Lassalle, fra i quali eccellevano gli operai Hermann Hartung, hannoverese, Oberwinder, Most, Scheu e Pabst volévano il socialismo statale e questa tendenza a Vienna predominò; nel 1869 vi aderivano già circoli operai ed associazioni professionali di Bruna, di Graz, di Innsbruck, di Salisburgo, di Trieste (qui il socialismo prese maggior aire appena intorno al 1900 con l'appoggio anche del governo austriaco) e di città minori.

Il socialismo in Austria e in Ungheria.

Lo strano si è, che a questo movimento diedero il loro appoggio anche degli aristocratici, come il principe Camillo Starhemberg e i baroni Villa-Secca e Walterskirchen e più tardi intorno al 1880 persino aristocratici conservatori e clericali, secondo risulta dalle memorie (*Erinnerungen*, 1914) di Giuseppe Peukert, che fu in quel tempo uno dei capi del movimento operaio. Egli narra di conventicoli segreti con il principe Liechtenstein, ora capo del partito cristiano sociale, con altri aristocratici e con Ernesto Schneider, un altro capo del partito cristiano sociale di Lueger. Peukert morì a Chicago, ove era fuggito dopo un omicidio anarchico. Lo si accusò di complicità e d'intesa con la polizia. Il princ. Liechtenstein smentì le sue memorie postume; la *Neue freie Presse* invece (3 e 4 genn. 1914) le confermò con dati di fatto. Quest'appoggio si spiega con l'intenzione (coronata in fatti nel 1907 con il suffragio universale di un successo completo) di fiaccare con l'aiuto di qualsiasi mezzo, anche del socialismo allora ancora anarcoide la borghesia liberale, cui aderivano i ricchi industriali, i capitalisti, i grandi proprietari di fondi.

E questo dall'altro lato spiega in parte le persecuzioni del « ministero dei borghesi » contro i primi gruppi socialisti in Austria, ove la politica è tutta fatta di queste azioni e reazioni nazionali e sociali. Specialmente il ministro degli interni Giskra dimostrò in varie circostanze la sua avversione a questo movimento « plebeio » — diceva egli. Il proletariato inscenò ai 13 dic. 1869 un grande corteo dimostrativo di protesta; 20,000 lavoratori in file serrate e silenziose passarono dinanzi al parlamento; una deputazione presentò al governo un memoriale minaccioso chiedente l'approvazione immediata della « legge di coalizione », che doveva abolire la punibilità dell'organizzazione (senza violenze — s'intende) di scioperi, e la concessione del suffragio universale. Il mezzo fu efficace, come lo sarà nel 1907 il corteo di 200,000 lavoratori per il suffragio universale; intimidì governo, deputati e senatori e la « legge di coalizione » ebbe la sanzione sovrana ai 7 aprile 1870; essa però punisce anche i violatori della libertà del lavoro, protegge i *krumiri*. Il governo però — si disse: cedendo

spiegare soltanto con la confusione di lotte nazionali e sociali, che regna in Austria, e con lo sfruttamento di esse compiuto da chi sa fare con cinismo il *tertius gaudens*.

---

alle insistenze del senato — consegnò la petizione contenente « minacce » alla procura di stato per i provvedimenti necessari. Si imbastì nientemeno che un processo di alto tradimento contro i capi socialisti e ai 14 luglio 1870 Oberwinder, Most, Scheu e Pabst furono condannati a 6 e a 5 anni di carcere duro; ai 30 luglio furono sciolte dalle autorità a Vienna 26 leghe professionali ed altre ancora nelle province. Appena il ministero federalista slaveggiante Hohenwart amnistierà questi ed altri socialisti condannati, come pure i giornalisti federalisti, czechi ecc. (v. n. precedente).

Il partito, risorto ora, offriva al ministero Hohenwart, che era in fondo un governo reazionario feudalista e clericaleggiante, dalle colonne del suo organo *Volkswille* (la « volontà del popolo » del febbr. 1871) « l'appoggio con tutti i mezzi che stanno a disposizione del partito socialista, purchè il governo conceda il *suffragio universale* diretto senza aggiunte reazionarie ». Era il preannuncio del mercato compiuto dal partito socialista austriaco nel 1907 senz'altro compenso che quello di 86 mandati con le rispettive diarie per 86 capi e segretari delle varie sezioni socialiste d'Austria e qualche favore settario al partito in singole province. Per alcuni anni fino al 17 luglio 1877, ci furono lotte interne per il predominio nel partito fra Enrico Oberwinder (v. il suo *Sozialismus und Sozialpolitik*, Berlino 1887) e Andrea Scheu, che rimase il capo. Nel 1879 Vienna aveva 38 e tutta l'Austria 209 varie leghe operaie socialiste. Poi il movimento socialista ebbe a subire nuove persecuzioni nell'era Taaffe con processi, regimi eccezionali, arresti e condanne, finchè intorno al 1896 (la leggina Badeni, che concede 72 mandati alla « curia » a suffragio universale per il parlamento) si comincia pensare anche a corte e al governo alla possibilità di servirsi del proletariato contro il parlamento, contro la costituzione e contro le borghesie liberali.

Dal 1889 organo centrale del partito socialista austriaco è l'*Arbeiter Zeitung* di Vienna; vi sta a capo il dott. Vittorio Adler, medico; altri capi viennesi del partito austriaco sono Carlo Seitz, maestro, il dott. Guglielmo Ellenbogen, medico, il prof. Enghelberto Pernerstorfer, ex-pangermanista, Giacomo Reumann ed altri. Uno dei capi più popolari del partito era stato l'ex-operaio Franc. Schuhmeier, bella figura di onesto e sincero propagandista; fu redattore dell'organo popolare del partito *Volkstribüne*, successo nel 1891 alla *Volkspresse*; fu ucciso proditoriamente la notte degli 11 febbr. 1913 dal fratello di un deputato cristiano-sociale di Vienna. Dal 1908 il partito ha la sua rivista *Der Kampf* (Vienna).

Il socialismo czeco autonomista.

In Boemia il movimento operaio czeco ebbe principî con tendenze sociali e nazionali. Il primo organo operaio *Delnik* (il lavoratore; 1 dic. 1867, Praga) e le prime cooperative di consumo secondo il metodo Schulze-Delitzsch, fondati l'uno e le altre dal giornalista dott. Franc. Chleborad avevano una

Dopo aver provveduto con le leggi fondamentali, che vedemmo nel capitolo precedente, alla costituzione dei poteri centrali dello stato, il parlamento votava e il so-

---

punta antitedesca, contro il capitale tedesco ebraico, che allora era padrone delle industrie boeme, come lo è — sebbene in molto minor proporzione, avendo dovuto cedere dinanzi ai capitali czechi slavi — ancor oggi. Qui la piccola borghesia czeca nazionalista e persino dei ricchi fabbricanti czechi e il cardinale principe Schwarzenberg e i capi Palacky, Rieger e Gregr dei vecchi e dei giovani czechi appoggiarono il movimento, perchè nazionale antitedesco. Ma le cooperative, mal dirette, fallirono. Chleborad dovette ritirarsi. Uno dei capi, che lo seguirono, il giornalista Sabina fu poi scoperto come agente della polizia di stato. La lotta di classe con scioperi si accentuò anche in Boemia e nel 1872 il proletariato anche qui si separò dalla borghesia e seguendo ora le teorie di Lassalle si unì al partito centrale di Vienna, che dicendosi internazionale tanto più credeva di potersi dire e sentire « austriaco »; giocando sul doppio senso della parola esso assieme con i cristiano-sociali finirà con il formare i due unici partiti « nazionali austriaci », cari alla corte e alle alte sfere di Vienna.

L'accentramento di tutti gli ordini e di tutti i mezzi del partito socialista, specialmente dei mezzi finanziari, a Vienna sotto una direzione di partito in preponderanza tedesca, che — secondo le lagnanze dei socialisti czechi — non teneva giusto conto nelle questioni nazionali, particolarmente in quella degli operai czechi dimoranti a Vienna, dei diritti nazionali scolastici e politici czechi, e la guerra mossa in Boemia con buon successo dai socialisti nazionali (capo l'on. Venceslao Klofac, ora per la guerra preso ostaggio e imprigionato dagli stessi austriaci) ai socialisti internazionali « asserviti ai tedeschi di Vienna » (dicevano), produssero intorno al 1910 dopo lunghe diatribe la rottura definitiva fra i socialisti czechi e quelli centralisti austriaci (tedeschi, polacchi, italiani, ecc.).

I socialisti czechi, che si dissero in opposizione ai « centralisti » *autonomisti*, hanno ora un'organizzazione propria, con propri organi a Praga (*Pravo Lidu*, il diritto del popolo) e in provincia; la loro rivista è l'*Akademia* di Praga; contano circa 200.000 organizzati ed hanno 25 deputati al parlamento (su 352.041 votanti loro nel 1911), che formano un gruppo parlamentare, a parte, presieduto dal capo del partito Antonio Niemec. I « centralisti » fra i socialisti czechi contavano invece all'ultimo congresso (26 dic. 1913) soltanto più 14,000 organizzati; i loro organi di partito, finora 3, dovettero esser ridotti ad uno, che esce pure a Praga. Un solo deputato socialista czeco, lo slesiano Cingr, è centralista. Gli elettori centralisti czechi, che votarono nel 1911, furono 20.552.

Socialismi nazionali.

Alla camera dei deputati di Vienna oltre al gruppo autonomista czeco vi sono altri due gruppi di socialisti: quello tedesco di 47 deputati, presieduto da Adler Pernerstorfer e Seitz, di cui fanno parte come ospiti anche i tre deputati socialisti italiani (i triestini Pittoni e Oliva e il trentino dott.

Amministrazione statale delle province. Logotenenza e capitanati distrettuali.

vrano sanzionava ai 19 maggio 1868 la « legge sull'istituzione delle autorità politiche (*di stato*) amministrative » nelle province austriache, nelle quali « di fronte alla rappresentanza provinciale (dieta e giunta) sta quale rappresentante del sovrano e del governo (ministero) imperiale il capo della provincia (*Landeschef*) », cioè il logotenente (*Statthalter*), che nelle cinque province minori si chiama « presidente della provincia » (*Landespräsident*) (1). Le province sono divise in distretti politici amministrati da « capitanati distrettuali » (*Bezirkshauptmannschaft*), che sottostanno alla logotenenza » (« governo provinciale » nelle cinque province minori). Il logotenente (presidente) è responsabile (dinanzi al governo centrale, s'intende) della gestione degli affari politici delle autorità a lui sottoposte (2). Con ciò

Cesare Battisti), il deputato socialista rumeno di Czernowitz, Grigorovici, e un deputato ruteno, e il gruppo polacco di 9 deputati, presieduto dagli on. Daszynski e dott. Diamand (in questo gruppo è anche lo czeco centralista Cingr). I socialisti tedeschi ebbero in tutta l'Austria nel 1911 voti 542.000, i socialisti polacchi 64.730, i socialisti italiani 22.785 (di cui 8109 a Trieste 7171 a Trento), il socialista ruteno 20.205 e quello rumeno 3543 voti. I tre gruppi hanno tre sale di riunione separate alla camera e, mentre i due gruppi centralisti tedesco e polacco tengono sedute comuni e fanno azioni comuni quello autonomista czeco fa tutto da sè e — fuori della camera — è in lotta continua con i centralisti.

In Ungheria il partito socialista è ai primi passi; le industrie non sono ancora sviluppate e la legislazione sociale è ancora parecchio manchevole; non vi sono rappresentanti socialisti al parlamento di Budapest; le grandi dimostrazioni pro suffragio universale di due anni fa furono represse sanguinosamente; qui però il partito è nazionalmente ungherese, antiaustriaco, come quello socialista in Croazia (con un deputato alla dieta di Zagabria) è nazionalmente croato, antiungherese e antiaustriaco.

(1) Da non confondersi con i presidenti delle diete e delle giunte provinciali. Questi rappresentano autorità autonome della provincia, mentre quelli sono funzionari dello stato dipendenti dal ministero. Le 5 province minori sono il Salisburghese, la Carinzia, la Carniola, la Slesia e la Bucovina. La differenza fra logotenente e presidente è nel grado gerarchico; il primo è funzionario di stato di III classe, il secondo di IV; il che importa anche per gli emolumenti.

(2) L'enorme importanza dell'ufficio di logotenente (o presidente) in una provincia risulta chiara dal § 3 della legge dei 19 maggio 1868, che statuisce gli affari di sua competenza e sono: « tutti gli affari di amministrazione politica di una

cessa del tutto il sistema collegiale nell'amministrazione politica e vi subentra quello puramene burocratico, secondo cui il capo dell'ufficio decide da sè ed è l'unico responsabile. I logotenenti (e presidenti) e i consiglieri di logotenenza sono nominati dall'imperatore, i capitani distrettuali (1) dal ministro degli interni, che è la terza istanza nelle questioni di amministrazione politica, gli altri funzionarî addetti alla logotenenza e ai capitanati sono di nomina del rispettivo logotenente (o presidente).

Il parlamento dovette in compenso della sua attività legislativa di quest'êra liberale oltre alle leggi sul compromesso con l'Ungheria e alle relative leggi sul debito

---

provincia, che in ultima linea sono di competenza dei ministeri degli interni, del culto e istruzione, della difesa territoriale e sicurezza pubblica e dell'agricoltura. Il potere del capo della provincia in affari compresi nella cerchia d'azione dei ministeri delle finanze e dei commerci sarà regolato da disposizioni speciali ». Le i. r. logotenenze, cioè gli uffici logotenenziali non sono che corpi d'impiegati addetti al logotenente per facilitargli l'opera sua quasi di vice-rè della provincia, poichè non è responsabile alla rappresentanza provinciale; la logotenenza è divisa in sezioni (di polizia, sanitaria, di lavori pubblici, industriale ecc.); per alcuni affari ci sono speciali « consigli provinciali » (scolástico, d'agricoltura) presieduti dal logotenente, che anche qui però può agire da sè. Da tutto ciò si vede, quanto influsso possono esercitare i capi di provincia (si pensi al caso del logotenente Hohenlohe a Trieste) sui partiti e sulle popolazioni della loro provincia.

Oltre ai tribunali, che sono completamente indipendenti dall'amministrazione politica, anche le « direzioni provinciali di finanza » sono uffici a sè, separati dalle logotenenze (a tutela degli interessi dell'erario pubblico vi sono nelle capitali delle province le « procure di finanza »). Anche il « governo marittimo » di Trieste (fondato sulle ordinanze dei 26 aprile 1850 e 3 giugno 1871) e le « direzioni provinciali delle poste e dei telegrafi » sono separati dalle logotenenze e sottoposti direttamente al ministero del commercio; così pure gli ispettorati industriali, istituiti con la legge dei 17 giugno 1883. Anche le varie direzioni delle ferrovie di stato dipendono direttamente dal ministero delle ferrovie. — I capitanati distrettuali (nelle città con statuto proprio i municipi; anche qui per Trieste fu fatto uno strappo alla regola) hanno da vegliare sugli interessi dello stato: 1) per la conservazione dello stato; 2) per il mantenimento dell'ordine interno; 3) per il benessere publico. Rappresentano nei distretti le logotenenze.

(1) Da non confondersi con i capitani provinciali: titolo in alcune province per il presidente della dieta e della giunta.

Legge sui "regimi eccezionali". Riforme giudiziarie.

pubblico, sul servizio militare obbligatorio e oltre alle leggi finanziarie, con importanti riforme tributarie, approvare anche la legge dei 5 maggio 1869 sulla sospensione provvisoria e locale delle guarantige costituzionali in casi di guerra e di disordini interni. Lo fece tanto più facilmente, in quanto che una tale legge era già prevista da quella sui diritti generali dei cittadini e il ministero l'aveva già prevenuta con uno di quei decreti-legge a § 14 ai 7 ottobre 1868 per poter proclamare lo stato d'assedio a Praga (10 ott.), ove l'agitazione czeca contro i tedeschi andava assumendo forme pericolose e i giurati czechi mandavano assolti i giornalisti accusati per reati politici di stampa (1). Perchè dei varî progetti di riforme giudiziarie del precedente ministro di giustizia prof. Hye era stata approvata con grandi difficoltà soltanto l'istituzione delle corti d'assise per i

(1) Un'*ordinanza* del ministero intero e approvata dal sovrano stabilisce le misure eccezionali da prendersi entro i limiti della legge dei 5 maggio 1869: l'arresto di una persona può esser mantenuto dalle autorità di pubblica sicurezza al massimo per otto giorni senza il consenso dell'autorità giudiziaria; per i delitti politici non si ammette più la libertà provvisoria nemmeno con cauzione o con garanzie; persone ritenute pericolose possono esser dalle autorità di pubblica sicurezza espulse da un luogo o internate in un luogo; si possono fare perquisizioni domiciliari senza ordine del giudice; si possono sequestrare ed aprire le lettere, sciogliere o sospendere le associazioni, vietare le riunioni, le pubblicazioni a stampa, si può ripristinare la censura; chi contravviene a queste disposizioni è punibile in via di polizia (oltre le eventuali pene giudiziarie) con arresto fino a 6 mesi o con multe fino a 2000 corone. Questo è il regime eccezionale (*Ausnahmszustand*), che può esser proclamato anche in forma più mite. In caso di guerra per alcuni delitti contro la forza militare il ministero può stabilire oltre a ciò in base al § 7 della legge 20 mag. 1869 la competenza dei tribunali militari anche per la popolazione borghese ed allora abbiamo lo « stato d'assedio » (*état de siège fictif, Belagerungszustand*).

Negli anni 1869, 1870 e 1882-1885 furono istituiti provvisoriamente durante l'insurrezione dei montanari del Krivoscie (provocata dal servizio obbligatorio militare da essi non voluto) nella Dalmazia meridionale i tribunali di guerra detti « tribunali eccezionali » (*Ausnahmsgerichte*); ma per istituirli c'è bisogno di leggi speciali (c'è sempre illegalmente, s'intende — anche per ciò il § 14).

reati di stampa (1). Appena il nuovo codice di procedura penale del 20 maggio 1873 (ministro Glaser) estenderà le assise anche agli altri reati politici e comuni, ma in pari tempo entrava in vigore anche la legge dei 23 maggio 1873 sulla sospensione provvisoria e locale delle assise « in casi di speciale necessità per assicurare un'amministrazione imparziale e indipendente della giustizia » (2).

Intrighi reazionari e agitazioni del clero.

Le sfere reazionarie auliche, militari e clericali intrigano ancor sempre contro l'opera costituzionale e liberale del parlamento e cominciano di nuovo a riordinare le loro file ricorrendo con l'aiuto di vescovi, di generali nominati a logotenenti, all'appoggio dei ceti più bassi delle popolazioni meno civili. Fervidissima fu specialmente l'azione della camarilla, dei vescovi e del clero contro le leggi liberali, che abrogavano l'avviliente concordato dell'Austria con il Vaticano, contro le leggi confessionali e scolastiche, che mettevano fine al dominio della chiesa nella vita sociale, nelle scuole e nelle famiglie. Ci fu una mezza rivoluzione di vescovi e di parroci, con a capo l'ex-aio di Francesco Giuseppe cardinale Rauscher, e il cardinale principe Schwarzenberg; l'imperatore dovette subito da principio (16 ott. 1867) in una risposta al memoriale dei vescovi, ammonire dolcemente l'episcopato austriaco di astenersi dalle lotte politiche; la corte intanto favoriva le mene clericali d'accordo con il papa, che mandava le sue felicitazioni ed i suoi incoraggiamenti ai vescovi.

Dell'esistenza di questo accordo dovette convincersi anche il co. Beust, che invia di seguito due suoi fidi funzionarî quali ambasciatori d'Austria presso il Vati-

---

(1) Il senato aveva fatto fiera opposizione a questa riforma veramente liberale; al governo potè ottenerne l'approvazione soltanto con un'infornata di 20 nuovi senatori.

(2) « La sospensione avviene per decreto dell'intero ministero, che ne è responsabile, dopo aver ottenuto il parere della Suprema Corte di giustizia. Il governo deve presentare al parlamento, subito o appena riunitosi, il decreto e toglierlo appena una delle due camere lo esige » (§ 1).

cano, prima il conte Crivelli, poi il barone Meysenburg per indurre il pontefice ad acconsentire ad una modificazione radicale del concordato; ma ambidue, sebbene tanto lontani, subiscono anche a Roma gli influssi delle arciduchesse di Vienna e diventano fautori del Vaticano. È, che l'imperatore ha bisogno dei liberali per aver votate le leggi militari — sempre massima preoccupazione del sovrano e della corte, per la quale si fecero sempre in Austria e in Ungheria i più grandi sforzi e sacrifici — e i crediti e perciò deve lasciar fare. Nascono così le tre « leggi confessionali del 25 maggio 1868 », che sono il primo colpo al concordato del 1855. La prima di queste leggi ristabilisce gli articoli del codice civile generale sul diritto matrimoniale per i cattolici, che erano stati abrogati in seguito al concordato, rimette la giurisdizione in cause matrimoniali dei cattolici ai giudizi secolari statali ed ammette il matrimonio civile condizionato (*Notcivilehe*) (1). Per ottenere l'approvazione di questa legge dal senato, Beust aveva dovuto farvi intervenire alla seduta il principe Hohenlohe, gran maggiordomo dell'imperatore, affinchè con il suo esempio traesse i senatori più dubitosi a votare la legge. La seconda legge fissava i principî fondamentali dei rapporti fra la scuola e la chiesa, alla quale restava ora la sola sorveglianza dell'insegnamento religioso. La terza legge regola alcuni « rapporti interconfessionali dei cittadini », per es. l'appartenenza dei figli ad una confessione, il passaggio da una religione ad un'altra, gli obblighi

Le leggi confessionali del maggio 1868.

(1) V. I vol., n. 3 a p. 214. Ulteriori leggine di diritto matrimoniale sono dei 31 dic. 1868 sulle separazioni giudiziarie (in Austria vi è divorzio per gli atei e per tutte le confessioni meno che per quella cattolica anche se uno solo dei coniugi è od era all'atto del matrimonio cattolico; in Ungheria anche per i cattolici) e sui matrimoni fra cristiani di confessione differente, dei 9 aprile 1870 per gli atei (*konfessionslos*, senza confessione; per questi i registri dello stato civile sono tenuti dalle autorità politiche; per gli altri dalle rispettive comunità religiose).

di contribuzione alla comunità religiosa, il diritto di sepoltura (1).

Ordinamento politico delle forze clericali.

La sanzione e la pubblicazione di queste leggi provocarono le ire e la proteste più fiere dell'episcopato austriaco e del pontefice e un'azione del clero cattolico fra le popolazioni, che può riguardarsi come l'inizio dell'ordinamento di un vero partito politico popolare *clericale* in Austria (2).

---

(1) Questa legislazione abbastanza liberale fu poi, crescendo il potere delle sfere e dei partiti reazionari e clericali in Austria, in pratica resa in gran parte illusoria tanto, che negli ultimi anni, pur essendovi alla camera di Vienna circa 90 *deputati socialisti*, l'associazione della Scuola libera (*Freie Schule*) non ha potuto aprire le sue scuole, finchè non si è adattata ad ammetervi dei preti catechisti destinati dal vescovo all'insegnamento religioso, e i figli anche dei genitori atei, per ordine delle autorità politiche sostenute dal supremo tribunale dell'impero, *devono* essere battezzati o iscritti in una comunità religiosa e devono apprendere gli insegnamenti di una religione! (V. il giudicato del Trib. dell'impero dell'1 apr. 1914).

(2) Il movimento, diremo, ufficiale pubblico cominciò con l'azione dei vescovi, che trovò eco specialmente fra la piccola borghesia tedesca dei piccoli commercianti e industriali (*der kleine Mann*, il piccol uomo: in odio alle grandi industrie ed ai capitalisti ebrei e da qui i principî dell'antisemitismo viennese, che Lueger sfrutterà e muterà poi nel «socialismo cristiano» austriaco) e fra i contadini tedeschi delle provincie alpine. Il vescovo Fessler di S. Pölten pubblicò pastorali contro la legge matrimoniale e contro le scuole «irreligiose»; il vescovo conte Schaaffgotsche di Bruna ordinò ai parroci di iscrivere nei registri i matrimoni civili fra i concubinati (v. Charmatz, op. cit.); i vescovi Gasser di Bressanone e Rudigier di Linz protestarono contro le leggi «abominevoli, atee e sacrileghe». Pio IX stesso disse nella sua allocuzione dei 22 giugno 1868 tutta la costituzione austriaca decembrina «veramente malaugurata» e le leggi dei 25 maggio «riprovevoli, condannabili e abominevoli» e le dichiarò «con tutte le loro conseguenze nulle per sempre». I consigli municipali liberali di Vienna, di Graz e di altre città protestarono subito contro l'allocuzione papale. I tribunali cominciarono la loro attività contro il vescovo più violento, Rudigier, che dovette esser condotto dalla forza pubblica, seguito dai fautori suoi dimostranti, al dibattimento; condannato a 14 giorni di carcere fu subito graziato dall'imperatore. L'Associazione cattolica per l'Alta Austria fondata allora a Linz divenne un centro del movimento clericale.

Anche nella Bassa Austria fu fondato ora nel 1870 il primo Casino cattolico a Vienna, altro centro del movimento clericale fra i tedeschi d'Austria; poco dopo la provincia contava già 59 simili associazioni attivissime e mandava al papa un

La fine del Concordato.

L'azione dei liberali austriaci contro il concordato era cominciata già nel consiglio rinforzato dell'impero del '61; fu coronata di buon successo appena nel 1870, nell'anno, in cui il protestante Beust pur di aver l'Italia alleata alla Francia contro la Prussia dava il suo consenso al governo di Vittorio Emanuele per l'annessione di Roma al regno d'Italia. La Francia vi opponeva invece il suo ostinato e fatale rifiuto. Beust per metter fine alla resistenza del Vaticano persuase l'imperatore a denunciare il concordato; il presidente del consiglio austriaco, il co. Potocki, che da tre mesi era stato elevato a quella carica, reso titubante da sua moglie, si rifiutò all'ultimo momento di firmare il decreto-legge a § 14, che doveva abrogarlo; si scelse allora la forma del rescritto autografo sovrano, controfirmato dal ministro del culto e dell'istruzione Stremayr; l'autografo pubblicato nel giornale ufficiale *Wiener Zeitung* dei 31 luglio 1870 annunciava, che — avendo la proclamazione del dogma dell'infallibilità creato un nuovo stato di cose — il cancelliere dell'impero aveva formalmente denunciato al papa il concordato, e incaricava il ministro del culto di presentare al parlamento progetti di leggi regolanti i nuovi rapporti fra chiesa e stato; Stremayr poco dopo di fatti li presentò; ma l'intermezzo federalista reazionario del ministero Hohenwart impedì di sbrigarli. Appena le tre « leggi politico-ecclesiastiche del maggio 1874 » segneranno realmente l'abrogazione intera del concordato e regoleranno « i rapporti esterni di diritto » della chiesa cattolica senza più

Le leggi politico-ecclesiastiche del maggio 1874.

---

indirizzo d'omaggio, in risposta alle proteste del consiglio municipale, firmato da 817.000 fedeli.

Nelle vallate del Tirolo, ove i parroci sono ancor oggi onnipotenti, si tennero grandi comizi di contadini in segno di protesta e i commissari governativi dovettero esser protetti dai parroci contro l'ira popolare. Più tardi in occasione delle leggi confessionali del 1874 la dieta tirolese (v. protoc. sten. dei 14 genn. 1874, p. 291) protesterà in una mozione contro la violazione dei patti stabiliti nella Sanzione prammatica fra gli stati provinciali tirolesi e la casa d'Absburgo.

chiedere nè ottenere il consenso dell'altra parte contraente, del Vaticano (1).

Il partito militare, il partito della guerra, della *revanche* sorge di nuovo durante il conflitto franco-prussiano del '70 con a capo l'arciduca Alberto; questa volta è con lui anche Beust, che crede giunto il momento di schiacciare l'odiato rivale Bismarck; si voleva un'alleanza con la Francia e con l'Italia contro la Prussia; tutto il paese vi era contrario: i tedeschi liberali dell'Austria, simpatizzanti con la Prussia, temevano anche da una vittoria delle armi austriache il ritorno al potere della camarilla e del militarismo, gli ungheresi temevano altrettanto per l'Ungheria e nel caso di un trionfo dell'Austria in Germania la fine del dualismo fondato sulle forze bilanciantisi di tedeschi e di ungheresi nella monarchia. Fu perciò, che Andrassy si mise a tutt'uomo all'opera contro la politica estera di Beust, il suo alleato di una volta e mentre questi promoveva

La guerra franco-prussiana. L'Austria-Ungheria. L'Italia.

(1) Confr. Galante: op. cit. p. 75. — Il governo aveva presentato al parlamento veramente 4 progetti di leggi; tre soli passarono dopo una vivacissima lotta parlamentare, simile a quella combattuta per le leggi confessionali del 1868 e sostenuta in prima linea dal conte Hohenwart e dai deputati tirolesi, baron Giovanelli (sedicente tedesco) e padre Greuter, e dai loro seguaci clericali; delle tre leggi approvate una regolava i rapporti esterni di diritto della chiesa cattolica, una i contributi dei benefici ecclesiastici ai fondi di religione provinciali passivi e una il riconoscimento legale di nuove comunità religiose (a favore specialmente dei « vecchi cattolici » affermatisi contro il dogma dell'infallibilità a Vienna con Döllinger). Il quarto progetto diretto contro le comunità conventuali (*Klostergesetz*) dopo lunghe peripezie fu sepolto: il senato attese due anni prima di discuterlo; i senatori cardinale Schwarzenberg e il conte Thun lo combatterono, il bar. Lichtenfels lo difese dimostrando, come dal 1836 al 1876 il numero dei conventi era salito in Austria da 469 a 800 e quello dei monaci e delle monache s'era raddoppiato da 6 a 12 mila. Il senato infine modificò la legge e la rinviò alla camera, ma ai 27 gen. 1877 il ministro Stremayr doveva dichiarare, che la legge non avrebbe avuto la sanzione sovrana.

L'imperatore era stato nel frattempo lavorato a corte e nel settembre del 1874 aveva detto a Praga al cardinale Schwarzenberg: « Sebbene finora dalle circostanze io sia stato impedito di proteggere la chiesa, secondo il mio cuore l'avrebbe desiderato, pure sono conscio di aver evitato alla chiesa molti danni maggiori di quelli realmente arrecatile. Prometto che proteggerò la chiesa sempre in quanto me lo permetteranno le circostanze ».

gl'incontri e le visite di Parigi e di Salisburgo fra Napoleone e Francesco Giuseppe, opponeva rifiuti umilianti alle proposte d'incontri del re di Prussia (1) e l'arciduca Alberto si recava a Parigi con i piani di guerra pronti per un'azione comune dei tre eserciti alleati (austriaco, francese e italiano), Andrássy si accordava con il ministero austriaco per sventare i progetti del partito di guerra. Difatti nel grande consiglio della corona (*Kronrat*), tenutosi sotto la presidenza dell'imperatore ai 18 luglio 1870, s'impegnò una lunghissima discussione; l'arciduca Alberto, Beust, e il ministro della guerra Kuhn perorarono la guerra o almeno una mobilitazione minacciosa e di aspettativa ai confini prussiani, i presidenti di consiglio, Potocki e Andrássy, e il ministro delle finanze comuni Lonyay, ungherese egli pure, sostennero a tutt'uomo, che la neutralità s'imponeva; l'imperatore, prima propenso ad un'azione, rimase tentennante e poco dopo — forse anche in seguito alla minaccia della Russia di venir in aiuto alla Prussia — decideva di proclamare la neutralità e di fare soltanto per precauzione gli armamenti più necessarî per poter fronteggiare ogni evento. Assume così forme sempre più palpabili quell'intesa, fondata su interessi comuni sebbene divergenti, fra Bismarck e Andrássy, che condurrà al trattato di Berlino e poi all'alleanza austro-germanica (2). La posizione di Beust a *Ballplatz* è fin d'ora profondamente scossa e l'avvento di Andrássy al suo posto è prossimo; l'accelererà il fallito

(1) Il re aveva fatto comprendere a Vienna, che avrebbe volentieri salutato l'imperatore al suo passaggio per Parigi ad Oos, nelle cui vicinanze il re si trovava; ma Beust fece rispondere, che l'imperatore sarebbe passato alle ore 4 *del mattino*. Più tardi si cambiò programma e l'incontro avvenne alle 7 del mattino.

(2) Bismarck, che era riuscito contro l'opposizione austriaca a far proclamare Carlo di Hohenzollern a principe di Rumenia, influisce poi a Bucarest in favore dei postulati di Andràssy e del governo ungherese contro il movimento irredentista tra i rumeni di Transilvania e ottiene, che il ministro rumeno Bratianu sia costretto a dimettersi. Sui rapporti fra Italia e Austria v. il cap. seg.!

tentativo federalistico, in cui sarà coinvolto anche Beust.

Intermezzo federalista. I suoi prodromi.

Vedemmo già nel '68 i primi accenni ad un tentativo di accordo fra Beust e gli czechi a Praga. I tedeschi liberali, fra i quali dominava allora il numeroso ed attivissimo elemento affarista degli ebrei del nord d'Austria, rappresentante allora, come oggi, l'alta finanza, le grandi industrie, il gran commercio, la stampa e la parte intellettuale delle capitali e della borghesia tedesca delle province settentrionali, riuscì a scongiurare quel pericolo. La questione non perdette però mai la sua attualità; le agitazioni nazionali, seguite da processi e da condanne, continuavano in Boemia, ove fungeva da logotenente un rigido generale, il bar. Koller, specialmente dopo che fu respinta la « dichiarazione » presentata ai 22 agosto 1868 alla dieta boema da 81 deputati czechi, in cui si affermava il principio della federazione di stati sotto gli Absburgo secondo la Sanzione prammatica, si chiedevano l'equiparazione delle due nazioni (czeca e tedesca) in Boemia e una nuova legge elettorale, e si proclamava l'illegalità delle elezioni di deputati per il parlamento di Vienna. Al parlamento e nella stampa si elevavano voci frequenti a favore del federalismo, quale postulato di giustizia e di ragion di stato (1). Si avvicinava il 1870; forse in previsione di complicazioni guerresche Taaffe, Potocki e Berger sollevarono la questione anche in seno al consiglio dei ministri, che si divisero in due campi. I due gruppi di ministri, i centralisti tedeschi e i federalisti, presentarono nel dicembre 1869 due memoriali all'imperatore; questi approvò le idee dei centralisti e

Boemia: la "dichiarazione" del '68.

Scissura nel ministero: centralisti e federalisti.

(1) Adolfo Fischhof il campione della democrazia tedesca viennese del '48 pubblicò nel 1869 il suo libro a favore di una confederazione austriaca di popoli sull'esempio degli Stati Uniti d'America e della Svizzera: *Oesterreich und die Bürgschaften seines Bestandes* (L'Austria e le garanzie della sua esistenza), Vienna. — Anche i tedeschi del Tirolo in dieta e in comizi chiedevano ripetutamente il federalismo e i clericali tedeschi delle province alpine li assecondavano. Gli slavi furono sempre federalisti.

i tre ministri federalisti rinunciarono ai 15 gennaio 1870 alle loro cariche. Hasner divenne presidente del consiglio e al suo posto, quale ministro d'istruzione e culto fu chiamato Stremayr. Il ministero fu di brevissima durata; uscitone Potocki anche i deputati polacchi, essendosi la camera rifiutata di approvare i principî d'autonomia votati dalla dieta di Galizia per quella provincia nella cosiddetta « risoluzione galiziana » dei 29 settembre 1868, rinunciarono ai loro mandati e gli altri deputati federalisti, come pure i clericali abbandonarono il parlamento, che ora contava soli 129 deputati, i liberali (1). Il ministero avrebbe voluto ricorrere a nuove elezioni dietali, ma il sovrano vi si oppose e ai 4 aprile 1870 il « ministero dei borghesi » tedeschi cessava di esistere.

Ministero Potocki: rescritto sovrano ai boemi.

A presidente del consiglio fu ora nominato il co. Potocki, amico di Beust, e a ministro degli interni il co. Taaffe. Potocki non volle dare un carattere decisamente federalista al suo gabinetto, ma le elezioni dietali da lui ordinate permisero, che i partiti federalisti e clericali vincessero in molte province. In Boemia con la vittoria nella curia del gran possesso gli czechi ottennero la maggioranza; il primo loro atto fu un indirizzo all'imperatore chiedente il ripristino dei diritti storici della corona boema, come era avvenuto per quella ungherese. Il rescritto sovrano dei 29 settembre 1870 prometteva di nuovo, che l'imperatore sarebbe venuto a incoronarsi a re, ma riaffermava la costituzione vigente pur ammettendo la possibilità di una revisione dei rapporti fra la Boemia e l'impero. La maggioranza czeca protestò decisamente contro il rescritto e si rifiutò, come finora, di eleggere i deputati per il parlamento.

Parlamento.

Questo, continuando l'astensione degli czechi di Boemia e di Moravia, era formato da due gruppi di depu-

(1) V. p. 201 e protocolli stenografici della camera di Vienna, 1870, p. 309 e p. 972 (seduta dei 31 marzo 1870); inoltre i protocolli della VII sessione della camera, 1871-1873, allegati, vol. I, num. 10, p. 143.

tati bilanciantisi per numero, costituzionali centralisti da una parte e federalisti dall'altra. Ai costituzionali erano venuti a mancare anche i deputati finora italiani di Dalmazia. Le elezioni del '70 avevano portato in quella dieta una maggioranza croata, che con illegalità e violenze brutali costrinse gli italiani ad abbandonare l'aula dietale (1). Con 67 voti contro 66 il parlamento decise di applicare per la Boemia l'articolo delle elezioni dirette in caso che la dieta si rifiutasse di eleggere i deputati; l'elezione portò un aumento di 24 deputati tedeschi ai costituzionali; i 30 deputati czechi eletti continuarono ad astenersi. Ora la maggioranza costituzionale tedesca diede un voto di sfiducia al ministero, che ai 24 novembre 1870 presentò le dimissioni, accettate dall'imperatore appena tre mesi più tardi, quasi ad accentuare la sua indipendenza dal parlamento.

La camarilla all'opera.

In tutto questo lavorìo elettorale, parlamentare e di retroscena si sente e si vede l'opera anche delle sfere reazionarie auliche, militari e clericali. Prima la speranza di una guerra di *revanche*, poi, tramontata questa dopo le vittorie germaniche, la supposta necessità di appoggiarsi in Austria alle nazioni slave contro nuove minacce eventuali da Berlino rendono l'imperatore di nuovo accessibile ai suggerimenti degli arciduchi e dei generali. Gli storici austriaci attribuiscono all'arciduchessa Sofia, madre dell'imperatore, ancor sempre attivissima, all'aiutante generale dell'imperatore, co. Dürckheim, e al capo della cancelleria privata dell'imperatore consigliere di stato Braun, la nomina del nuovo ministero (5 febbr. 1871) presieduto dal co. Hohenwart e

---

(1) Dei brogli, delle violenze e delle corruzioni elettorali contro gli italiani di Dalmazia da parte dei governi federalisti slaveggianti di questo e dei seguenti periodi riparleremo. Intanto si vedano: I vol. pp. 100 e ss., i miei studi in *La Dalmazia* (ed. Formiggini, Genova 1915) e in *Dal Brennero alle Alpi dinariche* (*Le terre irredente d'Italia*, ed. Quattrini, Roma 1915) e Gayda, *L'Italia d'oltre confine* (Bocca, Torino 1914).

Ministero Hohenwart-Schäffle: " al di sopra dei partiti ".

nel quale il professore di economia Schäffle, ministro ora di commercio e di agricoltura, rappresentava le teorie federaliste, anticapitalistiche con una punta antisemitica, da lui finora insegnate nelle sue lezioni all'università di Vienna, alle quali assisteva spesso anche il co. Dürckheim (1). Questi aveva fatto ricevere in udienza dall'imperatore Schäffle già ai 24 e ai 29 ottobre 1870, ancor prima che Potocki avesse dato le sue dimissioni. Il ministero fu presentato in un autografo sovrano come governo elevato « sopra i partiti ». S'introduceva così l'uso, dominante oggi in Austria, dei ministeri extraparlamentari, fatti in maggior parte di funzionarî dello stato. Entrano ora per la prima volta anche due czechi nel ministero: il consigliere ministeriale Jirecek per il culto e l'istruzione, il prof. Habietinek per la giustizia; ora per la prima volta vi è pure un ministro senza portafoglio per la Galizia (*Landsmannminister*), il cav.

---

(1) Il co. Dürckheim aveva collaborato anche alla formazione del primo ministero federalista, slaveggiante di Potocki e aveva tentato di persudare anche Ignazio von Plener ad accettare un portafoglio nel nuovo gabinetto. E forse si deve a Dürckheim, se nel marzo del 1871 in una riunione in casa di Plener, cui assistettero Hohenwart stesso, Lasser, Herbst e Brestel, Plener si mostrò favorevole ad un appoggio da darsi dai tedeschi costituzionali al ministero. Herbst e gli altri capi costituzionali si dissero subito contrari; anche Plener poi passò all'opposizione, appena Hohenwart diede prove del suo federalismo, e fu egli a proporre che ora i tedeschi si astenessero dalla dieta boema, ove gli czechi avevano ottenuto la maggioranza federalista.

Il conte Carlo Sigism. Hohenwart era stato educato nel Theresianum di Vienna ed era un vero burocratico austriaco, come logotenente dell'Alta Austria persino anticlericale. Alla camera però fu il capo del gruppo tedesco federalista clericale. Di natura taciturna sapeva esser però un ottimo oratore. — Alberto Schäffle era un württemberghese, di confessione protestante; da giornalista divenne professore d'università; le sue lezioni all'Università di Vienna di colore anticapitalistico, antisemitico ed anticentralistico erano divenute un avvenimento quasi mondano, ove si dava convegno spesso la grande società di Vienna. La sua opera maggiore è *Kapitalismus und Sozialismus* (Vienna), lasciò pure le sue memorie: *Aus meinem Leben* (2 vol.), Berlino 1905. — Il nuovo ministero fu detto dai viennesi « di carnevale » (*Faschingsministerium;* si era in carnevale).

Grocholski, nominato agli 11 aprile 1871 (1). Hohenwart provvede pure alla nomina di logotenenti fidati per le tre province più importanti nella lotta per il federalismo: Goluchowski per la Galizia, Taaffe per il Tirolo e il co. Chotek per la Boemia.

Progetti di leggi federaliste.

Uno dei primi atti del nuovo governo è l'amnistia per i federalisti czechi e per i capi agitatori socialisti condannati nei tre anni precedenti. Al parlamento, ove da principio persino alcuni tedeschi liberali votarono per il governo, Hohenwart presenta già ai 25 aprile un progetto di legge allargante la sfera delle attribuzioni delle diete e quattro giorni dopo uno concedente un'autonomia speciale alla Galizia, ove già tutto ridiveniva polacco e il tedesco, artificiosamente imposto dalla dominazione austriaca e sostenuto specialmente da quell'elemento ebraico, scompariva dagli uffici, dalle scuole, dalle università, dai teatri. Nell'agosto, preparatosi bene il terreno, Hohenwart procedette allo scioglimento del parlamento e delle diete con maggioranza costituzionale centralista e indisse le nuove elezioni allargando il diritto del voto con un decreto ministeriale, che ordinava di conteggiare nel censo prescritto dalle leggi elettorali anche le addizionali sulle imposte dirette. Le elezioni ebbero naturalmente un esito complessivamente favorevole al governo ed ora furono i tedeschi liberali a proclamare la loro astensione da gran parte delle diete con maggioranze clericali o slave e — dopo le concessioni fatte dal governo alla maggioranza czeca della dieta di Praga — anche dal parlamento.

Astensione dei tedeschi.

Boemia:

Importantissime furono in vero le concessioni fatte dal governo di Hohenwart agli czechi: oltre ad un progetto di riforma elettorale per la dieta, presentato del resto anche in altre diete allo scopo di assicurare la maggioranza al partito federalista con alcuni mutamenti nelle curie, ai 12 settembre 1871 fu diretto alla dieta di Praga un rescritto imperiale, in cui si ricono-

rescritto sovrano del 1871;

(1) Vedi nota 1 a p. 138.

scevano i diritti di stato della Boemia, si prometteva di confermarli con il giuramento d'incoronazione, di rivedere lo statuto del regno d'accordo con la dieta e di sanzionare una « legge delle nazionalità » equiparante i diritti nazionali dei tedeschi e degli czechi in Boemia. Era dunque quello, che gli czechi avevano domandato nell'indirizzo dietale del 1870. Questa volta Francesco Giuseppe vi aderiva e quasi a giustificare la sua resipiscenza ricordava nell'introduzione del rescritto gli « avvenimenti gravidi di conseguenze » dell'anno precedente (guerra franco-prussiana) e la necessità di dedicarsi « di nuovo al consolidamento interno dell'impero ».

"Articoli fondamentali"

Ma la concessione più importante fu quella contenuta nei famosi « articoli fondamentali » (*Fundamental-Artikel*) compilati dalla commissione dietale d'accordo con il ministero e poi, quando il ministero si vide pericolante, votati in tutta fretta assieme con la riforma elettorale e con la legge delle nazionalità ad unanimità ai 10 ottobre 1871 dalla dieta di Boemia, dopo che la minoranza tedesca aveva abbandonato l'aula protestando. Questi articoli erano, si può dire, un nuovo « compromesso » dualistico fra la rimanente Austria e il regno della corona di Boemia; sicchè la monarchia sarebbe constata di tre stati; il trialismo di allora. I 18 articoli erano all'incirca una vera parafrasi delle leggi ungherese e austriaca sugli affari comuni. La dieta boema domandava inoltre, che il « compromesso » definitivo fosse votato da una dieta generale (« dieta d'incoronazione ») delle tre province della corona boema. La dieta di Moravia, ora in maggioranza czeca, aderì ai 13 ottobre alla proposta della dieta di Boemia; invece la dieta di Slesia, ancor oggi in maggioranza tedesca, protestò contro un tale progetto.

Tramonto di Hohenwart e dei suoi progetti. Caduta di Beust. Andrássy ministro degli esteri.

Nessuno di questi progetti di riforme e di leggi del ministero Hohenwart ottenne la sanzione sovrana. Beust stesso, impressionato della piega, che andava prendendo la politica interna e quella estera per le ripercussioni dolorose dell'opera di Hohenwart fra i tedeschi d'Austria e di Germania (1), cominciò ad opporvisi e presentò all'imperatore un memoriale contro il governo Hohenwart. Andrássy vi fu ancora più avverso, perchè sempre dal suo punto di vista di buon ungherese non poteva permettere il sorgere di un terzo stato, di uno stato slavo nella monarchia. Il consiglio della corona tenutosi ai 20 ottobre segnò la fine del ministero Hohenwart e dell'intermezzo federalista; un rescritto imperiale dello stesso giorno alla dieta boema dichiarava, che non la dieta bensì soltanto i parlamenti di Budapest e di Vienna in consonanza con le leggi fondamentali della monarchia potevano mutare il presente diritto di stato (2). Ai 30 dello stesso mese il ministero era caduto; gli succe-

---

(1) Il breve periodo di governo Hohenwart contro i tedeschi in Austria fece levare alte strida in tutto il mondo germanico e l'imperatore di Germania, Guglielmo I, incontratosi in quei giorni a Salisburgo con Francesco Giuseppe non ebbe ritegno dal dirgli, che « *se i tedeschi fossero soddisfatti nei loro bisogni reali in Austria, certamente non volgerebbero i loro sguardi verso la Germania* ». Bismarck, che si era accinto all'opera di venir ad un'intesa con l'Austria, aveva detto lo stesso a Hohenwart. (V. Wertheimer: op. cit. pp. 567-9).

(2) Nel consiglio della corona l'opposizione a Hohenwart era rappresentata da Beust, da Kuhn, ministro della guerra, dal ministro austriaco Holzgethan e dai due ministri ungheresi Andrassy e Lonyay. Il consiglio aveva deciso di proporre agli czechi di modificare in senso più moderato i loro postulati; i capi loro venuti a Vienna Clam-Martinic, Rieger e Prazak trovarono però le proposte inaccettabili. Al ritorno di Rieger a Praga la popolazione czeca lo accolse con clamorose dimostrazioni contro Vienna.

Rieger tenne un discorso, in cui disse: « Fu un grave colpo questo per il popolo czeco... andiamo incontro a nuove gravi lotte e in queste potrebbe levarsi il malcontento contro il monarca stesso... però la colpa non è sua di essere stato male informato; noi facciamo appello dal re male informato al re meglio informato, con il quale ci accorderemo ». I giornali czechi, in maggior parte sequestrati, tenevano un linguaggio violento.

La *Politik*, organo degli aristocratici feudali czechi, diceva Beust « vice-imperatore e Andrassy « vice-re » e per settimane portava nella prima colonna a grossi caratteri il rescritto sovrano dei 12 settem. 1871 pieno di promesse per la Boemia e nelle colonne vicine riportava i detti di Francesco Giuseppe sull'inviolabilità sacrosanta della parola imperiale una volta data e ne faceva risaltare le contraddizioni. — Delle lotte, che seguirono fino ad oggi fra czechi e tedeschi, riparleremo.

dette il ministero del bar. Holzgethan, durato soli 25 giorni, che preparò il passaggio ad un nuovo ministero tedesco liberale. Vittima del tentativo federalista fu anche il co. Beust. L'imperatore era risentito, perchè da principio Beust favorì l'opera di Hohenwart; le sfere auliche e l'aristocrazia feudale erano inviperite contro di lui, perchè all'ultimo momento le aveva abbandonate. A succedergli fu chiamato il co. Andrássy, buon sintomo per un avvicinamento alla Germania. Beust fu mandato ambasciatore a Londra, donde intrigherà poi specialmente durante la crisi orientale contro i suoi rivali Bismarck e Andrássy. Questi non è più cancelliere dell'« impero ». L'Ungheria non ammette un « impero » nemmeno per il suo ex-presidente del consiglio.

Il ministero costituzionale Auersperg " dei dottori ".

Ai 26 novembre 1871 fu costituito il nuovo ministero « costituzionale » con presidente il principe Adolfo Auersperg, fratello dell'ex-presidente di consiglio, con ministro degli interni il bar. Lasser, che saprà combattere anche con troppa energia gli avversari federalisti czechi, e con Stremayr a ministro dell'istruzione, Glaser, il celebre penalista, a ministro di giustizia, Unger, notissimo giureconsulto, a ministro senza portafoglio e il cav. *von* Chlumecky a ministro del commercio (1). Fu detto questo il ministero dei dottori (*Doktorenministerium*) (2) e fu tacciato d'idolatria della costituzione centralista di dicembre, a tutela della quale perseguitò la stampa avversaria con il famoso « procedimento oggettivo » e fra le nazioni non tedesche specialmente gli czechi nominando subito di nuovo il gen. Koller a logotenente di Boemia, il quale vi stabilì un vero regime militare.

Contro gli czechi. Metodi elettorali.

Sciolte le diete con maggioranze federaliste e clericali, le nuove elezioni con il solito aiuto delle curie del gran possesso ebbero di nuovo in gran parte maggioranze costituzionali. Restò famosa nella storia au-

(1) Unger fu detto il « ministro oratore » (*Sprechminister*) per il suo talento oratorio messo a servizio del ministero.

(2) Veramente dottore corrisponderebbe qui all'« avvocato » usato in Italia per i laureati in leggi.

striaca specialmente la lotta elettorale in Boemia del 1872, per la quale il governo per mezzo della Banca franco-austriaca di Vienna, presieduta dall'ex-ministro Giskra, faceva effettuare da un comitato di affaristi ebrei di Praga compravendite su vastissima scala dei beni appartenenti al gran possesso fondiario boemo onde concentrarli in mano di elettori tedeschi centralisti. Si è calcolato, che in qusto modo furono pagati — a carico del bilancio statale — circa 2 1/2 milioni di fiorini in più del valore reale dei fondi acquistati (1). Inoltre una circolare diramata agli ufficiali dell'esercito, appartenenti all'aristocrazia latifondiaria boema, li invitava a recarsi alle urne a votare per i candidati governativi (2). Andrássy stesso, cenza mostrar timori di ingerenze straniere nelle cose austriache, si rivolse perfino a Bismarck per ottenere il suo influente intervento pres-

(1) La «società» di questi affaristi ebbe in gergo ebraico il nome di *Chabrus;* s'era insediata in uno degli alberghi più noti e più centrali di Praga. Naturalmente finite le elezioni, finì anche la sua esistenza.

Bisogna notare che anche presentemente dei 32.000 tedeschi di Praga (formanti il 7 % di tutta la cittadinanza, secondo il censimento fatto dagli czechi) 18.000 sono ebrei e fra questi alcuni dei maggiori industriali e commercianti della provincia. — La liquidazione di questi loschi affari di corruzione e di brogli elettorali fu affidata poi all'istituto del *Crédit foncier pour le royaume de la Bohême*, creato per l'occasione, al quale fu concesso di emettere lettere di pegno fondiario. Appena esaurita l'emissione, l'istituto liquidò. — Maggiori particolari su queste brutte e costose operazoini del governo vedansi in *Die Korruption in Oesterreich*, Lipsia 1873 (anonimo), in *Dreissig Jahren aus dem Leben eines Journalisten*, ed. Alfr. Hölder, Vienna 1895 (pure anonimo), in L. Denis: *La Bohême depuis la Montagne Blanche*, Parigi, 1902-3 (2 vol.) e specialmente l'opera fondamentale per la storia politica del popolo czeco dal 1861 in poi di Adolfo Srb: *Politické Dejiny Národa Ceského od roku* 1861; ed. R. Simacek 1899, Praga.

(2) Alcuni tra questi ufficiali (il princ. Schwarzenberg, il princ. Lobkowitz, il co. Nostitz ed altri) risposero in una lettera aperta affermando la loro libertà di voto secondo gli interessi, che essi crederanno giusti, dello stato e del sovrano.

Tutti questi esempi danno una pallida idea dei sistemi elettorali fatti di brogli di violenze e di corruzioni adoperati dai vari governi nelle province periferiche (in Dalmazia contro gli italiani, in Galizia contro i ruteni, in Bucovina contro rumeni e ruteni), ove il controllo dell'opinione pubblica specialmente in quei tempi era quasi nullo.

so alcuni elettori tedeschi di Boemia a favore del governo di Vienna e Bismarck vi si adoperò efficacemente.

Ogni voto poteva decidere dell'esito delle elezioni; di fatti nella sezione fidecommissaria della curia del gran possesso i 16 deputati della lista tedesca costituzionale furono eletti con soli 19 voti dei 44 elettori di quel corpo e i 54 deputati della sezione allodiale del gran possesso furono eletti con 261 voti tedeschi costituzionali su 509 elettori. Gli czechi all'ultimo momento proclamarono l'astensione dalle urne e i loro deputati eletti dalle altre curie si astennero anche dalla dieta e dal parlamento, al quale presentarono ai 23 novembre 1873 una delle solite loro « dichiarazioni » di protesta contro le riforme elettorali, che avevano introdotto il voto diretto per i deputati al parlamento. Il governo cioè per vincere l'astensione specialmente degli czechi aveva fatto votare e sanzionare prima (13 marzo 1872) una leggina, che lo autorizzava a indire elezioni *dirette* nei singoli collegi (non dunque per mezzo della dieta) anche nel caso che un deputato si rifiutasse di venire alla camera, poi (2 aprile 1873) la grande riforma del parlamento, che lo rendeva completamente indipendente dalle diete e elevava il numero di deputati a 353 eletti direttamente in collegi divisi per province di nuovo in curie, come quelle previste nei regolamenti elettorali per le diete (1).

Riforme elettorali. Il parlamento reso indipendente dalle diete.

L'astensione degli czechi, continuata fino ai tempi di Taaffe (1879), non fece del resto che agevolare ai tedeschi centralisti il predominio nel parlamento e nel governo; perciò appunto il sorgente « partito dei giovani czechi » proclamava la necessità di finirla con la dispettosa politica d'astensione dannosa al popolo czeco

(1) Vedi n. a p. 165 — La protesta degli czechi e di altri federalisti contro queste riforme era pure di carattere giuridico costituzionale, perchè il parlamento si arrogava così il diritto di modificare da sè gli statuti provinciali, che davano alle diete il diritto di eleggere i deputati per il parlamento, il quale ora veniva ad assumere *via facti* una posizione quasi di istanza superiore nella legislatura costituzionale.

stesso (1). Anche i rumeni, che con Hohenwart erano divenuti maggioranza nella dieta della Bucovina, ora fatti minoranza di fronte ai tedeschi, agli ebrei ed ai polacchi, proclamarono l'astensione. I tedeschi costituzionali avevano quindi alla camera contro di loro un'opposizione relativamente esigua (2); pure, occorrendo la « maggioranza qualificata » di 2/3 della camera per la riforma della legge fondamentale sul parlamento il ministero Auersperg iniziò delle trattative per un accordo su principî federalistici almeno con i polacchi di Galizia.

Bucovina. Galizia.

Questi, vedemmo, avevano fissato nella « risoluzione galiziana » del '68 i loro postulati di un'autonomia nazionale, che faceva della Galizia uno stato confederato dell'Austria con un proprio governo responsabile. La camera centralista non volle mai codificare l'autonomia polacca e respinse anche un progetto di legge Hohenwart, che voleva parzialmente, secondo i suoi principî federalistici sodisfare i postulati dei polacchi. Ora Auersperg fa elaborare ai 13 giugno 1872 dalla commissione della Camera un altro progetto di legge, che allargava di molto la sfera delle attribuzioni della dieta galiziana e istituiva formalmente la carica di « ministro della Galizia » nel consiglio austriaco. I polacchi non vollero accettare queste soluzioni parziali della loro questione. L'avvicinamento però

Polacchi.

(1) Il ritorno degli czechi nel 1879 alla camera di Vienna (ancor prima in dieta a Praga) fu dovuto appunto al partito giovane czeco. Li seguirono i vecchi czechi e l'aristocrazia feudale boema, che nel 1883 fece per bocca del principe Carlo Schwarzenberg con la nota frase: *La costituzione è entrata ormai nella vita del paese* pace anche con la costituzione dopo che l'aveva fatta per opera di Taaffe con la corte nel 1879.

(2) La camera austriaca era composta ora nel 1873 dopo le prime elezioni dirette così da sinistra a destra: 5 democratici di Vienna, 57 del *club* progressista liberale, 88 del *club* di sinistra presieduto da Herbst, 54 del *club* costituzionale del gran possesso fondiario, 14 deputati ruteni, 40 del partito di destra, formato da clericali tedeschi, da sloveni e croati e da czechi della Moravia e presieduto da Hohenwart, 3 sloveni liberali, 49 polacchi e 10 « selvaggi ». Gli italiani erano nei gruppi costituzionale e di sinistra. I 33 czechi di Boemia si astenevano.

fra loro, guidati da Grocholski e da Ziemialkowski, la maggioranza governativa e la corte, ove il conte Goluchowski ancor sempre tutelava i loro interessi, ormai si era compiuto; ai 2 aprile 1873 Ziemialkowski fu fatto ministro senza portafoglio (« per la Galizia ») e poco a poco *via facti*, senza speciali leggi parlamentari, essi seppero assicurare alla Galizia una vera autonomia, speciali favori economici da parte dello stato e darle un carattere quasi esclusivamente polacco. Dal 1873 il partito polacco al parlamento di Vienna è quasi sempre un partito governativo e i polacchi con i tedeschi e con gli ungheresi formano le tre nazioni favorite e predominanti nella monarchia. Appena negli ultimi due decenni le loro posizioni nella Galizia orientale sono indebolite dagli assalti della sorgente nazione rutena e la lotta accanita fra questi due popoli negli ultimi dieci anni paralizzò la vita della dieta galiziana e in parte del parlamento di Vienna, già fiaccato dalle lotte fra czechi e tedeschi.

taliani.

I deputati italiani delle province adriatiche stavano ancora in parlamento, quando vi andavano, dalla parte dei tedeschi liberali; con tutto ciò i ministeri tedeschi, che si susseguirono, non seppero o non vollero impedire l'opera, che andavano compiendo sulle sponde adriatiche i logotenenti, i generali e i vescovi a danno di quell'elemento italiano indigeno. Appena la votazione combinata per le scuole slave di Pisino italiana (Istria) e di Cilli tedesca (Stiria) condusse a una rottura definitiva fra italiani e tedeschi (1); da allora gli italiani

(1) Era al governo il ministero di coalizione slavo-tedesca Windischgrätz-Plener; gli slavi avevano ottenuto quindi facilmente, che il governo istituisse un ginnasio-liceo croato a Pisino, città che ha sempre difeso e difende gelosamente anche oggi la sua italianità contro le mire conquistatrici dei croati, nello stesso tempo però vincendo l'opposizione dei tedeschi liberali erano riusciti a persuadere il governo di creare delle classi parallele slovene presso il ginnasio-liceo tedesco di Cilli, frequentato più da sloveni che da tedeschi. Nel bilancio del ministero dell'istruzione per l'anno 1895 vi erano quindi le due poste per le due scuole medie slave. I tedeschi decisero di votare contro la posta per la scuola slovena di Cilli e chiesero l'appoggio dei voti italiani.

formano alla camera di Vienna un gruppo proprio indipendente. I Trentini invece per la loro posizione geografica erano in lotta con i tedeschi e proprio allora ferveva maggiormente l'agitazione loro per l'autonomia del Trentino. Dopo la guerra del '66 si tentò di accontentarli istituendo una specie di sotto-logotenenza (*Statthaltereiexpositur*) a Trento con decreto ministeriale

L'autonomia del Trentino.

Gli italiani, che inutilmente avevano domandato che la scuola croata, invece che a Pisino, fosse istituita in qualche città o borgata croata, pretesero questa volta che le due votazioni sulle due poste fossero abbinate (il *junctim*, congiunzione di due questioni, secondo il gergo parlamentare austro-ungarico), in modo che, se cadesse una, dovesse cadere anche l'altra. Il motivo, che indusse gli italiani a chieder ciò, era questo: i clericali, cristianosociali tedeschi già nella commissione del bilancio avevano votato con i tedeschi liberali e con gli italiani contro la scuola slovena a Cilli, ma nella questione di Pisino votarono contro gli italiani, per i croati.

Ora questo non doveva più ripetersi in seconda e terza lettura alla camera e quando i cristianosociali con il loro voto contrario fecero cadere la proposta italiana del *junctim*, gli italiani alla loro volta negarono alla camera (10 luglio 1895) l'appoggio alla proposta tedesca di cancellare dal bilancio la posta per il ginnasio di Cilli. I croati si tennero quindi a spese dello stato il loro ginnasio-liceo a Pisino e gli sloveni si ebbero le loro classi parallelle a Cilli. Gli italiani d'Istria rimediarono subito al male erigendo a spese della provincia una scuola media italiana (ginnasio-tecniche) a Pisino, i tedeschi attesero il ritorno di un ministero tedesco, che trasportò le classi slovene in una città slovena. Però la questione d' Cilli provocò l'abbandono del governo da parte dei tedeschi, la fine della coalizione e — dopo pochi mesi di governo di un ministero burocratico presieduto dal logotenente della Bassa Austria, conte Kielmansegg — l'avvento al potere del ministero slavo del conte Badeni, famoso negli annali dei disordini parlamentari austriaci. L'imperatore nominando il ministero d'impiegati dopo Cilli aveva detto al bar. Chlumecky che i tedeschi avendo rovesciato da Schmerling fino al co. Wurmbrand tutti i ministeri di parte loro avevano dato la prova migliore della necessità di un ministero di funzionari extraparlamentare.

L'episodio di Cilli è caratteristico per gli intrecci di retroscena della politica parlamentare e ministeriale in Austria e dimostra l'importanza, che anche simili piccole cose assumono spessissimo in Austria. A noi preme esporlo nella sua vera luce anche, perchè la stampa tedesca e gli uomini politici tedeschi dell'Austria amano frequentemente — con la loro solita prepotenza e noncuranza suprema degli interessi altrui — rinfacciare agli italiani «il tradimento di Cilli», mentre sono gli italiani che possono contare gli infiniti tradimenti parlamentari tedeschi nella questione di Pisino, dell'Università, dell'autonomia del Trentino e così via.

dei 31 luglio 1868. Era nulla e nel 1870 il deputato trentino Prato e i deputati suoi colleghi presentarono al governo un memoriale e nel 1871 all'imperatore una « petizione » firmata in massa chiedenti l'autonomia. Francesco Giuseppe promise allora di sodisfare i postulati dei trentini e Hohenwart per mezzo del logotenente Taaffe fece compilare un progetto per l'istituzione di una rappresentanza distrettuale a Trento con una certa autonomia. Ma con la caduta di Hohenwart tramontarono pure le promesse imperiali e il progetto. Ora i deputati trentini con Prato a capo mandati al parlamento di Vienna con le elezioni dirette del 1873 presentarono anche qui una proposta per l'istituzione di una dieta trentina e la rinnovarono ai 16 marzo 1874; sempre inutilmente, come inutili furono tutte le altre loro proposte e proteste, astensioni e ostruzioni rinnovantisi fino al giorno di oggi alla dieta di Innsbruck e rompentisi contro lo scoglio dell'intransigenza tirolese ma ancor più della caparbia ed insensata ostinatezza di alcune sfere altissime di Vienna (1).

---

(1) Veramente dopo lunghissime insistenze dei deputati trentini nel marzo 1877 la commissione della camera aveva elaborato un progetto di parziale autonomia per il Trentino, che avrebbe avuto a Trento una propria sezione del consiglio scolastico e della giunta provinciale e quale capo politico un consigliere aulico abbastanza indipendente dalla logotenenza di Innsbruck. Ma la camera respinse senza discussione il progetto.

I sette deputati trentini in segno di protesta rinunciarono ai loro mandati. Herbst, che aveva caldeggiato il postulato dei trentini, rinunciò alla presidenza del gruppo liberale tedesco.

Alla dieta d'Innsbruck si può dire che quasi in ogni sessione gli italiani presentavano proposte per l'autonomia del Trentino. Nelle sessioni del 1881 e del 1884 esse portarono soltanto ad una divisione del « consiglio provinciale d'agricoltura » in due sezioni autonome: la tirolese tedesca con sede a Innsbruck e la trentina con sede a Trento (leggi provinciali degli 8 nov. 1881 e dei 23 sett. 1884). Ma anche qui i tedeschi fecero valere la loro preponderanza numerica e la loro prepotenza incorporando fra i distretti della sezione tirolese oltre l'Alto Adige italiano e le vallate dolomitiche settentrionali ladine anche il distretto italianissimo di Ampezzo e persino (nel 1884) le quattro oasi tedesche del distretto italiano di Cles: Provés, Lauregno, Madonna di Senale e San Felice, comples-

Errori dei "liberali" tedeschi d'Austria.

Intanto il movimento ascensionale delle nazioni non tedesche dell'Austria continuava specialmente nelle provincie periferiche, favorito dalle sfere auliche, militari e clericali, che si preparavano all'assalto decisivo contro il liberalismo tedesco. Anche l'alleanza momentanea dei tedeschi con i polacchi nel parlamento e nel governo, non poteva infine che indebolire la posizione dei tedeschi, perchè oltre ad aver abbandonato il nume-

---

sivamente di 4000 abitanti. — Ai 16 nov. 1889 la dieta riconobbe il diritto dei trentini a « speciali istituzioni e organi autonomi atti a provvedere meglio agli affari concernenti soltanto la parte italiana della provincia ». Fu eletta una commissione ad elaborare il progetto di legge, ma quando questo ai 22 genn. 1891 doveva esser presentato in dieta, questa per ordine sovrano veniva chiusa. Gli italiani in segno di protesta per 10 anni non intervennero più alle sedute della dieta limitandosi ora ad un'azione infruttuosa presso il ministero e alla camera di Vienna. Non trovavano che promesse mai mantenute.

Ottennero soltanto che una legge provinciale dei 30 aprile 1892 statuisse il diritto anche degli italiani di far parte del « consiglio scolastico provinciale » e di aver per le scuole italiane propri « ispettori scolastici ». Intanto l'astensione degli italiani dalla dieta permetteva alla maggioranza tedesca di spadroneggiare più liberamente nell'amministrazione della provincia a tutto beneficio degli interessi tedeschi.

Nel 1900 parve, che i tedeschi si mostrassero più propensi ad un accordo, ma il presidente del consiglio austriaco di allora dott. von Koerber (presentemente ministro comune austroungarico delle finanze) dichiarò nell'ottobre del 1900 agli on. Conci e Malfatti, peroranti la causa trentina, che il governo si sarebbe opposto anche ad un accordo fra tirolesi e trentini. Da fonte ineccepibile mi consta, che quest'opposizione proveniva da ordini perentori dell'arciduca ereditario Francesco Ferdinando, ucciso a Sarajevo, il quale proprio allora cominciava a far sentire la sua ingerenza nella politica e negli affari militari della monarchia. Da allora l'opposizione sua all'autonomia del Trentino, come a tutti gli altri postulati nazionali degli italiani, si fece sempre valere. Gli italiani allora per risposta iniziarono l'ostruzionismo ai lavori della dieta. Era la prima ostruzione, che si faceva in una *dieta* in Austria; il male contagiosissimo passò presto anche nelle altre diete. Un progetto di legge degli italiani, secondo cui si dovevano dividere in sezioni nazionali la dieta e la giunta provinciali con fondi e funzionari propri, fu respinto dalla dieta ai 6 luglio 1901. Una commissione dietale eletta ai 21 dic. 1900 su proposta dell'on. Grabmayr elaborò un progetto di autonomia; ma esso fu dichiarato inaccettabile dai liberali e dai socialisti trentini, perchè questa volta inchiudeva nel territorio tirolese persino la val di Fassa.

roso elemento ebraico, fino allora dicentesi tedesco, delle città di Galizia in balìa dei polacchi, nel campo nazionale dei quali in pochi anni passò interamente pur non riuscendo ad assimilarvisi (1), diede alla corte in seno della stessa maggioranza e del governo un elemento, sul quale poteva appoggiarsi anche contro gli interessi dei liberali tedeschi; se ne avrà la prova nel '79, quando un cumulo di altri errori dei tedeschi costituzionali avrà reso ancor più facile la vittoria della reazione aulica slavofila ed impossibile a Bismarck di impedirla.

Economia. Il "crac" del 1873. Finanze dello stato.

Il primo colpo al liberalismo tedesco di questi tempi, forse il colpo più terribile, perchè il maggior incentivo alla diffusione di quell'antisemitismo che in breve tempo, sfruttato sapientemente dal clericalismo, strapperà le larghe masse della piccola borghesia e popolari di Vienna e della provincia al dominio dei partiti costituzionale e liberale, fu la profonda, disastrosa crisi economica, nota con il nome di *crac* del 1873, una delle più grandi crisi commerciali dei tempi moderni. Fu veramente una crisi di borsa, di speculazione; ne rimasero però gravemente colpite tutte le sfere produttive del paese per la quasi completa, istantanea scom-

(1) Oggi ci sono in Galizia circa 800.000 ebrei; parlano del resto in famiglia un gergo proprio, fatto in gran parte di elementi tedeschi e di lingue orientali, e hanno usi e costumi propri (il *kaftan*, i riccioli sulle tempie ecc.); gran parte di essi è di un'ortodossia rigidissima, sono devotissimi alle loro tradizioni e per natura molto ossequenti delle autorità costituite, si dicono polacchi tutti ed è così, che assicurano al vero elemento polacco, il più progredito in civiltà e il più ricco, anche la preponderanza numerica nella provincia, che conta accanto a 3 1/2 milioni di polacchi quasi altrettanti ruteni (russi) e soli 100.000 tedeschi (colonie disperse).

Ma degli ebrei veramente assimilati al popolo polacco, cattolicissimo per necessità di difesa nazionale, ce ne sono pochi. E' un elemento quindi ritenuto infido e anzitutto troppo austriaco dai polacchi. E' qui del resto, che negli ultimi anni si era accentuato il movimento sionista, ebraico nazionale, che ha ora la sua rocca forte fra gli ebrei d'Austria a Czernowitz in Bucovina, ove è fortemente rappresentato nel consiglio municipale e nella dieta provinciale. V. anche I vol., p. 171.

parsa di capitali e di denaro effettivo dalla circolazione. Dal 1865 si era inaugurata in Austria e in Ungheria con una serie di trattati commerciali internazionali fondati sul principio della nazione più favorita, una politica di liberismo, che diede subito dopo la guerra ottimi frutti nel campo dell'economia nazionale aumentando la produzione, l'esportazione e l'importazione in modo da render possibili al governo austriaco l'unificazione e persino una lieve diminuzione (legge 20 giugno 1868) del debito pubblico nonchè per opera del parsimonioso ministro Brestel un aumento degli introiti dello stato con nuove imposte, assicurante non solo l'equilibrio ma anche un costante avanzo nei bilanci di stato dal 1868 al 1872 (1).

Liberismo

L' "epoca delle fondazioni.

Questo benessere quasi subitaneo dopo un periodo di depressione, accentuata a Vienna anche dalla creazione di una nuova, di una seconda capitale, Buda-Pest, nella monarchia, e l'esempio portato dalla Francia di facili, lucrosissime fondazioni industriali, commerciali e finanziarie produssero anche in Austria, specialmente a Vienna e nelle province settentrionali, ove i numerosissimi gruppi di ebrei formavano nel mondo economico piuttosto un elemento di speculazione sproporzionata che di produzione, una vera febbre fondazionale.

(1) Gli avanzi di questi 5 anni ammontarono complessivamente a 142,107,062 corone; prima di questo periodo e dopo fino all'anno 1889 (eccettuato un lieve avanzo di 5 1/2 milioni nel 1886) il bilancio austriaco segna sempre disavanzi sensibilissimi (nel 1878, anno dell'occupazione della Bosnia, il disavanzo era di circa 186 milioni e l'anno dopo di oltre 120 milioni di cor.). Questi disavanzi sono in relazione con le crisi economiche interne e con quelle politiche estere per le questioni d'oriente e per la conseguente tensione dei rapporti fra Austria e Russia specialmente negli anni 1887-8; vanno di pari passo con l'aumento del debito pubblico austriaco (da 5,799 milioni nel 1870 a 8,484 1/2 milioni di corone nel 1888). Poi il bilancio austriaco segna un costante avanzo (in media 52 milioni all'anno; nel 1906 il massimo: 146 milioni) fino al 1909 (eccettuato un piccolo disavanzo di circa 2 milioni nel 1903). Il 1909, anno della crisi per l'annessione della Bosnia segna quasi 88 milioni di disavanzo e un debito pubblico austriaco nel 1910 di 12,372 milioni di corone. Le crisi balcaniche recenti hanno perpetuato il disavanzo nel bilancio austriaco.

Il male divenne endemico, si propagò fino alle ultime classi sociali; chi non giocava alla borsa, giocava per mezzo di piccoli banchi intermediari, che venivan pullulando da giorno in giorno; nel gran disastro si trovarono poi travolti banchieri, nobili, uomini politici, funzionari di stato, professionisti, artisti e umili barbieri, domestici, cocchieri. La speculazione non conosceva più limiti; si fondava per fondare, per commerciare con le azioni, per carpir denaro, non per investirlo in vere imprese produttive; nei soli anni 1867 fino al 1874, che segnano questa cosiddetta « epoca di fondazioni » (*Gründerepoche*), secondo l'inchiesta parlamentare del novembre 1873, era stata concessa l'istituzione di 1005 società per azioni, di queste 682 furono realmente istituite, fra cui 443 banche, 63 società di costruzioni, 38 società industriali e 29 ferroviarie; il capitale fondazionale per le sole imprese concesse negli anni 1871-73 ascendeva a 4 miliardi di fiorini (circa 8 1/2 di lire). I valori notati sul listino di borsa da 124, che erano alla fine del 1866, eran divenuti 605 nel 1873; le tessere d'ingresso annue per la borsa da 867 nel 1867 erano salite a 2941 nel 1873. In una giornata di lavoro medio il giro delle azioni in borsa ascendeva a circa due milioni di pezzi con un valore nominale di circa 500 milioni di fiorini (oltre un miliardo di lire) (1). Il *Wiener Bank-Verein* arrivò a pagare nel 1872 un dividendo dell'80%; in media il capitale rendeva in dividendi dal 14 fino al 22 %.

La Borsa.

Il "venerdì nero": 9 maggio 1873.

Questo commercio di valori, non coperti da vere, solide imprese produttive, fondato in ultima analisi sulla credulità e sull'avidità del pubblico e sulla speculazione di molti, doveva condurre al *crac* terribile del *venerdì nero* dei 9 maggio 1873, mentre pochi giorni prima (1 maggio) s'inaugurava in presenza dell'imperatore e di sovrani esteri solennemente l'esposizione

---

(1) Nel 1913 erano appena 799 le tessere annue; il giro era di circa 400-600.000 azioni.

mondiale di Vienna, che doveva ancor più aggravare la crisi spaventosa (1).

Le finanze dello stato, secondo vedemmo, erano alquanto migliorate e il governo, dopo aver provveduto provvisoriamente in vario modo con decreti a § 14, potè far votare dal parlamento un credito di 80 milioni di fiorini, che fu emesso a condizioni abbastanza gravi, allo scopo di alleviare con « casse di anticipazione » statali i danni provenienti dall'improvvisa mancanza di capitali e di evitare la disoccupazione con opere di costruzioni ferroviarie. Ma contro il partito liberale e specialmente contro i capitalisti ebrei ad esso appartenenti e contro il liberismo commerciale si scatenò un uragano nel popolino (*Kleiner Mann*, la piccola borghesia) esacerbato dai danni del crac e nel parlamento fra l'opposizione federalista e clericale (2). Da allora

Antisemitismo. Protezionismo.

(1) Il maggior campo di speculazioni offrirono l'industria edilizia e le compra-vendite di terreni; sorgevano continuamente società e banche edilizie. Generali erano consiglieri d'amministrazione di banche e alti funzionari dello stato dirigevano le società di costruzioni; persino un celebre anatomico presiedeva una di queste società. Una tesa quadrata di terreno nel centro della città presso la chiesa di s. Stefano costava fino 1400 cor.; un giardiniere vendette per 290,000 cor. un fondo acquistato pochi giorni prima per 20.000 cor.; si costruivano abitazioni di lusso e il popolo restava senza tetto; le mercedi crebbero del 25 e del 30 per cento. Il numero dei milionari era cresciuto rapidamente. Per udire Adelina Patti si pagavano i posti di teatro a 400, a 600 e persino a 1000 cor.. Fra i molti episodi caratteristici del tempo si narra anche di un tale « refatto », che recatosi all'albergo, ove era sceso l'imperatore del Brasile, ordinò al cameriere « di portargli l'identico pranzo che era stato pòrto all'imperatore ». Il disastro del *crac* fu terribile. Un solo piccolo banchiere, exufficiale dell'esercito, che prometteva ai suoi clienti fino il 40 % d'interessi, rovinò oltre 1600 persone, che gli avevano affidato i loro risparmi: vedove, orfani, cuoche, contesse, ufficiali ecc.. Un buon numero di fidanzamenti andarono sciolti, perchè le promesse spose erano rimaste senza dote. La liquidazione dei fallimenti di questo *crac* durò per oltre sei anni e le conseguenze se ne sentirono per oltre un decennio. Dal listino della borsa scomparvero un'infinità di valori e — tra i più resistenti! — ci basti accennare a questo: le azioni delle industrie di Praga del ferro, che nel 1913 erano notate con 3376 e che agli 8 maggio 1873 notavano 376 alla fine di ottobre 1873 erano scese a 196.

(2) Charmatz (op. cit.) e Max Wirth (*Geschichte der Han-*

comincia il protezionismo della legislazione doganale e commerciale dell'Austria e dell'Ungheria, che fa capolino già nella tariffa doganale austro-ungarica del 1873, e che si estenderà poi in Austria anche alla legislazione industriale dell'era Taaffe a tutela delle piccole industrie in linea parallella con la reazione anche negli altri campi di politica interna.

Corruzione parlamentare e burocratica.

Ad offuscare ancor più il prestigio del governo e della maggioranza liberale nell'opinione pubblica seguirono i processi per il *crac*, che scopersero la vasta corruzione regnante nella burocrazia, nel parlamento e persino tra gli uomini del governo (1). Una « legge del-

delskrisen, Francoforte sul M. 1874), autori ebrei ambidue, dimostrano l'infondatezza di queste accuse rilevando che in quel tempo a Vienna fra i consiglieri d'amministrazione delle società ferroviarie vi erano 13 principi, 1 marchese, 64 conti, 29 baroni e altri 21 nobili; nelle banche viennesi fondate dopo il '64 vi erano 1 duca, 24 conti, 12 baroni e 4 altri nobili; nelle imprese industriali 1 principe, 16 conti, 6 baroni e 2 nobili. Del resto anche oggi a Vienna quasi ogni istituto finanziario o industriale più forte ha in serbo qualche sinecura lautissimamente stipendiata per qualche aristocratico, che con il suo nome altisonante e con le sue relazioni in alto gli serve di richiamo. E fra i nobili in Austria non vi sono ebrei. Però sta il fatto, che anche oggi quasi tutte le imprese maggiori bancarie, industriali e commerciali in Austria e forse ancor più in Ungheria sono in mano degli ebrei. Ma nel 1873 la febbre del facile guadagno era tale, che speculavano tutti.

Ciò nullameno l'antisemitismo già serpeggiante tra i piccoli industriali e commercianti di Vienna invidiosi e preoccupati dei propri interessi trovò la via nella politica. Le leggi del '67 avevano finalmente equiparato gli ebrei agli altri cittadini; a Vienna gli ebrei entrarono subito nel partito liberale progressista e in buon numero furono eletti anche a deputati tanto, che il presidente della camera aveva espresso l'intenzione agli 8 ott. 1867 di non tener seduta nei giorni seguenti per rispettare la festa ebraica dell'espiazione. Gli stessi deputati israeliti non lo permisero.

L'azione politica contro gli ebrei fu ora dopo il *crac* sostenuta con veemenza dai giornali clericali *Wiener Kirchenzeitung*, *Werkstimme*, *Der Volksfreund* (organo del cardinale Rauscher) e *Kapistran*, nei quali infieriva con fanatismo antisemitico il dott. Alberto Wiesinger autore dei « Racconti dal Ghetto », feroci per odio contro gli ebrei, e dal giornale dell'aristocrazia feudale *Vaterland*, che poi dal 1875 per opera del redattore bar. von Vogelsang darà il suo appoggio alle idee del socialismo cristiano, che finiranno con l'informare il partito del liberale dissidente Lueger.

(1) Ci fu bisogno di una vivacissima campagna dei gior-

le incompatibilità » proposta da alcuni deputati quale rimedio contro la corruzione parlamentare rimase eternamente sepolta quale progetto di commissione. Scissure e disordine interno del partito liberale indeboliva ancor maggiormente il governo costituzionale. Come tutti i partiti liberali per la loro natura intrinseca e per lo stesso loro programma, anche quello tedesco aborriva da un ordinamento delle file del partito con mezzi, che non fossero quelli della pura idea liberale, della libera associazione e della libera stampa, pur ricorrendo poi al caso alla violenza governativa e poliziesca e alla corruzione contro gli avversarî; questi invece, clericali, slavi nazionali del nord e del sud, e socialismo sorgente sapevano ordinare i loro quadri e consolidare le loro posizioni con la cooperazione economica, che lega con la ferrea disciplina dell'interesse gli elettori ai partiti. Fra i deputati stessi mancava pure la disciplina del partito, perchè eletti, specialmente quelli del gran possesso, da pochissimi elettori, erano spesso troppo indipendenti e coscienti della solidità della loro posizione individuale più che di quella del partito e dei suoi capi.

Partiti liberali disordinati.

Il colpo di grazia fu dato al governo costituzionale

Bosnia - Erzegovina. Fine del ministero costituzionale.

nali per por fine ad uno sfruttamento irrazionale dannosissimo della Selva viennese, agevolato da funzionari dello stato poco scrupolosi. Il processo penale incoato nel luglio 1873 e finito nel febbraio 1875 contro il direttore generale della ferrovia Leopoli-Czernowitz, allora costruita con uno spreco inaudito di denaro, contro il cav. von Ofenheim svelò tali scorrettezze, che l'ex-ministro Giskra dovette esser ammonito dall'ufficio del Gran Maresciallo di corte di non comparire più alle feste della corte e il ministro dott. Banhans dovette rinunciare al portafoglio. Tanto apparvero compromessi. I deputati dei partiti governativi s'arricchivano con l'ottenere concessioni per le imprese, che li pagavano con denaro contante o con sinecure tanto, che il partito costituzionale *Verfassungspartei* aveva preso il nomignolo di *Verwaltungsratpartei*, partito dei consiglieri d'amministrazione. Nel 1878, anno della caduta definitiva dei governi costituzionali-liberali in Austria lo stesso presidente del consiglio principe Adolfo Auersperg deplorando le condizioni interne dei partiti governativi avrebbe accennato, secondo Charmatz op. cit., alla corruttibilità di alcuni deputati.

dalla sua stessa maggioranza tedesca liberale, quando provocò su di sè le ire dell'imperatore e della corte, con il suo atteggiamento di opposizione alla politica di Andrássy, che doveva condurre l'Austria-Ungheria all'occupazione della Bosnia-Erzegovina. I capi e i giornali clericali, con il *Vaterland* di Vienna in testa, si scalmanavano invece a predicare la necessità imprescindibile dell'occupazione, perfettamente d'accordo con la corte e con il militare (1).

Anche i deputati slavi in un'interpellanza presentata alla camera chiedevano l'intervento della monarchia a favore dei popoli slavi dei Balcani sollevatisi nel 1875 contro la Turchia. Sembrava allora, che la Russia e l'Austria-Ungheria, riavvicinatesi per opera di Bismarck procedessero d'accordo; gli incontri dei sovrani e dei ministri dei tre imperi si seguivano frequenti ed era a tutti noto, che fra lo zar e Francesco Giuseppe erano state stipulate convenzioni segrete prima a Reichstadt poi a Budapest (2). Appunto questo avvicinamento agli

Politica estera. Austria e Russia. Balcani.

(1) Anche gli italiani d'Austria furono contrari all'occupazione della Bosnia-Edzecovina da parte dell'Austria-Ungheria. Da allora anzi data l'accordo in Dalmazia fra italiani e serbi di quella provincia, pur essi contrari all'occupazione austriaca, durato fino al 1905 contro i croati, che favorirono l'avanzata austriaca nei Balcani e le fornirono i generali Philippovich e Jovanovich e le truppe loro. V. pure n. 2 a p. 95.

(2) E' stato Bismarck — poichè l'amicizia e l'affetto famigliare di Guglielmo Hohenzollern per lo zar sono stati sempre irremovibili — ad avvicinare anche l'Absburgo ai due imperatori ed a provocare i frequenti incontri dei tre sovrani (*Dreikaiser-Entrevue* ed *Entente*). Ma poi reso sospetto dai rapporti della Russia verso la Francia (crisi internazionale del 1875) e dalle intese segrete fra Austria-Ungheria e Russia, provvide a tempo con il congresso di Berlino a provocare la rottura fra Vienna e Pietroburgo.

La convenzione austro-russa di Reichstadt, la piccola cittadella lontana di Boemia, ducato di breve durata del figlio di Napoleone, ove s'incontrarono Francesco Giuseppe, lo zar e i loro due ministri degli esteri, fu stipulata in vista della guerra imminente della Serbia e del Montenegro, aiutati segretamente dalla Russia, contro la Turchia. Wertheimer (*op. cit.*) ci dà per la prima volta un estratto autentico e completo del *Résumé des pourparlers secrets de Reichstadt du juillet* 1876, quale fu dettato da Andrassy all'inviato russo Novikoff a Vienna: se la Turchia vinceva, i territori della Serbia e del

slavi e alla Russia e il timore, che con un'aggiunta di territori slavi conquistati nei Balcani, aumentasse il pericolo di una futura preponderanza slava nella monar-

---

Montenegro dovevan restare intatti e la Bosnia-Erzegovina doveva avere delle riforme; se la Turchia era vinta, la Serbia otteneva la parte orientale della Bosnia lungo la Drina e del sangiaccato di Novibazar la parte al nord del fiume Lim; il Montenegro otteneva il porto di Spizza, la parte confinante dell'Erzegovina e del sangiaccato la parte al sud del Lim; « le reste de la Bosnie et de l'Erzegovine serait *annexé* à l'Autriche-Hongrie »; Wertheimer dice, che Andrassy intendeva con ciò anche il resto del sangiaccato spettante all'Austria, e questo non può essere, perchè dividendo il Lim proprio diagonalmente il Novibazar e dovendo esser il Lim il confine fra i due Stati serbi, un resto da darsi all'Austria non c'era più. Ma anche di aver concesso parte dell'Erzegovina all'Austria, Gorciakoff negò quattro mesi dopo scrivendo a Novikoff: « *Ni l'empereur ni moi nous ne nous souvenons que le mot même de l'Herzegovine ait été prononcé dans ce sens* ». Wertheimer osserva, che il *résumé* fu dettato a Novikoff e che allora da parte russa non vi furono proteste; resta a vedersi se l'originale dettato a Novikoff combina in questo punto con la copia conservata da Andrassy, qui esposta, per poter stabilire quale delle due parti sia in torto. In ogni caso il successo di Andrassy era di somma importanza: l'Austria otteneva per *annessione* consentita dalla Russia tutto il triangolo bosniaco fra la Croazia e la Dalmazia; è vero che le convenzioni posteriori, e specialmente il trattato di Berlino, derogarono a questo patto: esso però servì sempre, anche durante la crisi del 1908, quale arma diplomatica dell'Austria contro la Russia. In compenso l'Austria consentiva in favore della Russia alla riconquista della Bessarabia rumena e dei territori turchi nel Mar Nero e in Asia; la Bulgaria, la Rumelia e l'Albania dovevano divenire autonome; la Tessalia e Creta passavano alla Grecia; Costantinopoli con il suo circondario sarebbe divenuta città libera. Il patto doveva restare segretissimo fra i due governi, e appena alcuni mesi più tardi, quando la sconfitta dei serbi e dei montenegrini lo rese inattuabile, fu comunicato dalla Russia a Berlino.

Alessandro II non voleva abbandonare i serbi, e quindi in un autografo a Francesco Giuseppe, comunicato telegraficamente a tutti i gabinetti, gli proponeva di marciare subito con le truppe austriache in Bosnia, mentre i russi sarebbero entrati in Bulgaria e le flotte internazionali nel Bosforo. Avvenne uno scambio di autografi fra i due monarchi: la Russia voleva assolutamente intervenire con mano armata anche dopo aver costretto la Turchia a concedere un breve armistizio alla Serbia bastante per il riordinamento delle forze serbe; Francesco Giuseppe rispondeva di esser contrario ad un'azione militare per dividere la Turchia europea e che in nessun caso avrebbe tollerato una Bosnia-Erzegovina autonoma; era pronto a stipulare una nuova convenzione con lo zar. Nello stesso tempo Andrassy faceva sondare il terreno a Berlino e si assicurava dell'appoggio di Bismarck e della

chia, preoccupavano i partiti tedeschi liberali, che inoltre temevano da imprese militari nuovi pericoli anche per la costituzione. Perciò già nella delegazione austriaca del 1876 Andrássy si trovò costretto di nascondere le sue vere intenzioni dichiarando, che mai aveva pensato ad un'occupazione della Bosnia e dell'Erzegovina; nell'ottobre dello stesso anno 112 deputati liberali presentavano un'interpellanza diretta contro le tendenze di espansione territoriale nei Balcani; una vera battaglia parlamentare fu sostenuta dai capi dei liberali tedeschi, Herbst, Giskra, Ernesto *von* Plener ed altri, nel marzo del 1878 nella delegazione austriaca contro la domanda di un credito di 60 milioni di fiorini necessario per dar maggior valore ai postulati della monarchia al congresso di Berlino. Il credito fu approvato con l'aiuto dei voti dei senatori appartenenti alla delegazione. Bismarck stesso si mostrò contrariato da questo contegno dei liberali tedeschi, che indirettamente, se avessero ottenuto il loro scopo, avrebbero sventato il

Andrássy e Bismarck. Politica orientale.

Germania in caso di un attacco da parte russa all'Austria. A Costantinopoli intanto la Porta respingeva le proposte di riforme della conferenza degli ambasciatori e questi abbandonavano la capitale turca. La Russia, decisa ora più che mai ad intervenire militarmente, tenta di ottenere il consenso austriaco, che le basi delle operazioni militari russe contro la Turchia, occorrendo, siano messe in Serbia e in Montenegro; Andrassy vi si oppone risolutamente: i due principati devono restare zone neutrali, così pure il sangiaccato, e questo fu stipulato nella famosa convenzione segreta del 15 gennaio 1877 a Budapest, alla quale con la stessa data, sebbene due mesi più tardi firmata, fu aggiunta la cosiddetta *Convention additionnelle*, che stabiliva i mutamenti territoriali. Erano all'incirca quelli del patto di Reichstadt; il sangiaccato di Novibazar era qui esplicitamente tutto riservato alla Serbia e al Montenegro, al quale si dava non più Spizza, ma Antivari.

La Russia, assicuratasi così la neutralità dell'Austria, scese in campo; anche la Serbia e il Montenegro ripresero le armi e questa volta con fortuna; la Rumenia venne pure in aiuto ai russi, e la Turchia, disfatta, dovette accettare la pace di S. Stefano. — Vedansi in proposito il mio studio « Un decennio di politica europea... » nella *Rassegna Contemporanea* (Roma, a. VI, 1913, fasc. XVII) e l'appendice al I vol. p. 232 di quest'opera.

suo progetto di costringere l'Austria venuta in conflitto contro la Russia, ed allearsi con la Germania (1).

Pace di S. Stefano.

Andrassy, coadiuvato da Bismarck, che era ben lieto di far divergere le mire della politica estera degli Absburgo dalle cose di Germania, aveva subito dal principio del suo ufficio di ministro degli esteri ripreso l'antica tradizione absburghese della politica orientale. Tutelava così anche gli interessi dell'Ungheria, che, come ponte verso l'oriente, acquistava maggior importanza per le sorti della monarchia. Il trattato di S. Stefano, imposto con le armi dalla Russia alla Turchia, nelle sue linee principali corrispondeva innegabilmente alle convenzioni austro-russe di Reichstadt e di Budapest; ma dava già allora un assetto politico e nazionale definitivo alla penisola balcanica, all'incirca quale lo diedero le guerre del 1912-13, e chiudeva all'Austria-Ungheria la strada per ogni ulteriore avanzata nei Balcani appunto, come la chiusero le recenti guerre balcaniche e la pace di Bucarest. Ma era quello, che Andrássy, in barba alle convenzioni da lui firmate, non voleva permettere avvenisse. Egli, come poi tutti i suoi successori al *Ballplatz* di Vienna fino al giorno di oggi, ebbe per programma lo *status quo* balcanico, la conservazione della Turchia europea: fino al momento opportuno per un'avanzata di conquista territoriale della monarchia (2).

"Status quo" balcanico.

---

(1) Bismarck alludendo al nome del capo dei tedeschi-liberali Herbst (autunno), ostinato cervello di professore, chiamò ora i tedeschi *Herbstlos*: senza autunno, senza maturità. L'avvicinamento della Russia alla Francia nella crisi franco-germanica del '75 e l'umiliante circolare del ministro russo Gorciakoff, che volle dirsi allora salvatore della pace, avevano destato sospetti in Bismarck sul conto della Russia in un'eventuale guerra di *révanche* francese. Perciò intuì la necessità di secondare i piani del bon ungherese antirusso Andrássy nella questione balcanica.

(2) Andrássy — è sempre Wertheimer op. cit.), che lo afferma in base a documenti irrefragabili tolti dagli archivi di stato di Berlino, Budapest e Vienna — subito dopo le prime vittorie russe contro la Turchia cominciò a volger lo sguardo intorno in cerca di alleate fra le grandi potenze; scriveva all'ambasciatore a Pietroburgo, che la convenzione austro-russa era stata stipulata per il caso della dissoluzione della Tur-

Inghilterra. Italia.

Nel 1878 la fortuna gli arrise; trovò l'aiuto anche dell'Inghilterra, gelosa dei progressi russi in Oriente, che voleva si obbligase ad un'azione navale contro i porti d'Italia, se questa, giustamente insospettita della politica austriaca nei Balcani, avesse osato fare causa comune con la Russia (1). D'accordo con i gabinetti di

---

chia e sofisticava sul termine in cui si potrà parlare di una dissoluzione incominciata o già avvenuta dell'impero turco, in ogni caso intendeva una dissoluzione naturale non forzata dalle armi russe. L'Inghilterra non si fidava troppo di Andrassy, però poteva offrire lo stesso un appoggio contro la Russia; Bismarck vedeva di buon occhio il dissidio austro-russo e consigliava l'Austria di occupare subito la Bosnia-Erzegovina; Andrassy dichiarava, che l'occupazione russa di Costantinopoli avrebbe significato un *casus belli* e il ministero austriaco deliberava la mobilitazione di due corpi d'esercito. In questo punto giunse a Vienna uno di quegli autografi dello zar, che mettevano ogni volta in orgasmo i nervi di Andrassy: lo zar vi espone le sue intenzioni dopo la vittoria e chiede il parere di Francesco Giuseppe: manterrebbe per 2 anni le truppe russe nella Bulgaria autonoma e assegnerebbe alcune parti della Bosnia e dell'Erzegovina alla Serbia e al Montenegro; l'imperatore d'Austria, risentito anzitutto che lo zar voglia fare da sè, non può accettare simili condizioni; lo zar risponde in una forma abbastanza perentoria, che Francesco Giuseppe dice da *ukase*, che l'Austria può occupare la Bosnia-Erzegovina per annettersela poi, quando le truppe russe avranno abbandonato la Bulgaria e conchiude, che questa è la sua ultima irrevocabile decisione. Intanto un consiglio della corona (*Kronrat*) ai 15 gennaio 1878 discute l'eventualità di una guerra con la Russia e Andrassy — secondo le informazioni del generale Beck, presente alla discussione — avrebbe esposto la situazione militare criticissima dei russi dopo la guerra, che con un esercito austrungarico in Rumenia sarebbero stati staccati dalle loro basi di rifornimento. Wertheimer dimostra, che Andrassy non voleva la guerra; vi era contrario in questo caso anche l'arciduca Alberto; si doveva vincer la Russia diplomaticamente. Francesco Giuseppe scrisse quindi allo zar, che assolutamente non poteva consentire, che le truppe russe restassero in Bulgaria; al che lo zar aveva già risposto con le condizioni di pace imposte alla Turchia, secondo le quali la Bosnia-Erzegovina otteneva un'amministrazione autonoma. Con ciò la rottura dell'accordo austro-russo era avvenuta.

(1) Nel consiglio della corona dei 15 genn. 1878 a Vienna, quando si discuteva della guerra eventuale contro la Russia alleata, — raccontò il gen. Beck a Wertheimer (op. cit.) — esprimendosi da varie parti (anche dall'arciduca Alberto presente, come il Beck, al consiglio dei ministri!) la preoccupazione di un attacco dell'Italia, Andrassy rassicurò i presenti affermando, che la flotta inglese s'incaricherebbe di tenere in iscacco l'Italia; e tre giorni dopo ad un telegramma di Beust da Londra, secondo il quale lord Beaconsfield prometteva « un

Londra e di Berlino, Andrássy propose, come ora Berchtold dopo la pace di Bucarest — la storia si ripete — una conferenza internazionale e di fatti il congresso di

---

equivalente all'Austria, se questa si decideva di fare il *gran coup*, cioè mobilitare » contro la Russia, Andrassy rispondeva chiedendo per ogni eventualità l'assicurazione dell'Inghilterra, che avrebbe mandato la sua flotta nei porti d'Italia, se questa si accingesse di muovere contro la monarchia. Ma già il giorno dopo cominciavano le trattative di pace fra russi e turchi a Karaulik.

Pare che il governo austriaco abbia creduto anche allora più ai suoi informatori segreti, ai suoi confidenti dall'Italia che ai rappresentanti ufficiali del governo italiano; Wertheimer ha trovato nell'archivio del ministero degli esteri infiniti rapporti su movimenti pooplari irredentistici in Italia prima e durante l'occupazione della Bosnia, e anch'egli, come i governanti d'Austria, attribuisce chi sa quale importanza internazionale alle decisioni del « comizio per la pace », tenutosi a Milano ai 19 maggio 1878, del « Congresso dei repubblicani d'Italia », dell'« Associazione per l'Italia irredenta » di Napoli, e così via, che invocavano la redenzione di Trento e di Trieste e inscenavano qui e lì dimostrazioncelle al grido di: *Viva l'Italia libera, viva Trieste!* e persino a Roma al grido di *Abbasso l'Austria!* subito represso dall'intervento della truppa. Tutto questo si trova per filo e per segno immortalato negli atti del ministero degli esteri di Vienna, spaventa i ministri e i generali e serve di base o meglio di pretesto alla politica interna ed estera del governo austro-ungarico! Inutilmente Nigra, ambasciatore allora a Pietroburgo, dichiarava ai 3 febbraio 1877 all'ambasciatore austriaco (lett. di questo ad Andrassy d. d. 18-2-1877): « Dica o scriva al conte Andrassy, che non ci sarà mai governo italiano tanto pazzesco da voler provocare una questione trentina » ; e inutilmente il rappresentante d'Italia al congresso di Berlino, conte Corti, faceva atto di cavalleria fors'anche eccessiva, dichiarando al conte Andrassy confidenzialmente (relazione di Andrassy all'imperatore d. d. 29-6-1878), che un riguardo all'opinione pubblica d'Italia e la sua posizione nel ministero Cairoli lo obbligavano di non lasciar passare in silenzio la qusetione dell'occupazione della Bosnia-Erzegovina, che però non vi avrebbe messo ostacoli di nessuna specie, soltanto avrebbe accentuato con una frase qualunque, che egli non aveva dato subito il suo consenso; e ancor prima della votazione decisiva mostrava ad Andrassy il testo della sua innocua interpellanza. Tutto ciò non servirà a nulla; le persecuzioni dell'elemento italiano nelle province austriache, anzitutto in Dalmazia, ai confini della Bosnia-Erzegovina, erano cominciate per opera di generali governatori venuti dalla Croazia. Ed ora nella politica interna nazionale e in quella estera di Vienna — conchiusa l'alleanza fra Germania e Austria — l'Italia e gli italiani sono di nuovo il nemico da combattersi, specialmente, quando il colosso russo dà un po' di pace. Così fino a ieri; così sarebbe di nuovo domani.

Congresso di Berlino.

Berlino frustrò l'opera della Russia e portò l'Austria-Ungheria all'occupazione della Bosnia-Erzegovina (1).

(1) Andrassy, in segno di minaccia si fece votare un credito di mobilitazione, e appoggiato dagli altri gabinetti europei e specialmente dall'Inghilterra, che al congresso di Berlino otterrà Cipro, propose un congresso internazionale con sede a Vienna. Gorciakoff accettò, ma lo volle a Berlino. — L'art. XXV degli Atti del congresso di Berlino, approvato dal parlamento austriaco appena ai 27 genn. 1879 (con soli 151 voti contro 112 della Camera), diceva:

« Le provincie Bosnia ed Erzegovina saranno occupate e amministrate dall'Austria-Ungheria. Siccome il governo austro-ungarico non desidera assumere l'amministrazione del sangiaccato di Novi Bazar il quale si estende fra la Serbia e il Montenegro a sud-est fino oltre Mitrovizza (*jusqu'au delà de Mitrovitza*), vi resterà in vigore l'amministrazione ottomana. Però l'Austria-Ungheria, onde tutelare la conservazione del nuovo stato politico (*du nouvel état politique*) come pure la libertà e la sicurezza delle vie di comunicazioni, si riserva il diritto di tenere in tutto il territoro di questa parte dell'ex-vilajet Bosnia guarnigioni e strade militari e commerciali. — A tale scopo i governi d'Austria-Ungheria e di Turchia si riservano ulteriori accordi sui particolari ».

L'ultimo comma fu aggiunto per la recisa opposizione dei rappresentanti turchi al congresso di firmare gli atti, se non si garantivano i diritti di sovranità del sultano sulla Bosnia-Erzegovina. L'occupazione per opera dei generali Philippovich e Jovanovich si mutò in una vera guerra di conquista per la resistenza degli insorti, coadiuvati dalle truppe turche regolari. Ancora ai 14 maggio 1878 il presidente del consiglio principe Auersperg smentiva alla camera austriaca ogni intenzione di occupazione.

Ai 13 luglio il trattato di Berlino era firmato e alla fine di luglio le truppe austroungariche passavano la Sava. L'occupazione finita nell'ottobre costò all'Austria-Ungheria parecchie migliaia di morti e feriti (Charmatz dice oltre 5000) e 124 milioni di corone. Ma Andrássy potè dire a Francesco Giuseppe: « Maestà, la strada a Salonicco vi è aperta ».

Ai 21 aprile 1879 si firmava la convenzione fra Austria-Ungheria e Turchia, che era prevista nell'art. XXV di Berlino: vi si riconosceva la sovranità (nominale) del sultano sulle due province; si garantiva in modo speciale la libertà del culto dei maomettani; l'art. III diceva: « I redditi della Bosnia e dell'Erzegovina saranno adoperati esclusivamente per i bisogni di queste province, per la loro amministrazione e per le migliorie, che saranno necessarie ». Anche perciò, oltrechè per il disaccordo fra Austria e Ungheria (v. I vol., p. 79 e II vol. p. 225) l'amministrazione e il bilancio delle due province furono tenuti sempre separati anche dal bilancio comune austro-ungarico votato dalle delegazioni. Il bilancio bosno-erzegovinese fino al 1910, finchè cioè non cominciò funzionare la dieta di Sarajevo, non ebbe mai un vero trattamento costituzionale parlamentare. Leggi austriache e ungheresi del 1879 e del 1880 incorporarono la Bosnia-Erzegovina nel territorio doganale

L'opposizione dei partiti tedeschi liberali contro l'occupazione continuò alla camera anche dopo il fatto compiuto. Contro il pericolo slavo e contro la corte, non sufficentemente avversa agli slavi, cominciò allora (1877) prender consistenza fra i tedeschi specialmente di Boemia e fra la studentesca un movimento pangermanico (*alldeutsch*), che nel dicembre 1878 ebbe la sua esplicita espressione in un discorso alla camera del deputato Giorgio *von* Schönerer, iniziatore ed ancor oggi duce fanatico del partito pantedesco, discorso nel

Pangermanismo.

---

austroungarico e autorizzarono i governi di Vienna e di Budapest di esercitare un'ingerenza in quegli affari d'amministrazione della Bosnia-Erzegovina, che toccavano gli interessi dei due stati della monarchia (ferrovie, investizioni a spese dei due stati, dazi, monete).

La posizione costituzionale e i rapporti giuridici e costituzionali della provincia e dei cittadini, l'amministrazione e le istituzioni provinciali erano fino all'anno dell'annessione (1908) una cosa indefinibile tra il turco e l'austro ungarico, tra l'occidentale e l'orientale, tra il civile e il militare: gli abitanti indigeni erano di diritto cittadini ottomani, però di fatto erano per l'estero (meno che per la Turchia) austro-ungarici e per l'interno bosno-erzegovinesi (come lo sono anche ora dopo l'annessione, perchè anche ora non sono nè austriaci nè ungheresi). Le truppe bosnoerzegovinesi (portano il *fez*) erano e sono parte integrante dell'esercito austro-ungarico.

Il diritto civile è ancor oggi in prima linea quello delle vecchie leggi e consuetudini turche (a Sarajevo vi è una scuola di *sceriat* ottimamente ordinata e agli italiani si nega la facoltà di diritto a Trieste!) e sussidiariamente valgono le leggi austriache; il diritto penale è quello austriaco; vi sono però anche leggi speciali bosnoerzegovinesi ed ora la dieta di Sarajevo si accingeva a codificare tutto il diritto delle due province. La giustizia è separata dall'amministrazione, però ne subisce per varie ragioni (anzitutto per la composizione personale eterogenea di quella magistratura) l'influsso onnipotente. L'amministrazione era ed è ancora in gran parte militare e in quanto è civile, è tedesca o magiara, affidata in massima parte a funzionari importati dall'Austria o dall'Ungheria; è un'amministrazione da colonia, con il relativo sfruttamento economico da colonia, esercitato da imprese industriali, commerciali e finanziarie tedesche e magiare.

L'art. XXIX degli Atti del congresso di Berlino statuiva: « Il comune di Spizza fino al confine settentrionale del territorio, segnato precisamente nella descrizione delle linee di confine, viene incorporato alla Dalmazia ». Il parlamento di Vienna codificò quest'art. nella sua legge del 15 aprile 1879. Invece la dieta di Dalmazia non se ne occupò; la maggioranza, allora già croata, trascurò così uno dei suoi diritti costituzionali più importanti.

quale apertamente perorava l'annessione dei paesi tedeschi degli Absburgo alla Germania degli Hohenzollern (1). La posizione del ministero cosituzionale tede-

(1) Da principio il partito si disse « tedesco nazionale ». Schönerer, tipo di *Junker* energico e intransigente, e l'on. Pattai, divenuto poi uno dei capi cristiano-sociali, fondarono nel giugno 1882 l'« associazione tedesca nazionale » a Vienna con il « programma di Linz », che era stato elaborato nel 1880 ad un congresso dallo storico Enrico Friedjung (israelita, allora pangermanista) e da Vittorio Adler ed Engh. Pernerstorfer, ora capi socialisti. Il programma era: separazione della Galizia e della Dalmazia dall'Austria, che così sarebbe rimasta in grande maggioranza tedesca, e sua unione alla Germania. Il gruppo di Schönerer (15 deputati nel culmine del partito) propose ripetutamente (naturalmente invano) in parlamento il distacco delle due province (con 8 1/2 milioni di non tedeschi) con il pretesto, che esse mai fecero parte del nesso dell'antico impero romano-germanico. Schönerer e Pattai aggiunsero al programma un punto con tendenza recisamente antisemitica. Mentre i clericali e i primi cristiano-sociali avevano fondato il loro antisemitismo sulla lotta economica contro il capitalismo e contro le grandi industrie, Schönerer e i suoi seguaci lo fondarono più sulla lotta di razza, negando negli ebrei il sentimento nazionale teutonico. Schönerer, violento in tutte le sue azioni politiche, lo fu pure nel suo antisemitismo nazionale: nel 1887 — era stato eletto a 31 anni nel 1873 a deputato dell'estrema sinistra — presentò alla camera 2206 petizioni, firmate da 37.000 cittadini, nelle quali si chiedeva una legge contro l'immigrazione degli ebrei in Austria. Nel 1888 agitò in moltissimi comizi contro la stampa liberale viennese, che è tutta diretta da giornalisti e da azionisti israeliti. Nel comizio a Vienna ai 24 febbr. di quell'anno disse: « E' tempo di finirla con questi scrittoruncoli di giornali ebraici ». E dodici giorni più tardi, quando il *Neues Wiener Tagblatt* per errore annunciava come già avvenuta la morte di Guglielmo I, Schönerer indignato di tanta irriverenza penetrò con alcuni seguaci nella redazione e malmenò i redattori. Fu condannato dai tribunali al carcere e alla perdita della nobiltà, ma una folla di migliaia di cittadini accorse ad applaudirlo e fra questi anche il dott. Lueger, capo dei cristiano-sociali.

Specialmente la studentesca tedesca s'infiammò delle idee di Schönerer; anche l'antisemitismo di razza rimase in essa feroce fino ai giorni nostri; il « principio di Waidhofen » approvato dal congresso degli studenti tedeschi del 1890, secondo cui un ebreo non è atto a dare sodisfazione con le armi, anche se offeso, vale ancor oggi per essi e provoca giuste reazioni da parte degli ebrei, sostenuti in ciò anche dalle sentenze dei tribunali. Un risultato di questa guerra di razza contro l'ebreo fu il sionismo, diffuso specialmente fra gli ebrei di Galizia e di Bucovia e fra gli studenti israeliti, fondatori suoi Herz e Nordau, ambidue dalla Bucovina.

Il partito pangermanista austriaco decadde dopo il 1900 per il conflitto sorto fra Schönerer, il morigerato « cavaliere di Rosenau » (detto così dal suo castello) e uno dei suoi sotto-

sco di fronte alla corte e ad Andrássy stesso divenne impossibile; le dimissioni di Auersperg, che erano state presentate già nel luglio 1878, furono accolte nell'ottobre; i tentativi del ministro de Pretis, incaricato dal sovrano di formare il nuovo gabinetto, riuscirono vani e il gabinetto del costituzionale dott. Stremayr, con cui ricompare Taaffe quale ministro degli interni, vive soltanto dai 15 febbraio ai 14 agosto 1879, per permettere a Taaffe di crearsi con le nuove elezioni alla camera una maggioranza di feudali, clericaleggianti e slavofili, usciti dalle curie del gran possesso, e di federalisti slavi, polacchi e czechi, indotti finalmente questi ultimi ad abbandonare la loro politica di astensione dal parlamento, dopo che già l'anno prima erano rientrati nella dieta di Praga (1). Con tutti questi, dopo

Ministero Stremayr.

capi più battaglieri l'on. Wolf a causa di una seduzione commessa da questo ultimo, che non impedì però al deputato padre della ragazza sedotta di preferire di passare nel nuovo gruppo « nazionale-radicale » di Wolf che di restare in quello di Schönerer. Il suffragio universale, di cui Schönerer fu uno dei pochi propugnatori della borghesia liberale tedesca, costò il mandato a lui e a quasi tutto il manipolo dei suoi seguaci. Ora i deputati pangermanisti alla camera di Vienna sono quattro soltanto (nel 1907 tre); il gruppo radicale di Wolf (in maggioranza tedeschi di Boemia e delle città universitarie), parecchio mansuefatto, conta 24 deputati; è vero però, che ora al posto degli antichi partiti tedeschi costituzionale e liberale vi è il blocco dei partiti « tedeschi nazionali » (popolare, agrario, radicale, industriale, progressista e operaio) con 100 deputati, che pur dicendosi liberali sono spessissimo alleati del gruppo cristiano-sociale tedesco (con 77 deputati). Dal 1907 manca però alla camera la tipica figura grassa e rubiconda del duce pangermanista, che nelle occasioni solenni non mancava di emettere con la sua voce stentorea il suo grido continuato di *Vivan gli Hohenzollern!* oppure *Abbasso il governo!*, che per lui era sempre poco tedesco.

A caratterizzare la mentalità di questi pangermanisti ricorderemo che durante le lotte alla camera di Vienna nell'êra Badeni una delle scenate più violente fu provocata dalla frase dell'on. Wolf designante gli slavi come « popoli di minor conto » (*minderwertige Völker*) e che in una delle ultime discussioni sul progetto dell'Università italiana a Trieste nella commissione della camera l'on. Erler, deputato pantedesco di Innsbruck, la cui madre è un'italiana del Trentino, ebbe a dire: gli italiani, che domandano un'Università, mi fanno l'effetto di un negro nudo con la tuba lucente sul capo.

(1) Alla camera, appena riunita, c'erano: 179 feudali, cle-

Ministero Taaffe. un breve periodo di pochi mesi di indecisione, Taaffe, nominato presidente del consiglio, formerà il suo famoso partito governativo dell'*eiserner Ring* (anello di ferro) e governerà l'Austria in perfetto accordo con la camarilla fino al 1893 dicendosi con orgoglio *Kaiser-*

———

ricali e slavi nazionali e 174 fra tedeschi liberali e italiani e ruteni contrari a Taaffe. Quindi Taaffe dovette da principio prendere nel ministero Stremayr, Horst e Korb-Weidenheim, che appartenevano ai partiti tedeschi costituzionali. Vi erano però pure il conte Giulio Falkenhayn, un feudale reazionario, quale ministro d'agricoltura, resosi poi celebre nel 1897 nell'êra Badeni con la sua legge contro l'ostruzionismo dei tedeschi. che portò la polizia alla camera, il dott. Prazak quale ministro czeco senza portafoglio e per i polacchi il ministro di Galizia dott. Ziemialkowski. Poco a poco le file reazionarie si serravano e i ministri tedeschi liberali nel luglio 1880 erano già tutti usciti dal gabinetto. Accanto a Taaffe la figura più cospicua del consiglio era quella del ministro delle finanze il polacco dott. de Dunajewski, professore di economia nazionale, che potè per qualche tempo ristabilire l'equilibrio nel bilancio austriaco. Gli storici tedeschi ne danno il merito più al maggior gettito progressivo dei dazi e delle imposte che alla sua opera di ministro.

Il dott. von Stremayr, nato nel 1823 a Graz, era stato deputato al parlamento nazionale di Francoforte nel '48 e quindi per parecchi anni perseguitato in Austria. Era uno dei vecchi liberali tedeschi tipo giuseppino. Nel ministero Auersperg, tenendo il portafoglio del culto e dell'istruzione, provvide largamente agli interessi scolastici nazionali dei tedeschi in Boemia, in Moravia, in Slesia e in Bucovina fondando molte scuole medie tedesche e a Czernowitz nel 1875 l'università tedesca, tanti baluardi in quelle province del germanesimo procedente verso l'Oriente. Nel ministero Taaffe tenne il portafoglio della giustizia; ai 19 aprile 1880 dovette, con riguardo all'appoggio degli czechi dato al ministero, emanare le due *ordinanze linguistiche*, che portano il suo nome e che per gli uffici statali della Boemia e della Moravia stabiliscono la bilinguità (tedesco e czeco) nell'*uso esterno* (cioè tra gli uffici e le parti adenti); fino allora il tedesco era esclusivo nell'uso esterno ed *interno* (cioè negli uffici e tra uffici statali). I partiti tedeschi levarono grandi proteste e gran rumore e Stremayr si dimise. Da allora però continua ancor più violenta la lotta degli czechi per ottenere anche nell'uso interno la bilinguità. Parecchie furono le ordinanze emanate dopo quelle di Stremayr, famosa quella di Badeni con il relativo ostruzionismo e con i conflitti sanguinosi del 1897; finchè il ministero Körber enunciò il principio nel 1900, che soltanto un accordo fra le due nazioni e una legge del parlamento potranno regolare l'uso delle lingue, principio non rispettato per l'Italiano negli uffici di Dalmazia (v. I vol. p. 109). Ancor oggi la lingua interna degli uffici in Boemia è quasi esclusivamente la tedesca. Ogni tentativo d'accordo finora è fallito, alle volte dopo lunghe e faticose trattative.

minister (ministro dell'imperatore non dello stato!) ed elevando a sistema quello sfruttamento delle lotte nazionali in Austria, che dura ancora e che assicurò il ritorno al potere, sebben larvato di costituzionalismo, delle alte sfere di reazione (1).

Il nuovo governo provvide subito d'accordo con il governo ungherese alla regolazione della posizione provvisoria della Bosnia-Erzegovina. Secondo lo spirito della convenzione austro-turca dei 21 aprile 1879 l'amministrazione delle due provincie, che restavano sotto la sovranità del sultano, doveva esser separata da quella dei due stati della monarchia. Di fatti la legge austriaca dei 22 febbraio 1880 e quella analoga ungherese (VI ex 1880) affidavano l'amministrazione provvisoria delle due provincie al ministero comune « con diritto d'ingerenza » da parte dei due governi austriaco e ungherese « specialmente nelle direttive e nei principî di quest'amministrazione provvisoria e nella costruzione di ferrovie ». Le spese d'amministrazione dovevano essere coperte anzitutto dalle entrate delle due province; per eventuali contributi della monarchia a scopo d'investizioni in quelle province erano necessarie leggi speciali dei due parlamenti di Vienna e di Budapest. L'unione doganale era estesa anche alla Bosnia-Erzegovina e quest'era la prima violazione della convenzione austriaca, che nell'art. III stabiliva, che tutte le entrate delle due provincie andassero a loro « esclusivo » beneficio. Poco a poco l'amministrazione prima esclusivamente militare, poi anche quella civile, con l'uso predominante della lingua tedesca negli uffici pubblici in questo paese, ove non c'era fino allora un tedesco indigeno, trasformò la Bosnia-Erzegovina in una

L'amministrazione della Bosnia-Erzegovina.

---

(1) Al senato Taaffe si trovò da principio di fronte una maggioranza — esigua — costituzionale. Per vincerla alla prima votazione le alte sfere fecero ogni sforzo; mandarono a votare vescovi, generali e persino tre arciduchi, ma rimasero in minoranza. Taaffe però, s'intende, rimase al potere!

specie di colonia austriaca più che ungherese in modo, che l'annessione proclamata da Francesco Giuseppe ai 5 ottobre 1908 non faceva che dare una forma di carattere pubblico ad un fatto compiuto.

Assolutismo e regime militare in Bosnia-Erzegovina.

Il governo supremo delle provincie occupate, affidato dapprima ad una « commissione bosniaca » del ministero degli esteri, poi dal 1879 ad un « bureau bosniaco » del ministero comune delle finanze fu fino al 1910 un governo assoluto fondato in gran parte sul regime militare. Approfittando delle controversie e delle gelosie fra parlamento austriaco e quello ungherese, che non voleva si allargasse la sfera delle attribuzioni delle delegazioni, e richiamandosi all'art. III della convenzione austro-turca il ministro comune delle finanze aveva limitato la funzione parlamentare delle delegazioni riguardo l'amministrazione della Bosnia-Erzegovina, che del resto non aveva alcuna rappresentanza propria, ad un puro e semplice esame con discussione platonica del bilancio delle due province senza alcun diritto di voto in proposito. Quasi tutta l'amministrazione civile dipendeva e dipende ancora in terza ed ultima istanza dal ministro comune delle finanze; soltanto i servizi postale e telegrafico oltre agli affari militari soliti dipendono dal ministro comune austro-ungarico della guerra. La seconda istanza, cioè il « governo provinciale » (*Landesregierung*), è rappresentata dal capo della provincia (*Landeschef*), che fu sempre il comandante del corpo d'esercito, ora l'ispettore d'esercito di stanza a Sarajevo, con un addetto civile a lato (*Ziviladlatus*), che per decreto imperiale del 1° aprile 1912 è divenuto vice-capo della provincia, e con 4, ora, dopo il decreto dei 29 maggio 1912, con 6 capisezione: per gli affari politici amministrativi, per le finanze, la giustizia, l'economia del paese, per il culto e l'istruzione e per i lavori pubblici. L'intera provincia è divisa in 6 circoli con prepositure circolari (*Kreisbehörde*) e in circa 50 distretti con la prima istanza amministrativa, gli uffici distrettuali (*Bezirksamt*).

Autorità provinciali.

Annessione, 1908, Costituzione. 1910. Nuove questioni austro ungariche.

La questione di diritto di stato fra Austria e Ungheria intorno alla posizione della Bosnia-Erzegovina si accentuò in occasione dell'annessione. Il parlamento ungherese votò la legge di annessione contenente un inciso, che si richiamava sugli antichi vincoli, che legavano i re d'Ungheria alla Bosnia-Erzegovina, vincoli — diceva la relazione aggiunta alla legge — che erano documentati anche nel titolo (« *Rama* ») e nelle insegne del presente re d'Ungheria. Il parlamento austriaco, un po' per l'ostruzionismo, un po' per protesta contro la legge ungherese non volle finora votare una propria legge d'annessione (1).

(1) Ai 5 ottobre 1908 — in seguito ai rivolgimenti dei giovani turchi nell'impero ottomano — con autografi sovrani diretti al ministro comune degli esteri (allora bar. Aehrenthal) e ai due presidenti dei consigli austriaco e ungherese fu proclamata l'annessione della Bosnia-Erzegovina: Francesco Giuseppe estende il diritto di successione della sua casa (Sanzione prammatica) anche sulla Bosnia e sull'Erzegovina. Nell'autografo diretto ad Aehrenthal aggiunge che per corroborare le sue intenzioni pacifiche (la rinuncia alle mire a Salonicco!) ordina alle sue truppe lo sgombero del Sangiaccato di Novi-Bazar. Aehrenthal evidentemente credette alla rigenerazione dell'impero ottomano dei giovani turchi. Durante le guerre balcaniche del 1912 e 1913 gli uomini politici e i giornali austriaci e ungheresi non finivano di deplorare questo sgombero sanzionato poi nel trattato fra Austria-Ungheria e Turchia dei 26 febbr. 1909, che mise fine alla crisi dell'annessione fra i due imperi e che obbligava l'Austria-Ungheria a pagare alla Turchia quale indennità per beni demaniali circa 60 milioni di lire. Il conflitto con la Serbia e con il Montenegro (fino ad un certo punto appoggiati dalla Russia) fu risolto con l'energico intervento diplomatico della Germania in favor dell'alleata, ma fu il prodromo della guerra presente. (V. il mio articolo sul Libro rosso austro-ungarico nella *Tribuna*, a. 1910, n. 290). — Il parlamento austriaco non ha votato ancora la legge dell'annessione per non coonestare con il suo voto il richiamo dell'analoga legge approvata dal parlamento ungherese (la quale entra però in vigore *sub conditione*, che anche il parlamento austriaco approvi la sua legge analoga) agli « antichi vincoli », che uniscono l'Ungheria alla Bosnia (v. I vol. pp. 79, 83 e 142). Si noti che la relazione, con cui fu proposta al voto questa legge alla camera ungherese, diceva esplicitamente: « E' questo un titolo del nostro diritto, al quale potremo richiamarci *di fronte all'Austria* in occasione della regolazione definitiva dell'appartenenza della Bosnia ». Con ciò l'Ungheria intendeva metter una propria ipoteca sulla Bosnia-Erzegovina. I croati del partito del diritto affermano,

La costituzione, che era stata promessa alla Bosnia-Erzegovina nell'autografo sovrano di annessione, dopo lunghi studî e trattative fra i ministeri di Vienna e di Budapest, fu proclamata dall'imperatore senza chieder il consenso nè dei parlamenti, nè delle delega-

---

che i re ungheresi ebbero la Bosnia come re di Croazia e che quindi la Bosnia appartiene alla Croazia. I serbi-ortodossi della Bosnia-Erzegovina (800.000) e i maomettani (600.000) sostengono contro i croati-cattolici (400.000) l'autonomia delle due province. Negli altri riguardi politici e amministrativi il governo austro-ungarico è riuscito dopo il 1910 a metter d'accordo in dieta i maomettani e i cattolici contro i serbi.

La costituzione imposta dall'imperatore d'accordo con i due governi alla Bosnia Erzegovina ai 17 febbr. 1910 concede appunto una modestissima autonomia a questa « provincia », (*Land* e non *Staat*, stato), che è giuridicamente una specie di « condominio » dei due stati della monarchia. La direzione e la sorveglianza supreme della provincia competono al ministro comune delle finanze austro-ungarico a Vienna. Il « governo della provincia » risiede a Sarajevo, sottosta al ministero comune delle finanze, verso il quale è responsabile; è dunque un governo burocratico, non responsabile alla dieta. Di fatti lo presiede il governatore (*Landeschef*, capo della provincia), che è sempre un generale, l'ispettore cioè dei due corpi d'esercito XV e XVI, recentemente — fino all'ultima sconfitta in Serbia — il gen. Potiorek. Per l'amministrazione civile gli stava *a lato* un consigliere civile (*Ziviladlatus*), che dal 1912 ha preso il nome di vicecapo della provincia (*Landeschef-Stellvertreter*); fino al 1914 copriva questo posto pure uno straniero, ultimo il magiaro cons. Rohonyi. In dieta però sempre più si accentuarono la diffidenza e la lotta contro gli stranieri (*kuferasci*, nome spregiativo dato loro dalla valigia *Koffer*, che portano seco immigrando) e contro l'uso delle lingue tedesca e magiara nell'amministrazione. Al posto di Rohonyi fu quindi nominato il deputato croato Mandich. Come una specie di ministri burocratici fanno parte del governo provinciale sei capi di sezioni (dipartimenti): per l'economia nazionale, per il culto e l'istruzione, per i lavori pubblici, per le finanze, per la giustizia e per l'« amministrazione » (eufemismo per polizia e altri affari interni). Di questi nel 1914 cinque erano ungheresi e austriaci e uno solo era bosniaco, serbo. La posta e i telegrafi sono ancor oggi completamente esercitati dalle autorità militari. — Le comunità religiose, ortodossa e maomettana, hanno ottenuto dopo vivacissime e lunghe lotte abbastanza larghe autonomie nell'amministrazione dei propri beni (*vakufs* maomettani), fondi scolastici, ecc. Specialmente la chiesa ortodossa mantiene moltissime scuole confessionali e nazionali serbe.

Sabor di Sarajevo.

Anche per la *dieta bosnoerzegovinese* i corpi elettorali, come per le diete austriache, sono divisi in curie (3) secondo il censo, il grado di cultura e gli interessi; qui inoltre abbiamo il fenomeno più drastico del *divide et impera* austro-ungarico

zioni ai 17 febbraio 1910; essa conteneva: uno statuto provinciale, che riassumeva per sommi capi in un tutto organico — unico in tutta la monarchia — le varie leg- fondamentali austriache del '67, adattandole alla Bosnia-Erzegovina; un regolamento elettorale e uno interno per la dieta, una legge sulle associazioni e una sulle riunioni.

Le attribuzioni della dieta sono abbastanza ampie; concernono tutta l'amministrazione della provincia, meno gli affari prammatici e dualistici della monarchia intera, che sono riservati ai due parlamenti e alle delegazioni, nei quali la Bosnia-Erzegovina ancor sempre non ha proprî rappresentanti. Ma le cautele, di cui lo statuto circonda il potere legislativo del *Sabor* di Serajevo, sono tali e tante — il diritto di *veto* del sovrano, dei ministeri di Vienna e di Budapest, persino del governo pronvinciale, i mezzi disciplinari del presidente di nomina sovrana, la conformazione stessa della dieta a curie confesionali e a gruppi d'interessi con 20 voti virili su 72 deputati eletti — che il costituzionalismo della Bosnia-Erzegovina, il più moderno cronolo-

Nuovi elementi di lotte nazionali e religiose.

---

la divisione cioè dei mandati secondo le religioni in proporzione numerica delle popolazioni (2:3:4): 16 deputati cattolici (croati), 24 deputati maomettani (si dicono turchi, ma parlano esclusivamente serbo-croato) e 31 serbi-ortodossi, ai quali fu preso un mandato per darlo agli 8000 israeliti spagnuoli della Bosnia-Erzegovina. Inoltre ci sono anche qui parecchi *virilisti* in modo, che il governo può sempre crearsi una maggioranza fedele. L'imperatore nomina il presidente e due vicepresidenti, uno di ogni confessione; il presidente per turno e per sessione è preso da una delle tre confessioni. La dieta elegge un consiglio provinciale di 9 membri, ma questo non ha i poteri delle giunte provinciali austriache; ha soltanto un voto consultivo, se richiesto dal governo. — Le attribuzioni della dieta sono ancora più ampie di quelle delle diete austriache; questa larghezza però è resa illusoria da disposizioni illiberali, che possono annullare completamente le prerogative parlamentari del *sabor* di Sarajevo. Il *veto* del sovrano e dei governi di Sarajevo, di Vienna e di Budapest è invincibile. L'art. 43 fa propria persino la *clausola prussiana*: « se la dieta non vota le imposte, i dazi e le gabelle, questi saranno riscossi ugualmente secondo le leggi fino allora vigenti » e l'art. 44: « se la dieta non approva a tempo il nuovo bilancio, resta in vigore quello precedente vecchio ».

gicamente in Europa, è senza dubbio anche il più reazionario e per le divisioni religiose con esso codificate di una stessa nazione (serbi-ortodossi, croati-cattolici e maomettani parlano tutti una sola lingua, la serba o croata) il più malefico. Con l'occupazione e con l'annessione della Bosnia-Erzegovina la monarchia degli Absburgo s'è arricchita di una vera colonia, ma anche di nuovi elementi di lotte religiose e nazionali, perturbatori pure dei suoi rapporti internazionali con la Serbia, con il Montenegro e meno direttamente con la Russia. La Turchia ormai è fuori di tiro.

Politica interna di di Taaffe.

La politica interna di Taaffe non potè essere apertamente e decisamente federalista e antitedesca per gli stessi motivi, che fecero naufragare il governo di Hohenwart. Anzitutto Taaffe si appoggiava anche su una parte di tedeschi, sull'aristocrazia feudale e sui clericali delle provincie alpine del Tirolo e dell'Alta Austria specialmente; poi vi era ancor sempre Bismarck, che vegliava d'un occhio sulle sorti dei suoi connazionali in Austria, e i rapporti con la Russia subivano ogni tanto delle tensioni minacciosissime specialmente durante la crisi bulgara del 1885-88, quando Bismarck con la pubblicazione del primo trattato di alleanza stretto fra l'Austria-Ungheria e la Germania calmò l'opinione pubblica russa, che chiedeva la guerra all'Austria. Per queste ragioni Taaffe doveva barcamenare la sua politica interna fra gli scogli delle varie nazionalità dell'Austria senza provocar troppo la reazione del sentimento nazionale tedesco. Le su armi erano quindi apparentemente dirette solo contro il liberalismo tedesco; in realtà però tutte le forze, tutti i poteri statali erano in moto a favorire l'ascensione economica, sociale e politica delle nazioni slave specialmente nei punti ove queste movevano alla conquista delle posizioni tedesche e italiane e più di tutto italiane, perchè verso questo elemento nazionale Taaffe non aveva bisogno proprio di alcun ritegno impostogli da considerazioni di carattere internazionale: tutta la corte, tutta

Slavofilia. Contro gli italiani.

l'aristocrazia, tutto il clero, tutto il militare, slavo e tedesco erano in ciò d'accordo con lui e l'Italia allora purtroppo non poteva avere l'autorità della Germania di Bismarck. Ed è dai tempi di Taaffe, che datano i maggiori progressi economici, culturali e politici degli czechi in Boemia e in Moravia e quelli soltanto politici dei croati in Dalmazia e in Istria e degli sloveni nelle Alpi carniche, popolazioni civilmente ancora molto arretrate.

Riforma elettorale e "fortwurstein".

Per favorire le popolazioni slave e i partiti reazionarî Taaffe prudentemente si serviva di mezzi amministrativi quasi clandestini senza ricorerre a riforme costituzionali, che avrebbero provocato conflitti parlamentari; di carattere costituzionale fu soltanto la riforma elettorale per la camera ordinata con la legge dei 4 ottobre 1882, che divideva le curie del gran possesso in più collegi in modo, che per es. in Boemia i tedeschi costituzionali non avrebbero potuto mai più vincere in tutta quella curia, e riduceva il censo elettorale a 5 fiorini (*Fünfguldenmänner*) a tutto favore dei partiti clericaleggianti e antisemitici, ai quali apparteneva la maggior parte della piccola borghesia tedesca (1). Del

---

(1) La riforma per ciò che riguarda la curia del gran possesso boemo, diviso ora in 5 collegi elettorali, porta il nome di *lex Zeithammer* (dal deputato czeco, che la propose) e per gli elettori del censo di 5 fior. porta il nome del deputato clericale e consigliere aulico Lienbacher, che ne fu il proponente.

Le elezioni nel giugno 1885 dopo la riforma diedero di fatti al governo clericale-feudale-slavo una maggioranza rispettabile per numero. Erano: 57 deputati czechi, 56 polacchi, 34 del gruppo feudale conservatore tedesco di Hohenwart e 19 del gruppo clericale tedesco di Liechtenstein; con i croati e sloveni in tutto circa 190 deputati governativi. In queste elezioni, le più violente che si ricordino negli annali di Dalmazia per i soprusi delle autorità statali, gli italiani di quella provincia, che nelle ultime elezioni (1879) avevano ancora 4 loro deputati contro 5 croati, li perdettero tutti. Ma uno dei neoeletti deputati croati, il conte Borelli, che era stato candidato contro il proprio padre candidato degli italiani, fu tanto nauseato delle soperchierie commesse nel suo nome, che si dimise e al suo posto fu eletto di nuovo un italiano; un altro, l'on. Borcich di Spalato, non ebbe mai convalidata la sua

resto il ministro cercava al parlamento di sbarcar il lunario alla meglio, *fortwursteln* — secondo il termine attribuito a Taaffe stesso e che serve anche oggi a qualificare i governi dei ministeri austriaci — con leggi e leggine, che accontentassero ora uno ora l'altro dei varî partiti della maggioranza. È innegabile però, che questo di Taaffe fu il primo periodo più attivo del parlamento austriaco nel campo della legislazione sociale, sebbene in molti riguardi essa assumesse un carattere di protezionismo partigiano della piccola borghesia più che della generalità dei cittadini e in altri riguardi favorisse la corrente clericale (V. nota a pp. 23-24).

Disgregazioni nel parlamento austriaco. Lotte nazionali.

Quando l' « anello di ferro » di Taaffe nel 1893 si sciolse, la camera austriaca era ormai completamente disgregata in gruppi e gruppetti nazionali, che avevano trasportato le lotte nazionali dalle provincie nel parlamento; non c'eran più destra e sinistra, costituzionali, liberali e clericali divisi in due campi, regnava la confusione in tutti i partiti nazionali, tutti alla caccia delle grazie auliche, che sole ora distribuivano le gioie del potere ai partiti favoriti. La maggioranza oscillava quindi alla camera, fra gli slavi e i tedeschi, secondo il cenno dato dall'alto ai polacchi, che ora dal 1895 avevano a ministro degli esteri e della casa imperiale uno dei loro, il co. Goluchowski, figlio al benemerito logotenente polacco di Galizia. Però gli czechi erano ormai alla camera in tali forze numeriche e in maggior parte provenienti dalle file piene di combattività del partito giovane czeco, che un'attività pacifica al parlamento dei tedeschi contro od anche soltanto senza gli czechi e viceversa degli slavi senza i tedeschi — il che del resto significa nelle condizioni dell'Austria già contro di loro — era impossibile. Si passava quindi continuamente da violente lotte parlamentari, ostruzionismi

---

elezione, sebbene il suo correligionario, on. Klaich, relatore della giunta esaminatrice si limitasse a chieder la convalidazione per un solo voto di maggioranza, che, secondo lui, Borcich avrebbe avuto.

Ostruzionismi czechi, tedeschi, ruteni e governativi.

tecnici e meccanici a trattative di accordi e di compromessi, mai conseguiti e di nuovo a lotte, che raggiunsero il culmine con vere battaglie sanguinose fra deputati durante le famose giornate del ministero Badeni nel dicembre 1897 e quasi con una vera rivoluzione per le vie di Vienna, acquetata con edizioni speciali del giornale ufficiale *Wiener Zeitung* annunciante la caduta del ministero.

Il suffragio universale poi, che portò nel 1907 alla camera un forte nucleo di deputati ruteni dalla Galizia vi trapiantò anche le lotte nazionali di quella provincia fra polacchi e ruteni con nuovi ostruzionismi di questi, ai quali vanno aggiunti gli ostruzionismi di qualche partito servizievole ordinato dall'alto contro progetti di leggi poco simpatiche alle solite sfere auliche, come l'ostruzione dei clericali sloveni, sempre governativi, contro l'università italiana a Trieste, sicchè, si può dire, che il parlamento austriaco dai tempi di Badeni, meno brevissimi momenti lucidi, non funziona più se non per votare le leggi militari e i bilanci provvisorî all'ultimo momento prima di ogni scadenza, quando il governo non preferisce aggiornar la camera e ricorrer al comodo mezzo del § 14; si seguirono da allora ministeri in maggioranza di impiegati e di aristocratici, con qualche raro ministro liberale ed indipendente tanto per l'apparenza e per avere qualche contatto più diretto e più parlamentare con i partiti della camera: in effetto però erano e sono le alte sfere, che da allora dominano la situazione politica in Austria con un'arte finissima.

Teoria e pratica nel governo d'Austria di oggi. I veri poteri statali.

E questa consiste nella finzione del costituzionalismo, che ebbe per ultimo suggello persino il suffragio universale. Già i docenti di diritto pubblico alle università dell'impero spiegano ai futuri funzionarî dello stato la profonda differenza fra costituzionalismo e parlamentarismo: questo dà tutta la somma dei poteri di stato al parlamento, al sovrano e al ministero parlamentare, ch'è l'esponente della maggioranza al parlamento, con la quale governa e cade; quello invece, fondato su una costituzione scritta, ne rispetta la lettera, ma separa nettamente il potere esecutivo dal legislativo; al ministero costituzionale basta godere la fiducia del sovrano; la maggioranza del parlamento si formi e si trasformi, come vuole, e procuri di adattarsi al programma del ministero, se questo ne ha uno.

Questa la teoria; in pratica però le cose stanno ancor peggio in Austria, ove schematicamente i sommi poteri dello stato si potrebbero ora metter in quest'ordine:

overno extra-costituzionale, camarilla.

sovrano, arciduchi, arciduchesse e alta aristocrazia, che circonda la corte, copre le più alte cariche militari ed ecclesiastiche e i più alti posti nell'amministrazione dello stato; è quello, che nel 1848, con imagine spagnuola, i rivoluzionari viennesi chiamarono *camarilla*, parola usata a propria discolpa persino dal presidente del consiglio di allora, Wessenberg, e che ora i parlamentari e i giornali austriaci di opposizione con eufemismo dicono *Nebenregierung* (il governo segreto) e la stampa e i partiti fedelissimi chiamano *die höchsten Stellen, die hohen Kreise* (i luoghi altissimi, le alte sfere);

i ministri, che, quando rarissimamente — per necessità di circostanze — non appartengono all'alta aristocrazia o non sono altrimenti fra gli adepti della camarilla, devono dibattersi continuamente fra ostacoli, intrighi, tranelli, tesi loro da ogni parte, con ogni mezzo da queste alte sfere arciducali, aristocratiche, militari e clericali, che così nella maggior parte dei casi riescono a deludere i migliori propositi di giustizia di qualche ministro onestamente indipendente;

e — in ultima linea — il parlamento, il quale però, appena accenna di voler battere una via più libera, che dispiaccia alle alte sfere, se non va proprio violentemente incontro ad un aggiornamento o ad uno scioglimento, vedrà sorgere per incanto dal suo grembo un qualche partitino clericale, slavo o tedesco, che per qualche pretesto ultra-radicale si mette a far ostruzione o provoca dei conflitti nazionali e anche qui, nella maggior parte dei casi, frustra ogni attività e tutti i buoni propositi della rappresentanza popolare.

Si avvera dunque anche ora — nell'èra del costituzionalismo austriaco — ciò, che Napoleone cent'anni fa, aveva ben definito con le parole: « L'Austria è governata da sessanta famiglie aristocratiche », che l'on. Berger, uno dei più illustri rappresentanti del vecchio liberalismo tedesco al parlamento di Vienna nel 1867 durante la lotta contro il concordato col Vaticano, corresse adattando il detto ai nuovi tempi: « Aggiungete a queste sessanta famiglie dell'aristocrazia trenta o quaranta vescovi ed avrete la pura verità ». Ed ai giorni nostri, per esser più precisi e più esaurienti, dovremmo aggiungere tutti i comandanti in capo dei corpi d'esercito e dell'armata, i quali ora — dopo tante dolorose esperienze sui campi di battaglia — più di frequente non appartengono all'alta aristocrazia ma perciò nondimeno vi sono legati anima e corpo. Questi sono i veri fattori della politica austriaca; essi vi portano il loro contributo agendo più o meno direttamente a corte, informando ed eseguendo gli ordini, ordinando le forze subalterne; poichè è tutta una diramazione complicatissima e delicatissima di organi attivissimi, che sta a disposizione di queste alte sfere in tutte le province, in tutti gli uffici principali: il logotenente onnipotente nella sua provincia, è quasi sempre uno dell'alta aristocrazia; a capi degli altri uffici provinciali, persino a direttori delle scuole medie son nominate soltanto persone di fiducia del logotenente e del vescovo; i parroci e i cappellani, i conventi, ogni autorità militare, ogni posto di gendarmeria, fino nei più piccoli luoghi, sono ottimi strumenti di lotta delle alte sfere centrali di Vienna. È per mezzo di essi, con un'azione più o meno intensa, più o meno ordinata, che la camarilla tenta e spessissimo riesce a render vani i conati di un ministero o di un singolo ministro liberale e indipendente; che sventa al caso i buoni propositi di qualche maggioranza

Metodi di governo extra-costituzionale.

parlamentare e furberscamente — lasciando la responsabilità formale della cosa pubblica ai finti poteri costituzionali — regna e governa fa l'alto e basso nel paese con progressione crescente di successi in ragion diretta della lontananza delle provincie dal centro del controllo parlamentare e dell'opinione pubblica, ch'è Vienna, dunque con il massimo di potenza effettiva alla periferia nelle province di confine nel Trentino, nel Friuli, a Trieste, nell'Istria, in Dalmazia al sud, nella Bucovina e nella Galizia al nord.

Popoli preferiti.

Abbiam veduto, come i poteri centrali supremi di Vienna seguissero negli ultimi tempi la tendenza di appoggiarsi principalmente su quei popoli della monarchia, che, come gli ungheresi, i polacchi, gli czechi, gli sloveni e i croati non avevano fuori della monarchia centri di attrazione nazionale e come il governo austriaco cerchi di staccare pure le altre sue popolazioni dall'unione culturale e spirituale, che avvince con legami indistruttibili gli uomini della stessa razza, della stessa lingua, della stesa civiltà, anche se li dividono confini politici. Si è tentato e si tenta di creare un'artificiosa « nazione austriaca », che mai e poi mai potrà esistere, perchè le manca assolutamente ogni substrato storico, etnografico ed anche politico (1). Non riuscendo questo, negli ultimi due decennî si è tentato di ordinare ufficialmente un partito austriaco, imperialista, esteso a tutte le province, a tutte le nazionalità dell'impero, fondato sul programma cristiano-sociale di Lueger e degli altri demagoghi viennesi, suoi discepoli; ma, se l'idea clericale contenuta in quel programma trovò terreno propizio fra le popolazioni rurali, slave, tedesche e italiane (2), il principio patriottico austriaco,

Partiti di Stato: i cristiano-sociali

(1) Vedemmo: il nome « Austria » nè per diritto storico, nè per diritto costituzionale non è appropriato a designare nè tutta la monarchia degli Absburgo nè la sola parte cislaitana, che ha il nome ufficiale: « Regni e paesi rappresentati al consiglio dell'impero ».

(2) Qui è necessario notar subito, che i clericali italiani non vanno confusi con i partiti clericali, anti-italiani e guer-

l'idea del *Grossösterreich* (della Grande Austria) non potè vincere i sentimenti nazionali nè far affievolire le lotte fra le varie nazionalità; anzi i partiti clericali, ora sorti nelle differenti province, dovettero spiegare la bandiera nazionale ancor più dei liberali facendo spessissimo sfoggio di un radicalismo nazionale poco sincero, destinato a mascherare il servilismo verso le alte sfere. In questo modo però venne necessariamente anche nelle masse dei clericali austriaci a mancare l'unità di partito e di opinione pubblica.

i socialisti.

Lo stesso partito socialista, che dovrebbe avere un programma unico e fondarsi sull'internazionalismo, in Austria dovette capitolare dinanzi al problema nazionale e scindersi in gruppi, che persino si combattono l'un l'altro. Inoltre divenuto partito parlamentare dei più forti per numero, con successi insperati alle ultime elezioni in modo da dover temere nuovi responsi delle urne con un governo, che gli divenisse ostile, anzichè restar fedele al programma ideale di giustizia e di libertà, preferisce accomodarsi di volta in volta alle circostanze, magari favorendo gli atti di governo per dimostrarsi *staatserhaltende Partei*, partito che vuol conservare lo stato, colonna dello stato, quale si decanta da sè nei giornali e per bocca dei suoi oratori alla camera, pur lanciando tratto tratto qualche roboante parola di protesta contro gli arbitrî dei governanti palesi e occulti. Tutto ciò menoma l'importanza politica anche di questo partito, che dovrebbe esser il più forte contrapposto alla corrente clericale e reazionaria, e il separa-

---

rafondai delle altre nazionalità d'Austria. Sebbene si dichiarino e si dimostrino buoni austriaci (e ciò non vuol dire ancora odiatori d'Italia!), essi — favoriti dal governo contro gli italiani nazionali liberali — quando si trovan di fronte a tedeschi o a slavi sono maltrattati e perseguitati dalle autorità austriache, come tutti gli altri italiani, meno i socialisti di Trieste, che con il pretesto dell'internazionalismo favoriscono la politica slavizzatrice del governo e indeboliscono la resistenza nazionale dell'elemento italiano a questa politica. Ciò nullameno anche l'opera dei clericali italiani, necessariamente ligi al governo, quando li protegge, è riuscita spesso dannosa alla causa nazionale degli italiani in Austria.

tismo nazionale rivelatosi pure qui rende anche nel partito socialista impossibile un'unità di partito e di opinione pubblica.

Opinione pubblica; sue divisioni.

Sarebbe certamente grave errore d'altro canto ritenere, che sempre e in tutto prevalga la volontà delle alte sfere; l'Austria ormai sarebbe una rovina, se qualche volta, nelle questioni più vitali, uno scatto energico dell'opinione pubblica o di un singolo ministro, cui meriti speciali diedero potere speciale, non avessero corretto gl'insigni spropositi, che la camarilla stava per commettere (1). E spesse volte gli spropositi, non a tempo prevenuti furono tali, che l'Austria difatti, come nelle guerre del 1859 e del 1866, si trovò sull'orlo del precipizio e allora per qualche anno subentrò ogni volta un regime borghese, liberale, costituzionale, che durò soltanto, finchè le file dei fedeli alla camarilla scompigliate dai disastri da essa provocati si riordinavano e si rimettevano all'opera, l'opinione pubblica si riaddormentava e le personalità indipendenti e di vero valore scomparivano.

Qui bisogna notare a proposito dell'opinione pubblica un'altra profonda differenza fra l'Austria e i paesi di civiltà occidenale: un'opinione pubblica austriaca non esiste; esiste un'opinione pubblica fra i tedeschi un'altra fra gli czechi, una terza fra polacchi, una quarta fra i croati dell'Austria e così via per tutte le dieci o dodici nazionalità dell'impero (2). Ciascuno di questi gruppi nazionali ha la propria stampa, i propri

Stampe nazionali. Stampa viennese.

(1) Uno scatto dell'opinione pubblica per es. ci fu nel 1910 nel caso del professore di università Wahrmund, di cui i clericali austriaci, persino mediante l'intervento del nunzio apostolico presso il ministro degli esteri Aehrenthal, chiesero il licenziamento per le sue lezioni poco rispettose del Vaticano. Il movimento popolare frustrò l'azione clericale. Anche nel caso Conrad von Hotzendorf, il capo di stato maggiore italofobo, Aehrenthal ebbe l'efficace appoggio della stampa e dell'opinione pubblica. Ma sono casi rarissimi.

(2) Dieci o dodici: secondo si vogliano o no riconoscere come vere nazioni i sionisti, i croati e gli sloveni (indipendentemente dai serbi), gli ukraini (indip. dai ruteni), gli slovacchi (indip. dagli czechi).

organi, che, invece di conciliare, di assimilare le diverse opinioni pubbliche, tendono con tutti i loro sforzi a differenziarle quanto più, quasi ciò fosse necessità di difesa nazionale, a tal segno, che qualche volta nelle questioni più semplici ciò che par giusto al pubblico tedesco è ingiusto per quello czeco e il liberale tedesco gioisce del male capitato al liberale czeco e viceversa dimenticando che il *tertius gaudens* in queste lotte senza misura è lo spirito di reazione e di oligarchia aristocratica, militare, clericale.

Qualche rara volta soltanto, fra speciali circostanze propizie, per esempio se in un momento di rilassatezza delle lotte nazionali sorge qualche grave questione sociale, civile, avviene, che i maggiori giornali di Vienna, — se afferran bene con tatto l'occasione, riescan a commuovere le varie opinioni pubbliche e dar loro una direttiva comune, che le fa imporsi e al parlamento tentennante e al governo e alle alte sfere, le quali evitan sempre nei conflitti di trovarsi di fronte ad un avversario così potente, preferiscono invece gli attacchi di fianco contro forze divise e magari in lotta fra di loro.

Purtroppo la stampa viennese può dar assai poco forse nessun affidamento in questo riguardo. Se si eccettuano i due organi dei partiti cristiano-sociale e socialista di un'importanza molto limitata, si può dire che a Vienna non ci sia un giornale un po' più notevole, che abbia e segua sinceramente e conseguentemente un programma, che rappresenti l'idee di un partito o di un nucleo di uomini politici rispettabili o sia pure di una personalità rispettabile per indipendenza ed elevatezza d'ingegno e che si possa dire completamente e disinteressatamente indipendente. Son tutti dal primo all'ultimo imprese industriali, finanziarie, legate quale per un motivo quale per un altro, quale più quale meno al governo e accessibili ai suggerimenti più contraddittori, provenienti dalle fonti più opposte, ma ricche e potenti (I).

È chiaro, che tutto ciò favorisce la conservazione del dominio più o meno larvato, tradizionale, radicato nella storia dell'Austria, di queste alte sfere, e l'intricarsi e lo svolgersi e l'affermarsi delle loro mene proteiformi, che si adattan ad ogni mutar di circostanze, di tempi e di uomini, ed ora nell'era del suffragio universale hanno saputo con audacia e con arti mirabili avvolgere nelle loro spire larghissime masse popolari di ogni provincia asservendole inconsce ai propri scopi per mezzo di logotenenti, di vescovi, di generali e di interessati e furbi mediatori borghesi.

ngheria: lotte con Vienna;

La sola parte della monarchia, che, grazie alla preoccupazione incessante del suo spirito pubblico di salvare la propria indipendenza nazionale, ha saputo finora sottrarsi per lo meno nella sua politica interna ad un'azione diretta della camarilla viennese, fu l'Ungheria, vero però: con una lotta continua di ogni giorno, con un succedersi continuo di conflitti provocati quasi sempre dall'alto, ora fra ungheresi e corona, ora fra ungheresi e le popolazioni meno incivilite, slave e rumene, del regno di s. Stefano, ancora accessibili alle losche mene di emissari viennesi. Fu buona sorte per l'Ungheria di avere — caso raro invero altrove, lo dicemmo già — nella sua aristocrazia la tutrice più intelligente, più patriottica e più fiera dei suoi diritti nazionali. Il più recente tentativo di Vienna di fiaccar-

(1) Caratteristico in proposito, per dire di uno, il contegno del maggior giornale di Vienna, la *Neue Freie Presse*, dicentesi organo *liberale*, che nel famoso processo dei deputati serbi e croati contro le calunniose asserzioni dello storico Friedjung falsava addirittura i protocolli delle udienze a favore dell'imputato, che rappresentava le idee del ministero degli esteri, e nel conflitto del 1912 fra camera ungherese, difendente i suoi diritti costituzionali, e la corona, rappresentante il suo punto di vista assolutistico nella questione militare, sosteneva a spada tratta... le pretese assolutistiche del sovrano. E' noto poi l'atteggiamento italofobo di questo giornale durante la guerra italo-turca in aperta contraddizione col suo triplicismo di prima!

ne la resistenza fu il progetto democratico del ministro Kristoffy nel reazionario e illegale gabinetto Fejervary d'introdurre anche per il parlamento ungherese il suffragio-universale, che avrebbe dovuto portare alla camera di Budapest lo stesso caos nazionale come a quella di Vienna, con numerosi e malleabili gruppi slavi, rumeni e tedeschi. E gli ungheresi, adocchiato il pericolo, hanno trovato ora il modo d'introdurre una specie di suffragio universale, dai cui beneficî sono esclusi tutti gli elementi antiungheresi. Ora lo stesso governo ungherese sta per commettere forse una grave imprudenza: ha presentato alla camera ai 12 giugno di quest'anno tre progetti di legge, con i quali vorrebbe statizzare l'amministrazione finora ancora in gran parte autonoma dei comitati (1). Per assicurare con queste leggi al partito governativo dei vantaggi certamente notevoli, specialmente in caso di elezioni, il governo ungherese arrischia di privare sè stesso e il suo paese di una delle sue armi più formidabili, già tante volte efficacemente provate, a difesa della costituzione e dei diritti della nazione ungherese (2).

suffragio universale;

statizzazione dei comitati.

(1) Vedi nota a pp. 53 e 54.

(2) In Ungheria non poco merito per la politica liberale anticlericale e parlamentare (a parte gli eccessi contro le nazioni minori) spetta alla Massoneria, alla quale il conte Andrassy quale presidente del consiglio e quale ministro degli esteri riuscì ad ottenere il riconoscimento legale. In Austria invece la Massoneria è proibita. Sulla politica ungherese dopo il 1867 vedi l'appendice III.

Della tragedia di Massimiliano di Messico, fratello di Francesco Giuseppe, e di quella dell'arciduca ereditario Rodolfo, ucciso o suicidatosi a Meyerling presso Vienna, come pure della morte dell'infelice imperatrice Elisabetta e di molti altri drammi famigliari in casa Absburgo negli ultimi decenni non è luogo qui di trattare, essendo quegli episodi di carattere personale inconcludenti per la storia della duplice monarchia. Sulla tragedia di Meyerling si può vedere la mia intervista nella *Tribuna* (a. 1910, n. 26).

CAPITOLO VI.

La Triplice alleanza e la politica antiitaliana. - La politica balcanica. - Conclusioni; l'avvenire.

Politica estera.

Abbiamo accennato alle nuove competizioni e alle gelosie riaccese da Andrássy fra Austria-Ungheria e Russia con il ritorno della politica estera austro-ungarica alle questioni d'Oriente. La politica balcanica dell'Austria desterà ben presto anche i sospetti e la rivalità dell'Italia, quando il nuovo regno sarà uscito dalla prima infanzia. Bismarck, che ha aiutato Andrássy in questa sua politica, approfitta dell'isolamento prodottosi intorno alla monarchia per conchiudere ai 7 ottobre 1879 — dopo lunghissime tergiversazioni da parte dell'imperatore Guglielmo — il primo trattato di alleanza difensiva fra Germania e Austria-Ungheria contro la Russia. L'isolamento dell'Italia, pure in parte provocato da Bismarck, dopo lunghe trattative del ministero Cairoli con il cancelliere germanico e con il ministro degli esteri austro-ungarico, bar. Haymerle, ex-ambasciatore a Roma, induceva nel maggio 1882 il ministero Depretis a firmare i trattati di alleanza della triplice nella sua prima forma: cioè un trattato fra Italia e Germania e uno fra Italia e Austria-Ungheria. Il testo e il

La Triplice alleanza.

contenuto di questi trattati come pure di quello *unico*, firmato da tutte e tre le potenze alla rinnovazione della triplice nel febbraio 1887 e più tardi ad ogni rinnovazione fino all'ultima del dicembre 1912 sono rimasti fino ad oggi segreti. Essi però mai poterono disperdere le gelosie reciproche continuamente risorgenti fra le due alleate in seguito alla politica austriaca nei Balcani.

Politica balcanica. Italia.

L'Austria evidentemente ha cercato sempre di escludere l'Italia dal campo delle competizioni internazionali nei Balcani; doveva tollerare l'ingerenza del colosso russo nelle questioni balcaniche e spesso accomodarvisi in convenzioni e in programmi speciali, che ignoravano completamente gli interessi d'Italia nella penisola balcanica; appena quando la Russia voltava le spalle all'Austria, questa trovava opportuno di venire a patti anche con l'Italia forse per impedirle di intendersela con la Russia. Dall'intesa di Skierniewice nel 1884 fra lo zar e Francesco Giuseppe fino ai fatti recenti d'Albania la diplomazia austro-ungarica continuò questa tattica dalle due fronti, finchè il cresciuto prestigio d'Italia e l'intesa diretta fra Italia e Russia nel 1912 a Racconigi vi misero fine, sperabilmente, per sempre (1).

---

(1) Scrivevo in proposito nella *Rassegna Contemporanea* (1912, fasc. X e XI): La propaganda austriaca nei Balcani (e in Albania specialmente dallo scoppio della guerra italo-turca) progredisce a passi giganteschi anche lì, come fra i serbi, ove le popolazioni sentimentalmente e politicamente le sono avverse. Ottimi agenti per la sua penetrazione economica in Oriente l'Austria cattolica ed antisemitica trova nei suoi israeliti tedeschi ed ungheresi, commercianti ed industriali eccellenti e coraggiosi, nei suoi sudditi slavi, meridionali e nordici, e nei tedeschi della Transilvania. Pericolosissima anzitutto per l'esistenza indipendente dei popoli balcanici è la diffusione ognor crescente della civiltà tedesca assieme col commercio, della lingua tedesca, degli studî e degli usi tedeschi nei Balcani. Si può dire, che quasi tutta l'intelligenza balcanica, meno poche eccezioni a favor della Francia e pochissime d'Italia, ha fatto i suoi studî superiori nelle scuole tedesche dell'Austria e della Germania, che favoriscono questa importazione intellettuale con ogni mezzo: istituendo cattedre, seminari, archivî speciali per lo studio delle lingue e della storia dei popoli balcanici e concedendo facilitazioni di ogni specie agli studenti (per gli albanesi e per i serbi ci sono

Politica interna anti-italiana.

Un altro motivo di continua tensione, or più or meno sensibile, se non sempre fra i due governi, certamente fra i popoli d'Italia e d'Austria è la politica decisamente ostile la politica di annientamento fatta dalle alte sfere austriache contro l'elemento italiano autocton · e quello immigrato nelle provincie meridionali della monarchia. Essa combina specialmente nelle province dell'Adriatico orientale con la politica estera tendente ad attrarre nell'orbita degli Absburgo gli slavi dei Balcani. Non c'è misura di persecuzione, di oppressione — e ce ne sono ogni giorno infinite, sempre ingiuste, arbitrarie su tutta la lunga linea dal Brennero fino all'estremo lido di Dalmazia, ove l'elemento italiano deve combatter per la sua insidiata esistenza — che non nasconda in sè lo zampino movente di qualche autorità militare, di qualche funzionario aristocratico, di qual-

---

a Vienna per es. collegi-convitti speciali, con posti anche gratuiti, ed anche per ragazze). Vienna e Berlino — più che Pietroburgo o Mosca — si posson dire centri degli studi della slavistica moderna con superbe pubblicazioni periodiche sostenute dallo stato. (Nè si può tacere della somma maestria, con cui la diplomazia austriaca ha saputo sfruttare gli organi dell'opinione pubblica, la stampa sua e dei popoli balcanici per la sua propaganda. Il *Correspondenz-Bureau* austriaco ha monopolizzato il servizio telegrafico per le varie agenzie telegrafiche degli stati balcanici; le notizie riguardanti l'Italia passano quindi per il suo tramite. Ci basti ricordare il servizio reso all'Italia da questa agenzia *ufficiale* austriaca durante la guerra libica con il diffondere ogni infamia di fonte turca contro di noi. Giornali pagati dall'Austria-Ungheria si pubblicano in tutte le capitali balcaniche. Mentre i giornali di Vienna peroravano nel 1913 un'azione comune dell'Austria e dell'Italia per l'indipendenza dell'Albania, i giornali minori austriaci di provincia noti per la loro ufficiosità, scritti in croato o in serbo e quindi diffusi fra i popoli balcanici, per es. il *Nasce Jedinstvo* di Spalato, indicavano all'odio dei montenegrini e dei serbi l'Italia, che impediva loro il possesso dell'Albania!). — La lingua e la civiltà italiane — per la fortunata posizione geografica più che per merito d'Italia — sono diffuse fra gli slavi, croati e serbi, delle coste austro-ungariche, del Montenegro, fra gli albanesi e fra i greci. Qui potrebbero rendersi molto utili alla civiltà italiana, irradiandola fra tutti gli slavi dei Balcani, i molti italiani d'Istria e di Dalmazia, che hanno la fortuna di conoscere una lingua jugoslava. Naturalmente: premessa un'azione intelligente e forte dell'Italia!

che generale o di qualche vescovo slavo o tedesco, legati tutti al gran centro della camarilla viennese.

Il pretesto dell'irredentismo.

Il pretesto per agire violentemente senza alcuno scrupolo, senza alcun riguardo contro gli italiani è l'irredentismo; la ragion di stato — dicono quei signori — impone qualsiasi mezzo anche il più illegale contro il pericolo irredentista. Non credono a sè stessi; fingono di creder; trovano però slavi e tedeschi pronti ad appoggiarli nell'accusa, speranti profitti nazionali per sè stessi: le province adriatiche dovranno diventare completamente croate e slovene, il Trentino tedesco. Il motivo vero però è qui militare, strategico: la prossima guerra — era finora convinzione del partito militare — sarà contro l'Italia; l'esistenza di italiani, anche non irredentisti, in territorio austriaco e proprio ai confini, negli equipaggi della marina da guerra, fra le truppe di terra è un pericolo strategico per l'esercito austriaco (1). Questo era finora il pensiero dei militari austriaci. Lo è ancora dopo gli ultimi avvenimenti balcanici? È inutile spiegar loro che una nazione, un popolo indigeno non si estirpa così facilmente dalle sue sedi naturali, che gli italiani dell'Austria potranno esser spogliati con la violenza dei loro diritti politici, ma mai della loro lingua, dei loro sentimenti, dei loro caratteri etnici e che una volta, se mai, ridotti a paria nella vita pubblica in Austria, non avendo più nulla da conservare o da perdere, molto più facilmente potrebbero lasciarsi traspor-

(1) Quest'osservazione io l'avevo già fatta e discussa nella *Tribuna* (Roma, 1910 in due articoli di fondo nei Nn. 217 e 238) e ancor più ampiamente nei due studî nella *Rassegna contemporanea* di Roma (a. 1192, ffasc. X e XI, raccolti in opuscolo di 56 pp. ed. Bontempelli-Invernizzi, sotto il titolo *La politica anti-italiana in Austria-Ungheria*).

Ritengo opportuno ricordare qui ancora una volta che tutto il testo di questo mio libro (I e II vol.) era stato scritto e composto prima dello scoppio della guerra europea e che io lo lascio *immutato* anche in questo passo, in cui tengo conto della possibilità di una conservazione dell'Austria-Ungheria, come nei passi seguenti (pp. 260 e ss.), in cui — prima della conflagrazione europea! — accenno alla possibilità della dissoluzione della monarchia absburgica.

tare ad atti di disperazione, di ribellione; è inutile dir loro, che se ai tedeschi dell'Austria è lecito desiderare e domandare un'alleanza cordiale continua fra l'Austria e la Germania e agli slavi della monarchia chieder un'amicizia sincera fra Austria e Russia e staterelli balcanici, agli italiani d'Austria dovrebbe per lo meno esser permesso di non voler pensare ad una possibile guerra dell'Austria-Ungheria contro l'Italia nè si dovrebbe costringerli a invocare una guerra di redenzione dell'Italia contro l'Austria-Ungheria!

Ripeto: lo spauracchio dell'irredentismo, che tende staccare dal nesso dell'impero le province meridionali dell'Austria: il Trentino, il Friuli orientale, Trieste, l'Istria e la Dalmazia, è un puro e semplice *pretesto;* ognuno in Austria sa e comprende benissimo, che in Italia non c'è persona seria, cui verrebbe in mente di fare una guerra al giorno d'oggi (1) per il Trentino o per Trieste, nè che i sudditi italiani dell'Austria farebbero una rivoluzione, specialmente se fossero trattati umanamente e secondo giustizia. Se ci sono nelle classi colte, intellettuali, singoli — e sian pure numerosi — irredentisti, lo si deve al sistema di persecuzioni adottato a bella posta dai reggitori austriaci contro gl'italiani; ma le popolazioni italiane, i partiti politici italiani, gli uomini politici italiani responsabili delle province austriache e del regno non sono irredentisti; la camarilla di Vienna e i suoi fautori li accusano di irredentismo, li provocano con arti e con agenti ad atti d'irredentismo per proprio comodo, a discolpa propria dinanzi all'imperatore, che deve sancire, dinanzi al parlamento, che deve votare leggi antitaliane, e dinanzi al pubblico, che deve pagare gli armamenti per terra e per mare contro l'Italia (2).

---

(1) Prima della conflagrazione europea! (v. nota precedente).

(2) Questo è il motivo, per cui la parte migliore e più assennata degli uomini politici delle province italiane d'Austria-Ungheria ha sempre disapprovato atti inconsulti di carattere irredentistico commessi nelle province loro o nel Re-

Ideale militare.

Un'altra ragione di questa politica militare antiitaliana, che fu finora apertamente, senza reticenze professata e predicata nell'esercito e nella marina da guerra dell'Austria-Ungheria, è la necessità, che ha l'esercito austriaco, come l'hanno tutti gli eserciti, di avere anch'esso un ideale, che in questo caso è un nemico ideale, un ideale di guerra, nel quale l'esercito vede la ragione del suo essere; l'esercito austriaco può meno di qualunque altro, appunto per il suo ibridismo nazionale, accontentarsi di un ideale di *difesa* dei confini patrî. Dove sono i confini patrî, nazionali per i soldati tedeschi, dove per gli slavi dell'Austria? Finchè durò il breve sogno di *révanche* contro la Prussia, il nemico fu la Prussia, il pericolo di guerra per i popoli e l'ideale di guerra per il partito militare in Austria fu la Prussia. Ma poi subito ideali e armamenti si rivolsero alla volta contro la Russia, alla volta contro l'Italia ed ora anche contro gli staterelli balcanici (1).

---

gno. E questo è il motivo, per cui le autorità austriache ed ungheresi ad ogni manifestazione di solidarietà nazionale fra italiani del Regno e delle province soggette alla monarchia attribuivano un carattere irredentistico anche quando non l'avevano punto o — quando questi incidenti mancavano — ne facevano creare con propri agenti provocatori degli appositi. Si ricordino le faccende delle bombe nella sede dell'Associazione Ginnastica di Trieste (1903, l'agente provocatore austriaco si suicidò pentito a Udine) e contro il palazzo del governatore di Fiume (1913, l'agente provocatore ungherese fu smascherato per opera dell'avv. Icilio Baccich di Ancona, ex-vicepodestà di Fiume.

(1) A provare, come l'Austria sappia, quando le torna utile, far tacere le voci astiose della sua stampa contro l'Italia e mutarle in voci di dolci sirene, riporto qui dall'*Osservatore triestino*, l'i. r. organo ufficiale della logotenenza di Trieste, dei 3 agosto 1870 da un articolo dedicato ai migliori rapporti fra Italia e Austria nel momento, in cui l'Italia si accingeva con il consenso austriaco e francese a prender Roma, questa chiusa finale: « parmi, che camminando insieme e con sincero accordo al principio, questi due potentati (Italia e Austria) potranno anche trovarsi insieme sino alla fine della tenzone (guerra franco-prussiana) e fare ascoltar la loro voce nell'areopago europeo, ove si discuterà finalmente la desiderata pace. ...L'Austria può influire salutarmente sull'Italia, calmando i baldi sentimenti di una Potenza giovine che amerebbe di segnalarsi scendendo nella lizza europea per ivi

Irredentismi rumeno e serbo.

La politica interna di oppressione dei rumeni di Bucovina e di Transilvania e dei serbi della Bosnia-Erzegovina e la politica estera della monarchia, che aveva cercato d'impedire l'avvento al trono di Rumenia del Hohenzollern nel 1866, che aveva fatto guerre doganali ai prodottti agricoli rumeni e serbi per pressioni e per ripicchi di carattere politico internazionale e a tutto vantaggio degli interessi agrari dei latifondisti (corte, arciduchi, alta aristocrazia, mani morte ecc.) austro-ungarici con danno enorme delle popolazioni consumatrici della stessa monarchia e che poi con l'occupazione delle due province turche, con l'annullamento della pace di S. Stefano con il costante programma di conservazione dell'impero turco europeo contrariava le aspirazioni unitarie dei singoli popoli balcanici, provocò infine una forte corrente irredentista in Rumenia, in Serbia e nel Montenegro fomentata naturalmente, quando l'occasione si presentava, anche dalla Russia. La corte e la diplo-

---

occupar in nome delle sue geste quel posto, che le si addice per la sua estensione ». Ben presto però le cose mutarono aspetto. Vedemmo già nel 1878 la tensione italo-austriaca per l'occupazione della Bosnia-Erzegovina e nel 1882 — in mezzo all'era anti-italiana di Taaffe abbiamo la reazione degli italiani con attentati per le strade di Trieste.

L'attentato, sventato da delatori e dalla gendarmeria austriaca, che il triestino Guglielmo Oberdank aveva preparato nel sett. 1882 contro Francesco Giuseppe, recatosi a Trieste per festeggiarvi il quinto centenario della dedizione della città, e che scontò con la morte per capestro ai 20 dic. 1882 è noto con tutti i suoi particolari per le molte pubblicazioni fattene in Italia. Meno noto invece è l'attentato con bombe lanciate la sera dei 2 agosto 1882 intorno alle ore 9 in mezzo al Corso di Trieste contro il corteo di circa 400-500 fra veterani e popolani austriacanti, che pure per ordine superiore festeggiavano quell'anniversario. Il fatto mi fu narrato nel 1913 dall'on. dott. Alessandro von Dorn, presentemente consigliere municipale a Vienna, testimonio oculare dell'attentato, in cui anzi, trovandosi in testa del corteo in mezzo alla presidenza dei veterani fra la banda musicale e il corpo militare proprio nel punto ove cadde la bomba, rimase gravemente ferito al piede.

La bomba (sistema Orsini) era stata lanciata dal portone della casa n. 9 del Corso. Una scheggia andò a colpire al collo uno spettatore del corteo, un giovane che rimase subito morto; oltre 15 feriti più o meno gravemente ci furono fra i partecipanti al corteo. In quei giorni si susseguirono parecchi attentati con petardi e con bombe, ma fino allora tutti

mazia d'Austria-Ungheria commettevano poi l'errore di credere continuassero ancora i tempi in cui bastavano le amicizie dei sovrani, delle dinastie e dei loro governi ad assicurare anche quelle dei popoli. Il nuovo ministro degli esteri conte Kalnoky era riuscito nell'estate 1883 a far venire in visita a Vienna re Carlo di Rumenia e da allora fino alla pace di Bucarest del 1913 i rapporti fra i governi di Vienna e di Bucarest erano ottimi. Lo stesso Kalnoky aveva avvinto con varî lacci anche re Milan Obrenovic di Serbia a Vienna e nel 1885 dopo la vittoria bulgara contro i serbi presso Slivnizza fu l'inviato austro-ungarico conte Khevenhüller, che trasgredendo in parte agli ordini ricevuti da Vienna intimava al principe di Bulgaria di ritirarsi dal territorio serbo di

---

trascorsi innocuamente. Questo diede occasione alla plebaglia austriacante del circondario sloveno di inscenare, protetta dalla polizia, violente dimostrazioni contro la cittadinanza italiana, (fenomeno questo ripetentesi ogni tanto con il beneplacito delle autorità austriache a Trieste, così anche dopo l'uccisione dell'imperatrice Elisabetta commessa a Ginevra dall'anarchico Lucchenì; i cittadini reagirono energicamente). Fu arrestato allora quale presunto attentatore, aggravato da parecchi indizi, un giovane triestino, certo Contento, di salute malferma. Il misero giovane morì nel carcere. L'on. Dorn mi disse, che nel 1907, avendo egli fatto una pubblicazione su quell'attentato in un'opera commemorante il centenario della fondazione del ginnasio dei Benedettini di Vienna, il procuratore generale di stato dott. von Schrott, che nel 1882 era procuratore di stato a Trieste, incontrandolo gli aveva narrato, che erano state raccolte prove dimostranti che anche quell'attentato era stato ordito e commesso da Oberdank. Contento morì innocente

Gli attentati di quei tempi diedero nuovi pretesti alle sfere auliche militari e al governo reazionario di Taaffe d'infierire contro gli italiani delle province adriatiche e di favorirvi l'elemento slavo.

Per dare un'idea fino a qual punto giunga la forza suggestiva della politica anti-italiana delle alte sfere viennesi, serva questa mia personale esperienza: nel 1911 per le feste giubilari del regno, dovetti in servizio giornalistico rivolgermi alle più spiccate personalità d'Austria e d'Ungheria per avere un loro pensiero da pubblicarsi sul significato e sull'importanza dell'avvenimento storico. Con eccezione dell'ex ministro ed insigne giurista Unger, che diede un pensiero prudente, dell vice presidente della camera on. Steinwender e di un paio di deputati, czechi e croati, in Austria e dell'ex-ministro Polonyi, entusiasta, e del presidente della camera on. Berzewiczy in Ungheria, dagli altri non ebbi che cortesi rifiuti o

Pirot. Ma tutto ciò poteva assopire non distruggere i sentimenti di solidarietà e di unità nazionale, che ridestati dall'annessione e dalle guerre del 1912-13 diedero vampe ancor più alte e più pericolose. A ciò si aggiunge il movimento irredentista ukraino in Galizia e in Bucovina contro la Russia e di rimando quello russo contro l'Austria nelle stesse province fra quei ruteni (piccoli russi).

Irredentismi ruteni.

Questa politica estera, tanto collegata — lo vedemmo — a quella interna della monarchia, in contrasto per l'essenza stessa dell'Austria-Ungheria con i tempi, con il pensiero moderno, con le aspirazioni degli stati nazionali, che tutto d'intorno la circondano, è divenuta pure una vera calamità economica per il paese e per le

---

prudenti silenzi: Aehrenthal e il ministro presidente austriaco Bienerth rifiutarono gentilmente per lettera, ed Aehrenthal anche a voce, per mezzo dei loro segretarî; il sen. Grabmayr, il presidente del senato principe Windischgrätz, il presidente della camera Pattay, l'ex ministro degli esteri conte Goluchowsky, il capo dei deputati polacchi, prof. Lazarski, si schermirono, sempre cortesemente, chi per una ragione chi per l'altra, il presidente dei magnati ungheresi conte Dessewffy si schermì pure e persino i seguaci di Luigi Kossuth, suo figlio Francesco e il conte Apponyi e il conte Andrassy, exministri di Ungheria, tacquero prudentemente.

Sulla politica interna dell'Austria-Ungheria e su quella estera verso e contro l'Italia e gli italiani, come pure più specialmente sulla politica balcanica dell'Austria-Ungheria si vedano i miei studî nella *Rassegna Contemporanea* (Roma. 1912 fasc. X e XI, 1913 fasc. XVII, 1914 fasc. XVI) e nell'*Italia all'estero* (Roma 1909, n. 22); si veda pure la bibliografia in fine del I vol., alla quale vanno aggiunte le opere: Ruggero Fauro: *Trieste* (Italiani e slavi — Il governo austriaco — L'irredentismo), Roma, ed. Garzoni Provenzani, 1914; Desico: *Trieste italica*, Rocca S. Casciano, ed. L. Cappelli, 1915; * * * (un dalmata): *L'Adriatico*, Milano, ed. Treves, 1914, lavoro ottimo, che tratta esaurientemente l'argomento. Per il dominio napoleonico in Dalmazia aggiungo Paul Pisani: *La Dalmatie*, 1797-1815, Parigi, ed. Alph. Picard et Fils, 1893.

Colgo qui l'occasione per chiarire meglio due punti del mio I vol. riguardanti Trieste e l'Alto Adige. Dicendo che Trieste nel 1382 fece atto di dedizione spontanea ai duchi d'Austria non ho certamente inteso dire che fu quella una prova di spontanea entusiastica affezione dei triestini alla causa degli Absburgo. Se lo spazio me lo permettesse, potrei anzi citare i documenti dell'*Archeografo triestino* comprovanti i soprusi, gli inganni, le corruzioni e le minacce specialmente da parte dei signori di Duino per indurre il Comune di Trieste

Economia nazionale.

sue popolazioni. Abbiamo veduto i prestiti conchiusi dal governo di Vienna a condizioni disastrose nei periodi critici delle guerre e il salire continuo, sensibilissimo del debito pubblico dell'Austria e dell'Ungheria. Ogni più lieve incidente di carattere internazionale nei Balcani richiede nuovi armamenti, nuovi crediti, sconvolge i commerci e i mercati delle industrie nazionali, influisce sinistramente sui valori e sul credito dello stato; ciò dipende in gran parte anche da quella mancanza in Austria di uno spirito di sacrificio patriottico, la quale invece non si constata in uguale misura nelle classi ricche, nell'alta finanza degli stati nazionali, unitari. Ma la causa principale del dissesto finanziario dei due stati della monarchia deve ricercarsi nelle ingenti spese per gli armamenti per mare e per terra lungo tutti i confini, meno ora dalla parte dei confini di Germania. Nel 1867 alla camera austriaca la deputazione eletta per trattare il compromesso con l'Ungheria constatava, che 5 miliardi del debito pubblico allora esistente erano stati quasi esclusivamente adoperati per scopi militari. Più tardi, durante l'attività del parlamento, una buona parte dei nuovi prestiti andava a beneficio della cosiddetta

Finanze dei due stati. Spese militari.

all'atto di dedizione. E' superfluo ch'io rilevi che in quei tempi, come ancora molti secoli più tardi, non si facevano politiche *nazionali* e che città d'Italia ben maggiori e ben più libere nelle loro deliberazioni si davano a imperatori, a re stranieri. Però dovendo usare un termine tecnico per il movente dell'unione di uno stato libero, com'era Trieste, ad un altro stato e non trattandosi di una conquista non ho potuto usare altra parola che dedizione.

Per la delimitazione geografica del termine strettamente geografico (non storico come il Trentino) dell'Alto Adige seguiamo le indicazioni dateci da Ettore Tolomei, lo studioso di quelle regioni (v. i fasc. del suo ottimo *Archivio per l'Alto Adige*): Alto Adige è l'intero bacino superiore dell'Adige, non dunque solamente la valle dell'Adige da Salorno a Merano, ma anche tutte quelle dei confluenti da levante e da settentrione, tutta intera, insomma, la regione fra Salorno e il Brennero, fra lo Stelvio e Dobbiaco, cioè fra il Trentino e il displuvio del Brennero. Da ciò risulta ancor maggiormente, quanto improprio ed arbitrario sia il nome di Tirolo (di un castello e di un villaggetto) esteso dagli austriaci e dai tedeschi alla provincia, che comprende vallate bavaresi e svizzere a nord del Brennero e italiane a sud di quel displuvio.

parte produttiva del bilancio statale; ma dal 1908 fino al 1912 più del 70.7 % dei nuovi debiti dello stato austriaco fu speso per scopi militari. Tra il 1913 e 1914 un altro miliardo di corone di nuovi prestiti austriaci sarà assunto pure per spese militari e per i prossimi cinque anni sono già previsti altri 4 1/2 miliardi di cor. (che probabilmente cresceranno ancora) per spese per l'esercito e per la marina d'Austria-Ungheria, che in gran parte saranno coperti da crediti (1).

Disavanzi e prestiti.

Perchè i bilanci dello stato, lo vedemmo pure, non segnano ormai che disavanzi continui in Austria e gli avanzi insignificanti nelle gestioni dello stato ungherese non stanno in alcuna proporzione con l'aumento del debito pubblico di quello stato. Sono appunto le spese militari, che, con un crescendo spaventevole negli ultimi anni, aggravano sempre più anche i bilanci ordinari dei due stati. Ci basti accennare, che mentre *tutte* le spese militari della monarchia intera ascendevano nei due bilanci nel 1880 a circa 234 milioni di corone e appena 28 anni dopo nel 1908 erano raddoppiate salendo fino a 483.8 milioni di corone, nella gestione dell'anno corrente 1914-15, (2) dunque in soli altri sei anni, erano salite a 933.2 milioni di corone, cioè a quasi un miliardo di lire, a quasi 1/5 della somma complessiva delle spese dei due bilanci, austriaco e ungherese. Il ricorrere continuamente per colmare i disavanzi a nuovi prestiti ad alti tassi d'interesse e a gravose condizioni di emissione accresce di nuovo un altro gravissimo onere sulle

(1) Vedasi l'art. *Die österr. Staatsschuld* del deputato Gugl. Ellenbogen in *Der Kampf*, VII, 7. — Naturalmente anche tutto ciò era stato scritto prima del vero disastro economico, che sarà questa guerra per i popoli dell'Austria-Ungheria e per i loro creditori. Si vedano in proposito: Mario Alberti. *Il contraccolpo economico e finanziario della guerra in Austria-Ungheria* (Roma 1914, estratto dalla « Rivista delle Società commerciali » e dello stesso: *La crisi finanziaria in Austria ed i possessori italiani di valori austriaci* (« Giornale d'Italia » Roma, a. 1914, N. 390).

(2) Dal luglio 1914 si è introdotto anche in Austria l'uso di far durare la gestione di stato dal luglio al luglio dell'anno seguente.

finanze dei due stati, quello per il servizio del debito pubblico, onere, che ascende a quasi un altro quinto delle spese complessive dei due stati. A queste vanno aggiunte le rilevanti spese, in parte superflue ed anzi dannose, per l'amministrazione politica, burocratica e poliziesca dello stato, un'amministrazione, che ha ancora quasi tutti i difetti dei tempi di Metternich, che crede ancora i popoli esistenti per lo stato e per la dinastia e non viceversa lo stato esistente per i popoli, un'amministrazione spesso pletorica e corruttrice per effetto dei favoritismi, dei protezionismi, delle persecuzioni e di tutte le altre forme, che prendono nelle loro molteplici varietà le lotte nazionali nella monarchia.

Spese burocratiche.

Tutto ciò fa soffrire non soltanto le finanze statali ma anche l'economia nazionale dell'Austria-Ungheria. A parte il fatto, che l'oro, che deve esulare continuamente all'estero a compensare gli interessi dei prestiti collocati nella maggior parte su mercati internazionali, costringe assieme con le spese per gli armamenti, in un circolo vizioso perpetuo, Austria e Ungheria a ricorrer sempre di nuovo al credito pubblico svalutando sempre più i titoli del proprio debito, anche le pressioni tributarie, spesso mal distribuite, vanno di conseguenza crescendo a tutto danno dell'economia nazionale intera e delle classi più oppresse. È tutta una concatenazione di fatti politici e di fenomeni sociali, che cooperano a minare le fondamenta economiche della monarchia.

Decadenza dell'economia nazionale.

Sarebbe errato credere e affermare, che l'Austria e l'Ungheria siano paesi per natura loro poveri, privi di fonti naturali di ricchezza. Al contrario configurazione e conformazione geologica e posizione geografica potrebbero assicurare alla monarchia una floridezza di agricoltura, d'industrie e di commerci, che supererebbe la misura normale di molti altri paesi, se fossero assecondate da una corrispondente politica interna di civiltà, di amministrazione e di legislazione sociale e da una sana politica internazionale di trattati doganali e di

Ricchezze naturali. Mala amministrazione.

amicizie. Invece tutti i poteri di governo e fatalmente tutti gli avvenimenti politici, pare, congiurino a' danni del benessere pubblico in Austria-Ungheria.

Ricchezza nazionale dell' Austria e dell'Ungheria nel 1910.

All'ultimo congresso dell'Istituto internazionale di statistica il professore ungherese, dott. Federico Fellner, ha valutato per l'anno 1910 con un metodo analitico molto coscienzioso e documentato la ricchezza nazionale (pubblica e privata) d'Austria a 91,656 milioni di corone di fronte a 6,925 milioni di debiti verso l'estero e quella d'Ungheria a 49,916 milioni di corone di fronte a un debito verso l'estero di 8.395 milioni di corone. Essendo i due stati in questo conteggio riguardati uno verso l'altro come stati esteri il loro debito unito. dunque il debito della monarchia (pubblico e privato) verso l'estero si riduceva nel 1910 a 10,440 milioni di corone e la ricchezza nazionale netta (detratto il debito verso l'estero) della monarchia intera era di 126,251 milioni di corone. S'intende, che i risultati di questo, come di qualunque altro studio consimile, non possono essere che approssimativi; da Fellner sono piuttosto inferiori, che superiori alla realtà. Per quanto questa non si posa dire una ricchezza esorbitante, tenuto conto delle proporzioni fra la ricchezza mobile e quella immobile, fra l'agricoltura e le industrie, tenuto conto delle fertilità dei terreni e dello sviluppo effettuato e quello possibile delle industrie nella monarchia, si deve riconoscere che le forze naturali del paese, progredendo razionalmente, dovrebbero bastare da sè ai bisogni delle popolazioni e dello stato. Invece ciò non avviene; anzi i redditi dello stato se crescono, crescono non in seguito ad un progresso economico del paese, ma ad una sempre maggiore pressione tributaria sull'economia nazionale, la quale in certi riguardi subisce persino sensibili regressi.

Agricoltura.

L'agricoltura potrebbe e dovrebbe rendere di più, se si educassero popolazioni intere di parti estesissime della monarchia ad un metodo di coltivazione dei terreni più intenso; invece in gran parte delle province più agricole vige ancora la coltivazione più primitiva e le popolazioni di quelle province cercano sollievo nell'emigrazione in massa. È un'emigrazione questa, non come quella d'Italia per sovrabbondanza di braccia umane e che è un beneficio economico per la madre patria; è bensì un'emigrazione, che immiserisce ancor più le terre abbandonate, che non bastano con i loro prodotti ai bisogni della monarchia; si deve ricorrere all'estero anche per i prodotti agricoli.

Non solo lo stato retrogrado di civiltà nelle popolazioni agricole, ma in alcune province, in Galizia, in Bucovina, in Boemia, in Moravia, in Ungheria e in Bosnia-Erzegovina anche la mala distribuzione della proprietà fondiaria, gl'immensi latifondi, e il malefico influsso della potentissima aristocrazia latifondista — vi appartengono pure tutti gli arciduchi — sull'amministrazione e sulla politica della monarchia, in un altro circolo vizioso comprendente la politica agraria, quella industriale, quella tributaria e quella doganale con l'estero, influiscono nel modo più sinistro sullo sviluppo dell'economia nazionale. Persone e ricostanze — lo ripeto — congiurano qui contro gli interessi della monarchia. Per accontentare i latifondisti, per fare una concessione all'Ungheria agricola, che ne fa a sua volta alle industrie austriache — pur provvedendo a crearne delle proprie, — si approfitta di ogni tensione nella politica estera con gli stati agricoli vicini per dichiarare loro la guerra doganale, per chiuder le frontiere al bestiame e ai prodotti agricoli prima della Rumenia (1882) poi della Serbia (1906). Questi chiudono le loro alle industrie austriache e ungheresi; inoltre la politica del *Ballplatz* nei Balcani provocando boicottaggi contribuisce a chiuder anche altri mercati, ora in Turchia, ora in Bulgaria, alle industrie austriache e chi maggiormente se ne avvantaggia nella concorrenza commerciale è l'alleata Germania.

Industrie. Guerre doganali.

Così, quando non è stasi, da circa un decennio vi è regresso e nell'agricoltura e nelle industrie e in tutta la vita economica della monarcria; quasi tutti gli indici

Indici di regresso.

economici sono a testimoniarlo; non solo la bilancia commerciale, anche quella dei pagamenti internazionali segna dei passivi crescenti, enormi; i prezzi dei viveri salgono per l'artificio dei trattati doganali; la disoccupazione si estende; la situazione diviene insostenibile; non si sa attribuire ad altro, che al carattere di supina sottomissione delle popolazioni finora terrorizzate con ferrea disciplina militare burocratica e poliziesca o ammollite con untuoso spirito clericale, se finora le larghe masse popolari non reagirono con violenza brutale a questo stato di cose, che non dipende, secondo dissi, dalle condizioni naturali bensì dalla pessima amministrazione del paese (1).

Acquiescenza dei popoli.

(1) Non è possibile trattare qui particolarmente di ogni singola questione economica, militare, sociale, costituzionale con note, che ingombrerebbero maggiormente il volume. Rimando perciò alle appendici e alla bibliografia aggiunta al I vol. e ai miei articoli e studî citati pure in quella bibliografia.

Qui noteremo soltanto alcuni indici più importanti della gravissima crisi economica, che attraversavano l'Austria e, sebbene in proporzione ridotta, l'Ungheria prima dello scoppio della guerra europea; le condizioni presenti, durante la guerra, della monarchia sono incalcolabilmente più gravi, veramente disastrose. La *bilancia commerciale* dell'Austria-Ungheria, attiva dal 1875 al 1906, nel 1907 ha un passivo di 44·7 milioni di corone, che cresce negli anni seguenti a 142.8, a 427.4, a 434.3, a 787.4 milioni e nel 1912 fino a 822.9 milioni, somma rimasta approssimativamente anche per il 1913. Ciò è tanto più grave, in quanto che anche la *bilancia dei pagamenti* internazionali dell'Austria-Ungheria segna un passivo annuo costante di oltre un miliardo di corone. (Si vedano in proposito gli studî dell'ex-ministro ed economista austriaco Eug. von Böhm-Bawerk nella « Neue freie Presse » di Vienna di data 6, 8 e 9 genn. 1914). L'*emigrazione* cresce pure, specialmente dalla Galizia, dalla Bucovina, dal Trentino e dalla Dalmazia e dall'Ungheria; in media sono dal 1911 oltre 600 mila emigranti all'anno, che abbandonano la monarchia senza arrecare con i loro risparmi al paese quell'utile, che recano all'Italia i suoi emigranti. Mancando in Austria e in Ungheria una legislazione moderna sull'emigrazione, le autorità austriache e ungheresi negli ultimi due anni hanno impedito energicamente la partenza di emigranti giovani, perchè — si affermò — l'esercito austro-ungarico ne soffriva sensibilmente nella sua efficenza numerica. Si tolsero le concessioni a società di navigazioni, si fecero arresti e processi di agenti (anche qui fece capolino la corruzione di alcuni funzionari e deputati e anche qui si fece della politica di favoreggiamenti più che economica). La *disoccupazione*, specialmente durante le crisi balcaniche dal 1908 in poi, di-

Abbiamo veduto nei capitoli precedenti: la situazione della monarchia degli Absburgo s'è fatta nell'ora presente nazionalmente, politicamente, costituzional-

L'avvenire.

venne fortissima e permanente in quasi tutti i rami d'industrie; ne soffrirono anche i salari degli operai. Una pubblicazione del ministero inglese del commercio confrontando le condizioni degli operai nelle industrie dei varî paesi rilevava che, mentre l'operaio americano ha in media un salario settimanale di 46.38 cor., quello inglese 33.84 cor., il francese 25.45, il belga 22.42 e lo svizzero 21.66 cor., l'operaio austriaco ne ha in media 11.90 per settimana e, mentre l'americano spende per il vitto suo in media e per settimana 17.66 cor., l'inglese 15.64, lo svizzero 12, il frncese 11.48, il belga 10.84 cor., l'austriaco ne spende 7.32. Ciò vuol dire che l'inglese spende soltanto il 47 % del suo salario per il vitto necessario, mentre l'austriaco vi spende il 70 % restandogli così soltanto il 30 % (cioè 4.58 cor. settimanali) per tutti gli altri bisogni della vita (alloggio, vestiario ecc. Si veda in proposito il Prot. stenograf. della camera dei dep., Vienna, sed. 12 giugno 1913). Tenendo conto del caro-vivere crescente in Austria a causa della politica doganale protezionista ad oltranza e alle volte addirittura proibitiva a favore dei latifondisti e degli agrari d'Austria-Ungheria e contro i limitrofi stati agricoli (per es. alla Serbia era concesso prima della guerra d'importare in Austria-Ungheria un contingente annuo di soli 50,000 maiali macellati; nei primi sei mesi dell'anno il contingente era esaurito; il bestiame vivo era escluso dalla importazione) si capisce che la media proletaria austriaca, che spende per il vitto 7.32 cor. alla settimana, è semplicemente affamata.

Il *debito pubblico* dello stato austriaco era salito prima dello scoppio della guerra europea a circa 13 1/2 miliardi di corone, quello dell'Ungheria a circa 8 miliardi. L'on. Smodlaka disse alla camera di Vienna (v. Prot. sten., sed. 12 giugno 1913): « Si dice, che l'Austria nell'ultimo decennio ha ogni giorno un milione di cor. di *deficit;* e il prestito in America fu conchiuso a tali condizioni, che i giornali di borsa di Parigi confrontano da allora il credito dell'Austria con quello della China, peggio che della Turchia ». Di fatti — calcolato sul corso di emissione e con la provvigione — lo stato austriaco paga il 7 1/2 % per il suo prestito in dollari contratto a New-York. A questi debiti dei due stati va aggiunto il debito pubblico delle province e dei comuni, che raggiunge delle cifre pure enormi. Per es. la provincia di Moravia, che nel 1906 aveva un bilancio di soli 26 milioni di cor. e un debito provinciale di 31 milioni, nel 1913 ha un bilancio di 52 milioni e un debito di 158 milioni, che le costa 9 milioni annui di interessi. La Moravia ha un *deficit* annuo di 20 milioni di cor., che aumenta automaticamente ogni anno di 2 1/2 milioni e tutte le imposte possibili sono già applicate. Simili condizioni disperate sono anche quelle delle altre province (la Boemia era in procinto di dichiarare fallimento nel 1913); lo stato le sfrutta e le aggrava di spese. (V. Prot. stenogr. cam., 12 giugno 1913). Fra le città (per es. la

mente, amministrativamente ed economicamente insostenibile; tutto urge verso colpi di stato risolutivi o verso avvenimenti catastrofici; abbiamo veduto pure, che le tristi condizioni della monarchia non dipendono soltanto dalle cose ma anche dagli uomini e che nella storia passata si potrebbero trovare gli elementi più vitali di una monarcnia degli Absburgo non quale è ora; un ritorno storico, come tanti altri, un ritorno all'antica confederazione dei regni e delle province degli Absburgo con maggior, più sincera e leale corrispondenza ai postulati nazionali, costituzionali e amministrativi dei tempi nostri e — per l'assanamento economico del paese — con l'assoluta rinuncia alla politica este-

Confederazione di popoli, disarmo, neutralità?

sola Vienna ha un debito comunale di 1035 milioni di corone, di cui ben 835 contratti dopo il 1890 durante il regime dei cristiano-sociali al Comune, i quali nel maggio 1914 si accingevano a contrarne un nuovo di altri 375 milioni.

Questo crescente dissesto delle finanze statali e dell'economia del paese con effetti reciproci si ripercuote in circolo vizioso sui valori della *rendita austriaca e ungherese* tanto più che gli abusi assolutistici, con i quali si aumenta e si amministra il debito dello stato, scuotono sempre maggiormente la fiducia del pubblico e dei grandi creditori. Ai 20 marzo 1914 la Commissione di controllo del debito pubblico ha deliberato incostituzionalmente di controfirmare le obbligazioni su buoni del tesoro con scadenza dopo 15 anni, che il governo austriaco aveva deciso di emettere per il valore di mezzo miliardo e senza il consenso del parlamento, tenuto chiuso. Anche il bilancio, in cui si disponeva del denaro di questo prestito, fu promulgato in via assolutistica, senza parlamento. Ai 20 giugno la rendita austriaca del 4 % stava nel listino di borsa a 80.85, quella del 4.2 % a 84.25, la rendita austriaca in oro era a 100.20, la rendita ungherese in corone a 79.70, quella in oro a 96.35. All'annuncio dell'« ultimatum » alla Serbia la rendita cadde sotto il 70; si dovette ricorrer allo strattagemma di divulgare la notizia che la Serbia si sottometteva alle pretese austro-ungariche per rialzar alquanto i valori e chiuder poi subito la borsa onde evitar la *déroute*.

Questi ribassi fortissimi si ripetevano spesso negli ultimi anni nei valori austriaci e ungheresi ad ogni notizia un po' inquietante (un malstare dell'imperatore, una complicazione qualunque internazionale). Ciò significa evidentemente che le sfere finanziarie austriache più alte (banche, industriali, la ricca aristocrazia, la chiesa ed anche la corte stessa: insomma i possessori grandi dei titoli di stato) non hanno fiducia nella solidità delle finanze nè in quella della compagine politica dello stato. E sono queste le colonne dello stato! Si vedano in proposito anche le op. cit. di Mario Alberti.

ra di gran potenza, seguita dal disarmo e dalla proclamazione della neutralità internazionale. Una risoluzione senza l'altra è possibile, ma non sarà duratura; anzi potrà aggravare il dissesto economico e le lotte delle nazioni per i propri confini. Altra salvezza, perdurando in Europa lo stato di cose oggi esistente, non c'è e *forse* anche ad essa l'Austria oggi arriverebbe troppo tardi (1).

---

(1) Anche qui è indispensabile ch'io ricordi, che tutto ciò era stato scritto e composto prima dello scoppio della guerra europea (v. nota a p. 253).

L'idea della confederazione e delle autonomie dei popoli in Austria era anche nel programma socialista di Bruna (o Hainfeld del 1888-1889), che portò alla fusione dei socialisti tedeschi e czechi in Austria.

Esso diceva: 1° L'Austria deve costituirsi in una confederazione democratica;

2° alle storiche provincie vengono sostituiti dei corpi nazionali autonomi circoscritti, la cui legislazione e amministrazione emana da Camere nazionali elette in base al suffragio universale eguale e diretto;

3° tutti i territori della stessa nazione formano insieme un'unica confederazione nazionale, la quale provvede ai propri bisogni nazionali in modo del tutto autonomo;

4° il diritto delle minoranze nazionali viene garantito mediante una legge speciale stabilita dal Parlamento della confederazione;

5° noi non riconosciamo alcun privilegio nazionale e però respingiamo la tendenza ad introdurre una lingua di stato; per quanto concerne la necessità di una lingua di comunicazione, verrà deciso dal Parlamento della confederazione.

Ma era soltanto un bel programma; di fatto i socialisti, anche dopo venuti con 90 deputati eletti a suffragio universale in parlamento, non seppero tutelare nemmeno l'autonomia e la costituzione ben modeste di Boemia, soppresse con decreto sovrano nel 1913, come non solo non seppero impedire ma anzi agevolarono con il loro appoggio la menomazione dell'autonomia del municipio di Trieste; questo in pratica, mentre invece i teorici del socialismo austriaco continuano ancora a decantare gli effetti salutari dell'attuazione futura del programma di Bruna.

Soltanto i socialisti autonomisti czechi hanno ripreso negli ultimi due anni l'agitazione per l'idea della confederazione austriaca, per le autonomie nazionali, e per la neutralità internazionale. Uno dei loro capi, l'on. K. Vaniek ha presentato ai 13 dic. 1913 alla delegazione austriaca a Vienna la seguente mozione (atti parlamentari, n. 69 — R. D. XLVIII): « L'eccelsa delegazione voglia approvare: Il ministero degli esteri viene incaricato di informarsi presso le grandi potenze

Ostacoli insormontabili.

Ma, acchè ci arrivi, si oppongono tanti, così varî, così complessi e contrastanti e così grandi ostacoli, che ogni altra soluzione è più verosimile di questa, che con maggior probabilità potrebbe condurre al consolidamento della monarchia absburghese. Qui non possiamo che accennare brevemente alle tradizioni e alle ambizioni, già esaminate nei capitoli precedenti, della dinastia, della corte, dell'alta aristocrazia, delle alte sfere militari, della chiesa cattolica, che quanto più si estende in ampiezza e in profondità il dominio degli Absburgo tanto più largo ha il campo per la sua propaganda e per il suo proselitismo, ai molteplici interessi finanziari, industriali e agrari collegati con l'imperialismo austro-ungarico, ai sistemi burocratici e polizieschi, alle nazioni dominanti in Austria e in Ungheria, alle aspirazioni infine centrifughe e antistatali, sorgenti nell'interno o provocate dall'estero, di alcune delle stesse nazioni della monarchia; tutti questi elementi positivi, magari contrastanti tra di loro, nella somma delle loro forze formano ormai forse già un ostacolo insormontabile per la attuazione della confederazione dei popoli nella monarchia neutralizzata degli Absburgo. Non è da negarsi poi, che a questi si aggiungono altri impedimenti forse non minori di indole tecnica, fra questi in prima linea in alcune province la confusione dei confini etnografici e l'esistenza di oasi completamente eterogenee in mezzo a popolazioni di varie nazionalità. Ad affrontar tutti que-

europee, se e in quanto siano propense a conchiudere con l'Austria-Ungheria un trattato internazionale fondato su questi principî: 1) L'Austria-Ungheria si obbliga per tutti i tempi avvenire di non minacciare con guerra alcuno stato, di non far mai una guerra e di non partecipare assieme con altri stati ad una guerra; 2) di fronte a ciò gli altri stati riconosceranno per inviolabile il territorio appartenente presentemente alla monarchia austro-ungarica e si obbligano dal canto loro di rinunciare per sempre a qualsiasi operazione di guerra nel territorio della monarchia o ad attacchi guerreschi contro la stessa ».

Naturalmente la mozione fu respinta con stragrande maggioranza di voti.

sti ostacoli, a tagliar nettamente il nodo gordiano della complicata situazione manca lo spirito di abnegazione e di sacrificio nelle persone e nelle sfere dirigenti. Il parlamento non può, non vuole e non avrebbe il coraggio di muoversi contro la volontà della corte e, se mai osasse tanto, non avrebbe dalla sua il potere esecutivo, il quale in Austria — vedemmo — può reggere senza il parlamento, ma non viceversa il parlamento si azzarda legiferare senza il consenso dell'esecutivo. Infine mai vi aderirebbe il parlamento d'Ungheria (1).

---

(1) Dell'onnipotenza della corte e delle sfere extra-costituzionali in Austria ci danno prove innumerevoli le memorie dell'ex-ministro delle finanze, lo czeco dott. Kaizl (*Aus meinem Leben*, Praga 1914), che nella sua corrispondenza con i capi dei partiti czechi e nel suo giornale annota, come il presidente del consiglio conte Thun preparava un colpo di stato, come il governo del dott. Koerber sfruttava i vantaggi, che gli offriva l'ostruzionismo czeco al parlamento di Vienna, come i vari partiti cercano di circuire l'imperatore e di piacere alla corte e alle alte sfere, come sia impossibile governare in Austria con una qualunque maggioranza parlamentare non tedesca, perchè i tedeschi hanno l'appoggio potente esterno della Germania e come «l'imperatore d'Austria abbia bisogno di un forte baluardo czeco contro l'assalto del germanesimo interno ed esterno». Kaizl ci narra il suo tenace lavorio e i suoi intrighi per far coprire ogni posto un po' più importante, che restava vacante, con funzionari czechi o slavi per eliminare quanto più dalla burocrazia austriaca l'elemento tedesco; da questo caratteristico fenomeno delle lotte nazionali in Austria per la copertura degli uffici statali sono sorte le escrescenze specifiche del corpo burocratico austriaco di moltissimi funzionari senza posti sistemati, ma nominati *extra statum* o avanzati *ad personam* (questi i termini austriaci) per accontentare ora uno ora l'altro dei partiti nazionali. Tutto ciò naturalmente produce aggravi sensibilissimi al bilancio dello stato per le spese personali. In alcune province (Boemia, Moravia) e per alcuni rami di uffici (specialmente giudiziario) furono stabilite delle «chiavi», cioè delle proporzioni, secondo le quali si dovrebbero fare le nomine dei funzionari per ogni nazionalità.

Dell'onnipotenza in Austria della Polizia di stato, che usa i mezzi identici di corruzione e di spionaggio, quali li vedemmo nel I vol. (a p. 230), ci furono date prove abbondanti oltrechè dai processi di Zagabria e di Vienna nel 1908 e 1909 (v. miei articoli nella *Tribuna*) anche dal processo di Praga nel marzo 1914 (v. resoconti nei giornali di Vienna e di Praga), durante il quale risultarono i metodi antichi adoperati per corrompere il deputato czeco radicale Sviha, i servizi di spio-

Palliativi probabili: assolutismo, compromessi e riforme;

È più probabile invece, che si ricorra dall'alto ai soliti rimedî palliativi, che si ritenti con la violenza dei metodi assolutistici di Metternich e di Bach d'assopire le lotte interne e che intanto si cerchi di provvedere ad un consolidamento interno della monarchia per mezzo di compromessi nazionali parziali e di riforme economiche; pare appunto, che questa sia la politica presente di Francesco Giuseppe e del ministero del conte Stürgkh in Austria e del conte Tisza in Ungheria. Ma se anche fosse coronata da buon successo, non potrebbe essere che successo del momento; odî di popoli, che compiono gli attentati di Leopoli, di Zagabria e di Sarajevo e che ormai hanno tutt'una storia di lotte e di battaglie, radicata nelle coscienze giovani e impressionabili di popoli sorgenti, non si assopiscono che per ridestarsi subito più violenti. Le riforme finanziarie poco o nulla gioverebbero a rimediare il profondo dissesto economico, mentre le spese militari — dato l'atteggiamento poco rassicurante degli stati nazionali limitrofi — non possono che crescere continuamente; sarebbe questo perpetuare il *fortwursteln*, il viver d'espedienti da giorno in giorno, inaugurato da Taaffe, forse nella speranza e nell'attesa di un ritorno storico.

guerra.

Chi potrebbe negare la possibilità di un tal ritorno senza assumer pose da profeta? È certo, che presentemente, come in altri tempi da noi veduti, vi sono delle alte sfere austriache, che in un'avventura militare, in un trionfo delle armi imperiali più che regie scorgono l'unico mezzo per risollevare le sorti della monarchia. Sarebbe un errore credere, che le condizioni economiche presenti, per quanto tristi, non permettano all'Austria-Ungheria di sostenere le spese di una guerra. Le riserve d'oro della Banca austro-ungarica di emissione sono intangibili e a disposizione dello stato; le ricchezze private, i tesori delle chiese secondo la recente « legge

---

naggio politico nel parlamento, nei partiti, le tendenze di alcuni partiti d'ingraziarsi l'arciduca ereditario con l'aiuto della polizia ed altre brutture poliziesche e reazionarie.

delle prestazioni in caso di guerra » (*Kriegsleistungsgesetz* (1) che dà pieni poteri al militare sulle persone e sulle cose) sono pure a disposizione dell'amministrane della guerra. Tutt'al più seguirà poi un'altra bancarotta, come quella del 1811, ma la guerra sarà stata fatta. Quale però potrà esser il risultato finale di una guerra perduta o vinta dall'Austria-Ungheria ai nostri tempi?

Effetti di sconfitte o di vittori e miatliri.

Già una sola prima sensibile sconfitta dell'esercito austro-ungarico sul campo di battaglia potrebbe divenire — e qui non c'è bisogno di esser profeti — fatale per l'esistenza stessa della monarchia, data la compagine nazionale dei due stati, dell'esercito stesso e dell'armata, date le terribili conseguenze economiche di una guerra, che sta per esser perduta e tenuto conto delle nazioni circostanti, aspiranti tutte alla parte loro del bottino. Una vittoria delle armi austro-ungariche risolleverebbe certamente il prestigio della monarchia all'estero ed internamente e darebbe nuovo vigore al potere assoluto della corte; ma una vittoria, in queste condizioni, all'interno ed ai confini, è molto, ma molto problematica. Del resto, se proprio l'Europa non dovesse mutar completamente il suo aspetto, non potrebbe esser questo che un ritorno storico di breve durata, un trionfo momentaneo, un fuoco di paglia; ben presto si ricadrebbe nelle miserie della vita politica, nazionale ed economica presenti. La monarchia degli Absburgo continuerebbe però in ambidue questi casi, assolutismo e avventura guerresca, a rappresentare nelle sue sfere dirigenti la reazione antistorica, antinazionale ed antisociale continuando ad essere un elemento perturbatore pericolosissimo dell'ordine e della pace in Europa; o prima o dopo, la sua dissoluzione dovrebbe venire.

Dissoluzione nevitabile. Interessi internazionali.

Provveda o non provveda la monarchia degli Absburgo in un modo o nell'altro alla propria salvezza, non cesserà mai il diritto e il dovere di tutte le nazioni di

---

(1) Vedi il mio artic. nella *Tribuna* dei 31 luglio 1914.

Europa di provvedere da canto loro alla tutela dei proprî interessi. Specialmente interessate alle sorti dell'Austria-Ungheria son le due potenze sue alleate, l'Italia e la Germania e poi la grande e le minori potenze limitrofe ad oriente. La triplice alleanza nel momento presente offre innegabilmente la difesa più efficace della vita internazionale della monarchia absburghese. È più che giusto quindi, che anche gli interessi dei due stati e delle due nazioni alleate siano rispettati dall'Austria-Ungheria e nella sua politica estera e in quella interna, che abbiamo veduto — qui più che in qualunque altro stato — indissolubilmente collegate. Nè ad un'altra orientazione della politica estera austro-ungarica, ad un'alleanza per esempio con la Russia, alleanza che ripetutamente prima del 1908 e del 1913 è stata nei voti delle sfere aristocratiche slavofile intorno all'arciduca ereditario ucciso a Sarajevo, si può ora pensare seriamente, dati anche i rapporti tradizionalmente e per parentele molto più intimi fra la corte di Pietroburgo e quella di Berlino che fra ambedue queste corti e quella di Vienna; e le dinastie nei tre imperi nordici possono ancora moltissimo.

Interessi d'Italia e degli italiani.

La Germania ha saputo finora — lo vedemmo — ottenere in Austria-Ungheria il rispetto dei suoi interessi nazionali. L'Italia ha in Austria ed in Ungheria pure un grandissimo interesse nazionale, punto contrastante con gli interessi della monarchia, anzi — a bene esaminarlo alla luce dei recenti avvenimenti balcanici — un interesse comune: cioè, che le province, che le città e i territorî etnicamente e storicamente italiani, appartenenti all'Austria, restino immutabilmente italiani, che il patrimonio nazionale italiano non sia sminuito in alcuna delle sue parti, che i confini etnici della nazione italiana non siano modificati nè ad oriente, nè a settentrione da nessun evento politico, checchè possa accadere, venga o non venga punto, venga prima o dopo la dissoluzione. La politica del regno d'Italia e di tutti gli italiani non può avere in questo campo che un unico fine: la conservazione del proprio patrimonio nazionale in linea di civiltà, di possesso territoriale e di potere politico. Questa non è politica di aggressione; è e *deve* essere politica di necessaria precauzione e di difesa contro attentati nemici, da qualunque parte essi provengano (1).

---

(1) Avrei potuto facilmente fare una chiusa più consentanea al momento presente, che viviamo. Ma il mio libro non era stato pensato nè scritto come un « libro d'attualità ». Lo lascio quindi immutato fino alla fine.

La dissoluzione dell'Austria-Ungheria sembra ormai imminente. Però non bisogna disconoscere la gran forza, che possono avere ancora più all'estero che all'interno le sue tradizioni di dieci secoli di storia, nè l'interesse, che alcune potenze europee, Francia e Inghilterra soprattutto, hanno dimostrato spesso di avere nell'esistenza di un'Austria-Ungheria antigermanica e antirussa (vedi le opere, citate nel I volume, di Wickham Steed e di Seton Watson).

Non si deve imaginare l'Austria-Ungheria come un albero da cui cadano le frutta mature; anche per coglier queste del resto bisogna muoversi, occorre anche stender le braccia.

L'Italia, se vuol salvi i suoi interessi più vitali di nazione ascendente nella vita internazionale *deve* muoversi. Un momento più propizio alla rivendicazione completa integrale dei suoi diritti, finora contesile dagli Absburgo, non poteva esser desiderato e nemmeno supposto. I popoli d'Austria e d'Ungheria, meno i tedeschi e i magiari, accolgono ormai come salvatori gli eserciti di qualunque nazione, che entrano primi nei loro territori. L'Italia provveda a tempo, bene e interamente!

APPENDICI

I.

La politica ferroviaria in Austria-Ungheria.

Sulle tristi sorti delle ferrovie austriache nei tempi passati, di cui si risentono ancora in Austria le terribili conseguenze, aggiungo alcuni dati indispensabili per conoscer la storia di una questione, che ancor oggi ha tanta importanza nell'economia nazionale dell'Austria.

Le prime ferrovie in Austria costruite tra il 1830 e il 1837 erano d'*imprese private*, alle quali lo stato concedeva *il diritto di espropriazione e il privilegio* onde proteggerle da una eventuale concorrenza. L'enorme sviluppo preso dalle ferrovie in tutt'Europa indusse lo stato a pensare ai propri interessi e già nel 1836 i Rothschild ottenevano il privilegio per la ferrovia del Nord limitato a 50 anni; il diritto di proprietà però dell'impresa privata restava rispettato. Lo stato soltanto faceva delle riserve per i suoi trasporti postali e militari. In un rescritto imperiale dei 15 nov. 1837 appare per la prima volta l'accenno, che lo stato si riserva il diritto di costruire anch'esso ferrovie e il decreto imperiale dei 28 dic. 1837 come pure le « direttive per le ferrovie » emanate ai 18 giugno 1838 stabiliscono il principio, che da ora innanzi lo stato dopo trascorsi i 50 anni di concessione ferroviaria diviene gratuitamente (cioè senza obbligo di indennità) proprietario assoluto della ferrovia (non del materiale rotabile). *Il principio delle ferrovie di stato* era quindi stato riconosciuto e un paio di anni più tardi nel 1841 lo si applicava assumendo in regia dello stato la costruzione del primo tratto Vienna-Gloggnitz della ferrovia meridionale, che era stato concesso nel 1838 al barone Sina.

Secondo un programma di costruzioni ferroviarie pubblicato nella ufficiale *Wiener Zeitung* dei 22 dic. 1841, lo stato imprendeva a proprie spese e in propria regia lo sviluppo ulteriore delle ferrovie.

Alla fine del 1854 di 1355 1/2 km. di ferrovie in Austria (senza l'Ungheria) 924 km. (cioè il 68 %) erano ferrovie di stato. La *Semmeringbahn* (1854) era pure dello stato. Dal'54 al'60 si vendettero tutte le ferrovie di stato a società private, formatesi in maggioranza con capitali francesi. Allo stato erano rimasti soli 13.8 km. di ferrovie di confine (da Kufstein e da Bodenbach) e dei 336.26 milioni di fiorini spesi per le costruzioni ferroviarie fino al 1860 lo stato potè rifare con le vendite soli 168.56 milioni (la metà appena). — Dal 1860 fino al 1876, abbiamo quindi la politica ferroviaria dello stato fatta *di sovvenzioni e di garanzie* alle società private: fino il 5 % delle spese del bilancio annuo statale andava per queste sovvenzioni e tra il '55 e il '76 lo stato aveva versato in anticipazioni di garanzia più di 122.67 milioni di fiorini. Appena nel 1876 si ritorna alla politica delle ferrovie di stato, specialmente con la *legge di statizzazione* dei 14 dic. 77 (*Sequestrationsgesetz*). Già nel 1880 era statizzato il 17 % di tutte le linee ferroviarie austriache, nel 1890 il 43.5%, nel 1900 il 57.5% e nel 1910 l'82.67% in tutto 19,145 km.. Quale indice dell'opposizione, che nelle alte sfere capitalistiche si mosse alla statizzazione, serva il fatto, che il governo per ottenere la maggioranza al senato per la statizzazione della ferrovia denominata dall'imperatrice Elisabetta (ora *Westbahn*) nel 1831 dovette fare una informata di 14 nuovi senatori favorevoli al progetto. Oggidì la maggior parte delle ferrovie in Austria è statizzata (proprietà dello stato oppure soltanto in servizio dello stato); alcune poche *ferrovie minori, rimaste proprietà privata* e in regia privata, sono in maggioranza garantite dallo stato (garantisce cioè l'interesse del 5 % del *capitale investito* — le società ferroviarie pretendono il 5 % del capitale d'azioni — e 1/5 % d'ammortizzazione). Vi sono ora anche *ferrovie provinciali*, costruite ed esercitate per conto di singole province (Bassa Austria). Vienna ha persino una propria *ferrovia comunale* (*Stadtbahn*, oltre alle tramvie municipalizzate tutte), ma questa è da anni in regia dello stato. Queste ferrovie minori, che in Austria-Ungheria sono dette locali (*Lokalbahnen*), sono cresciute negli ultimi tre decenni di molto da 15 km. nel 1880 a 8592 km. nel 1910. La loro costruzione spesso persegue scopi politici di partito o nazionali e il governo centrale e quello provinciale a seconda dei favori, che vogliono prestare al relativo partito o alla relativa nazione, sovvenzionano l'impresa, contribuiscono alla copertura delle spese e assumono la solita garanzia. Senza queste sovvenzioni e queste garanzie del governo, dal quale del resto dipende anche la *concessione di costruire*, ben difficilmente un'impresa privata può oggi pensare a fare delle ferrovie. Il governo austriaco se ne serve quindi per i suoi scopi di politica interna e nazionale, naturalmente spesso con grave danno per l'erario statale. Così, mentre gli interessat alle ferrovie locali austriache contribuirono del proprio nei 30 anni 97.4 milioni di corone, gli erari provinciali ne contribuirono 55.2 e lo stato 111.5 e mentre i governi provinciali garantirono 164.4 milioni di corone del capitale investitovi lo stato ne garantì 288, il che gli venne a costare dal 1890 al 1910 complessivamente 55 milioni di corone e negli ultimi anni (1911 e 1912) segnava un aggravio annuo nel bilancio statale di oltre 10 milioni di corone.

Nel 1910 — essendo il servizio statale ferroviario per varie cause connesse anche alla crisi balcanica non solo non redditizio, ma persino gravoso per le finanze dello stato austriaco — si ventilava nel parlamento e nei giornali il *progetto di una nuova vendita delle ferrovie*. Il ministro delle ferrovie di allora Wrba in un gran discorso tenuto nella commissione del bilancio (v. protc. della *Reichsrats-Korrespondenz* dei 25 mag. 1910) si oppose energicamente a tale idea. Egli ammise che tra il 1889 e il 1900 il reddito delle ferrovie statali oscillò tra un massimo di 3.43 % e un minimo di 1.77 % all'anno del capitale investito e che, mentre l'entrate del servizio ferroviario statale crescevano da 479.3 milioni di corone nel 1907 a 505.2 nel 1908 e a 547 nel 1909 le uscite aumentavano molto più sensibilmente da 363.9 milioni di corone a 409.4 e a 477.1 in modo, che il contributo dello stato per la copertura degli interessi per i prestiti ferroviari (ammontanti nel 1912 a 3,233 milioni di corone con un servizio di interessi di 123 1/2 milioni annui) e di altre spese (garanzie, sovvenzioni ecc.) cresceva da 53.5 milioni di corone nel 1907 a 78.1 nel 1908 e a 114.9 nel 1909. Ma il ministro prevedeva un avvenire migliore e scagionava l'amministrazione ferroviaria dagli appunti mossile di mala economia, di spreco per aumenti eccessivi di personale, confrontando i risultati finanziari delle ferrovie austriache con quelli delle ferrovie di altri stati e rilevando che un capitale di quasi 800 milioni di corone è investito in ferrovie strategiche e a favore di ferrovie ex-private, che dovettero essere riscattate per salvarle dal fallimento. Ricordava infine, che le vendite fatte nei decenni scorsi delle ferrovie statali segnarono una perdita per lo stato di circa 250 milioni di corone.

Il bar. von Czedik ex-presidente della Direzione generale delle ferrovie di stato in Austria nella sua opera recente (*Von und zu den österreichischen Staatsbahnen*, Vienna, 1914) dimostra che il sistema delle garanzie alle ferrovie private è costato all'Austria dal 1855 al 1910 circa 676 milioni di corone e che, mentre il *km* di ferrovia costruito in propria regia venne a costare allo stato fino al 1910 in media 267,806 corone (da un prezzo minimo di 58.176 cor. per le linee di ordine inferiore ad un massimo di 1,000,676 e 1,246,770 cor. per le linee della Wochein e dei Tauri), i 10,723 *km* di ferrovie acquistate dallo stato fino al 1910 vennero a costargli in media 364.448 cor. per *km*, quindi con una perdita complessiva di 1036 milioni di corone. Questi argomenti naturalmente fecero tacere ogni ulteriore proposito di vendite delle ferrovie dello stato.

L'ordinamento delle *autorità statali ferroviarie* è il seguente: fino al 1896 la politica ferroviaria in Austria era amministrata dal ministero dei commerci (come lo è ancora in Ungheria), il quale prima delle grandi vendite delle ferrovie del 1854 aveva una sezione detta Direzione generale delle ferrovie dello stato. Quando nel 1875 lo stato prese a riscattare le ferrovie private, fu istituito l'Ispettorato generale delle ferrovie, che accanto al ministero dei commerci aveva soltanto la sorveglianza diremo tecnica-amministrativa di tutte le ferrovie esistenti in Austria; nel 1884 fu reistituita la Direzione generale delle ferrovie di stato sempre in parte (specialmente per i bilanci) dipendente dal ministero dei commerci. — Nel 1896 al posto della direzione generale fu creato il Ministero delle ferrovie con un proprio statuto organico; la rete ferroviaria austriaca fu divisa in distretti, a capo dei quali stanno le Direzioni delle ferrovie di stato, alle quali sottostanno le sezioni dei distretti e gli uffici delle stazioni; l'Ispettorato generale per tutte le ferrovie statali e private rimane in vita. Le ferrovie danno l'unico ramo degli uffici statali civili, che abbia per legge in tutta l'Austria quale lingua interna di ufficio la tedesca, soltanto in Galizia vi sono alcune eccezioni a favore della lingua polacca. A lato del ministero delle ferrovie vi è poi un Consiglio delle ferrovie dello stato (*Staatseisenbahnrat* creato già nel 1884), che è un parlamentino « con voto consultivo in questioni ferroviarie di carattere economico (interessi delle industrie, dei commerci, dell'agricoltura, orari, tariffe) ». Ma anche questo parlamentino come tutto il parlamentarismo austriaco si riduce ad esser puramente una lustra. I 128 suoi membri, di cui — secondo lo statuto dei 20 apr. 1909 — 38 nominati a piacimento dai ministri delle ferrovie, delle finanze, dell'agricoltura e della guerra e gli altri 90 nominati pure dal ministro delle ferrovie, ma su proposta delle camere di commercio e dei consigli provinciali d'agricoltura, per la durata di 5 anni, sono convocati di solito per uno o due giorni a sedute a Vienna, quanto basta appena non per discutere ma nemmeno per ben registrare le 382 proposte fatte d'iniziativa dei consiglieri nell'ultima sessione del 1913 (344 nella precedente, 323 e 203 nelle due sessioni del 1912 e 281 e 358 nel 1911). La disposizione contenuta nello statuto del 1909 che sarebbero stati convocati dei piccoli consigli ferroviari per i singoli distretti presso quelle Direzioni, onde alleviare il consiglio maggiore delle faccende di carattere locale, mai fu attuato. A render più difficile il compito di questo consiglio sorgono anche qui lotte nazionali e politiche; un buon terzo dei consiglieri sono di solito uomini parlamentari, deputati, che continuano nel consiglio le lotte impegnate alla camera o nelle diete, perchè sulle linee passanti per il loro territorio nazionale il personale sia della loro nazionalità e non di quella avversaria, perchè si rispetti nel servizio la loro lingua come l'altra e così via.

Delle grandi linee ferroviarie austriache (e in parte su territorio ungherese), soltanto la grande rete delle *ferrovie meridionali* (Vienna-Trieste, Innsbruck-Ala, Franzensfeste-Marburg e linee adiacenti) è rimasta in proprietà privata e in regia della « società delle ferrovie meridionali » (*k. k. priv. osterr. Südbahn-Gesellschaft;* questo dal '61 è il nome delle fuse società lombardo-veneta, centrale italiana e orientali) perchè — causa la mancanza di capitali e la diffidenza del pubblico nelle imprese austriache di quei tempi — la fondazione di questa grande società, la impresa maggiore esistente in Austria, dovette compiersi in condizioni, che poi divennero disastrose per la società: il suo capitale di fondazione non fu cioè formato di azioni che in parte minima; tutto il rimanente capitale necessario fu raccolto con prestiti, con obbligazioni di priorità, che con il loro enorme aggravio di interessi pesarono e pesano ancor oggi come una cappa di piombo sull'impresa condannandola a vegetare e a non dare alcun utile ai suoi azionisti, sebbene le sue linee ferroviarie siano attivissime e le tariffe, anche con danno del commercio austriaco, siano tenute molto alte. Gli interessi dei creditori (per lo più francesi) ingoiano tutti gli utili, sicchè le azioni scesero da 500 fr. nominali a 84 (listino della borsa di Vienna dei 20 giugno 1914). In queste operazioni di credito per le ferrovie si avvantaggiarono specialmente il *Crédit Mobilier* e la casa del bar. Anselmo Rotschild, che faceva da intermediario.

Il disagio economico e le spese eccessive prima per la costruzione poi per la manutenzione e per il servizio della linea sui monti del Semmering (linea che s. disse costruita più a piacimento e a favore dei grandi proprietari dei fondi ivi giacenti che nell'interesse degli scambi) costringono la Società a fare delle tariffe ferroviarie dannosissime per i commerci con Trieste. Ogni proposito di statizzazione di questa ferrovia è paralizzato però da questo stato disastroso delle finanze della Società, donde negli ultimi due anni gli sforzi del governo austriaco per sanarle. Vedremo subito che il governo austriaco in questa sua azione di sanamento era guidato anche da un secondo fine, quello di procurarsi il mezzo per contrarre un prestito internazionale, di cui lo Stato aveva bisogno ma che non poteva effettuare, data l'ostilità del mercato finanziario specialmente francese e inglese contro ogni nuovo prestito austriaco o ungherese. Il ministro delle finanze austriaco bar. Engel aveva già annunciato in un suo discorso al parlamento del 1913 che il governo austriaco intendeva interessare oltrechè il mercato finanziario d'Inghilterra anche quello d'Italia nelle sue operazioni di credito. Di fatti l'azione svolta nel 1913 e nel 1914 dallo stesso ministro e dal ministro delle ferrovie bar. von Forster dopo lunghe trattative portava nell'ottobre 1913 a questo accordo preliminare fra il governo austriaco, la *Südbahn* e i rappresentanti dei creditori francesi di priorità, accordo, che per una parte dipende ancora dall'approvazione parlamentare: Ai creditori francesi serve di garanzia e di copertura per i loro interessi la cosiddetta « annuità italiana », che lo Stato italiano deve pagare ancora alla *Südbahn* per le linee del Lombardo-Veneto riscattate nel 1876. Se il parlamento austriaco, secondo l'accordo del 1913, vorrà concedere una garanzia degli interessi e di utili netti agli azionisti ed ai creditori della *Südbahn*, l'annuità italiana diverrà libera da quella specie di pegno per garanzia dei creditori francesi e in tal caso la *Südbahn* conchiuderà un prestito per un capitale di circa 620 milioni, i cui interessi saranno pagati appunto dall'annuità italiana rimasta libera. Di questi 620 mil. la *Südbahn* adopererà 220 per pagare i debiti più gravosi e per fare delle investizioni; i rimanenti 400 milioni darà in prestito allo stato austriaco, il quale del resto spera una volta di potere statizzare anche questa ferrovia. In questo caso il valore nominale dei vecchi titoli sarebbe ridotto dai 500 fr. iniziali a 310 fr. Se il parlamento non votasse la garanzia, allora lo stato in via amministrativa garantirebbe speciali tariffe a favore della *Südbahn*, che permetterebbero con il maggior reddito di contrarre un prestito di 150 milioni anche questo garantito dall'« annuità italiana ». In questo caso i proprietari francesi di priorità al 3 % riceverebbero in via di conversione invece dei loro vecchi titoli di 500 fr. nominali un *titolo italiano* di 162 1/2 fr. e un altro titolo di 162 1/2 fr. (dunque complessivamente 325 fr.) vincolato alla rete ferroviaria austriaca.

Il succo di quest'accordo, che in fondo viene a costare 175 fr. per ogni obbligazione di 500 fr. ai vecchi creditori, è: che il credito delle solide finanze dello Stato italiano dovrebbe servire di puntello allo scosso credito dell'Austria. Il lato umiliante di quest'operazione fu compreso persino dall'austriacissima *Information* di Vienna (28 ott. 1913), che scriveva: la *Südbahn* non fa che *échanger l'excellente garantie italienne contre l'autrichienne pour n'arriver qu'à jeter plus tard sur le marché de Paris des titres garantis par... les annuités italiennes, et offrir un emprunt de 400 millions au gouvernement autrichien! C'est un jeu indigne qu'on fait là, une transaction qui devrait répugner à toute société honnête. Pour la dette qu'on veut contracter, on abuse de la solvabilité italienne... En France, en Italie et en Allemagne, on trouve non pas sans quelque raison, que cet accord serait monstrueux pour les obligationnaires, mais surtout pour le credit austro-hongrois* (sic!). L'Ungheria volle intervenire anch'essa in quest'accordo per salvaguardare i suoi interessi specialmente per ciò, che concerne le tariffe sui rami della *Südbahn*, che passano su territorio ungherese. E la convenzione austro-ungherese in proposito dopo lunghe trattative fu stipulata ai 12 giugno 1914 con riserve da parte dell'Ungheria per la libertà della sua politica tariffaria e, s'intende, della eventuale statizzazione da parte sua dei rami ungheresi. (Sulle tristi condizioni della *Südbahn* si veda lo studio dell'on. Ellenbogen nel *Kampf*, Vienna 1 ag. 1910).

L'Ungheria anche in argomento a ferrovie sta economicamente meglio dell'Austria. Nell'anno del dualismo, nel 1867, dei 2283 *km.* di *ferrovie su suolo ungherese* soltanto 125 km. erano statali. Anche qui si ebbe nei primi 15 anni di regime parlamentare la politica ferroviaria delle garanzie statali, che per esempio nel solo 1880 costavano all'erario pubblico 340 milioni di corone. Nel 1883 anche l'Ungheria fa il suo *Sequestrationsgesetz*, la sua legge delle statizzazioni, ma la applica in modo molto più energico e conseguente e già nel 1893 la massima parte dei 12,600 *km.* di ferrovie ungheresi è proprietà dello stato. Nel 1912 la rete ferroviaria ungherese aveva la lunghezza di 21,373 *km.*, di cui, togliendo i rami della *Südbahn* e della società privata della ferrovia Kaschau-Oderberg, oltre 16,000 *km.* sono proprietà dello stato e il rimanente (ferrovie locali) in gran parte esercitato dallo stato. — Anche le ferrovie, come ogni altra istituzione, sono oggetto di controversie frequenti fra Austria e Ungheria. I compromessi economici (v. append. seguente), anche quello ultimo del 1907, dicono molto genericamente che i due governi procederanno secondo principî uguali « nella costruzione, nell'esercizio e nell'amministrazione delle ferrovie, inquantochè lo esigeranno gl'interessi militari e generali ». Di fatto però tutto ciò si riduce ad accordi, del resto inevitabili, da prendersi fra i due governi per allacciamenti di ferrovie comuni ad ambidue gli stati e per le tariffe sulle linee comuni; in quest'ultimo proposito, s'intende, i due stati si usano reciprocamente il trattamento della nazione preferita. Speciali disposizioni ci sono invece per le tariffe delle linee che sono in concorrenza con la navigazione danubiana. Quanto difficili riescano questi accordi, lo provano la sorte della linea richiesta insistentemente dagli ungheresi per un secondo raccordo fra l'Ungheria e la Germania *da Ja-*

blunkau a Oderberg, oltre il territorio austriaco, linea necessarissima per l'esportazione e per l'indipendenza economica dell'Ungheria, e la sorte della linea di raccordo tra il tronco morto della *ferrovia di Dalmazia* e le ferrovie austriache della Carniola oltre il territorio croato ungherese (Knin-Pribudich-Ogulin-Carniola). Nessuno dei due stati voleva concedere il passaggio sul proprio territorio; finalmente nel 1907 si venne al *junctim*: uno concedeva a patto, che concedesse anche l'altro. Le due linee erano in costruzione, quando scoppiò la guerra presente.

La Dalmazia — eccettuata la linea meridionale da Sarajevo-Mostar lungo il Narenta fino a Metcovich, a Gravosa e a Castelnuovo di Cattaro, linea a scartamento ridotto e d'importanza quasi unicamente strategica — era tagliata da ogni altra comunicazione ferroviaria con la monarchia. Vi era soltanto una ferrovietta del tutto privata, industriale, per il trasporto di legname di una ditta bosniaca tedesca, che venendo dalla Bosnia (Travnik) metteva capo a Knin e quindi a Sebenico. Allo scoppio della guerra il militare austroungarico ne assunse l'esercizio e anche così la Dalmazia con un lunghissimo giro vizioso per la Bosnia e per la Croazia è unita alla rete ferroviaria ungherese. Alcuni anni or sono, per non far dipendere la congiunzione ferroviaria della Dalmazia con l'Austria dal beneplacito ungherese, si era progettata seriamente l'unione della Dalmazia settentrionale mediante *ferry-boats* lungo le isole di Pago e di Veglia alla ferrovia dell'Istria. Si era anche già costituita una società (con capitali s'intende tedeschi) per la sua costruzione, ma l'ammiragliato austro-ungarico vi oppose il suo veto.

Con tutti questi guai ferroviari in casa propria l'Austria-Ungheria, con quella tradizionale e fatale confusione della sua politica estera megalomaniaca con la politica economica e finanziaria, provvide durante le guerre balcaniche del 1912-13 che i suoi istituti finanziari acquistassero per sè oltre la metà delle azioni delle *Ferrovie orientali*, onde — si pensava così al Ballplatz — avere in proprie mani l'amministrazione delle ferrovie serbe e balcaniche. La Serbia naturalmente con la conquista dei territori si tenne anche le ferrovie conquistate e, senza troppi riguardi, iniziò una guerra di tariffe contro l'Austria-Ungheria in risposta alle angherie da parte austro-ungarica. Il conflitto si acuì fino al punto, che la Francia credette opportuno d'intervenire, e dopo lunghe trattative si veniva ad un accordo, secondo cui la Serbia — stando a quanto recava il *Temps* (Parigi, 14 giugno 1914) — avrebbe riscattato le linee già esistenti e quelle concesse per esser costruite dalle Ferrovie orientali al prezzo di 42.7 milioni di fr., avrebbe fissato di comune accordo per 10 anni le tariffe dirette e di transito e avrebbe allacciato le proprie ferrovie oltre il sangiaccato di Novibazar con quelle bosniache. La guerra mandò a vuoto tutto ciò e le finanze dello stato austro-ungarico avranno il danno della garanzia (50 fr. per azione) e probabilmente della indennità da pagare ai finanzieri austro-ungarici.

II.

Rapporti politici ed economici fra Austria e Ungheria - Delegazioni, " compromessi " e questioni insolute.

Wertheimer (op. cit.) narra che fu Andrássy a trovare durante una corsa sfrenata a cavallo nei suoi poderi di Terebes la forma delle « *delegazioni* », dopo averci pensato prima lungamente invano assieme con Deàk, il quale del resto ne avea fatto cenno già nel suo celebre « articolo pasquale » (v. p. 115). Anche intorno alle « delegazioni », alla loro essenza costituzionale e alle loro funzioni, esistono vivaci controversie e profonde divergenze fra le opinioni degli statisti austriaci e ungheresi. Mentre i centralisti austriaci propendono a voler riguardare le delegazioni come una specie di parlamento comune sia pure per i soli affari prammatici, gli ungheresi accentuano e riescono sempre più a far prevalere la loro interpretazione, che le delegazioni si debbano riguardare come commissioni speciali con diritti speciali elette secondo legge dai due parlamenti di Vienna e di Budapest.

La legge ungherese (art. XII) nega esplicitamente alle delegazioni il carattere di « parlamento comune o centrale » e le dice spesso « commissioni ». La legge austriaca tace. Secondo la legge ungherese le delegazioni non hanno diritto di legislazione e difatti i deliberati delle delegazioni non ottengono mai una propria speciale sanzione sovrana. Il bilancio comune, votato dalle delegazioni, ottiene la sanzione sovrana appena entrando in quote nei due bilanci austriaco e ungherese.

Secondo la legge ungherese la delegazione è composta per ognuno dei due stati di non più di 60 delegati eletti da ambedue le camere (senato e camera dei deputati). Il parlamento ungherese segue la consuetudine di far eleggere 20 delegati dal senato (camera dei magnati) e 40 fra i deputati; si eleggono nelle due camere a maggioranza di voti, ma anche in ciò si segue la consuetudine di far eleggere anche rappresentanti dei partiti di minoranza; la Croazia ha per legge (*nagodba*) diritto di aver fra i 60 delegati ungheresi 6 suoi rappresentanti presi dalla deputazione croata mandata al parlamento di Budapest, ma anche questi vengono eletti a maggioranza di voti della camera ungherese, quindi se i magiari vogliono e se sono in lotta con la maggioranza tra i croati — come avvenne in una delle ultime sessioni delle delegazioni — possono riuscir eletti i rappresentanti croati appartenenti alla minoranza della deputazione croata.

La legge austriaca dei 21 dic. 1867 (è legge *fondamentale*, perchè nell'introduzione vi è detto, che serve a *completare* la « legge fondamentale sul parlamento ») stabilisce invece espressamente che la delegazione austriaca è formata da 60 delegati, di cui un terzo eletti dal senato (a maggioranza assoluta di voti) e due terzi dalla camera dei deputati, ma alla camera essi sono eletti per provincia e dai deputati di ogni singola provincia. I deputati del Tirolo per esempio eleggono due delegati, di cui per consuetudine uno italiano e l'altro tedesco, ma, volendo, la maggioranza tedesca tirolese potrebbe eleggere soltanto tedeschi escludendo il rappresentante trentino; i cinque deputati di Trieste ne eleggono uno, che dopo il 1907 non riesce più ad essere un italiano nazionale, perchè i deputati socialisti triestini, presentemente due, minacciano di accordarsi con il deputato sloveno del territorio di Trieste in modo di eleggere per turno a delegato due volte un italiano una volta lo sloveno, pur di non accordarsi con i deputati italiani nazionali, sicchè questi preferiscono lasciar il mandato delegatizio sempre ai socialisti; i sei deputati dell'Istria eleggono per turno una volta un italiano l'altra volta un croato a delegato, così pure i sei deputati del Friuli orientale (Gorizia e Gradisca) una volta un italiano e l'altra volta uno sloveno, perchè in Istria e nel Friuli dopo il 1907 contro tre deputati italiani ne stanno tre slavi; prima di quell'anno quelle province avevano a delegato sempre un italiano. La Dalmazia ha un delegato, di solito dopo il 1885 un croato, ora — dopo l'accordo croato serbo del 1905 — qualche volta un serbo. Prima del 1885 il delegato dalmata era un italiano. Si capisce che in questo modo il governo può influire moltissimo sulla conformazione politica della delegazione austriaca.

Mentre il mandato della delegazione ungherese cessa per legge con la fine della sessione annua del parlamento, la delegazione austriaca resta in funzione, finchè non viene eletta la nuova. In questo modo il governo austriaco ha la sua delegazione, anche se non vuole convocare il parlamento per fare l'elezione, che dovrebbe seguire ogni anno. Onde la delegazione sia sempre completa, la legge austriaca prescrive anche l'elezione di sostituti dei delegati (10 per senato, 20 per la camera con modo come sopra per province).

Le due delegazioni tengono sedute del tutto separate, in edifici separati e — secondo un « desiderio » espresso nella legge ungherese — per turno: una sessione a Vienna, l'altra a Budapest (i ministri comuni allora le seguono a Budapest). Gli ungheresi accentuano anche nelle formalità esteriori in ogni particolare la differenza « statale » fra le due delegazioni: l'edificio della delegazione ungherese porta durante la sessione una grande bandiera tricolore ungherese e accanto una piccola bandiera croata; nella delegazione ungherese si parla soltanto in magiaro, solamente i delegati croati hanno diritto di parlare anche nella loro lingua; in via di eccezione si concede qualche volta ai ministri comuni, se non conoscono il magiaro, di parlare in tedesco, ma devono avere accanto l'interprete, che — a richiesta — tradurrà il discorso in magiaro; il presidente del consiglio ungherese, ad affermare il carattere di commissione parlamentare della delegazione ungherese, assiste alle sue sedute e interloquisce spessissimo, quasi a farlo apposta (negli ultimi anni anche il presidente del consiglio austriaco assiste alle sedute della delegazione austriaca, ma ha maggiore rispetto dei ministri comuni e interloquisce meno). Anche nell'ordine di discussione, nella formazione delle commissioni e sottocommissioni la delegazione ungherese si differenzia da quella austriaca e si attiene strettissimamente alle attribuzioni limitate dalla legge rifiutandosi di riconoscere — come invece lo vorrebbero gli austriaci — il diritto delle delegazioni di legiferare nelle cose della Bosnia-Erzegovina; questo diritto, secondo gli ungheresi, può spettare soltanto al parlamento. La delegazione austriaca discute per consuetudine (non per legge) in lingua tedesca. I delegati non tedeschi, volendo (di solito a scopo di ostruzionismo) possono anche qui, come al parlamento austriaco, parlare in lingua propria.

I deliberati delle delegazioni sono validi, quando sono approvati da ambedue le delegazioni in modo identico. A tale scopo essi vengono scambiati fra le due delgazioni (con la traduzione autentica nella lingua rispettiva) in atti, detti *nuntium*. Se dopo un triplice scambio di questi *nuntia* non si ottiene un accordo perfetto in qualche punto, si deve convocare una seduta comune delle due delegazioni (vi deve assistere un ugual numero di austriaci e di ungheresi) « per dirimere la questione controversa senza alcuna discussione soltanto con una votazione ». Gli ungheresi dal 1882 in poi hanno evitato costantemente qualsiasi ripetizione di queste sedute comuni, che — secondo essi — potrebbero menomare l'idea dell'indipendenza statale dell'Ungheria. Questo istituto dei *nuntia* e delle « sedute comuni » (anche qui il testo ungherese usa la parola intraducibile in tedesco di *együtt*: insieme, simultaneo) è preso dall'antica costituzione ungherese, che lo ammetteva in caso di controversie fra il senato e la camera dei deputati; istituto passato per i casi più gravi anche nella costituzione parlamentare moderna ungherese e austriaca.

Le due leggi delle delegazioni austriaca e ungherese dichiarano responsabili alle delegazioni i tre ministri comuni e statuiscono il modo, come formare il « tribunale comune di stato »; ma non dicono parola del modo di procedere di questo tribunale; la legge austriaca promette soltanto in proposito una legge da farsi, che però finora mai fu fatta; la responsabilità parlamentare di questi ministri è quindi di fatto illusoria.

Tutta l'attività delle delegazioni si riduce dunque al puro e semplice esame del bilancio comune, cioè delle spese comuni, perchè introiti « comuni » non ci sono (eccettuate poche tasse consolari), al voto su questo bilancio e al controllo più platonico (discorsi e discussioni) che altro dell'opera dei tre ministri comuni.

Gli ungheresi sono riusciti specialmente con il *compromesso austro-ungarico del* 1907 (dopo un periodo di lunghe lotte, che abbiam vedute finite con l'avvento al ministero dei Kossuthiani) ad ottenere dalla corona e dal governo austriaco parecchie concessioni al loro punto di vista di una sempre più accentuata individualità statale anche negli affari prammatici comuni. E per conceder loro quanto meno nelle questioni militari, dell esercito comune, furono loro fatte concessioni importanti nelle questioni diplomatiche, di rappresentanza all'estero: fu concesso un maggior uso della lingua magiara, degli emblemi nazionali ungheresi (bandiere e stemmi), di diplomatici e consoli ungheresi nelle rappresentanze della monarchia all'estero e — quel che importa di più — fu riconosciuto all'Ungheria e all'Austria, come a *due* stati, pari diritto di partecipazione ai negoziati e alle firme di quei trattati internazionali di carattere commerciale, economico (posta, telegrafi, emigrazione, dazi ecc.), che le riguardano; questi trattati accanto alla firma del ministro degli esteri *devono* dal 1907 in poi recare anche la firma di un rappresentante del governo austriaco o ungherese o, a seconda dei casi, di tutti e due i governi (v. il testo del compromesso in Bernatzik op. cit. e v. il discorso del ministro degli esteri conte Aehrenthal in proposito nella delegazione austriaca ai 31 gennaio 1908, prot. stenogr.). Questi trattati, se non sono redatti in lingua francese, devono per l'Austria esser redatti in tedesco, per l'Ungheria in magiaro. Ambidue i testi sono autentici.

A caratterizzare gli inconvenienti di questo stato di cose merita notare il caso seguente: alla conferenza di Bruxelles per la convenzione degli zuccheri (firmata ai 5 marzo 1902) vi era un rappresentante per l'Austria, uno per l'Ungheria e uno per l'Austria-Ungheria. La conferenza riconobbe il diritto di voto e di firma ai due primi, non al terzo. Durante le discussioni i due primi rappresentanti ebbero spesso occasione di parlare uno contro l'altro; che abbia detto il terzo, non consta.

Fin qui abbiamo veduto il lato, diremo, politico-costituzionale dei rapporti fra Austria e Ungheria, rapporti regolati dalle due leggi fondamentali delle delegazioni e fondati sulla Sanzione prammatica. Qualcuno scorge in queste due leggi come un trattato di unione fra i due stati; formalmente però esse non lo sono, poichè sono state concretate tra il rispettivo parlamento e la corona, votate e sanzionate indipendentemente l'una dall'altra, anche se l'ultimo paragrafo (69) della legge ungherese faccia dipendere l'applicazione delle sue disposizioni concernenti gli affari prammatici dall'« adesione costituzionale » dell'Austria.

Invece il *lato finanziario, commerciale, economico* dei rapporti fra Austria e Ungheria, il contributo alle spese comuni per gli affari prammatici e gli affari detti dualistici sono regolati da veri accordi, che specialmente dal 1907 hanno assunto una forma di veri trattati internazionali fra Austria e Ungheria, fra governo austriaco e governo ungherese e fra i due parlamenti. Sono rapporti mutevoli, dipendenti dalle variabili condizioni economiche dei due paesi, e perciò soggetti — secondo il termine della legge ungherese (art. XII *ex* 1867, § 18) — a « contrattazioni » priodiche. Queste dovrebbero avvenire per mezzo dei due governi o di deputazioni dei due parlamenti; la modalità delle deputazioni è necessaria specialmente per fissare le *quote* (*Quoten-Deputation*); ma anche qui la legge austriaca è meno perfetta: oltrechè permetter l'applicazione anche in questi casi del § 14 la legge austriaca delle delegazioni concede all'imperatore il diritto di fissare, ma soltanto da anno in anno, la proporzione delle quote, se i due parlamenti non si accordano; non concedendogli la legge ungherese uguale diritto (fuorchè quello di presentare ai parlamenti una proposta sua d'accordo) il sovrano non può far uso della prerogativa concessagli dalla legge austriaca che a danno degli interessi austriaci, come avvenne finora ripetutamente.

Per consuetudine questi accordi-trattati si rinnovano fra Austria e Ungheria ogni 10 anni separatamente: uno per la *quota*, uno (ed è il vero « compromesso », l'*Ausgleich*, lo *Zoll-und Handelsbündnis* decennale) per gli affari dualistici (doganali, commerciali, tariffari), uno per il debito pubblico, uno per la banca comune d'emissione privilegiata e uno per gli affari militari (leva, sistemi ecc.). Tutti questi trattati e accordi, in quanto non riguardino disposizioni di pura competenza amministrativa ministeriale, devono naturalmente essere approvati dai due parlamenti (meno il caso per l'Austria del § 14).

Anche nel fissar la *quota* gli ungheresi finora hanno saputo trar per sè i vantaggi maggiori e, se in seguito — dopo il primo compromesso del '67 — hanno ceduto quelche po' su questo punto, è stato per conseguire nuovi compensi di carattere economico o politico in altri punti controversi dei rapporti austro-ungarici. La legge ungherese del '67 (art. XII) stabilisce anzitutto che i dazi doganali comuni (cioè gli introiti per dazi sulle merci importate nella monarchia meno le restituzioni di alcuni dazi di consumo, che vedremo) debbano esser tutti assegnati per la copertura delle spese al bilancio comune; l'Austria quindi, che ha l'importazione maggiore (anche perchè accerchiando essa in gran parte l'Ungheria ha ai suoi confini tutte le stazioni più importanti del commercio con l'estero), è da questa disposizione la maggiormente aggravata, deve dalle sue casse restituire la massima parte dei dazi d'importazione. Inoltre gli ungheresi sono riusciti a far sì, che la *quota* fosse fissata in misura delle « forze finanziarie » dei due paesi, termine molto elastico, mentre gli austriaci vorrebbero, che la misura fosse la parità (pari diritti quindi pari doveri, 50:50) o almeno la proporzione nume.

rica della popolazione (57.6 : 42.4, proporzione, che è fatta valere dalle leggi militari per il contingente di leva). Invece secondo il principio voluto dagli ungheresi la legge delle *quote* del '67 fissava la proporzione di 70:30 per cento: l'Austria pagava il 70 % e l'Ungheria il 30 % delle spese comuni restanti dopo detratti gli introiti dei dazi comuni. Gli scrittori austriaci affermano però, che calcolando i dazi, la proporzione si alterava a danno dell'Austria fino al 86.3 : 13.7 %.

Nel 1878 e nel 1887 la *quota* fu rinnovata con leggi (sempre per 10 anni); dal 1897 fino al 1907 non fu possibile ottenere un accordo fra i due parlamenti, prima per l'ostruzionismo austriaco poi per quello ungherese. L'imperatore provvide allora con decreti sovrani per l'Austria e, quando nel 1905 anche l'Ungheria si rifiutò di approvare, vi fu un periodo di quasi due anni, in cui la quota non era regolata in nessun modo; una sanatoria dei 28 luglio 1906 corresse questo periodo di illegalità e nel 1907 si ebbe di nuovo una legge delle quote in pieno ordine. Intanto avendo gli ungheresi ottenuto l'incorporazione dei confini militari (v. pp. 150 e ss.) all'Ungheria nel 1881, aderirono ad un primo aumento della loro quota: cioè assunsero delle spese comuni da quotarsi il 2 % (il *praecipuum*, fu detto) a proprio conto, il rimanente 98 % fu diviso quindi nella proporzione del 70:30. Nel 1899 l'Ungheria ottenne, che i dazi di consumo sull'alcool, sullo zucchero, sulla birra e sul petrolio (materie di grande produzione dei due paesi della monarchia), introitati al momento della produzione o dell'importazione dall'estero, fossero « restituiti » (*Zoll-Restitutionen* per i dazi di confine, il procedimento è detto *Ueberweisungsverfahren*: assegnamenti) a quello dei due paesi, dove questi prodotti sono consumati. Questa di fatto è già in parte una vera barriera doganale fra i due stati e con ciò l'Ungheria ritrae dalle casse austriache in media ogni anno 11-12 milioni di corone (nel 1903 erano 16·8 milioni). In compenso gli ungheresi dovettero aderire, che nel 1900 la quota fosse mutata in 66 46/49 : 33·3/49. Nel 1907 — dopo che l'Ungheria avea ottenuti altri vantaggi economici e politici, che vedemmo e che vedremo — la quota fu di nuovo mutata per i prossimi dieci anni, fino ai 31 dic. 1917, in 63·6 : 36.4 %.

Soltanto per le spese della *lista civile* gli ungheresi vollero a pari diritti contrapporre e subire pari obblighi e qui accettano la quota del 50 : 50 % (11·3 milioni di corone per ciascuno dei due stati; il bilancio austriaco segna in più 201.528 cor. per le spese della cancelleria privata dell'imperatore).

A mo' d'esempio diamo qui l'ultimo *bilancio « comune »* della monarchia austro-ungarica di previsione per l'anno 1914-1915 (v. atti della delegazione austriaca: *Budgetjahr* 1914-15, I) in corone:

SOMMARIO

Spese		*Copertura*	
Ministero esteri	19.928.373	Introiti (tasse consolari ecc. 1.065.000, tasse militari ecc. 11.046.157, tasse del ministero finanze ecc. 224.732)	12.335.889
Ministero guerra:			
1) Esercito	495.700.572		
2) Marina	76.796.710		
Ministero finanze comuni	5.272.166		
Controllo dei conti . .	360.587	Dazi doganali (risultanti dal conto, che segue più giù)	216.454.959
	598.058.408	63·6 % del resto, *quota* austriaca	234.854.168
		36·4 % del resto, *quota* ungherese	134.413.392
			598.058.408

Crediti speciali.

Ministero guerra:			
1) Esercito	81.310.000	*Quota* austriaca (63·6 %)	115.949.160
2) Marina	101.000.000	*Quota* ungherese (36·4%)	66.360.840
	182.310.000		182.310.000

Crediti suppletori per il primo semestre 1914.

Ministero esteri	765.300	*Quota* austriaca (63·6 %)	6.493.751
Ministero guerra (esercito) .	9.445.000	*Quota* ungherese (36·4 %)	3.716.549
	10.210.300		10.210.300

Dazi doganali di previsione 1914-15

Introiti negli uffici doganali austriaci	188.350.000
Introiti negli uffici doganali ungheresi	35.701.000
Introiti negli uffici doganali della Bosnia-Erzegovina	1.394.030
	225.445.030
Da detrarsi le spese di regìa in Austria	5.857.500
Da detrarsi le spese di regìa in Ungheria	1.704.000
Da detrarsi il contributo dovuto per legge al governo provinciale della Bosnia-Erzegovina	1.428.571
Restano (v. sopra nel sommario)	216.454.959

Oltre al bilancio comune austro-ungarico, che è approvato dalle delegazioni, vi sono nella monarchia i due grandi bilanci austriaco (per il 1914-15 di 3.460.726.156 cor.) e ungherese (di circa 2 miliardi), che sono approvati dai parlamenti di Vienna e di Budapest e che contengono ciascuno la posta della propria *quota* per le spese comuni, inoltre i bilanci minori della Croazia, della Bosnia-Erzegovina e delle varie province austriache, che sono approvati dalle rispettive diete e tutti completamente indipendenti l'uno dall'altro. Tutti questi bilanci hanno poi proprie spese militari (quello austriaco per es. per la *Landwehr* nel 1914-15 oltre 131·3 milioni di cor., quello ungherese per gli *honveds* circa 80 milioni).

L'essenza delle leggi e « ordinanze » ministeriali regolanti i rapporti di carattere finanziario, commerciale, economico fra Austria e Ungheria è questa: l'Ungheria si fa pagare in contanti dall'erario statale austriaco quei vantaggi, che dall'unione doganale derivano alle industrie, ai commerci e in genere all'economia nazionale dell'Austria; in questo modo l'Ungheria consolida le proprie finanze statali, che permettono al governo ungherese di dare un maggiore sviluppo alla sorgente industria ungherese, di tutelare efficacemente gli interessi agrari ungheresi e di preparare così alacremente l'indipendenza dell'economia nazionale d'Ungheria. Questo fatto risulta ad evidenza da un esame particolareggiato, che faremo delle leggi dei « compromessi » decennali sugli affari dualistici dal 1867 in poi.

I principî, che informarono il primo compromesso economico e che gli austriaci vorrebbero rispettati anche nei seguenti, sono: 1) unione doganale territoriale (*Zoll-Union*) e 2) identità di dazi doganali, affinchè i due stati formino un unico territorio di produzione e di libera concorrenza per i cittadini di ambidue gli stati e di protezione verso l'estero. Il valore di questi principî, specialmente per l'Austria, che nell'Ungheria agricola aveva ed ha il maggior mercato dei suoi prodotti industriali, si desume da queste cifre: presentemente il commercio fra l'Austria e l'Ungheria (*Zwischenverkehr*) importa annualmente in media uno scambio di merci per il valore complessivo di 2·2 miliardi di *corone;* gli articoli principali d'esportazione dall'Ungheria in Austria sono il grano e le farine (per es. nel 1905 circa 20·5 milioni di quintali, cioè l'84·6 % dei cereali esportati dall'Ungheria) e il bestiame da macello (nel 1905 per il valore di 184·9 milioni di corone e nel 1906 buoi 269.844 capi per il valore di 106·3 milioni di cor. e suini per il valore di 60 milioni di cor., mentre dall'Austria s'importarono nello stesso anno in Ungheria soltanto 11.161 buoi per il valore di 2.889.620 cor. e suini per 90.000 cor.); l'Austria invece importa in Ungheria più di tutto prodotti tessili (per es. nel 1905 circa 450.8 milioni di cor., cioè il 45 % di tutta l'esportazione dall'Austria in Ungheria). Da qui il detto: « L'Ungheria alimenta l'Austria, l'Austria veste l'Ungheria ».

All'*industria ungherese* però naturalmente non può riuscire utile la concorrenza dell'evoluta industria austriaca, mentre l'agricoltura ungherese nulla o poco può temere da quella austriaca, che non può di un tratto intensificarsi fino a bastare all'Austria. L'Ungheria approfitta di questa sua posizione vantaggiosa per paralizzare *con propri mezzi* quanto più la concorrenza industriale austriaca e quindi a incrementare le proprie industrie nazionali il governo ungherese concede esenzioni di imposte, sovvenzioni in contanti, uso gratuito di fondi e di materiale di costruzione, fa una politica tariffaria di ferrovie molto perspicace, esclude l'industria austriaca dalle forniture pubbliche (a parte il famoso boicottaggio contro le merci austriache, detto « del tulipano », il fiore nazionale, nel 1905-6). Gli economisti austriaci (v. Bernatzik op. cit.) rimproverano in più gli ungheresi di fare una « concorrenza sleale » alle industrie austriache per il fatto, che la legislazione ungherese sociale, di protezione per i lavoratori, è ancora molto imperfetta e quindi tiene basso il prezzo della mano d'opera. Gli industriali e commercianti austriaci cercano di rimediare a questa specie di concorrenza fondando filiali dei loro stabilimenti in Ungheria e perciò l'ultimo compromesso del 1907 provvede ad equiparare le persone giuridiche (case industriali, società, assicurazioni ecc.) e ad evitare le imposizioni di doppie imposte (austriaca e ungherese) sullo stesso contribuente nei due stati. Queste filiali finiscono però con naturalizzarsi e segnano poi un incremento della ricchezza nazionale ungherese. Negli ultimi compromessi l'Ungheria è riuscita ancor più con specie di veri *dazi larvati e accordati con l'Austria* per alcuni prodotti creare di nuovo quasi una barriera doganale fra i due stati (v. p. 274 sugli « assegnamenti » e più giù sui « contingenti » e sullo zucchero).

Un vero formale dazio intermedio (*Zwischenzoll*) fra Austria e Ungheria, sebbene in misura insignificante, esiste *ab antico* a favore del Tirolo, sempre geloso dei suoi privilegi, sui grani importati in quella provincia.

I primi tre « compromessi » economici (1867, 1878 e 1887), stipulati fra i due governi, furono debitamente fatti leggi dai due parlamenti. La maggiore difficoltà nel '78 e nell'87 si ebbe per la Banca austro-ungarica, di cui il privilegio di emissione, concessole nel 1862, scadeva nel 1878. Dopo lunghissimi dibattiti e dopo essersi persino progettato da parte di ambidue i governi, come nel medio evo, di ricorrere all'arbitrato della facoltà giuridica dell'università di Heidelberga, fu deciso di prolungare il privilegio per altri dieci anni e nel 1887 lo statuto della Banca subì forti modificazioni a favore dei postulati ungheresi. La Bosnia-Erzegovina fu inclusa nel 1879 nel comune territorio doganale.

Ma poi dal 1890 con alcune leggi e ordinanze speciali si cominciò ad alterare sempre più il compromesso a vantaggio dell'economia nazionale ungherese. Nel 1891 la *Società di navigazione « Lloyd »*, fino allora austro-ungarica, intorno alla quale si combatterono vere battaglie alle delegazioni per le imposte da essa pagate soltanto all'Austria, divenne puramente austriaca e l'Ungheria fondò a Fiume una propria navigazione, l'*Adria*, che conchiuse con il *Lloyd* un cartello per la divisione del commercio loro. — Nel 1892 la *valuta comune* « *austriaca* » (fiorini) fu mutata in una nuova « valuta di corone » austroungarica (doppio conio: austriaco con emblemi austriaci e con dicitura latina e ungherese con emblemi ungheresi e con dicitura magiara; i biglietti di Banca hanno doppio stampo: da una parte emblemi austriaci e dicitura tedesca con in margine in piccoli caratteri espresso il valore nelle altre otto lingue delle province austriache e dall'altra parte emblemi ungheresi e dicitura soltanto magiara). — Il diritto delle *marche di fabbrica* fino al 1890, quello dei *brevetti* (patenti) fino al 1893 e quello sulla difesa legale dei *campioni di merci* fino al 1908 erano stati identici per ambidue gli stati; in quegli anni l'Ungheria separò la sua legislazione in quelle materie dall'austriaca e fu stabilito fra i due stati soltanto il principio di reciprocità in proposito. — Nel 1897 furono introdotte nuove tasse portuali e nel 1907 fu stabilito, che la polizia dei porti e gli ordinamenti per i lavoratori del mare non appartenevano più agli affari dualistici (quindi ogni stato ci provvedeva da sè indipendentemente dall'altro). — La *rappresentanza commerciale* (*consolati*) dei due stati all'estero è comune, il che potrebbe portare a conflitti d'interessi specialmente nel caso, che non si rinnovasse l'unione doganale. Fino al 1891 i giudizi consolari austroungarici nei paesi con capitolazioni procedevano e giudicavano in base a due decreti imperiale e ministeriale del 1855 secondo le leggi austriache, anche se si trattava di cittadini ungheresi; per le cause civili vigeva e vige la « patente sommaria » (*Summarpatent*) dei 24 ott. 1845. Nel 1891 gli ungheresi ottennero che anche nei giudizi consolari si applicassero ad essi i codici ungheresi.

Dal 1897, scaduto il terzo compromesso, cominciano le lotte parlamentari prima a Vienna e poi a Budapest, che fino al 1907 impediscono la rinnovazione legale di un compromesso. Nel parlamento austriaco s'impegnò appunto intorno al progetto del compromesso quella feroce battaglia nazionale fra slavi e tedeschi, che con la famigerata *lex Falkenhayn* contro l'ostruzionismo dei tedeschi portò la polizia nell'aula delle sedute, degenerò in un tumulto sanguinoso tra i deputati, in dimostrazioni popolari per le vie e provocò la caduta del ministero Badeni. Entra in azione il § 14 e ancor oggi vigono parecchie disposizioni di quei decreti-leggi, senza che il parlamento mai li abbia ratificati (così lo statuto della Banca e le leggi d'imposte sulla birra, sugli alcools e sullo zucchero dal 1899) e senza che il governo si dia più dopo il 1907 nemmeno la pena di presentarli al parlamento del suffragio universale per una ratificazione. L'Ungheria ottenne per la prima volta con questi decreti-leggi (1899) che assieme con gli affari industriali si regolassero anche questioni agrarie: cioè il commercio del bestiame; ottenne inoltre, che fosse istituito uno speciale ufficio di statistica del commercio interstatale fra Austria e Ungheria.

Giunti al potere in Ungheria i partiti di opposizione (ministero Wekerle-Kossuth-Andrassy) si conseguì legalmente nel 1907 il nuovo compromesso, che vige ancora. Vedemmo le *conquiste di carattere politico* fatte in quest'occasione dagli ungheresi, fra le quali non insignificante anche quella, che ciascuno dei due stati si riserva il diritto di denunciare per mezzo del ministro comune degli esteri i trattati commerciali conchiusi con stati esteri. — La forma del compromesso economico di solito è quella di un complesso di più leggi (e ordinanze per le materie di competenza esclusiva dei ministri) regolanti le varie questioni, fra le quali principale quella della comune tariffa doganale da far valere verso l'estero (la riscossione dei dazi doganali avviene però per mezzo degli uffici doganali particolari di ciascuno dei due stati e i denari vanno nelle casse dei due ministri delle finanze austriaco e ungherese, che poi, fatte le debite detrazioni, li passano al ministro comune delle finanze per le sue spese comuni). Però anche nella forma del compromesso del 1907 gli ungheresi hanno ottenuto una concessione ai loro postulati nazionali; hanno dato agli accordi stipulati per le questioni doganali e commerciali una forma di trattato internazionale « come fra due stati del tutto estranei », disse allora Kossuth, ministro del commercio, alla camera di Budapest e aggiunse che il « trattato (*Vertrag* e non più *Zoll-und Handelsbündnis*) regolante i rapporti reciproci di commercio e di scambio » segnava « il trionfo dell'Ungheria e la bancarotta del punto di vista sostenuto per decenni dall'Austria »: erano protocolli, convenzioni, allegati riuniti tutti con una clausola generale di approvazione contenuta in una di quelle leggi dette « a mantello » (*Mantel-Gesetz*), perchè ricoprono tutt'una serie di disposizioni allegatevi. L'unica differenza formale fra un trattato internazionale e questo austro-ungarico consiste appunto in ciò, che il primo è approvato dai due parlamenti con un semplice voto di maggioranza (*Beschluss*), mentre il secondo ha bisogno di questa leggina-mantello.

Le principali disposizioni del compromesso ora vigente, oltre quelle vedute, sono quelle sulla *politica ferroviaria* tra i due stati (v. append. prec.) e poi quelle sui *monopoli del sale e del tabacco* (prezzi e concessioni di nuovi spacci da stabilirsi di comune accordo) sulle *imposte indirette* dei prodotti industriali (alcool, birra, zucchero e petrolio; le condizioni di produzione, in quanto dipende dallo stato, devono esser rese uguali in ambidue gli stati; i tassi d'imposta e dei premi d'esportazione devono esser quindi stabiliti di comune accordo; i premi e le restituzioni dei dazi di consumo sui prodotti nazionali esportati devono esser divisi fra i due stati secondo la quantità effettivamente esportata da ciascuno dei due paesi) sull'esenzione d'imposte per i titoli della *rendita di stato ungherese*, ai quali fu concessa pure la « garanzia delle casse di risparmio » (cioè le casse e le banche sono autorizzate di tenerli nel proprio portafoglio come denaro contante; essendo l'Austria il mercato maggiore della rendita ungherese il vantaggio per l'Ungheria è sensibile), sui rapporti *postali, telegrafici e telefonici* (finora tariffe identiche; ma se in avvenire un accordo si rendesse impossibile entrerebbe in vigore l'unione postale universale « come fra due stati del tutto estranei tra di loro » dice il compromesso).

Un'importantissima violazione del principio sostenuto dagli statisti austriaci dell'uguaglianza perfetta nelle condizioni di produzione e quindi della libertà di concorrenza fra le industrie dei due stati fu ottenuta dagli ungheresi nella legge concordata fra Austria e Ungheria dei 20 giugno 1888, con la quale a ciascuno dei due stati veniva assegnato un dato contingente di *alcool* da produrre alle stesse condizioni più favorevoli (*Kontingentierung*: per l'Austria 1.017.000 ettolitri, per l'Ungheria 816.000, per la Bosnia-Erzegovina 8.000). Un' eventuale produzione maggiore veniva colpita da tassi superiori. — Con la legge dei 31 genn. 1903 si tentò lo stesso procedimento anche per la produzione dello *zucchero* in Austria e in Ungheria. Ma contro questa legge, che in pari tempo violava i principî della convenzione di Bruxelles del 1902, insorsero gli stati firmatari, specialmente la Francia, e la legge fu abrogata con un decreto imperiale a § 14. Gli ungheresi ottennero invece nel 1907 un compenso ben maggiore: un vero dazio ungherese sullo zucchero austriaco importato in Ungheria in quantità superiore ai 225.000 quintali all'anno e viceversa un dazio austriaco sullo zucchero ungherese importato in Austria in quantità maggiore ai 5000 quintali annui; per la Bosnia-Erzegovina fu pure fissato un contingente in proporzione. Fu detta questa la « soprattassa sullo zucchero » (*Zucker-Surtaxe*), ma in realtà è un vero dazio, che non viene riscosso al confine, bensì dopo fatti i conteggi delle spedizioni. Questa disposizione resta in vigore, finchè dura la convenzione di Bruxelles; vuol dire che poi si ritornerà ai contingenti come per gli alcools.

L'innovazione forse più importante dal lato politico nelle leggi del 1907 è l'istituzione di un *tribunale arbitramentale*, come fra due stati veramente indipendenti, per le eventuali controversie, che potrebbero sorgere dalle leggi del compromesso. Il tribunale è composto da arbitri nominati due da ciascun governo; il presidente è preso a sorte da una lista permanente combinata fra i due governi (art. XXIV del trattato 1907).

Due altre questioni molto controverse e lungamente dibattute fra Austria e Ungheria sono quelle del *debito pubblico* e della *Banca comune*.

Abbiamo veduto a p. 141 e s. che l'Ungheria pur non riconoscendo la validità costituzionale dei debiti conchiusi dall'« impero austriaco » prima del 1867 aveva aderito a contribuire parzialmente con 29,180,000 fiorini annui (circa il 23.9 % di tutti gli interessi) al pagamento degli interessi dovuti dall'Austria per un debito complessivo di 3025 milioni di fiorini, capitalizzato secondo il tasso del 5 % alla fine del 1867 (eccettuati i debiti fluttuanti: carta moneta e bancari), nonchè con 1.150.000 fior. annui all'ammortizzazione del debito pubblico. Da parte austriaca s'interpretò allora questa partecipazione come un riconoscimento ungherese che il debito dei 3025 milioni fosse comune a tutto l'« impero ». Gli ungheresi invece negando l'esistenza dell'impero comune negarono anche la comunanza del debito: unico debitore secondo gli ungheresi era lo stato austriaco. Di fatti quando nel 1868 in seguito all'accordo con l'Ungheria 49 delle 87 varie specie di titoli austriaci fino allora esistenti furono consolidate e convertite nella « rendita unificata » al 5 % con un'imposta del 16 % sulla rendita (*Coupon-Steuer*, quindi rendita effettiva del 4.2 %), tutto l'odio dell'estero per questa « dichiarazione d'insolvenza » cadde sull'Austria, i valori di stato austriaci furono cancellati dal listino di borsa di Londra e il corso della rendita cadde nel 1869 fino a 57 1/2 punti (la media del corso in quell'anno non superò i 61.28 punti). Appena 30 anni più tardi il corso di questa rendita austriaca raggiungeva la pari e per qualche anno la passava. E' vero però che lo stato conseguiva un risparmio di 22 milioni di fior. (44 milioni di corone) annui di minori interessi.

Gli austriaci avevano quindi finito con l'accomodarsi al concetto ungherese trovando utile che il contributo dell'Ungheria al servizio del debito restasse immutato. Quando però nel 1901 — viste le buone condizioni della vendita unificata al 4.2 % — il ministro austriaco delle finanze von Böhm si accinse a convertirla al 4 %, gli ungheresi non vollero ammetere l'immutabilità del loro contributo e pretesero di partecipare ai vantaggi della conversione, poichè — affermavano — partecipando essi anche all'ammortizzazione del debito era evidente che fossero debitori comuni solidali almeno per la parte corrispondente al loro contributo. Qui insorse la questione, quale fosse questa parte corrispondente. Gli ungheresi affermavano che dovesse conteggiarsi secondo il tasso originario del 5 %, gli austriaci invece invocavano il testo della loro legge che parlava di tasso effettivo, cioè detratto il 16 % dell'imposta sui *coupons* di 4.2 %. Nella legge ungherese quest'accenno non c'era. La differenza era rilevante: secondo gli ungheresi la parte del loro debito era di soli 1176 milioni di *corone* e secondo gli austriaci era di 1400 milioni. La questione rimase allora insoluta anche perchè l'Ungheria non sarebbe stata in grado di estinguere subito la sua parte del debito. Non volendo dall'altro canto l'Austria aderire ad una diminuzione del contributo ungherese, il governo austriaco convertì al 4% soltanto una parte del debito, cioè 3,620,886,000 corone. Il resto rimase al 4.2% (effettivo) sotto il nome di «blocco ungherese» della rendita (*ungarischer Block*). La controversia fu però legalmente risolta con il compromesso del 1907 così: se l'Austria converte la rendita del «blocco ungherese», l'Ungheria si obbliga di estinguere al più tardi entro 22 anni dal giorno della conversione la sua parte del debito, approfitterà intanto dei vantaggi dell'eventuale conversione. La parte dovuta dall'Ungheria ammonterà a 1348 milioni di corone, se l'estinzione ne sarà fatta entro i primi dieci anni dopo la conversione; se più tardi, salirà fino a 1389 milioni. L'Austria farà tutte le facilitazioni, che fa ai titoli di stato austriaci, a quei titoli, che l'Ungheria emetterà per procurarsi i mezzi necessari per l'esinzione del suo «blocco»; concederà loro anche la «garanzia pupillare». Date le tristissime condizioni della rendita austriaca sul mercato dopo il 1907 non fu naturalmente più possibile pensare ad una nuova conversione. Vi fu ancora una controversia per il debito fluttuante di 80 milioni di fiorini dovuto da prima del 1867 dal governo austriaco alla *Banca comune austro-ungarica* (fino al 1876 si chiamava Banca nazionale austriaca); nel 1867 questo debito fu tenuto segreto ai due parlamenti e nel 1870 l'amministrazione ne passò dal ministero comune austro-ungarico delle finanze al ministero austriaco. L'Ungheria dichiarò subito nel 1867, appena sorta la questione con l'Austria per il privilegio di emissione concesso senza il consenso ungherese alla Banca, che essa Ungheria non riconosceva alcun obbligo suo verso la Banca. Appena nel 1878 si venne ad un accordo, secondo cui la Banca doveva estinguere il suo credito con la partecipazione ai suoi utili, che avrebbe dovuto pagare ai due stati. Con l'accordo del 1899 il debito verso la Banca doveva esser ridotto a 30 milioni di fiorini in questo modo: l'Austria doveva pagare in oro alla Banca in una volta 30 milioni di fiorini; ciò che mancava, perchè il restante debito fosse ridotto a 30 milioni, doveva venir coperto dalle riserve della Banca; l'Ungheria si obbligava di partecipare al pagamento fatto subito dall'Austria con 9 milioni di fiorini da rifondere al governo austriaco in 50 rate annue di 180.000 fior. cominciando dal 1900 e senza interessi. In compenso Austria e Ungheria si accordavano di prolungare il privilegio della Banca, ma la Banca non doveva più trattenersi la parte dei due stati agli utili, finchè durava il privilegio (prolungato di nuovo nel 1910 fino al 31 dic. 1917 con queste identiche condizioni). Questo debito bancario è fin dalle origini sue senza interessi. Serve un po' di ricatto fra la Banca e i due Stati nella questione del privilegio, che ora esamineremo.

Abbiamo veduto a pp. 106 e 107 le condizioni fatte alla Banca nazionale e il privilegio di emissione concessole fino al 1876. Subito dopo il 1867 cominciarono le proteste degli ungheresi contro questo privilegio; che quasi asserviva tutta la loro economia nazionale finanziaria ad un istituto austriaco. Per gli austriaci invece l'*unità della Banca d'emissione* e quindi l'unità dei biglietti di banca e l'unità del tasso di sconto bancario, di questo regolatore principale del prezzo del credito, erano questioni di somma importanza economica; anche dal lato politico importava moltissimo alle alte sfere auliche e militari austriache, che le riserve di oro fossero custodite nei sotterranei della banca a Vienna per averli a portata di mano nei casi straordinari (guerre, insurrezioni, crisi internazionali); il possesso della moneta effettiva dà naturalmente nei casi estremi alle sfere di Vienna anche il potere effettivo; all'Ungheria, come alle provincie austriache, resta la carta dei biglietti di banca; l'oro concentrato a Vienna è quindi pure un potente freno contro qualsiasi azione politica ungherese, che spiaccia all'Austria. — L'agitazione degli ungheresi per avere la propria banca tacque un po' in seguito al gran *crac* del 1873; con tutto ciò già la prima rinnovazione del compromesso austro-ungarico nel 1878 con il nuovo Statuto della banca (legge dei 27 giugno 1878) portò sensibili concessioni all'Ungheria: la Banca continuò ad essere un unico soggetto giuridico, una società per azioni, sotto controllo dei due Stati, ma prese il nome di « Banca austro-ungarica », mutò gli emblemi da imprimersi sui biglietti di banca (da una parte austriaci, dall'altra ungheresi; la moneta metallica invece, pur essendo della stessa valuta, ha o il conio austriaco o quello ungherese) e ottenne il privilegio di essere l'unico istituto di emissione nella monarchia per la durata dei prossimi 10 anni; ogni 10 anni il privilegio doveva esser rinnovato, altrimenti scadeva, come i compromessi commerciali, come gli accordi per la *quota*. L'amministrazione della banca fu divisa fra Austria e Ungheria nel modo seguente: la sede è Vienna, però vi sono per tutti gli affari della banca due istituti principali, uno a Vienna e uno a Budapest, ciascuno con la propria direzione formata da sei consiglieri generali, dal vicegovernatore, che la presiede, e dal suo sostituto, cittadini tutti questi del rispettivo Stato. L'amministrazione centrale è retta dal « consiglio generale » formato dai dodici consiglieri generali (6 austriaci e 6 ungheresi, eletti dall'assemblea generale degli azionisti e confermati dall'imperatore) e presieduto dal governatore nominato dal sovrano. Anche l'assemblea degli azionisti diviene di regola palestra di competizioni nazionali fra tedeschi, che vi formano ancora la maggioranza degli azionisti austriaci, e czechi alleati agli altri slavi.

I due governi nominano ciascuno un proprio commissario governativo, che ha diritto di sospendere l'esecuzione dei deliberati dell'assemblea, del consiglio o delle direzioni, se li ritiene dannosi allo stato. Un Tribunale arbitramentale composto di giudici delle Supreme corti di giustizia di Vienna e di Budapest dirime le controversie.

Nel 1887 il privilegio fu rinnovato con un nuovo statuto, che faceva altre concessioni al principio dualistico nell'amministrazione della banca. Dal 1897, in seguito agli ostruzionismi della camera austriaca, non si viene ad un accordo fra i due parlamenti. In Austria quindi il governo provvede con decreti imperiali a § 14; in Ungheria si vota nel 1899 il prolungamento del privilegio fino ai 31 dic. 1910. Ma ora comincia da parte dei quarantottini kossuthiani d'Ungheria l'agitazione più viva per la banca nazionale ungherese. Come prima concessione esigono sia abrogata nello statuto della banca la sospensione dei « pagamenti obbligatori in moneta effettiva » (cioè in oro secondo la valuta in corone del 1892). Questa è la tanto dibattuta questione delle *Barzahlungen* (pagamenti effettivi). La mancanza dell'obbligo di pagare in oro ha o meglio può avere effetti nocivi per l'economia con le oscillazioni dell'aggio, dello sconto, negli scambi internazionali, specialmente in momenti di crisi; ma in tempi normali gli effetti non sono sensibili; la banca poi, onde toglier agli ungheresi ogni motivo di lamentele da questo lato, negli ultimi tempi con le sue molte filiali, sparse per tutte le città maggiori, ha cercato di favorire quanto più lo sviluppo economico, industriale e commerciale d'Ungheria. E' vero che, mutando i tempi, potrebbe anche mutare la sua politica bancaria. Per ora a maggior garanzia degli ungheresi il governatore della banca è un magiaro, il dott. Alessandro Popovich. L'agitazione per i pagamenti effettivi aveva quindi la sua ragione politica: quella di far affluire poco a poco l'oro anche in Ungheria onde creare in mano del governo ungherese il primo requisito indispensabile per l'istituzione di una banca nazionale d'emissione, necessaria alla sua volta per una completa *emancipazione economica ed anche militare* di una nazione. Ed è questo, che l'Austria ha voluto evitare in ogni modo.

Perciò andò a vuoto l'accordo fra i ministeri Koerber e Szell, stipulato la notte di s Silvestro fra il 1902 e 1903 per ristabilire i pagamenti effettivi, e perciò la coalizione ungherese con maggioranza quarantottina si rifiutò nel 1907 con l'ultimo compromesso di prolungare oltre il 1910 il privilegio della banca. Debellata invece la coalizione, il nuovo ministero ungherese di Khuen-Hedervary estendeva il privilegio fino ai 31 dic. 1917, giorno in cui scade l'intero compromesso austro-ungarico, lasciando nello statuto nuovo alla Banca l'iniziativa (caso stranissimo di diritto costituzionale!) di proporre, quando le parrà opportuno, la ripresa dei pagamenti effettivi ed accentuando pur sempre in principio il diritto di ciascuno dei due stati d'istituire dopo il 1917 proprie banche di emissione.

Abbiamo veduto le controversie austro-ungariche ancora insolùte e i parziali successi ottenuti dagli ungheresi dopo il 1867 nelle questioni dei titoli degli emblemi dei simboli delle due monarchie e dei due stati e nelle questioni militari di carattere politico costituzionale (v. pp. 136 e 144). Ci resta ad accennare alle questioni di carattere economico per le *forniture militari*, per la partecipazione dell'Ungheria agli utili delle investizioni, delle spese fatte dall'amministrazione dell'esercito e della marina comuni. Gli ungheresi negli ultimi anni (specialmente con una convenzione del 1906 fra i 2 governi) sono riusciti a far valere il principio, seppure non ancora codificato nelle leggi del compromesso, che l'Ungheria debba partecipare agli utili in proporzione adeguata ai suoi contributi di denaro (*quota*) e di uomini e, se le industrie ungheresi non bastano alla parte, che loro toccherebbe dei prodotti fabbricati da fornirsi, ne debba venir compensata l'agricoltura ungherese con ordinazioni di prodotti agricoli. Anche per questo negli ultimi tempi lo Stato ungherese si affretta ad erigere fabbriche di cannoni, di munizioni su proprio territorio e persino di dare all'arsenale di Fiume *Danubius* un tale sviluppo da metterlo in grado di costruire la quarta delle 4 *Dreadnoughts* austro-ungariche (la *Szent Istvan*, la cui costruzione tarda ancora di essere compiuta fra le proteste degli austriaci). Gli atti delle delegazioni danno prova di queste competizioni militari economiche: il ministero comune della guerra fu costretto dagli ungheresi di presentare al controllo delle delegazioni ogni volta ampi resoconti stampati delle forniture e delle spese fatte secondo la loro destinazione a vantaggio di uno o dell'altro stato e persino — data l'importanza degli stipendi ai gradi superiori — delle proporzioni, in cui i cittadini dei due stati partecipano a formare l'ufficialità dell'esercito e della marina ed a fruire delle borse di studio per le scuole militari.

Le dignità e gli uffici aulici, eccezion fatta per la Guardia della corona ungherese, sono comuni, come il sovrano, a tutta la monarchia; ma anche qui poco a poco gli ungheresi hanno ottenuto concessioni al loro punto di vista nazionale: l'autografo sovrano dei 20 nov. 1893 ordina che in tutte le cerimonie e in tutti gli atti solenni riguardanti le cose d'Ungheria la corte, che accompagna il sovrano o il suo rappresentante sia composta « esclusivamente di dignitari aulici ungheresi »; l'autografo sovrano dei 13 dic. 1895 crea un « maresciallo di corte in Ungheria », che sostituisce a Budapest il Gran maresciallo comune, quando questi è assente. L'antico Tribunale aulico patrimoniale del Gran maresciallo vive ancora a Vienna secondo il decreto aulico dei 14 ott. 1785 e la sua competenza quale I istanza civile si estende oltrechè sulle persone della dinastia anche su persone e famiglie, che l'imperatore fino a pochi anni fa con ordinanze ministeriali poteva sottrarre ai giudici comuni; ora per queste sottrazioni si richiede una legge parlamentare; le persone e famiglie sottrattevi sono elencate nell'introduzione al codice di procedura civile. II e III istanza sono le corti supreme comuni di Vienna. Gli ungheresi non hanno voluto riconoscere la competenza di questo tribunale aulico per l'Ungheria e quindi una legge ungherese del 1909 creò un Tribunale ungherese del gran maresciallo aulico. I giudici ungheresi negano poi all'Ufficio del Gran maresciallo aulico di Vienna il diritto di concedere i titoli aulici (forniture di corte ecc.) per la corona di s. Stefano; questa non deve apparire nei titoli austriaci.

Molte questioni nei rapporti fra Austria e Ungheria sono ancora insolute: manca la legge che regola le funzioni del Tribunale comune di stato contro i ministri comuni messi in istato d'accusa (la loro responsabilità è quindi illusoria); non si sa, a chi spetti il diritto di ordinamento degli uffici comuni, cioè dei tre ministeri, della Suprema corte dei conti comune (organizzata con decreto sovrano dei 22 febbr. 1870), delle rappresentanze diplomatiche e consolari all'estero, a chi il diritto di regolare la prammatica di servizio dei funzionari comuni, quale la lingua d'ufficio delle autorità comuni, quale sia il carattere giuridico dei beni comuni, specialmente del « fisco militare », quali i rapporti reciproci fra i tribunali, fra le autorità autonome dei due stati, ecc. ecc. (1). Quando si tien conto di tutte queste infinite cause di conflitti, di lotte politiche ed economiche fra austriaci e ungheresi, si può comprendere facilmente la sorveglianza poliziesca reciproca, il vero servizio di spionaggio, che si svolgono a Vienna e a Budapest nelle alte sfere per conto di un governo contro l'altro, onde esser informato a tempo delle mosse preparate dall'avversario. Specialmente intorno alla persona del sovrano e dei suoi consiglieri più intimi la sorveglianza si fa più assidua; è noto il caso toccato all'on. Polonyi, che dovette rinunciare al suo posto di ministro di giustizia nel gabinetto Wekerle-Kossuth-Andrassy perchè colto in flagrante di aver ordinato per mezzo di una avventuriera baronessa Schönberger un servizio di spionaggio intorno all'aiutante generale dell'imperatore, conte Paar.

---

(1) Si vedano su quanto sopra Gumplowicz, op. cit., Bernatzik, op. cit., Spitzmüller: *Die staatsfinanziellen Vereinbarungen in österr.-ungar. Ausglcich*, Vienna 1908, e lo *Staats-Wörter-Buch*, II ed., Vienna.

III.

Le riforme elettorali per i parlamenti, per le diete e per i comuni in Austria e in Ungheria.

Ogni allargamento del diritto di voto in Austria, sebbene per sè stesso significhi teoricamente un progresso in linea democratica, date le condizioni nazionali e culturali delle popolazioni e specialmente delle larghe masse rurali dell'impero, finora non ha fatto che consolidare le posizioni dei partiti aulici clericali reazionari e dare sempre maggior valore politico alle popolazioni rurali slave meno civili, il che appunto stava nel programma della reazione aulico-clericale-militare riordinante le proprie file sconvolte nel 1866. Già la prima riforma del 1873 per il parlamento, la quale introduceva le elezioni dirette e aumentava da 203 a 353 il numero dei deputati (la Dalmazia ora ne eleggeva 9, l'Istria 4, Gorizia e Gradisca 4, Trieste 4 e il Tirolo assieme con il Trentino 18) spostava le proporzioni dei partiti a danno dei partiti liberali tedeschi e italiani. Le riforme di Taaffe del 1882, che vedermo poi e che ridussero il minimo del censo necessario per il diritto di voto a 5 fiorini, le spostarono ancor maggiormente. Nel 1896 il ministero slavo di Badeni ridusse ancora il censo a 4 fiorini e aggiunse alle quattro curie elettorali già esistenti una quinta, la «curia generale», che eleggeva a suffragio universale 72 deputati (dunque con quelli delle prime 4 curie in tutto 425). Questa fu la legge elettorale, che restò in vigore per il parlamento austriaco fino al 1907 e che servì d'esempio dopo il 1907 per le modestissime riforme elettorali della maggior parte di diete provinciali.

Quanto modesta in fondo sia stata anche la riforma Badeni lo provano questi dati: il numero degli elettori crebbe in tutta l'Austria da 1.732.257 a 5.333.431, ma mentre 5000 di questi elettori appartenenti alla curia del gran possesso fondiario eleggevano 85 deputati tutti i 5.333.431 elettori a suffragio universale (perchè anche gli elettori delle prime quattro curie avevano diritto di voto nella quinta «generale», dunque doppio voto) eleggevano soli 72 deputati; intere province formavano un collegio unico a suffragio universale (così l'Istria, Gorizia e Gradisca e così Trieste; la Dalmazia ebbe due collegi, il Trentino con il Tirolo 3).

La riforma elettorale più radicale, limitata però al solo parlamento, è quella del 1907, che porta il nome del ministero Beck, dopo esser costata la vita ai ministeri Gautsch e Hohenlohe (l'ex-logotenente di Trieste fu presidente del consiglio soltanto dai 3 ai 27 maggio 1906). Dal 1905 con dimostrazioni popolari dei socialisti nelle piazze e con «mozioni d'urgenza» dei partiti slavi e clericali tedeschi alla camera comincia l'agitazione in Austria per il suffragio universale « uguale diretto e segreto », patrocinata segretamente dall'arciduca ereditario ucciso a Sarajevo. L'ostruzionismo in permanenza alla camera durante il ministero Koerber (dai 18 genn. 1900 ai 30 dic 1904; Koerber è nato a Trento nel 1850, da famiglia burocratica, burocratico anch'egli, ma di idee moderne, piuttosto giuseppine; dovette abbandonare il posto per l'influsso dell'arciduca ereditario, che trovava la sua politica poco antiitaliana prima e dopo i fatti d'Innsbruck del nov. 1904 e poco clericale contro il movimento anticattolico dei pangermanisti protestanti d'Austria) e ancor più la speranza di far passare anche in Ungheria la legge del suffragio universale, elaborata dal ministro Kristoffy del governo dittatoriale del gen. Fejervary allo scopo di debellare l'opposizione ungherese antiaustriaca, inducevano la corte e più di tutto le sfere arciducali a volere il suffragio universale anche in Austria. Dopo lunghe lotte, dopo resistenze superate con concessioni fatte un po' a tutte le nazioni, a tutti i partiti e al senato (il *numerus clausus*) finalmente ai 26 genn. 1907 poteva esser sanzionata la « legge fondamentale » del suffragio universale, che aboliva le curie elettorali per il parlamento. — Anche questa legge, che aumenta fino a 516 i deputati, ha i collegi divisi per province (Dalmazia 11, Istria 6, Gorizia e Gradisca 6, Trieste 5, Trentino con il Tirolo 25). La lotta maggiore si combattè per la conservazione delle posizioni nazionali nella conformazione del parlamento. Un suffragio universale *uguale*, secondo le proporzioni numeriche demografiche, avrebbe d'un colpo e per sempre creato una forte maggioranza slava alla camera. Quindi il principio dell'uguaglianza dovette subire parecchi strappi: le province, che danno maggiori redditi allo stato, cioè le più ricche d'industrie e di commerci, ebbero in proporzione un maggior numero di collegi; i collegi in una stessa provincia ebbero dimensioni minori nei distretti cittadini e industriali, mentre i distretti rurali, le campagne ebbero collegi maggiori. Ciò fu di vantaggio specialmente ai tedeschi contro gli slavi e ai polacchi contro i ruteni e sarebbe dovuto essere anche di vantaggio agli italiani. Di fatti vari scrittori austriaci, fra i quali anche Bernatzik, affermano fondandosi sulle cifre delle statistiche ufficiali, che il 35·78 % tedesco di tutta la popolazione austriaca detiene il 45·11 % di tutti i 516 mandati alla camera (cioè 233 deputati), che il 2:77 % italiano di tutta l'Austria detiene il 3.69 % di tutti i mandati (cioè 19 deputati), che i polacchi essendo il 16.59 % detengono il 15.70 % di mandati (cioè 81 deputati), che il 13.21 % ruteno detiene soltanto il 6.40 % di mandati (cioè 33 deputati), che il 0.90 % rumeno detiene il 0·98 % di mandati (cioè 5 deputati) e che dunque il cosiddetto « blocco tedesco-romano » pur essendo soltanto il 39.61 % di tutta la popolazione tiene il 49·8 % di tutti i mandati (cioè 257 deputati, contro 259 del « blocco slavo »).

Ora noi, facendo pur astrazione dal fatto che i 90 mandati conquistati dai socialisti « internazionali » (fra questi nel 1907 cinque italiani e nel 1911 tre) hanno sconvolto tutti questi conti di blocchi nazionali, che del resto mai ebbero occasione nè modo di misurarsi in realtà e compatti alla camera viennese, possiamo facilmente dimostrare che nella riforma del 1907 l'elemento italiano fu sacrificato e a quello tedesco tirolese e a quello slavo delle province adriatiche. Le falsificazioni delle statistiche demografiche ufficiali dei comuni e delle province d'Austria furono da noi già dimostrate nel vol. I a p. 106. La prova migliore, che anche la geografia elettorale sia stata adoperata a danno degli italiani ce la porgono queste constatazioni: il numero degli abitanti per ogni collegio elettorale secondo la riforma austriaca del 1907 oscilla fra i 12 e gli 80 mila (non tenendo conto dei collegi galiziani con doppio mandato, dei quali riparleremo); dei 7 collegi delle *città* italiane non uno conta meno di 30.000 ab., quelli di Trieste, la città relativamente forse più ricca e più redditizia d'Austria, sono quasi tutti di almeno 40-50.000 ab.. Tutti gli altri collegi italiani (rurali) contano da 50 a 80 mila ab., superano cioè la media dei 50.000 ab. per collegio. In questo modo agglomerando nel collegio di Zara le borgate e le campagne slave circonvicine, fino a raggiungiure gli 80.000 ab. — forse il collegio maggiore di tutta l'Austria! — gli italiani di Dalmazia furono privati dell'unica possibilità di avere un loro rappresentante alla camera di Vienna. Si noti in aggiunta, che tutti i collegi dalmati anche quelli prettamente rurali e miserrimi sono molto più piccoli del collegio *cittadino* e abbastanza industriale di Zara; quello per es. delle misere Bocche di Cattaro non raggiunge i 40.000 abitanti. I deputati italiani al parlamento di allora a Vienna che seppero con energia (l'efficace ostruzionismo dell'istriano on. Bartoli nella commissione parlamentare, contro del quale i socialisti ufficiali triestini per ordine venuto loro da Vienna inscenarono violente dimostrazioni piazzaiuole) evitare che in Istria, agli sloveno-croati fossero assegnati tre collegi contro due agli italiani (i deputati triestini rinunciarono generosamente ad un sesto mandato triestino a favore del terzo istriano italiano) non seppero o non poterono con ugual energia tutelare l'interesse degli italiani di Dalmazia. Nel Friuli orientale (Gorizia e Gradisca) pure contro tre collegi sloveni ve ne sono tre italiani. Questa distribuzione è importante per l'elezione, che si fa per province, dei deputati alla delegazione austriaca (v. p. 271).

Tutta la parte italiana dell'Alto Adige, tutte le vallate settentrionali ladine delle Dolomiti, tutta la Val d'Ampezzo purissimamente italiana sono aggregate ai collegi tedeschi tirolesi e sono forzatamente rappresentate da deputati tedeschi, magari mangia-italiani. Da tutto ciò risulta l'infondatezza dell'asserzione, che gli italiani siano stati favoriti.

I polacchi di Galizia provvidero ai propri interessi così: le città essendo quasi tutte, anche quelle orientali con l'appoggio degli ebrei, con maggioranze polacche hanno collegi con un deputato, come tutte le altre province d'Austria; i collegi rurali invece eleggono due deputati secondo il sistema del *vote limitè*: uno a maggioranza assoluta, per l'altro basta un quarto dei voti deposti; così sono assicurati parecchi mandati alle minoranze polacche nei collegi ruteni della Galizia orientale. Inoltre, mentre per una modificazione di tutti gli altri collegi è necessaria una legge da approvarsi con « maggioranza qualificata » i polacchi hanno ottenuto per legge che i collegi galiziani potessero esser modificati in via amministrativa (e le autorità politiche galiziane sono in fondo in loro potere).

A maggior tutela dei risultati ottenuti con la riforma del 1907 i tedeschi e i polacchi son riusciti con il § 42 elevare il *quorum* a 343 deputati, la cui presenza è indispensabile, perchè la camera possa approvare una qualunque modificazione delle disposizioni più importanti e specialmente la distrettuazione dei collegi; trattandosi dei collegi galiziani è necessario che almeno la metà dei deputati di quella provincia siano presenti (quindi i polacchi possono sempre eludere una votazione della camera in proposito); la mancanza del *quorum* deve significare già, che la proposta è stata respinta (quindi non più ripresentabile nella stessa « sessione »); infine per queste modificazioni non sono ammesse le « mozioni d'urgenza ». Barriere dunque insormontabili!

Il senato e i partiti nazionali dominanti chiedevano che il diritto al voto fosse fatto dipendere da un *domicilio ininterrotto* nello stesso collegio della durata di almeno tre anni (quest'obbligo di domicilio era stato introdotto per la curia generale già dalla riforma Badeni, ma era di soli 6 mesi). La tendenza del senato era evidentemente antidemocratica e antisocialista. Invece i partiti nazionali volevano premunirsi contro l'immigrazione nei loro collegi (specialmente nelle città, si pensi agli sloveni importati da Hohenlohe a Trieste!) di elementi etnicamente eterogenei. I socialisti e gli slavi riuscirono a far ridurre l'obbligo a un anno di domicilio. — Un'altra disposizione importante della nuova legge: finora l'esame e la convalidazione delle elezioni (*Wahllegitimation*) erano, sì, obbligatori, ma senza un termine fisso, di modo che quasi sempre spiravano i periodi legislativi senza, che la camera avesse esaminato le elezioni contestate, specialmente dei deputati cari al governo. Ora il § 41 prescrive che la camera debba al più tardi un anno dopo avvenuta un'elezione esaminarla e giudicarla. Con tutto ciò anche dopo il 1907 fino al giorno di oggi questa disposizione della legge non fu rispettata e quasi tutti i deputati sono senza convalidazione. — I cristiani-sociali ottennero che alle diete fosse concesso dalla legge riformata di introdurre nelle rispettive province l'obbligo elettorale (*Wahlpflicht*) sperando così in maggiori successi elettorali contro i partiti liberali e socialisti da un maggior concorso obbligatorio alle urne della piccola borghesia e dei contadini. Codificarono quest'obbligo le diete delle due Austrie, della Slesia, del Vorarlberg, della Moravia, della Carniola, del Salisburghese e della Bucovina; le astensioni sono punite con multe e con perdite di diritti elettorali.

Abbiamo veduto che per le rappresentanze dette amministrative, *diete e consigli comunali*, il governo austriaco finora non ha voluto si abbandonasse il sistema delle curie, delle classi d'interesse. Con tutto ciò anche qui le idee moderne nazionali e sociali hanno saputo, sebbene modestamente le ultime, crearsi un posticino nelle recenti riforme elettorali provinciali o comunali. Meno le diete di Boemia, di Dalmazia e di Slesia, che conservano immutati i sistemi degli statuti del 1861, tutte le altre diete, ultime nel 1914 quella tirolese e — in seguito a violente ostruzioni dei ruteni-ukrainisti alla dieta di Leopoli e alla camera di Vienna — quella galiziana, introdussero delle riforme nei loro regolamenti elettorali: aggiunsero la quinta curia con suffragio universale, alla quale assegnarono in media da 1/10 a 1/5 del numero complessivo di tutti i deputati della rispettiva dieta (v. l'esempio della riforma Badeni a p. 284); procurarono di distribuire i mandati per collegi nazionali delimitati territorialmente (approssimativamente, dato il frastagliamento dei gruppi etnici nelle zone di confini nazionali, come fu fatto anche per la riforma Beck per il parlamento) oppure mediante « catasti nazionali ». Questo sistema del catasto fu applicato finora soltanto dalle diete di Moravia nel 1905 e di Bucovina nel 1910. Oltre al vantaggio di rispecchiar meglio le vere condizioni nazionali della provincia esso ha anche quello, che per la legge del 1907 (Beck) automaticamente entra in vigore anche per i collegi elettorali politici (per il parlamento di Vienna) di quella provincia. Consiste in ciò: gli elettori sono iscritti ciascuno nel catasto del corpo elettorale della propria nazione; quante nazioni tanti catasti elettorali ci sono in una provincia e tante curie nazionali, perchè ogni corpo elettorale nazionale continua a dividersi nelle originarie quattro curie (gran possesso fondiario, camere di commercio, città, comuni rurali; veramente in Moravia hanno fatto un eccezione per il gran possesso fondiario e per le camere di commercio: non l'hanno divisi in curie nazionali, bensì vi hanno applicato il sistema del voto proporzionale in un modo abbastanza complicato per esser qui esposto). — Il Friuli orientale (Gorizia e Gradisca) ebbe la sua riforma elettorale nel 1907; dei suoi 30 deputati dietali 15 sono italiani, 14 sloveni e 1 (*virilista*) è il principe arcivescovo di Gorizia (quasi sempre uno sloveno o un tedesco); qui la curia a suffragio universale ha 6 deputati. L'Istria l'ebbe nel 1908, voluta dal governo di Vienna a favore degli slavi: gli sloveni e croati ebbero qui dei 47 deputati dietali 19 mandati per sè (ne perdettero però subito nelle prime elezioni uno, quello del contado di Pola, conquistato dagli italiani), gli italiani ne ebbero 25 e 3 sono i virilisti vescovi (due e spesso tutti e tre sloveni o croati); qui a suffragio universale sono eletti 8 deputati. Trieste nel 1908, anche per volontà del governo a favore degli sloveni, dovette riformare il suo regolamento elettorale: su 80 deputati eletti 12 sono sloveni dei collegi rurali del contado triestino; qui a suffragio universale si eleggono 20 deputati. Nella dieta tirolese il Trentino è rappresentato con 1/3 di tutti i deputati di quella provincia (questa proporzione del 1:2 è osservata in tutte le faccende provinciali personali e amministrative fra Trentino e Tirolo, quando i tirolesi non riescono a eluderla). In Dalmazia gli italiani sono riusciti a conservare con lo statuto del 1861 ancora 6 mandati dei 43 (5 sono serbi, 30 sono croati e 2 virilisti gli arcivescovi di Zara, quello cattolico ora sempre croato e quello ortodosso serbo). Nel 1914 i croati presentarono un progetto di riforma elettorale, che avrebbe dovuto con l'andar del tempo eliminare completamente gli italiani dalla dieta; non vollero mai accogliere le proposte fatte loro dagli italiani di nette divisioni territoriali dei collegi nazionali o di catasti nazionali.

Queste proporzioni nazionali in dieta trovano espressione anche nella conformazione della Giunta provinciale; hanno quindi una grandissima importanza amministrativa per le varie nazionalità, che sono in lotta tra di loro. Quando gli italiani erano in maggioranza nella dieta di Dalmazia (fino al 1873), essi rispettavano il principio parlamentare della rappresentanza delle minoranze nella Giunta e nelle varie commissioni, sebbene questo principio non fosse codificato nello statuto dalmata. Oggi i croati della dieta dalmata non ammettono alcuna rappresentanza degli italiani nell'amministrazione provinciale.

Alcune diete hanno riformato negli ultimi anni anche i regolamenti elettorali per i consigli comunali, specialmente quelle con maggioranza cristiano sociale introducendo il voto proporzionale per le città nella speranza di entrare sia pure come minoranza nei consigli quasi sempre liberali delle città e rifiutandosi di applicare lo stesso sistema nei comuni rurali, quasi tutti in potere dei cristiano-sociali. Anche alcune città con statuto proprio hanno riformato il loro regolamento elettorale d'accordo con la dieta della propria provincia. Vienna riformò nel 1900 il suo assicurando potentemente la riuscita di maggioranze cristiano sociali nel consiglio. Czernowitz, la capitale della Bucovina, ha applicato anche qui il sistema del catasto nazionale: vi sono rappresentati i tedeschi, gli ebrei (sionisti, che assieme con i tedeschi formano la magigoranza del consiglio), i polacchi, i rumeni e i ruteni. Della mostruosità dello statuto di Pola dicemmo (v. pp. 88 e 89). Quello di Trento fu riformato con il voto proporzionale nel 1914; per quello di Rovereto corrono trattative fra il consiglio e il governo di Vienna; alla riforma di quello di Gorizia si oppone quel consiglio liberale italiano, perchè accanto ad una minoranza clericale si vorrebbe portare nel consiglio anche una rappresentanza proporzionale degli sloveni (1).

Da quanto dicemmo finora risulta il caos, la congerie dei diritti elettorali, tutti differenti tra di loro, per i vari corpi rappresentativi pubblici, politici e amministrativi: parlamento, diete, consigli comunali con leggi provinciali, consigli municipali con statuti propri, camere di commercio (v. p. 22). E' vi è un guaio gravissimo che il *controllo delle elezioni* secondo questi molteplici diritti — oltre quello molto problematico dei rispettivi corpi rappresentativi, ove le maggioranze giudicano a seconda del proprio interesse di parte — non spetta ai tribunali ordinari; tutt'al più questi possono procedere contro singoli rei di delitti contemplati nelle leggi elettorali (corruzioni, violenze, frodi ecc.); ma spetta invece

---

(1) Per le leggi provinciali e comunali di Dalmazia si vedano le opere di due dalmati, burocratici austriaci: Alessandro Nallini: *Raccolta Leggi e Norme*, più volumi, 1884-1893 e dott. Franc. Madirazza: *Storia e Costituzione dei Comuni dalmati*, Spalato 1911.

nell'atto preparatorio ed elettorale alle autorità politiche e dopo compiuto l'atto, per le elezioni al parlamento, poichè si tratta di diritti costituzionali politici, quale ultima istanza al Tribunale dell'impero, per le elezioni amministrative invece al Tribunale amministrativo. Ma le decisioni in proposito di questi due tribunali hanno un valore puramente *teorico;* se le autorità politiche, ministeri, logotenenze, ecc. non vogliono sciogliere i corpi illegalmente eletti o il parlamento e le diete non vogliono annullare le elezioni contestate dei propri deputati e dare così esecuzione alle decisioni dei Tribunali supremi, questo controllo si riduce ad un bel nulla, come di fatti avvenne ripetutamente per le elezioni politiche e amministrative fatte tra il 1870 e il 1890 contro gli italiani di Dalmazia.

Secondo le antiche *leggi ungheresi* il senato (tavola dei magnati) d'Ungheria ancora fino all'anno 1886 era composto oltrechè dai principi di casa reale, dagli alti dignitari dello stato e della chiesa anche da tutta la nobiltà ungherese da baroni in sù in modo che nel 1886 vi erano in Ungheria oltre 900 senatori (magnati). L'art. di legge VII del 1885 ne ridusse il numero a 400 vincolando il diritto ereditario dei nobili nel senato ad un imposta fondiaria o di casatico di almeno 3000 fiorini (6300 lire) all'anno. Fra gli alti dignitari magnati sono da notarsi il governatore di Fiume, il bano di Croazia, i vescovi titolari cattolici di Belgrado e di Knin (a proposito delle pretese della corona di s. Stefano sulla Serbia e sulla Dalmazia!); la dieta di Croazia elegge tre suoi rappresentanti nel senato però con diritto di voto soltanto in quelle discussioni che trattano di materie comuni a tutte le terre della corona di s. Stefano (dunque riguardanti anche la Croazia). — La camera ungherese dei deputati («tavola dei rappresentanti») fino al termine del presente periodo legislativo, che scade nel 1915, è composta ancora secondo la legge art. V del 1847-48 modificata dalla legge art. XXXIII del 1874, secondo cui sono elettori tutti quei cittadini, che, compiuti 20 anni, o sono proprietari di fondi o di case paganti una forte imposta annua (da 32 fino a 168 cor.) o pagano forti imposte di rendita od hanno gradi accademici. Eleggibili — dopo compiuti 24 anni (in Austria occorrono 30) — sono soltanto quei cittadini, che sanno parlare il magiaro («lingua diplomatica dello stato», dice la legge). La camera è composta di 413 deputati ungheresi così eletti e di 40 deputati croati eletti dalla dieta croata tra i suoi membri, chè però partecipano soltanto alle discussioni riguardanti anche la Croazia. Con questo sistema elettorale i magiari avevano finora assicurato il loro predominio assoluto schiacciante alla camera; di fatti dei 413 deputati ungheresi soltanto 23 non sono magiari e anche di questi i 13 tedeschi sassoni di Transilvania fanno causa comune con i partiti governativi magiari (in Transilvania il censo per il diritto di voto è il più elevato appunto per render impossibile l'elezione di rumeni, che formano la popolazione rurale meno ricca di quella terra); il gruppo dei rappresentanti delle «nazionalità» conta quindi appena 10 deputati: rumeni, slovacchi e serbi. La «delegazione» croata fa parte a sè. I magiari sono divisi nella camera presente all'incirca così: 235 del «partito nazionale del lavoro» (partito governativo di Tisza) e 160 d'opposizione (circa 75 quarantottini kossuthiani, circa 45 quarantottini con a capo l'on. Justh, circa 15 quarantottini fuori dei partiti con a capo il conte Karolyi, che ora presiede tutta l'opposizione coalizzata, 20 deputati del partito popolare cattolico e circa 15 sessantasettini con a capo il conte Andrássy).

Le prossime elezioni per la camera ungherese dovrebbero farsi con la riforma elettorale fatta votare da Tisza nel 1913 e che raddoppiò da 900,000 a circa 1.800.000 il numero degli elettori. La corte e le alte sfere di Vienna volevano il suffragio universale uguale anche in Ungheria; gli ungheresi se lo diedero a modo loro per conservare il predominio magiaro, prima tanto ostico all'arciduca ereditario, alle alte sfere militari e clericali di Vienna. Secondo la nuova legge il diritto di voto comincia a 24 anni e ciò soltanto per quei cittadini, che hanno almeno una licenza di scuole medie (classi intelligenti, quasi tutte magiare e tedesche); per tutti gli altri cittadini il diritto di voto comincia a 30 anni ed è combinato con il censo e con l'intelligenza: chi ha compiuto le scuole elementari e paga 20 cor. d'imposte oppure possiede un fondo in misura data è elettore; gli analfabeti devono pagare o possedere il doppio; i lavoratori industriali e agricoli per godere il diritto di voto devono essere da 5 anni nello stesso esercizio (il loro diritto dipende quindi dai loro padroni, quasi sempre magiari o tedeschi). Il diritto elettorale per le congregazioni (assemblee) dei comitati, ecc. vedemmo a pp. 53 e 54.

FINE.

INDICI ANALITICI

Gli indici analitici non riescono mai perfetti e completi. come si vorrebbe. Bisognerà quindi, non trovandosi un nome, cercarne un altro affine o relativo o più generale. Per es., se mancasse Bulgaria. si cercherebbe: Balcani oppure Oriente. Si tenga inoltre presente per la consultazione, che l'ordine del libro è in gran parte cronologico. Della cura di questo indice debbo render grazie all'amico dott. Silvio Delich di Zara.

INDICE DEL VOLUME II

NOVITÀ

LEONIDA ANDREIEFF

IL BELGIO VIVRÀ!

DRAMMA IN SEI QUADRI

PRIMA VERSIONE DAL RUSSO

DI MARKOFF E L. E. MORSELLI

C. A. BONTEMPELLI, EDITORE
ROMA

Lightning Source UK Ltd.
Milton Keynes UK
UKHW021450090119
335262UK00011B/941/P